[s] stimmloses **s** wie Hass

[ʃ] wie deutsches **sch**

[ʆ] stimmloses, mit angespannten gespitzten Lippen gesprochenes **s** (emphatischer Laut)

[dʒ] Kombination aus **d** und ʒ wie in **J**ackett

[đ] **d**-Laut, bei dem der Vorderzungenrücken kräftig gegen den harten Gaumen gedrückt wird (emphatischer Laut)

[ŧ] **t**-Laut, wie [d] (emphatischer Laut)

[ð] Lispellaut, wie stimmhaftes englisches **th** in **th**ere

[ƶ] die Zunge liegt bei ausströmender Luft zwischen den halb geöffneten Lippen (emphatischer Laut); häufig auch wie [d] oder [z] ausgesprochen

['] gibt die Betonung an

[:] bedeutet Längung des davor stehenden Vokals

[b], [t], [d], [f], [i], [j], [k], [l], [m], [n], [u] werden wie im Deutschen gesprochen

Langenscheidt Universal-Wörterbuch Arabisch

Arabisch – Deutsch
Deutsch – Arabisch

Herausgegeben von der
Langenscheidt-Redaktion

Langenscheidt

Berlin · München · Wien · Zürich
London · Madrid · New York · Warschau

Projektleitung: Dr. Sandra Siegert

Redaktion: Kerstin Klingelhöffer

Bearbeitet von: Dr. Mohammad Abu-Zaid, Ghada Salim,
Ulfat Khatib (nur Deutsch-Arabisch),
Malte Vollrodt (nur Deutsch-Arabisch)

Neue deutsche Rechtschreibung nach den gültigen amtlichen
Regeln und DUDEN-Empfehlungen

Als Marken geschützte Wörter werden in diesem
Wörterbuch in der Regel durch das Zeichen ®
kenntlich gemacht. Das Fehlen eines solchen
Hinweises begründet jedoch nicht die Annahme,
eine nicht gekennzeichnete Ware oder eine
Dienstleistung sei frei.

Ergänzende Hinweise, für die wir jederzeit dankbar sind,
bitten wir zu richten an:
Langenscheidt Verlag, Postfach 40 11 20, 80711 München
redaktion.wb@langenscheidt.de

Druck: Mercedes-Druck, Berlin
Printed in Germany
ISBN 978-3-468-18061-3

10040

Inhalt

Hinweise für die Benutzer

1. Das arabische Alphabet, Lautschrift und Aussprache der Buchstaben

Buchstaben-Grundform	Name	Ende	Mitte	Anfang	Aussprache
ا	[ʔalif]*	ـا	ـا	ا	Am Wortanfang bzw. mit Hamza kurzes **a**, **i** oder **u**, sonst langes **a** wie in H**aa**r bzw. **ä** wie in w**äh**len
ب	[baːʔ]	ـب	ـبـ	بـ	wie **b** in **b**itte
ت	[taːʔ]	ـت	ـتـ	تـ	wie **t** in **T**isch
ث	[θaːʔ]	ـث	ـثـ	ثـ	wie englisches **th** am Silbenende in bir**th**day
ج	[dʒiːm]	ـج	ـجـ	جـ	wie **dsch** in **Dsch**ungel; im Maghreb stimmhaftes **sch** wie in Gara**g**e; in Ägypten **g** wie in **g**ut
ح	[ħaːʔ]	ـح	ـحـ	حـ	Kehllaut ähnlich wie dt. **ch**, aber ohne Reibung, nur deutlich gehaucht
خ	[xaːʔ]	ـخ	ـخـ	خـ	wie **ch** in Na**ch**t
د	[daːl]*	ـد	ـد	د	wie **d** in **d**unkel
ذ	[ðaːl]*	ـذ	ـذ	ذ	wie englisches **th** in **th**e
ر	[raːʔ]*	ـر	ـر	ر	gerolltes Zungenspitzen-**r**, wie in Süddeutschland und Italien gesprochen
ز	[zaːj]*	ـز	ـز	ز	wie stimmhaftes **s** in Ro**s**e
س	[siːn]	ـس	ـسـ	سـ	wie stimmloses **s** bzw. **ß** in lo**s**, gro**ß**

Buchstaben-Grundform	Name	Ende	Mitte	Anfang	Aussprache
ش	[ʃiːn]	ـش	ـشـ	شـ	wie **sch** in **sch**ön
ص	[sɒːd]**	ـص	ـصـ	صـ	stimmloser, dunkler **s**-ähnlicher Zischlaut. Nachbarlaute werden sehr dunkel ausgesprochen. **
ض	[đɒːd]**	ـض	ـضـ	ضـ	dunkel ausgesprochener, **d**-ähnlicher Laut. Nachbarlaute werden sehr dunkel ausgesprochen. **
ط	[ŧɒːʔ]**	ـط	ـطـ	طـ	dunkel und dumpf ausgesprochenes **t**. Nachbarlaute werden sehr dunkel ausgesprochen. **
ظ	[ðɒːʔ]**	ـظ	ـظـ	ظـ	Stimmhafter, dunkel ausgesprochener [daːl]-ähnlicher Laut. Nachbarlaute werden sehr dunkel ausgesprochen. **
ع	[ʕain]	ـع	ـعـ	عـ	Kehllaut hinten im Rachen wie vor Anlaut-**A** in **A**lter, aber stärker hörbar
غ	[ɣain]	ـغ	ـغـ	غـ	wie hochdeutsches, nichtgerolltes **r**
ف	[faːʔ]	ـف	ـفـ	فـ	wie **f** in **f**risch
ق	[qɒːf]**	ـق	ـقـ	قـ	Kehllaut ähnlich wie **k**, die Zunge stößt erst ganz hinten an den Gaumen. In Ägypten und Syrien oft nur als Stimmabsatz, ähnlich dem Hamza, zu hören.
ك	[kaːf]	ـك	ـكـ	كـ	wie **k** in **Kartoffel**

Buchstaben-Grundform	Name	Ende	Mitte	Anfang	Aussprache
ل	[laːm]	ـل	ـلـ	لـ	wie **l** in **L**iebe
م	[miːm]	ـم	ـمـ	مـ	wie **m** in **M**ama
ن	[nuːn]	ـن	ـنـ	نـ	wie **n** in **N**acht
ه	[haːʔ]	ـه	ـهـ	هـ	wie **h** in **h**eute, wird auch vor Konsonant gesprochen
و	[waːw]*	ـو	ـو	و	wie englisch **w** in **wh**at oder wie langes **u** in M**u**t; [aw] **o** in Br**o**t
ي	[jaːʔ]	ـي	ـيـ	يـ	wie **j** in **J**unge oder wie langes **i** in Li**e**be; [ai] im Dialekt oft wie **e** in B**e**et

Besonderheiten

ء [ʔ] Der Buchstabe Hamza kann wie der Stimmansatz am Wortanfang in **A**al, **i**mmer, **u**nten, auch mitten im Wort, wie bei **beo**bachten, gesprochen werden. Er kann auf ['alif], [waːw] oder [jaː'] stehen.

ة [-a] Die arabische Femininendung [taːʔ marbuːta] wird kurz und unbetont gesprochen wie ital. **-a** in bell**a** bzw. in Genitivverbindungen wie **-at** in L**at**te.

* Diese Buchstaben werden nicht nach links verbunden.
** Dunkel artikulierte Vokale sind wie folgt in der Lautschrift dargestellt: [ɒ, ɨ] bzw. [ɒː, iː].

2. Betonung

In der Regel werden Silben mit langen Vokalen betont:

طالب ['tɒːlib] Student, طبيب [tɒ'biːb] Arzt

Zwei- und mehrsilbige Wörter ohne Langvokal erhalten die Betonung meist auf der vorletzten Silbe:

قلم ['qalam] Stift, معلم [mu'ʕallim] Lehrer

3. Reihenfolge der Stichwörter im Teil Arabisch-Deutsch

Die Sortierung ist in alphabetischer Reihenfolge. Gleich geschriebene Wörter werden mit Hochzahlen unterschieden ([1] مفصل ; [2] مفصل). Als zusätzliches Sortierkriterium gilt die Lautschrift: [mafsɨl], [mufɒssɒl]. Verben sind jeweils in alphabetischer Reihenfolge aufgeführt, um die Benutzung gegenüber dem für größere Nachschlagewerke üblichen morphologischen System für Sprachanfänger zu erleichtern.

4. Unregelmäßige Sonder- und Pluralformen

Unregelmäßige Sonder- und Pluralformen sind wie folgt dargestellt:

أزرق [ʔazraq] *m, f* زرقاء [zarqa:ʔ], *pl* زرق [zuruq] blau
Schule *f* مدرسة [madrasa], *pl* مدارس [mada:ris]

5. Kasusendungen

In der Lautschrift werden bei Wendungen oft Kasusendungen (z. B. Genitiv-i und Akkusativ-an) mitangegeben, wie sie u. a. in den Medien zu hören sind.

6. Verben

Verben werden in der dritten Person Singular des Perfekts angeführt. Bei **Verben im Grundstamm** ist nach der Umschrift, abgetrennt durch ein Komma, der **Imperfektvokal** angegeben.

7. Silbentrennung in der Lautschrift

Die Silbentrennung in der Lautschrift ist gemäß den Regeln der Schrift angegeben. Fälle, in denen nach der Trennung auf der neuen Zeile nur ein Buchstabe steht, sind darauf zurückzuführen, dass die hocharabischen Endungen nicht angegeben sind. Beim Sprechen entsteht trotz des Trennungsstrichs am Zeilenende keine Pause.

Abkürzungsverzeichnis

a	auch
Adj	Adjektiv
Adv	Adverb
äg	Ägypten
ANAT	Anatomie
ARCH	Architektur
AUTO	Auto
bes	besonders
BIOL	Biologie
BOT	Botanik
COMPUT	Computer
e-e	eine
ELEK	Elektrotechnik und Elektrizität
e-n	einen
e-r	einer
etc	etc., und so weiter
etw	etwas
f	Femininum
fpl	Femininum Plural
fig	figurativ, in übertragenem Sinn
FIN	Finanzen und Bankwesen
FLUG	Luftfahrt
FOTO	Fotografie
GASTR	Kochkunst und Gastronomie
GRAM	Grammatik
in Zssgn	in Zusammensetzungen
j-m	jemandem
j-n	jemanden
jord	Jordanien
JUR	Rechtswesen
Koll	Kollektiv
Konj	Konjunktion
KUNST	Kunst, Kunstgeschichte
lib	Libanon
m	Maskulinum
m(f)	Maskulinum mit Femininendung in Klammern
m/f	maskulin und feminin
m,f	Maskulinum mit Femininendung nach Komma
m/n	Maskulinum und Neutrum
mpl	Maskulinum Plural
MATH	Mathematik
MED	Medizin
METEO	Meteorologie
MIL	Militär, militärisch
mst	meist
MUS	Musik
n	Neutrum
neg!	wird oft als beleidigend empfunden
npl	Neutrum Plural
od	oder
pal	Palästina
pers Pr	Personalpronomen
PHIL	Philosophie
PHYS	Physik
Pl	Plural
POL	Politik
Präp	Präposition, Verhältniswort
Pron	Pronomen, Fürwort
PSYCH	Psychologie

REL	Religion
rel Pr	Relativpronomen
SCHIFF	Nautik/Schifffahrt
Sg	Singular
SPORT	Sport
syr	Syrien
TECH	Technik
TEL	Telefon, Nachrichtentechnik, Telekommunikation
THEAT	Theater
TV	Fernsehen
umg	umgangssprachlich
v/i	intransitives Verb
v/r	reflexives Verb
v/t	transitives Verb
vulg	vulgär
WIRTSCH	Wirtschaft/Volkswirtschaft
ZOOL	Zoologie

Arabisch – Deutsch

أ

آب [ʔa:b] *syr* August *m*

أب [ʔab], *Pl* أباء [ʔaba:ʔ] Vater *m*; الأبوان [al-ʔabawa:n] Eltern *Pl*

أبات [ʔaba:ta] *Person* unterbringen

أباح [ʔaba:ħa]: أباح بسره [ʔaba:ħa bisirrihi] sich outen

أبان [ʔaba:na] klarmachen

ابتاع [ibta:ʕa] kaufen

ابتداء [ibtida:ʔ] Beginn *m*

ابتدع [ibtadaʕa] *fig* erfinden

ابتزاز [ibtiza:z] Erpressung *f*

ابتسم [ibtasama] lächeln; ابتسم شامتا [ibtasama ʃa:mitan] grinsen

ابتعد عن [ibtaʕada] sich entfernen

ابتكار [ibtika:r] Erfindung *f*, Neuerung *f*

ابتهاج [ibtiha:dʒ] Heiterkeit *f*

ابتياع [ibtija:ʕ] Ankauf *m*, Kauf *m*

أبحر [ʔabħara] sich einschiffen; أبحر بمركب شراعي [ʔabħara bimarkab ʃira:ʕi:] segeln

أبد [ʔabad] Ewigkeit *f*

أبدا [ʔabadan] nie (wieder); لا شيء أبدا [la: ʃaiʔ ʔabadan] gar nichts

أبدي [ʔabadi:] *ohne Ende* ewig

أبدى [ʔabda:] *Interesse* zeigen; sich zeigen

إبرة [ʔibra], *Pl* إبر [ʔibar] ZOOL Stachel *m*; Nadel *f*

أبرز [ʔabraza] hervorheben; sich herausstellen

إبريق [ʔibri:q], *Pl* أباريق [ʔaba:ri:q] Kanne *f*, Krug *m*

إبزيم [ʔibzi:m], *Pl* أبازيم [ʔaba:zi:m] *Kleid* Druckknopf *m*; Verschluss *m*

أبصر إلى [ʔabsɒra] schauen

إبط [ʔibɫ], *Pl* آباط [ʔa:bɒ:ɫ] Achsel *f*

أبطل [ʔabɫɒla] *annullieren* aufheben

أبعد [ʔabʕada] abschieben, ausweisen

أبقى على [ʔabqa:] beibehalten; أبقى مفتوحا [ʔabqa:

maftu:ħan] *Tür* auflassen
أبكم [ʔabkam] *m/f* بكماء [bakma:ʔ], *Pl* بكم [bukm] stumm
إبلاغ [ʔibla:ɣ] Benachrichtigung *f*
أبلغ [ʔablaɣa] ausrichten
أبلى [ʔabla:] *Kleidung* strapazieren
ابن [ibn], *Pl* أبناء [ʔabna:ʔ] Sohn *m*; ابن الأخ [ibn al-ʔax] Neffe *m*; ابن الأخت [ibn al-ʔuxt] *schwesterlicherseits* Neffe *m*; ابن البلد [ibn al-balad] Landsmann *m*; Einheimische *m*; ابن(ة) الخال [ibn al-xa:l(a)], ابن العم(ة) [ibn al-ʕamm(a)] Cousin *m*
ابنة [ibna], *Pl* بنات [bana:t] Tochter *f*; ابنة الأخ [ibnat al-ʔax], ابنة الأخت [ibnat al-ʔuxt] Nichte *f*; ابنة الخال(ة) [ibnat al-xa:l(a)], ابنة العم(ة) [ibnat al-ʕamm(a)] Cousine *f*, Kusine *f*
إبهام [ʔibha:m], *Pl* أباهيم [ʔaba:hi:m] Daumen *m*
أبهج [ʔabhadʒa] (j-n) erheitern; entzücken
أبو [ʔabu:] → أب Vater *m*
أبى¹ [ʔabi:] → أب Vater *m*
أبى² [ʔaba:, a:] sich weigern
أبيض [ʔabjɒđ] *m/f* بيضاء [baiđɒ:ʔ], *Pl* بيض [bi:đ] weiß
آت (الآتى) [ʔa:tin] folgend, kommend
آت [ʕa:t] COMPUT @ Klammeraffe *m*
أتاح [ʔata:ħa] ermöglichen
اتبع [ittabaʕa] *Rat* befolgen
اتجاه [ittidʒa:h] *a.* POL Tendenz *f*, Richtung *f*; اتجاه معاكس [ittidʒa:h muʕa:kis] Gegenrichtung *f*
اتحاد [ittiħa:d] Einigkeit *f*; Verband *m*; الإتحاد الأوروبي [al-ʔittiħa:d al-ʔu:ru:bi:] Europäische Union; اتحاد شركات [ittiħa:d ʃarika:t] WIRTSCH Konzern *m*
اتخذ [ittaxaða] *Beschluss* fassen; *Maßnahme* ergreifen
اتزان [ittiza:n] Gleichgewicht *n*
اتسع [ittasaʕa] sich ausdehnen; sich dehnen; sich vergrößern
اتصال [ittisɒ:l] *a.* ELEK Kontakt *m*; TEL Verbindung *f*; اتصال لاسلكي [ittisɒ:l la:silki:] Mobilfunk *m*; اتصال مباشر [ittisɒ:l muba:ʃir] TEL Durchwahl *f*

اتصل [ittɒsɒla] telefonieren, anrufen; Nummer wählen; اتصل ب [ittɒsɒla bi] telefonisch erreichen; TEL sich melden bei; اتصل بالنمرة الغلط [ittɒsɒla bin-numra alɣalɒṭ] sich verwählen
اتضح [itaɗɒħa] sich erweisen als
أتعاب [ʔatʕa:b] Honorar *n*
أتعب [ʔatʕaba] *j-n* strapazieren, plagen
اتفاق [ittifa:q] Vereinbarung *f*
اتفاقية [ittifa:qi:ja] Abkommen *n*
اتفق [ittafaqa] abmachen; sich einigen; sich verabreden; sich vertragen
أتقن [ʔatqana] (sich) beherrschen
اتقى [ittaqa:] vorbeugen
اتكأ على [ittakaʔa] sich anlehnen an
أتلف [ʔatlafa] abnutzen; beschädigen
أتم [ʔatamma] *Aufgabe* erfüllen, beenden; fertigbringen
إتمام [ʔitma:m] *Transaktion* Abschluss *m*
انتعش [intaʕaʃa] *erfrischen* sich abkühlen
اتهم [ittahama] beschuldigen, vorwerfen; اتهم ب [ittahama bi] j-n anklagen
أتى [ʔata:, i:] kommen
أثاث [ʔaθa:θ] *Pl* Möbel; Einrichtung *f*
أثار [ʔaθa:ra] *Interesse* wecken; ärgern; أثار إعجاب [ʔaθa:ra ʔiʕdʒa:b] beeindrucken
اثبات [iθba:t] Bestätigung *f*; Beweis *m*
أثبت [ʔaθbata] feststellen; bestätigen; JUR beweisen; *Stelle* sich bewerben; أثبت شخصيته [ʔaθbata ʃaxsɨ:jatahu] sich durchsetzen; sich ausweisen
أثينا [ʔaθi:na:] Athen
أثث [ʔaθθaθa] *Zimmer* einrichten
أثر [ʔaθar], *Pl* آثار [ʔa:θa:r] *Literatur* Werk *n*; Wirkung *f*, Effekt *m*; Einfluss *m*
أثر في/على [ʔaθθara] sich auswirken auf; *Einfluss* ausüben; beeindrucken
أثري [ʔaθari:] *archäologisch* antik
أثرى [ʔaθra:] sich bereichern
اثقل [aθqala] (sich) beschweren; belasten
أثلج [ʔaθladʒa] schneien
إثم [ʔiθm], *Pl* آثام [ʔa:θa:m]

Sünde *f*
أثمر [ʔaθmara] *Gewinn* abwerfen
اثنا [iθna:]: اثنا عشر [iθna: ʕaʃar] *f*, اثنتا عشرة [iθnata: ʕaʃrata] *m* zwölf
أثناء [ʔaθna:ʔ] während; أثناء القراءة [aθna:ʔa al-qira:ʔa] beim Lesen
اثنان [iθna:n] *f*, اثنتان [iθnata:n] *m* zwei
أثنى على [ʔaθna:] loben
إثني [ʔiθni:] ethnisch
اثنين [iθnain] *umg* zwei; الاثنين [al-iθnain] Montag *m*
أجاد [ʔadʒa:da] *Sprache* beherrschen
أجاز ل [ʔadʒa:za] erlauben, gestatten
إجازة [ʔidʒa:za] Ferien *Pl*, Urlaub *m*
إجاص [ʔiddʒɒ:s] BOT Birne *f*
إجباري [ʔidʒba:ri:] obligatorisch; unfreiwillig
أجبر على [ʔadʒbara] nötigen, zwingen zu
اجتاز [idʒta:za] *Krise* durchmachen; *Grenze* passieren; *Prüfung* bestehen
اجتماع [idʒtima:ʕ] Sitzung *f*, Besprechung *f*, Konferenz *f*, Kongress *m*, Tagung *f*, Sitzplatz *m*
اجتماعي [idʒtima:ʕi:] kontaktfreudig; sozial
اجتمع [idʒtamaʕa] sich versammeln
اجتهاد [idʒtiha:d] Fleiß *m*, Eifer *m*
اجتهد [idʒtahada] sich anstrengen
أجداد [ʔadʒda:d] *Pl* Vorfahren
أجر [ʔaddʒara] vermieten
أجر [ʔadʒr] Lohn *m*; الأجر بالساعة [al-ʔadʒr bis-sa:ʕa] Stundenlohn *m*
إجراء [ʔidʒra:ʔ] Maßnahme *f*, Verfahren *n*; إجراءات [ʔidʒra:ʔa:t] *Pl Zoll* Formalität *f*, Check-in *m*
إجرام [ʔidʒra:m] Kriminalität *f*
أجرد [ʔadʒrad] *m/f* جرداء [dʒarda:ʔ], *Pl* جرد [dʒurd] *Baum* kahl
أجرة [ʔudʒra], *Pl* أجر [ʔudʒar] Gebühr *f*, Miete *f*; *Taxi* Fahrpreis *m*
أجرى [ʔadʒra:] durchführen; veranstalten; أجرى تصليحات [ʔadʒra: tɒsli:ħa:t] umbauen; أجرى تنفسا اصطناعيا [ʔadʒra: tanaffusan ~~istina~~:ʕi:jan]

MED beatmen; أجرى عملية [ʔadʒra: ʕamali:ja] operieren
أجش [ʔadʒaʃʃ] *Stimme* rau(h)
أجعد [ʔadʒʕad] *Haar* kraus
أجل [ʔaddʒala] *Termin* verlegen, verschieben; hinaus-, verzögern
أجل [ʔadʒal] freilich, natürlich
أجلاف [ʔadʒla:f] *umg neg!* Bauer *m*
إجلال [ʔidʒla:l] Achtung *f*
أجلس [ʔadʒlasa] setzen; sich setzen
إجمالي [ʔidʒma:li:] brutto; pauschal
أجمع على [ʔadʒmaʕa] sich einigen auf
[1]أجنبي [adʒnabi:] ausländisch; fremd
[2]أجنبي(ة) [ʔadʒnabi:(-bi:ja)], *mpl* أجانب [ʔadʒa:nib] Ausländer(in) *m(f)*; Fremde *m/f*
أجنحة [ʔadʒniħa]: أجنحة السباحة/العوم [ʔadʒniħat as-saba:ħa/al-ʕaum] Schwimmflügel *mpl*
أجندة [ʔadʒanda] Terminkalender *m*
إجهاض [ʔidʒhɒ:đ] Fehlgeburt *f*; إجهاض تلقائي [ʔidʒhɒ:đ tilqa:ʔi:] Abtreibung *f*
أجهد [ʔadʒhada] anstrengen; أجهد نفسه [ʔadʒhada nafsahu] sich überanstrengen
أجهزة [ʔadʒhiza] *Pl* TECH Anlage *f*
أجور [ʔudʒu:r] Lohn *m*
أجوف [ʔadʒwaf] *m/f* جوفاء [dʒaufa:ʔ], *Pl* جوف [dʒuwaf] hohl
أجير(ة) [ʔadʒi:r(a)], *Pl* أجراء [ʔudʒara:ʔ] Arbeitnehmer(in) *m(f)*
أحاط ب [ʔaħɒ:ŧɒ] umringen
[1]أحب [ʔaħabb] lieber
[2]أحب [ʔaħabba] *etw/j-n* mögen, *sehr mögen* lieben; أحب أن [ʔuħibbu ʔan] ich möchte gern
إحباط [ʔiħbɒ:ŧ] Frust *m*
احتاج إلى [iħta:dʒa] brauchen
احتجاج [iħtidʒa:dʒ] Protest *m*
احتد [iħtadda] toben
احتراق [iħtara:q] Verbrennung *f*
احترام [iħtira:m] Achtung *f*, Ehrfurcht *f*
احترس [iħtarasa] aufpassen; احترس [iħtaris] Achtung!, Vorsicht!
احترق [iħtaraqa] sich verbrennen; *v/i* verbrennen; ELEK durchbrennen

احترم [iħtarama] respektieren; ehren
احتسب [iħtasaba] berechnen
احتضن [iħtɒđɒna] umarmen, drücken
احتفال [iħtifa:l] Feier *f*, Fest *n*
احتفالي [iħtifa:li:] feierlich, festlich
احتفظ ب [iħtafaðɒ] aufbewahren, behalten; *Kleidung* anbehalten
احتفل ب [iħtafala] *Fest* begehen; feiern
احتفى ب [iħtafa:] feiern
احتقر [iħtaqara] herabsetzen; verachten
احتكار [iħtika:r] Monopol *n*
احتل [iħtala] MIL besetzen
احتمال [iħtima:l] Chance *f*, Möglichkeit *f*
احتمل [iħtamala] dulden; *etw* ertragen
احتياط [iħtijɒ:ŧ] Reserve *f*, Vorsorge *f*
احتياطا [iħtijɒ:ŧɒn] *Adv* vorsorglich
احتيال [iħtija:l] Täuschung *f*, Betrug *m*
أحد (إحدى) [ʔaħad (ʔiħda:)] irgendein(e, -r), ein(e, -r); الأحد [al-ʔaħad] Sonntag *m*; أحد أفراد العائلة [ʔahad ʔafra:d al-ʕa:ʔila] Angehörige *m/f*;
أحد عشر (إحدى عشرة) [ʔaħada ʕaʃar (ʔiħda: ʕaʃara)] *m(f)* elf
1أحدث [ʔaħdaθ] aktuell; jüngste(r, -s)
2أحدث [ʔaħdaθa] verursachen, bewirken, hervorrufen; erzeugen, schaffen
إحدى [ʔiħda:] eine; irgendeine
إحراق [ʔiħra:q] Verbrennung *f*; إحراق عمدا [ʔiħra:q ʕamdan] Brandstiftung *f*
أحرق [ʔaħraqa] brennen; *v/i* verbrennen
أحزن [ʔaħzana] bedrücken
أحس [ʔaħassa] spüren; merken
إحساس [ʔiħsa:s] Gefühl *n*; Ahnung *f*
1أحسن [ʔaħsan] besser; الأحسن [al-ʔaħsan] beste(r, -s); أحسن وأحسن [ʔaħsan wa-ʔaħsan] umso besser
2أحسن إلى [ʔaħsana] *j-m* Gutes tun
أحسنت [ʔaħsanta(-ti)] *m(f)* bravo!
أحشاء [ʔaħʃa:ʔ] *Pl* Eingeweide, Innereien
إحصاء [ʔiħsɒ:ʔ] Statistik *f*

أحصى [ʔaħsɒː] zählen; zusammenzählen
أحضر [ʔaħđɒra] (ab)holen; mitbringen
أحق في [ʔaħaqqa] recht haben
أحك [ʔaħakka] jucken; أحكه جلده [ʔaħakkahu dʒilduhu] es juckt
أحكام [ʔaħkaːm] *Pl* Vorschriften
أحماء [ʔaħmaːʔ] Schwiegervater *m*
أحمر [ʔaħmar] *m/f* حمراء [ħamraːʔ], *Pl* حمر [ħumr] rot; أحمر الشفاه [ʔaħmar aʃ-ʃifaːh] Lippenstift *m*
أحمق [ʔaħmaq] Idiot *m*
أحنى [ʔaħnaː] beugen
أحوال [ʔaħwaːl] *Pl* Umstände; Zustände
أحيا [ʔaħjaː] *Gedenktag* begehen
أحيانا [ʔaħjaːnan] manchmal
1آخ [ʔaːx] au, aua
2أخ [ʔax], *Pl* إخوة [ʔixwa] Bruder *m*
أخاذ [ʔaxxaːð] faszinierend
أخاف [ʔaxaːfa] *j-n* erschrecken
أخبر [ʔaxbara] mitteilen, melden; *j-m* Bescheid geben; sich informieren
أخت [ʔuxt], *Pl* أخوات [ʔaxawaːt] Schwester *f*
اختار [ixtaːra] aussuchen; sich entscheiden; POL wählen
اختبأ [ixtabaʔa] sich verstecken
اختبار [ixtibaːr] Probe *f*, Test *m*
اختبر [ixtabara] *j-n* prüfen, testen
اختراع [ixtiraːʕ] Erfindung *f*
اختصار [ixtisɒːr] *Weg, Wort* Abkürzung *f*
اختصاص [ixtisɒːs] Fachgebiet *n*; Kompetenz *f*
اختصاصي(ة) [ixtisɒːsiː(-siːja)] Spezialist(in) *m(f)*
اختصر [ixtasɒra] abkürzen, verkürzen
اختطاف [ixtitɒːf] Entführung *f*
اختفى [ixtafaː] sich verstecken; *v/i* verschwinden
اختلاس [ixtilaːs] Unterschlagung *f*
اختلاف [ixtilaːf] Unterschied *m*; اختلاف الرأي [ixtilaːf arraʔj] Meinungsverschiedenheit *f*
اختلس [ixtalasa] stehlen
اختلف [ixtalafa] sich unterscheiden

اختلق [ixtalaqa] sich *etw* ausdenken
اختمر [ixtamara] gären
اختناق [ixtina:q]: **اختناق مروري** [ixtina:q muru:ri:] *Verkehr* Stau *m*
اختنق [ixtanaqa] ersticken
اختيار [ixtija:r] Auswahl *f*, Wahl *f*
اختياري [ixti:ja:ri:] *Adj* freiwillig
أخذ [ʔaxaða, u] nehmen; **أخذ بالثأر** [ʔaxaða (u) biθ-θaʔr] sich revanchieren, sich rächen; **أخذ دشا** [ʔaxaða (u) duʃʃan] sich duschen; **أخذ من** [ʔaxaða (u) min] wegnehmen; **أخذ نفسا** [ʔaxaða (u) nafasan] Atem holen; **آخذ على** [ʔa:xaða ʕala:] übel nehmen
1**آخر** [a:xar], *Pl* **آخرون** [a:xaru:n] *m* andere(r, -s); weitere(r, -s); noch ein
2**آخر** [ʔa:xir] *m*, **أخرى** [ʔuxra:] *f vor Genitiv ohne Artikel* letzte(r, -s); **الآخرة** [al-ʔa:xira] REL Jenseits *n*
3**أخر** [ʔaxxara] *Uhr* nachgehen; verzögern
أخرج [ʔaxradʒa] *Film* drehen; entsorgen, wegbringen
أخرس [ʔaxras] *m/f* **خرساء** [xarsa:ʔ], *Pl* **خرس** [xurs] stumm
أخرى [ʔuxra:] *f*, *Pl* **أخريات** [ʔuxraja:t] andere(r, -s); weitere(r, -s); noch ein
أخضر [ʔaxđɒr] *m/f* **خضراء** [xɒđra:ʔ], *Pl* **خضر** [xuđr] grün
أخطأ [ʔaxtɒʔa] sich irren; verfehlen; **أخطأ السمع** [ʔaxtɒʔa s-samʕ] sich verhören
إخطار [ʔixtɒ:r] Kündigung *f*
أخطر [ʔaxtɒra]: **أخطر بترك العمل** [ʔaxtɒra bi-tark al-ʕamal] *Arbeit* kündigen
إخفاق [ʔixfa:q] Misserfolg *m*, Flop *m*
أخفق [ʔaxfaqa] misslingen, schief gehen
إخلاص [ʔixlɒ:s] Treue *f*
أخلاق [ʔaxla:q], **الأخلاق** [al-ʔaxla:q] Sitte *f*
أخلاقي [ʔaxla:qi:] moralisch
أخلص [ʔaxlɒs]: **أخلص الأمنيات** [ʔaxlɒs al-ʔumnija:t] alles Gute!; **أخلص التهاني** [ʔaxlɒs attaha:ni:] herzlichen Glückwunsch!
أخلف [ʔaxlafa] *Versprechen*

brechen
أخلى [ʔaxla:] räumen, ausräumen; أخلى المكان [ʔaxla: al-maka:n] Platz machen
إخوة [ʔixwa] Brüder *mpl*; إخوة وأخوات [ʔixwa wa-ʔaxawa:t] *Pl* Geschwister
أخوي [ʔaxawi:] brüderlich
أخير [ʔaxi:r] letzte(r, -s)
أخيرا [ʔaxi:ran] schließlich, zuletzt
أداء [ʔada:ʔ] Leistung *f*
أداب [ʔada:b] Benehmen *n*, Sitte *f*; آداب السلوك [ʔa:da:b as-sulu:k] Manieren *f/pl*
أدار [ʔada:ra] drehen, umdrehen; *Auto* wenden; *Band* abspielen; *Betrieb* führen, leiten; *Gerät* einschalten; *Motor* anlassen; WIRTSCH *umg* managen
إدارة [ʔida:ra] *Verwaltung* Leitung *f*
إدام [ʔida:m] *Brot* Belag *m*
أدان [ʔada:na] verurteilen
أداة [ʔada:t], *Pl* أدوات [ʔadawa:t] Gerät *n*, *a.* MED Instrument *n*, Werkzeug *n*; أداة تعريف [ʔada:t taʕri:f] GRAM Artikel *m*
أدب [ʔadab], *Pl* آداب [ʔa:da:b] Anstand *m*, Takt *m*, Höflichkeit *f*; Literatur *f*; أدب مكشوف [ʔadab makʃu:f] Pornografie *f*
أدب [ʔaddaba] erziehen
أدبيات [ʔadabi:ja:t] Literatur *f*
إدخال [ʔidxa:l] COMPUT Eingabe *f*, Input *m*
ادخر [iddaxara] einsparen; sparen
أدخل [ʔadxala] *Neuerung* einführen; COMPUT eingeben; hineinstecken; *ins Krankenhaus* einweisen
أدر [ʔadarra] *Gewinn* abwerfen
إدراك [ʔidra:k] *Text* Verständnis *n*; Einsicht *f*, Bewusstsein *n*
أدرك [ʔadraka] begreifen; *umg* kapieren; *Zug* erreichen; *Fehler* einsehen
ادعاء [iddiʕa:ʔ] Behauptung *f*
ادعى [iddaʕa:] verlangen, beanspruchen; ادعى على [iddaʕa ʕala:] anklagen
إدمان [ʔidma:n] Sucht *f*
أدمج في [ʔadmadʒa] integrieren
أدنى [ʔadna:] *Superlativ* minimal; *Komparativ* näher
أدهش [ʔadhaʃa] (sich) wun-

dern
أدوات [ʔadawa:t] *Pl* Mittel; أدوات مساعدة [ʔadawa:t musa:ʕida] Hilfsmittel
أدى [ʔadda:] erledigen, leisten; أدى إلى [ʔadda: ʔila:] hinauslaufen auf; hinführen, münden
أديب(ة) [ʔadi:b(a)], *mpl* أدباء [ʔudaba:ʔ] Schriftsteller(in) *m(f)*
إذ [ʔið] denn
إذا [ʔiða:] wenn, falls; إذا [ʔiðan] also *Konj*
أذاب [ʔaða:ba] *Eis* schmelzen, auftauen; *Tablette* auflösen
آذار [a:ða:r] *syr* März *m*
أذاع [ʔaða:ʕa] *Radio* senden, übertragen
إذاعة [ʔiða:ʕa] Rundfunk *m*; إذاعة محطة [maħɒttɒt ʔiða:ʕa] (Radio)Sender *m*
أذعن ل [ʔaðʕana] gehorchen, sich fügen
أذل [ʔaðalla] demütigen, erniedrigen
1إذن [ʔiðn], *Pl* أذون [ʔuðu:n] Erlaubnis *f*
2أذن [ʔuðn], *Pl* آذان [ʔa:ða:n] *Krug* Griff *m*, Henkel *m*
3أذن [ʔuðun] *f*, *Pl* آذان [ʔa:ða:n] Ohr *n*
4أذن ل بـ [ʔaðina] erlauben, zulassen
آذى(ه) [ʔa:ða:(hu)] *j-m* Böses antun; wehtun
أراح [ʔara:ħa] beruhigen, entspannen *v/i*; sich entspannen; أراح من [ʔara:ħa min] *fig* ersparen, verschonen
أراد [ʔara:da] mögen, wollen
إرادة [ʔira:da] Wille *m*
أرباح [ʔarba:ħ] *Pl* FIN Zinsen
أربع [ʔarbaʕ] *f* vier; أربع عشرة [ʔarbaʕa ʕaʃra] *f* vierzehn; الأربعاء [al-ʔarbiʕa:ʔ] Mittwoch *m*
أربعة [ʔarbaʕa] *m* vier; أربعة عشر [ʔarbaʕata ʕaʃar] *m* vierzehn
أربعون [ʔarbaʕu:n] vierzig
أربك [ʔarbaka] durcheinanderbringen; verunsichern
ارتاب في [irta:ba] bezweifeln
ارتاح [irta:ħa] sich ausruhen
ارتباط [irtibɒ:ŧ] Verbindung *f*; ارتباط تشعبي [irtibɒ:ŧ taʃaʕʕubi:] COMPUT Link *m*
ارتبط [irtabɒŧɒ] zusammenhängen; ارتبط أحدهما بالآخر [irtabɒŧɒ ʔaħaduhuma bil-ʔa:xar] zusammengehören

ارتج [irtaddʒa] wackeln
ارتجاج: ارتجاج المخ [irtidʒaːdʒ al-muxx] Gehirnerschütterung *f*
ارتجف [irtadʒafa] zittern
ارتجل [irtadʒala] improvisieren
ارتدى [irtadaː] *Kleidung* anhaben, tragen; anziehen
إرتشاء [irtiʃaːʔ] *passiv* Bestechung *f*
ارتضى [irtɒđɒː] sich abfinden mit
ارتطم ب [irtɒŧɒma] stoßen an *od* gegen
ارتعب [irtaʕaba] erschrecken *v/i*
ارتعش [irtaʕaʃa] zittern; zucken
ارتفاع [irtifaːʕ] *Preise* Anstieg *m*, Höhe *f*; ارتفاع جوي [irtifaːʕ dʒawwiː] METEO Hoch *n*
ارتفع [irtafaʕa] steigen; sich steigern
ارتقى [irtaqaː] *im Beruf* aufsteigen
ارتكب [irtakaba] *Fehler* begehen
ارتكز على [irtakaza] sich stützen auf
ارتكن على [irtakana] sich lehnen an
ارتياح [irtijaːħ] Erleichterung *f*
إرث [ʔirθ] Erbe *n*, Erbschaft *f*
أرجأ [ʔardʒaʔa] *Termin* verschieben
أرجع [ʔardʒaʕa] zurückbringen, zurückgeben
أرجوحة [ʔurdʒuːħa]: أرجوحة شبكية [ʔurdʒuːħa ʃabakiːja] Hängematte *f*
أرخى [ʔarxaː] lockern
أردف [ʔardafa]: أردف قائلا [ʔardafa qaːʔilan] fortfahren; hinzufügen
أردن: الأردن [al-ʔurdunn] *Fluss* Jordan *m*; *Land* Jordanien *n*
أرز [ʔaruzz] Reis *m*
ارسالية [irsaːliːja] Sendung *f*, Lieferung *f*
أرسل [ʔarsala] schicken; abschicken; COMPUT mailen; أرسل رسالة قصيرة [ʔarsala risaːla qɒsiːra] e-e SMS schicken; أرسل على العنوان الجديد [ʔarsala ʕala l-ʕunwaːn al-dʒadiːd] an die neue Adresse nachsenden
إرشاد [ʔirʃaːd] Anleitung *f*, Anweisung *f*
أرشد [ʔarʃada] *j-n* belehren,

anweisen; *Touristen* führen; *Arbeit* einweisen
أرض [ʔarđ], *Pl* **أراض** [ʔarɒːđɨn] Boden *m*; Gelände *n*; *Planet* Erde *f*
أرضع [ʔarđɒʔa] *Kind* stillen
أرضية [ʔarđɨːja] Boden *m*, Fußboden *m*
أرعب [ʔarʕaba] einschüchtern; erschrecken
إرغام [ʔirɣaːm] Zwang *m*
أرغم على [ʔarɣama] nötigen; zwingen
أرغن [ʔurɣun] MUS Orgel *f*; **أرغن إلكتروني** [ʔurɣun ʔiliktruːniː] Keyboard *n*
أرمل [ʔarmal], *Pl* **أرامل** [ʔaraːmil] Witwer *m*
أرملة [ʔarmala], *Pl* **أرامل** [ʔaraːmil] Witwe *f*
أرنب [ʔarnab], *Pl* **أرانب** [ʔaraːnib] ZOOL Hase *m*; Kaninchen *n*
إرهابي(ة) [ʔirhaːbiː(-biːja)] Terrorist(in) *m(f)*
إرهاق [ʔirhaːq] Müdigkeit *f*; Stress *m*
أرهق [ʔarhaqa] strapazieren; **أرهق نفسه** [ʔarhaqa nafsahu] sich überanstrengen
أرى [ʔaraː] zeigen; **أرى نفسه** [ʔaraː nafsahu] sich zeigen
أريكة [ʔariːka], *Pl* **أرائك** [ʔaraːʔik] Sofa *n*
أز [ʔazza, i] *Gerät* brummen, zischen
أزاح [ʔazaːħa] verschieben; aufziehen
أزال [ʔazaːla] beseitigen; *Fleck* entfernen
إزاي [ʔizzaːj] *äg* wie
ازداد [izdaːda] sich steigern; sich vermehren; **ازداد سوءا** [izdaːda suːʔan] sich verschlechtern
ازدحام [izdiħaːm] Stau *m*; Gedränge *n*
ازدهار [izdihaːr] Blüte *f*; Aufschwung *m*
ازدهر [izdahara] blühen, gedeihen
أزرق [ʔazraq] *m/f* **زرقاء** [zarqaːʔ], *Pl* **زرق** [zuruq] blau
إزعاج [ʔizʕaːdʒ] Störung *f*; Mobbing *n*
أزعج [ʔazʕadʒa] stören, beunruhigen
أزل [ʔazal] Ewigkeit *f*
أزمع على [ʔazmaʕa] sich entschließen zu
أزمة [ʔazma] Krise *f*
أزهر [ʔazhara] *Blume* blühen
أساء إلى [ʔasaːʔa] *j-m* Böses

antun; schaden; أساء استعمال [ʔasaːʔa istiʕmaːla] missbrauchen; أساء المعاملة [ʔasaːʔa al-muʕaːmala] misshandeln
أسابيع [ʔasaːbiːʕ] *Pl* Wochen
أساس [asaːs], *Pl* أسس [ʔusus] Fundament *n*; Basis *f*, Grundlage *f*
أساسي [ʔasaːsiː] grundlegend, wesentlich
أسانسير [ʔasaːnsiːr] Aufzug *m*, Fahrstuhl *m*, Lift *m*
أسبوع [ʔusbuːʕ], *Pl* أسابيع [ʔasaːbiːʕ] Woche *f*
أسبوعي [ʔusbuːʕiː] *Adj* wöchentlich
أسبوعيا [ʔusbuːʕiːjan] *Adv* wöchentlich
استاء من [istaːʔa] *etw* übel nehmen
استأجر [istaʔdʒara] mieten; leasen
إستاد [ʔistaːd] SPORT Stadion *n*
أستاذ [ustaːð] *Anrede* Herr; أستاذ(ة) جامعي(ة) [ustaːð(-a) dʒaːmiʕiː(-ʕiːja)] Professor(in) *m(f)*
استأذن في [istaʔðana] *j-n* um *etw* bitten
استأنس إلى [istaʔnasa] *j-m* nahekommen
استأنف [istaʔnafa] fortsetzen
استباح [istabaːħa]: استباح لنفسه [istabaːħa linafsihi] sich *etw* leisten, erlauben
استبدل [istabdala] ersetzen
استبعد [istabʔada] ausschließen
استبيان [istibjaːn] Fragebogen *m*
استثمار [istiθmaːr] FIN Investition *f*
استثمر [istaθmara] *Geld* investieren
استثناء [istiθnaːʔ] Ausnahme *f*; *umg* Extrawurst *f*
استثنائيا [istiθnaːʔiːjan] ausnahmsweise
استجاب ل [istadʒaːba] reagieren auf
استجم [istadʒamma] *Urlaub* sich erholen
استجوب [istadʒwaba] *j-n* ausfragen; befragen, verhören
استحق [istaħaqqa] sich lohnen; wert sein
استحقاق [istiħqaːq] WIRTSCH Forderung *f*
استحم [istaħamma] baden; sich duschen
استحى [istaħaː] sich genieren, schämen

استخدام [istixdaːm] Anwendung *f a.* COMPUT
استخدم [istaʔmala] sich bedienen
استخدم [istaxdama] benutzen; *Personal* anstellen; beschäftigen
استخرج [istaxradʒa] *Öl* fördern
استخف ب [istaxaffa] gering schätzen, missachten; unterschätzen
استدار [istadaːra] sich umdrehen
استدرك [istadraka] sich verbessern
استدعاء [istidʕaːʔ]: **استدعاء للخدمة** [istidʕaːʔ lil-xidma] MIL Einberufung *f*
استدعى [istadʕaː] *Arzt* rufen; *j-n* bestellen; JUR vorladen
استدلال [istidlaːl] Folgerung *f*
استراح [istaraːħa] sich ausruhen; Rast machen; *umg* sich hinlegen; relaxen
استراحة [istiraːħa] Entspannung *f*, Erholung *f*; Pause *f*; Raststätte *f*
استرجع [istardʒaʕa] zurückbekommen
استرخى [istarxaː] sich entspannen
استرد [istaradda] wiederbekommen
استرسل في [istarsala] fortsetzen
استسلم [istaslama] aufgeben; resignieren
استشفاء [istiʃfaːʔ] Kur *f*
استشهد ب [istaʃhada] zitieren
استضاف [istɒđɒːfa] *Gast* bewirten
استطاب [istɒŧɒːba] *j-m* schmecken
استطاع [istɒŧɒːʕa] können; imstande sein
استطلاع [istiŧlaːʕ], **استطلاع الرأي** [istiŧlaːʕ ar-raʔj] Umfrage *f*
استعاد [istaʕaːda] wiederbekommen
استعار [istaʕaːra] borgen; sich *etw* leihen
استعان ب [istaʔaːna] sich bemühen
استعد [istaʕadda] sich bereithalten
استعداد [istiʕdaːd] Veranlagung *f*
استعراض [istiʕrɒːđ], **استعراض للماضي** [istiʕrɒːđ lil-mɒːđiː] Rückblick *m*
استعلم عن [istaʕlama] sich erkundigen; sich informie-

ren über
استعمال [istiʕma:l] Benutzung *f*
استعمل [istaʕamala] verwenden, benutzen, gebrauchen
استغاثة [istiɣa:θa] Hilferuf *m*
استغرق [istaɣraqa] dauern
استغل [istaɣalla] ausbeuten; ausnutzen
استفاد من [istafa:da] ausnutzen; profitieren von
استفتاء [istifta:ʔ] Umfrage *f*
استفراغ [istifra:ɣ]: استفراغ وإسهال [istifra:ɣ wa-ʔisha:l] Brechdurchfall *m*, Magen--Darm-Grippe *f*
استفرغ [istafraɣa] sich übergeben, speien, brechen; *umg* kotzen
استفز [istafazza] aufregen; *ärgern* reizen
استفسار [istifsa:r] Anfrage *f*
استفسر [istafsara] sich erkundigen nach
استفهم [istafhama] sich erkundigen nach
استقال [istaqa:la] POL zurücktreten; ausscheiden
استقبال [istiqba:l] TV, *Radio* Empfang *m*; *Hotel* Rezeption *f*
استقبل [istaqbala] empfangen, begrüßen
استقرض [istaqrađɒ] *Geld* sich *etw* leihen
استكشف [istakʃafa] *Land* erforschen
استلام [istila:m] *Brief* Empfang *m*; *Gepäck* Ausgabe *f*
استلطف [istalɫɒfa] gern haben, nett finden
استلقى [istalqa:] liegen; sich hinlegen
استلم [istalama] *Post* erhalten
استمارة [istima:ra] Formular *n*; Fragebogen *m*
استمتع ب [istamtaʕa] genießen
استمر [istamarra] (an)dauern; استمر في [istamarra fi:] fortsetzen; *umg* weitermachen
استمرار [istimra:r] Dauer *f*; Fortsetzung *f*
استمع إلى [istamaʕa] abhören; anhören
استنتاج [istinta:dʒ] Schlussfolgerung *f*
استند إلى [istanada] sich (an) lehnen an; sich beziehen auf; sich stützen auf
استنشق [istanʃaqa] einatmen; riechen
استنكر [istankara] Anstoß

nehmen an
استهان ب [istaha:na] unterschätzen
استهدف [istahdafa] zielen
استهزاء [istihza:ʔ] Hohn *m*
استهلاك [istihla:k] WIRTSCH Konsum *m*, Verbrauch *m*
استهلك [istahlaka] verbrauchen
استهوى [istahwa:] verlocken, reizen
استورد [istaurada] WIRTSCH importieren
استولى على [istaula:] MIL, WIRTSCH erobern
استيراد [isti:ra:d] WIRTSCH Import *m*
استيقظ [istaiqaðɒ] aufwachen
أسد [ʔasad], *Pl* **أسود** [ʔusu:d] ZOOL Löwe *m*
1**أسر** [ʔasara, i] gefangen nehmen
2**أسر** [ʔasarra] anvertrauen; einweihen
إسرائيل [ʔisra:ʔi:l] Israel *n*
أسرع [ʔasraʕa] beschleunigen; hetzen, rasen; eilen; sich beeilen
أسرف [ʔasrafa] verschwenden
أسرة [ʔusra], *Pl* **أسر** [ʔusar] Familie *f*
أسس [ʔassasa] gründen
أسطوانة [ʔustʉ:wa:na] MUS Platte *f*, **أسطوانة غاز** [ʔustuwa:nat ɣa:z] Gasflasche *f*
أسطورة [ʔustʉ:ra], *Pl* **أساطير** [ʔasɒ:tʉ:r] Märchen *n*; Sage *f*, Legende *f*
أسطى [ʕustɒ:], *Pl* **أسطوات** [ʕustɒwa:t] *äg* Meister(in) *m(f)*
أسعار [ʔasʕa:r] *Pl* Preise; **أسعار البورصة** [ʔasʕa:r al-bu:rsɒ] Börsenkurs *m*
إسعاف [ʔisʕa:f]: **إسعاف أولي** [ʔisʕa:f ʔawwali:] erste Hilfe *f*
أسعد [ʔasʕada] freuen; es freut (*j-n*)
1**آسف** [ʔa:sif] *m/f* **آسفة** [ʔa:sifa] es tut mir leid
2**أسف** [ʔasaf] Bedauern *n*; **أسفي عليه** [ʔasafi: ʕalaihi] er tut mir leid; **للأسف** [lil-ʔasaf] leider
أسفر عن [ʔasfara] *etw* ergeben
أسفل [ʔasfal] *m/f* **سفلى** [sufla:], *Pl* **أسافل** [ʔasa:fil] unterste(r, -s)
إسفنجة [ʔisfandʒa], *Koll* **إسفنج** [ʔisfandʒ] Schwamm

m
إسفين [ʔisfiːn], *Pl* أسافين [ʔasaːfiːn] Keil *m*
أسقط [ʔasqɒŧɒ] *Flugzeug* abschießen; أسقط من [ʔasqɒŧɒ min] weglassen
أسقى [ʔasqaː] tränken
أسلاف [ʔaslaːf] *Pl* Vorfahren
أسلاك [ʔaslaːk]: أسلاك شائكة [ʔaslaːk ʃaːʔika] Stacheldraht *m*
إسلام [ʔislaːm], الإسلام [al-ʔislaːm] Islam *m*
إسلامي [ʔislaːmiː] islamisch
أسلف [ʔaslafa] *Geld* auslegen
أسلوب [ʔusluːb], *Pl* أساليب [ʔasaːliːb] Art *f*, Weise *f*; Stil *m*; Methode *f*
اسم [ism], *Pl* أسماء [ʔasmaːʔ] Name *m*; GRAM Substantiv *n*; اسم الفاعل [ism al-faːʕil] GRAM Partizip Präsens; اسم المفعول [ism al-mafʕuːl] GRAM Partizip Perfekt; اسمي [ismiː] ich heiße
أسمى [ʔasmaː] nennen
أسند إلى [ʔasnada] lehnen; sich anlehnen
إسهال [ʔishaːl] Durchfall *m*
إسهام [ʔishaːm] Beitrag *m*
أسود [ʔaswad] *m/f* سوداء [saudaːʔ], *Pl* سود [suːd] schwarz
اسود [iswadda] schwarz werden, sein; اسود وجهه [iswadda wadʒhahu] sich blamieren
أسى [ʔasaː] Leid *n*
أسير(ة) [ʔasiːr(a)], *mpl* أسرى [ʔusraː] Gefangene *m/f*
أشار إلى [ʔaʃaːra] auf *etw* deuten, hinweisen
إشارة [ʔiʃaːra] Zeichen *n*; Schild *n*
أشاع [ʔaʃaːʕa] *publik machen* verbreiten
إشاعة [ʔiʃaːʕa] Gerücht *n*
اشتاق إلى [iʃtaːqa] *j-n* vermissen
اشتباك [iʃtibaːk] Auseinandersetzung *f*
اشتراك [iʃtiraːk] Abo *n*; TEL Anschluss *m*
اشتراكي [iʃtiraːkiː] sozialistisch; الاشتراكية الوطنية [al-ʔiʃtiraːkiːja al-wɒŧɒniːja] Nationalsozialismus *m*
اشترك في [iʃtaraka] abonnieren; sich beteiligen an
اشترى [iʃtaraː] kaufen, einkaufen
اشتعال [iʃtiʕaːl] Zündung *f*
اشتعل [iʃtaʕala] sich entzünden

اشتغل [iʃtaɣala] arbeiten, schaffen
اشتكى [iʃtaka:] klagen, sich beschweren
اشتمل على [iʃtamala] enthalten; umfassen
اشتهى [iʃtaha:] Lust haben zu
إشراف على [iʃra:f] Aufsicht *f*
أشرف على [ʔaʃrafa] betreuen; aufpassen
أشرق [ʔaʃraqa] *Sonne* scheinen; strahlen
أشرك في [ʔaʃraka] *j-n* an *etw* beteiligen
أشع [ʔaʃaʕʕa] *fig* strahlen
إشعار [ʔiʃʕa:r] Benachrichtigung *f*; إشعار بتغيير العنوان [ʔiʃʕa:r bitaɣji:r al-ʕunwa:n] sich abmelden (bei)
إشعاع [ʔiʃʕa:ʕ] PHYS Strahlung *f*
إشعاعي [ʔiʃʕa:ʕi:] radioaktiv
أشعر [ʔaʃʕar] behaart
أشعل [ʔaʃʕala] anzünden; sich entzünden
أشفق على [ʔaʃfaqa] *bemitleiden* bedauern
أشقر [ʔaʃqar] *m/f* شقراء [ʃaqra:ʔ], *Pl* شقر [ʃuqr] blond
اشمأز من [iʃmaʔaza] sich ekeln vor
أشياء [ʔaʃja:ʔ] Sachen *f/pl*, Zeug *n*
أشيب [ʔaʃjab] *Haare* grau
إصابة [ʔisɒ:ba] SPORT Tor *n*, Treffer *m*
أصبح [ʔɒsbaħa] *v/i* werden
إصبع [ʔisbaʕ], *Pl* أصابع [ʔasɒ:biʕ] Finger *m*; إصبع الحمرة [ʔisbaʕ al-ħumra] *lib* Lippenstift *m*; إصبع القدم [ʔisbaʕ al-qadam] ANAT Zeh *m*, Zehe *f*
إصدارة [ʔisda:ra] COMPUT Version *f*
أصدر [ʔɒsdara] *Pass* ausstellen
أصر على [ʔɒsɒrra] bestehen auf
اصطاد [istɒ:da] angeln, fischen
إصطبل [ʔistɒbl] Stall *m*
اصطحب [istɒħaba] *j-n* mitnehmen
اصطدم ب [istɒdama] stoßen an *od* gegen
اصطف [istɒffa] AUTO sich einordnen; Schlange stehen, sich anstellen
أصغر [ʔɒsɣar] jüngste(r, -s)
أصغى إلى [ʔɒsɣa:] anhören; zuhören; أصغى ل [ʔɒsɣa: li] horchen auf

أصفر [ʔɒsfar] *m/f* **صفراء** [sɒfraːʔ], *Pl* **صفر** [sufr] gelb; *Person* blass, bleich
أصل [ʔɒsl], *Pl* **أصول** [ʔusuːl] *Text* Original *n*; Ursprung *m*, Herkunft *f*
أصلا [ʔɒslan] *Adv* ursprünglich
إصلاح [ʔislaːħ] Reform *f*
أصلح [ʔɒslaħa] in Ordnung bringen; ausbessern, renovieren; reformieren
أصلع [ʔɒslaʕ] *m/f* **صلعاء** [sɒlʕaːʔ], *Pl* **صلع** [sulaʕ] *Kopf* kahl
أصلي [ʔɒsliː] typisch, original, echt; ursprünglich; hauptsächlich
أصم [ʔɒsamm] *m/f* **صماء** [sɒmmaːʔ], *Pl* **صم** [summ] gehörlos, taub; **أصم أبكم** [ʔɒsɒmm ʔabkam] taubstumm
أصيب ب [ʔusiːba] *Krankheit* befallen
أصيص [ʔasiːs], *Pl* **أصص** [ʔusus] Blumentopf *m*
أصيل [ʔasiːl] original; originell
أضاء [ʔaðɒːʔa] leuchten; einschalten
إضاءة [ʔiðɒːʔa] Licht *f*, Beleuchtung *f*
أضاع [ʔɒðɒːʕa] *Schlüssel* verlieren
أضاف إلى [ʔɒðɒːfa] hinzufügen; addieren
إضافة [iðɒːfa] Ergänzung *f*; **إضافة إلى ذلك** [iðɒːfatan ʔilaː ðaːlik] hinzu kommt
إضافي [iðɒːfiː] extra, zusätzlich; **عبوة إضافية** [ʕubuːwa ʔiðɒfiːja] Nachfüllpackung *f*
أضر ب [ʔɒðɒrra] *Ruf* schädigen
إضراب [ʔiðraːb] Streik *m*
أضرار [ʔɒðraːr] Schaden *m*; **أضرار هيكل السيارة** [ʔɒðraːr haikal as-sajjaːra] Blechschaden *m*
أضرب [ʔɒðraba] streiken
اضطراب [iðtirɒːb] Störung *f* *mst Pl*
أضعف [ʔɒðʕafa] schwächen
أطاح ب [ʔɒtɒːħa] *Person* stürzen
إطار [itɒːr] *a. fig* Rahmen *m*; AUTO Reifen *m*; TECH Schlauch *m*; *Brille* Gestell *n*
أطاع ل [ʔɒtɒːʕa] *j-m* gehorchen
أطاق [ʔɒtɒːqa] ertragen, aushalten
أطباق [ʔɒtbaːq] Geschirr *n*

أطرش [ʔɒŧraʃ] *m*, **طرشاء** [ŧɒrʃa:ʔ] *f*, **طرش** [ŧurʃ] *Pl* gehörlos, taub
أطعم [ʔɒŧʕama] *Kind* füttern
أطعمة [ʔɒŧʕima] *Pl* Kost *f*
أطفأ [ʔɒŧfaʔa] *Licht* ausschalten; *umg* ausmachen; *Durst* stillen
إطفائية [ʔiŧfaʔi:ja] Feuerwehr *f*
أطل [ʔɒŧɒlla], **أطل إلى الخارج** [ʔɒŧɒlla ʔila l-xa:ridʒ] sich hinauslehnen
أطلال [ʔɒŧla:l] *Pl* Trümmer
اطلع على [ʔiŧŧɒlaʕa] sich informieren über; *j-n* benachrichtigen von
أطلق [ʔɒŧlaqa] loslassen; MIL abschießen; **أطلق سراح** [ʔɒŧlaqa sara:ħ] freilassen
اطمأن [iŧmaʔana] *j-m* vertrauen
أطيان [ʔɒŧja:n] Matsch *m*
أظافر [ʔaðɒ:fir] *Katze* Kralle *f*
أظهر [ʔɒðhara] zeigen; **أظهرمفعوله** [ʔɒðhara mafʕu:lahu] *Arznei* wirken
أعاد [ʔaʕa:da] zurückgeben; prüfen
إعادة [ʔiʕa:da] Wiederkehr *f*, Wiederherstellung *f*
أعار [ʔaʕa:ra] *j-m etw* borgen, leihen
إعارة [ʔiʕa:ra] Verleih *m*
أعاق [ʔaʕa:qa] behindern; hindern
أعال [ʔaʕa:la] versorgen; ernähren
أعان [ʔaʕa:na] helfen
اعتاد [iʕta:da] sich gewöhnen an
اعتبار [iʕtiba:r] Rücksicht *f*
اعتبر [iʕtabara] bezeichnen; betrachten; **اعتبر** [uʕtubira] gelten als
اعتداء [iʕtida:ʔ] Attentat *n*, Angriff *m*, Überfall *m*; **إعتداء إرهابي** [ʔiʕtida:ʕ ʔirha:bi:] Terroranschlag *m*
اعتدى على [iʕtada:] *j-n* angreifen
اعتذار [iʕtiða:r] Entschuldigung *f*
اعتذر [iʕtaðara] sich entschuldigen; *j-m* absagen
اعتراض [iʕtirɒ:đ] Protest *m*; JUR Einspruch *m*, Einwand *m*
اعتراف [iʕtira:f] Geständnis *n*; Anerkennung *f*
اعترض على [iʕtarađɒ] protestieren
اعترف [iʕtarafa] gestehen; *j-m etw* zugestehen

اعتزم على [iʕtazama] sich entschließen zu; sich *etw* vornehmen
اعتقد [iʕtaqada] meinen, glauben
اعتقل [iʕtaqala] festnehmen
اعتماد [iʕtimad] Beglaubigung *f*
إعتناء [iʕtina:ʔ] Betreuung *f*, Pflege *f*
اعتنى ب [iʕtana:] pflegen; sorgen für, sich kümmern um; aufpassen auf
اعتيادي [iʕtija:di:] gewohnt
أعجب [ʔaʕdʒaba] gefallen;
أعجب ب [ʔuʕdʒiba] bewundern; schwärmen
أعجوبة [ʔuʕdʒu:ba] Wunder *n*; أعجوبة من عجائب الدنيا [ʔuʕdʒu:ba min ʕadʒa:ʔib ad-dunja:] Weltwunder *n*
أعد¹ [ʔaʕada] *Person* abfertigen
أعد² [ʔaʕadda:] vorbereiten
إعداد [ʔiʕda:d] Vorbereitung *f*
أعدم [ʔaʕdama] hinrichten
أعدى ب [ʔaʕda:] anstecken, infizieren
أعراض [ʔaʕrɒ:đ] *Pl* Symptome
أعراف [ʔaʕra:f] *Brauch* Sitte *f*
أعز [ʔaʕazz] lieber

أعزب [ʔaʕzab] *m*, عزباء [ʕazba:ʔ] *f*, عزب [ʕuzb] *Pl* ledig
أعسر [ʔaʕsar] *m*, عسراء [ʕasra:ʔ] *f*, *Pl* عسر [ʕusr] Linkshänder(in) *m(f)*
أعشاب [ʔaʕʃa:b] Kräuter *Pl*
إعصار [ʔiʕsɒ:r], *Pl* أعاصير [ʔaʕɒ:si:r] Orkan *m*, Sturm *m*, Tornado *m*
أعطب [ʔaʕŧɒba] beschädigen
أعطى [ʔaʕŧɒ:] geben; herausgeben; hergeben; أعطى إجازة مرضية [ʔaʕŧɒ: ʔidʒa:za marɒđi:ja] krankschreiben
أعفى من [ʔaʕfa:] *von Steuern* befreien
إعلان [iʕla:n] Aushang *m*; Inserat *n*, Anzeige *f*; Durchsage *f*, Ansage *f*
أعلم [ʔaʕlama] informieren; mitteilen
أعلن [ʔaʕlana] bekannt geben
أعلى¹ [ʔaʕla:] höher
أعلى² [ʔaʕla:] *m/f* عليا [ʕulja:], *Pl* أعال [ʔaʕa:lin] obere(r, -s); oberste(r, -s)
أعمال [ʔaʕma:l] Arbeiten *f/pl*
أعمى¹ [ʔaʕma:] blind machen, blenden
أعمى² [ʔaʕma:] *m* عمياء

[ʕamjaːʔ] *f*, *Pl* **عميان** [ʕumjaːn] blind
أعنت [ʔaʕnata] schikanieren
أعواما [ʔaʕwaːman] jahrelang
أعوج [ʔaʕwadʒ] *m/f* **عوجاء** [ʕaudʒaːʔ], *Pl* **عوج** [ʕuːdʒ] krumm, schief
إعياء [ʔiʕjaːʔ] Erschöpfung *f*
اغتاب [iɣtaːba] verleumden
اغتال [iɣtaːla] ermorden
اغترب [iɣtaraba] auswandern
اغتصاب [iɣtisɒːb] Vergewaltigung *f*
اغتيال [iɣtijaːl] Ermordung *f*, Mord *m*
أغذية [ʔaɣðiːja] Ernährung *f*
أغراض [ʔaɣrɒːđ] Sachen *f/pl*, Zeug *n*
أغرى [ʔaɣraː] verführen, verlocken, reizen; **أغرى ب** [ʔaɣraː] verleiten zu
أغضب [ʕaɣđɒba] *j-n* ärgern, aufregen
أغطية [ʔaɣtɨja] Überzug *m*; **أغطية السرير** [ʔaɣtɨjat assariːr] Bettbezug *m*
أغفل [ʔaɣfala] übersehen
إغلاق [ʔiɣlaːq] Schließen *n*; Absperrung *f*
أغلب [ʔaɣlab] meiste(r, -s); überwiegend
أغلبية [ʔaɣlabiːja] Mehrheit *f*
أغلق [ʔaɣlaqa] *Tür* schließen, zumachen
إغماء [ʔiɣmaːʔ] MED Ohnmacht *f*
أغمي [ʔuɣmija]: **أغمي عليه** [ʔuɣmija ʕalaihi] das Bewusstsein verlieren
أغنى [ʔaɣnaː] bereichern
أغنية [ʔuɣnija], *Pl* **أغان** [ʔaɣaːnin] Lied *n*
أغوى [ʔaɣwaː] verführen; *umg* aufreißen
أفاد [ʔafaːda] sich ergeben; nutzen
أفاق [ʔafaːqa] aufwachen
افتتاح [iftitaːħ] *Konto* Eröffnung *f*
افتتاحية [iftitaːħiːja] Eröffnung *f*
إفتراضي [ʔiftirɒːđiː] COMPUT virtuell
افترس [iftarasa] fressen
افترض [iftarɒđɒ] voraussetzen
افترق [iftaraqa] sich trennen
افترى على [iftaraː] verleumden
افتقد [iftaqada] vermissen
أفرج عن [ʔafradʒa] entlassen, freilassen
أفرح [ʔafraħa] *j-n* aufheitern, freuen

أفرز [ʔafraza] MED ausscheiden, hervorbringen
أفرغ [ʔafraɣa] ausschütten, leeren
إفريز [ʔifri:z]: إفريز المحطة [ʔifri:z al-maħɒttɒ] Bahnsteig *m*
إفريقيا [ʔifri:qija:] Afrika *n*
أفسد [ʔafsada] *etw* verderben, verpfuschen
أفشى [ʔafʃa:] *umg verraten* auspacken; أفشى سره [ʔafʃa: sirrahu] sich outen
أفضل [ʔafđɒl] besser; الأفضل [al-ʔafđɒl] beste(r, -s); am besten
إفطار [ʔiftɒ:r] Frühstück *n*; REL Fastenbrechen *n*
أفعى [ʔafʕa:], *Pl* أفاع [ʔafa:ʕin] Schlange *f*
أفق [ʔufuq], *Pl* آفاق [ʔa:fa:q] Horizont *m*
أفقي [ʔufuqi:] waagerecht, horizontal
إفلاس [ifla:s] WIRTSCH Konkurs *m*, Pleite *f*
أفلح [ʔaflaħa] gelingen
أفلس [ʔaflasa] Pleite gehen
آفة [ʔa:fa] Seuche *f*
أقام [ʔaqa:ma] sich aufhalten; aufrichten; veranstalten; *Hotel* wohnen
إقامة [ʔiqa:ma] Aufenthalt *m*; إقامة مع وجبتين [ʔiqa:ma maʔa wadʒbatain] Halbpension *f*
اقتباس [iqtiba:s] Zitat *n*
اقتحام [iqtiħa:m] JUR Einbruch *m*
اقتحم [iqtaħama] JUR einbrechen
اقتراح [iqtira:ħ] Vorschlag *m*
اقترب من [iqtaraba] sich nähern, herkommen; bevorstehen
اقترح [iqtaraħa] anregen, vorschlagen
اقترض [iqtarɒđɒ] (sich) *etw* borgen von
اقترع على [iqtaraʕa] auslosen, losen
اقتصاد [iqtisɒ:d] Wirtschaft *f*
اقتصادي [iqtisɒ:di:] wirtschaftlich
اقتصار على [iqtisɒ:r] Beschränkung *f*
اقتصد [iqtasɒda] sparen
اقتضى [iqtađɒ:] erfordern
اقتنع [iqtanaʕa] sich überzeugen
أقدم على [ʕaqdama] *Handlung* unternehmen; sich auf *etw* einlassen
أقر ب [ʔaqarra] anerkennen;

annehmen; sich bekennen zu; *j-m etw* zugestehen
إقرار [ʔiqra:r] Anerkennung *f*; Geständnis *n*
أقرب [ʔaqrab] näher
أقرض [ʔaqrađɒ] *j-m etw* leihen, borgen
أقرع [ʔaqraʕ] *m/f* **قرعاء** [qarʕa:ʔ], *Pl* **قرع** [qurʕ] *Kopf* kahl
أقسم [ʔaqsama] schwören
أقصر [ʔuqsur]: **الأقصر** [al-ʔuqsur] Luxor *n*
1**أقصى** [ʔaqsɒ:] *m*, **قصوى** [quswa:] *f* äußerste(r, s); **أقصى سرعة** [ʔaqsɒ: surʕa] Vollgas *n*
2**أقصى** [ʔaqsɒ:] verdrängen; entfernen
أقفل [ʔaqfala] *Gerät* ausschalten
أقل [ʔaqall] weniger
إقلاع [ʔiqla:ʕ] Abfahrt *f*; FLUG Start *m*
أقلع [ʔaqlaʕa] abfahren, auslaufen; abfliegen; sich *etw* abgewöhnen
أقلق [ʔaqlaqa] bedrücken, beunruhigen
إقليم [ʔiqli:m], *Pl* **أقاليم** [ʔaqa:li:m] Gebiet *n*; Provinz *f*, *Schweiz* Kanton *n*
إقليمي [ʔiqli:mi:] regional
أقلية [ʔaqalli:ja] Minderheit *f*
أقمشة [ʔaqmiʃa] *Pl* Textilien, Stoffe
أقنع [ʔaqnaʕa] überreden, überzeugen
أكاديمي(ة) [ʔaka:di:mi: (-ja)] Akademiker(in) *m(f)*
اكتئاب [ikti:ʔa:b] MED Depression *f*
اكتسب [iktasaba] erwerben; gewinnen
اكتشاف [iktiʃa:f] Entdeckung *f*
اكتشف [iktaʃafa] entdecken
اكتفى ب [iktafa:] sich begnügen mit
أكثر [ʔakθar] mehr; **الأكثر** [al-ʔakθar] am meisten
أكثرية [ʔakθari:ja] Mehrzahl *f*
أكد [ʔakkada] bestätigen; **أكد على** [ʔakkada ʕala:] betonen, hervorheben
إكراما ل [ʔikra:man] *j-m* zuliebe
إكراه [ʔikra:h] Zwang *m*
أكرم [ʔakrama] ehren
أكزخانة [ʔakzaxa:na] *äg* Apotheke *f*
إكزوست [ʔikzu:st] Auspuff *m*
إكزيما [ʔikzi:ma:] MED (Haut) Ausschlag *m*, Ekzem *n*

1أكل [ʔakala, u] essen; أكله جلده [ʔakalahu dʒildahu] jucken
2أكل [ʔakl] *Hund* Futter *n*, Essen *n*
أكلة [ʔakla] Speise *f*
إكليل [ʔikli:l], *Pl* أكاليل [ʔaka:li:l] Kranz *m*
إكمال [ʔikma:l] Ergänzung *f*
أكمل [ʔakmala] vollenden
أكواما [ʔakwa:man] haufenweise
أكون [ʔaku:n] ich bin
أكيد [ʔaki:d] gewiss, sicher
إلا [ʔilla:] bis auf; إلا أن [ʔilla: ʔanna] doch, jedoch
آلام [ʔa:la:m] MED Beschwerden *Pl*
ألبس [ʔalbasa] einkleiden
ألبسة [ʔalbisa] *Pl* Kleider
التآم [iltiʔa:m] *Wunde* Heilung *f*
التجأ إلى [iltadʒaʔa] greifen; einschalten
التحق ب [iltaħaqa] sich anschließen
التزام [iltiza:m] Verpflichtung *f*
التزم ب [iltazama] *Ordnung* halten; *Termin* einhalten
التفت [iltafata] sich umdrehen
التقط [iltaqɒtɒ] *Ball* fangen, auffangen; *Foto* schießen
التقى ب [iltaqa:] treffen; begegnen
التصق [iltasɒqa] haften, kleben an
التماس [iltima:s] Bitte *f*, Petition *f*
التهاب [iltiha:b] MED Entzündung *f*; التهاب الزائدة الدودية [iltiha:b az-za:ʔida ad-du:di:ja] Blinddarmentzündung *f*; التهاب الكبد الفيروسي/الوبائي [iltiha:b al-kabid al-vi:rusi:/al-waba:ʔi:] Hepatitis *f*
التهم [iltahama] fressen
التهى ب [iltaha:] *ablenken* sich zerstreuen
التي [ʔallati:] *f rel Pr* die, welche
ألح في/على [ʔalaħħa] auf *etw* dringen, *j-n* bedrängen
ألحق ب [ʔalħaqa] zuordnen
الحقوني [ʔilħaqu:ni:] Hilfe!
الذي [ʔallaði:] *m/f* التي [ʔallati:] *rel Pr* der, die, das
إلزامي [ʔilza:mi:] obligatorisch
ألزق على [ʔalzaqa] kleben
ألصق على [ʔalsɒqa] kleben
ألعاب [ʔalʕa:b] Spiele *Pl*; ألعاب القوى [ʔalʕa:b al-quwa:]

Leichtathletik *f*; **ألعاب نارية** [ʔalʕa:b na:ri:ja] Feuerwerk *n*

ألعوبة [ʔulʕu:ba], *Pl* **ألاعيب** [ʔala:ʕi:b] *a. fig* Marionette *f*

إلغاء [ʔilɣa:ʔ] *Vertrag* Kündigung *f*

ألغى [alɣa:] absagen, abschaffen; *Plan* umstoßen; TEL abmelden; *Vertrag* kündigen; **أُلغي** [ʔulɣija] ausfallen, entfallen; **ألغى الطلب** [ʔalɣa: ɒt-tɒlab] abbestellen

1**ألف** [ʔalf], *Pl* **آلاف** [ʔa:la:f] tausend

2**ألف** [ʔalifa] *j-m* nahekommen

3**ألف** [ʔallafa] komponieren, verfassen

ألقى [ʔalqa:] (weg)werfen; *Rede* halten; **ألقى القبض على** [ʔalqa: al-qabđ ʕala:] verhaften, festnehmen

الله [alla:h] Gott *m*

1**آلم** [ʔa:lama] schmerzen, wehtun

2**ألم** [ʔalam], *Pl* **آلام** [ʔa:la:m] Leid *n*, Leiden *npl*, Schmerz *m*; **ألم عضلي** [ʔalam ʕađɒlli:] Muskelkater *m*

ألماس [ʔalma:s] Brillant *m*, Diamant *m*

1**ألماني** [ʔalma:ni:] deutsch

2**ألماني(ة)** [ʔalma:ni:(-ja)] Deutsche *m/f*

ألمانيا [ʔalma:nja:] Deutschland *n*

إله [ʔila:h], *Pl* **آلهة** [ʔa:liha] Gott *m*

آلة [ʔa:la] Werkzeug *n*, Gerät *n*; MUS Instrument *n*; TECH Apparat *m*, Maschine *f*; **آلة النسخ** [ʔa:lat an-nasx] Kopierer *m*; **آلة بيع** [ʔa:lat baiʕ] Automat *m*; **آلة تصوير** [ʔa:lat tɒswi:r] Fotoapparat *m*, Kamera *f*

إلهة [ʔila:ha] Göttin *f*

إلهي [ʔila:hi:] göttlich

ألهى عن [ʔalha:] *fig* ablenken

آلو [ʔa:lu:] TEL hallo!

1**آلي** [ʔa:li:] automatisch *Adj*, maschinell

2**إلى** [ʔila:] *Präp Richtung* am; nach; zu; bis, dorthin; **إلى البيت** [ʔila l-bait] heim, nach Hause; **إلى اللقاء** [ʔila l-liqa:ʔ] *umg* bis dann!

آليا [ʔa:li:jan] *Adv* automatisch

ألياف [ʔalja:f]: **ألياف دقيقة** [ʔalja:f daqi:qa] Mikrofaser *f*

أليف [ʔali:f] *Tier* zutraulich, zahm

أليم [ʔali:m] *Angelegenheit* traurig
آلية [ʔa:li:ja] TECH Laufwerk *n*
1**أم** [ʔam] oder
2**أم** [ʔumm], *Pl* **أمهات** [ʔummaha:t] Mutter *f*; **أم وحيدة** [ʔumm waħi:da] Alleinerziehende *f*
أما [ʔamma] aber
أمات [ʔama:ta] töten
إمارة [ʔima:ra], *Pl* **إمارات** [ʔima:ra:t] Emirat *n*; *Pl* Emirate , VAE
أمام [ʔama:ma] *örtlich* vor; **أمام ذلك** [ʔama:ma ða:lik] davor
إمام [ʔima:m] Imam *m*
أمامي [ʔama:mi:] vordere(r, -s)
امبارح [imba:riħ] *äg* gestern
امتثل [imtaθala] *Befehl* befolgen
امتحان [imtiħa:n] Examen *n*, Prüfung *f*; **إمتحان الدراسة الثانوية** [ʔimtiħa:n ad-dira:sa aθ-θa:nawija] Abitur *n*
امتحن [imtaħana] *j-n* prüfen, testen
امتد [imtadda] sich (aus)dehnen; sich erstrecken; *zeitlich* sich hinziehen
امتطي [imtɒtɒ:] reiten
أمتعة [ʔamtiʕa] Gepäck *n*; **أمتعة السفر** [ʔamtiʔat as-safar] Reisegepäck *n*
امتنع عن [imtanaʕa] sich *etw* abgewöhnen; sich weigern; *j-m etw* verweigern; **امتنع عن شهادته** [imtanaʕa ʕan ʃaha:datihi] die Aussage verweigern
امتياز [imtija:z] Vergünstigung *f*
أمثل [ʔamθal] *m/f* **مثلى** [muθla:], *Pl* **أماثل** [ʔama:θil] optimal
أمد ب [ʔamadda] versorgen mit; sich verspäten
إمداد [ʔimda:d]: **إمداد بالطاقة** [ʔimda:d b~~it-ta~~:qa] Energieversorgung *f*
1**أمر** [ʔamara, u] befehlen, kommandieren
2**أمر** [ʔamr], *Pl* **أمور** [ʕumu:r] Angelegenheit *f*, Sache *f*, Affäre *f*, Ding *n*; **الأمر غير مستعجل** [al-ʔamr ɣair mustaʕdʒal] es eilt nicht
3**أمر** [ʔamr], *Pl* **أوامر** [ʔawa:mir] Anweisung *f*, Auftrag *m*, Befehl *m*; **أمر بالاعتقال** [ʔamr bil-iʕtiqa:l] Haftbefehl *m*
امرأة [imraʔa], *Pl* **نساء** [nisa:ʔ] Frau *f*

أمريكا [ʔamri:ka:] Amerika *n*
1أمريكي [ʔamri:ki:] amerikanisch
2أمريكي(ة) [ʔamri:ki: (-ja)] Amerikaner(in) *m(f)*
أمس [ʔams] gestern
إمساك [ʔimsa:k] MED Verstopfung *f*
أمسك [ʔamsaka] packen, zugreifen; *Dieb* fassen; *j-n* zurückhalten; sich zurückhalten; sich festhalten
إمضاء [ʔimḍɒ:ʔ] Unterschrift *f*
أمضى [ʔamḍɒ:] *Zeit* verbringen
أمطار [ʔamṭɒ:r] *Pl* Regen *m*
أمطر [ʔamṭɒra]: أمطرت السماء [ʔamṭɒrat as-sama:ʔ] es regnet
أمعن [ʔamʕana], أمعن في التفكير [ʔamʕana fit-tafki:r] *fig* brüten, grübeln
إمكانية [ʔimka:ni:ja] Möglichkeit *f*
1أمل [ʔamal], *Pl* آمال [ʔa:ma:l] Hoffnung *f*, أمل في [ʔamal fi:] Aussicht *f* auf
2أمل [ʔamala, u] hoffen
3أمل [ʔamalla] langweilen; sich langweilen
إملاء [ʔimla:ʔ] Rechtschreibung *f*
أملاك [ʔamla:k] *Besitz* Gut *n*, Habe *f*
أملس [ʔamlas] glatt
أملى على [ʔamla:] diktieren
1آمن ب [ʔa:mana] glauben an
2آمن [a:min] sicher
1أمن [ʔammana] sichern, versichern
2أمن [ʔamn] Sicherheit *f*
أمنية [ʔumni:ja], *Pl* أماني [ʔama:ni:] Traum *m*, Wunsch *m*
أمة [ʔumma], *Pl* أمم [ʔumam] Nation *f*
أمي(ة) [ʔummi:(-mija)] Analphabet(in) *m(f)*
أمير [ʔami:r], *Pl* أمراء [ʔumara:ʔ] Fürst *m*, Prinz *m*
أميرة [ʔami:ra] Prinzessin *f*
أمين [ʔami:n] *redlich* ehrlich, zuverlässig
الآن [al-a:n] jetzt, nun
1أن [ʔan] *vor Verb* dass
2أن [ʔanna] *vor Nomen* dass; stöhnen
1إن [ʔin] *Bedingung* wenn
2إن [ʔinna] *nach "sagen"* dass; wahrlich; إنه/-ها [ʔinnahu/-ha:] es; إنه لي [ʔinnahu li:] das gehört mir
أنا [ʔana:] ich; أنا دائخ [ʔana:

da:ʔix] mir ist schwindlig; أنا عطشان [ʔana: ʕɒtʃa:n] ich habe Durst; أنا في حاجة ماسة إلى [ʔana fi: ħa:dʒatin ma:sa ʔila:] ich brauche dringend; أنا لست بخير [ʔana: lastu bi-xair] mir ist übel

إناء [ina:ʔ], *Pl* أوان [ʔawa:nin] Behälter *m*, Gefäß *n*

أنار [ʔana:ra] leuchten

إنارة [ʔina:ra] *Licht* Beleuchtung *f*

أناني [ʔana:ni:] egoistisch, rücksichtslos

أنب [ʔannaba] ausschimpfen; أنبه ضميره [ʔannabahu đɒmi:ruhu] ein schlechtes Gewissen haben

انبغى [inbaɣa:] dürfen, sollen

انبنى على [inbana:] beruhen

أنبوبة [ʔunbu:ba], *Pl* أنابيب [ʔana:bi:b] Rohr *n*; Tube *f*; أنبوبة التنفس [ʔunbu:bat attanaffus] Schnorchel *m*

أنت [ʔanta (anti)] *Pron m(f)* du; *höflich* Sie

إنتاج [ʔinta:dʒ] Erzeugnis *n*, Herstellung *f*, Produktion *f*

انتباه [intiba:h] Aufmerksamkeit *f*

انتبه [intabaha] aufpassen; achten auf; merken; انتبه [intabih] Vorsicht!

أنتج [ʔantadʒa] erzeugen, herstellen, hervorbringen, produzieren

انتحار [intiħa:r] Selbstmord *m*

انتحاري(ة) [intiħa:ri:(-ri:ja)] Selbstmordattentäter(in) *m (f)*

انتحب [intaħaba] schluchzen

انتخاب [intixa:b] POL Wahl *f*

انتسب إلى [intasaba] stammen

انتشر [intaʃara] sich ausbreiten; *Vögel* ausschwärmen

انتشل [intaʃala] *Schiff* bergen

انتصار [intisɒ:r] Sieg *m*

انتصر [intasɒra] siegen; besiegen

انتظار [intiðɒ:r] Erwartung *f*

انتظر [intɒðɒra] abwarten, erwarten; warten, sich anstellen

انتعاش [intiʕa:ʃ] WIRTSCH Aufschwung *m*

انتعش [intaʕaʃa] WIRTSCH sich erholen

انتفاخ [intifa:x] MED Schwellung *f*, Blähungen *f/pl*

انتفخ [intafaxa] MED schwellen; blähen

انتقاء [intiqa:ʔ] *Auslese* Auswahl *f*

انتقاد [intiqa:d] *Vorwurf* Kritik *f*
انتقادي [intiqa:di:] kritisch
انتقال [intiqa:l] Auszug *m*, Umzug *m*
انتقالي [intiqa:li:] provisorisch
انتقام [intiqa:m] Rache *f*, Vergeltung *f*
انتقد [intaqada] beanstanden
انتقل [intaqala] sich fortbewegen; انتقل إلى [intaqala ʔila:] einziehen; umziehen; انتقل من [intaqala min] ausziehen
انتقم [intaqama] sich revanchieren, sich rächen
انتقى [intaqa:] aussuchen
انتكاس [intika:s] *a.* MED Rückfall *m*
أنتم (أنتن) [ʔantum(-tunna)] *Pron m(f) Pl* ihr; *Brief* WIRTSCH *Pl* Ihr; Sie
انتماء إلى [intima:ʔ] Zugehörigkeit *f*
انتهاء [intiha:ʔ] Ende *n*
انتهج [intahadʒa] *Weg* einschlagen
انتهز [intahaza] wahrnehmen; ergreifen
انتهك [intahaka] *Recht* verletzen
انتهى [intaha:] enden; vorbei sein; *umg* aus sein; *Fahrkarte* verfallen; انتهى من [intaha: min] aufhören, beenden
أنتيكات [ʔanti:ka:t] *Pl* Antiquitäten
أنثوي [ʔunθawi:] weiblich
إنجاز [ʔindʒa:z] Leistung *f*; إنجازات [ʔindʒa:za:t] *mpl* Errungenschaften *f*
إنجاص [ʔindʒɒ:s] *syr, äg* Birne *f*
أنجب [ʔandʒaba] gebären, zeugen
انجراف [indʒira:f] *Geologie* Erosion *f*
أنجز [ʔandʒaza] abschließen, fertigmachen; *Arbeit* ausführen, leisten bewältigen; besorgen, erledigen
إنجلترا [ʔindʒiltira] England *n*
1 إنجليزي [ʔindʒili:zi:] englisch
2 إنجليزي(ة) [ʔindʒili:zi:(-zi:ja)] Engländer(in) *m(f)*
إنجيلي [ʔindʒi:li:] evangelisch
انحدار [inħida:r] Neigung *f*, Gefälle *n*
انحدر من [inħadara] herkommen; abstammen von
انحرف عن [inħarafa] abbiegen, abweichen
انحصر [inħasɒra] *Finger* ein-

klemmen
انحط [inħɒtːɒ] *Person* herunterkommen
انحل [inħalla] sich auflösen
انحنى [inħanaː] sich bücken; **انحنى خوفا** [inħanaː xaufan] sich ducken
انخدع [inxadaʕa] sich täuschen (lassen)
انخفض [inxafađɒ] sich senken; *Temperatur* sinken; *Preis* fallen
اندفاع [indifaːʕ] *fig* Schwung *m*
اندلع [indalaʕa] *Krieg* ausbrechen
اندمج في [indamadʒa] sich einordnen
اندهش [indahaʃa] staunen
انذار [inðaːr] Warnung *f*; JUR Mahnung *f*, Alarm *m*; Kündigung *f*
انذر [anðara] warnen, mahnen
أنزل [ʔanzala] *Person* unterbringen; COMPUT herunterladen; *Bild* abhängen
انزلق [inzalaqa] gleiten
آنس [ʔaːnis] zutraulich
إنسان [ʔinsaːn] Mensch *m*; **إنسان آلي** [ʔinsaːn ʔaːliː] Roboter *m*
إنساني [ʔinsaːniː] human, menschlich; **الإنسانية** [al-ʔinsaːniːja] Menschheit *f*
انسجام [insidʒaːm] Harmonie *f*
انسجم مع [insadʒama] sich vertragen
آنسة [aːnisa] Fräulein *n*
أنسولين [ʔansuliːn] MED Insulin *n*
أنشأ [ʔanʃaʔa] aufbauen, gründen
أنشد [ʔanʃada] singen
انشغل ب [inʃaɣala bi] beschäftigt sein; *Thema* sich befassen mit
انشق [inʃaqqa] sich spalten
أنشودة [ʔunʃuːda], *Pl* **أناشيد** [ʔanaːʃiːd] Lied *n*
أنشوطة [ʔunʃuːtɒ], *Pl* **أناشيط** [ʔanaːʃiːt] Schleife *f*
إنصاف [insɒːf] Gerechtigkeit *f*
انصب [insɒbba] *fig* hageln
أنصت ل [ʔansɒta] horchen
انصرف [insɒrafa] aufbrechen, weggehen
انضباط [inđibaːt] *Ordnung* Disziplin *f*
انضم إلى [inđɒmma] *in e-e Organisation* eintreten; sich anschließen
انطباع [intibaːʕ] Eindruck *m*

انطبق على [intɒbaqa] *Vorschrift* gelten
انطفأ [intɒfaʔa] *Licht* aus sein
انطلاق [intila:q] Abfahrt *f*; SPORT, *Rakete*, AUTO Start *m*
انطلق [intɒlaqa] starten; losfahren, losgehen; **انطلق من** [intɒlaqa min] annehmen; ausgehen von
انطوى [intɒwa:]: **انطوى تحت لوائه** [intɒwa: taħta liwa:ʔihi] dazugehören
انعدام [inʕida:m]: **انعدام النظام** [inʕida:m an-niðɒ:m] Unordnung *f*
انعدى ب [inʕada:] sich anstecken
انعطف إلى [inʕatafa] einbiegen
انعكاس [inʕika:s] Reflex *m*
انعكس على [inʕakasa] sich spiegeln
أنف [ʔanf], *Pl* **أنوف** [ʔunu:f] ANAT Nase *f*
انفتاح [infita:ħ] WIRTSCH Öffnung *f*
انفتح [infataħa] sich öffnen; aufgehen
انفجار [infidʒa:r] *Vulkan* Ausbruch *m*
انفجر [infadʒara] explodieren; platzen
انفراج [infira:dʒ] POL Entspannung *f*
انفصال [infisɒ:l] POL Abfall *m*
انفصل [infasɒla] auseinandergehen; sich lösen, sich trennen
انفعال [infiʕa:l] BIOL Reiz *m*; Aufregung *f*
انفعالي [infiʕa:li:] impulsiv
انفعل [infaʕala] sich aufregen
أنفق [ʔanfaqa] *Geld* ausgeben; **أنفق على** [ʔanfaqa ʕala:] aufkommen für
انفك [infakka] sich lösen
انفلونزا [influwanza:] MED Grippe *f*
إنقاذ [ʔinqa:ð] Rettung *f*
أنقاض [ʔanqɒ:đ] *Pl* Trümmer
أنقذ [ʔanqaða] befreien, bergen, retten
انقرض [inqarɒđɒ] aussterben
انقسم [inqasama] sich spalten; **انقسم إلى** [inqasama ʔila:] sich aufteilen in
انقشع [inqaʃaʕa] *Nebel* sich auflösen
انقضى [inqɒđɒ:] ablaufen; herum sein
انقطاع [inqitɒ:ʕ] Aus-, Wegfall *m*; **انقطاع التيار الكهربائي** [inqitɒ:ʕ at-tajja:r al-kahruba:ʔi:] Stromausfall

m

انقطع [inqɒŧɒʕa] abbrechen; *Kontakt* abreißen; انقطع عن [inqɒŧɒʕa ʕan] unterlassen, lassen

انقلاب [inqila:b] POL Umsturz *m*

انقلب [inqalaba] *etw* kippen

انكب على [inkabba] sich widmen

أنكر [ʔankara] abstreiten, leugnen

انكسر [inkasara] zerbrechen

انكمش [inkamaʃa] schrumpfen; *Stoff* eingehen, einlaufen

انهار [inha:ra] einstürzen, zerfallen; WIRTSCH einbrechen; COMPUT abstürzen

إنهاك [ʔinha:k] Erschöpfung *f*

انهال [inha:la] *fig* hageln

انهدم [inhadama] einfallen, einstürzen

أنهك [ʔanhaka] *entkräften* fertigmachen

انهماك [inhima:k] Hingabe *f*

أنهى [ʔanha:] etw fertigmachen, beenden; sich auflehnen; أنهى المكالمة [ʔanha: l-muka:lama] TEL auflegen

انهيار [inhija:r] Absturz *m*; انهيار الدورة الدموية [inhija:r ad-daura ad-damawi:ja] Kreislaufkollaps *m*

أنيس [ʔani:s] gesellig, kontaktfreudig

أنيق [ʔani:q] elegant; *umg* schick, flott

آه [ʔa:h] au, aua

أهان [ʔaha:na] beleidigen, demütigen

إهانة [ʔiha:na] Beleidigung *f*

أهبل [ʔahbal] *m*, هبلاء [habla:ʔ] *f*, هبل [hubl] *Pl* blöd; أهبل [ʔahbal] Idiot *m*

اهتدى ب [ihtada:] sich richten nach

اهتم ب [ihtamma] sorgen für, sich kümmern um; sich interessieren für

اهتمام [ihtima:m] Aufmerksamkeit *f*, Interesse *n*

إهداء [ʔihda:ʔ] Widmung *f*

أهدى [ʔahda:] widmen; verschenken

أهل[1] [ʔahl] Volk *n*; *umg* Leute *Pl*; أهل السنة [ʔahl as-sunna] Sunniten *Pl*; أهل المتوفى [ʔahl al-mutawaffa:] Hinterbliebene *mpl*

أهل ل[2] [ʔahhala] ausbilden

أهلا [ʔahlan] *als Antwort* hal-

lo!; أهلا وسهلا [ʔahlan wa-sahlan] willkommen
أهم [ʔahamm] wichtiger; am wichtigsten; الأهم [al-ʔahamm] Hauptsache *f*
أهمل [ʔahmala] unterlassen, versäumen, auslassen; vernachlässigen
أهمية [ʔahami:ja] Wichtigkeit *f*, Bedeutung *f*
أهيف [ʔahjaf] *m/f* هيفاء [haifa:ʔ], *Pl* هيف [hi:f] schlank
أو [ʔau] oder
أوان [ʔawa:nin] Geschirr *n*
أوتوبيس [ʔu:tu:bi:s] *äg* Bus *m*
أوتوستراد [ʔu:tu:stra:d] Autobahn *f*
أوتيل [ʔuti:l] *lib* Hotel *n*
أوج [ʔaudʒ] *fig* Gipfel *m*, Höhepunkt *m*; Hochsaison *f*
أوجاع [ʔaudʒa:ʕ] MED Beschwerden *Pl*; أوجاع الحلق [ʔaudʒa:ʕ al-ħalq] Halsschmerzen *mpl*
أوجز [ʔaudʒaza] zusammenfassen
أوجع [ʔaudʒaʕa] quälen; wehtun
أودع [ʔaudaʕa] aufbewahren, deponieren; FIN anlegen
أوراق [ʔaura:q] *Pl* Unterlagen; أوراق مالية [ʔaura:q ma:li:ja] FIN Wertpapiere *Pl*
أوربية [ʔu:rbi:ja] ANAT Leiste *f*
أورث [ʔauraθa] JUR, BIOL vererben
أوروبا [ʔu:ru:bba:] Europa *n*
أوروبي [ʔu:ru:bi:] europäisch
أوروبي(ة) [ʔu:ru:bi:(-bi:ja)] Europäer(in) *m(f)*
إوز عراقي [ʔiwazz ʕira:qi:] ZOOL Schwan *m*
أوسط [ʔausɒt] *m/f* وسطى [wustɒ:], *Pl* أواسط [ʔawa:sit] mittlere(r, -s)
أوسع [ʔausaʕ] weiter
أوشك على [ʔauʃaka] im Begriff sein zu; bevorstehen
أوصل إلى [ʔausɒla] (hin) bringen
أوصى ب [ʔausɒ:] empfehlen, raten
أوضح [ʔauđɒħa] klarstellen; أوضح ل [ʔauđɒħa li] verdeutlichen; aufklären
أوقات [ʔauqa:t] *Pl* Zeiten; أوقات الدوام [ʔauqa:t ad-dawa:m] Öffnungszeiten *fpl*; أوقات العمل [ʔauqa:t al-ʕamal] Arbeitszeit *f*; أوقات العيادة [ʔauqa:t al-ʕija:da] Sprechstunde *f*; أوقات المعاينة [ʔauqa:t al-

muʕa:jana] *syr, jord* Sprechstunde *f*
أوقد [ʔauqada] zünden
أوقف [ʔauqafa] anhalten, aufhalten; AUTO abstellen, parken; *Gerät* abschalten, stoppen; *Vorgang* beenden
أوقيانوس [ʔu:qija:nu:s] Ozean *m*
أوكازيون [ʔukazju:n] *äg* Schlussverkauf *m*
أوكسجين [ʔuksidʒi:n] Sauerstoff *m*
1أول [ʔawwal] *m*, أولى [ʔu:la:] *f* erste
2أول [ʔawwala] interpretieren, deuten
أولا [ʔawwalan] erst, zuerst
أولوية [ʔaulawi:ja]: أولوية المرور [ʔaulawi:jat almuru:r] Vorfahrt *f*
1أولى [ʔaula:] *Aufmerksamkeit* widmen
2أولى [ʔu:la:] *f* erste
أومض [ʔaumɒđɒ] AUTO *Licht* blinken
1أي [ʔaj] das heißt, also; nämlich
2أي(ة) [ʔajj(a)] *m(f)* welche(r, -s); irgendein(e, -r); was für?; *nach Substantiv* … ما [ma:] beliebig; أي شيء [ʔajju ʃaiʔ] irgendetwas; أي خدمة؟ [ʔajj xidma] was darf es sein?
إياب [ʔija:b] Rückfahrt *f*
أيار [ʔajja:r] *syr* Mai *m*
أيام [ʔajja:m] Tage *Pl*; أيام الثلاثاء [ʔajja:m aθ-θula:θa:ʔ] dienstags; أيام الخميس [ʔajjam al-xami:s] donnerstags
ائتلاف [iʔtila:f] POL Koalition *f*
ائتمان [iʔtima:n] Kredit *m*
إيثاري [ʔi:θa:ri:] selbstlos
إيجابي [ʔi:dʒa:bi:] positiv
إيجار [ʔi:dʒa:r] Miete *f*
أيد [ʔajjada] befürworten, dafür sein; *Person* sich einsetzen für
إيراد [ʔi:ra:d] WIRTSCH Einnahme *f*, Erlös *m*, Ertrag *m*
إيران [ʔi:ra:n] Iran *m*, Persien *n*
إيراني(ة) [ʔi:ra:ni:(-ni:ja)] Perser(in) *m(f)*
أيسر [ʔaisar] *m*, يسرى [jusra:] *f* linke(r, -s)
إيصال [i:sɒ:l] Quittung *f*; إيصال الأمتعة [i:sɒ:l al-ʔamtiʕa] Gepäckschein *m*
أيضا [ʔaiđɒn] auch; ebenfalls, gleichfalls
إيضاح [iđɒ:ħ] Darstellung *f*,

Demonstration *f*
إيطاليا [ʔiːtɒːlja] Italien *n*
إيقاع [ʔiːqaːʕ] MUS Takt *m*; Rhythmus *m*
أيقظ [ʔaiqɒðɒ] wecken
أيقونة [ʔaiquːna] COMPUT Icon *n*
أيل1 [ʔajjil], *Pl* **أيائل** [ʔajaːʔil] ZOOL Hirsch *m*
آيل2 [ʔaːjil]: **آيل إلى السقوط** [ʔaːjil ʔila s-suquːt] baufällig
أيلول [ʔailuːl] *syr* September *m*
إيمان [ʔiːmaːn] REL Glaube *m*
أيمن [ʔaiman] *m* rechte(r, -s)
إيميل [ʔiːmail] COMPUT E-Mail *f*
أين [ʔaina] wo
إيه [ʔeːh] *äg* was
أيوه [ʔaiwa] *äg* ja

ب

ب [bi] in, im; mit; per
بائع(ة) [baːʔiʕ(a)], *mpl* **باعة** [baːʕa] Kassierer(in) *m(f)*, Verkäufer(in) *m(f)*
باب [baːb], *Pl* **أبواب** [ʔabwaːb] Abschnitt *m*, Kapitel *n*; Tor *n*, Tür *f*
بابا [baːbaː] Papa *m*; **البابا** [al-baːbaː] Papst *m*; **بابا نويل** [baːbaː nuːwail] Nikolaus *m*; Weihnachtsmann *m*
بات [baːta, iː] übernachten
باتجاه [biʔittidʒaːhi] *Adv* entgegen
باح ب [baːħa, uː] *umg verraten* auspacken
باحث(ة) [baːħiθ(a)] Forscher (in) *m(f)*
باختصار [biʔixtisɒːr]] kurz; in Umrissen
باخرة [baːxira], *Pl* **بواخر** [bawaːxir] Schiff *n*, Dampfer *m*
بادئ [baːdiːʔ]: **بادئ الأمر** [baːdiːʔ al-ʔamr] am Anfang, zu Anfang
بادل [baːdala] *Gefühle* erwidern; tauschen
باذنجان [baːðindʒaːn], *Sg* **باذنجانة** [baːðindʒaːna] BOT *Koll* Aubergine *f*
باراشوت [baːraːʃuːt] Fallschirm *m*
بارح [baːriħ]: **البارحة** [al-baː-

riħa] gestern
بارد [ba:rid] *Luft* frisch, kühl; kalt
بارز [ba:riz] prominent
بارع [ba:riʕ] *clever* geschickt, tüchtig
باريس [ba:ri:s] Paris *n*
باز [ba:z], *Pl* بيزان [bi:za:n] ZOOL Falke *m*
بازار [ba:za:r] Basar *m*
بازلاء [ba:zila:ʔ] BOT Erbse *f*
بازيلا [ba:zi:lla:] *jord* BOT Erbse *f*
باس [ba:sa, u:] *umg* küssen
باستثناء [biʔistiθna:ʔ] ausgenommen
باستمرار [biʔistimra:r] *Adv* ununterbrochen, ständig
باستهزاء [biʔstihza:ʔ] *Adv* spöttisch
باسل [ba:sil] tapfer
بإسهاب [biʔisha:b] *Adv* ausführlich, eingehend
باسيل [ba:si:l] Bazillus *m*
باص [bɒ:s̶] *syr* Bus *m*, Omnibus *m*
بإصرار [biʔis̶ra:r] *Adv* konsequent
باض [bɒ:đɒ, i:] *Eier* legen; sich legen
باطل [bɒ:ṯil] ungültig; Unrecht *n*
باع [ba:ʕa, i:] *Ware* loswerden; WIRTSCH absetzen, verkaufen
باعث [ba:ʕiθ], *Pl* بواعث [bawa:ʕiθ] *Impuls* Anstoß *m*, Motiv *n*
بإفراط [biʔifrɒ:ɫ] *Adv* übermäßig
باق [ba:qin] übrig, restlich; bleibend; الباقي [al-ba:qi:] Rest *m*
باقة [ba:qa] *Blumen* Strauß *m*
باكر [ba:kir] früh
بال¹ [ba:la, u:] *umg* pinkeln
بال² [ba:lin] schäbig; abgenutzt
بالطو [ba:ltu:] Mantel *m*
بالغ¹ [ba:laɣa] übertreiben
بالغ² [ba:liɣ] mündig, volljährig
بالغ(ة)³ [ba:liɣ(a)] Erwachsene *m*/*f*
بالة [ba:la] *Waren* Ballen *m*
باليه [bali:h] Ballett *n*
باميا [ba:mija:] BOT Okra *f*
بأن [biʔan] indem
بانتظام [biʔintiða:m] regelmäßig
بانكيك [ba:nki:k] Pfannkuchen *m*
بانيو [ba:nju:], *Pl* -هات [-ha:t] Badewanne *f*

باهت [ba:hit] *Farbe* blass, matt
باهر [ba:hir] *Gefühl* überwältigend
باهظ [ba:hið] *Preis* gesalzen, teuer
ببطء [bibutʔ] *Adv* langsam
ببغاء [babaɣa:ʔ], *Pl* **ببغاوات** [babaɣa:wa:t] ZOOL Papagei *m*
بت في [batta, u] (sich) entscheiden; **البتة** [al-batta] kein bisschen
بتراء [bitra:ʔ]: **البتراء** [al-bitra:ʔ] Petra *n*
بترول [bitru:l] Öl *n*, Erdöl *n*
بث [baθθa, u] TV übertragen, senden
بثرة [baθra] MED Pickel *m*
بجل [baddʒala] verehren
بحار [baħħa:r], *Pl* **بحارة** [baħħa:ra] Seemann *m*, Matrose *m*
1**بحث** [baħaθa, a] erforschen, untersuchen; nachschlagen; studieren; suchen; **بحث عن** [baħaθa (a) ʕan] forschen nach; fahnden; nach *etw* umsehen
2**بحث** [baħθ], *Pl* **أبحاث** [ʔabħa:θ] Forschung *f*, Fahndung *f*, Suche *f*
بحر [baħr], *Pl* **بحار** [biħa:r] Meer *n*, See *f*; **البحر الأبيض المتوسط** [al-baħr al-ʔabjɒđ al-mutawassit] Mittelmeer *n*; **بحر البلطيق** [baħr al-baltī:q] Ostsee *f*; **البحر الميت** [al-baħr al-majjit] das Tote Meer *n*
بحري [baħri:] Meeres- ; **البحرية** [al-baħri:ja] Marine *f*
بحص [baħs] *syr* Kies *m*
بحلق [baħlaqa] gaffen; anstarren
بحيث [bi-ħaiθu] sodass
بحيرة [buħaira] See *m*; **بحيرة سباحة** [buħairat siba:ħa] Baggersee *m*
بخاخة [baxxa:xa] Zerstäuber *m*
بخار [buxa:r] Dampf *m*
بخت [baxt] Glück *n*
بخر [baxxara] verdunsten
بخس [baxs] billig
بخيل [baxi:l] kleinlich, geizig
بدء [badʔ] Anfang *m*; SPORT Start *m*
1**بدا** [bada:, u:] *j-m* erscheinen, vorkommen; wirken, aussehen; sich anhören
2**بدأ** [badaʔa, a] anfangen, beginnen, starten
بدائي [bida:ʔi:] primitiv

بدال [badda:l] Pedal *n*; **بدال السرعة** [badda:l as-surʕa] AUTO Gaspedal *n*
بداية [bida:ja] Anfang *m*, Beginn *m*
بدد [baddada] *Zeit* verschwenden; *Zweifel* zerstreuen; sich zerstreuen
بدر [badr], *Pl* **بدور** [budu:r] Vollmond *m*
بدروم [badru:m] Keller *m*
بدل¹ [badal] Entschädigung *f*; **بدلا من** [badalan min] anstatt, statt
بدل² [baddala] *Geld* wechseln; umziehen; umtauschen; **بدل الباص** [baddala al-bɒ:s] *Bus* umsteigen
بدلة [badla], *Pl* **بدل** [bidal] Anzug *m*
بدن [badan], *Pl* **أبدان** [ʔabda:n] Körper *m*
بدني [badani:] körperlich
بدو [al-badw] Beduinen; **البدو الرحل** [al-badw ar-ruħħal] *etwa* Nomaden
بدوي(ة) [badawi:(-wi:ja)], *mpl* **بدو** [badw] Beduine *m* (-in *f*); Nomade *m* (-din *f*)
بديع [badi:ʕ] wunderbar
بديل [badi:l], *Pl* **بدائل** [bada:ʔil] Alternative *f*, Ersatz *m*
بدين [badi:n] *Person* dick
بديهي [badi:hi:] selbstverständlich
بذخ [baðx] Luxus *m*
بذر¹ [baðara, u] säen
بذر² [baððara] verschwenden
بذر³ [baðr], *Pl* **بذور** [buðu:r] Saatgut *n*
بذرة [baðra] BIOL Keim *m*; Samen *m*
بذل [baðala]: **بذل جهده** [baðala dʒuhdahu] sich bemühen, sich engagieren
بذلك [biða:lik] hiermit
بذيء [baði:ʔ] unanständig
بر [bar], *Pl* **برور** [buru:r] (Fest)Land *n*
برا [barra:] *umg* draußen
براد [barra:d] Kühlschrank *m*
براز [bira:z, bura:z] Stuhlgang *m*, Kot *m*; *umg* Scheiße *f*
براية [barra:ja] Bleistiftspitzer *m*
بربري(ة) [barbari:(-ri:ja)], *Pl* **برابرة بربريات/** [bara:bira/ barbari:ja:t] Berber(in) *m* (*f*)
برتقال [burtuqa:l] BOT *Koll* Apfelsinen *f*; **برتقالة** [burtuqa:la] *Sg* Orange *f*
برتقالي [burtuqa:li:] *Farbe* orange

برج [burdʒ], *Pl* **أبراج** [ʔabra:dʒ] Sternzeichen *n*; Turm *m*; **برج الحفر** [burdʒ al-ħafr] TECH Bohrturm *m*

برجمة [burdʒuma], *Pl* **براجم** [bara:dʒim] *Hand* Knöchel *m*

برد[1] [bard] *f* Erkältung *f*; Kälte *f*

برد[2] [barad] METEO Hagel *m*

برد[3] [barada, u] kalt werden; *Person* frieren

برد[4] [barrada] kühlen; abkühlen

بردایة [barda:ja], *Pl* **براد** [bara:din] *Vorhang* Gardine *f*

برر [barrara] rechtfertigen

برع [baraʕa, a] *fig* glänzen

برعم [burʕum], *Pl* **براعم** [bara:ʕim] BOT Knospe *f*

برغوث [barɣu:θ], *Pl* **براغيث** [bara:ɣi:θ] ZOOL Floh *m*

برغي [burɣi:], *Pl* **براغي** [bara:ɣi:] Schraube *f*

برق[1] [baraqa] blitzen; **برقت السماء** [baraqat as-sama:ʔ] es blitzt

برق[2] [barq], *Pl* **بروق** [buru:q] Blitz *m*; **البرق والرعد** [al-barq wa r-raʕd] Gewitter *n*

برقوق [barqu:q] BOT *äg* Pflaume *f*

برقية [barqi:ja] Telegramm *n*

بركان [burka:n], *Pl* **براكين** [bara:ki:n] Vulkan *m*

بركة [birka], *Pl* **برك** [birak] Teich *m*; **بركة سباحة** [birkat siba:ħa] Pool *m*

برلمان [barlama:n] Parlament *n*

برمج [barmadʒa] COMPUT programmieren

برمجيات [barmadʒi:ja:t] *Pl* Software *f*

برميل [barmi:l], *Pl* **براميل** [bara:mi:l] Barrel *m*; Fass *n*, Tonne *f*

برنامج [barna:midʒ], *Pl* **برامج** [bara:midʒ] TV Sendung *f*, Programm *n*

برنس [burnus] (arabischer, langer) Mantel *m*; **برنس الحمام** [burnus al-ħamma:m] Bademantel *m*

برهان [burha:n], *Pl* **براهين** [bara:hi:n] Beweis *m*

برهن [barhana] beweisen, belegen

برهة [burha], *Pl* **بره** [burah] Weile *f*

برواز [birwa:z], *Pl* **براويز** [bara:wi:z] *Bild* Rahmen *m*

بروفسور(ة) [brufisu:r(a)], *Pl* **بروفسورات** [brufisu:ra:t]

Professor(in) *m(f)*
بروكسل [bruksil] Brüssel
برونز [bru:nz] Bronze *f*; **برونزي اللون** [brunzi: al-laun] braun gebrannt
بري [barri:] ZOOL, BOT wild
بريء [bari:ʔ] unschuldig
بريد [bari:d] Post® *f*; **بريد إلكتروني** [bari:d al-ʔiliktru:ni:] COMPUT E-Mail *f*; **بالبريد المسجل** [bil-bari:d al-musaddʒal] per Einschreiben
برية [barri:ja], *Pl* **براري** [bara:ri:j] Steppe *f*, Wildnis *f*
بريز(ة) [bri:z(a)] *syr (äg)* Steckdose *f*
بريطاني [bri:tɒ:ni:] britisch
بريق [bari:q] Glanz *m*
بريمة [bari:ma] Korkenzieher *m*
بزازة [bazza:za] Schnuller *m*
بس [biss], *Pl* **بساس** [bisa:s] *umg* Kater *m*
بساطة [basɒ:tɒ]: **ببساطة وسهولة** [bibasɒ:tɒ wa-suhu:la] ohne weiteres
بسبب [bi-sabab] aufgrund, wegen
بستان [busta:n], *Pl* **بساتين** [basa:ti:n] Garten *m*
بستاني(ة) [busta:ni:(-ni:ja)] Gärtner(in) *m(f)*
بستوني [bastu:ni:] *Spielkarte* Pik *n*
بسرعة [bi-surʕa] *Adv umg* fix, schnell
بسرور [bi-suru:r] gern
¹**بسط** [basatɒ, u] auslegen, ausbreiten; auseinanderfalten, entfalten
²**بسط** [bassɒtɒ] vereinfachen
بسكليت [bisikli:t] *lib* Fahrrad *n*
بسكوت [baskwu:t] Keks *m*, Plätzchen *n*
بسكويت [baskawi:t] Keks *m*
بسة [bissa], *Pl* **بساس** [bisa:s] *umg* Katze *f*
بسهولة [bi-suhu:la] *Adv leicht* lässig
بسيط [basi:t] einfach, leicht; schlicht
بشرة [baʃara] *Mensch* Haut *f*
بشع [baʃiʕ] abstoßend, scheußlich
بصاق [busɒ:q] Spucke *f*
بصق [bɒsɒqa, u] ausspucken; spucken
بصلة [bɒsɒla], *Koll* **بصل** [bɒsɒl] Zwiebel *f*
بضاعة [biđɒ:ʕa], *Pl* **بضائع** [bɒđɒ:ʔiʕ] Ware *f*; *Pl* Güter
بضع(ة) [biđʕ(a)] einige, paar

بطارية [bɒttɒ:ri:ja] Batterie *f*, **بطارية مختزنة** [bɒttɒ:ri:ja muxtazina] ELEK Akku *m*
بطاطا [bɒtɒ:tɒ:] BOT Kartoffel *f*, **بطاطا شيبس** [bɒtɒ:tɒ: ʃi:bs] Chips *Pl*; **بطاطا مشوية** [bɒtɒ:tɒ: maʃwi:ja] Bratkartoffeln *f/pl*; **بطاطا مقلية** [bɒtɒ:tɒ maqli:ja] Pommes frites *Pl*; **بطاطا مهروسة** [bɒtɒ:tɒ: mahru:sa] Kartoffelbrei *m*
بطاطس [bɒtɒ:tis] *äg* Kartoffel *f*
بطاقة [bitɒ:qa] *Etikett* Schild *n*, Etikett *n*, Karte *f*, Personalausweis *m*; **بطاقة التأمين** [bitɒ:qat at-taʔmi:n] Versichertenkarte *f*, **بطاقة الشخصية** [bitɒ:qat aʃ-ʃaxsi:ja] *äg* Personalausweis *m*; **بطاقة الطالب** [bitɒ:qat at-tɒ:lib] Studentenausweis *m*
بطانة [bitɒ:na] *Stoff* Futter *n*
بطانية [bɒtɒ:ni:ja] *Wolle* Decke *f*
بطل(ة) [bɒtɒl(a)], *mpl* **أبطال** [ʔabtɒ:l] Held(in) *m(f)*; Meister(in) *m(f)*
¹**بطن** [bɒtn], *Pl* **بطون** [butu:n] *Bauch* Leib *m*, Bauch *m*, Wurf *m*; **بطن الساق** [bɒtn as-sa:q] Wade *f*, **بطن القدم** [bɒtn al-qadam] ANAT Fußsohle *f*
²**بطن** [bɒttɒna] *Kleidung* füttern
بطة [bɒttɒ] ZOOL Ente *f*, **بطة الساق** [battat as-sa:q] Wade *f*
بطولة [butu:la] SPORT Meisterschaft *f*, Turnier *n*
بطون [bɒtu:n] Beton *m*
بطيء [bɒti:ʔ] lahm, langsam
بطيخة [bɒtti:xa], *Koll* **بطيخ** [bɒtti:x] BOT Wassermelone *f*
بعاد [buʕa:d] *Personen* Trennung *f*
بعث [baʕaθa, a] schicken, abschicken
بعثة [baʕθa], [biʕθa] Expedition *f*, Delegation *f*, Mission *f*
¹**بعد** [baʕd] *zeitlich* nach; **بعد الظهر** [baʕd ɒð-ðuhr] Nachmittag *m*; **بعد أن** [baʕda ʔan] nachdem
²**بعد** [buʕd], *Pl* **أبعاد** [ʔabʕa:d] Ferne *f*, Distanz *f*, Ausmaß *n*, Entfernung *f*
بعض [baʕđ] einige; manche(r, -s); **بعض الأشياء** [baʕđ al-ʔaʃja:ʔ] einiges

بعناية [biʔinaːja] *Adv* sorgfältig
بعوضة [baʕuːđɒ], *Koll* **بعوض** [baʕuː đ] ZOOL Moskito *m*
بعيد [baʕiːd] weit, entfernt, fern
بغض [baɣađɒ, u] hassen
بغل [baɣl], *Pl* **بغال** [biɣaːl] ZOOL Maultier *n*
بق [baqq] *Koll*, **بقة** [baqqa] *Sg* ZOOL Wanze *f*
بقاء [baqaːʔ] *Dauer* Bestand *m*
بقر [baqar] ZOOL *Koll* Rind *n*
بقرة [baqara], *Pl* **بقر** [baqar] ZOOL Kuh *f*
بقشيش [baqʃiːʃ], *Pl* **بقاشيش** [baqaːʃiːʃ] Trinkgeld *n*
بقع [baqaʕa] *beschmutzen* kleckern
بقعة [buqʕa], *Pl* **بقع** [buqaʕ] Fleck *m*; **بقعة ماء** [buqʕat maːʔ] Pfütze *f*
بقي [baqija, aː] bleiben, übrig bleiben; **بقي مستيقظا** [baqija (aː) mustaiqiðɒn] wach bleiben, aufbleiben; **بقي مفتوحا** [baqija (aː) maftuːħan] offen bleiben; **بقي واقفا** [baqija (aː) waːqifan] stehen bleiben
بقية [baqiːja], *Pl* **بقايا** [baqaːjaː] Rest *m*; TV *etc* Fortsetzung *f*
بكى [bakaː, iː] weinen, heulen
بل [bal] sondern; **بل و** [bal wa] sogar
بلا [bilaː] ohne, -los; **بلا شك** [bilaː ʃakk] zweifellos
بلاستيك [blaːstiːk] Plastik *n*, Kunststoff *m*
بلاطة [balɒːŧɒ], *Pl* **بلاط** [balɒːŧ] Fliese *f*; *Straße* Pflaster *n*
بلاغ [balaːɣ] Bekanntmachung *f*; *Medien* Meldung *f*; *Radio* Durchsage *f*; *Polizei* Anzeige *f*
بلبل [balbala] durcheinanderbringen, verwirren
بلبلة [balbala] Durcheinander *n*
بلجيكا [baldʒiːkaː] Belgien *n*
بلحة [balaħa] *frisch* Dattel *f*
بلد [balad], *Pl* **بلدان** [buldaːn], *Pl* **بلاد** [bilaːd] Land *n*
بلدة [balda] *Ortschaft* Gemeinde *f*
بلدي [baladiː] einheimisch, hiesig; ländlich; kommunal; Landsmann *m*
بلدية [baladiːja] *Stadt* Gemeinde *f*
بلطجي [balŧɒdʒiː], *Pl* **بلطجية** [balŧɒdʒiːja] *Rowdy bes äg*

Schläger *m*
بلطة [baltɒ] Axt *f*, Beil *n*
بلع [balaʕa, a] schlucken; sich verschlucken
بلعة [bulʕa] Schluck *m*
بلعوم [bulʕu:m], *Pl* بلاعيم [bala:ʕi:m] Rachen *m*
1بلغ [balaɣa, u] *fig* erreichen; betragen
2بلغ [ballaɣa] *j-m etw* bestellen, mitteilen; بلغ (ه) عن [ballaɣa] *j-n* anzeigen
3بلغ [ballaɣa] ankündigen
بلل [balal] Nässe *f*
بلور [ballu:r] Kristall *m*
بلوط [ballu:ŧ]: البلوط [al-ballu:ŧ] Eiche *f*
بلوفر [bulu:far] Pullover *m*
1بلى [bala:] doch!
2بلي [balija] sich abnutzen
بليد [bali:d] *dümmlich* dumpf
بما [bima:] wodurch; woran; womit; بما في ذالك [bima: fi: ða:lik] einschließlich; بما فيه [bima: fihi] inklusive
بماذا [bima:ða:] womit
1بناء [bina:ʔ], *Pl* أبنية [ʔabnija] Bauwerk *n*; Konstruktion *f*, Bau *m*; بناء على ذلك [bina:ʔan ʕala: ða:lik] folglich
2بناء [banna:ʔ] Maurer *m*
بنادورة [bana:du:ra] *syr* Tomate *f*
بناية [bina:ja] Gebäude *n*
بنت [bint], *Pl* بنات [bana:t] Mädchen *n*, Tochter *f*
بنج [bandʒ] MED Narkose *f*, Betäubungsmittel *n*
بنج [bannadʒa] *a.* MED betäuben
بنجرة [bandʒara], *Koll* بنجر [bandʒar] *rot* Rübe *f*; بنجر السكر [bandʒar as-sukkar] Zuckerrübe *f*
بند [band], *Pl* بنود [bunu:d] *Vertrag* Absatz *m*; Artikel *m*, Paragraf *m*
بندقة [bunduqa], *Koll* بندق [bunduq] BOT Nuss *f*; Haselnuss *f*
بندقية [bunduqi:ja], *Pl* بنادق [bana:diq] Büchse *f*, Gewehr *n*
بندورة [bandu:ra] Tomate *f*
بنزين [binzi:n] Benzin *n*; بنزين سوبر/ممتاز [binzi:n su:bar/mumta:z] Super (benzin) *n*; بنزين عادي [binzi:n ʕa:di:] Normalbenzin *m*
بنسيون [bansju:n] Gästehaus *f*, Pension *f*
بنشر [banʃar] Reifenpanne *f*

بنصر [binsɨr], *Pl* بناصر [banɒːsɨr] Ringfinger *m*
بنطلون [bantɒluːn] Hose *f*; بنطلون سباحة [bantɒluːn sibaːħa] Badehose *f*; بنطلون ضيق [bantɒluːn đɒjjiq] Leggins *f*; بنطلون قصير [bantɒluːn qɒsɨːr] Shorts *Pl*
بنك [bank], *Pl* بنوك [bunuːk] Bank *f a. Möbel*; بنك البيانات [bank al-bajaːnaːt] Datenbank *f*; البنك المنزلي [al-bank al-manziliː] Homebanking *n*
[1]بنى [banaː, iː] bauen; anbauen; aufbauen
[2]بني [bunniː] braun
بنية [binja] Körperbau *m*; بنية تحتية [binja taħtiːja] Infrastruktur *f*
بهاء [bahaːʔ] *fig* Glanz *m*
بهائم [bahaːʔim] *Koll* Vieh *n*
بهار [bahaːr] Gewürz *n*
بهجة [bahdʒa] Freude *f*
بهدل [bahdala] beschimpfen
بهلوان(ة) [bahlawaːn(a)], *Pl m/f* بهلوانات [bahlawaːnaːt] Akrobat(in) *m(f)*
بهو [bahw], *Pl* أبهاء [ʔabhaːʔ] Foyer *n*
بهيمة [bahiːma], *Pl* بهائم [bahaːʔim] Bestie *f*; Vieh *n*
بوابة [bawwaːba] Tor *n*; بوابة خلفية [bawwaːba xalfiːja] AUTO Heckklappe *f*
بوب [bawwaba] *Text* gliedern, einteilen
بؤبؤ [buʔbuʔ]: بؤبؤ العين [buʔbuʔ al-ʕain] Pupille *f*
بوتاجاز [buːtagaːz] *äg* Gaskocher *m*
بوجي [buːdʒiː], *Pl* بواجي [bawaːdʒiː] AUTO Zündkerze *f*
بودرة [buːdra] Puder *m*
بوذية [buːðiːja] Buddhismus *m*
بورصة [buːrsɒ] WIRTSCH Börse *f*
بؤرة [buʔra], *Pl* بؤر [buʔar] *a. fig* Brennpunkt *m*
بوريه [buːriːh] Püree *n*
بوز [buːz], *Pl* أبواز [ʔabwaːz] Schnauze *f*
بؤس [buʔs] Elend *n*
بوسة [buːsa] *umg* Kuss *m*
بوص [buːs] BOT *Koll* Schilf *n*
بوصلة [buːsla] Kompass *m*
بوط [buːt] Stiefel *m*
بوظة [buːðɒ] GASTR *syr* Eis *n*; بوظة أسكيمو [buːðɒ ʔaskiːmuː] Eis am Stiel
بوغاز [buːɣaːz], *Pl* بواغيز [bawaːɣiːz] Meerenge *f*

بوفيه [buːfiːh] kaltes Büfett, Buffet *n*; *Möbel* Büfett; **بوفيه الفطور** [buːfiːh al-futuːr] Frühstücksbüfett *n*

بوق [buːq], *Pl* **أبواق** [ʔabwaːq] MUS Trompete *f*; **بوق السيارة** [buːq as-sajjaːra] Hupe *f*

بوكيه [buːkiːh] *Blumen* Strauß *m*

بول [baul], *Pl* **أبوال** [ʔabwaːl] Urin *m*, Harn *m*; *vulg* Pisse *f*

بومة [buːma], *Pl* **بوم** [buːm] ZOOL Eule *f*

بون [buːn] *Gutschein* Bon *m*

بوني [buːniː] ZOOL Pony *m*

بوية [buːja] Schuhcreme *f*

بيئة [biːʔa] Umgebung *f*, Umwelt *f*

بيئي [biːʔiː] ökologisch

بياض [bajɒːđ] Weiß *n*; Leere *f*; **بياض البيض** [bajɒːđ al-baiđ] Eiweiß *n*; **بياض اللسان** [bajɒːđ al-lisaːn] *Zunge* MED Belag *m*

بيان [bajaːn] *Zoll* Erklärung *f*, Angabe *f*; *Pl* Daten; Personalien *Pl*

1**بيت** [bait], *Pl* **بيوت** [bujuːt] Haus *n*; Zuhause *n*; **بيت إجازة مفروش** [bait ʔidʒaːza mafruːʃ] Ferienhaus *n*; **بيت الشباب** [bait aʃ-ʃabaːb] Jugendherberge *f*

2**بيت** [bait], *Pl* **أبيات** [ʔabjaːt] Vers *m*

بيتي [baitiː] häuslich

بيج [biːdʒ] beige

بيجاما [biːdʒaːma] Schlafanzug *m*

بئر [biʔr], *Pl* **آبار** [ʔaːbaːr] Brunnen *m*

بيرة [biːra] Bier *n*

بيض [baiđ] *Koll* Ei *n*; **بيض مقلي/عيون** [baiđ maqliːj/ʕujuːn] Spiegelei *n*

بيضاوي [baiđɒːwiː] oval

بيضة [baiđɒ], *Pl* **بيض** [baiđ] Ei *n*; **بيضة مقلية مخلوطة** [baiđɒ maqliːja maxluːŧɒ] Rührei *n*

بيع [baiʕ] Verkauf *m*; **بيع مقدم** [baiʕ muqaddam] Vorverkauf *m*

بيكار [biːkaːr] Zirkel *m*

بيكنج بودر [biːking buːdar] Backpulver *n*

1**بين** [baina] zwischen; dazwischen; darunter, unter; **بين الحين والآخر** [bain al-ħiːn wa-l-ʔaːxar] gelegentlich

2**بين** [bajjana] erklären, klarstellen

3**بين** [bajjin] *Adj* deutlich,

sichtlich
بينما [bainama:] *Konj* während

بيولوجيا [bijulu:dʒija:] Biologie *f*

ت

تاب [ta:ba, u:] bereuen, büßen

تأبط [taʔabbɒtɒ] sich *etw* unter den Arm klemmen

1تابع [ta:baʕa] fortsetzen, weitermachen

2تابع(ة) [ta:biʕ(a)], *Pl* أتباع [ʔatba:ʕ] *Person* Anhänger (in) *m(f)*

تابل [ta:bil], *Pl* توابل [tawa:bil] Gewürz *n*

تابوت [ta:bu:t], *Pl* توابيت [tawa:bi:t] Sarg *m*

تأثير [taʔθi:r] Effekt *m*, Einfluss *m*, Wirkung *f*; تأثير جانبي [taʔθi:r dʒa:nibi:] Nebenwirkung *f*

تاج [ta:dʒ], *Pl* تيجان [ti:dʒa:n] Krone *f*

1تاجر [ta:dʒara] WIRTSCH handeln

2تاجر(ة) [ta:dʒir(a)], *mpl* تجار [tudʒa:r] WIRTSCH Händler (in) *m(f)*; تاجر(ة) مخدرات [ta:dʒir(a) muxaddira:t] Dealer(in) *m(f)*

تأجيل [taʔdʒi:l] Aufschub *m*

تأجير [taʔdʒi:r] Verleih *m*; تأجيرالسيارات [taʔdʒi:r as-sajja:ra:t] Autoverleih *m*

1تأخر [taʔaxxara] sich verspäten, zu spät kommen; sich verzögern

2تأخر [taʔaxxur] Verspätung *f*

تأخير [taʔxi:r] Aufschub *m*; Verspätung *f*

تأرجح [taʔardʒaħa] *Kurs* schwanken; pendeln, schaukeln; schweben

تاريخ [ta:ri:x], *Pl* تواريخ [tawa:ri:x] Datum *n*; Geschichte *f*; تاريخ الانتهاء في [ta:ri:x al-intiha:ʔ fi:] haltbar bis; تاريخ الميلاد [ta:ri:x al-mi:la:d] Geburtsdatum *n*

تاريخي [ta:ri:xi:] geschichtlich, historisch

تأسف على [taʔassafa] bemit-

leiden
تأشيرة [taʔʃi:ra] Visum *n*; **تأشيرة الدخول** [taʔʃi:rat ad-duxu:l] Einreisevisum *n*; **تأشيرة المرور** [taʔʃi:rat al-muru:r] Transitvisum *n*
تافه [ta:fih] farblos, harmlos, banal, belanglos, trivial, unwichtig
تأكيد [taʔki:d] Bestätigung *f*; Betonung *f*; **بالتأكيد** [bit-taʔki:d] sicherlich, bestimmt
تال [ta:lin] folgend; **التالي** [at-ta:li:] nächste(r, -s); **بالتالي** [bit-ta:li:] folglich, infolgedessen
1**تالف** [ta:lif] kaputt, verdorben
2**تألف من** [taʔallafa] bestehen aus
تألق [taʔallaqa] glitzern
تام [ta:mm] komplett; perfekt
تامبون [tambu:n] Tampon *m/n*
تأمل [taʔammala] meditieren über; **تأمل في** [taʔammala fi:] bedenken
تأمين [taʔmi:n] Versicherung *f*; **تأمين المسؤولية**/ [taʔmi:n al-masʔu:li:ja] Haftpflichtversicherung *f*; **تأمين جزئي** [taʔmi:n dʒuzʔi:] Teilkaskoversicherung *f*; **تأمين صحي** [taʔmi:n ~~sihhi:~~] Krankenversicherung *f*
تأنيب [taʔni:b] *Tadel* Verweis *m*; **تأنيب الضمير** [taʔni:b ɒđ-đɒmi:r] Skrupel *Pl*
تاه عن [ta:ha, u:] sich verfahren
تأهب ل [taʔahaba] sich bereithalten
تأهيل [taʔhi:l] Ausbildung *f*
1**تبادل** [taba:dala] sich *od etw* (aus)tauschen
2**تبادل** [taba:dul] Austausch *m*; **تبادل الرسائل** [taba:dul ar-rasa:ʔil] Briefwechsel *m*
تباهى ب [taba:ha:] *prahlen* angeben
تباين [taba:jun] Gegensatz *m*, Kontrast *m*
تبجح [tabaddʒaħa] prahlen
تبخر [tabaxxara] verdunsten
تبديل [tabdi:l] Wechsel *m*
تبرئة [tabriʔa] JUR Freispruch *m*
تبرد [tabarrada] sich abkühlen
تبرع [tabarruʕ] Spende *f*
تبريد [tabri:d] Kühlung *f*
تبشير [tabʃi:r] REL Mission *f*
تبصر في [tabɒssɒra] nach-

denken
تبضع [tabɒđđɒʕa] einkaufen gehen
تبع [tabiʕa, a] folgen; nachlaufen
تبعية ل [tabaʕiːja] Zugehörigkeit *f*
تبقى [tabaqqaː] übrig bleiben
تبل [tabbala] würzen
تبليغ [tabliːɣ] Mitteilung *f*
تبن [tibn] Stroh *n*
تبنى [tabanna] adoptieren
تبين [tabajjana] sich zeigen, sich herausstellen
تثاءب [taθaːʔaba] gähnen
تجارة [tidʒaːra] WIRTSCH Handel *m*
تجاري [tidʒaːriː] geschäftlich
تجاه [tidʒaːh] gegenüber
تجاهل [tadʒaːhala] ignorieren, sich hinwegsetzen über; übersehen
تجاوز [tadʒaːwaza] *Gesetz* übertreten; überholen; sich hinwegsetzen über
تجديد [tadʒdiːd] Neuerung *f*
تجرأ على [tadʒaraʔa] sich trauen; sich *etw* herausnehmen, sich *etw* leisten
تجربة [tadʒriba], *Pl* تجارب [tadʒaːrib] Experiment *n*, Probe *f*, Erfahrung *f*
تجسس [tadʒassasa] schnüffeln, spionieren
تجعيدة [tadʒʔiːda], *Pl* تجاعيد [tadʒaːʕiːd] *Geologie* Falte *f*
تجلط [tadʒallɒŧɒ] *Blut, Milch* gerinnen
تجمد [tadʒammada] *Gliedmaßen* erfrieren, gefrieren; *umg* es friert
تجمع [tadʒammuʕ] Versammlung *f*
تجمل [tadʒammala] sich schön machen
تجنب [tadʒannaba] *Hindernis* umgehen; *Problem* ausweichen, vermeiden
تجنب [tadʒannaba] um *etw* herumkommen
تجنيد [tadʒniːd]: التجنيد الإجباري [at-tadʒniːd al-ʔidʒbaːriː] Wehrpflicht *f*
تجهيز [tadʒhiːz] Ausstattung *f*, *Pl* تجهيزات [tadʒhiːzaːt] Ausrüstung *f*
تجوال [tidʒwaːl] Rundgang *m*; Wanderung *f*
تجول [tadʒawwala] *Internet* surfen; umherlaufen, bummeln
تحادث [taħaːdaθa] plaudern
تحاشى [taħaːʃa] *Hindernis* umgehen

تحالف [taħa:luf] Koalition *f*, Bündnis *n*

تحت [taħt, taħta] *unterhalb* darunter; *weniger als* unter; **تحت أرضي** [taħt ʔarđiː] unterirdisch

تحدث [taħaddaθa] reden; sich unterhalten; sprechen über *od* mit

تحدى [taħadda:] herausfordern

تحديد [taħdi:d] *a.* MED Diagnose *f*, Definition *f*; **بالتحديد** [bit-taħdi:d] ausgerechnet

تحذير [taħði:r] Warnung *f*

تحرش ب [taħarraʃa] provozieren

تحرك [taħarraka] losfahren; sich fortbewegen

تحرى [taħarra:] ermitteln, erforschen

تحرير [taħri:r] Befreiung *f*, Liberalisierung *f*

تحريريا [taħri:ri:jan] *Adv* schriftlich

تحريض ضد [taħriːđ] Aufwiegelung *f*, Hetze *f*

تحزم [taħazzama] sich anschnallen

تحسب ل [taħassaba] vorbeugen

تحسس [taħassasa] tasten

تحسن [taħassun] (Ver)Besserung *f*

تحسين [taħsi:n] Verbesserung *f*

تحضير [taħđiːr] Vorbereitung *f*

تحفة [tuħfa], *Pl* **تحف** [tuħaf] Werk *n*; Kunstwerk *n*, Meisterwerk *n*; **تحفة قديمة** [tuħfa qadi:ma] Antiquität *f*

تحقق [taħaqqaqa] sich erfüllen; eintreffen; feststellen; prüfen

تحقيق [taħqi:q] JUR Untersuchung *f*

تحكم[1] [taħakkum] Kontrolle *f*; **تحكم آلي** [taħakkum ʔa:li:] Automatik *f*; **التحكم عن بعد** [at-taħakkum ʕan buʕd] Fernbedienung *f*

فيتحكم[2] [taħakkama] kontrollieren

تحلاية [tiħla:ja] Nachtisch *m*

تحلية [taħli:ja] Dessert *n*

تحليل [taħli:l], *Pl* **تحاليل** [taħa:li:l] Analyse *f*

تحمس ل [taħammasa] sich begeistern für

تحمل [taħammala] *Kosten* übernehmen; *Stress* aushalten, verkraften

تحميل [taħmi:l] COMPUT Upload *m*
تحميلة [taħmi:la], *Pl* **تحاميل** [taħa:mi:l] MED Zäpfchen *n*
تحول [taħawwul] Wandel *m*; Wende *f*
تحية [taħi:ja] Gruß *m*
تحويلة [taħwi:la] Umleitung *f*; *Geld* Überweisung
تخاصم [taxɒ:sɒma] streiten
تخانق مع [taʃa:ħana] sich zanken
تخبط [taxabbɒtɒ] zappeln
تخت [taxt], *Pl* **تخوت** [tuxu:t] Bett *n*
تخثر [taxaθθara] gerinnen
تخدير [taxdi:r] MED Narkose *f*
تخرج [taxarradʒa] *Schule* durchlaufen
تخطى [taxɒttɒ:] überwinden
تخطيط [taxti:t] Planung *f*; **تخطيط كهربائي للقلب** [taxti:t kahruba:ʔi: lil-qalb] MED EKG *n* (Elektrokardiogramm)
تخفيض [taxfi:đ] Ermäßigung *f*
تخفيف [taxfi:f] Erleichterung *f*
تخلخل [taxalxala] sich lockern; wackeln
تخلص من [taxallɒsɒ] j-n, etw loswerden
تخلف [taxalluf] Rückstand *m*
تخلل [taxallala] dazwischenliegen
تخلى عن [taxalla:] verzichten, aufgeben
تخليص [taxli:s] *Gepäck* Abfertigung *f*
تخمر [taxammara] gären
تخمين [taxmi:n] Vermutung *f*
تخوف [taxawwuf] Befürchtung *f*
تخيل[1] [taxajjala] *denken* sich vorstellen; sich *etw* einbilden
تخيل[2] [taxajjul] *Idee* Vorstellung *f*
تخييم [taxji:m] Camping *n*
تداخل [tada:xala] sich überschneiden
تدافع [tada:faʕa] sich drängen
تدبر [tadabbara] abwägen
تدبير [tadbi:r] Leitung *f*; **تدبير منزلي** [tadbi:r manzili:] Haushalt *m*
تدحرج [tadaħradʒa] sich wälzen
تدخل في [tadaxxala] eingreifen; sich einmischen
تدرب [tadarraba] sich einarbeiten; üben
تدريب [tadri:b] Ausbildung *f*,

Training *n*; **التدريب المهني** [at-tadri:b al-mihani:] Berufsausbildung *f*, Lehre *f*; **تدريب عملي** [tadri:b ʕamali:] Praktikum *n*
تدريجيا [tadri:dʒi:jan] allmählich
تدفئة [tadfiʔa] Heizung *f*; **تدفئة بالغاز** [tadfiʔa bil-ɣa:z] Gasheizung *f*; **تدفئة مركزية** [tadfiʔa markazi:ja] Zentralheizung *f*
تدفق [tadaffaqa] sprudeln
تدليك [tadli:k] Massage *f*
تدمر [tadmur] Palmyra *n*
تدمير [tadmi:r] Zerstörung *f*
تدنى [tadana:] FIN *Kurs* sinken
تدهور [tadahwara] *fig* herunterkommen, verkommen
1**تذبذب** [taðabðaba] schwanken
2**تذبذب** [taðabðub] Schwingung *f*
تذكار [tiðka:r] Andenken *n*; **تذكارا ل** [taðka:ran li] zum Gedenken an
تذكر [taðakkara] sich erinnern an
تذكرة [taðkira], *Pl* **تذاكر** [taða:kir] Ticket *n*, Eintrittskarte *f*, Ausweis *m*
تذمر [taðammara] meckern, murren
تراءى ل [tara:ʔa:] in Sicht kommen, sein
تراب [tura:b], *Pl* **أتربة** [ʔatriba] Boden *m*
ترابط [tara:bɒtɒ] zusammenhängen
1**تراجع** [tara:dʒaʕa] nachgeben; zurücknehmen; sich distanzieren
2**تراجع** [tara:dʒuʕ] Rückgang *m*
تراحم [tara:ħum] Verständnis *n*
تراخى [tara:xa:] sich lockern
تراسل [tara:sul] Korrespondenz *f*
1**تراكم** [tara:kama] sich häufen
2**تراكم** [tara:kum] *Wasser* Stau *m*
ترام [t(i)ra:m] Straßenbahn *f*
تران [tra:n] *lib* Bahn *f*
ترباس [tirba:s], *Pl* **ترابيس** [tara:bi:s] Riegel *m*
تربة [turba], *Pl* **ترب** [turab] *Boden* Erde *f*
تربوي [tarbawi:] pädagogisch
تربية [tarbija] Erziehung *f*, Zucht *f*
ترتيب [tarti:b] Regelung *f*, Reihenfolge *f*; **بالترتيب** [bit-tarti:b] der Reihe nach

ترجم [tardʒama] *Text* übersetzen; ترجم شفهيا [tardʒama ʃafahi:jan] dolmetschen
ترجمان(ة) [turdʒuma:n(a)], *Pl* تراجمة [tara:dʒima] Dolmetscher(in) *m(f)*
ترجمة [tardʒama] Übersetzung *f*
ترحيب [tarħi:b] Begrüßung *f*
ترخيص [tarxi:s], *Pl* تراخيص [tara:xi:s] Erlaubnis *f*
¹تردد [taraddada] schwanken; zögern
²تردد [taraddud] *a.* PHYS Frequenz *f*
ترزي(ة) [tarzi:(-zi:ja)], *Pl* ترزية [tarzi:ja] *äg* Schneider (in) *m(f)*
ترعرع [taraʕraʕa] aufwachsen
ترف [taraf] Luxus *m*
ترفيه [tarfi:h] Unterhaltung *f*, Vergnügen *n*
ترق [taraqin] *Karriere* Aufstieg *m*
ترقب [taraqqaba] abwarten, warten
ترقوة [tarquwa], *Pl* تراق [tara:qin] ANAT Schlüsselbein *n*
ترك [taraka, u] aufgeben; hinterlassen; *Firma* ausscheiden; *umg* aussteigen
تركة [tirka] *Erbschaft* Nachlass *m*
تركيا [turkja:] Türkei *f*
تركيب [tarki:b] *Zahlen* Kombination *f*, Zusammensetzung *f*
تركيبي [tarki:bi:] synthetisch
تركيز [tarki:s] Konzentration *f*
ترماي [turummai] *äg* Straßenbahn *f*
ترنح [tarannaħa] wanken
تروس [turu:s] TECH Getriebe *n*
تروى في [tarawwa:] (sich) überlegen
ترويقة [tarwi:qa] *syr* Frühstück *n*
تزاحم [taza:ħama] sich drängen
تزايد [taza:jud] WIRTSCH Zuwachs *m*
تزحزح [tazaħzaħa] rücken
تزحلق [tazaħlaqa] (aus)rutschen; gleiten; Wasserski fahren
تزعزع [tazaʕzaʕa] wackeln
تزعم [tazaʕama] anführen
تزلج [tazalladʒa] Ski laufen; Eis laufen; surfen
تزوج [tazawwadʒa] heiraten

تزوير [tazwi:r] Fälschung *f*
تزين [tazajjana] sich schminken, sich schön machen
تزييف [tazji:f] Fälschung *f*
تساقط [tasa:qɒtɒ] fallen (lassen); schneien
تسالى [tasa:la:] naschen
تساهل [tasa:hala] *fig* entgegenkommen
تساو [tasa:win] Gleichheit *f*
تساوى [tasa:wa:] entsprechen; gleichen
تسجيل [tasdʒi:l] Anmeldung *f*, Buchung *f*
تسديد [tasdi:d] Zahlung *f*, Rückzahlung *f*, **تسديد بالتقسيط** [tasdi:d bit-taqsi:ŧ] auf Raten
تسرب [tasarraba] *Flüssigkeit* auslaufen; eindringen; *Gas* entweichen
تسريب [tasri:b] MED Infusion *f*
تسريحة [tasri:ħa] Frisur *f*, Haarschnitt *m*
تسع [tisʕ] *f* neun; **تسع عشر** [tisʕa ʕaʃar] *f* neunzehn; **تسع مائة** [tisʕu miʔa] neunhundert
تسعة [tisʕa] *m* neun; **تسعة عشر** [tisʕata ʕaʃar] *m* neunzehn
تسعون [tisʕu:n] neunzig
تسكع [tasakkaʕa] faulenzen
تسلح [tasalluħ] MIL Rüstung *f*
تسلق[1] [tasalluq] Aufstieg *m*; **تسلق الجبال** [tasalluq al-dʒiba:l] Bergsteigen *n*
تسلق[2] [tasallaqa] klettern; Berg steigen
تسلل [tasallala] *Flüssigkeit* eindringen; schleichen
تسلم [tasallama] übernehmen
تسلى ب [tasalla:] sich ablenken; sich beschäftigen; sich vergnügen
تسليم [tasli:m]: **تسليم الحقائب** [tasli:m al-ħaqa:ʔib] Gepäckannahme *f*
تسلية [taslija], *Pl* **تسالي** [tasa:li:] Unterhaltung *f*, Vergnügen *n*
تسمم [tasammum] Vergiftung *f*
تسمية [tasmi:ja] *Name* Bezeichnung *f*
تسهيل [tashi:l] Vereinfachung *f*, Erleichterung *f*
تسوس [tasawwus]: **تسوس الأسنان** [tasawwus al-ʔasna:n] MED Karies *f*
تسوق[1] [tasawwaqa] einkaufen gehen
تسوق[2] [tasawwuq] Einkauf *m*
تسول [tasawwala] betteln

تسويق [taswiːq] WIRTSCH Absatz *m*; Marketing *n*
تسوية [taswiːja] Ausgleich *m*
تشات [tʃaːt] COMPUT Chat *m*
تشاجر [taʃaːdʒara] (sich) zanken
تشبث ب [taʃabbaθa] sich klammern an
تشخيص [taʃxiːs] MED Diagnose *f*, Befund *m*
تشردق [taʃardaqa] sich verschlucken
تشريع [taʃriːʕ] Gesetzgebung *f*
تشريفة [taʃriːfa] Zeremonie *f*
تشرين [taʃriːn]: **تشرين الأول** [taʃriːn al-ʔawwal] *syr* Oktober *m*; **تشرين الثاني** [taʃriːn aθ-θaːniː] *syr* November *m*
تشقق [taʃaqaqa] *Haut* aufspringen
تشكيل [taʃkiːl] *Formung* Bildung *f*
تشكيلة [taʃkiːla] Auswahl *f*; Sortiment *n*
تشمس [taʃammasa] sich sonnen
تشمم [taʃammama] schnuppern
تشنج [taʃannudʒ] Krampf *m*
تشويش [taʃwiːʃ] *Radio* Störung *f*
تصاحب مع [tasɒːħaba] befreundet sein
تصادق [tasɒːdaqa] sich anfreunden
تصادم [tasɒːdama] zusammenstoßen
تصاعد [tasɒːʕada]: **تصاعد البخار من** [tɒsɒːʕada al-buxaːr] dampfen
تصالح [tasɒːlaħa] sich versöhnen
تصحيح [tɒsħiːħ] Korrektur *f*
تصدع [tasɒdduʕ] *Wand* Riss *m*
تصدى إلى [tasɒddaː] eingehen auf
تصدير [tɒsdiːr] WIRTSCH Export *m*
تصديق على [tɒsdiːq] Beglaubigung *f*
تصرف [tasɒrrafa] sich aufführen; sich verhalten; handeln
تصرف [tasɒrruf] Benehmen *n*, Verhalten *n*
تصريح [tɒsriːħ] *amtliche* Genehmigung *f*; POL Mitteilung *f*; **تصريح الإقامة** [tɒsriːħ al-ʔiqaːma] Aufenthaltserlaubnis *f*
تصعيد [tɒsʕiːd] COMPUT Upload *m*

تصفح [tasɒffaħa] blättern
تصفيق [tɒsfi:q] Applaus *m*, Beifall *m*
تصفية [tɒsfi:ja] Ausverkauf *m*
تصليح [tɒsli:ħ] Reparatur *f*
تصميم [tɒsmi:m], *Pl* **تصاميم** [tɒsɒ:mi:m] Konstruktion *f*; Entwurf *m*; **تصميم الصفحة** [tɒsmi:m as-sɒfħa] Layout *n*
تصنع [tasɒnnaʕa] vortäuschen
¹**تصور** [tasɒwwara] sich *etw* vorstellen
²**تصور** [tasɒwwur] *Idee* Vorstellung *f*
تصوير [tɒswi:r] Abbildung *f*
تصويرة [tɒswi:ra], *Pl* **تصاوير** [tɒsɒ:wi:r] Illustration *f*
تضاءل [tađɒ:ʔala] schrumpfen
تضاد [tađɒ:dd] Kontrast *m*
تضارب [tađɒ:raba] sich widersprechen; sich prügeln
تضامني [tađɒ:muni:] solidarisch
تضايق من [tađɒ:jaqa] sich ärgern
تضخم [tađɒxxum] FIN Inflation *f*
تضرع [tađɒrraʕa] flehen
تضلع في [tɒđɒllaʕa] sich auskennen in
تضليل [tɒđli:l] Täuschung *f*
تضمن [tađɒmmana] beinhalten
تطاير [taŧɒ:jara] verdunsten
تطبيق [tɒŧbi:q] Anwendung *f*; **التطبيق العملي** [at-tɒŧbi:q al-ʕamali:] Praxis *f*
تطريز [tɒŧri:z] Stickerei *f*
تطعيم [tɒŧʕi:m] Impfung *f*
تطفل [taŧɒffala] COMPUT hacken
تطلب [taŧɒllaba] erfordern
تطلع إلى [taŧɒllaʕa] blicken
¹**تطور** [taŧɒwwara] sich entwickeln
²**تطور** [taŧɒwwur] Entwicklung *f*
تطوعي [taŧɒwwuʕi:] freiwillig
تظاهر [taðɒ:hur] POL Demonstration *f*
تظاهر ب [taðɒ:hara] sich verstellen; *j-m etw* vormachen, vortäuschen
تظاهرة [taðɒ:hura] Kundgebung *f*
تعادل [taʕa:dul] SPORT Ausgleich *m*, Unentschieden *n*
تعارض [taʕa:ruđ] Widerspruch *m*
تعارك مع [taʕa:raka] raufen
تعاطي [taʔɒ:ŧi:]: **تعاطي**

الكحول [taʔɒːti: al-kaħuːl] Alkoholkonsum *m*
تعاقب [taʕaːqub] Reihenfolge *f*
تعامل [taʕaːmala] vorgehen; umgehen
تعانق [taʕaːnaqa] schmusen
تعاون [taʕaːwun] Mitarbeit *f*; Zusammenarbeit *f*
تعايش [taʕaːjaʃa] zusammenleben
تعب [taʕab] Müdigkeit *f*; Mühe *f*
تعبان [taʕbaːn] müde; *umg* fix und fertig
تعبير [taʕbiːr], *Pl* تعابير [taʕaːbiːr] Ausdruck *m*
تعثر [taʕaθara] stocken; stolpern
تعجب من [taʕaddʒaba] sich wundern; staunen
تعديل [taʕdiːl] *Modifikation* Änderung *f*
تعذيب [taʕðiːb] Bestrafung *f*
تعرج [taʕarrudʒ] Schlangenlinie *f*, Zickzack *m*
1تعرف ب/على [taʕarrafa] kennen lernen; identifizieren, erkennen
2تعرف [taʔarruf] Bekanntschaft *f*
1تعري [taʕarriː] Striptease *m*
2تعرى [taʕarra] sich ausziehen
تعريف [taʕriːf] Definition *f*
تعزيز [taʕziːz] Verstärkung *f*
تعزية [taʕziːja], *Pl* تعازٍ [taʕaːzin] Beileid *n*
تعسفي [taʕassufiː] willkürlich
تعشى [taʕaʃʃaː] zu Abend essen
تعشيقة [taʕʃiːqa], *Pl* تعاشيق [taʕaːʃiːq] TECH Getriebe *n*; AUTO Kupplung *f*
تعطل [taʕɒttɒla] TECH ausfallen
تعفرت [taʕafrata] *Kinder* toben
تعفن [taʕaffana] faulen, verfaulen
تعقب [taʕaqqaba] verfolgen
تعقيد [taʕqiːd] Komplikation *f*
تعلق [taʕallaqa] hängen; تعلق ب [taʕallaqa bi] ankommen auf
تعلم [taʕallama] lernen; studieren
تعليق [taʕliːq], *Pl* تعاليق [taʕaːliːq] Bemerkung *f*, Kommentar *m*
تعليل [taʕliːl], *Pl* تعاليل [taʕaːliːl] Begründung *f*
تعليم [taʕliːm] Bildung *f*, Unterricht *m*; تعليم متواصل

[taʕliːm mutawɒːsˤil] Fortbildung *f*; *Pl* Gebrauchsanweisung *f*
تعمد [taʕammada] sich vornehmen
تعمق [taʕammuq] *fig* Vertiefung *f*; **بتعمق** [bi-taʕammuq] *Adv* gründlich
تعميد [taʕmiːd] REL Taufe *f*
تعميق [taʕmiːq] *fig* Vertiefung *f*
تعود على [taʕawwada] sich *etw* angewöhnen; sich gewöhnen an
تعويض [taʕwiːđ] Schadenersatz *m*, Abfindung *f*; **تعويض مادي** [taʕwiːđ maːddiː] Schmerzensgeld *n*
تعيس [taʕiːs] unglücklich
تعين على [taʕajjana] sollen
تغدى [taɣaddaː] zu Mittag essen
تغذية [taɣðija] *Versorgung* Ernährung *f*
تغرغر [taɣarɣara] gurgeln
تغطى [taɣɒttɒː] sich zudecken
تغلب على [taɣallaba] *Schwierigkeit* besiegen, überwinden
¹**تغير** [taɣajjara] sich (ver)ändern
²**تغير** [taɣajjur] Veränderung *f*; **تغير في الحرف الصوتي** [taɣajjur fil-ħarf as-sɒutiː] GRAM Umlaut *m*
تغيير [taɣjiːr] Umstellung *f*, Veränderung *f*, Abwechslung *f*
تفاح [tuffaːħ] BOT *Koll* Apfel *m*
تفاحة [tuffaːħa] *Sg* Apfel *m*
تفاخر [tafaːxara] prahlen
تفادى [tafaːdaː] vermeiden
تفاعل [tafaːʕul] CHEM Reaktion *f*
تفاعلي [tafaːʕuliː] COMPUT, *Soziologie* interaktiv
¹**تفاهم** [tafaːhama] sich verständigen; sich gut verstehen
²**تفاهم** [tafaːhuːm] Verständigung *f*
تفتت [tafattata] bröckeln; zerfallen
تفتح [tafattaħa] *Blüte* sich entfalten
تفتيش [taftiːʃ] *Zoll* Kontrolle *f*
تفحص [tafaħħasɒ] *j-n* mustern; sich umsehen; forschen nach
تفرج [tafaradʒa] sich *etw* ansehen
تفرق [tafarraqa] auseinandergehen; *Menschenmenge*

sich zerstreuen
تفريغ [tafriːɣ] *Post* Leerung *f*
تفسح [tafassaħa] spazieren gehen; *umg* bummeln
تفسير [tafsiːr] *Deutung* Kommentar *m*
تفشى [tafaʃʃaː] sich ausbreiten
تفصيل [tafsɨːl], *Pl* تفاصيل [tafɒːsɨːl] Detail *n*, Einzelheit *f*; بالتفصيل [bit-tafsɨːl] ausführlich; gründlich
تفضل [tafɒđđɒla]: تفضل [tafɒđđɒl] *auffordernd* bitte; herein!; nimm/nehmen Sie Platz!
تفضلوا [tafɒđđɒluː] *Pl auffordernd* bitte; herein!; nehmt/nehmen Sie Platz!
تفضلي [tafɒđđɒliː] *f auffordernd* bitte; herein!; nimm/nehmen Sie Platz!
تفهم [tafahhum] Verständnis *n*
تفوق¹ [tafawwuq] Vorsprung *m*
تفوق² على [tafawwaqa] *j-m* voraus sein
تفويض [tafwɨːđ] Vollmacht *f*
تقابل مع [taqaːbala] sich treffen mit; zusammentreffen
تقارير [taqaːriːr] *Pl* Bericht *m*
تقاسم مع [taqaːsama] aufteilen; sich teilen
تقاطع¹ [taqɒːŧɒʕa] sich überschneiden; *Straßen* sich kreuzen
تقاطع² [taqɒːŧuʕ], تقاطع طرق [taqɒːŧuʕ ŧuruq] *Verkehr* Kreuzung *f*
تقانة [tiqaːna] Technologie *f*
تقاوي [taqaːwiː] *äg* Saatgut *n*
تقبل [taqabbala] sich abfinden mit, akzeptieren
تقدم¹ [taqaddama] vorankommen; vorwärtsgehen; تقدم بطلب [taqaddama bitɒlab] beantragen; sich bewerben
تقدم² [taqaddum] Fortschritt *m*
تقدمي [taqaddumiː] fortschrittlich
تقدير [taqdiːr] Note *f*, Zensur *f*; تقديرا ل [taqdiːran li] dank
تقديم [taqdiːm] Vorführung *f*
تقريبا [taqriːban] fast, ungefähr, zirka; *mit Impf* كاد [kaːda, aː] beinah(e)
تقرير [taqriːr] Bericht *m*; تقرير الخبراء [taqriːr al-xubaraːʔ] Gutachten *n*
تقصى [taqɒssɒː] nachforschen

تقلب [taqallaba] *Kurs* schwanken; *Wetter* umschlagen; sich umsehen
تقلص [taqallus] Krampf *m*
تقليد [taqli:d], *Pl* تقاليد [taqa:li:d] Brauch *m*, Tradition *f*, Imitation *f*
تقليدي [taqli:di:] traditionell
تقنع [taqannaʕa] sich maskieren
تقني [tiqani:] technisch; تقني (ة) [tiqani:(-ni:ja)] Techniker(in) *m(f)*
تقنية [tiqni:ja] Technik *f*
تقويرة [taqwi:ra] *Kleid* Ausschnitt *m*
تقويم [taqwi:m] *Jahreslauf* Kalender *m*
تقوية [taqwija] *a. fig* Verstärkung *f*
تقي [taqi:] fromm
تقيأ [taqajjaʔa] sich erbrechen, sich übergeben; *umg* speien, brechen
تقيح [taqajjaħa] eitern
تقييد [taqji:d] FIN Buchung *f*
تك [takka, u] ticken
تكاثر [taka:θara] BIOL sich vermehren; MED *Geschwür* wuchern
تكاسل [taka:sala] faulenzen
تكدس [takaddasa] sich häufen
تكسر [takassara] zerspringen
تكفل ب [takaffala] sorgen für
تكلفة [taklifa], *Pl* تكاليف [taka:li:f] Kosten *Pl*
تكلم [takallama] reden, sprechen
بتكليف [takli:f] Aufgabe *f*, Auftrag *m*
تكهن [takahhana] prophezeien, vorhersagen
تكون [takawwana] entstehen; تكون من [takawwana min] bestehen aus
تكوين [takwi:n] Formung *f*, Bildung *f*
تكيف مع [takajjafa] sich anpassen; sich umstellen
تل [tall], *Pl* تلال [tila:l] Hügel *m*; تل أبيب [tal ʔabi:b] Tel Aviv *n*
تلا [tala:, u:] vorlesen
تلاءم مع [tala:ʔama] übereinstimmen
تلاحم [tala:ħama] *fig* zusammenhalten
تلاعب في [tala:ʕaba] manipulieren
تلألأ [talaʔlaʔa] blinken; funkeln, glitzern
تلامس [tala:mus] *Berührung* Kontakt *m*
تلخلخ [talaxlaxa] *Zahn* wa-

ckeln
تلخيص [talxi:s] Zusammenfassung *f*
تلعثم [talaʕθama] stocken, stottern
تلف [talaf], *Pl* أتلاف [ʔatla:f] TECH Schaden *m*, Beschädigung *f*
تلف [talifa, a] verderben *v/i*
تلفت [talafata]: تلفت يمينا وشمالا [talafata jami:nan wa-ʃima:lan] sich umsehen
تلفزيون [tilfizju:n] Fernsehen *n*; Fernseher *m*
تلفن ل [talfana] telefonieren, anrufen
تلقائي [tilqa:ʔi:] *Adj*, تلقائيا [tilqa:ʔi:jan] *Adv* automatisch; spontan
تلقى [talaqqa:] bekommen; *umg* kriegen
تلكأ [talakaʔa] bummeln, trödeln
تلميح [talmi:ħ], *Pl* تلاميح [tala:mi:ħ] *Hinweis* Tipp *m*, Andeutung *f*
تلميذ(ة) [tilmi:ð(a)], *mpl* تلاميذ [tala:mi:ð] Schüler (in) *m(f)*
تلهى ب [talahha:] sich amüsieren
تلوث [talawwuθ]: تلوث البيئة [talawwuθ al-bi:ʔa] Umweltverschmutzung *f*
تماس [tama:s] ELEK Kontakt *m*
تماسك [tama:saka] *fig* zusammenhalten
تمالك [tama:laka]: تمالك أعصابه [tama:laka ʔaʕsɒ:bahu] sich beherrschen
تماما [tama:man] *Adv* komplett, total
تمتع [tamattaʕa] Freude haben; تمتع ب [tamattaʕa bi] besitzen; genießen
تمتم [tamtama] murmeln
تمثال [timθa:l], *Pl* تماثيل [tama:θi:l] Figur *f*, Denkmal *n*, Statue *f*
تمدد [tamaddada] sich hinlegen
تمرجي [tamargi:] *äg* Krankenpfleger *m*
تمرجية [tamargi:ja] Krankenschwester *f*
تمرد على [tamarrada] rebellieren; sich auflehnen gegen
تمركز [tamarkuz] Konzentration *f*
تمرن [tamarrana] üben
تمرة [tamra] BOT *getrocknete* Dattel *f*
تمريض [tamri:đ] MED Pflege *f*

تمرين [tamri:n], *Pl* **تمارين** [tama:ri:n] Übung *f*, Training *n*

1**تمزق** [tamazzaqa] reißen, zerreißen

2**تمزق** [tamazzuq] Riss *m*; **تمزق الأربطة** [tamazzuq al-ʔarbitɒ] Bänderriss *m*

تمساح [timsa:ħ], *Pl* **تماسيح** [tama:si:ħ] ZOOL Krokodil *n*

تمسك ب [tamassaka] sich klammern an; bestehen auf

تمشط [tamaʃʃɒtɒ] sich kämmen

تمشى [tamaʃʃa:] spazieren gehen

تمطق [tamɒttɒqa] schmatzen

تمطى [tamɒttɒ:] sich strecken

تمعن [tamaʕana] *prüfen* betrachten

تمكن من [tamakkana] können

تملق [tamallaqa] schmeicheln

تمم [tammama] ergänzen

تمنى [tamanna:] wünschen; **تمنى له ب** [tamanna: lahu] *j-m etw* wünschen

تمهيد [tamhi:d] Einleitung *f*, Vorwort *n*

تمور [tamu:r] BOT Datteln *flpl*

تموز [tammu:z] *syr* Juli *m*

تنازع [tana:zaʕa] streiten

1**تنازل** [tana:zul] Zugeständnis *n*

2**عنتنازل** [tana:zala] verzichten; **تنازل له عن دوره** [tana:zala lahu ʕan daurihi] vorlassen

تناسب [tana:saba] zusammenpassen; übereinstimmen

تناسق [tana:saqa] zusammenpassen

تناسل [tana:sul] Fortpflanzung *f*

تنافس [tana:fus] Konkurrenz *f*

تناقض [tana:quđ] Widerspruch *m*

1**على تناوب** [tana:waba] sich abwechseln

2**تناوب** [tana:wub]: **بالتناوب** [bit-tana:wub] der Reihe nach

1**تناول** [tana:wala] MED, *Essen* einnehmen; *Thema* behandeln

2**تناول** [tana:wul] MED Einnahme *f*

تنبؤ [tanabbuʔ] Prognose *f*

تنبأ ب [tanabbaʔa] vorhersagen

تنبيه [tanbi:h] Mahnung *f*, Anmerkung *f*

تنحنح [tanaħnaħa] sich räus-

pern
تنحى عن [tanaħħa:] ausweichen
تنزه [tanazzaha] spazieren fahren
تنزيل [tanzi:l] Rabatt *m*, Abzug *m*; COMPUT Download *m*; Update *n*; *Pl* Sonderangebot *n*; Schlussverkauf *m*
تنس [tinis] SPORT Tennis *n*; تنس الريشة [tennis ar-ri:ʃa] Badminton *n*
تنشف [tanaʃʃafa] sich abtrocknen
تنصت [tanɒssɒta] lauschen; abhören
تنصل من [tanɒssɒla] *e-r Verantwortung* sich entziehen; sich distanzieren
تنظيف [tanði:f] Reinigung *f*
تنظيم [tanði:m] Regelung *f*
تنفس [tanaffasa] atmen; einatmen
تنقل [tanaqqala] TV zappen
تنك [tanak] Blech *n*
تنكر [tanakkara] sich verkleiden
تنمية [tanmija] WIRTSCH Entwicklung *f*
تنهد [tanahhada] seufzen
تنوب [tannu:b] BOT Tanne *f*
تنورة [tannu:ra], *Pl* تنانير [tana:ni:r] Rock *m*
تنوع [tanawwuʕ] *Vielfalt* Abwechslung *f*
تنويم [tanwi:m] Einschläfern *n*
تنويه [tanwi:h] Andeutung *f*
تنين [tinni:n], *Pl* تنانين [tana:ni:n] Drache *m*
تهجى [tahaddʒa:] buchstabieren
تهدم [tahaddama] *Gebäude* verfallen
تهديد [tahdi:d] Drohung *f*
تهرب من [taharraba] *e-r Verantwortung* sich entziehen; *Frage* ausweichen
تهمة [tuhma], *Pl* تهم [tuham] Verdacht *m*, Vorwurf *m*
تهنئة [tahniʔa] Glückwunsch *m*; تهاني القلبية [taha:ni: alqalbi:ja] herzlichen Glückwunsch!
تهور [tahawwur] Leichtsinn *m*; بتهور [bi-tahawwur] blindlings
تهوية [tahwija] Lüftung *f*
توا [tawwan] *Adv zeitlich* eben
توابل [tawa:bil] *Pl* Würze *f*
تواجد [tawa:dʒada] existieren; *Ort* sich befinden
توازن [tawa:zun] Gleichgewicht *n*

توصل إلى [tawɒssɒla] herankommen; erzielen; TEL durchkommen
توصية [tausi:ja] Empfehlung *f*
توضيب [tauđi:b] *Ware* Aufmachung *f*
توضيح [tauđi:ħ] Kommentar *m a.* REL
توعد ب [tawaʕʕada] bedrohen; drohen
توعك [tawaʕʕaka] *gesundheitlich* sich nicht wohlfühlen
توفي [tuwuffija] sterben
توفيق [taufi:q]: **بالتوفيق** [bit-taufi:q] alles Gute!
1**توقع** [tauqaʕa] erwarten
2**توقع** [tawaqqaʕa] annehmen, ausgehen von; voraussehen
3**توقع** [tawaqquʕ] Erwartung *f*; Prognose *f*
1**توقف** [tawaqqafa] *Auto* anhalten, stehen bleiben; unterbrechen; **توقف على** [tawaqqafa ʕala:] abhängen von
2**توقف** [tawaqquf] Zwischenlandung *f*
توقيت [tauqi:t] Timing *n*; **توقيت صيفي** [tauqi:t sɒifi:] Sommerzeit *f*

تواعد مع [tawa:ʕada] sich verabreden
توافق [tawa:fuq] Harmonie *f*
توأم [tauʔam], *Pl* **توائم** [tawa:ʔim] Zwilling *m*
توت [tu:t], **توت أرضي** [tu:t ʔarđi:] BOT Erdbeere *f*
توتر [tawattur] *a.* POL Spannung *f*; Unruhe *f*; Nervosität *f*; **توتر شديد** [tawattur ʃadi:d] *fig* Hochspannung *f*; **توتر نفسي** [tawattur nafsi:] Stress *m*
توجه إلى [tawaddʒaha] sich wenden an
توجيه [taudʒi:h] Ausrichtung *f*, Lenkung *f*,; **توجيه سيرفو** [taudʒi:h sairvo] AUTO Servolenkung *f*; **توجيهات** [taudʒi:ha:t] Richtlinien *f/pl*
توراة [taura:t], **التوراة** [at-taura:t] *Judentum* Thora *f*; **التوراة والإنجيل** [at-taura:t wal-ʔindʒi:l] *christliche.* Bibel *f*
تورم [tawarrum] MED Schwellung *f*
توريد [tauri:d] Lieferung *f*
توزيع [tauzi:ʕ] Verteilung *f*
توسط [tawassɒtɒ] dazwischen sein; vermitteln
توسيع [tausi:ʕ] Erweiterung *f*

توقيع [tauqi:ʕ] Unterschrift *f*
توكيل [tauki:l] Vollmacht *f*
تولى [tawalla:] übernehmen
تونس [tu:nis] Tunesien *n*; Tunis *n*
توهج [tawahhadʒa] glühen
توهم [tawahhama] sich *etw* einbilden
التي [allati:] *rel Pr* die
تيار [tajja:r] *fig* ELEK Strom *m*, Strömung *f*
تيس [tais], *Pl* تيوس [tuju:s] ZOOL *Ziege* Bock *m*
تيفود [ti:fu:d] MED Typhus *m*
تينة [ti:na], *Koll* تين [ti:n] BOT Feige *f*
ثؤلول [θuʔlu:l], *Pl* ثآليل [θaʔa:li:l] Warze *f*
ثابت [θa:bit] gleichmäßig; fest, stabil
¹ثار [θa:ra] *Wind* toben; ثار غضبا [θa:ra ɣɒđɒban] ausflippen
²ثأر [θaʔara, a] rächen; sich rächen
³ثأر [θaʔr] Rache *f*, Vergeltung *f*
ثاقب [θa:qib] *Verstand* scharf
ثالث [θa:liθ], الثالث(ة) [aθ-θa:liθ(a)] dritte(r, -s); ثالثا [θa:liθan] drittens
ثامن [θa:min], الثامن(ة) [aθ-θa:min(a)] achte(r, -s)
ثان (ية) [θa:nin(-ni:ja)] *m(f)* zweite(r, -s)
ثانوي [θa:nawi:] nebensächlich
ثانيا [θa:nijan] zweitens
ثانية [θa:nija], *Pl* ثوان [θawa:nin] Sekunde *f*
ثبات [θaba:t] Ausdauer *f*
¹ثبت [θabata, u] feststehen; befestigen
²ثبت [θabbata] schrauben, anschrauben
ثخين [θaxi:n] dick
ثدي [θadj], *Pl* أثداء [ʔaθda:ʔ] Brust *f*
ثديان [θadja:n] *Dual* Busen *m*
ثرثرة [θarθara] Gerede *n*, Klatsch *m*
ثروة [θarwa], *Pl* ثروات [θarwa:t] Reichtum *m*, Vermögen *n*; Schatz *m*; الثروات المعدنية [aθ-θarwa:t al-maʕdani:ja] Bodenschätze *mpl*
ثري [θari:] reich, wohlhabend
ثعلب [θaʕlab], *Pl* ثعالب [θaʕa:lib] ZOOL Fuchs *m*
ثغر [θaɣr], *Pl* ثغور [θuɣu:r] Hafenstadt *f*
ثغرة [θaɣra] Lücke *f*
ثقافة [θaqa:fa] Bildung *f*,

Kultur *f*
ثقافي [θaqa:fi:] kulturell
ثقب [θaqaba, u] *Loch* bohren
ثقب [θuqb] Loch *n*
ثقة [θiqa] Vertrauen *n*; ثقة بالنفس [θiqa bin-nafs] Selbstvertrauen *n*
ثقيل [θaqi:l] schwer; ثقيل الدم [θaqi:l ad-dam] lästig; ثقيل السمع [θaqi:l as-samʕ] schwerhörig; ثقيل الظل [θaqi:l að-ðill] unsympathisch
ثلاث(ة) [θala:θ(a)] *m(f)* drei; ثلاث مرات [θala:θa marra:t] dreimal; الثلاثاء [aθ-θula:θa:ʔ] Dienstag *m*; ثلاثة عشر (ثلاث عشرة) [θala:θata ʕaʃar (θala:θa ʕaʃara)] dreizehn *m(f)*
ثلاثمائة [θala:θumiʔa] dreihundert
ثلاثون [θala:θu:n] dreißig
ثلاثي [θula:θi:] dreifach
ثلاجة [θalla:dʒa] Kühlschrank *m*; ثلاجة التجميد [θalla:dʒat at-tadʒmi:d] Gefriertruhe *f*
ثلث [θulθ], *Pl* أثلاث [ʔaθla:θ] Drittel *n*
ثلج [θaldʒ], *Pl* ثلوج [θulu:dʒ] Schnee *m*; Eis *n*
ثلم [θalim] *Messer* stumpf
ثم [θumma] *zeitlich* darauf, dann
ثمانون [θama:nu:n] achtzig
ثمانية (ثمان) [θama:nija (θama:nin)] acht *m(f)*; ثمانية عشر [θama:nija ʕaʃar] achtzehn
ثمرة [θamara], *Pl* ثمار [θima:r] Frucht *f*
ثمل [θamil] betrunken
ثمن[1] [θaman], *Pl* أثمان [ʔaθma:n] Preis *m*
ثمن[2] [θumn], *Pl* أثمان [ʔaθma:n] Achtel *n*
ثمين [θami:n] *Schmuck* wertvoll, kostbar
ثناء [θana:ʔ] Lob *n*
ثنائي [θuna:ʔi:] doppelt; zweiseitig; ثنائي اللغة [θuna:ʔi: l-luɣa] zweisprachig
ثنى [θana:, i:] *krümmen* biegen, abbiegen; beugen; falten, knicken
ثنية [θanja] Falte *f*
ثوب [θaub], *Pl* ثياب [θija:b] Kleid *n*; Kleidungsstück *n*; *Pl* Kleidung *f*
ثور [θaur], *Pl* ثيران [θi:ra:n] Bulle *m*; Stier *m*; ثور مخصي [θaur maxsi:] Ochse *m*
ثوران [θawara:n] Vulkanaus-

bruch *m*
ثورة [θaura] Aufstand *m*, Revolution *f*
ثوم [θu:m] BOT *Koll* Knoblauch *m*
ثياب [θija:b] Kleidung *f*; ثياب داخلية [θija:b da:xili:ja] Unterwäsche *f*

ج

جاء [dʒa:ʔa, i:] kommen; dran sein
جاب [dʒa:ba, u:] *reisen* herumkommen
جاتوه [gatu:h] Torte *f*
جاحد [dʒa:ħid] undankbar
جاد[1] [dʒa:dd] ernst, seriös
جاد[2] على ب [dʒa:da] *Gutes tun* gönnen
جادل [dʒa:dala] diskutieren
جاذبية [dʒa:ðibi:ja] *fig* Reiz *m*, Zauber *m*
جار(ة)[1] [dʒa:r(a)], *mpl* جيران [dʒi:ra:n] Nachbar(in) *m(f)*
جار[2] [dʒa:rin] laufend
جارور [dʒa:ru:r], *Pl* جوارير [dʒawa:ri:r] *bes syr* Schublade *f*
جاز [dʒa:za, u]: جاز له [dʒa:za lahu] dürfen
جاسوس(ة) [dʒa:su:s(a)], *mpl* جواسيس [dʒawa:si:s] Spion (in) *m(f)*
جاع [dʒa:ʕa] Hunger haben, hungern
جاف[1] [dʒa:ff] dürr, trocken
جاف[2] [dʒa:fin] unfreundlich
جاكيت [dʒaki:t] Jacke *f*, Jackett *n*, Sakko *n*; Blazer *m*; جاكيت مشمع [dʒa:ki:t muʃammaʕ] Regenjacke *f*
جالس [dʒa:lasa] Gesellschaft leisten
جالية [dʒa:lija] *Kolonie* Gemeinschaft *f*
جامد [dʒa:mid] *a. fig* hart; starr, steif
جامع [dʒa:miʕ], *Pl* جوامع [dʒawa:miʕ] Moschee *f*
جامعة [dʒa:miʕa] Hochschule *f*, Universität *f*
جامعي(ة) [dʒa:miʔi: (-ʔi:ja)] Akademiker(in) *m(f)*
جامل [dʒa:mala] schmeicheln
جاموس [dʒa:mu:s], *Pl* جواميس [dʒawa:mi:s] ZOOL

Büffel *m*
جانب [dʒa:nib], *Pl* **جوانب** [dʒawa:nib] Seite *f*; **بجانب** [bidʒa:nib] *örtlich* daneben, neben
جاه [dʒa:h] Ruhm *m*
جاهز [dʒa:hiz] bereit; fertig
جاهل [dʒa:hil] ungebildet
جاهلية [dʒa:hili:ja] vorislamische Zeit *f*
جاور [dʒa:wara] an *etw* grenzen
جائز [dʒa:ʔiz] zulässig
جائزة [dʒa:ʔiza], *Pl* **جوائز** [dʒawa:ʔiz] Belohnung *f*, Prämie *f*
جائع [dʒa:ʔiʕ] hungrig
جبال [dʒiba:l] *Pl* Gebirge *n*
[1]**جبان** [dʒaba:n] feig(e)
[2]**جبان(ة)** [dʒaba:n(a)], *mpl* **جبناء** [dʒubana:ʔ] *m(f)* Feigling *m*
جبصين [dʒibsi:n] *syr* Gips *m*
جبل [dʒabal], *Pl* **جبال** [dʒiba:l] Berg *m*
جبلي [dʒabali:] bergig, gebirgig
جبن [dʒubn] *Koll* Käse *m*
جبنة [dʒubna] Käse *m*; **جبنة غنم** [dʒubnat ɣanam] Schafskäse *m*; **جبنة ماعز** [dʒubnat ma:ʕiz] Ziegenkäse *m*
جبهة [dʒabha] MIL Front *f*, Stirn *f*
جبين [dʒabi:n], *Pl* **جبن** [dʒubun] Stirn *f*
جثة [dʒuθθa], *Pl* **جثث** [dʒuθaθ] Leiche *f*
جثمان [dʒuθma:n] Leiche *f*
جحر [dʒuħr], *Pl* **أجحار** [ʔadʒħa:r], **جحور** [dʒuħu:r] Höhle *f*, Bau *m*
جحيم [dʒaħi:m] Hölle *f*
جد [dʒadd], *Pl* **أجداد** [adʒda:d], **جدود** [dʒudu:d] Großvater *m*, Opa *m*; **الجدان** [aldʒadda:n] Großeltern *Pl*
جدا [dʒiddan]] *Adv* sehr; *umg* furchtbar
جدار [dʒida:r], *Pl* **جدران** [dʒudra:n] Mauer *f*, Wand *f*
جدارة [dʒada:ra] Kompetenz *f*
جدال [dʒida:l] *Disput* Diskussion *f*
جدد [dʒaddada] erneuern; renovieren
جدر ب [dʒadura, u] wert sein
جدري [dʒudari:] Pocken *f/pl*; **جدري الماء** [dʒudari: alma:ʔ] Windpocken *Pl*
جدل [dʒadal] Auseinandersetzung *f*, Streit *m*
جدل [dʒadala, u] flechten

جدول [dʒadwal], *Pl* جداول [dʒada:wil] Bach *m*; Liste *f*; Fahr-, Flugplan *m*

جدة [dʒadda] Großmutter *f*, Oma *f*

جدي [dʒaddi:, dʒiddi:] ernst; seriös

جديد [dʒadi:d] neu, neuartig

جدير [dʒadi:r] wert, würdig; جدير بالنظر [dʒadi:r binnɒðɒr] sehenswert

جديلة [dʒadi:la], *Pl* جدائل [dʒada:ʔil] Zopf *m*

جذاب [dʒaðða:b] attraktiv, bezaubernd

جذب [dʒaðaba, i] anlocken, anziehen

جذر [dʒaðr], *Pl* جذور [dʒuðu:r] Wurzel *f*

جذري [dʒiðri:] radikal

جذع [dʒiðʕ], *Pl* جذوع [dʒuðu:ʕ], أجذاع [ʔadʒða:ʕ] Rumpf *m*; BOT Stamm *m*

جذف [dʒaððafa] rudern

جر [dʒarra, u] abschleppen; ziehen

جراحة [dʒira:ħa] MED Chirurgie *f*

جرادة [dʒara:da], *Koll* جراد [dʒara:d] ZOOL Heuschrecke *f*

جرار [dʒarra:r] Traktor *m*

جرافة [dʒarra:fa] ZOOL Raupe *f*

جرب [dʒarraba] probieren; ausprobieren

جرثومة [dʒarθu:ma], *Pl* جراثيم [dʒara:θi:m] MED Erreger *m*; Keim *m*; Bakterie *f*

جرح [dʒaraħa, a] *Gefühl* verletzen, wehtun

جرح [dʒurħ], *Pl* جروح [dʒuru:ħ] Schnitt *m*; Verletzung *f*, (Schnitt)Wunde *f*

جرد [dʒard] WIRTSCH Inventur *f*

جرذ [dʒurað], *Pl* جرذان [dʒurða:n] Ratte *f*

جرس [dʒaras], *Pl* أجراس [ʔadʒra:s] Glocke *f*, Klingel *f*

جرسون [garsu:n] *äg* Ober *m*; Kellner *m*

جرسونة [garsu:na] *äg* Serviererin *f*

جرش [dʒaraʃa] *grob* mahlen

جرع [dʒaraʕa, a] schlucken

جرعة [dʒurʕa], *Pl* جرع [dʒuraʕ] Schluck *m*, Zug *m*; MED Dosis *f*

جرف [dʒarafa, u] schaufeln

جرنال [dʒurna:l], *Pl* جرانيل [dʒara:ni:l] *äg* Zeitung *f*

جرى[1] [dʒara:, i:] laufen, ren-

nen; geschehen
²جري [dʒari:], الجري [al-dʒari:] Lauf *m*
جريء [dʒari:ʔ] mutig, forsch, gewagt
جريان [dʒaraja:n] *Strömen* Fluss *m*
جريح(ة) [dʒari:ħ(a)], *mpl* جرحى [dʒurħa] Verwundete *m/f*
جريدة [dʒari:da], *Pl* جرائد [dʒara:ʔid] Zeitung *f*
جريمة [dʒari:ma], *Pl* جرائم [dʒara:ʔim] Verbrechen *n*; جريمة الهرب(بعد الحادث) [dʒari:mat al-harab (baʕd al-ħa:diθ)] Fahrerflucht *f*
جزء [djuzʔ], *Pl* أجزاء [ʔadʒza:ʔ] Stück *n*, Teil *n*; Abschnitt *m*; Bestandteil *m*
جزأ [dʒazzaʔa] teilen
جزاء [dʒaza:ʔ] JUR Strafe *f*
جزافا [dʒuza:fan] blindlings
جزائر [dʒaza:ʔir]: الجزائر [al-dʒaza:ʔir] Algerien *n*; Algier *n*
جزدان [dʒuzda:n], *Pl* جزادين [dʒaza:di:n] *syr* Geldbeutel *m*, Portemonnaie *n*
¹جزر [dʒazar] *Koll* Karotten *pl*
²جزر [dʒazr] Ebbe *f*
جزرة [dʒazara] BOT Karotte *f*
جزمة [dʒazma] Stiefel *m*; جزمة مطاطية [dʒazma mɒtˈtɒ:ti:ja] Gummistiefel
جزى عن [dʒaza:, i:] belohnen
جزئيا [dʒuzʔi:jan] *Adv* teilweise
جزيرة [dʒazi:ra], *Pl* جزر [dʒuzur] Insel *f*
جسد [dʒasad], *Pl* أجساد [ʔadʒsa:d] Leib *m*
جسدي [dʒasadi:] körperlich
جسر [dʒisr], *Pl* جسور [dʒusu:r] Brücke *f*
جسم [dʒism], *Pl* أجسام [ʔadʒsa:m] Körper *m a. fig*; *Dessous* Body *m*
جسور [dʒasu:r] *dreist* frech, übermütig
جسيم [dʒasi:m] *schwerwiegend* grob
جشع [dʒaʃiʕ] gierig
جص [dʒiss] Gips *m*
جعد [dʒaʕʕada] *Haar* locken
جعدة [dʒaʕda] Locke *f*
جعل [dʒaʕala, a] *veranlassen* lassen
جعة [dʒiʕa] Bier *n*
جغرافيا [dʒuɣra:fija:] Erdkunde *f*
جف [dʒaffa, i] austrocknen; vertrocknen
جفاف [dʒafa:f] Dürre *f*, Tro-

ckenheit *f*
جفف [dʒaffafa] sich trocknen; *Haare* trocknen
جفل [dʒafala] (sich) scheuen
جفن [dʒafn, dʒifn], *Pl* جفون [dʒufu:n] Augenlid *n*, Lid *n*
جل [dʒill] Gel *n*; جل الحمام [dʒil al-ħamma:m] Duschgel *n*
جلا [dʒala:, i:] abspülen
جلاء [dʒala:ʔ] Klarheit *f*
جلاية [dʒalla:ja] Spülmaschine *f*
جلب [dʒalaba, i] bringen, herbringen, holen; mit sich bringen
جلبة [dʒilba], *Pl* جلب [dʒilab] TECH Dichtung *f*
جلخ [dʒallaxa] *Messer* schleifen
¹جلد [dʒalad] *fig* zäh
²جلد [dʒallada] *Buch* binden
³جلد [dʒild], *Pl* جلود [dʒulu:d] Haut *f*, Leder *n*
جلس [dʒalasa, i] sitzen; Platz nehmen, sich (hin)setzen
جلسة [dʒalsa] Sitzung *f*
جلف [dʒilf] *umg ungehobelter* Bauer *m*
جلوكوما [gluku:ma:] MED grüner Star
جلي [dʒali:] verständlich, klar; eindeutig; offensichtlich
جليد [dʒali:d] Eis *n*; جليد زلق [dʒali:d zaliq] Glatteis *n*
جليل [dʒali:l] majestätisch
جماع [dʒima:ʕ] Geschlechtsverkehr *m*
جماعة [dʒama:ʕa] Leute *Pl*; REL Gemeinde *f*, Gruppe *f*
جماعي [dʒama:ʕi:] gemeinsam
جمال [dʒama:l] Schönheit *f*
جمباز [dʒumba:z] SPORT Turnen *n*
جمبري [dʒambari:] ZOOL Krabbe *f*
جمبون [dʒambu:n] Schinken *m*
جمجمة [dʒumdʒuma], *Pl* جماجم [dʒama:dʒim] Schädel *m*
جمد [dʒammada] einfrieren *a. Konto*
جمر [dʒamr] Glut *f*
جمرك [dʒumruk], *Pl* جمارك [dʒama:rik] Zoll *m*
¹جمع [dʒamʕ] *Menschen* Menge *f*, GRAM Mehrzahl *f*, Plural *m*; Sammlung *f*
²جمع [dʒamaʕa, a] sammeln; *Geld* zusammenlegen, einsammeln; sich versammeln;

rechnen addieren

³جمّع [dʒammaʕa] montieren, zusammensetzen

جمعة [dʒumʕa]: الجمعة [al-dʒumʕa] Freitag *m*

جمعية [dʒamʕi:ja] Verband *m*, Verein *m*

¹جمل [dʒamal], *Pl* جمال [dʒima:l], *f* ناقة [na:qa], *Pl* نوق [nu:q] ZOOL Kamel *n*

²جمّل [dʒammala] verschönern

جملة [dʒumla], *Pl* جمل [dʒumal] GRAM Satz *m*; جملةً [dʒumlatan] insgesamt

جمهور [dʒumhu:r] *Volksmenge* Masse *f*, Publikum *n*; الجمهور [al-dʒumhu:r] Allgemeinheit *f*

جمهورية [dʒumhu:ri:ja] Republik *f*

جميع [dʒami:ʕ] ganz, alle, gesamt

جميل [dʒami:l] hübsch, schön

جنّ [dʒunna], جنّ جنونه [dʒunna dʒunu:nuhu] wahnsinnig werden

جنائني(ة) [dʒana:ʔini:(-ni:ja)], *mpl* جنائنية [dʒana:ʔini:ja] Gärtner(in) *m(f)*

جنائي [dʒina:ʔi:] kriminell

جناح [dʒana:ħ], *Pl* أجنحة [ʔadʒniħa] Flügel *m*; *Messe* Pavillon *m*

جناية [dʒina:ja] Verbrechen *n*; الجنايات [al-dʒina:ja:t] Kriminalität *f*

جنب [dʒanb] *Adv* seitlich; جنبا إلى جنب [dʒanban ʔila: dʒanb] beieinander, nebeneinander

جنة [dʒanna] Paradies *n*

جندب [dʒundub], *Pl* جنادب [dʒana:dib] ZOOL Heuschrecke *f*, Zikade *f*

جندي(ة) [dʒundi:(-di:ja)], *mpl* جنود [dʒunu:d] Soldat(in) *m (f)*

جنزير [dʒinzi:r], *Pl* جنازير [dʒana:zi:r] Kette *f*

جنس [dʒins], *Pl* أجناس [ʔadʒna:s] Geschlecht *n*, Rasse *f*, Sex *m*

جنسوي [dʒinsawi:] sexistisch

جنسي [dʒinsi:] erotisch; sexuell

جنسية [dʒinsi:ja] Nationalität *f*, Staatsangehörigkeit *f*

جنوب [dʒanu:b] Süden *m*

جنوبي [dʒanu:bi:] südlich

جنى [dʒana:, i:] ernten, pflücken

جنيه [gini:h] *Währung äg* Pfund *n*

جنية [dʒini:ja] Fee *f*
جهاز [dʒiha:z], *Pl* **أجهزة** [ʔadʒhiza] Apparat *m*, Anlage *f*, Gerät *n*; MED System *n*; **جهاز إنذار** [dʒiha:z ʔinða:r] TECH Alarmanlage *f*; **جهاز التبريد** [dʒiha:az at-tabri:d] *Auto* Kühler *m*; **جهاز ستيريو** [dʒiha:z sti:-riju:] Stereoanlage *f*
[1]**جهد** [dʒahd], *Pl* **جهود** [dʒuhu:d] ELEK Spannung *f*
[2]**جهد** [dʒuhd] *Anstrengung* Mühe *f*
جهة [dʒiha] (Himmels)Richtung *f*, **الجهة الداخلية** [al-dʒiha ad-da:xili:ja] Innenseite *f*
جهز [dʒahhaza] *Speisen* zubereiten; *Tisch* decken; *Gerät* installieren
جهل [dʒahl] Unwissenheit *f*
جهنم [dʒahannam] Hölle *f*
جهير [dʒahi:r] *Stimme* laut
جو [dʒaww], *Pl* **أجواء** [ʔadʒwa:ʔ] Wetter *n*; Klima *n*; *a. fig* Atmosphäre *f*, Stimmung *f*; **جو جميل** [dʒaww dʒami:l] gutes Wetter; **الجو حار خانق** [al-dʒaww ħa:rr xa:niq] es ist schwül; **الجو ضبابي** [al-dʒaww đɒba:bi:] es ist neblig
جوا [dʒuwwa:] *umg* drinnen
جواب [dʒawa:b], *Pl* **أجوبة** [ʔadʒwiba] *äg* Brief *m*; Antwort *f*
جوار [dʒawa:r, dʒiwa:r] Nähe *f*, Nachbarschaft *f*, **بجوار** [bi-dʒiwa:r] *örtlich* neben
جواز [dʒawa:z], **جواز السفر** [dʒawa:z as-safar] (Reise) Pass *m*
جواهر [dʒawa:hir] *Juwelen* Schmuck *m*
جواهرجي [gawa:hirgi:] *äg* Juwelier(in) *m(f)*
جوخ [dʒu:x], *Pl* **أجواخ** [ʔadʒwa:x] Stoff *m*
جودة [dʒauda] Qualität *f*
جورب [dʒaurab], *Pl* **جوارب** [dʒawa:rib] Socke *f*, Strumpf *m*
جوز [dʒauz] *Koll* Nüsse; **جوز الطيب** [dʒauz ɒt-ti:b] Muskatnuss *f*, **جوز الهند** [dʒauz al-hind] Kokosnuss *f*
جوزة [dʒauza], *Koll* **جوز** [dʒauz] Nuss *f*, Walnuss *f*
جوع [dʒu:ʕ] Hunger *m*
جوعان [dʒuʕa:n] hungrig
جوقة [dʒauqa]: **جوقة موسيقية** [dʒauqa mu:si:qi:ja] Chor *m*;

Pop Band *f*
جول [go:l] Tor!
جولة [dʒaula] Bummel *m*; Rundfahrt *f*, Rundreise *f*; *Besichtigung* Führung *f*; **جولة في المدينة** [dʒaula fil-madi:na] Stadtrundfahrt *f*
جونلة [gunilla] *äg* Rock *m*
جوهر [dʒauhar], *Pl* **جواهر** [dʒawa:hir] Substanz *f*; *Philosophie* Wesen *n*
جوهرة [dʒauhara] Juwel *n*
جوهري [dʒauhari:] grundlegend
1**جيب** [dʒaib], *Pl* **جيوب** [dʒuju:b] Tasche *f*
2**جيب** [dʒi:b] Geländewagen *m*
جيد [dʒajjid] gut; **جيد جدا** [dʒajjid dʒiddan] sehr gut
1**جير** [dʒi:r] Kalk *m*
2**جير** [gi:r] AUTO Gang *m*; **جير الرجوع إلى الخلف** [gi:r ar-rudʒu:ʕ ʔila l-xalf] AUTO Rückwärtsgang *m*
جيرة [dʒi:ra] Nachbarschaft *f*
جيري [dʒi:ri:] kalkhaltig
جيش [dʒaiʃ], *Pl* **جيوش** [dʒuju:ʃ] Armee *f*, Heer *n*
جيل [dʒi:l], *Pl* **أجيال** [ʔadʒja:l] Generation *f*
جيلي [dʒi:li:] Gelee *m/n*
جيني [dʒi:ni:] genetisch

ح

حابى [ħa:ba:] bevorzugen
حاج(ة) [ħa:ddʒ(a)], *mpl* **حجاج** [ħuddʒa:dʒ] Pilger(in) *m(f)*
حاجب [ħa:dʒib], *Pl* **حواجب** [ħawa:dʒib] Augenbraue *f*; **حاجب النور** [ħa:dʒib an-nu:r] FOTO Blende *f*
حاجز [ħa:dʒiz], *Pl* **حواجز** [ħawa:dʒiz] Hindernis *n*; Barriere *f*, Straßensperre *f*; **حاجز ضوئي** [ħa:dʒiz đɒuʔi:] FOTO Blende *f*
حاجة [ħa:dʒa] Bedarf *m*; Bedürfnis *n*
حاخام [ħa:xa:m], *Pl* **حاخامات** [ħa:xa:ma:t] *jüdischer* Rabbi *m*
1**حاد** [ħa:da, i:] abweichen; entgleisen
2**حاد** [ħa:dd] *Messer* scharf;

MED akut; *Ton* schrill, grell, schneidend
حادث [ħadiθ], *Pl* حوادث [ħawa:diθ] Ereignis *n*; Erlebnis *n*; حادث سيارة [ħa:diθ sajja:ra] Autounfall *m*
حادي [ħa:di:]: الحادي عشر (الحادية عشرة) [al-ħa:di: ʕaʃar (al-ħa:dija ʕaʃra)] elfte
حاذق [ħa:ðiq] gewandt
حار [ħa:rr] heiß; *Grüße* herzlich; *Speise* scharf; حار خانق [ħa:rr xa:niq] schwül
حارب [ħa:raba] *bekriegen* bekämpfen
حارس [ħa:ris], *Pl* حراس [ħurra:s] Wachposten *m*; حارس المرمى [ħa:ris al-marma:] SPORT Torwart *m*
حارة [ħa:ra] Stadtteil *m*, Stadtviertel *n*
حاز [ħa:za, u:] besitzen
حازم [ħa:zim] entschlossen, konsequent
حازوقة [ħa:zu:qa] Schluckauf *m*
حاسب[1] [ħa:saba] abrechnen
حاسب[2] [ħa:sib] Rechner *m*; حاسب يدوي [ħa:sib jadawi:] Taschenrechner *m*
حاسم [ħa:sim] entscheidend
حاسة [ħa:ssa], *Pl* حواس [ħawa:ss] MED *Gefühl* Sinn *m*; حاسة الشم [ħa:sat aʃ-ʃamm] Geruchssinn *m*
حاسوب [ħa:su:b], *Pl* حواسيب [ħawa:si:b] Computer *m*, PC *m*
حاشية [ħa:ʃija], *Pl* حواش [ħawa:ʃin] Saum *m*
حاصر [ħɒ:sɒra] MIL blockieren, belagern
حاصل [ħa:sil] MATH Ergebnis *n*
حاضر [ħɒ:đɨr] anwesend; *umg* da; حاضر البديهة [ħɒ:đir al-badi:ha] schlagfertig; الحاضر [al-ħɒ:đɨr] *a.* GRAM Gegenwart *f*
حاضن(ة) [ħɒ:đɨn(a)] Babysitter(in) *m(f)*; حاضنة [ħɒ:đɨna] Tagesmutter *f*
حاف [ħa:fin] barfuß, bloß
حافة [ħa:ffa] Kante *f*, Rand *m*; حافة الشباك [ħa:ffat aʃ-ʃubba:k] Fensterbrett *n*
حافر [ħa:fir], *Pl* حوافر [ħawa:fir] Huf *m*
حافظ على [ħa:fɨðɒ] bewahren; erhalten, beibehalten; sich hüten
حافل [ħa:fil] ereignisreich, reichhaltig
حافلة [ħa:fila], *Pl* حوافل [ħawa:fil] Omnibus *m*, Bus

m
حافة [ħaːffa] Kante *f*, Rand *m*; **حافة الشباك** [ħaːffat aʃ-ʃubbaːk] Fensterbrett *n*
حاقد [ħaːqid] gehässig
¹حاك [ħaːka, uː] stricken
²حاك [ħaːkin] Plattenspieler *m*
حاكى [ħaːkaː] nachahmen, nachmachen
¹حال [ħaːl], *Pl* **أحوال** [ʔaħwaːl] Zustand *m*, Stimmung *f*, *Lage* Stand *m*; Fall *m*,
²حال دون [ħaːla] abhalten von; verhindern
حالا [ħaːlan] sofort, gleich
حالة [ħaːla] *Situation* Lage *f*, Fall *m*; **الحالة الاجتماعية** [al-ħaːla al-idʒtimaːʕiːja] Familienstand *m*; **حالة الضرورة** [ħaːlat ađ-đɒruːra] Notfall *m*
حالما [ħaːlamaː] sobald
حالي [ħaːliː] aktuell; jetzige(r, -s)
حاليا [ħaːliːjan] jetzt, momentan
¹حام [ħaːma, uː] *a. fig* kreisen, schweben
²حام [ħaːmin] *heftig* hitzig
¹حامض [ħaːmiđ] sauer
²حامض [ħaːmiđ], *Pl* **حوامض** [ħawaːmiđ] CHEM Säure *f*; **حامض الكربونيك** [ħaːmiđ al-karbuːniːk] Kohlensäure *f*
¹حامل [ħaːmil] tragend, schwanger
²حامل [ħaːmil] Träger *m*, Beschützer *m*; **حامل البيانات** [ħaːmil al-bajaːnaːt] COMPUT Datenträger *m*
حاملة [ħaːmila] Ständer *m*
حانة [ħaːna] Lokal *n*, Bar *f*, Kneipe *f*
حاول [ħaːwala] versuchen; **حاول إقناع** [ħaːwala ʔiqnaːʕ] *j-m* zureden
حاوية [ħaːwiːja] Container *m*; **حاوية النفايات** [ħaːwiːjat al-nifaːjaːt] Mülltonne *f*
حائر [ħaːʔir] ratlos, verwirrt
حائط [ħaːʔiŧ], *Pl* **حيطان** [ħiːŧɒːn] Wand *f*
¹حب [ħabb] *Koll* Korn *n*, Getreide *n*
²حب [ħubb] Liebe *f*
حبار [ħabbaːr] ZOOL Tintenfisch *m*
حبر [ħibr] Tinte *f*
حبس [ħabs] Haft *f*
حبق [ħabaq] BOT Basilikum *n*
¹حبل [ħabal] Schwangerschaft *f*
²حبل [ħabl], *Pl* **حبال** [ħibaːl] Seil *n*; Leine *f*
³حبل [ħabl], *Pl* **حبول** [ħubuːl]

Schnur *f*
حبلى [ħubla:] schwanger
حبة [ħabba], *Pl* **حبوب** [ħubu:b] Pille *f*; BOT Beere *f*, Samen *m*, Korn *n*; Pickel *m*
حبوب [ħubu:b] *Pl* Getreide *n*; **حبوب منع الحمل** [ħubu:b manʕ al-ħaml] Pille *f*, Verhütungsmittel *n*
حبيب(ة) [ħabi:b(a)], *Pl* **حبائب)أحباء)** [ʔaħibba:ʔ (ħaba:ʔib)] Geliebte *m*/*f*
حتما [ħatman] *Adv* unbedingt
حتة [ħitta] *äg* Brocken *m*
حتى [ħatta:] bis; damit; sogar; auch
حث على [ħaθθa, u] antreiben; bewegen zu
حثيث [ħaθi:θ] zügig
حج [ħaddʒ] *isl.* Pilgerreise *f*
حجاب [ħidʒa:b], *Pl* **حجب** [ħudʒub] Schleier *m*
حجب [ħadʒaba, u] verhüllen, bedecken
حجر¹ [ħadʒar], *Pl* **حجارة** [ħidʒa:ra] Stein *m*; **حجر كريم** [ħadʒar kari:m] Edelstein *m*, Juwel *n*
حجر² [ħidʒr], *Pl* **حجور** [ħudʒu:r] Schoß *m*; **حجر الشطرنج** [ħadʒar aʃ-ʃɒtrandʒ] Schachfigur *f*
حجرة [ħudʒra] Zimmer *n*; **حجرة بسرير واحد** [ħudʒra bi-sari:r wa:ħid] Einzelzimmer *n*; **حجرة بسريرين** [ħudʒra bi-sari:rain] Doppelzimmer *n*
حجري [ħadʒari:] steinig
حجز¹ [ħadʒaza, i] *Platz* reservieren; freihalten; *Ware* zurückhalten; *Zimmer* bestellen; einsperren
حجز² [ħadʒz] Buchung *f*, Reservierung *f*
حجز³على [ħadʒaza, i] pfänden; **حجز مسبقا** [ħadʒaza (i) musbaqan] vorbestellen
حجم¹ [ħadʒm], *Pl* **أحجام** [ʔaħdʒa:m] Umfang *m*; Größe *f*
حجم² [ħadʒm], *Pl* **حجوم** [ħudʒu:m] Format *n*; Volumen *n*; **حجم المبيعات** [ħadʒm al-mabi:ʕa:t] *Firma* Umsatz *m*
حجة [ħudʒa], *Pl* **حجج** [ħudʒadʒ] Begründung *f*, Argument *n*; Ausrede *f*, Vorwand *m*
حد [ħadd] Grenze *f*; **الحد الأدنى** [al-ħadd al-ʔadna:] Minimum *n*; **الحد الأقصى** [al-ħadd al-ʔaqsɒ:] Maximum *n*

حدا ب إلى [ħada:, u:] veranlassen

حداد [ħida:d] *Zeitraum* Trauer *f*

حدبة [ħadaba] Buckel *m*

1حدث [ħadaθ], *Pl* أحداث [ʔaħda:θ] Geschehen *n*, Vorfall *m*; حدث مثير [ħadaθ muθi:r] Sensation *f*

2حدث [ħadaθa, u] geschehen, passieren; stattfinden; sich ereignen

3حدث عن [ħaddaθa] erzählen von; berichten über

حدد [ħaddada] *Preis* ermitteln; *Termin* ausmachen; festlegen, bestimmen

حدس [ħadasa, u, i] ahnen, erraten

حدقة [ħadaqa] Pupille *f*

حدود [ħudu:d] *Pl a. fig* Grenze *f*

حدوة [ħidwa] Hufeisen *n*

1حديث [ħadi:θ] aktuell, modern, neu

2حديث [ħadi:θ], *Pl* أحاديث [ʔaħa:di:θ] Gespräch *n*; *isl.* Überlieferung *f*

حديثا [ħadi:θan] neulich

حديد [ħadi:d] Eisen *n*

حديدي [ħadi:di:] *a. fig* eisern

حديقة [ħadi:qa], *Pl* حدائق [ħada:ʔiq] Garten *m*; حديقة عامة [ħadi:qa ʕa:mma] Park *m*

حذاء [ħiða:ʔ], *Pl* أحذية [ʔaħði:ja] Schuh *m*; حذاء طويل [ħiða:ʔ ŧɒwi:l] Stiefel *m*

حذار [ħaða:ri] Achtung!

حذاقة [ħaða:qa] Geschicklichkeit *f*

1حذر [ħaðar] Vorsicht *f*

2حذر [ħaðir] vorsichtig; wachsam

3حذر [ħaðira, a] sich hüten vor

4حذر من [ħaððara] warnen

حذف [ħaðafa, i] entfernen, streichen, weglassen

1حر [ħarr] Hitze *f*

2حر [ħurr] frei

حرارة [ħara:ra] Fieber *n*; Hitze *f*, Wärme *f*

حرام [ħira:m] *lib* Decke *f*

حرامي(ة) [ħara:mi:(-mi:ja)], *mpl* حرامية [ħara:mi:ja] Dieb(in) *m(f)*

حرب [ħarb] *f*, *Pl* حروب [ħuru:b] Krieg *m*; الحرب العالمية [al-ħarb al-ʕa:lami:ja] Weltkrieg *m*

حرج [ħaridʒ] *Lage* kritisch, heikel

حرر [ħarrara] befreien

حرس [ħarasa, u] bewachen, hüten
حرص [ħirs] Vorsicht *f*
حرض على [ħarrɒđɒ] anstiften; aufhetzen
حرف [ħarf], *npl* حروف [ħuru:f] Schriftzeichen *n*; Buchstabe *m*; حرف ساكن [ħarf sa:kin] Konsonant *m*; حرف صوتي [ħarf sɒuti:] Vokal *m*
حرفة [ħirfa], *Pl* حرف [ħiraf] WIRTSCH Gewerbe *n*, Beruf *m*
حرفي(ة) [ħirfi:(-fi:ja)] Handwerker(in) *m(f)*
حرفيا [ħarfi:jan] *Adv* wörtlich
¹حرق [ħaraqa, i] brennen
²حرق [ħarq], *Pl* حروق [ħuru:q] MED Verbrennung *f*; حرق الشمس [ħarq aʃ-ʃams] Sonnenbrand *m*
حرقة [ħarqa] Brandwunde *f*
حرك [ħarraka] *a. fig* bewegen; TECH antreiben; umrühren; verschieben
حركة [ħaraka] Bewegung *f*; Geste *f*; Aktion *f*; حركة المرور [ħarakat al-muru:r] Straßenverkehr *m*
حرم [ħarama, i] ausschließen; حرم من [ħarama (i) min] entziehen, versagen; حرم على [ħarrama] verbieten
حرير [ħari:r], *Pl* حرائر [ħara:ʔir] Seide *f*
حريص [ħari:s] umsichtig
حريف [ħarri:f] *Speise* scharf, pikant
حريق [ħari:q], *Pl* حرائق [ħara:ʔiq] Feuer *n*, Brand *m*
حرية [ħurri:ja] Freiheit *f*
حز [ħazz], *Pl* حزوز [ħuzu:z] Einschnitt *m*
حزام [ħiza:m], *Pl* أحزمة [ʕaħzima] Gurt *m*, Gürtel *m*; حزام الأمان [ħiza:m al-ʔama:n] Sicherheitsgurt *m*
حزب [ħizb], *Pl* أحزاب [ʔaħza:b] Partei *f*
حزر [ħazara, i, u] raten, erraten
¹حزم [ħazama, i] *Koffer* packen; einpacken
²حزم [ħazm] Konsequenz *f*; Tatkraft *f*; بحزم [bi-ħazm] *Adv* konsequent
حزمة [ħizma, ħuzma], *Pl* حزم [ħuzam] Bündel *n*; *Holz* Bund *n*; Büschel *n*
¹حزن [ħuzn], *Pl* أحزان [ʔaħza:n] Leid *n*, Trauer *f*
²حزن على [ħazina, a] trauern

um
حزيران [ħuzaira:n] *syr* Juni *m*
حزين [ħazi:n] traurig, deprimiert
[1]**حس** [ħassa, u] *spüren* ahnen, fühlen
[2]**حس** [ħiss] *Atem* Geräusch *n*
حساء [ħasa:ʔ] Suppe *f*, Brühe *f*
حساب [ħisa:b] Rechnung *f*; **حساب بنكي** [ħisa:b banki:] Konto *n*; **حساب جاري** [ħisa:b dʒa:ri:] Girokonto *n*; **الحساب من فضلك** [al- ħisa:b min fɒđlik] die Rechnung, bitte!
حساس [ħassa:s] *Thema* heikel; empfindlich, sensibel; kitzlig
حساسية [ħassa:sija] MED Allergie *f*; **حساسية (ضد) اللقاح** [ħasa:si:ja (đidda) l-liqa:ħ] Pollenallergie *f*; **حساسية الشمس** [ħasa:si:jat aʃ-ʃams] Sonnenallergie *f*
[1]**حسب** [ħasab, ħasaba] *Präp* laut, gemäß; je nachdem; **حسبما أعلم** [ħasbama: ʔaʕlam] soviel ich weiß
[2]**حسب** [ħasaba, u] rechnen; ausrechnen, kalkulieren; aufrechnen, verrechnen
حسد [ħasada, u] beneiden
حسك [ħasak] *Koll* (Fisch) Gräte *f*
[1]**حسن** [ħasan] gut, schön; fein
[2]**حسن** [ħassana] verbessern
حسنا [ħasanan] o.k., okay
حسود [ħasu:d] neidisch
حسي [ħissi:] sinnlich
حش [ħaʃʃa, u] mähen
حشا [ħaʃa:, u:] *füllen* stopfen, vollstopfen
حشائش [ħaʃa:ʔiʃ] *Pl* Rasen *m*
[1]**حشد** [ħaʃada, u] *sammeln* konzentrieren
[2]**حشد** [ħaʃd] *Massierung* Konzentration *f*
حشرة [ħaʃara] ZOOL Insekt *n*; **حشرة ضارة** [ħaʃara đɒ:rra] Schädling *m*, Ungeziefer *n*
حشوة [ħaʃwa] *Zahn*, GASTR Füllung *f*
حشيش [ħaʃi:ʃ] Gras *n*; **حشيش يابس** [ħaʃi:ʃ ja:bis] Heu *n*; **حشيشة الدينار** [ħaʃi:ʃat ad-di:na:r] Hopfen *m*
حصاد [ħisɒ:d] Ernte *f*
حصان [ħisɒ:n], *Pl* **أحصنة** [ʔaħsina] Pferd *n*, Hengst *m*; **حصان السباق** [ħisɒ:n as-siba:q] Rennpferd *n*
حصاة [ħɒsɒ:t] Kiesel *m*, Steinchen *n*; **حصاة المرارة/**

صفراوية [ħɒsɒ:t al-mara:ra/sɒfra:wi:ja] MED Gallenstein *m*; حصاة في الكلية [ħɒsɒ:t fil-kulja] Nierenstein *m*
حصبة [ħɒsba] Masern *Pl*; الحصبة الألمانية [al-ħɒsba al-ʔalma:ni:ja] Röteln *Pl*
حصد [ħɒsɒda, u] ernten, mähen
حصر [ħɒsr] Beschränkung *f*; حصرا [ħɒsran] *Adv* ausschließlich
حصر في [ħɒsɒra, u] beschränken
حصري [ħɒsri:] ausschließlich, exklusiv
حصل1على [ħɒsɒla, u] sich *etw* verschaffen; *umg* kriegen; حصل ل [ħɒsɒla, u] zustoßen
2حصل [ħɒssɒla] FIN kassieren
1حصن [ħɒssɒna] MIL befestigen
2حصن [ħisn], *Pl* حصون [ħusu:n] Burg *f*
حصة [ħissɒ], *Pl* حصص [ħisɒs] *Schule* Stunde *f*, Unterricht *m*; Anteil *m*, Portion *f*; Quote *f*, Ration *f*
حصى [ħɒsɒn] *Koll* Kies *m*
حصيرة [ħɒsi:ra], *Pl* حصائر [ħɒsɒ:ʔir] Matte *f*
حصين ضد [ħɒsi:n] MED immun
حض [ħɒđđɒ, u] *anspornen* drängen
حضارة [ħɒđɒ:ra] Zivilisation *f*
1حضر [ħɒđɒra, u] sich blicken lassen
2حضر [ħɒđđɒra] bereitlegen; vorbereiten
حضرة [ħɒđra]: حضرتك [ħɒđratuka(-ki)] *höflich Sg m (f)* Sie; حضرتكم (كن) [ħɒđratukum(-kunna)] *m(f) pl* Sie
1حضري [ħɒđɒri:] städtisch
2حضري(ة) [ħɒđɒri:(-ri:ja)], *mpl* حضر [ħadar] Städter (in) *m(f)*
حضن [ħɒđɒna, u] kuscheln, umarmen
حضور [ħuđu:r] *Anwesenheit* Gegenwart *f*
حط [ħɒttɒ, u] abstellen, hinstellen
حطب [ħɒtɒb] Brennholz *n*
حطم [ħɒttɒma] kaputtmachen, knacken; zerbrechen; zerstören, fertig machen
حظ [ħɒðð] *Schicksal* Los *n*, Glück *n*; Horoskop *n*; حظا سعيدا [ħɒððɒn saʔi:dan] viel

Glück!, alles Gute!
حظر [ħɒðr] Verbot *n*; **حظر الاستيراد** [ħɒðr al-isti:ra:d] Einfuhrverbot *n*
حظيرة [ħɒði:ra], *Pl* **حظائر** [ħɒðɒ:ʔir] Stall *m*
حف [ħaffa] *Baum* rauschen
حفارة [ħaffa:ra] Bagger *m*
حفاز [ħaffa:z] TECH Katalysator *m*
حفاظ [ħifɒ:ð] Höschenwindel *f*, Binde *f*
حفر [ħafara, i] graben, schaufeln; bohren; ausgraben; wühlen
حفرة [ħufra], *Pl* **حفر** [ħufar] Graben *m*; Grube *f*
حفريات [ħafri:ja:t] *Pl* archäologische Ausgrabungen
حفز إلى [ħafaza] *anspornen* drängen
حفظ [ħafiðɒ, a] bewahren; COMPUT speichern; aufheben; behalten
حفل [ħafl] *Fest* Veranstaltung *f*, **حفل راقص** [ħafl ra:qis] *Tanz* Ball *m*
حفلة [ħafla] *umg* Fest *n*, Feier *f*, Party *f*, **حفلة موسيقية** [ħafla mu:si:qi:ja] Konzert *n*
حفيد(ة) [ħafi:d(a)], *Pl* **أحفاد** [ʔaħfa:d] Enkel(in) *m(f)*
حق [ħaqq], *Pl* **حقوق** [ħuqu:q] *Forderung* Anspruch *m*, *fig* Recht *n*; **حق التصويت** [ħaqq at-tɒswi:t] Wahlrecht *n*
حقا [ħaqqan] gewiss, allerdings; wirklich
حقائب [ħaqa:ʔib] *Pl* Gepäck *n*; **الحقائب المنقولة مجانا** [al-ħaqa:ʔib al-manqu:la maddʒa:nan] Freigepäck *n*
حقبة [ħiqba], *Pl* **حقب** [ħiqab] Periode *f*, Zeitraum *m*
حقد [ħiqd] Hass *m*
حقق [ħaqqaqa] JUR ermitteln; realisieren; **حقق مع** [ħaqqaqa maʕa] *j-n* verhören
حقل [ħaql], *Pl* **حقول** [ħuqu:l] Acker *m*, Feld *n*; *fig* Feld *n*; COMPUT Domain *f*
حقن [ħaqana, u] MED spritzen
حقنة [ħuqna], *Pl* **حقن** [ħuqan] Injektion *f*, Spritze *f*
حقوق [ħuqu:q] *Pl* Rechte; **حقوق الإنسان** [ħuqu:q al-ʔinsa:n] Menschenrechte *npl*
حقيبة [ħaqi:ba], *Pl* **حقائب** [ħaqa:ʔib] Koffer *m*; **حقيبة الظهر** [ħaqi:bat ɒð-ðɒhr] Rucksack *m*; **حقيبة يد** [ħaqi:bat jad] Handtasche *f*;

1خصلة [xɒsla], *Pl* خصال [xisɒːl] Eigenschaft *f*
2خصلة [xusla], *Pl* خصل [xusɒl] Locke *f*, *Haar* Büschel *n*
1خصم [xɒsɒma, i] *Betrag* abbuchen
2خصم [xasm], *Pl* خصوم [xusuːm] WIRTSCH Ermäßigung *f*, Rabatt *m*; Gegenseite *f*, Feind *m*, Gegner(in) *m(f)*
خصوصا [xusuːsan] besonders
خصوصي [xusuːsiː] privat
خصوصية [xusuːsiːja] Besonderheit *f*, خصوصيات [xusuːsiːjaːt] *Pl* Privatsphäre *f*
خصيصا [xissiːsɒn] *Adv* speziell, extra
خصية [xusja], *Pl* خصى [xusɒn] ANAT *bes* الخصيتان [al-xusjataːn] Hoden *m*
خضروات [xuđrawaːt] *Pl* Gemüse *n*
خضع [xɒđɒʕa, a] sich ducken; خضع ل [xɒđɒʕa, (a) li] *j-m* gehorchen
1خط [xɒŧŧɒ, u] schreiben
2خط [xɒŧŧ], *Pl* خطوط [xuŧuːŧ] Schrift *f*, Linie *f*, Strich *m*; TEL, COMPUT Leitung *f*, خط الباص [xɒŧŧ al-baːs] Buslinie *f*, خط الرحلة [xɒŧŧ ar-riħla] Reiseroute *f*, خط جوي [xɒŧŧ dʒawwiː] Fluglinie *f*
1خطأ [xɒŧɒʔ] *Adj* falsch
2خطأ [xɒŧɒʔ], *Pl* أخطاء [ʔaxŧɒːʔ] Fehler *m*, Irrtum *m*; خطأ [xɒŧɒʔan] aus Versehen; JUR fahrlässig
خطاب [xiŧɒːb] Ansprache *f*
خطاف [xuŧɒːf], *Pl* خطاطيف [xɒŧɒːŧiːf] Harpune *f*, Haken *m*
خطب [xɒŧɒba, u] sich verloben
1خطبة [xiŧba] *äg* Verlobung *f*
2خطبة [xuŧba], *Pl* خطب [xuŧɒb] Ansprache *f*, Rede *f*
1خطر [xɒŧɒr] Gefahr *f*, خطر الإصابة بالعدوى [xɒŧɒr al-ʔisɒːba bil-ʕadwaː] Ansteckungsgefahr *f*, خطر الموت [xɒŧɒr al-maut] Lebensgefahr *f*
2خطر [xɒŧir] bedrohlich; خطر على الحياة [xɒŧɒr ʕala l-ħajaːt] lebensgefährlich
خطط [xɒŧŧɒŧa] planen
1خطف [xɒŧɒfa, i] entführen, kidnappen
2خطف [xɒŧf] Entführung *f*
خطة [xuŧŧɒ], *Pl* خطط [xuŧɒŧ]

Plan *m*
خطوبة [xuṭu:ba] Verlobung *f*
خطوة [xuṭwa], *Pl* خطى [xuṭɒn] Schritt *m*
خطيئة [xɒṭi:ʔa], *Pl* خطايا [xɒṭɒ:ja:] Sünde *f*
1خطيب [xɒṭi:b], *Pl* خطباء [xuṭɒba:ʔ] *Verlobter* Bräutigam *m*
2خطيب(ة) [xɒṭi:b(a)], *mpl* خطباء [xuṭɒba:ʔ] Redner (in) *m(f)*
خطيبة [xɒṭi:ba] *Verlobte* Braut *f*
خطير [xɒṭi:r] gefährlich; *Krankheit* ernst; *Lage* schwer, kritisch; fatal
1خف [xaffa, i] *Hitze, Schmerz* nachlassen
2خف [xuff], *Pl* أخفاف [ʔaxfa:f] Pumps *mpl*
خفض [xaffađɒ] *Preis* herabsetzen, reduzieren; *Mittel* kürzen
خفف [xaffafa] lindern; verdünnen; vermindern
خفق [xafaqa, i] *Herz* klopfen
خفقات [xafaqa:t] *Pl*: خفقات القلب [xafaqa:t al-qalb] Herzklopfen *n*
خفي [xafi:] geheim, heimlich, unsichtbar
خفيف [xafi:f] *Haar, Kaffee* dünn; *Tabak, Strafe* mild, leicht
خفية [xifjatan] *Adv* heimlich
خل [xall] Essig *m*
خلاف [xila:f] Unterschied *m*, Gegensatz *m*; خلافا ل [xila:fan li] entgegen
خلال [xila:la] *zeitlich* innerhalb von; im Verlauf (von); hindurch
خلد [xuld] ZOOL Maulwurf *m*; Ewigkeit *f*
خلسة [xilsatan] *Adv* heimlich, unbemerkt
خلص على [xallɒsɒ] *Gepäck* abfertigen; *Post* frankieren; خلص أوراق وأمتعة السفر [xallɒsɒ ʔaura:q wa-ʔamtiʔat as-safar] FLUG einchecken
خلط [xalaṭɒ, i] mischen; خلط بين [xalaṭɒ (i) baina] *etw* verwechseln
خلع [xalaʕa, a] *Kleid* ausziehen; MED verrenken; خلع عن [xalaʕa (a) ʕan] *Person* stürzen
1خلف [xalaf], *mpl* أخلاف [ʔaxla:f] Nachfolger(in) *m(f)*
2خلف [xalafa, u] *j-m* folgen
3خلف [xalfa] hinter

خلف⁴ [xallafa] hinterlassen, überlassen
خلفي [xalfi:] hintere(r, -s)
خلفية [xalfi:ja] Hintergrund *m*
خلق¹ [xalaqa, u] schaffen
خلق² [xuluq] *Mensch* Charakter *m*
خلقي [xilqi:] *angeboren* erblich
خلل¹ [xalal] Defekt *m*; خلل فني [xalal fanni:] TECH Störung *f*; خلل في المحرك [xalal fil-muħarrik] Motorschaden *m*; خلل في القلب [xalal fil-qalb] MED Herzfehler; خلل في صمامات القلب [xalal fi: sɒmma:ma:t al-qalb] Herzklappenfehler *m*
خلل² [xallala] *in Essig* einlegen
خليج [xali:dʒ], *Pl* خلجان [xuldʒa:n] *Geografie* Golf *m*, Bucht *f*
خليط [xali:t] Mischung *f*
خلية [xali:ja], *Pl* خلايا [xala:ja:] BIOL Zelle *f*; خلية شمسية [xali:ja ʃamsi:ja] Solarzelle *f*
خمار¹ [xuma:r] *umg Kopfweh* Kater *m*
خمار(ة)² [xammar(a)] Barkeeper(in) *m(f)*
خمارة [xamma:ra] Kneipe *f*
خمر [xamr] Wein *m*
خمس(ة) [xams(a)] fünf; خمسة عشر [xamsata ʕaʃar] fünfzehn; خمس عشرة [xamsa ʕaʃra] *f* fünfzehn
خمسمائة [xamsumiʔa] fünfhundert
خمسون [xamsu:n] fünfzig
خمش [xamaʃa, i] *Katze* kratzen
خمن [xammana] *erraten* raten; tippen, schätzen, vermuten
خميرة [xami:ra] Hefe *f*; خميرة الحلوى [xami:rat al-hulwa:] Backpulver *n*
خميس [xami:s], الخميس [al-xami:s] Donnerstag *m*
خنازير [xana:zi:r] *Pl* Schwein *n*
خناق¹ [xina:q] *Streit* Krach *m*
خناق² [xuna:q] MED Angina *f*; خناق القلب [xuna:q al-qalb] Angina Pectoris
خناقة [xina:qa] Prügelei *f*, Schlägerei *f*
خندق [xandaq], *Pl* خنادق [xana:diq] *a.* MIL Graben *m*
خنزير [xinzi:r] ZOOL Schwein *n*
خنصر [xinsir], *Pl* خناصر [xanɒ:sir] kleiner Finger
خنفساء [xunfusa:ʔ], *Pl* خنافس

[xana:fis] ZOOL Käfer *m*
خنق [xanaqa, u] ersticken
خواف[1] [xawwa:f] schreckhaft
خواف(ة)[2] [xawwa:f(a)] *m(f)* Feigling *m*
خوخ [xaux] *syr* Pflaume *f*; *äg* Pfirsich *m*
خوذة [xu:ða] Helm *m*
خورس [xu:rus] ARCH Chor *m*
خوف[1] [xauf] Angst *f*, Furcht *f*; **خوفا من** [xaufan min] aus Furcht vor
خوف[2] [xawwafa] abschrecken, einschüchtern
خول [xawwala] ermächtigen
خيار [xija:r] Wahl *f*
خيارة [xija:ra], *Koll* **خيار** [xija:r] BOT Gurke *f*; **خيار مخلل/مكبوس** [xija:r muxallal/makbu:s] Essiggurke *f*
خياط(ة) [xajjɒ:ɫ(a)] Schneider(in) *m(f)*
خيال [xaja:l], *Pl* **أخيلة** [ʔaxi:la] Einbildung *f*, Fantasie *f*, Traum *m*; Gespenst *n*
خيالي [xaja:li:] sagenhaft, märchenhaft; unrealistisch, fantastisch; traumhaft
خيالية [xaja:li:ja] Utopie *f*
خيانة [xija:na] Verrat *m*; Seitensprung *m*
خيب [xajjaba], **خيب ظنه/أمله** [xajjaba ðɒnnahu/ʔamalahu] enttäuschen
خيبة [xaiba] Frust *m*; **خيبة أمل** [xaibat ʔamal] Enttäuschung *f*
خير[1] [xair] gut; **خير البر عاجله** [xairu l-birri ʕa:dʒiluhu] so bald wie möglich; **تصبح على خير** [tusbiħ ʕala: xair] gute Nacht!
خير[2] [xair] *fig* Gut *n*
خيري [xairi:] *Institution* wohltätig
خيشوم [xaiʃu:m], *Pl* **خياشيم** [xaja:ʃi:m] Kieme *f*
خيط[1] [xaiɫ], *Pl* **خيوط** [xuju:ɫ] Schnur *f*, Garn *n*; CHEM Faser *f*; **خيط (تنظيف) الأسنان** [xaiɫ (tanði:f) al-ʔasna:n] Zahnseide *f*
خيط[2] [xajjɒɫɒ] nähen
خيم [xajjama] lagern, zelten
خيمة [xaima], *Pl* **خيم** [xijam] Zelt *n*

د

داجن [da:dʒin] zahm
داخل [da:xil(a)] *räumlich* innerhalb; drinnen; داخل البلاد [da:xil al-bila:d] Inland *n*
داخلي [da:xili:] innere(r, -s); intern
1دار [da:r], *Pl* دور [du:r] Haus *n*; دار البلدية [da:r al-baladi:ja] Rathaus *n*
2دار [da:ra, u:] in Betrieb sein; *Maschine* laufen; *Motor* anspringen; دار حول [da:ra (u:) ħaula] herumfahren, kreisen; sich drehen um
داس [da:sa, u:] treten, zertreten
داعب [da:ʕaba] flirten, necken
داعر [da:ʕir] obszön
دافئ [da:fiʔ] warm
1دافع [da:fiʕ], *Pl* دوافع [dawa:fiʕ] *Grund* Anlass *m*, Motiv *n*
2دافع عن [da:faʕa] verteidigen, beschützen, eintreten für
دام [da:ma, u:] dauern, andauern; *Zeitraum* sich erstrecken
دان ل [da:na, i:] *j-m* schulden; دان له ب [da:na (i:) lahu] *j-m etw* verdanken
داهن [da:hana] schmeicheln
داوى [da:wa:] MED behandeln, heilen
دؤوب [daʔu:b] ausdauernd, beharrlich
دائخ [da:ʔix] benommen, schwindlig
دائرة [da:ʔira], *Pl* دوائر [dawa:ʔir] Kreis *m*; Behörde *f*, Bezirk *m*, Landkreis *m*; Umkreis *m*; دائرة تسجيل السكان [da:ʔirat tasdʒi:l as-sukka:n] Einwohnermeldeamt *n*; دائرة الجمارك [da:ʔirat al-dʒama:rik] Zollamt *n*
دائري [da:ʔiri:] rund
دائم [da:ʔim] ständig; *Wohnsitz* fest
دائما [da:ʔiman] *Adv* immer; durchgehend
دائن(ة) [da:ʔin(a)] Gläubiger(in) *m(f)*

داية [da:ja] Hebamme *f*
دب [dabba, i] krabbeln, kriechen
دب [dubb], *Pl* دببة [dibaba] ZOOL Bär *m*
دبابة [dabba:ba] MIL Panzer *m*
دبدب [dabdaba] stampfen
دبر [dabbara] beschaffen, besorgen
دبرياج [dibrija:dʒ] AUTO Kupplung *f*
1دبس [dabbasa] klammern, heften
2دبس [dibs] Sirup *m*
دبش [dabʃ] Schutt *m*
دبق [dibq] Kleister *m*
دبلوماسي(ة) [diblu:ma:si:-(-si:ja)] Diplomat(in) *m(f)*
دبور [dabbu:r], *Pl* دبابير [daba:bi:r] ZOOL Wespe *f*
دبوس [dabbu:s], *Pl* دبابيس [daba:bi:s] Nadel *f*; Heftklammer *f*
دجاجة [dadʒa:dʒa] GASTR Hähnchen *n*; ZOOL Henne *f*, Huhn *n*; دجاجة رومية [dadʒa:dʒa ru:mi:ja] Pute *f*
دجال(ة) [daddʒa:l(a)] Hochstapler(in) *m(f)*
دجل [dadʒl] *Schwindel* Nepp *m*
دجن [daddʒana] zähmen
دحرج [daħradʒa] rollen, wälzen
دحض [daħaðɒ, a] widerlegen
دخان [duxa:n] Rauch *m*; Tabak *m*
1دخل [daxala, u] betreten; eintreten, hereinkommen; hineingehen
2دخل [daxl], *Pl* دخول [duxu:l] Einkommen *n*, Verdienst *m*; الدخل الإجمالي [ad-daxl al-ʔidʒma:li:] Bruttoeinkommen *n*
1دخن [daxxana] rauchen; räuchern
2دخن [duxn] BOT Hirse *f*
دخول [duxu:l] Einreise *f*, Einfahrt *f*, Einlass *m*, Eintritt *m*, Zutritt *m*; الدخول مجانا [ad-duxu:l maddʒa:-nan] Eintritt frei
درابزين [dara:bzi:n] Geländer *n*
دراجة [darra:dʒa] Rad *n*, Fahrrad *n*; دراجة جبلية [darra:dʒa dʒabali:ja] Mountainbike *n*; دراجة نارية [darra:dʒa na:ri:ja] Motorrad *n*; دراجة نارية صغيرة [darra:dʒa na:ri:ja sɒɣi:ra] Moped *n*
دراسة [dira:sa] Studium *n*
دراق [durra:q] *syr* Pfirsich *m*

دراية [dira:ja] Ahnung *f*
1درب [darb], *Pl* دروب [duru:b] Gasse *f*; Gehweg *m*, Weg *m*; درب التبانة [darb at-tabba:na] Milchstraße *f*
2درب [darraba] ausbilden, einarbeiten, trainieren
1درج [darad ʒ], *Pl* أدراج [ʕadra:dʒ] Treppe *f*
2درج [durdʒ], *Pl* أدراج [ʔadra:dʒ] Schublade *f*
درجة [daradʒa] *Note* Zensur *f*; SPORT Klasse *f*, Grad *m*, Stufe *f*; درجة الحرارة [daradʒat al-ħara:ra] Temperatur *f*
دردش [dardaʃa] plaudern
دردشة [dardaʃa] COMPUT Chat *m*
درزة [darza] Naht *f*
1درس [darasa, u] lernen, studieren; درس عن ظهر قلب [darasa (u) ʕan ðahri qalb] auswendig lernen
2درس [darrasa] lehren, unterrichten; *j-m etw* beibringen
3درس [dars], *Pl* دروس [duru:s] Lektion *f*, Unterricht *m*; *Schule* Stunde *f*; دروس خصوصية [duru:s xusu:si:ja] Nachhilfe *f*
درع [dirʕ], *Pl* دروع [duru:ʕ] *Ritter* Rüstung *f*; ZOOL Panzer *m*
درفيل [darfi:l], *Pl* درافيل [dara:fi:l] Walze *f*
درة [durra], *Pl* درر [durar] Perle *f*
دريس [dari:s] Heu *n*
دريل [dri:l] Bohrer *m*
دزينة [dazzi:na] Dutzend *n*
دس [dassa] (hinein)stecken
دستة [dasta] Dutzend *n*
دستور [dustu:r], *Pl* دساتير [dasa:ti:r] POL Verfassung *f*, Grundgesetz *n*
دسم [dasim] üppig; fett, fettig
دسيسة [dasi:sa], *Pl* دسائس [dasa:ʔis] Intrige *f*
دشن [daʃʃana] *feierlich* einweihen
دعا [daʕa:, u:] *j-n* einladen, auffordern
دعابة [duʕa:ba] Scherz *m*, Spaß *m*
دعارة [daʕa:ra] Prostitution *f*
دعامة [daʕa:ma], *Pl* دعائم [daʕa:ʔim] Pfeiler *m*, Stütze *f*, Fundament *n*
دعاية [diʕa:ja] Reklame *f*, Werbung *f*
دعس [daʕasa, a] zertreten; überfahren
1دعم [daʕama,a] fördern; un-

terstützen
2دعم [daʕm] Unterstützung *f*; دعم حكومي [daʕm ħuku:mi:] Subvention *f*
دعوة [daʕwa] Einladung *f*; Einberufung *f*
دعوى [daʕwa:], *Pl* دعاوى [daʕa:wa:] Klage *f*
دغدغ [daɣdaɣa] kitzeln
دغري [duɣri:] geradeheraus, ohne Umschweife
دغل [daɣal], *Pl* أدغال [ʔadɣa:l] Busch *m*, Dschungel *m*, Urwald *m*
دفء [difʔ] Wärme *f*
دفأ [daffaʔa] heizen, wärmen
دفاع [difa:ʕ] Verteidigung *f*; الدفاع عن النفس [ad-difa:ʕ ʕan an-nafs] Notwehr *f*
دفاية [dafa:ja] Heizkörper *m*
دفتر [daftar], *Pl* دفاتر [dafa:tir] Heft *n*
1دفع [dafʕ] Bezahlung *f*, Zahlung *f*; دفع الرشوة [dafʕ ar-raʃwa] Bestechung *f*
2دفع [dafaʕa, a] stoßen, schubsen; abdrängen; auszahlen; einzahlen; دفع بالبطاقة [dafʕa bil-bitɒ:qa] mit der Karte zahlen; الدفع بالغيبة [ad-dafaʕ bil-ɣaiba] JUR Alibi *n*
1دفعة [dafʕa] *Schubs* Stoß *m*, Ruck *m*; AUTO Starthilfe *f*; *Impuls* Anstoß *m*
2دفعة [dufʕa] *Abiturient* Jahrgang *m*
1دفن [dafana, i] begraben; vergraben; verschütten
2دفن [dafn] Beerdigung *f*
دفة [daffa] SCHIFF Steuer *n*
دق [daqqa, u] *Nagel* einschlagen; *zerstoßen* stampfen; klingeln, läuten; دق الباب [daqqa (u) al-ba:b] es klopft
دقدق [daqdaqa] klopfen
1دقة [daqqa] *Glocke* Schlag *m*; دقة القلب [daqqat al-qalb] Herzschlag *m*
2دقة [diqqa] Sorgfalt *f*, Genauigkeit *f*; بدقة [bi-diqqa] *Adv* exakt
دقيق [daqi:q] genau, gründlich; exakt, sorgfältig; kleinlich; gewissenhaft
دقيقة [daqi:qa], *Pl* دقائق [daqa:ʔiq] Minute *f*
دكان [dukka:n], *Pl* دكاكين [daka:ki:n] Geschäft *n*, Laden *m*
دكتور [duktu:r], *Pl* دكاترة [daka:tira] Doktor *m Titel*, *Arzt*
دل [dalla, u] *Touristen* führen;

دل على [dalla (u) ʕala:] *Temperatur* anzeigen
دلب [dulb] BOT *Koll* Platane *f*
دلع [dallaʕa] liebkosen, kuscheln; verwöhnen
دلك [dallaka] einreiben, massieren
دلل [dallala] bemuttern, verwöhnen; begründen
دلو [dalw], *Pl* أدلاء [ʔadla:ʔ] Eimer *m*
1دليل [dali:l], *Pl* أدلة [ʔadilla] Anzeichen *n*, Zeichen *n*; Anhaltspunkt *m*; Beweis *m*
2دليل [dali:l], *Pl* دلائل [dala:ʔil] Führer *m*; دليل السفر [dali:l as-safar] *Buch* Reiseführer *m*; دليل الهاتف [dali:l al-ha:tif] Telefonbuch *n*
3دليل(ة) [dali:l(a)], *mpl* أدلاء [ʔadilla:ʔ] Reiseleiter(in) *m* (*f*)
دم [dam], *Pl* دماء [dima:ʔ] Blut *n*
دمار [dama:r] Zerstörung *f*
دماغ [dima:ɣ], *Pl* أدمغة [ʔadmiɣa] Gehirn *n*, Hirn *n*
دمدم [damdama] *Bär* brummen
دمر [dammara] ruinieren, zerstören
دمشق [dimaʃq] Damaskus *n*
1دمعة [damʕa], *Pl* دموع [dumu:ʕ] Träne *f*
2دمعة [dimʕa] *äg* Soße *f*
دمل [dummal], *Pl* دمامل [dama:mil] Beule *f*; MED Abszess *m*
دموي [damawi:] blutig
دمي [damija, a:] bluten
دمية [dumja], *Pl* دمى [duman] *a. fig* Marionette *f*, Puppe *f*
دندرمة [dandurma] *äg* Eis *n*
دندن [dandana] summen
دنيا [dunja:] *Planet* Erde *f*
دنيوي [dunjawi:] irdisch
1دهان [dahha:n] *Anstreicher* Maler *m*
2دهان [diha:n] Farbe *f*, Wandfarbe *f*
دهس [dahasa, a] überfahren
دهش [dahiʃa, a] sich wundern
دهليز [dihli:z], *Pl* دهاليز [daha:li:z] Korridor *m*
1دهن [dahana, u] *Brot* streichen, schmieren; anstreichen, lackieren; eincremen
2دهن [duhn], *Pl* دهون [duhu:n] Fett *n*
دهني [duhni:] fettig
دواء [dawa:ʔ], *Pl* أدوية [ʔadwija] MED Medizin *f*, Heilmittel *n*, Arznei *f*
دواجن [dawa:dʒin] Geflügel *n*

1دوار [dawwa:r] *bes jord* Kreisverkehr *m*

2دوار [duwa:r] MED Schwindel *m*

دوارة [dawwa:ra] Karussell *n*

دواسة [dawwa:sa] Pedal *n*; دواسة البنزين [dawwa:sat al-banzi:n] Gaspedal *n*

دوام [dawa:m] Fortsetzung *f*; Arbeitszeit *f*, Schicht *f*

دوامة [dawwa:ma] Whirlpool *m*; Wirbel *m*, Strudel *m*

دوخة [dauxa] MED Schwindel *m*

دودة [du:da], *Koll* دود [du:d] ZOOL Made *f*, Wurm *m*

1دور [daur], *Pl* أدوار [ʔadwa:r] Etage *f*, Stockwerk *n*, Stock *m*; THEAT Rolle *f*; بالدور [bid-daur] abwechselnd; الدور عليه [ad-daur ʕalaihi] er ist dran

2دور [dawwara] *etw* (herum) drehen

دوران [dawara:n] Drehung *f*

دورة [daura] Runde *f*, Kurs *m*, Lehrgang *m*; Periode *f*, Zyklus *m*; الدورة الدموية [ad-daura ad-damawi:ja] MED Kreislauf *m*; دورة لغة [daurat luɣa] Sprachkurs *m*

دوسير [dusi:r] *syr* Nachtisch *m*

دوسيه [du:si:h] Akte *f*

دوشة [dauʃa] *äg* Lärm *m*

دولاب [du:la:b], *Pl* دواليب [dawa:li:b] Schrank *m*

دولة [daula], *Pl* دول [duwal] Land *n*, Staat *m*; الدول الأجنبية [ad-duwal al-adʒnabi:ja] Ausland *n*; دولة نامية [daula na:mi:ja] Entwicklungsland *n*

دولي [duwali:] international

1دون [dawwana] eintragen; notieren, registrieren; دون ملاحظات [dawwana mula:ħaðɒ:t] mitschreiben

2دون [du:na] *weniger als* unter; ohne; دون تمييز [du:na tamji:z] pauschal, wahllos; دون توقف [du:na tawaqquf] durchgehend, nonstop

1دوي [dawi:] Schall *m*

2دوى [dawwa:] *Motor* dröhnen, donnern

ديانة [dija:na] Religion *f*

دير [dair], *Pl* أديار [ʔadja:r] Kloster *n*

ديسك [disk] ANAT Bandscheibe *f*

ديك [di:k], *Pl* ديوك [duju:k] ZOOL Hahn *m*; ديك رومي [di:k ru:mi:] Truthahn *m*

ديكور [di:ku:r] Dekoration *f*
1دين [dain], *Pl* ديون [duju:n] FIN Schuld *f*
2دين [di:n], *Pl* أديان [ʔadja:n] Religion *f*
ديناري [di:na:ri:] *Spielkarte* Karo *n*
دينامو [di:na:mu:] AUTO Lichtmaschine *f*

ذ

ذاب [ða:ba, u:] sich auflösen; auftauen
ذابل [ða:bil] *Haut* schlaff
ذات [ða:t] dasselbe, derselbe; selbst; ذات مرة/يوم [ða:ta marra/jaum] einst, früher; بالذات [bið-ða:t] gerade; extra
ذاتي [ða:ti:] subjektiv
ذاق [ða:qa, u:] *Speise* probieren, schmecken
ذاكرة [ða:kira] Gedächtnis *n*; Speicher *m*
ذبابة [ðuba:ba], *Koll* ذباب [ðuba:b] Fliege *f*
ذبح [ðabaħa, a] schlachten; schächten
ذبحة [ðabħa] MED Angina *f*; ذبحة صدرية [ðabħa sɒdri:ja] Angina Pectoris
ذبذبة [ðabðaba] Schwingung *f*
ذبل [ðabula] welken
ذراع [ðira:ʕ] *f*, *Pl* أذرع [ʔaðruʕ] Arm *m*
1ذرة [ðarra] Atom *n*
2ذرة [ðura] BOT Mais *m*; ذرة بيضاء [ðura baiđɒ:ʔ] *syr* Hirse *f*; ذرة عويجة [ðura ʕuwaidʒa] *äg* Hirse *f*
ذروة [ðirwa] Höhepunkt *m*
ذعر [ðuʕr] Panik *f*
ذقن [ðaqan], *Pl* ذقون [ðuqu:n] Kinn *n*; (Kinn)Bart *m*
ذكاء [ðaka:ʔ] Intelligenz *f*, Klugheit *f*
1ذكر [ðakar] *Adj* männlich
2ذكر [ðakar], *Pl* ذكور [ðuku:r] ZOOL Männchen *n*
3ذكر [ðakara, u] angeben, erwähnen
4ذكر [ðakkara] ermahnen, erinnern an
ذكرى [ðikra:] Erinnerung *f*; Gedenken *n*; Jahrestag *m*,

Jubiläum *n*
ذكي [ðaki:] klug; intelligent; schlau
ذلك (تلك) [ða:lika (tilka)], *Pl* أولئك [ʔula:ʔika] *m(f)* diese (-r, -s)
ذلل [ðallala] *Schwierigkeit* bewältigen
1ذنب [ðanab], *Pl* أذناب [ʔaðna:b] Schwanz *m*
2ذنب [ðanb], *Pl* ذنوب [ðunu:b] Schuld *f*
ذهاب [ðaha:b] Hinfahrt *f*, Hinweg *m*; ذهابا وإيابا [ðiha:ban wa-ʔija:ban] hin und zurück
1ذهب [ðahab] Gold *n*
2ذهب [ðahaba, a] gehen; *Schule* besuchen
ذهبي [ðahabi:] golden
ذهن [ðihn], *Pl* أذهان [ʔaðha:n] Geist *m*
ذو [ðu:] ausgestattet mit; ذو طابقين [ðu: ŧɒ:biqain] mit zwei Stockwerken
ذوق [ðauq], *Pl* أذواق [ʔaðwa:q] *fig* Geschmack *m*
ذي [ði:]: الذي (التي) [allaði: (allati:)] *rel Pr* (*mf*) der, die, das *im Nebensatz*; der-, die-, dasjenige
ذئب [ðiʔb], *Pl* ذئاب [ðiʔa:b] ZOOL Wolf *m*
ذيل [ðail], *Pl* ذيول [ðuju:l] Schwanz *m*

ر

راب [ra:bb] Stiefvater *m*
رابع [ra:biʕ] vierte
رابة [ra:bba] Stiefmutter *f*
رابى [ra:ba:] FIN wuchern
راتب [ra:tib], *Pl* رواتب [rawa:tib] Gehalt *n*, Verdienst *m*
راجع [ra:dʒaʕa] *überprüfen* durchsehen, durchgehen; nachschlagen
راح [ra:ħa] gehen; راحت عليه نومة [ra:ħat ʕalaihi nauma] verschlafen
راحة [ra:ħa] Entspannung *f*, Ruhe *f*; راحة اليد [ra:ħat al-jad] Handfläche *f*
رادا [ra:dan] abweisend
رادع [ra:diʕ], *Pl* روادع

[rawa:diʕ] PSYCH Hemmung *f*
رادياتور [ra:dija:tu:r] AUTO Kühler *m*
راديو [ra:dju:], *Pl* راديوهات [ra:dju:ha:t] TEL Funk *m*; Radio *n*, Rundfunk *m*
1رأس [raʔasa, a] *leiten* anführen
2رأس [raʔs], *Pl* رؤوس [ruʔu:s] Kopf *m*; *Führung* Spitze *f*; رأس السنة [raʔs assana] Neujahr *n*
رأسمالي [raʔsma:li:] kapitalistisch
رأسي [raʔsi:] senkrecht
1راشد [ra:ʃid] vernünftig; volljährig
2راشد(ة) [ra:ʃid(a)] Erwachsene *m/f*
راع (ية) [ra:ʕin (-ʕi:ja)], *mpl* رعاة [ruʕa:t] *a.* REL Hirt(e) *m*, Hirtin *f*; Sponsor(in) *m(f)*
راعى [ra:ʕa:] Rücksicht nehmen auf; *Vorschriften* befolgen, beachten
رافد [ra:fid], *Pl* روافد [rawa:fid] Nebenfluss *m*
رافضا [ra:fiđɒn] abweisend
رافعة [ra:fiʕa] Kran *m*; Hebel *m*
رافق [ra:faqa] mitfahren; رافقتك السلامة [ra:faqatka(-ki) as-sala:ma] gute Reise! *m(f)*
راقب [ra:qaba] überwachen; beobachten
راكب(ة) [ra:kib(a)], *mpl* ركاب [rukka:b] Fahrgast *m*; Passagier(in) *m(f)*
رام الله [ra:m allah] Ramallah *n*
راهب [ra:hib], *Pl* رهبان [ruhba:n] Mönch *m*; راهبة [ra:hiba] Nonne *f*
1راهن [ra:hana] wetten; *umg* zocken
2راهن [ra:hin] aktuell, jetzige (r, -s)
1رأى [raʔa:] sehen; ansehen
2رأي [raʔj], *Pl* آراء [ʔa:ra:ʔ] Ansicht *f*, Meinung *f*, Standpunkt *m*
رائج [ra:ʔidʒ] WIRTSCH begehrt
رائحة [ra:ʔiħa], *Pl* روائح [rawa:ʔiħ] Duft *m*, Geruch *m*
رائد [ra:ʔid] bahnbrechend
رائع [ra:ʔiʕ] fantastisch, herrlich; malerisch; toll, wunderbar
راية [ra:ja] Fahne *f*, Flagge *f*
1رب [rabb] Gott *m*

2رب(ة) [rabb(a)] Herr(in) *m* (*f*)
ربا [riban] Wucher *m*
رباط [ribɒ:ŧ], *Pl* أربطة [ʔarbiŧɒ] *Hose* Bund *m*; MED Binde *f*; الرباط [ar-ribɒ:ŧ] *in Marokko* Rabat *n*; رباط الحذاء [ribɒ:ŧ al-ħiða:ʔ] Schnürsenkel *m*
ربت [rabbata] streicheln
1ربح [rabiħa, a] gewinnen, profitieren
2ربح [ribħ], *Pl* أرباح [ʔarba:ħ] Gewinn *m*, Profit *m*
1ربط [rabaŧɒ, i, u] anbinden, festmachen
2ربط [rabŧ] Verbindung *f*
ربطة [rabŧɒ] Bündel *n*; ربطة العنق [rabŧɒt al-ʕunq] Krawatte *f*, Schlips *m*
ربع [rubʕ], *Pl* أرباع [ʔarba:ʕ] Viertel *n*; ربع ساعة [rubʕ sa:ʕa] Viertelstunde *f*; ربع سنة [rubʕ sana] Quartal *n*
ربما [rubbama:] *Adv* eventuell, vielleicht
ربة [rabba] Herrin *f*; ربة منزل [rabbat manzil] Hausfrau *f*
ربو [rabw] MED Asthma *n*
ربى [rabba:] *Kind* aufziehen; erziehen
ربيع [rabi:ʕ] Frühling *m*
رتب [rattaba] ordnen; einräumen
رتبة [rutba], *Pl* رتب [rutab] Rang *m*
رتق [rataqa] flicken
رتيب [rati:b] eintönig, monoton
رث [raθθ] schäbig
رج [raddʒa, u] erschüttern; rütteln, schütteln
رجا [radʒa:, u:] *j-n* um *etw* bitten
رجاء [radʒa:ʔ] Bitte *f*
رجع [radʒaʕa, i] wiederkommen, zurückkehren
1رجل [radʒul], *Pl* رجال [ridʒa:l] Mann *m*
2رجل [ridʒl], *Pl* أرجل [ʔardʒul] Fuß *m*; Bein *n*
رجيم [ridʒi:m] Diät *f*
رحب [raħib] *Fläche* weit
رحب ب [raħħaba] begrüßen
رحل [raħala] abreisen; umsiedeln
رحلة [riħla] *Reise* Fahrt *f*, Tour *f*; رحلة جوية [riħla dʒawwi:ja] Flug *m*; رحلة سعيدة [riħla saʕi:da] gute Reise!; رحلة شهر العسل [riħlat ʃahr al-ʕasal] Hochzeitsreise *f*
1رحم [raħima, a] gnädig sein;

verschonen
²رحم [raħm], *Pl* أرحام [ʔarħa:m] ANAT Gebärmutter *f*
رحمة [raħma] Gnade *f*, Mitleid *n*
رخاء [raxa:ʔ] Wohlstand *m*
رخام [ruxa:m] Marmor *m*
رخصة [ruxsɒ], *Pl* رخص [ruxɒs] Lizenz *f*; رخصة السياقة [ruxsɒt as-sija:qa] Führerschein *m*; رخصة العمل [ruxsɒt al-ʕamal] Arbeitserlaubnis *f*
رخم [raxam] ZOOL Geier *m*
رخو [raxw] locker, lose
رخيص [raxi:s] billig, günstig; kitschig
¹رد [radd], *Pl* ردود [rudu:d] Antwort *f*; رد فعل [radd fiʕl] Reaktion *f*
²رد [radda, u] abwehren; TEL sich melden
ردع [radaʕa, a] abschrecken; zurückweisen
ردم [radm] Schutt *m*
ردة [ridda] REL Abfall *m vom Glauben*
ردهة [rudha] Halle *f*, Foyer *n*
رديء [radi:ʔ] schlecht, schlimm; übel
رذاذ [raða:ð] Nieselregen *m*
رذيلة [raði:la], *Pl* رذائل [raða:ʔil] Laster *n*
رزانة [raza:na] *Besonnenheit* Fassung *f*
رزق [rizq], *Pl* أرزاق [ʔarza:q] *Lebensunterhalt* Unterhalt *m*
رزمة [rizma, ruzma], *Pl* رزم [rizam, ruzam] Ballen *m*; *Papier* Paket *n*
رزين [razi:n] *besonnen* bedächtig; *gelassen* gefasst; *umg* cool
رسا [rasa:, u:] SCHIFF anlegen, ankern
رسالة [risa:la], *Pl* رسائل [rasa:ʔil] Brief *m*; رسالة لاسلكية [risa:la la:silki:ja] Funkspruch *m*
رسام(ة) [rassa:m(a)] Maler *m*, Malerin *f*
رسب [rasaba, u] *nicht bestehen* durchfallen
رسم [rasama, u] *Plan* entwerfen; *Ziele* formulieren; malen, zeichnen
رسم [rasm], *Pl* رسوم [rusu:m] Abbildung *f*, Zeichnung *f*; Gebühr *f*; *Pl* Maut *f*; رسم أساسي [rasm ʔasa:si:] Grundgebühr *f*; رسوم الإلغاء [rusu:m al-ʔilɣa:ʔ] Stornogebühr *f*

رسمي [rasmi:] amtlich, offiziell
رش [raʃʃa, u] *Rasen* sprengen; streuen
رشا [raʃa:, u:] bestechen; *umg* schmieren
رشح [raʃħ] MED Schnupfen *m*
رشح [raʃʃaħa] TECH filtern; *Kandidat* aufstellen; رشح نفسه [raʃʃaħa nafsahu] kandidieren
رشد [ruʃd] Vernunft *f*
رشف من [raʃifa] nippen
رشوة [riʃwa], *Pl* رشاوى [raʃa:wa:] Schmiergeld *n*
رشيد [raʃi:d] weise
رشيق [raʃi:q] elegant, graziös; zierlich
رص [rɒssɒ, u] vollladen
رصاص [rɒsɒ:s] Blei *n*
رصاصة [rɒsɒ:sɒ] *Gewehr* Kugel *f*
رصد [rɒsɒda, u] *Betrag* bereitstellen
رصيد [rɒsi:d], *Pl* أرصدة [ʔarsida] FIN Guthaben *n*; رصيد الحساب [rɒsi:d alħisa:b] Kontostand *m*
رصيف [rɒsi:f], *Pl* أرصفة [ʔarsifa] *Bahn* Gleis *n*; Bürgersteig *m*
رضاعة [rɒđđɒ:ʕa] *Saugflasche* Flasche *f*
رضة [rɒđđɒ] blauer Fleck, Bluterguss *m*; Prellung *f*, Quetschung *f*
رضي ب [rɒđija, a] zufrieden sein
رضيع(ة) [rɒđi:ʕ(a)], *mpl* رضع [ruđđɒʕ] Säugling *m*, Baby *n*
1رطب [rɒtib] feucht, kühl, nass
2رطب [rɒttɒba] kühlen
رطوبة [rutu:ba] Feuchtigkeit *f*, Nässe *f*
رعاف [ruʕa:f] Nasenbluten *n*
رعاية [riʕa:ja] Betreuung *f*, Pflege *f*, رعاية الأطفال [riʕa:jat al-ʔɒtfa:l] Kinderbetreuung *f*
رعد [raʕd], *Pl* رعود [ruʕu:d] Donner *m*
رعى [raʕa:] sorgen für
رغب في [raɣiba, a] mögen; Lust haben zu
رغبة [raɣba] Lust *f*
رغم [raɣma] trotz; بالرغم من [bir-raɣm min] obwohl
رغوة [raɣwa] Schaum *m*
رغيف [raɣi:f], *Pl* أرغفة [ʔarɣifa] Fladenbrot *n*
1رف [raff], *Pl* رفوف [rufu:f] Regal *n*; Ablage *f*, Bord *m*

2رف [raffa, u, i] *Lid* zucken
رفأ [rafaʔa, a] *flicken* stopfen
رفاهية [rafa:hi:ja] Komfort *m*; Wohlstand *m*
رفرف [rafraf], *Pl* رفارف [rafa:rif] AUTO Kotflügel *m*
رفرف [rafrafa] *Fahne* wehen, flattern
رفس [rafasa, u] treten
رفض [rafaðɒ, u] ablehnen; absagen
رفع [rafaʕa, a] erhöhen, steigern; TEL abnehmen; aufheben; رفع دعوى ضد [rafaʕa (a) daʕwa: đidd] verklagen
رفق [rafiqa]: رفق بنفسه [rafiqa binafsihi] sich schonen
رفه [raffaha]: رفه عن نفسه [raffaha ʕan nafsihi] sich vergnügen
رفيع [rafi:ʕ] *Stimme* dünn, fein
رفيق [rafi:q], *Pl* رفقاء [rufaqa:ʔ] Kamerad *m*
رقائق [raqa:ʔiq] *Pl* Folie *f*; رقائق الشوفان [raqa:ʔiq aʃ-ʃu:fa:n] Haferflocken *Pl*
رقابة [raqa:ba] Aufsicht *f*; POL Zensur *f*
رقاقة [ruqa:qa] COMPUT Chip *m*; رقاقة معدنية [ruqa:qa maʕdani:ja] *Metall* Folie *f*
رقبة [raqaba] ANAT Hals *m*
رقد على [raqada, u] brüten
رقص [raqɒsɒ, u] tanzen
رقص [raqs] Tanz *m*; رقص شرقي [raqs ʃarqi:] Bauchtanz *m*
1رقع [raqaʕa, a] flicken, ausbessern
2رقع [raqqaʕa] *flicken* stopfen
رقعة [ruqaʕa], *Pl* رقع [ruqaʕ] Fleck *m*
رقم [raqm], *Pl* أرقام [ʔarqa:m] Nummer *f*, Zahl *f*, Ziffer *f*; رقم الطوارئ [raqm ɒt-ŧawa:riʔ] Notruf *m*; رقم سري [raqam sirri:] *Bank* Geheimzahl *f*, PIN *f*
رقم [raqqama] nummerieren
رقمي [raqami:] digital
رقى [raqqa] *beruflich* befördern
رقيق [raqi:q] weich, zart; dünn; fein
رقيقة [raqi:qa], *Pl* رقائق [raqa:ʔiq] Folie *f*
ركب [rakb] *Gruppe* Zug *m*
1ركب [rakiba, a] einsteigen; fahren; reiten
2ركب [rakkaba] montieren
ركبة [rukba], *Pl* ركب [rukab] ANAT Knie *n*

ركز على [rakkaza] sich konzentrieren
ركض [rakađɒ, u] laufen, rennen
ركع [rakaʕa, a] *Knie* beugen; knien
ركلة [rakla] Tritt *m*
¹ركن [rakana, u] *äg* abstellen, parken; ركن على [rakana, u] lehnen
²ركن [rukn], *Pl* أركان [ʔarka:n] Ecke *f*, ركن المعلومات [rukn al-maʕlu:ma:t] *Messe* Infostand *m*
ركوب [ruku:b] Reiten *n*; Ritt *m*
ركيك [raki:k] *Stil* holprig
رماد [rama:d] Asche *f*
رمادي [rama:di:] *Farbe* grau
رمال [rima:l] *Pl* Sand *f*, رمال متحركة [rima:l mutaħarrika] Treibsand *m*
رمان [rumma:n] *Koll* Granatapfel *m*
رمث [ramaθ], *Pl* أرماث [ʔarma:θ] Floß *n*
رمح [ramaħa, a] galoppieren
رمز [ramz], *Pl* رموز [rumu:z] Symbol *n*; Hinweis *m*; رمز البنك [ramz al-bank] Bankleitzahl *f*, رمز المدينة البريدي [ramz al-madi:na al-bari:di:] Postleitzahl *f*
رمش [ramaʃa] blinzeln
رمش [rimʃ], *Pl* رموش [rumu:ʃ] Wimper *f*
رمضان [ramada:n] Ramadan *m*
رمل [raml], *Pl* رمال [rima:l] Sand *m*
رمم [rammama] *instand setzen* erneuern
رموت [rimo:t] Fernbedienung *f*
رمى [rama:, i:] werfen; wegwerfen; zielen; hinauswerfen; *umg* schmeißen
رمية [ramja] Wurf *m*
رن [ranna, i] TEL klingeln; MUS klingen
رنين [rani:n] *Glocke* Klang *m*
رهان [riha:n] Wette *f*
رهبة [rahba] Furcht *f*, رهبة المسرح [rahbat al-masraħ] Lampenfieber *n*
رهن [rahn], *Pl* رهون [ruhu:n] Hypothek *f*, Pfand *n*
رهيب [rahi:b] grauenhaft, unheimlich
رهينة [rahi:na], *Pl* رهائن [raha:ʔin] Geisel *f*
رواق [ru:wa:q], *Pl* أروقة [ʔarwiqa] ARCH Galerie *f*
رؤيا [ruʔja:], *Pl* رؤى [ruʔan]

Ansicht *f*

رواية [riwa:ja] Roman *m*; رواية بوليسية [riwa:ja buli:si:ja] Krimi *m*; رواية تمثيلية [riwa:ja tamθi:li:ja] Theaterstück *n*

روبيان [ru:bja:n] ZOOL Garnele *f*

روث [rauθ], *Pl* أرواث [ʔarwa:θ] Mist *m*

روح [ru:ħ], *Pl* أرواح [ʔarwa:ħ] Geist *m*, Seele *f*

روحاني [ru:ħa:ni:] geistig

روزنامة [ru:zna:ma] Kalender *m*

روشتة [ruʃitta] *äg* Rezept *n*

روض [rawwɒđɒ] bändigen, zähmen

روضة [rauđɒ], *Pl* رياض [rijɒ:đ] Garten *m*; روضة أطفال [rauđɒt al-ʔatfa:l] Kindergarten *m*

روماتزم [ru:ma:tizim] MED Rheuma *n*

رومانسي [ru:ma:nsi:] romantisch

رونق [raunaq] *fig* Glanz *m*

روى [rawa:, i:] *Geschichte* erzählen, berichten; bewässern, tränken

ري [rajj] Bewässerung *f*

رياء [rija:ʔ] Heuchelei *f*

رياض [rijɒ:đ] Gärten *mpl*; الرياض [ar-rijɒ:đ] Riad

رياضة [rijɒ:đɒ] Sport *m*; رياضة العدو [rijɒ:đɒt al-ʕadw] Jogging *n*

رياضي(ة) [rijɒ:đi:(-đi:ja)] Athlet(in) *m(f)*, Sportler (in) *m(f)*

رياضيات [rijɒ:đi:ja:t] *Pl* Mathematik *f*

ريان [rajja:n] *Zweig, Fleisch* saftig

ريب [raib] Zweifel *m*

1ريح [rajjaħa] ausruhen

2ريح [rajjiħ] windig

3ريح [ri:ħ], *Pl* رياح [rija:ħ] Wind *m*

ريحان [ri:ħa:n] BOT Basilikum *n*

ريشة [ri:ʃa], *Pl* ريش [ri:ʃ] Feder *f*

ريعان [raiʕa:n] *Lebensalter* Blüte *f*

ريف [ri:f], *Pl* أرياف [ʔarja:f] Land *n*

ريفي [ri:fi:] ländlich

ريفيرس [ri:vi:rs] AUTO Rückwärtsgang *m*

ريق [ri:q], *Pl* أرياق [ʔarja:q] Speichel *m*

ريل [rajjala] *sabbern* kleckern

رئة [riʔa] Lunge *f*; رئة البحر

[riʔat al-baħr] ZOOL Qualle *f*
رئيس(ة) [raʔiːs(a)], *mpl* **رؤساء** [ruʔasaːʔ] Leiter(in) *m(f)*; Chef(in) *m(f)*, Vorgesetzte *m/f*; Präsident(in) *m(f)*, Vorsitzende *m/f*

ز

زاحم [zaːħama] schubsen, (ab)drängen
زاد¹ [zaːd], *Pl* **أزواد** [ʔazwaːd] Proviant *m*, Verpflegung *f*
زاد² [zaːda, iː] wachsen, zunehmen; steigern, erhöhen; *Anzahl* erweitern
زار¹ [zaːra, uː] besichtigen, besuchen
زأر² [zaʔara] *Löwe* brüllen
زان [zaːn] BOT *Koll* Buche *f*
زاه [zaːhin] *Farbe* leuchtend, grell
زاهد [zaːhid] enthaltsam
زاول [zaːwala] betreiben; *Beruf* ausüben
زاوية [zaːwija], *Pl* **زوايا** [zawaːjaː] Ecke *f*
زائد [zaːʔid] plus, übermäßig; **الزائدة الدودية** [az-zaːʔida ad-duːdiːja] ANAT Blinddarm *m*
زائدا [zaːʔidan] zuzüglich
زائر(ة) [zaːʔir(a)] Besucher(in) *m(f)*
زبائن [zabaːʔin] *Pl* Kundschaft *f*
زبالة [zibaːla, zubaːla] Müll *m*
زباني [zubaːnaː] ZOOL Stachel *m*
زبد [zabad] Schaum *m*
زبدة [zubda] Butter *f*
زبدية [zubdiːja], *Pl* **زبادي** [zabaːdiː] Schale *f*
زبل [zibl] Mist *m*; Jauche *f*
زبون [zabuːn], *Pl* **زبائن** [zabaːʔin] Kunde *m*; Gast *m*;
زبونة [zabuːna] Kundin *f*
زبيبة [zabiːba], *Koll* **زبيب** [zabiːb] Rosine *f*
زجاج [zudʒaːdʒ] Glas *n*; **الزجاج الأمامي** [az-zudʒaːdʒ al-ʔamaːmiː] AUTO Windschutzscheibe *f*
زجاجة [zudʒaːdʒa] Flasche *f*
زحزح [zaħzaħa] *entfernen* rücken, schieben; fortbewegen

زحف [zaħafa, a] krabbeln; schleichen
زحمة [zaħma] Gedränge *n*
زخرف [zaxrafa] garnieren; schmücken
زخرفة [zaxrafa] Dekoration *f*
زر [zirr], *Pl* أزرار [ʔazra:r] ELEK Schalter *m*; TECH Taste *f*, Knopf m
زراعة [zira:ʕa] Landwirtschaft *f*, MED Transplantation *f*
زردية [zaradi:ja] Zange *f*
زرر [zarrara] knöpfen; zuknöpfen
1زرع [zarʕ] MED Transplantation *f*
2زرع [zaraʕa, a] pflanzen, säen; anbauen
زريبة [zari:ba], *Pl* زرائب [zara:ʔib] Saustall *m a. fig*
زعامة [zaʕa:ma] Führung *f*
زعزع [zaʕzaʕa] *Vertrauen* erschüttern
زعفران [zaʕfara:n] Safran *m*
زعق [zaʕaqa, a] kreischen, schreien
زعلان [zaʕla:n] ärgerlich; *zornig* böse; beleidigt
زعم [zaʕama, u] *etw* behaupten
زعم [zaʕm] Behauptung *f*
زعنفة [zaʕnafa], *Pl* زعانف [zaʕa:nif] Flosse *f*
زعيم(ة) [zaʕi:m(a)], *mpl* زعماء [zuʕama:ʔ] Anführer (in) *m(f)*; Haupt *n*
زغزغ [zaɣzaɣa] *äg, lib* kitzeln
زغطة [zuɣuṭṭɒ] *äg* Schluckauf *m*
زفت [zift] Pech *n*; *umg* Scheiße!
زفر [zafara, i] ausatmen, seufzen
زقاق [zuqa:q], *Pl* أزقة [ʔaziqqa] Gasse *f*
زقزق [zaqzaqa] piepsen, zwitschern
زكام [zuka:m] MED Schnupfen *m*, Erkältung *f*
زل [zalla, i, a] *fig* entgleisen
زلاجة [zalla:dʒa] Ski *m*
زلال [zula:l] BIOL Eiweiß *n*
زلزال [zilza:l], *Pl* زلازل [zala:zil] Erdbeben *n*
زلط [zalɒṭ] *äg* Kies *m*
1زلق [zaliq] rutschig, glatt, glitschig
2زلق [zaliqa, a] rutschen; ausrutschen
زمام [zima:m], *Pl* أزمة [ʔazimma] Zügel *m*
زمر [zammara] MUS blasen; hupen

زمرة [zumra], *Pl* زمر [zumar] Clique *f*

زمن [zaman], *Pl* أزمان [ʔazma:n] Zeit *f*

زمور [zamu:r]: زمور السيارة [zamu:r as-sajja:ra] Hupe *f*

زميل [zami:l], *Pl* زملاء [zumala:ʔ] Kollege *m*; زميلة [zami:la] Kollegin *f*

زنبرك [zunbarak], *Pl* زنابك [zana:bik] TECH Feder *f*

زنبور [zanbu:r], *Pl* زنابير [zana:bi:r] ZOOL Wespe *f*

زنخ [zanix] ranzig

زنزانة [zinza:na] *Gefängnis* Zelle *f*

زهاء [zuha:ʔa] ungefähr, zirka

زهر [zahr] *Spiel* Würfel *m*

زهرة [zahra], *Pl* أزهار [ʔazha:r] Blume *f*

زهري [zahri:] *syr, lib* pink

زهق من [zahaqa, a] *etw* satthaben

زهيد [zahi:d] *Preis* gering; winzig

زواج [zawa:dʒ] Ehe *f*, Heirat *f*, Hochzeit *f*, فسخ الزواج [fasx az-zawa:dʒ] Scheidung *f*

زوبعة [zaubaʕa], *Pl* زوابع [zawa:biʕ] Unwetter *n*

زوج [zaudʒ], *Pl* أزواج [ʔazwa:dʒ] Mann *m*, Ehemann *m*, Gatte *m*; Paar *n*; زوج الابنة [zaudʒ al-ibna] Schwiegersohn *m*; الزوجان [az-zaudʒa:n] *Dual* Ehepaar *n*

زوجة [zaudʒa] *Gattin* Frau *f*, Ehefrau *f*, Gattin *f*; زوجة الابن [zaudʒat al-ibn] Schwiegertochter *f*

زوجي [zaudʒi:] *Zahl* gerade; ehelich

زود ب [zawwada] liefern; versorgen mit

زور[1] [zaur] *Kehle* Hals *m*

زور[2] [zawwara] fälschen; verfälschen

زورق [zauraq], *Pl* زوارق [zawa:riq] Boot *n*

زي [zijj], *Pl* أزياء [ʔazja:ʔ] Kostüm *n*; Tracht *f*, زي موحد [zijj muwaħħad] Uniform *f*

زيادة [zija:da] Zuschlag *m*; زيادة الراتب [zi:jadat ar-ra:tib] Gehaltserhöhung *f*

زيارة [zija:ra] Besuch *m*; Besichtigung *f*

زئبق [ziʔbaq] Quecksilber *n*

زيت[1] [zajjata] TECH schmieren, ölen

زيت[2] [zait], *Pl* زيوت [zuju:t] Öl *n*
زيتونة [zaitu:na], *Koll* زيتون [zaitu:n] BOT Olive *f*
زيف [zajjafa] fälschen; verfälschen
زين [zajjana] schmücken, garnieren; sich schminken, sich schön machen
زينة [zi:na] Schmuck *m*; Dekoration *f*

س

ساء [sa:ʔa, u:] sich verschlechtern; ساء حظه [sa:ʔa (u:) ħɒððuhu] Pech haben
سابق [sa:biq] früher; vorige(r, -s)
سابقا [sa:biqan] *Adv* früher, bereits
ساحر [sa:ħir] Zauber-; bezaubernd
ساحرة [sa:ħira] Hexe *f*
ساحق [sa:ħiq] *Mehrheit* überwältigend
ساحل [sa:ħil], *Pl* سواحل [sawa:ħil] Küste *f*
ساحة [sa:ħa] Platz *m*; Hof *m*
ساخر [sa:xir] ironisch, spöttisch, zynisch
ساخط [sa:xɨt] empört, entrüstet; zornig
ساخن [sa:xin] heiß
سادة [sa:da] *Stoff* einfarbig
ساذج [sa:ðidʒ] kindlich, gutgläubig, naiv
سار [sa:r] erfreulich
سار [sa:ra, i:] laufen, gehen; marschieren
سارية [sa:ri:ja], *Pl* سوار [sawa:rin]Mast *m*
ساطع [sa:tɨʕ] *Licht* grell
ساعد[1] [sa:ʕada] helfen, beistehen; unterstützen, Hilfe leisten
ساعد[2] [sa:ʕid], *Pl* سواعد [sawa:ʕid] Arm *m*; Unterarm *m*
ساعة [sa:ʕa] Stunde *f*; Tageszeit *f*; Uhr *f*; الساعة [as-sa:ʕa] Uhrzeit *f*
ساعي(ة) [sa:ʔi:(-ʕi:ja)]: ساعي(ة) البريد [sa:ʔi:(-ʕi:jat) al-bari:d] Briefträger (in) *m*(*f*)

سافر [sa:fara] reisen, verreisen, wegfahren; abreisen; abfliegen
سافل [sa:fil] *umg* Arschloch *n*
1**ساق** [sa:q] *f*, *Pl* **سيقان** [si:qa:n] ANAT Bein *n*, Unterschenkel *m*; BOT Stamm *m*; Stängel *m*, BOT Stiel *m*
2**ساق** [sa:qa, u:] *Auto* fahren, lenken
ساقي [sa:qi:]: **كرنب ساقي** [kurunb sa:qi:] Kohlrabi *m*
ساكت [sa:kit] still, schweigsam
ساكن(ة) [sa:kin(a)], *Pl* **سكان** [sukka:n] Bewohner(in) *m* (*f*); Einwohner(in) *m*(*f*)
1**سال** [sa:la, i:] fließen; *Flüssigkeit* auslaufen; *Wasser* ablaufen
2**سأل** [saʔala, a] fragen
سالب [sa:lib] negativ
سالك [sa:lik] befahrbar
سالم [sa:lim] unverletzt, heil
سالمونيلا [sa:lmu:ni:la:] Salmonellen *Pl*
سام [sa:m] giftig
سامح [sa:maħa] vergeben, verzeihen
سامي [sa:mi:] semitisch
سانح [sa:niħ] *Chance* günstig
ساند [sa:nada] unterstützen; sich einsetzen für
ساه [sa:hin] abwesend; **ساهي الفكر** [sa:hi: l-fikr] geistesabwesend
ساهم [sa:hama] teilnehmen; **ساهم في** [sa:hama fi:] beitragen, mitwirken
ساوم [sa:wama] handeln, feilschen; **ساوم على تخفيض السعر** [sa:wama ʕala: taxfi:đ as-siʕr] herunterhandeln
ساوى [sa:wa:] *gleichen* entsprechen; *kosten* wert sein
سائب [sa:ʔib] *unverpackt* lose
سائح(ة) [sa:ʔiħ(a)], *mpl* **سواح** [suwwa:ħ] Tourist(in) *m*(*f*), Urlauber(in) *m*(*f*)
سائر [sa:ʔir] gesamt; gängig
سائق(ة) [sa:ʔiq(a)], *mpl* **سواق** [suwwa:q] Autofahrer(in) *m*(*f*); Chauffeur(in) *m*(*f*), Fahrer(in) *m*(*f*)
سائل [sa:ʔil] flüssig
سائل [sa:ʔil], *Pl* **سوائل** [sawa:ʔil] Flüssigkeit *f*; **سائل الفرامل** [sa:ʔil al-fara:mil] Bremsflüssigkeit *f*
سب [sabba, u] beleidigen; schimpfen
سبابة [sabba:ba] Zeigefinger *m*
سباتي [siba:ti:] *Spielkarte*

Kreuz *n*
سباحة [siba:ħa] Schwimmen *n*
سباق [siba:q] Wettlauf *m*, Wettrennen *n*
سبانخ [saba:nix] BOT *Koll* Spinat *m*
[1]سبب [sabab], *Pl* أسباب [ʔasba:b] Grund *m*, Ursache *f*; Faktor *m*, Umstand *m*
[2]سبب [sabbaba] hervorrufen, bewirken
سبت [sabt], السبت [as-sabt] Samstag *m*
سبح [sabaħa, a] baden, schwimmen; سبح بأنبوبة التنفس [sabaħa (a) biʔunbu:bat at-tanaffus] schnorcheln
سبري [sbrai] Spray *n*
سبعة [sabʕa], *f* سبع [sabʕ] sieben; سبعة عشر [sabʕata ʕaʃar], *f* سبع عشرة [sabʕa ʕaʃra] siebzehn
سبعون [sabʕu:n] siebzig
[1]سبق [sabaqa, i] überholen; سبق إلى [sabaqa, i] zuvorkommen; سبق وأن [sabaqa wa-ʔan] bereits
[2]سبق [sabq] Vorsprung *m*
[1]سبك [sabaka, i] *Metall* gießen
[2]سبك [sabbaka] schmoren
سبورة [sabbu:ra] *syr äg* Tafel *f*
[1]ست [sitt] *m* sechs
[2]ست [sitt] Frau *f a. Anrede*; ست البيت [sitt al-bait] *äg* Hausfrau *f*
ستارة [sita:ra], *Pl* ستائر [sata:ʔir] *a.* THEAT Vorhang *m*; Gardine *f*
ستر [satara, u] verheimlichen, vertuschen
سترة [sutra] Jacke *f*; سترة صوفية [sutra su:fi:ja] Strickjacke *f*
ستة [sitta], *f* ست [sitt] sechs; ستة عشر [sittata ʕaʃar], *f* ست عشرة [sitta ʕaʃra] sechzehn *m*
ستون [sittu:n] sechzig
ستيك [staik] GASTR Steak *n*
سجائر [sadʒa:ʔir]: جروز سجائر [dʒru:z sadʒa:ʔir] *Zigaretten* Stange *f*
سجاد [saddʒa:d], *Pl* سجاجيد [sadʒa:dʒi:d] Teppich *m*; سجاد عجمي [saddʒa:d ʕadʒami:] *Teppich* Perser *m*; سجاد مغربي/بربري [siddʒa:d maɣribi:/barbari:] Berberteppich *m*; سجادة طويلة [saddʒa:da tɒwi:la] Brücke *f*
سجان(ة) [saddʒa:n(a)] *Gefängnis* Wärter(in) *m(f)*

سجق [sudʒuq] Wurst *f*

سجل [saddʒala] aufschreiben, eintragen, registrieren; *Konto* buchen; *Kurs* belegen; *Rekord* aufstellen; **سجل نفسه** [saddʒala nafsahu] sich (an)melden

سجلات [sidʒilla:t] *Pl* Archiv *n*

سجن1 [sadʒana, u] einsperren

سجن2 [sadʒn] Haft *f*

سجن3 [sidʒn], *Pl* **سجون** [sudʒu:n] Gefängnis *n*

سجين(ة) [sadʒi:n(a)], *mpl* **سجناء** [sudʒana:ʔ] Gefangene *m/f*

سحاب [saħħa:b] *syr* Reißverschluss *m*

سحابة [saħa:ba], *Pl* **سحب** [suħub] Wolke *f*

سحارة [saħħa:ra], *Pl* **سحاحير** [saħa:ħi:r] Kiste *f*

سحب [saħaba, a] ziehen, abziehen; entziehen; *Geld* abheben, abbuchen; *Führerschein* einziehen; abschleppen; **سحب منه دما** [saħaba (a) minhu daman] *j-m* Blut abnehmen

سحر1 [saħara, a] zaubern

سحر2 [siħr], *Pl* **سحور** [suħu:r] *fig* Zauber *m*; Reiz *m*; Zauberei *f*

سحلية [saħli:ja], *Pl* **سحال** [saħa:lin] ZOOL Eidechse *f*

سخان [saxxa:n] Boiler *m*; Kocher *m*; **سخان كهربائي** [saxxa:n kahruba:ʔi:] Kochplatte *f*

سخر من [saxira, a] hänseln, auslachen, verspotten; über *etw* lachen

سخرية [suxrija] Ironie *f*, Hohn *m*; **بسخرية** [bi-suxri:ja] spöttisch

سخط [suxṭ] Zorn *m*

سخفاء [suxafa:ʔ] albern, blöd(e)

سخن [saxxana] aufwärmen; erhitzen

سخي [saxi:] großzügig

سخيف [saxi:f] kindisch, albern, blöd(e)

سد1 [sadd], *Pl* **سدود** [sudu:d] Damm *m*; Staudamm *m*; Deich *m*

سد2 [sadda, u] *Bedarf* decken; *Lücke* füllen; blockieren, verstopfen

سداد [sada:d], *Pl* **أسدة** [ʔasidda] *Deckel* Verschluss *m*; **سداد محكم** [sada:d muħkam] TECH Dichtung *f*

سدادة [sida:da] Stöpsel *m*; **سدادة قطنية** [sida:da quṭni:-

ja] Tampon *m/n*
سدد [saddada] *Defizit* ausgleichen; *Hypothek* zurückzahlen
سدى [sudan] vergeblich
سديم [sadi:m], *Pl* سدم [sudum] Dunst *m*
1سر [sirr] Geheimnis *n*
2سر ب [surra] sich freuen über
سرابي [sara:bi:] *utopisch* trügerisch
سرادق [sura:diq] *Zelt* Pavillon *m*
سراق(ة) [sara:q(a)] Dieb(in) *m(f)*
سرب [sarib] *Boot* leck
سرب [sirb], *Pl* أسراب [ʔasra:b] Vogelzug *m*
سرج [sardʒ], *Pl* سروج [suru:dʒ] Sattel *m*
1سرح [saraħa, a] *phantasieren* träumen
2سرح [sarraħa]: سرح الشعر [sarraħa aʃ-ʃaʕr] frisieren
سرد [sarada, u] aufzählen, schildern
سردينة [sardi:na], *Koll* سردين [sardi:n] ZOOL Sardine *f*
سرطان [sarɒtˁɒ:n] MED, ZOOL Krebs; سرطان البحر [sarɒtˁɒ:n al-baħr] Hummer *m*
سرع [sarraʔa] beschleunigen
سرعة [surʕa] Eile *f*, Geschwindigkeit *f*, Tempo *n*; بسرعة [bi-surʕa] schnell; *umg* fix, dalli; السرعة القصوى [as-surʕa al-quswa:] Höchstgeschwindigkeit *f*
سرق [saraqa, i] stehlen; *umg* klauen; *Freund(in)* ausspannen
سرقة [sariqa] Diebstahl *m*, Raub *m*
سرة [surra] Nabel *m*
سرو [sarw] BOT Zypresse *f*
سروال [sirwa:l] Hose *f*; سروال داخلي [sirwa:l da:xili:] Slip *m*, Unterhose *f*
سرور [suru:r] Freude *f*; بسرور [bi-suru:r] gern; بكل سرور [bi-kull suru:r] mit Vergnügen!
سري [sirri:] diskret, vertraulich; geheim, heimlich
سرى على [sara:, i:] gelten, gültig sein
سرير [sari:r], *Pl* أسرة [ʔasirra] Bett *n*
سريع [sari:ʕ] flott, rasch, schnell; سريع الاشتعال [sari:ʕ lil-iʃtiʕa:l] feuergefährlich

سشوار [siʃwaːr] *Haare* Föhn *m*
سطا [satɒː, uː] JUR einbrechen
سطح [sɒtħ], *Pl* سطوح [sutuːħ] Dach *n*; Fläche *f*, Oberfläche *f*
سطحي [sɒtħiː] oberflächlich; flüchtig, seicht; äußere(r, s), äußerlich
سطر [sɒtr], *Pl* سطور [sutuːr] Zeile *f*
سطع [satɒʔa, a] glänzen
سطل [sɒtil], *Pl* سطول [sutuːl] Eimer *m*; سطل القمامة [sɒtl al-qumaːma] Mülleimer *m*
سعال [suʕaːl] Husten *m*
سعر [siʕr], *Pl* أسعار [ʔasʕaːr] Preis *m*
سعل [saʕala, u] husten
سعة [siʕa] Kapazität *f*; *Inhalt* Volumen *n*
سعى إلى [saʕaː, aː] sich bemühen um
سعيد [saʕiːd] glücklich
سفارة [sifaːra] *dipl. Vertretung* Botschaft *f*
سفر [safar], *Pl* أسفار [ʔasfaːr] Fahrt *f*, Reise *f*, Anreise *f*, Abreise *f*; سفر رسمي [safar rasmiː] Dienstreise *f*
سفلي [sufliː], *m* أسفل [ʔasfal], *f* سفلى [suflaː], *Pl* أسافل [ʔasaːfil] untere(r, -s)
سفير(ة) [safiːr(a)], *Pl* سفراء [sufaraːʔ] Botschafter(in) *m* (*f*)
سفينة [safiːna], *Pl* سفن [sufun] Schiff *n*
سقالة [saqqaːla] Gerüst *n*
سقط [saqɒtɒ, u] fallen; hinfallen, umfallen abstürzen; *Haare* ausfallen; herunterfallen; durchfallen
سقف [saqf], *Pl* سقوف [suquːf] *Zimmer* Decke *f*, Dach *n*; سقف الحلق [saqf al-ħalq] ANAT Gaumen *m*; سقف متحرك [saqf mutaħarrik] Schiebedach *n*
سقوط [suquːt] *Sturz* Fall *m*; Absturz *m*
سقى [saqaː, iː] *Blumen* gießen; bewässern
سقيم [saqiːm] kränklich
سك [sakka, u] *Münze* prägen
سكاكر [sakaːkir] *Pl* Bonbons
سكان [sukkaːn] *Pl* Bevölkerung *f*
سكب [sakaba, u] schütten, gießen
سكت [sakata, u] schweigen; stillhalten
سكتة [sakta] MED Schlaganfall *m*; سكتة قلبية [sakta qalbiː-

ja] Herzschlag *m*
1سكر [sakira, a] sich betrinken
2سكر [sukkar] Zucker *m*; سكر العنب [sukkar al-ʕinab] Traubenzucker *m*
سكران [sakra:n] betrunken; *umg* blau
سكرة [sakra] Rausch *m*
سكرين [sakari:n] Süßstoff *m*
1سكن [sakan] Wohnung *f*
2سكن [sakana, u] wohnen; *Haus* beziehen
3سكن [sakkana] *Schmerz* stillen, lindern
سكة [sikka]: سكة الحديد [sikkat al-ħadi:d] Eisenbahn *f*, Schienen *f/pl*
سكواش [skwa:ʃ] SPORT Squash *n*
سكون [suku:n] Leere *f*, GRAM Vokallosigkeit *f*; سكون الرياح [suku:n ar-rija:ħ] Flaute *f*, Windstille *f*; سكون الليل [suku:n al-lail] Nachtruhe *f*
سكير(ة) [sikki:r(a)] Säufer (in) *m(f)*
سكين [sikki:n], *Pl* سكاكين [saka:ki:n] Messer *n*; سكين جيب [sikki:n dʒaib] Taschenmesser *n*
سل [sull] MED Tuberkulose *f*
سلاح [sila:ħ], *Pl* أسلحة [ʔasliħa] Waffe *f*; سلاح الطيران [sila:ħ ɒt-tajara:n] Luftwaffe *f*
سلام [sala:m] Friede(n) *m*; hallo!
سلامة [sala:ma] Gesundheit *f*; سلامتك! [sɒla:mtak(-tik)] gute Besserung! *m(f)*; بسلامة [bi-sala:ma] wohlauf
سلايد [sla:id] FOTO Dia *n*
سلب [salaba, u] wegnehmen; plündern
سلبي [salbi:] negativ, passiv
سلحفاة [sulaħfa:t], *Pl* سلاحف [sala:ħif] ZOOL Schildkröte *f*
سلخ [salaxa] häuten; sich häuten
سلس [salis] *Verkehr* flüssig
سلسلة [silsila], *Pl* سلاسل [sala:sil] Kette *f*, Reihe *f*, Folge *f*, Serie *f*
سلط على [sallɒtɒ] *j-n* auf *j-n* hetzen
سلطانية [sultɒ:ni:ja] Schüssel *f*
1سلطة [salɒtɒ] *Vorspeise, Hummous etc* Salat *m*; Dip *m*; سلطة بطاطا [salɒtɒt bɒtɒ:tɒ:] Kartoffelsalat *m*; سلطة فواكه [salɒtɒt fawa:-

kih] Obstsalat *m*
²سلطة [sulṭɒ] Macht *f*, Autorität *f*
سلعة [silʕa], *Pl* سلع [silaʕ] WIRTSCH Artikel *m*, Ware *f*
¹سلف [salaf], *mpl* أسلاف [ʔasla:f] Vorgänger(in) *m(f)*
²سلّف [sallafa] *j-m etw* leihen
سلفة [sulfa], *Pl* سلف [sulaf] Darlehen *n*; Vorschuss *m*
سلق [salaqa, u] *Ei* kochen *v/t*
¹سلك [salaka, u] verfahren; sich verhalten
²سلك [silk], *Pl* أسلاك [ʔasla:k] Leitung *f*, ELEK Kabel *n*, Draht *m*
¹سلم [sallama] herausgeben, hergeben; *Gepäck* aufgeben; سلم إلى [sallama ʔila:] abliefern, abgeben; JUR, *Ware* ausliefern, übergeben; سلم على [sallama ʕala:] grüßen
²سلم [silm] Friede(n) *m*
³سلم [sullam], *Pl* سلالم [sala:lim] Treppe *f*; Leiter *f*; *Schiff*, FLUG Gangway *f*; سلم ترتيبي [sullam tarti:bi:] Skala *f*
سلمون [salmu:n] Lachs *m*; سلمون مرقط [salmu:n muraqqɒṭ] Forelle *f*
سلمي [silmi:] friedlich
سلة [salla], *Pl* سلال [sila:l] Korb *m*; سلة المهملات [sallat al-muhmala:t] Papierkorb *m*
سلوك [sulu:k] Benehmen *n*; Verhalten *n*
سلى [salla:] trösten; aufmuntern, aufheitern
سليم [sali:m] heil, ganz; gesund; richtig
سم [summ], *Pl* سموم [sumu:m] Gift *n*
سما [sama:] ragen
سماء [sama:ʔ] *f*, *Pl* سماوات [sama:wa:t] Himmel *m*
سماح [sama:ħ] Erlaubnis *f*
سماد [sama:d], *Pl* أسمدة [ʔasmida] Dünger *m*; سماد صناعي [sama:d sina:ʕi:] Kunstdünger *m*
سماعة [samma:ʕa] TEL, MUS Hörer *m*
سمح ل ب [samaħa, a] *erlauben* gestatten, dulden; سمح لنفسه [samaħa (a) linafsihi] sich *etw* leisten; سمح له [sumiħa lahu] dürfen; لو سمحت [lau samaħt] gestatten Sie (*m/f*)?
سمر [sammara] nageln
سمسار(ة) [simsa:r(a)], *mpl* سماسرة [sama:sira] Immo-

bilienmakler(in) *m(f)*
سمسر [samsara] *makeln* vermitteln
سمع [samiʕa, a] hören; erfahren
سمعة [sumʕa] Autorität *f*, Ansehen *n*, Ruf *m*
سمك [samak], *Pl* **أسماك** [ʔasma:k] Fisch *m*; **سمك القرش** [samak al-qirʃ] Hai *m*; **سمك موسى** [samak mu:sa:] Seezunge *f*
سمم [sammama] vergiften
سمن [samn] Fett *n*, Schmalz *n*; **سمن صناعي/نباتي** [samn sina:ʕi:/naba:ti:] Margarine *f*
سمة [sima] Merkmal *n*
سمى [samma:] nennen; [summija] heißen
سميك [sami:k] *Material* dick
سمين [sami:n] *Person* dick, fett
1**سن** [sanna, u] *Gesetz* erlassen, verabschieden
2**سن** [sinn] Alter *n*
3**سن** [sinn] *f*, *Pl* **أسنان** [ʔasna:n] Zahn *m*; **سن الحليب** [sinn al-ħali:b] Milchzahn; **سن قاطعة** [sinn qɒ:tiʕa] Schneidezahn *m*; **سن لبني** [sinn labani:] Milchzahn *m*
سنترال [sintra:l] TEL Vermittlung *f*
سنتيمتر [sintimitr] Zentimeter *m/n*
سنجاب [sindʒa:b], *Pl* **سناجيب** [sana:dʒi:b] ZOOL Eichhörnchen *n*
سند [sanad], *Pl* **أسناد** [ʔasna:d] Halt *m*, *a. fig* Stütze *f*; Anhaltspunkt *m*; Unterlage *f*; *Pl* REL Tradition *f*
سنن [sannana] sich zuspitzen
1**سنة** [sana], *Pl* **سنوات** [sanawa:t] Jahr *n*; Jahrgang *m*; Baujahr *n*; **سنة دراسية** [sana dira:si:ja] Schuljahr *n*
2**سنة** [sunna]: **السنة** [as-sunna] REL Sunna *f*
سنونو [sunu:nu:] ZOOL Schwalbe *f*
سنوي [sanawi:] einjährig; jährlich
سهر [sahira, a] *abends* aufbleiben; *umg* ausgehen
1**سهل** [sahhala] vereinfachen
2**سهل** [sahl] einfach, bequem, leicht
سهل [sahl], *Pl* **سهول** [suhu:l] Ebene *f*, Flachland *n*; **سهل مرتفع** [sahl murtafiʕ] Hochebene *f*

[1]سهم [sahm], *Pl* أسهم [ʔashum] Aktie *f*
[2]سهم [sahm], *Pl* سهام [siha:m] Pfeil *m*
سهوا [sahwan] aus Versehen
سوء [su:ʔ] Übel *n*; سوء الأحوال [su:ʔ al-aħwa:l] Missstände *mpl*; سوء الفهم [su:ʔ al-fahm] Missverständnis *n*; لسوء الحظ [lisu:ʔ al-ħɒðð] leider
سواء [sawa:ʔ]: سواء ... أم [sawa:ʔ ... ʔam] sowohl ... als auch; ob ... oder
سوار [siwa:r], *Pl* أساور [ʔasa:wir] *Arm* Reif *m*, Armband *n*
سواك [siwa:k] Zahnstocher *m*
سؤال [suʔa:l], *Pl* أسئلة [ʔasʔila] Frage *f*
سوتيان [su:tija:n] BH *m* (*Büstenhalter*)
سور [su:r], *Pl* أسوار [ʔaswa:r] Mauer *f*; سور المدينة [su:r al-madi:na] Stadtmauer *f*
سورة [su:ra], *Pl* سور [suwar] Sure *f*
سوريا [su:rija:] Syrien *n*
سوري [su:ri:] syrisch
سوستة [susta], *Pl* سست [susat] Reißverschluss *m*
سوط [sauṭ], *Pl* سياط [sijɒ:ṭ] Peitsche *f*
سوق [su:q] *f*, *Pl* أسواق [ʔaswa:q] Basar *m*, Markt *m*; السوق الحرة [as-su:q al-ħurra] Dutyfreeshop *m*
سوقي [su:qi:] vulgär
[1]سوى [sawwa:] *Streit* schlichten
[2]سوى [siwa:] *ausgenommen* außer, nur
سويا [sawi:jan] gemeinsam, zusammen
سويسرا [swi:sra:] Schweiz *f*
سويسري(ة) [swi:sri:(-ri:ja)] Schweizer(in) *m(f)*
سيء [sajjiʔ] schlecht; schlimm; سيء النية [sajjiʔ an-ni:ja] böse, hinterhältig
سياج [sija:dʒ] Zaun *m*; سياج من الشجيرات [sija:dʒ min aʃ-ʃudʒaira:t] Hecke *f*
سياحة [sija:ħa], السياحة [as-sija:ħa] Tourismus *m*, Fremdenverkehr *m*
سيارة [sajja:ra] Auto *n*, Fahrzeug *n*, Wagen *m*, Pkw *m*; سيارة أجرة [sajja:rat ʔudʒra] Taxi *n*; سيارة الإسعاف [sajja:rat al-ʔisʕa:f] Krankenwagen *m*
سياسة [sija:sa] Politik *f*; سياسة خارجية [sija:sa xa:-

ridʒi:ja] Außenpolitik *f*; **سياسة داخلية** [si:ja:sa da:-xili:ja] Innenpolitik *f*
سياسي [sija:si:] politisch; **لجوء سياسي** [ludʒu:ʔ sija:-si:] POL Asyl *n*
سياسي(ة) [sija:si:(-si:ja)] Politiker(in) *m(f)*
سياق [sija:q] *Text* Zusammenhang *m*
سيان [si:ja:na]: **سيان عندي** [si:ja:na ʕindi:] das ist mir egal, es ist mir gleich
سيجار [si:dʒa:r] Zigarre *f*
سيجارة [si:dʒa:ra], *Pl* **سجائر** [sadʒa:ʔir] Zigarette *f*; *umg* Kippe *f*
سيد [sajjid], *Pl* **سادة** [sa:da] Herr *m*; *Anrede* **السيد** [as-sajjid] Herr … *m*
سيدة [sajjida] *Anrede* Frau *f*, Dame *f*
سي دي [si: di:] CD *f*
سير [sair] Verkehr *m*, Vorgang *m*; Marsch *m*; **سير ناقل/متحرك** [sair na:qil/mutaħarrik] Fließband *n*
سيرك [si:rk] Zirkus *m*
سيرة [si:ra], *Pl* **سير** [sijar] Biografie *f*, Lebenslauf *m*, Laufbahn *f*; **سيرة ذاتية** [si:ra ða:ti:ja] Autobiografie *f*
سيطر على [saitˁara] herrschen; beherrschen, kontrollieren
سيطرة [saitˁara] *Herrschaft* Kontrolle *f*
سيل [sail], *Pl* **سيول** [suju:l] *Fluss* Strom *m*
سيلان [sajala:n] TECH Abfluss *m*
سئم من [saʔima, a] sich langweilen; *etw* satthaben
سينما [si:nama:] Kino *n*

ش

شاء [ʃa:ʔa, a:] wollen, wünschen
1**شاب** [ʃa:b] jung
2**شاب** [ʃa:b], *Pl* **شباب** [ʃaba:b] Kerl *m*; *mpl* **شبان** [ʃubban] Jugendliche *m/f*
شابه [ʃa:baha] *j-m* ähnlich sehen
شاحب [ʃa:ħib] *Person* blass, bleich

شاحن [ʃa:ħin] ELEK Ladegerät *n*
شاحنة [ʃa:ħina] Lastwagen *m*, Lkw *m*
شاذ [ʃa:ð] pervers
شار (ية) [ʃa:rin(-ri:ja)] Käufer(in) *m(f)*
شارب، *Pl* **شوارب** [ʃa:rib], *Pl* [ʃawa:rib] Schnurrbart *m*
شارد [ʃa:rid]: **شارد الذهن** [ʃa:rid að-ðihn] geistesabwesend; **شارد الفكر** [ʃa:rid al-fikr] gedankenlos
شارع [ʃa:riʕ], *Pl* **شوارع** [ʃawa:riʕ] Straße *f*; **شارع رئيسي** [ʃa:riʕ raʔi:si:] Hauptstraße *f*
شارف [ʃa:rafa] sich nähern
شارك [ʃa:raka] mitwirken, teilnehmen; **شارك في** [ʃa:raka fi:] WIRTSCH einsteigen
شارة [ʃa:ra] Abzeichen *n*, Kennzeichen *n*
شاشة [ʃa:ʃa] COMPUT Monitor *m*, Bildschirm *m*; Leinwand *f*; **شاشة البلازما** [ʃa:ʃat al-bla:zma:] LCD-Anzeige *f*
شاط [ʃa:ŧɒ, i:] SPORT schießen
شاطئ [ʃɒ:ŧiʔ], *Pl* **شواطئ** [ʃawɒ:ŧiʔ] *Meer* Ufer *n*, Küste *f*, Strand *m*
شاطر [ʃɒ:ŧir] *clever* geschickt, schlau
شاعر(ة) [ʃa:ʕir(a)], *Pl* **شعراء** [ʃuʕara:ʔ] Dichter(in) *m(f)*
شاغر [ʃa:ɣir] *Stelle* frei
شاف [ʃa:fin] heilsam
شاق [ʃa:qq] mühsam
شاكر [ʃa:kir] dankbar
شاكوش [ʃa:ku:ʃ], *Pl* **شواكيش** [ʃawa:ki:ʃ] Hammer *m*
شال [ʃa:l], *Pl* **شيلان** [ʃi:la:n] Halstuch *n*, Schal *m*
شامة [ʃa:ma] Leberfleck *m*, Muttermal *n*
شامت [ʃa:mit] hämisch
شامل [ʃa:mil] generell, komplett
شاملا [ʃa:milan] einschließlich, inklusive
شأن [ʃaʔn], *Pl* **شؤون** [ʃuʔu:n] Angelegenheit *f*; **بشأن** [bi-ʃaʔn] in Bezug auf
شاه مات [ʃa:h ma:t] schachmatt
1**شاهد** [ʃa:hada] beobachten, besichtigen; sich *etw* anschauen, ansehen; **شاهد التلفزيون** [ʃa:hada at-tilfizju:n] fernsehen
2**شاهد** [ʃa:hid], *Pl* **شهود** [ʃuhu:d] Zeuge *m*; **شاهد عيان** [ʃa:hid ʕaja:n] Augenzeuge *m*; **شاهد(ة) الزواج**

[ʃa:hid(at) az-zawa:dʒ] Trauzeuge *m* (-gin *f*) *christlich*

3شاهد [ʃa:hid], *Pl* شواهد [ʃawa:hid] Grabstein *m*

شاورما [ʃa:warma:] Döner *m*

شاي [ʃa:j] Tee *m*; شاي الأعشاب [ʃa:j al-ʔaʕʃa:b] Kräutertee *m*; شاي النعناع [ʃa:j an-naʕna:ʕ] Pfefferminztee *m*

شائع [ʃa:ʔiʕ] geläufig, gängig, üblich

شائعة [ʃa:ʔiʕa] Gerücht *n*

شائك [ʃa:ʔik] stachelig

شباب [ʃaba:b] *Pl* Jugend *f*

شباط [ʃubɒ:ṭ] *syr* Februar *m*

شباك [ʃubba:k], *Pl* شبابيك [ʃaba:bi:k] Fenster *n*; *Tickets* Schalter *m*

شبح [ʃabaħ], *Pl* أشباح [ʔaʃba:ħ] Geist *m*, Gespenst *n*

شبشب [ʃibʃib], *Pl* شباشب [ʃaba:ʃib] Hausschuh *m*, Pantoffel *m*

شبع [ʃabiʕa] satt werden *od* sein; شبع من النوم [ʃabiʕa min an-naum] ausschlafen

شبعان [ʃabʕa:n] satt

شبك [ʃabaka, i] *Brosche* anstecken; klammern

شبكة [ʃabka], *Pl* شباك [ʃiba:k] Netz *n*; Gitter *n*, Netzwerk *n*

شبكية [ʃabaki:ja] Netzhaut *f*

1شبه [ʃabah] Ähnlichkeit *f*

2شبه [ʃibh] quasi, fast; شبه جزيرة [ʃibh dʒazi:ra] Halbinsel *f*

3شبه ب [ʃabbaha] vergleichen mit

شبهة [ʃubha] Verdacht *m*

شبيبة [ʃabi:ba]: الشبيبة [aʃ-ʃabi:ba] junge Leute *Pl*, die Jugend *f*

شبين(ة) [ʃabi:n(a)], *mpl* شباين [ʃaba:jin] Trauzeuge *m* (-gin *f*) *christlich*

شبيه ب [ʃabi:h] ähnlich

شتاء [ʃita:ʔ] Winter *m*

شتم [ʃatama, i] schimpfen; beschimpfen

شتيمة [ʃati:ma], *Pl* شتائم [ʃata:ʔim] Schimpfwort *n*

شج [ʃadʒin] wehmütig

شجار [ʃidʒa:r] Streit *m*; Schlägerei *f*

شجاع [ʃudʒa:ʕ] kühn, mutig, tapfer

شجاعة [ʃadʒa:ʕa] Mut *m*

شجرة [ʃadʒara], *Pl* أشجار [ʔaʃdʒa:r] Baum *m*

شجع [ʃaddʒaʕa] begeistern; motivieren

شجيرة [ʃudʒaira] BOT Strauch *m*, Busch *m*; **شجيرات** [ʃudʒaira:t] *Pl* Gebüsch *n*
شحاذ(ة) [ʃaħħa:ð(a)] Bettler (in) *m(f)*
شحاطة [ʃaħɒ:ŧɒ] *syr, jord* Hausschuh *m*
شحذ [ʃaħaða, a] betteln
1**شحم** [ʃaħama] TECH schmieren
2**شحم** [ʃaħm], *Pl* **شحوم** [ʃuħu:m] TECH Fett *n*; Speck *m*; **شحمة الأذن** [ʃaħmat al-ʔuðun] Ohrläppchen *n*
شحن [ʃaħana, a] *Waren* laden; ELEK aufladen
شحنة [ʃaħna] ELEK Ladung *f*; WIRTSCH Fracht *f*
شحيح [ʃaħi:ħ] *Wasser* knapp; geizig
شخبط [ʃaxbɒŧɒ] kritzeln
شخر [ʃaxxara] schnarchen
1**شخص** [ʃaxs], *Pl* **أشخاص** [ʔaʃxɒ:s] Person *f*, Kerl *m*; **شخص آخر** [ʃaxs a:xar] jemand anders; **شخص ما** [ʃaxsun ma:] irgendjemand, jemand
2**شخص** [ʃaxxɒsɒ] identifizieren
شخصي [ʃaxsɨ:] persönlich, privat
شخصيا [ʃaxsɨ:jan] *Adv* persönlich
شخصية [ʃaxsɨ:ja] Persönlichkeit *f*
1**شد** [ʃadda, u] spannen; anbinden
2**شد** [ʃadd] Spannung *f*; **شد عضلي** [ʃadd ʕađɒlli:] MED (Muskel)Zerrung *f*
شدد على [ʃaddada] betonen
شدة [ʃidda] *Intensität* Stärke *f*; Not *f*; **بشدة** [bi-ʃidda] *Adv* massiv, nachdrücklich
شديد [ʃadi:d] heftig; stark; **شديد الحساسية** [ʃadi:d al-ħassa:si:ja] allergisch
شر [ʃarr], *Pl* **شرور** [ʃuru:r] Missstände *mpl*
شراء [ʃira:ʔ] Einkauf *m*; Kauf *m*
شراب [ʃara:b], *Pl* **أشربة** [ʔaʃriba] Getränk *n*; **شراب الليمون** [ʃara:b al-laimu:n] Limonade *f*, **شراب للسعال** [ʃara:b lis-suʕa:l] Hustensaft *m*
شرارة [ʃara:ra] Funke *m*
شراع [ʃira:ʕ], *Pl* **أشرعة** [ʔaʃriʕa] Segel *n*
شراكة [ʃira:ka] Partnerschaft *f*
شرب [ʃariba, a] trinken; **شرب**

كله ... [ʃariba (a) ... kullahu] austrinken; شرب الدخان [ʃariba (a) ad-duxa:n] rauchen; شرب نخبه [ʃariba (a) naxbahu] auf jemandes Wohl anstoßen
شربة [ʃurba] Suppe *f*
شربين [ʃirbi:n]: الشربين [aʃ-ʃirbi:n] Fichte *f*
شرج [ʃaradʒ], *Pl* أشراج [ʔaʃra:dʒ] After *m*
1شرح [ʃaraħa, a] erklären
2شرح [ʃarħ] Erklärung *f*, Kommentar *m*
شرشف [ʃarʃaf], *Pl* شراشف [ʃara:ʃif] Bettlaken *n*, Laken *n*; شرشف الطاولة [ʃarʃaf ɒt-tɒ:wula] Tischdecke *f*
شرط [ʃarŧ], *Pl* شروط [ʃuru:ŧ] Bedingung *f*, Kondition *f*, Voraussetzung *f*; بشرط أن [bi-ʃarŧ ʔan] vorausgesetzt, dass
1شرطة [ʃarŧɒ], *Pl* شرط [ʃurɒŧ] Bindestrich *m*; Gedankenstrich *m*
2شرطة [ʃurŧɒ] Polizei *f*; شرطة الجنايات [ʃurŧɒt al-dʒina:ja:t] Kriminalpolizei *f*
شرطي(ة) [ʃurŧi:(-ŧi:ja)] Polizist(in) *m(f)*; *umg* Bulle *m*
شرع في [ʃaraʕa, a] anfangen, beginnen
شرعي [ʃarʕi:] JUR gesetzlich, rechtlich, legal; *Kind* ehelich, rechtmäßig
1شرف [ʃaraf] Ehre *f*
2شرف [ʃarrafa] auszeichnen, ehren
شرفة [ʃurfa], *Pl* شرف [ʃuraf] Balkon *m*; Terrasse *f*
شرفي [ʃarafi:] ehrenamtlich
شرق [ʃarq] Osten *m*; الشرق [aʃ-ʃarq] Naher Osten, Orient *m*; الشرق الأدنى [aʃ-ʃarq al-ʔadna:] Naher Osten; الشرق الأقصى [aʃ-ʃarq al-ʔaqsɒ:] Ferner Osten; الشرق الأوسط [aʃ-ʃarq al-ʔausɒŧ] Mittlerer Osten *m*
شرقي [ʃarqi:] orientalisch, östlich
شركة [ʃarika] WIRTSCH Firma *f*; شركة التأمين [ʃarikat at-taʔmi:n] Versicherung *f*; شركة الشحن البحري [ʃarikat aʃ-ʃaħn al-baħri:] SCHIFF Reederei *f*; شركة النقليات [ʃarikat an-naqli:ja:t] Spedition *f*; شركة طيران [ʃarikat ŧɒjara:n] Fluggesellschaft *f*
شره [ʃarih] gefräßig
شروط [ʃuru:ŧ] *Pl* WIRTSCH

Konditionen; شروط الدخول [ʃuru:ṭ ad-duxu:l] Einreisebestimmungen *Pl*
شروق [ʃuru:q] Sonnenaufgang *m*
شريان [ʃirja:n], *Pl* شرايين [ʃara:ji:n] Arterie *f*, Schlagader *f*
شريحة [ʃari:ħa], *Pl* شرائح [ʃara:ʔiħ] Scheibe *f*; شريحة إلكترونية [ʃari:ħat al-ʔiliktru:ni:ja] ELEK Chip *m*
شرير [ʃirri:r] böse, böswillig
شريط [ʃari:ṭ], *Pl* أشرطة [ʔaʃriṭɒ], شرائط [ʃara:ʔiṭ] Streifen *m*, Band *n*; Schleife *f*, Kassette *f*; شريط لاصق [ʃari:ṭ la:ṣiq] Pflaster *n*; Klebeband *n*
شريطة أن [ʃari:ṭɒta ʔan] vorausgesetzt, dass
شريعة [ʃari:ʕa]: الشريعة [aʃ-ʃari:ʕa] REL Scharia *f*, *isl. Recht*
شريف [ʃari:f] edel, nobel, vornehm
شريك(ة) [ʃari:k(a)], *mpl* شركاء [ʃuraka:ʔ] Partner (in) *m(f)*; شريك في جريمة [ʃari:k fi: dʒari:ma] Komplize *m*
شطارة [ʃɒṭɒ:ra] Cleverness *f*; Geschicklichkeit *f*
شطب [ʃaṭɒba, u] durchstreichen
1شطر [ʃaṭɒra, u] halbieren, spalten
2شطر [ʃɒṭr], *Pl* شطور [ʃuṭu:r] Hälfte *f*
شطرنج [ʃɒṭrandʒ] Schach *n*
شطف [ʃaṭɒfa, u] spülen; ausspülen
شظية [ʃaði:ja], *Pl* شظايا [ʃaðɒ:ja:], شظايا [ʃaðɒ:ja:] Splitter *m*, Scherbe *f*
شعار [ʃiʕa:r] Logo *n*; Wappen *n*
شعاع [ʃuʕa:ʕ], *Pl* أشعة [ʔaʃiʕʕa] Strahl *m*
1شعب [ʃaʕb], *Pl* شعوب [ʃuʕu:b] Volk *n*
2شعب [ʃiʕb], *Pl* شعاب [ʃiʕa:b] Riff *n*
شعبي [ʃaʕbi:] populär
شعث [ʃaʕiθ] struppig
شعر [ʃaʕara, u] empfinden, fühlen, spüren; merken; شعر بعدم الارتياح ل [ʃaʕara (u) biʕadam al-irtija:ħ] sich nicht wohlfühlen
شعر [ʃaʕr] Haar *n*
شعر [ʃiʕr], *Pl* أشعار [ʔaʃʕa:r] Gedicht *n*

شعري [ʃiʕri:] poetisch
شعلة [ʃuʕla], *Pl* شعل [ʃuʕal] Fackel *f*, Flamme *f*
شعوذة [ʃaʕwaða] Zauberei *f*
شعور [ʃuʕu:r] Gefühl *n*
شعير [ʃaʕi:r] *Koll* Gerste *f*; شعيرة الجفن [ʃaʕi:ra al-dʒafn] Gerstenkorn *n*
شغال [ʃaɣɣa:l] in Betrieb
شغف [ʃaɣaf] Eifer *m*, Leidenschaft *f*; Begeisterung *f*, Hingabe *f*
1شغل [ʃaɣala, a] beanspruchen; besetzen
2شغل [ʃaɣɣala] einstellen, beschäftigen; COMPUT hochfahren; TECH anstellen
3شغل [ʃuɣl], *Pl* أشغال [ʔaʃɣa:l] Tätigkeit *f*, Arbeit *f*; *Beruf* Job *m*
شغوف ب [ʃaɣu:f] besessen; شغوف بالعلم [ʃaɣu:f bil-ʕilm] wissbegierig
شفاء [ʃifa:ʔ] Heilung *f*
شفاف [ʃaffa:f] durchsichtig
شفرة [ʃafra] Klinge *f*, Rasierklinge *f*
شفط [ʃafaṭ, u] TECH saugen
شفقة [ʃafaqa] Mitleid *n*
شفة [ʃafa], *Pl* شفاه [ʃifa:h] Lippe *f*
شفهي [ʃafahi:], شفوي [ʃafawi:] mündlich
شفى [ʃafa:, i:] heilen; شفي [ʃufija] sich erholen; durchkommen
1شق [ʃaqq], *Pl* شقوق [ʃuqu:q] *Wand* Riss *m*, Schlitz *m*, Spalte *f*
2شق [ʃaqqa, u] *Weg* bahnen; sich bahnen
شقاء [ʃaqa:ʔ] Elend *n*
شقافة [ʃuqa:fa], *Pl* شقف [ʃuqaf] Scherbe *f*
شقفة [ʃaqfa] *lib* Brocken *m*
شقة [ʃiqqa], *Pl* شقق [ʃuqaq, ʃiqaq] Apartment *n*, Wohnung *f*
شقي [ʃaqi:] *Kind* ungezogen
شقيق [ʃaqi:q], *Pl* أشقاء [ʔaʃiqa:ʔ] Bruder *m*
شقيقة [ʃaqi:qa] Schwester *f*; Migräne *f*
1شك [ʃakk], *Pl* شكوك [ʃuku:k] Zweifel *m*, Bedenken *n*
2شك في [ʃakka, u] bezweifeln; zweifeln an
شكا [ʃaka:, u:] sich beschweren über
شكاك [ʃakka:k] misstrauisch, skeptisch
1شكر [ʃakara, u] danken; sich bedanken
2شكر [ʃukr] Dank *m*

شكرا [ʃukran] danke; **شكرا جزيلا** [ʃukran dʒazi:lan] danke schön, vielen Dank; **شكرا وبالمثل** [ʃukran wa-bil-miθl] danke, gleichfalls!

شكل[1] [ʃakkala] darstellen; gestalten

شكل[2] [ʃakl], *Pl* **أشكال** [ʔaʃka:l] Form *f*, Gestalt *f*, Format *n*; **بشكل آخر** [bi-ʃaklin ʔa:xar] anders; **بشكل عام** [bi-ʃakl ʕa:m] im Allgemeinen; **بشكل كاف** [bi-ʃaklin ka:fin] genügend

شكلي [ʃakli:] formal

شكليات [ʃakli:ja:t] *Pl* Formalitäten

شكوى [ʃakwa:], *Pl* **شكاوى** [ʃaka:wa:] Beschwerde *f*, Reklamation *f*

شلال [ʃalla:l] Wasserfall *m*

شلح [ʃalaħa, a] *Kleid* ausziehen

شلل [ʃalal] Lähmung *f*; **شلل الأطفال** [ʃalal al-ʔɒtfa:l] Kinderlähmung *f*

شلة [ʃilla], *Pl* **شلل** [ʃilal] *Wolle* Knäuel *m/n* ; *äg* Clique *f*

شم [ʃamma, u] riechen, schnüffeln

شماتة [ʃama:ta] Schadenfreude *f*

شماعة [ʃamma:ʕa] Garderobe *f*, Kleiderbügel *m*

شمال [ʃima:l] Norden *m*

شمالي(ة) [ʃima:li:(-li:ja)] linke(r, -s); nördlich

شمامة [ʃuma:ma], *Koll* **شمام** [ʃuma:m] Honigmelone *f*

شمبانيا [ʃamba:ni:ja] Champagner *m*

شمرة [ʃumra] BOT Fenchel *m*

شمس[1] [ʃammasa] sonnen; sich sonnen

شمس[2] [ʃams], *Pl* **شموس** [ʃumu:s] Sonne *f*

شمسية [ʃamsi:ja] Regenschirm *m*, Schirm *m*

شمع [ʃamʕ], *Pl* **شموع** [ʃumu:ʕ] Wachs *n*

شمعة [ʃamʕa] Kerze *f*; **شمعة الاشتعال** [ʃamʕa al-iʃtiʕa:l] AUTO Zündkerze *f*

شمل [ʃamila] *beinhalten* erfassen

شمندرة [ʃamandara], *Koll* **شمندر** [ʃamandar] rote Rübe *f*

شنطة [ʃantɒ], *Pl* **شنط** [ʃunɒt] Koffer *m*, Tasche *f*, Handtasche *f*

شنق [ʃanaqa, u] *lynchen* aufhängen

شنيع [ʃani:ʕ] makaber,

scheußlich; krass
شهاب [ʃiha:b], *Pl* شهب [ʃuhub] Meteor *m*
شهادة [ʃaha:da] Diplom *n*, Zeugnis *n*; JUR Aussage *f*; REL Bekenntnis *n*; شهادة الدراسة الثانوية [ʃaha:dat ad-dira:sa aθ-θa:nawija] Abitur *n*; شهادة الميلاد [ʃaha:dat al-mi:la:d] Geburtsurkunde *f*
1شهد [ʃahada] erfahren, erleben
2شهد [ʃahd] Honig *m*
3شهد [ʃahida, a]: شهد في قضية [ʃahida (a) fi: qɒđɨja:] JUR als Zeuge auftreten
شهر [ʃahr], *Pl* شهور [ʃuhu:r] Monat *m*; شهر العسل [ʃahr al-ʕasal] *Pl* Flitterwochen
شهرة [ʃuhra] *lib*, *syr* Familienname *m*
شهريا [ʃahri:jan] monatlich
شهوة [ʃahwa] Lust *f*
شهي [ʃahi:] appetitlich, lecker; pikant
شهية [ʃahi:ja] Appetit *m*
شهيد(ة) [ʃahi:d(a)], *Pl* شهداء [ʃuhada:ʔ] Märtyrer(in) *m* (*f*)
شو [ʃu:] *syr* was
شواية [ʃawwa:ja] Grill *m*
شوربة [ʃu:rba, ʃu:raba] *syr* Suppe *f*
شوش [ʃawwaʃa] stören
شوط [ʃauŧ], *Pl* أشواط [ʔaʃwɒ:ŧ] SPORT Halbzeit *f*, Runde *f*
شوفان [ʃu:fa:n] BOT Hafer *m*
شوفير(ة) [ʃu:fi:r(a)] Chauffeur(in) *m*(*f*)
شوق [ʃauq], *Pl* أشواق [ʔaʃwa:q] Sehnsucht *f*
شوكة [ʃauka], *Pl* أشواك [ʔaʃwa:k] Gabel *f*; Dorn *m*, Stachel *m*; Gräte *f*
شوكي [ʃauki:] stachelig
شؤم [ʃuʔm] Unheil *n*
شونة [ʃu:na], *Pl* شون [ʃuwan] Scheune *f*
شوى [ʃawa:, i:] braten, grillen
شوية [ʃuwajja] *umg* ein bisschen; so lala
شيء [ʃaiʔ], *Pl* أشياء [ʔaʃja:ʔ] Ding *n*; Sache *f*; etwas; الشيء الأساسي [aʃ-ʃaiʔ al-ʔasa:si:] Hauptsache *f*; شيء مضحك [ʃaiʔ mudħik] *etwa* sehr witzig!
شيال [ʃaja:l] *Person* Gepäckträger *m*
شيالة [ʃajja:la] *syr* Hosenträger *mpl*

شيخ [ʃaix], *Pl* **شيوخ** [ʃuju:x] Scheich *m*
شيد [ʃajjada] bauen
شيش [ʃi:ʃ] Fensterladen *m*; **شيش النافذة** [ʃi:ʃ an-na:fiða] Jalousie *f*
شيشة [ʃi:ʃa], *Pl* **شيش** [ʃijaʃ] Wasserpfeife *f*
شيطان [ʃaitɒ:n], *Pl* **شياطين** [ʃaja:tˠi:n] Teufel *m*
شيعة [ʃi:ʕa]: **الشيعة** [aʃ-ʃi:ʕa] REL Schiiten
شيق [ʃajjiq] *Buch* interessant
شيك [ʃi:k] FIN Scheck *m*; **بالشيك** [biʃ-ʃi:k] bargeldlos
شيمة [ʃi:ma], *Pl* **شيم** [ʃijam] Charakter *m*
شيوعي [ʃuju:ʕi:] kommunistisch

ص

صابر [sɒ:bir] geduldig
صابونة [sɒ:bu:na], *Koll* **صابون** [sɒ:bu:n] Seife *f*, ANAT Kniescheibe *f*
صاح [sɒ:ħin] nüchtern; munter, wach
1**صاحب** [sɒ:ħaba] begleiten; mitgehen
2**صاحب(ة)** [sɒ:ħib(a)], *mpl* **أصحاب** [ʔɒsħa:b] Freund(in) *m(f)*; Besitzer(in) *m(f)*; **صاحب(ة) الحساب** [sɒ:ħib(at) al-ħisa:b] Kontoinhaber (in) *m(f)*
صاخب [sɒ:xib] *Lärm* laut; *fig* stürmisch
صاد [sɒ:da, i:] *Tier* fangen, jagen; angeln
صادر [sɒ:dara] beschlagnahmen
صادف [sɒ:dafa] (zusammen) treffen
صادق [sɒ:daqa], **صادقه** [sɒ:daqahu] sich anfreunden mit; befreundet sein mit
صادق [sɒ:diq] ehrlich, aufrichtig
صار [sɒ:ra, i:] werden
صارم [sɒ:rim] *Maßnahme* hart, streng
صاروخ [sɒ:ru:x], *Pl* **صواريخ** [sɒwa:ri:x] Rakete *f*
صاغ [sɒ:ɣa, u:] *Text* formulieren

صاف [sɒ:fin] *Himmel* wolkenlos; *Silber* pur; netto
صافح [sɒ:faħa] *Hand* drücken, schütteln
صالح ل [sɒ:liħ] brauchbar, geeignet; REL *Kalif* rechtgeleitet; صالح لإحتياجات المعاقين [sɒ:liħ liʔiħtija:dʒa:t al-muʕa:qi:n] behindertengerecht; صالح حتى [sɒ:liħ ħatta:] haltbar bis
صالح [sɒ:laħa] sich versöhnen
صالة [sɒ:la] *Messe* Halle *f*, Saal *m*
صام [sɒ:ma, u:] fasten
صامت [sɒ:mit] *schweigsam* still, lautlos
صان [sɒ:na, u:] *Maschine* pflegen; schützen, bewahren, schonen
صائغ(ة) [sɒ:ʔiɣ(a)], *mpl* صياغ [sujja:ɣ] Juwelier(in) *m(f)*
صب [sɒbba, u] ein-, ausgießen; fließen
صباح [sɒba:ħ] Morgen *m*; صباح الخير [sɒba:ħa l-xair] guten Morgen!; صباح النور [sɒba:ħa n-nu:r] *als Antwort* guten Morgen!
صباحا [sɒba:ħan] morgens
صبارة [sɒbba:ra] BOT Kaktus *m*
صبر[1] [sɒbara, i] ertragen; durchhalten
صبر[2] [sɒbr] Ausdauer *f*, Geduld *f*
صبغ [sɒbaɣa] *Haar* tönen, färben
صبي [sɒbi:], *Pl* صبيان [sɨbja:n] Junge *m*
صبياني [sɨbja:ni:] kindisch
صبية [sɒbi:ja], *Pl* صبايا [sɒba:ja:] *Jugendliche* Mädchen *n*
صح [sɒħħa, i] stimmen, zutreffen; صح [sɒħħ] richtig!
صحا [sɒħa:, u:] *Wetter* sich aufheitern; wieder zu Bewusstsein kommen
صحافة [sɒħa:fa] *Zeitungen* Presse *f*
صحب [sɒħiba, a] *mit j-m* mitfahren
صحبة [suħba] Begleitung *f*
صحح [sɒħħaħa] verbessern, korrigieren
صحراء [sɒħra:ʔ], *Pl* صحارى [sɒħa:ra:] Wüste *f*
صحفي(ة) [sɒħafi:(-fi:ja)] Journalist(in) *m(f)*
صحن [sɒħn], *Pl* صحون [suħu:n] *Essen* Portion *f*, Teller *m*; *TV* Schüssel *f*

صحة [sɒħħa] Gesundheit *f*, Wohl *n*; **صحة و عافية** [sɒħħa wa-ʕa:fi:ja] guten Appetit!
صحي [siħħi:] hygienisch, gesundheitlich
صحيح [sɒħi:ħ] korrekt, richtig; wahr
صحيفة [sɒħi:fa], *Pl* **صحف** [suħuf] Zeitung *f*
صخب [sɒxab] Tumult *m*
صخرة [sɒxra], *Pl* **صخور** [suxu:r] Fels *m*, Felsen *m*; Gestein *n*; **صخرة بحرية** [sɒxra baħri:ja] Klippe *f*
صد [sɒdda, u] abwehren
1**صدئ** [sɒdiʔ] rostig
2**صدئ** [sɒdiʔa, a] verrosten
صدأ [sɒdaʔ] *a.* BOT Rost *m*
صدارة [sɒda:ra] *in Liste* Spitze *f*
صداع [suda:ʕ] MED Kopfschmerzen *mpl*; **صداع الخمر** [suda:ʕ al-xamr] *umg* Kater *m*; **صداع نصفي** [suda:ʕ nisfi:] Migräne *f*
صداقة [sɒda:qa] Freundschaft *f*
1**صدر** [sɒdara, u] *Publikation* erscheinen
2**صدر** [sɒddara] WIRTSCH exportieren
3**صدر** [sɒdr], *Pl* **صدور** [sudu:r] Brust *f*
صدرية [sidri:ja], *Pl* **صداري** [sɒda:ri:] BH *m*; Weste *f*; **صدرية النجاة** [sidri:ja an-nadʒa:t] Schwimmweste *f*
1**صدفة** [sɒdafa], *Koll* **صدف** [sɒdaf] Muschel *f*
2**صدفة** [sudfa], *Pl* **صدف** [sudaf] Zufall *m*; **صدفة** [sudfatan] *Adv* zufällig
صدق [sɒdaqa, u] *j-m* glauben; beglaubigen, bestätigen; genehmigen
صدم [sɒdama, i] erschüttern, schockieren
صدمة [sɒdma] Schreck *m*; MED Schock *m*
صدى [sɒdan] Echo *n*
صديد [sɒdi:d] MED Eiter *m*
صديق(ة) [sɒdi:q(a)], *mpl* **أصدقاء** [ʔɒsdiqa:ʔ] Freund(in) *m(f)*
صر [sɒrra, i] *Tür* knarren, quietschen
صراخ [sira:x] Geschrei *n*
صراع [sira:ʕ] Kampf *m*; Konflikt *m*
صراف(ة) [sɒra:f(a)] *Bank* Kassierer(in) *m(f)*; **صراف آلي** [sɒra:f ʔa:li:] Bankautomat *m*, Geldautomat *m*
صرخ [sɒraxa, u] *Kind* brüllen,

schreien
صرخة [sɒrxa] Schrei *m*
صرصور [sɒrsu:r], *Pl* صراصير [sɒra:si:r] ZOOL Kakerlake *m*
صرع [sɒraʕ] MED Epilepsie *f*
1صرف [sɒrafa, i] *Geld* wechseln; *Scheck* einlösen; *Zeit* aufwenden; صرف (ه) عن [sɒrafa(hu) ʕan] *j-m etw* abgewöhnen
2صرف [sɒrrafa] WIRTSCH absetzen; GRAM konjugieren
3صرف [sɒrf]: صرف العملة [sɒrf al-ʕumla] FIN Geldwechsel *m*
صريح [sɒri:ħ] ausdrücklich; offen
صعب [sɒʕb] schwer, schwierig
صعد [sɒʕida, a] klettern, steigen; aufsteigen
صعوبة [suʕu:ba] Schwierigkeit *f*
صعود [suʕu:d] Anstieg *m*, Aufstieg *m*
صعودا [suʕu:dan] bergauf
صعيد [sɒʕi:d], *Pl* أصعدة [ʔɒsʕida] Ebene *f*
1صغير [sɒɣi:r] klein
2صغير [sɒɣi:r], *Pl* صغار [siɣa:r] Junge
صف [sɒff], *Pl* صفوف [sufu:f] *Schule* Klasse *f*, Reihe *f*
صفا [sɒfa:] *Wetter* sich aufklären
صفارة [sɒffa:ra] Pfeife *f*; صفارة الإنذار [sɒffa:rat al-ʔinða:r] Sirene *f*
صفحة [sɒfħa] *Buch* Seite *f*; Homepage *f*
1صفر [sɒfara, i] *Sirene* heulen
2صفر [sɒffara] pfeifen
3صفر [sifr] null
صفصاف [sɒfsa:f] BOT Weide *f*
صفع [sɒfaʕa] hauen
صفعة [sɒfʕa] Ohrfeige *f*
صفق [sɒffaqa] *Beifall* klatschen
صفقة [sɒfqa] WIRTSCH *Vorgang* Geschäft *n*
صفة [sifa] Charakter *m*, Eigenschaft *f*; GRAM Adjektiv *n*; بصفة عامة [bi-sifa ʕa:ma] im Allgemeinen; بصفته [bisifatihi] als
صفى [sɒffa:] sieben; filtern, klären
صفيح [sɒfi:ħ] Blech *n*
صفيحة [sɒfi:ħa], *Pl* صفائح [sɒfa:ʔiħ] Kanister *m*
صقر [sɒqr], *Pl* صقور [suqu:r] Falke *m*
صقل [sɒqala, u] polieren
صقيع [sɒqi:ʕ] Frost *m*

صلاة [sɒlaːt], *Pl* صلوات [sɒlawaːt]Gebet *n*
1صلب [sɒlb] *Metall* hart; *fig* zäh, eisern
2صلب [sɒllaba] kreuzen
3صلب [sulb] fest, starr; Stahl *m*
1صلح [sɒllaħa] richten, reparieren
صلح 2ل [sɒluħa, u] sich eignen für
صلصال [sɒlsaːl] Ton *m*
صلصة [sɒlsa] Soße *f*
صلعة [sɒlʕa] Glatze *f*
صلة [sila] Verbindung *f*, Beziehung *f*
صلى [sɒllaː] beten
صليب [sɒliːb], *Pl* صلبان [sulbaːn] Kreuz *n*
صم [summ] *m/f* صماء [sɒmmaːʔ]gehörlos
صمام [sɒmaːm] Ventil *n*
صمت [sɒmata, u] schweigen
صمد [sɒmada, u] durchhalten
صمغ [sɒmɣ], *Pl* صموغ [sumuːɣ] Leim *m*
صمم [sɒmmama] entwerfen; planen
صموت [sɒmuːt] schweigsam
صمولة [sɒmuːla], *Pl* صواميل [sɒwaːmiːl] TECH *Schraube* Mutter *f*
صنائعي(ة) [sɒnaːʔiʕiː(-ʕiːja)] Handwerker(in) *m(f)*
صنارة [sinnaːra], *Pl* صنانير [sɒnaːniːr] Angel *f*; Haken *m*
صناعة [sinaːʕa] *Erzeugnis* Fabrikat *n*; Industrie *f*; الصناعة [ɒs-sinaːʕa] Gewerbe *n*; صناعة فنية [sinaːʕa fanniːja] Kunstgewerbe *n*
صناعي [sinaːʕiː] künstlich, synthetisch
صنبور [sunbuːr], *Pl* صنابير [sɒnaːbiːr] Wasserhahn *m*
صندل [sɒndal], *Pl* صنادل [sɒnaːdil] Sandale *f*
صندوق [sunduːq], *Pl* صناديق [sɒnaːdiːq] Box *f*, Schachtel *f*, Briefkasten *m*
صنع [sɒnaʕa, a] machen, herstellen
صنع [sunʕ] Herstellung *f*
صنف [sɒnnafa] einteilen; sortieren
صنف [sinf], *Pl* أصناف [ʔɒsnaːf] Kategorie *f*, Sorte *f*
صنوبرة [sɒnuːbara], *Koll* صنوبر [sɒnuːbar] BOT Pinie *f*, Kiefer *f*
صهر [sɒhara, a] *Metall* schmelzen
صهريج [sihriːdʒ], *Pl* صهاريج

[sɒhaːriːdʒ] Tank *m*
صوب [sɒwwaba] zielen; صوب إلى [sɒwwaba ʔilaː] *Blick* richten auf
1صوت [sɒut], *Pl* أصوات [ʔɒswaːt] Ton *m*; Stimme *f*; Geräusch *n*; Klang *m*
2صوت [sɒwwata]: صوت ل [sɒwwata] POL stimmen für; صوت على [sɒwwata] abstimmen über
صور [sɒwwara] filmen; fotografieren; *Film* drehen; COMPUT kopieren; صور بالأشعة [sɒwwara bil-ʔaʃiʕʕa] röntgen
صورة [suːra], *Pl* صور [suwar] Form *f*; Foto *n*, Bild *n*; Abbildung *f*; Kopie *f*
صوص [suːs], *Pl* صيصان [sɨːsɒːn] Küken *n*
صوف [suːf], *Pl* أصواف [ʔɒswaːf] Wolle *f*
صوفية [suːfiːja] REL Sufismus *m*
صياح [sɨjaːħ] Geschrei *n*
صيانة [sɨjaːna] TECH Wartung *f*
صيحة [sɒjħa] Schrei *m*
صيد [sɒid] Jagd *f*; صيد السمك [sɒid as-samak] Fischerei *f*
صيدلية [sɒidaliːja] Apotheke *f*
صيغة [sɨːɣa], *Pl* صيغ [sɨjjaɣ] Fassung *f*; Formel *f*; صيغة الاحتمال [sɨːɣat al-iħtimaːl] GRAM Konjunktiv *m*; صيغة الأمر [sɨːɣat al-ʔamr] Imperativ *m*; صيغة المستقبل [sɨːɣat al-mustaqbal] Futur *n*
صيف [sɒif], *Pl* أصياف [ʔɒsjaːf] Sommer *m*
صين [siːn]: الصين [ɒs-siːn] China *n*
صيني [sɨːniː] chinesisch
صينية [sɨːniːja], *Pl* صوان [sɒwaːnin] Servierplatte *f*; Tablett *n*

ض

ضابط(ة) [đɒːbɨt(a)], *mpl* ضباط [đubbɒːɫ] Offizier(in) *m(f)*
ضاحية [đɒːħija], *Pl* ضواح [đɒwaːħin] Umgebung *f*, Stadtrand *m*, Vorort *m*

ضار [đɒ:rr] schädlich; *Kampf* erbittert

ضاع [đɒ:ʕa, i:] sich verlaufen; verloren gehen

ضاعف [đɒ:ʕafa] verdoppeln; vergrößern

ضأن [đɒʔn] ZOOL Schaf *n*

ضائع [đɒ:ʔiʕ] verloren, weg

ضايق [đɒ:jaqa] stören, ärgern

ضباب [đɒba:b] Nebel *m*; ضباب رقيق [đɒba:b raqi:q] Dunst *m*

ضبابي [đɒba:bi:] neblig, dunstig

1ضبط [đɒbɒŧɒ, i, u] *Dieb* fassen, ertappen; TECH einstellen, regulieren

2ضبط [đɒbŧ] Kontrolle *f*; ضبط النفس [đɒbɒŧ an-nafs] Selbstbeherrschung *f*

ضجة [đɒddʒa] *Lärm* Krach *m*; Trubel *m*

ضجيج [đɒdʒi:dʒ] Tumult *m*

ضحك [đɒħika, a] lachen

ضحل [đɒħl] *a. fig* seicht, flach

ضحية [đɒħi:ja], *Pl* ضحايا [đɒħa:ja:] *Unfall* Opfer *n*; Todesopfer *n*

ضخم [đɒxm] riesig, gigantisch

ضد [đidda] gegen, wider; anti-, Anti-

ضر [đɒrra, u] schaden

1ضرب [đɒraba, i] schlagen; multiplizieren

2ضرب [đɒrb] MATH mal; Prügelei *f*

ضربة [đɒrba] Schlag *m*; ضربة شمس [đɒrbat ʃams] MED Sonnenstich *m*; Hitzschlag *m*; ضربة جزاء [đɒrbat dʒaza:ʔ] SPORT Elfmeter *m*

ضرر [đɒrar], *Pl* أضرار [ʔɒđra:r] Nachteil *m*, Schaden *m*; Beschädigung *f*

ضرس [điɾs], *Pl* أضراس [ʔɒđra:s] Backenzahn *m*

ضرورة [đɒru:ra] Notwendigkeit *n*

ضروري [đɒru:ri:] nötig, erforderlich

ضريبة [đɒri:ba], *Pl* ضرائب [đɒra:ʔib] Steuer *f*; ضريبة القيمة المضافة [đɒri:bat al-qi:ma al-muđɒ:fa] Mehrwertsteuer *f*

ضريح [đɒri:ħ], *Pl* أضرحة [ʔadriħa] Grab *n*

ضرير(ة) [đɒri:r(a)] Blinde(r) *m/f*

ضعيف [đɒʕi:f] schlecht; *Person* schwach

1ضغط [đɒɣaŧa, a] drücken

2ضغط [đɒɣŧ], *Pl* ضغوط [đuɣu:ŧ] Druck *m*; ضغط الدم

[đɒɣɫ ad-dam] Blutdruck *m*
ضغط [đɒɣɒɫɒ, a] pressen
ضفدع [đufdaʕ], *Pl* **ضفادع** [đɒfa:diʕ] Frosch *m*
ضفر [đɒffara] flechten
ضفة [đɒffa, đɨffa], *Pl* **ضفاف** [đɨfa:f] Ufer *n*; **الضفة الغربية** [ɒđ-đɨffa al-ɣarbi:ja] Westjordanland *n*
ضفيرة [đɒfi:ra], *Pl* **ضفائر** [đɒfa:ʔir] Zopf *m*
ضل عن [đɒlla, i] sich verirren; sich verfahren; sich verlaufen
ضلع [đɨlʕ], *Pl* **ضلوع** [đulu:ʕ] Rippe *f*
ضلل [đɒllala] täuschen; sich täuschen
ضليع [đɒli:ʕ] geübt
ضم [đɒmma] zusammenlegen
ضمادة [đɨma:da] MED Verband *m*
ضمان [đɒma:n] Sicherheit *f*, Garantie *f*; **ضمان اجتماعي** [đɒma:n idʒtima:ʕi:] Sozialversicherung *f*; **ضمان مالي** [đɒma:n ma:li:] Kaution *f*
ضمد [đɒmmada] *Wunde* verbinden
ضمن [đɒmana, đɒmina, a] garantieren, sichern; haften, bürgen
ضمير [đɒmi:r], *Pl* **ضمائر** [đɒma:ʔir] Gewissen *n*
ضوء [đɒuʔ], *Pl* **أضواء** [ʔɒđwa:ʔ] Schein *m*, Licht *n*; **ضوء وامض** [đɒuʔ wa:miđ] AUTO Blinker *m*
ضوضاء [đɒuđɒ:ʔ] Lärm *m*, Krach *m*
ضياع [đɒja:ʕ] Verlust *m*
ضيافة [đɨja:fa] Gastfreundschaft *f*
ضيع [đɒjjaʕa] *Brille* verlegen; *Leben* verpfuschen; *Chance* verpassen
ضيعة [đɒjʕa] *lib* Dorf *n*
ضيف(ة) [đɒif(a)], *mpl* **ضيوف** [đuju:f] Besucher(in) *m(f)*; Gast *m*
ضيق [đɒjjiq] schmal, eng; beschränkt
ضيق [đɨ:q] Not *f*, Notlage *f*
ضئيل [đɒʔi:l] *Chance* gering, minimal

ط

طابع [ɫɒːbiʕ], *Pl* **طوابع** [ɫɒwaːbiʕ] Briefmarke *f*, *Sache* Charakter *m*
طابعة [ɫɒːbiʕa] COMPUT Drucker *m*
طابق [ɫɒːbaqa] übereinstimmen
طابق [ɫɒːbiq], *Pl* **طوابق** [ɫɒwaːbiq] *Haus* Stock *m*, Geschoss *n*, Etage *f*
طابة [ɫɒːba] *syr* Ball *m*
طابور [ɫɒːbuːr], *Pl* **طوابير** [ɫɒwaːbiːr] *Reihe* Schlange *f*, Kolonne *f*
طاحونة [ɫɒːħuːna] Mühle *f*
طار [ɫɒːra, iː] fliegen
طارد [ɫɒːrada] jagen, verfolgen
طازج [ɫɒːzidʒ] frisch
طازه [ɫɒːzah] *äg* frisch
طاسة [ɫɒːsa] *Trinkgefäß* Schale *f*
طأطأ [ɫɒʔɫaʔa]: **طأطأ رأسه** [ɫɒʔɫaʔa raʔsahu] sich ducken, den Kopf einziehen
طاغ [ɫɒːɣ] tyrannisch
طاق [ɫɒːqa, uː] ertragen
طاقم [ɫɒːqim], *Pl* **أطقم** [ʔɒɫqum] *Team* Mannschaft *f*, FLUG Crew *f*
طاقة [ɫɒːqa] ELEK, WIRTSCH Kapazität *f*, Kraft *f*
طاقية [ɫɒːqiːja], *Pl* **طواق** [ɫɒwaːqin] Kapuze *f*, Mütze *f*, Kappe *f*
طال [ɫɒːla, uː] *erreichen* herankommen
طالب [ɫɒːlaba] fordern; beanspruchen; **طالب بالطلاق** [ɫɒːlaba bit-ɫalaːq] die Scheidung einreichen
طالب [ɫɒːlib], *Pl* **طلبة** [ɫɒlaba] Student *m*
طالع [ɫɒːlaʕa] lesen
طاهر [ɫɒːhir] *Herz* rein
طاهية [ɫɒːhija] Köchin *f*
طاولة [ɫɒːwula] Tisch *m*
طائر [ɫɒːʔir] ZOOL Vogel *m*
طائرة [ɫɒːʔira] Flugzeug *n*; **طائرة دلتا** [ɫɒːʔirat dilta] SPORT Drachen *m*
طائش [ɫɒːʔiʃ] gedankenlos, leichtsinnig
طائفة [ɫɒːʔifa], *Pl* **طوائف** [ɫɒwaːʔif] REL Gemeinschaft *f*, Konfession *f*

طائل [tɒ:ʔil] *Betrag* enorm
طب [tibb] Medizin *f*
طباخ(ة) [tɒbba:x(a)] Koch *m* (Köchin *f*)
طباشير [tɒba:ʃi:r] Kreide *f*
طبخ [tɒbaxa, u] kochen *v/t*
طبع [tɒbʕ], *Pl* **طباع** [tiba:ʕ] Charakter *m*, Temperament *n*; *Buch* Druck *m*
طبعا [tɒbʕan] doch!; natürlich!; und ob!
طبق [tɒbaq], *Pl* **أطباق** [ʔɒtba:q] GASTR Gang *m*; Teller *m*; **طبق جانبي** [tɒbaq dʒa:nibi:] Beilage *f*
طبقة [tɒbaqa] Schicht *f*; *soziale* Klasse *f*
طبل [tɒbl], *Pl* **طبول** [tubu:l] Trommel *f*
طبيب(ة) [tɒbi:b(a)], *Pl* **أطباء** [ʔɒtiba:ʔ] Doktor *m*, Arzt *m*, Ärztin *f*
طبيعة [tɒbi:ʕa] Natur *f*; Veranlagung *f*
طبيعي [tɒbi:ʕi:] echt, natürlich
طحال [tiħa:l], *Pl* **طحل** [tuħul] Milz *f*
طحن [tɒħana] mahlen
طحين [tɒħi:n] Mehl *n*
طراز [tira:z], *Pl* **طرز** [turuz] Typ *m*, Stil *m*
طربيزة [tɒrabi:za] *äg* Tisch *m*
1**طرح** [tɒraħa, a] *Frage* stellen; abziehen
2**طرح** [tɒrħ] MED Fehlgeburt *f*
1**طرد** [tɒrada, u] entlassen; ausweisen
2**طرد** [tɒrd], *Pl* **طرود** [turu:d] Paket *n*
طرشي [turʃi:] *äg* Essiggurke *f*
طرف [taraf] Seite *f*
طرق [tɒraqa, u] *Tür* klopfen
طرقة [turqa] *Haus* Flur *m*, Gang *m*
طري [tɒri:] *Fleisch* mürbe, weich, zart
طريق [tɒri:q], *Pl* **طرق** [turuq] Straße *f*
طريقة [tɒri:qa], *Pl* **طرق** [turuq] Art *f*
طش [tɒʃʃa, u] zischen
طعام [tɒʕa:m], *Pl* **أطعمة** [ʔɒtʕima] Essen *n*
1**طعم** [tɒʕʕama] impfen
2**طعم** [tɒʕm] *Speise* Geschmack *m*
3**طعم** [tuʕm], *Pl* **طعوم** [tuʕu:m] MED Impfstoff *m*; Köder *m*
طعنة [tɒʕna] Stich *m*
طغى [tɒɣa:, a:] *Thema* verdrängen
طفاية [tɒffa:ja] *äg* Aschenbecher *m*

1طفح [tɒfaħa, a] *Flüssigkeit* überlaufen

2طفح [tɒfħ]: طفح جلدي [tɒfħ dʒildi:] MED Ausschlag *m*, Hautausschlag *m*

طفل [tifl], *Pl* أطفال [ʔɒtfa:l] Kind *n*; طفل صغير [tifl saɣi:r] Baby *n*

طفيلي [tufaili:] ZOOL, BOT Parasit *m*

طقس [tɒqs], *Pl* طقوس [tuqu:s] Wetter *n*; REL Brauch *m*; Zeremonie *f*

طقطق [tɒqtaqa] knacken; knarren

طقطوقة [tɒqtu:qa], *Pl* طقاطيق [tɒqa:ti:q] *äg* Schlager *m*

طقم [tɒqm], *Pl* طقوم [tuqu:m] Anzug *m*; Garnitur *f*; Gebiss *n*

طل [tɒll] Tau *m*

طلاء [tila:ʔ] Lack *m*

طلاق [tɒla:q] Scheidung *f*

طلاقة [tɒla:qa]: بطلاقة [bi-tɒla:qa] fließend *sprechen*

1طلب [tɒlab] Antrag *m*; Bestellung *f*

2طلب [tɒlaba, u] fordern; *Arzt* rufen; *Essen* bestellen; *j-n* um *etw* bitten

طلبات [tɒlaba:t] *Pl*: طلباتك؟ [tɒlaba:tak (-tik)] GASTR *m(f)* was darf es sein?

طلبية [tɒlabi:ja] Auftrag *m*, Bestellung *f*

طلع [tɒlaʕa, u] klettern

طلعة [tɒlʕa] *Person* Aussehen *n*; Erscheinung *f*, Äußere *n*

طلق [tɒllaqa] *isl. Ehefrau* verstoßen; sich scheiden lassen

طماطم [tɒma:tim] BOT Tomate *f*

طماع [tɒmma:ʕ] gierig

طمأن [tɒmʔana] *j-n* beruhigen

طمث [tɒmθ] Menstruation *f*

طمر [tɒmara, u] verschütten

طموح [tɒmu:ħ] ehrgeizig

1طن [tɒnna, i] klingen; *Insekt* summen

2طن [tunn], *Pl* أطنان [ʔɒtna:n] Tonne *f*

طنجرة [tɒndʒara], *Pl* طناجر [tɒna:dʒir] Kochtopf *m*, Topf *m*

طها [tɒha:, u:] kochen *v/t*

طهر [tɒhhara] desinfizieren, sterilisieren

طواعية [tɒwa:ʕijatan] *Adv* freiwillig

طواف [tɒwa:f] Rundgang *m*

طوبة [tu:ba], *Koll* طوب [tu:b] Ziegel *m*

طور [tɒur], *Pl* أطوار [ʔɒtwa:r] Stadium *n*

طور [ŧɒwwara] entwickeln
طوف [ŧɒuf], *Pl* **أطواف** [ʔɒŧwa:f] Floß *n*
طوفان [ŧu:fa:n] Überschwemmung *f*
طوق [ŧɒuq], *Pl* **أطواق** [ʔɒŧwa:q] Ring *m*
طول [ŧɒwwala] verlängern
طول [ŧu:l] *a. zeitlich* Länge *f*
طوى [ŧɒwa:, i:] falten, klappen; knicken
طويل [ŧɒwi:l] groß, lang; langjährig
طيار(ة) [ŧɒjja:r(a)] Pilot(in) *m(f)*; **طيارة ورق** [ŧɒjja:ra waraq] Drachen *m*
طيب [ŧɒjjib] gut, okay; *umg* na gut!
طير [ŧɒir], *Pl* **طيور** [ŧuju:r] ZOOL Vogel *m*
طيران [ŧɒjara:n] Flug *m*
طيز [ŧi:z] *umg* Arsch *m*
طيلة [ŧi:lata] *zeitlich* über
طين [ŧi:n], *Pl* **أطيان** [ʔɒŧja:n] Schlamm *m*
طيه [ŧɒjjahu] *im Brief* beiliegend
طية [ŧɒjja] Falte *f*
طيور [ŧuju:r] *Pl* Geflügel *n*

ظ

ظالم [ðɒ:lim] ungerecht, tyrannisch
ظاهرة [ðɒ:hira], *Pl* **ظواهر** [ðɒwa:hir] PHYS, METEO Erscheinung *f*; Symptom *n*
ظرف [ðɒrf], *Pl* **ظروف** [ðuru:f] Umstand *m*; Briefumschlag *m*; GRAM Adverb *n*
ظروف [ðuru:f] *Pl* Situation *f*
ظريف [ðɒri:f] geistreich; nett; charmant
ظفر [ðifr, ðufr], *Pl* **أظافر** [ʔaðɒ:fir] Fingernagel *m*; *Katze* Kralle *f*
ظل[1] [ðɒlla, a] *andauern* bleiben
ظل[2] [ðill], *Pl* **ظلال** [ðila:l] Schatten *m*
ظلام [ðɒla:m] Dunkelheit *f*
ظلم [ðɒlama, i] benachteiligen
ظليل [ðali:l] schattig
ظمأ [ðɒmaʔ] Durst *m*
ظن[1] [ðɒnn], *Pl* **ظنون** [ðunu:n] Vermutung *f*

²ظن [ðɒnna, u] meinen, glauben; annehmen
ظنون [ðɒnu:n] misstrauisch
¹ظهر [ðɒhara, a] *fig* scheinen; auftauchen
²ظهر [ðuhr] Mittag *m*; ظهر اليوم [ðuhra l-jaum] heute Mittag
³ظهر [ðɒhr], *Pl* ظهور [ðuhu:r] Rücken *m*
ظهور [ðuhu:r] Auftritt *m*

ع

عابد(ة) [ʕa:bid(a)] Anhänger (in) *m(f)*
عاتب [ʕa:taba] tadeln
عاث [ʕa:θa] *Unheil* anrichten
عاج [ʕa:dʒ] Elfenbein *n*
عاجز [ʕa:dʒiz] machtlos, unfähig
عاجز(ة) [ʕa:dʒiz (a)] Invalide *m/f*
عاجل [ʕa:dʒil] dringend, eilig
عاد [ʕa:da, u:] zurückkommen; besuchen
عادات [ʕa:da:t] *Pl* Tradition *f*
¹عادل [ʕa:dala] ausgleichen
²عادل [ʕa:dil] fair, gerecht
عادة [ʕa:da] Gewohnheit *f*; العادة الشهرية [al-ʕa:da aʃ-ʃahri:ja] *umg* Tage *Pl*
عادي [ʕa:di:] normal, üblich
¹عار [ʕa:r] Schande *f*
²عار [ʕa:rin] nackt, bloß; blank
¹عارض [ʕa:rɒđɒ] widersprechen
²عارض [ʕa:riđ], *Pl* عوارض [ʕawa:riđ] MED Symptom *n*
عارضة [ʕa:riđɒ], *Pl* عوارض [ʕawa:riđ] Balken *m*; عارضة أزياء [ʕa:riđɒt ʔazja:ʔ] Model *n*, Fotomodell *n*
عارم [ʕa:rim] *Protest* heftig
عازف(ة) [ʕa:zif(a)] Musiker (in) *m(f)*
عازم على [ʕa:zim] entschlossen sein zu
عاش [ʕa:ʃa, i:] leben; erleben
عاشر [ʕa:ʃara] Umgang haben mit
عاشق [ʕa:ʃiq] verliebt
عاشق(ة) [ʕa:ʃiq], *mpl* عشاق [ʕuʃʃa:q] *fig* Liebhaber(in)

m(*f*)
عاشقان [ʕaːʃiqaːn] *Dual* Liebespaar *n*
عاص [ʕɒːsin] ungehorsam
عاصف [ʕɒːsif] stürmisch
عاصفة [ʕɒːsifa], *Pl* **عواصف** [ʕawɒːsif] Sturm *m*; Unwetter *n*
عاصمة [ʕɒːsima], *Pl* **عواصم** [ʕawɒːsim] Hauptstadt *f*
عاطل [ʕɒːtil] kaputt, defekt; **عاطل عن العمل** [ʕɒːtil ʕan al-ʕamal] arbeitslos
عافية [ʕaːfija] Gesundheit *f*, Wohl *n*
عاقب [ʕaːqaba] bestrafen
عاقبة [ʕaːqiba], *Pl* **عواقب** [ʕawaːqib] Folge *f*
عاقر [ʕaːqir] *Mensch* unfruchtbar
عاقل [ʕaːqil] *Person* vernünftig
عاكس [ʕaːkasa] *necken* ärgern
عال [ʕaːlin] hoch; laut; [ʕaːl] *äg* sehr gut
عالج [ʕaːladʒa] bearbeiten; behandeln; COMPUT verarbeiten; sich befassen mit
عالم1 [ʕaːlam], *Pl* **عوالم** [ʕawaːlim] Welt *f*
عالم(ة)2 [ʕaːlim(a)], *mpl* **علماء** [ʕulamaːʔ] Wissenschaftler(in) *m*(*f*)
عالمي [ʕaːlamiː] international, weltweit
عام1 [ʕaːm] allgemein, generell
عام2 [ʕaːm], *Pl* **أعوام** [ʔaʕwaːm] Jahr *n*
عامر [ʕaːmir] *Straße* belebt
عامل1 [ʕaːmala] behandeln
عامل2 [ʕaːmil] berufstätig
عامل3 [ʕaːmil], *Pl* **عوامل** [ʕawaːmil] Faktor
عامل(ة)4 [ʕaːmil(a)], *Pl* **عمال** [ʕummaːl] Arbeiter(in) *m*(*f*)
عانق [ʕaːnaqa] umarmen
عانى [ʕaːnaː] leiden an; *etw* durchmachen
عاهرة [ʕaːhira], *Pl* **عواهر** [ʕawaːhir] Prostituierte *f*; *umg* Hure *f*
عاون [ʕaːwana] *mithelfen* zugreifen
عائق [ʕaːʔiq], *Pl* **عوائق** [ʕawaːʔiq] Hindernis *n*
عائلة [ʕaːʔila] Familie *f*
عاين [ʕaːjana] JUR besichtigen
عبء [ʕibʔ], *Pl* **أعباء** [ʔaʕbaːʔ] Belastung *f*
عبأ [ʕabbaʔa] stopfen; nachfüllen; tanken
عباد [ʕabbaːd] Verehrer *m*; **عباد الشمس** [ʕabbaːd aʃ-

ʃams] Sonnenblume *f*
عبارة [ʕabba:ra] Fähre *f*
عبث [ʕabaθ] Unsinn *m*
عبثا [ʕabaθan] vergeblich
عبد [ʕabada, u] *a.* REL verehren
عبر[1] [ʕabara, u] *Grenze* überqueren
عبر[2] **عن** [ʕabbara] (sich) äußern
عبرة [ʕibra], *Pl* **عبر** [ʕibar] Lehre *f*
عبري [ʕibri:] Hebräisch *n*
عبق [ʕabiqa, a] duften
عبقري [ʕabqari:] genial
عبور [ʕubu:r] Durchreise *f*, Überfahrt *f*
عبوة [ʕubu:wa] Packung *f*
عبير [ʕabi:r] Duft *m*
عبيط(ة) [ʕabi:t(a)], *Pl* **عبطاء** [ʕubɒtɒ:ʔ] *äg m(f)* blöd, dumm
عتاب [ʕita:b] *Tadel* Verweis *m*
عتل [ʕatala, i, u] *Last* schleppen
عتمة [ʕatma] Dunkelheit *f*
عتيق [ʕati:q] alt, antik, veraltet; out
عثر على [ʕaθara, u] entdecken, finden
عجر [ʕadʒr] *bes äg* unreif
عجز[1] [ʕadʒz] Defizit *n*
عجز[2] **عن** [ʕadʒaza, i] nicht in der Lage sein
عجل[1] [ʕaddʒala] beschleunigen
عجل[2] [ʕidʒl], *Pl* **عجول** [ʕudʒu:l] Kalb *n*; **عجل البحر** [ʕidʒil al-baħr] Seehund *m*
عجلة [ʕadʒala] Hetze *f*, Eile *f*; Reifen *m*, Rad *n*; **عجلة** [ʕagala] *äg* Fahrrad *n*
عجة [ʕuddʒa]: **عجة البيض** [ʕuddʒat al-baiđ] GASTR Omelett *n*
عجوز [ʕadʒu:z] *Person* alt
عجوز(ة) [ʕadʒu:z(a)], *Pl m/f* **عجائز** [ʕadʒa:ʔiz] Senior (in) *m(f)*
عجول [ʕadʒu:l] hastig
عجيب [ʕadʒi:b] lustig; komisch, seltsam
عجين [ʕadʒi:n] Teig *m*
عد [ʕadda, u] aufzählen, zählen; **عد من** [ʕadda (u) min] gehören zu
عداء(ة) [ʕadda:ʔ(a)] Läufer (in) *m(f)*
عدالة [ʕada:la] Gerechtigkeit *f*
عداوة [ʕada:wa] Feindschaft *f*
عدائي [ʕada:ʔi:] feindlich
عدد [ʕadad], *Pl* **أعداد** [ʔaʕda:d] Nummer *f*, Zahl *f*; *Zeitung*

Ausgabe *f*
عدس [ʕadas] *Koll* Linsen *Pl*
عدسة [ʕadasa] *Optik* Linse *f*; Brillenglas *n*; FOTO Objektiv *n*
عدلية [ʕadli:ja]: العدلية [al-ʕadli:ja] Justiz *f*
عدة¹ [ʕidda, ʕiddat] mehrere; einige
عدة² [ʕudda], *Pl* عدد [ʕudad] Werkzeug *n*
عدو(ة) [ʕadu:w(-a)], *mpl* أعداء [ʔaʕda:ʔ] Gegner(in) *m(f)*; Feind(in) *m(f)*
عدوى [ʕadwa:] Infektion *f*
عديد [ʕadi:d] zahlreich
عديم [ʕadi:m] -los
عذب¹ [ʕaðb] *Wasser etc* süß
عذب² [ʕaððaba] foltern, plagen, quälen
عذر¹ [ʕaðara, i] entschuldigen
عذر² [ʕuðr], *Pl* أعذار [ʔaʕða:r] Ausrede *f*
عذراء [ʕaðra:ʔ], *Pl* عذارى [ʕaða:ra:] Jungfrau *f*
عربة [ʕaraba] *Gepäck* Wagen *m*
عربدة [ʕarbada] Vandalismus *m*
عربون [ʕarabu:n], *Pl* عرابين [ʕara:bi:n] Anzahlung *f*
عربي¹ [ʕarabi:] arabisch; العربية السعودية [al-ʕarabi:ja as-saʕu:di:ja] Saudi Arabien *n*
عربي(ة)² [ʕarabi:(-bi:ja)] Araber(in) *m(f)*
عربية [ʕarabi:ja] *äg* Auto *n*
عرس [ʕurs], *Pl* أعراس [ʔaʕra:s] Hochzeit *f*
عرض¹ [ʕarɒđɒ, i] darstellen, präsentieren, zeigen; THEAT aufführen; anbieten
عرض² [ʕarɒđ], *Pl* أعراض [ʔaʕrɒ:đ] MED Anzeichen *n*, Symptom *n*
عرض³ [ʕarđ], *Pl* عروض [ʕuru:đ] Breite *f*, Angebot *n*; Vorstellung *f*; Konzert *n*
عرض⁴ [ʕirđ] Ehre *f*
عرض⁵ على [ʕarɒđɒ, i] anbieten
عرض⁶ ل [ʕarrɒđɒ] *Gefahr* aussetzen
عرضا [ʕarđɒn] *Adv* quer
عرف¹ [ʕarafa, i] kennen; Bescheid wissen
عرف² ب [ʕarrafa] *j-n* vorstellen *v/t*
عرق¹ [ʕaraq] Schnaps *m*; Schweiß *m*
عرق² [ʕariqa, a] schwitzen
عرق³ [ʕirq], *Pl* عروق [ʕuru:q] Ader *f*, Rasse *f*; عرق النسا

[ʕirq an-nasaː] ANAT Ischias *m/n*
عرقل [ʕarqala] behindern, hemmen; vereiteln
عرقي [ʕirqiː] ethnisch
عروس [ʕaruːs], *Pl* عرائس [ʕaraːʔis] Braut *f*
عروة [ʕurwa], *Pl* عرى [ʕuran] Schlinge *f*
عرى [ʕarra] sich entblößen, ausziehen
عريان [ʕurjaːn] nackt
عريس [ʕariːs], *Pl* عرسان [ʕursaːn] Bräutigam *m*
عريض [ʕariːđ] breit
عريضة [ʕariːđɒ], *Pl* عرائض [ʕaraːʔiđ] *Petition* Eingabe *f*
عريق [ʕariːq]: عريق الأصل [ʕariːq al-ʔɒsl] vornehm
عز [ʕizz] Stolz *m*, Ehre *f*, Blüte *f*; عزالصيف [ʕizz ɒs-sɒif] Hochsommer *m*
عزباء [ʕazbaːʔ], *Pl* عزب [ʕuzb] Junggesellin *f*
عزبة [ʕizba], *Pl* عزب [ʕizab] *äg* Bauernhof *m*, Plantage *f*
عزز [ʕazzaza] stärken, stützen; verstärken
عزف [ʕazafa, i] MUS aufführen, spielen; musizieren
¹عزل [ʕazala, i] isolieren
²عزل [ʕazl] *a.* TECH Isolierung *f*
³عزل [ʕazzala] *äg* umziehen
عزلة [ʕuzla] Einsamkeit *f*, Isolation *f*
¹عزم على [ʕazama, ʕazima, i] sich entschließen zu; *etw* beschließen
²عزم [ʕazm] Entschluss *m*
عزة [ʕizza]: عزة النفس [ʕizzat an-nafs] Stolz *m*, Würde *f*, Ehrgefühl *n*
عزى [ʕazzaː] kondolieren
عزيز [ʕaziːz] lieb; *Anrede* Liebster *m*
عزيمة [ʕaziːma], *Pl* عزائم [ʕazaːʔim] Wille *m*; *syr* Einladung *f*
عسكري [ʕaskariː] militärisch
عسل [ʕasal] Honig *m*
عسير [ʕasiːr] kompliziert, schwierig
عش [ʕuʃʃ], *Pl* عشاش [ʕiʃaːʃ] *Vogel* Nest *n*
عشاء [ʕaʃaːʔ] Abendessen *n*
عشاري [ʕuʃaːriː] SPORT Zehnkampf *m*
عشب [ʕuʃb], *Pl* أعشاب [ʔaʕʃaːb] Rasen *m*; Gras *n*; عشب بحري [ʕuʃb baħriː] Alge *f*
عشر [ʕaʃr], *f* عشرة [ʕaʃara] *m* zehn; عشرات المرات

[ʕaʃaraːt al-marraːt] x-mal
عشر [ʕuʃr], *Pl* أعشار [ʔaʕʃaːr] Zehntel *n*; عشر الثانية [ʕuʃr aθ-θaːnija] Zehntelsekunde *f*
عشرون [ʕiʃruːn] zwanzig
1عشق [ʕaʃiqa, a] lieben; sich verlieben
2عشق [ʕiʃq] Leidenschaft, Liebe *f*
عشيرة [ʕaʃiːra], *Pl* عشائر [ʕaʃaːʔir] Stamm *m*
عشيق(ة) [ʕaʃiːq(a)] Geliebte *m/f*
عشية [ʕaʃiːja], *Pl* عشايا [ʕaʃaːjaː] Vorabend *m*
عصا [ʕɒsɒː], *Pl* عصى [ʕɒsɒn] *Stab* Stock *m*
عصابة [ʕisɒːba] Clique *f*, Bande *f*
عصابي [ʕusɒːbiː] neurotisch
عصب [ʕɒsɒb], *Pl* أعصاب [ʔaʕsɒːb] Nerv *m*
عصبي [ʕɒsɒbiː] nervös
1عصر [ʕasɒra, i] *Schwamm* ausdrücken; *Wäsche* schleudern; auspressen
2عصر [ʕɒsr], *Pl* عصور [ʕusuːr] Zeitalter *n*; Nachmittag; عصر اليوم [ʕɒsra l-jaum] heute Nachmittag; العصور القديمة [al-ʕusuːr al-qadiːma] Altertum *n*
عصري [ʕɒsriː] modern, zeitgemäß
عصفور [ʕusfuːr], *Pl* عصافير [ʕɒsɒːfiːr] ZOOL Spatz *m*
عصى [ʕasɒː, iː] rebellieren
عصيان [ʕisjaːn] Meuterei *f*
عصيدة [ʕɒsiːda] *Mehl* Brei *m*
عصير [ʕɒsiːr], *Pl* عصائر [ʕɒsɒːʔir] Saft *m*; عصير البرتقال [ʕɒsiːr al-burtuqaːl] Orangensaft *m*; عصير تفاح [ʕɒsiːr tuffaːħ] Apfelsaft *m*; عصير مركز [ʕɒsiːr murakkaz] Sirup *m*
عض [ʕađđɒ, u] beißen; abbeißen
عضاض [ʕɒđɒːđ] bissig
عضال [ʕuđɒːl] MED unheilbar
عضد [ʕađud], *Pl* أعضاد [ʔaʕđɒːd] Oberarm *m*
عضعض [ʕɒđʕɒđɒ] zerbeißen
عضلة [ʕađɒla] Muskel *m*
عضة [ʕɒđđɒ] *Hund* Biss *m*
عضو [ʕuđw], *Pl* أعضاء [ʔaʕđɒːʔ] Mitglied *n*, Organ *n*; ANAT Glied *n*
عضوي [ʕuđwiː] bio-organisch
عضوية [ʕuđwiːja] *Mitgliedschaft* Zugehörigkeit *f*
عطب [ʕɒtɒb], *Pl* أعطاب

[ʔaʕtɒ:b] Schaden *m*; Störung *f*, Defekt *m*, Panne *f*
عطر [ʕitr], *Pl* عطور [ʕutu:r] Parfüm *n*
عطس [ʕatɒsa, i] niesen
عطش [ʕataʃ] Durst *m*
عطشان [ʕɒtʃa:n] durstig
عطف [ʕɒtf] Mitgefühl *n*
عطل [ʕutl], *Pl* أعطال [ʔaʕtɒ:l] Panne *f*
عطلة [ʕutla], *Pl* عطل [ʕutɒl] Ferien *Pl*, Urlaub *m*
1عظمة [ʕaðɒma] *Charakter* Größe *f*
2عظمة [ʕɒðɒma], *Pl* عظام [ʕiðɒ:m] Knochen *m*
عظيم [ʕaði:m] majestätisch, riesig; ausgezeichnet, fabelhaft; *umg* klasse
عفا عن [ʕafa:, u:] begnadigen; sich begnügen mit; *j-m* verzeihen
عفارم [ʕafa:rim] *äg* bravo
عفش [ʕafʃ] *äg* Gepäck *n*
1عفن [ʕafan] *an Obst etc* Schimmel *m*
2عفن [ʕafin] *Geruch* muffig; *verdorben* faul
3عفن [ʕafina, a] schimmeln
عفو [ʕafw] Verzeihung *f*, *Vergebung*, *a.* JUR Gnade *f*; العفو [al-ʕafw] gern geschehen!
عفوا [ʕafwan] bitte, gern geschehen; nichts zu danken; Verzeihung, Entschuldigung; wie bitte?
عفوي [ʕafawi:] spontan
عقائدي [ʕaqa:ʔidi:] ideologisch
عقاب [ʕuqa:b], *Pl* عقبان [ʕiqba:n] ZOOL Geier *m*
1عقار [ʕaqa:r] Gut *n*, Besitz *m*, Grundstücke *Pl*
2عقار [ʕaqa:r], *Pl* عقاقير [ʕaqa:qi:r] Droge *f*
عقارات [ʕaqa:ra:t] Immobilien *f/pl*
عقارب [ʕaqa:rib] ZOOL Skorpion *m*
عقب [ʕaqb], *Pl* أعقاب [ʔaʕqa:b] ANAT Hacke *f*, Ferse *f*
عقب [ʕuqb], *Pl* أعقاب [ʔaʔaqa:b] *Zigarettenstummel* Kippe *f*
1عقد [ʕaqada, i] *Sitzung* abhalten; *Vertrag* abschließen; عقد عقدة [ʕaqada (i) ʕuqda] knoten
2عقد [ʕaqd], *Pl* عقود [ʕuqu:d] *Transaktion* Abschluss *m*, Vertrag *m*; Jahrzehnt *n*; عقد الإيجار [ʕaqd al-ʔi:dʒa:r]

Mietvertrag *m*; عقد البيع/ الشراء [ʕaqd al-baiʕ/aʃ-ʃira:ʔ] Kaufvertrag *m*
3عقد [ʕiqd], *Pl* عقود [ʕuqu:d] Halskette *f*, Halsband *n*
عقدة [ʕuqda], *Pl* عقد [ʕuqad] Knoten *m*; عقدة النقص [ʕuqdat an-naqs] Minderwertigkeitskomplex *m*; عقدة لمفاوية [ʕuqda limfa:wi:ja] ANAT Lymphknoten *m*
1عقرب [ʕaqrab] ZOOL Skorpion *m*
2عقرب [ʕaqrab], *Pl* عقارب [ʕaqa:rib] *Uhr* Zeiger *m*
1عقل [ʕaql] Vernunft *f*, Verstand *m*
2عقل [ʕaql], *Pl* عقول [ʕuqu:l] *Verstand* Geist *m*
عقلي [ʕaqli:] *intellektuell* geistig
عقلية [ʕaqli:ja] Gesinnung *f*, Mentalität *f*
عقم [ʕaqqama] desinfizieren, sterilisieren
عقوبة [ʕuqu:ba] JUR Strafe *f*; عقوبة الإعدام [ʕuqu:bat al-ʔiʕda:m] Todesstrafe *f*
عقيدة [ʕaqi:da], *Pl* عقائد [ʕaqa:ʔid] REL Glaube *m*, Weltanschauung *f*
عقيلة [ʕaqi:la] *Gattin* Frau *f*
عقيم [ʕaqi:m] *Mensch* unfruchtbar; *Plan* aussichtslos
عكاز [ʕukka:z] Krücke *f*
عكر [ʕakir] *Flüssigkeit* trüb, trübe
1عكس [ʕakasa, i] *fig* spiegeln; sich spiegeln
2عكس [ʕaks] Gegenteil *n*; بالعكس [bil-ʕaks] im Gegenteil
عكسي [ʔaksi:] *gegenteilig* umgekehrt
علا [ʕala:, i:] ragen, steigen
علاج [ʕila:dʒ] MED Therapie *f*; علاج بالأشعة [ʕila:dʒ bil-aʃiʕʕa] Bestrahlung *f*; علاج خارجي [ʕila:dʒ xa:ridʒi:] ambulante Behandlung; علاج طبيعي [ʕila:dʒ ṭɒbi:ʕi:] Naturheilkunde *f*; علاج كيماوي [ʕila:dʒ ki:ma:wi:] Chemotherapie *f*
1علاقة [ʕala:qa] Verhältnis *n*, Beziehung *f*; *Kontakt* Anschluss *m*
2علاقة [ʕalla:qa] Garderobe *f*; Kleiderbügel *m*
علام [ʕala:ma] wofür
1علامة [ʕala:ma] *Markierung* Marke *f*, Abzeichen *n*, Anzeichen *n*, Kennzeichen *n*, Merkmal *n*, Symptom *n*,

Zeichen *n*; علامات الاقتباس [ʕala:ma:t al-iqtiba:s] Anführungszeichen *n*; علامة استفهام [ʕala:mat istifha:m] Fragezeichen *n*; علامة التعجب [ʕala:mat at-taʕadd-ʒub] Ausrufezeichen *n*; علامة الوقف [ʕala:mat al-waqf] Punkt *m*; علامة تجارية [ʕala:ma tidʒa:ri:ja] Marke *f*, Markenzeichen *n*, Warenzeichen *n*

2علامة [ʕalla:ma] Gelehrte *m/f*

علانية [ʕala:ni:jatan] Öffentlichkeit *f*

علاوة [ʕila:wa] Zuschlag *m*, Zuschuss *m*; Gehaltserhöhung *f*; علاوة أطفال [ʕala:-wat ʔɒtfa:l] Kindergeld *n*; علاوة على ذلك [ʕila:watan ʕala: ða:lik] daneben, außerdem

علبة [ʕulba], *Pl* علب [ʕulab] Büchse *f*, Dose *f*, Etui *n*, Kassette *f*, Packung *f*, Schachtel *f*; علبة الطعام [ʔulbat ɒt-tɒʕa:m] Lunchpaket *n*

1علف [ʕalaf], *Pl* أعلاف [ʔaʔla:f] *Tier* Futter *n*

2علف [ʕallafa] *Vieh* füttern

1علق [ʕallaqa] *Bild* aufhängen; heften

2علق في [ʕaliqa, a] *Finger* klemmen

علل [ʕallala] begründen, rechtfertigen

1علم [ʕalam], *Pl* أعلام [ʔaʕla:m] Fahne *f*, Flagge *f*

2علم [ʕalima, a] erfahren, kennen, wissen

3علم [ʕallama] *j-m etw* beibringen; lehren, unterrichten

4علم [ʕilm], *Pl* علوم [ʕulu:m] Wissen *n*; Lehre *f*, Wissenschaft *f*; علم البيئة [ʕilm al-bi:ʔa] Ökologie *f*; علم الحاسوب [ʕilm al-ħa:su:b] Informatik *f*; علم الطبيعة [ʕilm ɒt-tɒbi:ʕa] Naturwissenschaft *f*

5علم على [ʕallama] ankreuzen; markieren kennzeichnen

علماني [ʕilma:ni:] REL Laie *m*

علنا [ʕalanan] *Adv* öffentlich

علو [ʕulu:w] Höhe *f*

على [ʕala:] *Präp* auf, darüber, über; an; على الأكثر [ʕala l-ʔakθar] höchstens, spätestens; على الدوام [ʕala d-dawa:m] auf die Dauer;

على الرأس والعين [ʕala r-raʔs wal-ʕain] gern, sehr gern; **على الطريق** [ʕala ŧ-ŧari:q] auf der Straße; **على أي حال** [ʕala: ʔajj ħa:l] unbedingt, jedenfalls; **على خلاف** [ʕala: xila:f] entgegen; **على طول** [ʕala: ŧu:l] *umg* geradeaus, die Straße entlang; **على عكس** [ʕala: ʕaks] gegen, entgegen; **على فكرة** [ʕala: fikra] übrigens; **على كل حال** [ʕala: kull ħa:l] immerhin, jedenfalls, sowieso, auf jeden Fall

عليه [ʕalaihi] darüber; daran; darauf

علية [ʕulli:ja], *Pl* **علالي** [ʕala:li:] Boden *m*, Dachboden *m*

عم [ʕamm], *Pl* **أعمام** [ʔaʕma:m] *väterlicherseits* Onkel *m*

عما [ʕamma:] wovon; **عما قريب** [ʕama: qari:b] demnächst

عمارة [ʕima:ra] Bau *m*, Gebäude *n*; **عمارة عالية** [ʕima:ra ʕa:lija] Hochhaus *n*

1**عمان** [ʕamma:n] Amman *n* (*Jordanien*)

2**عمان** [ʕuma:n] Oman *n*

عمد [ʕamada] stehen; **عمد إلى** [ʕamada ʔila:] im Begriff sein zu

عمدا [ʕamdan] *absichtlich* extra; mit Absicht

عمدة [ʕumda], *Pl* **عمد** [ʕumad] *äg* Bürgermeister(in) *m(f)*

عمر [ʕumr], *Pl* **أعمار** [ʔaʕma:r] Alter *n*; **عمره سنة** [ʕumruhu sana] *Kind* einjährig

عمق [ʕumq], *Pl* **أعماق** [ʔaʕma:q] Tiefe *f*

1**عمل** [ʕamal], *Pl* **أعمال** [ʔaʕma:l] *Beruf* Arbeit *f*; Handlung *f*, Tat *f*, Aktion *f*; *Stelle* Dienst *m*; **عمل إضافي** [ʕamal ʔiđɒ:fi:] Nebenbeschäftigung *f*, Nebenjob *m*; **عمل غير مشروع** [ʕamal ɣair maʃru:ʕ] Schwarzarbeit *f*; **عمل مؤقت** [ʕamal muʔaqqat] Aushilfe *f*; **عمل يدوي** [ʕamal jadawi:] Handarbeit *f*

2**عمل** [ʕamila, a] machen, tun; arbeiten; funktionieren; **عمل له معروفا** [ʕamila (a) lahu maʕru:fan] *j-m e-n* Gefallen tun; **عمل من أجل** [ʕamila (a) min ʔadʒli] sich engagieren; **عمل نسخة**

[ʕamila (a) nusxa] kopieren
عملاء [ʕumala:ʔ] Kundschaft *f*
عملاق [ʕimla:q] riesig
عملة [ʕumla] Geldstück *n*, Währung *f*; **عملة صغيرة** [ʕumla sɒɣi:ra] Kleingeld *n*; **عملة نقدية** [ʕumla naqdi:ja] Münze *f*; **العملات الأجنبية** [al-ʕumla:t al-ʔadʒnabi:ja] Devisen *Pl*
عملي [ʕamali:] *praktisch* zweckmäßig, praktisch
عمليا [ʕamali:jan] *Adv* praktisch
عملية [ʕamali:ja] Operation *f*, Prozess *m*, Vorgang *m*; **عملية إرهابية** [ʕamali:ja ʔirha:bi:ja] Terroranschlag *m*; **عملية جراحية** [ʕamali:ja dʒira:ħi:ja] MED Operation *f*; **عملية قيصرية** [ʕamali:ja qaisɒri:ja] MED Kaiserschnitt *m*
عمة [ʕamma] *väterlicherseits* Tante *f*
عمم [ʕammama] *publik machen* verbreiten; verallgemeinern
عمود [ʕamu:d], *Pl* **أعمدة** [ʔaʕmida] ELEK Mast *m*; *Text* Spalte *f*, Pfeiler *m*, Pfosten *m*; Säule *f*; **العمود الفقري** [al-ʕamu:d al-faqri:] Wirbelsäule *f*
عمودي [ʕamu:di:] senkrecht
عمولة [ʕumu:la] Provision *f*
عموما [ʕumu:man] *Adv* generell, überhaupt
عمومي [ʕumu:mi:] öffentlich *Adj*
عميق [ʕami:q] tief
عميل [ʕami:l], *Pl* **عملاء** [ʕumala:ʔ] Kunde *m*; POL Kollaborateur *m*
عن [ʕan] aus; über; **!إذنك عن** [ʕan ʔiðnak] bis gleich; einen Moment bitte; **عن بعد** [ʕan buʕd] aus der Ferne; **عن طريق** [ʕan ŧɒri:q] per; **عن قُرب** [ʕan qurb] aus der Nähe; **عن قريب** [ʕan qari:b] bald; **عن ما** [ʕan ma:] worüber
عناء [ʕana:ʔ] Mühe *f*
عنان [ʕina:n], *Pl* **أعنة** [ʔaʕinna] Zügel *m*
عناية [ʕina:ja] Fürsorge *f*, Pflege *f*
عنبة [ʕinaba], *Koll* **عنب** [ʕinab] BOT Traube *f*, Weintraube *f*
عنبر [ʕanbar], *Pl* **عنابر** [ʕana:bir] *Krankenhaus* Sta-

tion *f*
عند [ʕinda] bei j-m, bei; **عنده** [ʕindahu] er hat; **عندك** [ʕindaka (-ki)] hast du?; *höflich* haben Sie?
عندما [ʕindama:] *zeitlich* wenn; als
عنزة [ʕanza], *Koll* **عنز** [ʕanz] ZOOL Ziege *f*
عنصر [ʕunsur], *Pl* **عناصر** [ʕanɒ:sir] *a.* CHEM Element *n*
عنصري [ʕunsuri:] rassistisch
عنف [ʕunf] Gewalt *f*; **بالعنف** [bil-ʕunf] gewaltsam
عنق [ʕunq], *Pl* **أعناق** [ʔaʕna:q] ANAT Hals *m*
عنقود [ʕunqu:d]: **عنقود عنب** [ʕunqu:d ʕinab] BOT Weintraube *f*
عنكبوت [ʕankabu:t], *Pl* **عناكب** [ʕana:kib] ZOOL Spinne *f*
عنوان [ʕunwa:n], *Pl* **عناوين** [ʕana:wi:n] *Buch* Titel *m*; Adresse *f*; Schlagzeile *f*, Überschrift *f*
عنى [ʕana:, i:] heißen, bedeuten, meinen; **عني ب** [ʕunija bi] sich kümmern um
عنيد [ʕani:d] eigensinnig; bockig, stur
عنيف [ʕani:f] *Kampf* erbittert; gewalttätig
عنين [ʕani:n] impotent
عهد [ʕahd], *Pl* **عهود** [ʕuhu:d] Epoche *f*
عوامة [ʕawwa:ma] Boje *f*
عود¹ [ʕawwada] angewöhnen; sich eingewöhnen; sich gewöhnen an
عود² [ʕu:d], *Pl* **عيدان** [ʕaida:n] Halm *m*, Stängel *m*; **عود الأسنان** [ʕu:d al-ʔasna:n] Zahnstocher *m*; **عود الثقاب/الكبريت** [ʕu:d aθ-θiqa:b/al-kibri:t] Streichholz *n*
عودة [ʕauda] Rückfahrt *f*, Rückkehr *f*
عوز [ʕawaz] Armut *f*
عوض [ʕawwɒđɒ] *Versäumtes* nachholen; *Schaden* ersetzen, wettmachen
عوضا [ʕiwɒđɒn]: **عوضا عن** [ʕiwɒđɒn ʕan] anstatt
عولمة [ʕaulama] Globalisierung *f*
عون [ʕaun] Hilfe *f*
عوى [ʕawa:, i:] *Hund* heulen
عويص [ʕawi:s] schwer verständlich
عيادة [ʕija:da] *Arzt* Praxis *f*, Klinik *f*
عيان [ʕajjan] *äg* krank
عيب [ʕaib], *Pl* **عيوب** [ʕuju:b]

Defekt *m*, Laster *n*, Makel *m*; Schande *f*

عيد [ʕi:d], *Pl* **أعياد** [ʔaʕja:d] Feiertag *m*, Fest *n*; [ʕi:d al-fitr] Fastenbrechen *n nach Ramadan*; **عيد العنصرة** [ʕi:d al-ʕansɒra] Pfingsten *n*; **عيد الفصح** [ʕi:d al-fiṣḥ] Ostern *n*; **عيد الميلاد** [ʕi:d al-mi:la:d] Weihnachten *n*; **العيد الوطني** [al-ʕi:d al-wɒtɒni:] Nationalfeiertag *m*; **عيد شعبي** [ʕi:d ʃaʕbi:] Volksfest *n*; **عيد ميلاد** [ʕi:d mi:la:d] Geburtstag *m*

عيرة [ʕi:ra] *äg*, *syr* falsch

عيش [ʕaiʃ] *äg* Brot *n*

1**عين** [ʕain] *f*, *Pl* **عيون** [ʕuju:n] Auge *n*; Wasserquelle *f*; **عين السمكة** [ʕain as-samaka] MED Hühnerauge *n*

2**عين** [ʕajjana] *Belohnung* aussetzen; *ernennen* bestimmen, einsetzen

عينة [ʕajjina] Probe *f*, Muster *n*; MED Abstrich *m*; **عينة عشوائية** [ʕajjina ʕaʃwa:ʔi:ja] Stichprobe *f*

غ

غاب [ɣa:ba, i:] *Sonne* untergehen; fehlen, verschwinden

غابة [ɣa:ba] Dschungel *m*, Wald *m*; **غابة المطر** [ɣa:bat al-mɒtɒr] Regenwald *m*

1**غادر** [ɣa:dara] *weggehen* verlassen, gehen; wegfahren, abreisen; *Patient* entlassen; **غادر إلى** [ɣa:dara] *Bus, Zug* abfahren

2**غادر** [ɣa:dir] untreu

غارة [ɣa:ra] MIL Angriff *m*

غاز [ɣa:z] Gas *n*; **غاز طبيعي** [ɣa:z tɒbi:ʕi:] Erdgas *n*; **غازات العادم** [ɣa:za:t al-ʕa:dim], **غازات مستهلكة** [ɣa:za:t mustahlaka] Abgase *npl*

غازل [ɣa:zala] flirten

1**غاص** [ɣɒ:sɒ] tauchen

2**غاص** [ɣɒ:ss] überfüllt

غاضب [ɣɒ:đib] zornig, böse; entrüstet

غافل [ɣa:fil] *geistig* abwesend, unaufmerksam

غال [ɣa:lin] aufwendig, teuer,

wertvoll
غالب [ɣa:lib] überwiegend *Adj*
غالبا [ɣa:liban] *Adv* überwiegend; meist
غالى في [ɣa:la:] übertreiben
غامر [ɣa:mara] riskieren
غامض [ɣa:miđ] mysteriös, rätselhaft; *ungewiss* unsicher, geheimnisvoll
غامق [ɣa:miq] *Farbe* dunkel
غائب [ɣa:ʔib] fort, weg, abwesend
غائم [ɣa:ʔim] *Himmel* bedeckt, bewölkt
غاية [ɣa:ja] Zweck *m*
غباء [ɣaba:ʔ] Dummheit *f*
غبار [ɣuba:r] Staub *m*
غبي¹ [ɣabi:] dumm
غبي² [ɣabi:], *Pl* أغبياء [ʔaɣbija:ʔ] Dummkopf *m*; *umg* Arschloch *n*
غثيان [ɣaθaja:n] MED Übelkeit *f*, Brechreiz *m*
غدا [ɣadan] morgen; غدا صباحا [ɣadan sɒba:ħan] morgen früh
غداء [ɣada:ʔ] Mittagessen *n*
غدار [ɣada:r] heimtückisch, hinterhältig; verräterisch
غدر [ɣadara, i] verraten
غدرا [ɣadran] *Adv* heimtückisch
غدة [ɣudda], *Pl* غدد [ɣudad] Drüse *f*; غدة درقية [ɣudda daraqi:ja] Schilddrüse *f*
غذاء [ɣiða:ʔ], *Pl* أغذية [ʔaɣðija] *Nahrung* Ernährung *f*; Kost *f*
غذى [ɣaðða:] ernähren
غر [ɣarra, u] *täuschen* blenden
غراء [ɣira:ʔ] Kleister *m*, Leim *m*
غراب [ɣura:b], *Pl* غربان [ɣirba:n] ZOOL Krähe *f*; Rabe *m*
غرافيك [ɣra:fi:k] Grafik *f*
غرام [ɣra:m] Gramm *n*
غرامة [ɣara:ma] Bußgeld *n*, Geldbuße *f*
غرب¹ [ɣaraba, u] *Sonne* untergehen
غرب² [ɣarb] Westen *m*
غربال [ɣirba:l], *Pl* غرابيل [ɣara:bi:l] *Schrot* Sieb *n*
غربل [ɣarbala] *mit dem Sieb* sieben
غربي [ɣarbi:] westlich
غرد [ɣarrada] zwitschern
غرر ب [ɣarrara] verführen
غرس [ɣarasa, i] pflanzen
غرض [ɣarɒđ], *Pl* أغراض [ʔaɣrɒ:đ] Ziel *n*, Zweck *m*
غرغرينا [ɣarɣari:na:] MED

Brand *m*

غرف [ɣarafa, i] *Wasser* schöpfen

غرفة [ɣurfa], *Pl* **غرف** [ɣuraf] *Zimmer* Raum *m*; *umg* Bude *f*, Zimmer *n*; **غرفة الجلوس** [ɣurfat al-dʒulu:s] Wohnzimmer *n*; **غرفة الحمام** [ɣurfat al-ħamma:m] Badezimmer *n*; **غرفة الطعام/ السفرة** [ɣurfat ɒt-tɒʕa:m/as-sufra] Esszimmer *n*; **غرفة الفندق** [ɣurfat al-funduq] Hotelzimmer *n*; **غرفة النوم** [ɣurfat an-naum] Schlafzimmer *n*; **غرفة تغيير الملابس** [ɣurfat taɣji:r al-mala:bis] Umkleidekabine *f*, **غرفتي الخاصة** [ɣurfati: al-xɒ:ssɒ] mein eigenes Zimmer

غرق [ɣariqa, a] *Schiff* sinken; untergehen, ertrinken

غروب [ɣuru:b] Sonnenuntergang *m*

1**غريب** [ɣari:b] merkwürdig; komisch

2**غريب(ة)** [ɣari:b(a)], *mpl* **غرباء** [ɣuraba:ʔ] *Auswärtiger* Fremde *m/f*

غريزة [ɣari:za], *Pl* **غرائز** [ɣara:ʔiz] Instinkt *m*

غريزي [ɣari:zi:] *instinktiv* angeboren

غزا [ɣaza:, u:] MIL, WIRTSCH erobern

غزال [ɣaza:l], *Pl* **غزلان** [ɣizla:n] ZOOL Reh *n*

غزل [ɣazala, i] *Wolle* spinnen *v/t*

غزوة [ɣazwa] MIL Einfall *m*, Invasion *f*

غزير [ɣazi:r] ausgiebig *Adj*

غسالة [ɣassa:la] Waschmaschine *f*, **غسالة الصحون** [ɣassa:lat ɒs-suħu:n] Spülmaschine *f*

غسق [ɣasaq] *abends* Dämmerung *f*

غسل [ɣasala, i] abspülen, abwaschen; *Zähne* putzen; waschen

غسيل [ɣasi:l] Wäsche *f*

1**غش** [ɣaʃʃa, u] *fig* hereinlegen, betrügen

2**غش** [ɣiʃʃ] Schwindel *m*, Nepp *m*, Betrug *m*

غشاش(ة) [ɣaʃʃa:ʃ(a)] Betrüger(in) *m(f)*, Schwindler(in) *m(f)*

غشيان [ɣaʃaja:n] MED Ohnmacht *f*

غصن [ɣusn], *Pl* **غصون** [ɣusu:n] Ast *m*, Zweig *m*

[1]غضب [ɣɒđɒb] Wut *f*, Zorn *m*, Ärger *m*
[2]غضب [ɣađiba, a] toben; *umg* ausflippen; غضب من [ɣađiba (a) min] sich ärgern
غضبان [ɣɒđba:n] *zornig* böse, wütend; غلى غضبا [ɣala: (i:) ɣɒđban] toben
غضروف [ɣuđru:f], *Pl* غضاريف [ɣɒđɒ:ri:f] Knorpel *m*
غضوب [ɣɒđu:b] jähzornig
غطاء [ɣitɒ:ʔ], *Pl* أغطية [ʔaɣtija] Deckel *m*; *Überzug* Bezug *m*, Plane *f*; غطاء الراديا‌تور [ɣitɒ:ʔ ar-ra:dija:tu:r] AUTO Kühlerhaube *f*; غطاء المحرك [ɣitɒ:ʔ al-muħarrik] Motorhaube *f*
غطاس [ɣittɒ:s] REL Taufe *f*
غطاس(ة) [ɣɒttɒ:s(a)] Taucher(in) *m(f)*
غطس [ɣɒtɒsa, i] tauchen
غطى [ɣɒttɒ:] zudecken, bedecken; *Bedarf* decken; sich zudecken
غفا [ɣafa:, u:] einschlafen
غفر [ɣafara, i] *j-n* entschuldigen, *j-m* vergeben; sich entschuldigen
غلاف [ɣila:f], *Pl* أغلفة [ʔaɣlifa] *Buch* Umschlag *m*, Hülle *f*, Verpackung *f*; غلاف جوي [ɣila:f dʒawwi:] *Geografie* Atmosphäre *f*
غلاية [ɣalla:ja] Kessel *m*
غلط [ɣalɒt], *Pl* أغلاط [ʔaɣlɒ:t] Fehler *m*, Irrtum *m*
غلطة [ɣaltɒ] Versehen *n*
غلة [ɣalla], *Pl* غلال [ɣila:l] Ertrag *m*; Getreide(ernte) *n*
[1]غلى [ɣala:, i:] *v/i sieden* kochen, brodeln
[2]غلى [ɣalla:] heraufsetzen
[1]غليظ [ɣali:ð] *a. Person* grob, derb
[2]غليظ [ɣali:ð], *Pl* أغلاظ [ʔaɣlɒ:ð] *umg ungehobelter Mensch* Bauer *m*
غليون [ɣalju:n], *Pl* غلايين [ɣala:ji:n] *Tabakpfeife* Pfeife *f*
غم [ɣamm], *Pl* غموم [ɣumu:m] Sorge *f*, Kummer *m*
غماز [ɣamma:z] AUTO Blinker *m*
غمز [ɣamaza] blinzeln; غمز بعينه [ɣamaza bi-ʕainihi] (mit dem Auge) zwinkern
غمغم [ɣamɣama] *Person* brummen
غناء [ɣina:ʔ] Gesang *m*
غنام(ة) [ɣanna:m(a)] Schäfer(in) *m(f)*

غنمة [ɣanama], *Koll* غنم [ɣanam] ZOOL Schaf *n*
غني[1] [ɣani:] reich
غنى[2] [ɣanna] singen
غنى[3] [ɣinan] Reichtum *m*
غنيمة [ɣani:ma], *Pl* غنائم [ɣana:ʔim] Raub *m*, Beute *f*
غواص(ة) [ɣawwɒ:s(a)] Taucher(in) *m(f)*
غوريلا [ɣurilla:] ZOOL Gorilla *m*
غيار [ɣaja:r] AUTO Gang *m*
غير[1] [ɣajjara] wechseln, ändern; tauschen, auswechseln; verstellen; sich verändern; غير الحجز [ɣajjara al-ħadʒz] umbuchen; غير السرعة [ɣajjara as-surʕa] AUTO schalten; غير ملابسه [ɣajjara mala:bisahu] sich umziehen; غير وضع [ɣajjara wɒđɒʕ] umstellen; sich umstellen
غير[2] [ɣair] *verneint* nicht …, un-; anti-; -los; غير أن [ɣaira ʔanna] *jedoch* allerdings; غير إنساني [ɣair ʔinsa:ni:] unmenschlich; غير ثابت [ɣair θa:bit] wackelig, instabil; غير خطير [ɣair xɒti:r] harmlos; غير دقيق في المواعيد [ɣair daqi:q fil-mawa:ʕi:d] unpünktlich; غير رسمي [ɣair rasmi:] inoffiziell, zwanglos; *Kleidung* salopp, leger; غير سباح(ة) [ɣair sabba:ħ(a)] Nichtschwimmer(in) *m(f)*; غير شخصي [ɣair ʃaxsi:] unpersönlich; غير شرعي [ɣair ʃarʕi:] illegal, unehelich; rechtswidrig; غير صالح [ɣair sɒ:liħ] das taugt nichts; غير صحي [ɣair siħħi:] ungesund; غير ضروري [ɣair đɒru:ri:] unnötig; غير عملي [ɣair ʕamali:] unpraktisch; غير كاف [ɣair ka:fin] dürftig, ungenügend; غير كامل [ɣair ka:mil] unvollständig; غير كتوم [ɣair katu:m] indiskret; غير لطيف [ɣair lɒti:f] unfreundlich; غير مألوف [ɣair maʔlu:f] ungewohnt, ungewöhnlich; غير مدخن(ة) [ɣair mudaxxin(a)] Nichtraucher(in) *m(f)*; غير مستقل [ɣair mustaqill] unselb(st)ständig; غير ممكن [ɣair mumkin] unmöglich; غير مناسب [ɣair muna:sib] ungeeignet, unpassend; غير منتبه [ɣair muntabih] unaufmerksam;

غير منتظم [ɣair muntɒðim] unordentlich, unregelmäßig; **غير منصف** [ɣair munsif] unfair, ungerecht; **غير مهم** [ɣair muhimm] unwichtig; **غيرأن** [ɣaira ʔanna] aber; **غيرمحدد** [ɣair muħaddad] fließend *Adj*;

غيره [ɣairuhu] jemand anders

غيري [ɣairiː] selbstlos

غيظ [ɣaið] Wut *f*

غيمة [ɣaima], *Pl* **غيوم** [ɣujuːm] Wolke *f*

غيور [ɣajuːr] eifersüchtig

ف

فات [faːta, uː] *verpassen* entgehen

فاتح [faːtiħ] *Farbe* hell

فاتر [faːtir] lauwarm

فاتن [faːtin] *fig* faszinierend; magisch, Zauber-; malerisch; verführerisch

فاته [faːtahu] *Zug, Chance* versäumen, verpassen

فاتورة [faːtuːra], *Pl* **فواتير** [fawaːtiːr] Rechnung *f*

فاتيكان [faːtiːkaːn]: **الفاتيكان** [al-faːtiːkaːn] Vatikanstadt *f*

فاح [faːħa, uː] duften; **فاحت منه رائحة الـ...** [faːħat minhu raːʔiħat al...] nach *etw* riechen

فاحش [faːħiʃ] obszön, unanständig

فاخر [faːxir] luxuriös, prunkvoll, prächtig

فادح [faːdiħ] *Verlust* erheblich

فار [faːra, uː] sprudeln, brodeln; überkochen

فأرة [faʔra], *Pl* **فئران** [fiʔraːn] ZOOL, COMPUT Maus *f*

فارغ [faːriɣ] leer

فاز [faːza, uː] erobern; SPORT, POL gewinnen, siegen; besiegen

فأس [faʔs], *Pl* **فؤوس** [fuʔuːs] Hacke *f*

فاسد [faːsid] *a. Mensch* faul; schlecht; unmoralisch

فاشل[1] [faːʃil] erfolglos

فاشل(ة)[2] [faːʃil(a)] Versager(in) *m(f)*

فاصل[1] [fɒːsɒla] *feilschen* han-

deln
²فاصل [fɒ:sil] ausschlaggebend, entscheidend
فاصل على [fɒ:sɒla] feilschen
فاصلة [fɒ:sla], *Pl* فواصل [fawɒ:sil] Komma *n*
فاصوليا [fɒ:su:lija:] BOT *Koll* *weiße* Bohne *f*
فاض [fa:đɒ, i:] *Flüssigkeit* überlaufen
فاعل [fa:ʕil] GRAM *Verbalsatz* Subjekt *n*
فاعل(ة) [fa:ʕil(a)] JUR Täter (in) *m(f)*
فاق [fa:qa, u:] übertreffen
فاقد [fa:qid]: فاقد الوعي [fa:qid al-waʕi] bewusstlos
فاقع [fa:qiʕ] *Farbe* grell, leuchtend
فاكس [fa:ks] Fax *n*
فاكهة [fa:kiha], *Pl* فواكه [fawa:kih] Frucht *f*, Obst *n*
فانوس [fa:nu:s], *Pl* فوانيس [fawa:ni:s] Laterne *f*
فانيلا [fa:ni:lla:] Vanille *f*
فاوض في [fa:wɒđɒ] verhandeln
فاول [faul] SPORT Foul *n*
فائدة [fa:ʔida], *Pl* فوائد [fawa:ʔid] Nutzen *m*, Vorteil *m*
فاير وول [fa:jar wu:l] COMPUT Firewall *f*
فائز(ة) [fa:ʔiz(a)] Gewinner (in) *m(f)*, Sieger(in) *m(f)*
فبراير [fibra:jir] *äg* Februar *m*
فتات [futa:t] Krümel *m*
فتاحة [fatta:ħa] Flaschenöffner *m*; فتاحة السدادات [fatta:ħat as-sidda:da:t] Korkenzieher *m*
فتاة [fata:t], *Pl* فتيات [fataja:t] *junge Frau* Mädchen *n*
فتت [fattata] zerbröckeln
فتح [fataħa, a] *öffnen* aufmachen; *Gerät* einschalten; *Konto* eröffnen, einrichten; *Paket* auspacken
فتحة [fatħa] Öffnung *f*, فتحة الأنف [fatħat al-ʔanf] Nasenloch *n*
فتر [fatara] *Verhältnis* sich abkühlen
فترة [fatra] Dauer *f*, Frist *f*, Zeitraum *m*; فترة الازدحام [fatrat al-izdiħa:m] Berufsverkehr *m*, Hauptverkehrszeit *f*, فترة من الزمن [fatra min az-zaman] eine Weile
فترينة [fatri:na] Schaufenster *n*
¹فتش [fataʃa] *inspizieren* kontrollieren
²فتش [fattaʃa] *Gebiet* durch-

suchen

فتق [fatq], *Pl* فتوق [futu:q] *Leiste* Bruch *m*

فتوى [fatwa:], *Pl* فتاوى [fata:wa:] REL Gutachten *n*

فج [fiddʒ] *a. fig* unreif

فجأة [fadʒʔatan] plötzlich; auf einmal

1فجر [faddʒara] sprengen

2فجر [fadʒr] *morgens* Dämmerung *f*, Morgengrauen *n*

فجوة [fadʒwa] *fig* Gefälle *n*, Lücke *f*; فجوة في السوق [fadʒwa fis-su:q] Marktlücke *f*

فح [faħħa, u] *Schlange* zischen

فحص [faħasɒ, a] *kontrollieren* testen, überprüfen; MED untersuchen;

فحص [faħs], *Pl* فحوص [fuħu:s] Prüfung *f*, Test *m*, Untersuchung *f*; فحص الجوازات [faħs al-dʒawa:za:t] Passkontrolle *f*; فحص الدم [faħs ad-dam] Blutprobe *f*

فحم [faħm], *Pl* فحومات [fuħu:ma:t] Kohle *f*; فحم نباتي [faħm naba:ti:] Holzkohle *f*

فخ [faxx], *Pl* فخوخ [fuxu:x] *a. fig* Falle *f*

فخار [faxxa:r] Töpferwaren *f/pl*

فخذ [faxð], *Pl* أفخاذ [ʔafxa:ð] *Tier* Keule *f*; ANAT Oberschenkel *m*

فخر [faxr] Stolz *m*

فخري [faxri:] ehrenamtlich

فخم [faħm] luxuriös; prächtig, prunkvoll

فخور [faxu:r] stolz

فدية [fidja] Lösegeld *n*

فر [farra, i] fliehen, flüchten, weglaufen

فرار [fira:r] Flucht *f*

فراشة [fara:ʃa], *Koll* فراش [fara:ʃ] ZOOL Schmetterling *m*

فراطة [furɒ:ŧɒ] *lib* Kleingeld *n*; Wechselgeld *n*

فراغ [fara:ɣ] Vakuum *n*

فراق [fira:q] *Personen* Trennung *f*

فراولة [fara:ula] *äg* Erdbeere *f*

فرج [farradʒa] *Besucher* herumführen

فرجار [firdʒa:r], *Pl* فراجير [fara:dʒi:r] Zirkel *m*

1فرح [faraħ], *Pl* أفراح [ʔafra:ħ] Freude *f*; *bes äg* Hochzeit *f*

2فرح [fariħ] fröhlich, munter, heiter

[3]فرح ب [fariħa, a] sich freuen über; *j-m etw* gönnen
فرحان [farħa:n] froh
فرخ [farx], *Pl* فراخ [fira:x] *Vogel* Junge
فرخة [farxa], *Pl* فراخ [fira:x] *Henne* Huhn *n*
فردا [fardan] *Adv* einzeln
فردوس [firdaus], *Pl* فراديس [fara:di:s] Paradies *n*
فردي [fardi:] *Zahl* ungerade; einzeln, individuell
[1]فرز [faraza, i] sortieren
[2]فرز [farz] Sortierung *f*; فرز النفايات [farz an-nifa:ja:t] Mülltrennung *f*
فرس [faras], *Pl* أفراس [ʔafra:s] ZOOL *Pferd* Stute *f*; فرس النهر [faras an-nahr] Nilpferd *n*; فرس قزم [faras qazam] Pony *m*
فرش [faraʃa, u, i] *Bett* beziehen; *Zähne* putzen
فرش [farraʃa] bürsten
فرشاة [furʃa:t], *Pl* فرش [furaʃ] Bürste *f*; Pinsel *m*; فرشاة الأسنان [furʃa:t al-ʔasna:n] Zahnbürste *f*
فرشة [farʃa] *Schuh* Einlage *f*, Matratze *f*
فرصة [fursɒ], *Pl* فرص [furɒs] Chance *f*, Gelegenheit *f*; فرصة السفر مع Aussicht *f*; [fursɒt as-safar] Mitfahrgelegenheit *f*
[1]فرض [farđ], *Pl* فروض [furu:đ] *a.* REL Pflicht *f*
[2]فرض [farɒđɒ, i] durchsetzen; *Zoll* erheben; فرض وجوده [farɒđɒ (i) wudʒu:dahu] sich behaupten
فرضي [farđi:] angenommen (, *dass* …)
فرضية [farɒđi:ja] These *f*
فرع [farʕ], *Pl* فروع [furu:ʕ] Filiale *f*, Zweigstelle *f*; *Wissenschaft* Disziplin *f*; BOT Ast *m*, Zweig *m*
فرغ [farraɣa] auspacken; ab-, ausladen
[1]فرق [farq], *Pl* فروق [furu:q] Differenz *f*, Unterschied *m*; فرق التوقيت [farq at-tauqi:t] Zeitunterschied *m*
[2]فرق [farraqa] trennen; unterscheiden; sich trennen, sich unterscheiden
فرقع [farqaʕa] krachen
فرقعة [farqaʕa] Knall *m*
فرقة [firqa], *Pl* فرق [firaq] THEAT Truppe *f*, Ensemble *n*; فرق الإنقاذ [firaq al-ʔinqa:ð] Rettungsdienst *m*; فرقة المطافئ [firqa al-

mɒŧɒːfiʔ] Feuerwehr *f*; **فرقة موسيقية** [firqa muːsiːqiːja] MUS Orchester *n*
فرم [farama, i] *Fleisch* hacken, zerkleinern
فرمشية [farmaʃiːja] *pal* Apotheke *f*
فرمل [farmala] *Fahrzeug* bremsen
فرملة [farmala], *Pl* **فرامل** [faraːmil] AUTO Bremse *f*; **فرملة اليد** [farmalat al-jad] Handbremse *f*; **فرملة طوارئ** [farmalat ŧɒwaːriʔ] Notbremse *f*
فرن [furn], *Pl* **أفران** [ʔafraːn] Backofen *m*; Herd *m*; **فرن حرق النفايات** [furn ħarq an-nifaːjaːt] Müllverbrennungsanlage *f*
فرنسا [faransaː] Frankreich *n*
فرنسي [faransiː] französisch *n*
فرنك [frank]: **فرنك سويسري** [frank swiːsriː] Schweizer Franken
فرو [farw] *Koll* Fell *n*
فروج [farruːdʒ], *Pl* **فراريج** [faraːriːdʒ] GASTR Hähnchen *n*, Hühnchen *n*
فروة [farwa], *Pl* **فراء** [firaːʔ] Pelz *m*
فريد [fariːd] einzigartig
فريزر [friːzar] Tiefkühlfach *n*
فريسة [fariːsa], *Pl* **فرائس** [faraːʔis] *Tier* Beute *f*
فريق [fariːq], *Pl* **فرق** [firaq] SPORT Mannschaft *f*, Gruppe *f*, Team *n*; **الفريق الوطني** [al-fariːq al-wɒŧɒniː] Nationalmannschaft *f*
فز [fazza, i] aufspringen
1**فزع** [fazaʕ], *Pl* **أفزاع** [ʔafzaːʕ] Schreck *m*; Panik *f*
2**فزع** [faziʕ] schreckhaft
3**فزع** [faziʕa, a] sich erschrecken
فزورة [fazuːra], *Pl* **فوازير** [fawaːziːr] *äg* Rätsel *n*
فستان [fustaːn], *Pl* **فساتين** [fasaːtiːn] Kleid *n*
فستقة [fustuqa], *Koll* **فستق** [fustuq] BOT Pistazie *f*; **فستق سوداني** [fustuq suːdaːniː] *Koll* Erdnuss *f*
فسخ [fasaxa, a] *Vertrag* kündigen; *Verlobung* auflösen
فسد [fasada, u, i] *v/i* verderben, verfaulen
فسر [fassara] *interpretieren* auslegen, deuten
فشار(ة) [faʃʃaːr(a)] Hochstapler(in) *m(f)*
فشر [faʃara, u] *prahlen* aufschneiden

1فشل [faʃal] Misserfolg *m*, Flop *m*
2فشل [faʃila, a] misslingen, scheitern; *umg* platzen; schiefgehen
1فصل [fɒsɒla, i] sich trennen; scheiden; *Arbeiter* entlassen; *Wagen* abhängen; trennen; فصل عن الخدمة [fɒsɒla (i) ʕan al-xidma] *j-m* kündigen; فصل بين [fɒsɒla, i] entscheiden
2فصل [fɒsl], *Pl* فصول [fusu:l] *Buch* Kapitel *n*; THEAT Akt *m*; Schulklasse *f*, Jahreszeit *f*, Trennung *f*; فصل دراسي [fɒsl dira:si:] Semester *n*
فصيلة [fɒsi:la] Gruppe *f*; فصيلة الدم [fɒsi:lat ad-dam] Blutgruppe *f*
فضاء [fɒđɒ:ʔ] All *n*
فضح [fɒđɒħa, a] *j-n* bloßstellen, blamieren; sich outen; sich blamieren
1فضل [fɒđđɒla] vorziehen; bevorzugen
2فضل [fɒđl] Gefallen *m*; Verdienst *n*; فضلا عن أن [fɒđlan ʕan ʔan] davon abgesehen, dass ...; فضلا عن ذلك [fɒđlan ʕan ða:lik] darüber hinaus
فضة [fiđđɒ] Silber *n*
فضولي [fuđu:li:] neugierig
1فضى [fɒđđɒ:] ausräumen
2فضي [fiđđi:] silbern
فضيحة [fađi:ħa], *Pl* فضائح [fađɒ:ʔiħ] Schande *f*, Affäre *f*, Skandal *m*
فضيلة [fađi:la], *Pl* فضائل [fađɒ:ʔil] Tugend *f*
فطائر [fɒtɒ:ʔir] Gebäck *n*; Kuchen *m*; *Obst*, *Gemüse* Strudel *m*
فطار [fitɒ:r] *äg* Frühstück *n*
1فطر [fɒtɒra, u] frühstücken
2فطر [futr] BOT, MED Pilz *m*
فطري [fitri:] angeboren
فطن [fɒtin] *scharfsinnig* flink
فطور [futu:r] Frühstück *n*
فطيرة [fɒti:ra], *Pl* فطائر [fɒtɒ:ʔir] *Keks* Plätzchen *n*
فطين [fɒti:n] klug
فظ [fɒðð] taktlos, plump; *brutal* roh
فظيع [faði:ʕ] fürchterlich, grauenhaft; *umg extrem* krass; makaber
فعال [faʕʕa:l] wirksam; aktiv
1فعل [faʕala, a] machen, tun
2فعل [fiʕl], *Pl* أفعال [ʔafʕa:l] Handlung *f*, Tat *f*, GRAM Verb *n*; فعل منعكس [fiʕl munʕakis] Reflex *m*

فقاعة [fuqqa:ʕa], *Pl* **فقاقيع** [faqa:qi:ʕ] Blase *f*
فقد [faqada, i] *Hoffnung, Schlüssel, Bewusstsein* verlieren; **فقد صوابه** [faqada (i) sɒwa:bahu] *umg* spinnen; verrückt werden
فقر [faqr] Elend *n*, Armut *f*
فقرة [faqara] *Text* Absatz *m*; ANAT Wirbel *m*; **فقرة إضافية** [faqara ʔiđɒ:fi:ja] MUS Zugabe *f*
فقط [faqɒt̶] *Adv* nur, bloß; ausschließlich; **فقط بالأمس** [faqɒt̶ bil-ʔams] erst gestern
فقمة [fuqma] ZOOL Seehund *m*
فقير [faqi:r] arm
فقيه(ة) [faqi:h(a)], *mpl* **فقهاء** [fuqaha:ʔ] Rechtsgelehrte *m* (*f*)
[1]**فك** [fakk], *Pl* **فكوك** [fuku:k] ANAT Kiefer *m*
[2]**فك** [fakka,u] *Knoten* öffnen, *Pfand* einlösen, *Zelt* abbauen, *lösen* abmachen, TECH ausbauen, abmontieren, lockern; *v/r* lockern, losbinden
فكاهة [fuka:ha] Humor *m*
فكاهي [fuka:hi:] humorvoll
فكر [fakkara] nachdenken, überlegen; an *etw* denken; grübeln; sich *etw* ausdenken
فكرة [fikra], *Pl* **أفكار** [ʔafka:r] Gedanke *m*; Einfall *m*, Idee *f*
فكري [fikri:] gedanklich, geistig
فكش [fakaʃa, u] verstauchen
فكك [fakkaka] zerlegen
فكة [fakka] *äg* Kleingeld *n*; Wechselgeld *n*
فلاح [falla:ħ] Bauer *m*
فلاحة [falla:ħa] Bäuerin *f*
فلاش [fla:ʃ] FOTO Blitz *m*
فلتر [filtar] Filter *m*
فلتو [filittu:] Filet *n*
فلح [falaħa, a] *Feld* bearbeiten
فلسطين [filasti:n] Palästina *n*
فلسطيني(ة) [filast̶i:ni:(-ni:ja)] Palästinenser(in) *m(f)*
فلسفة [falsafa] Philosophie *f*
فلفل [filfil] BOT *Gemüse* Paprika *m*; *Gewürz* Pfeffer *m*; **فلفل أحمر** [filfil ʔaħmar] *Gewürz* Paprika *m*
فلوس [filu:s] *äg* Geld *n*
فليكن [faljakun] was solls; also gut; meinetwegen
فلين [falli:n] Korken *m*
فم [fam], *Pl* **أفواه** [ʔafwa:h] Mund *m*; Schnauze *f*, Maul *n*
فن [fann], *Pl* **فنون** [funu:n] Kunst *f*; Kunsthandwerk *n*;

Malerei *f*, **فن التجميل** [fann at-tadʒmi:l] Kosmetik *f*, **فن الرسم والحفر** [fann ar-rasm wal-ħafr] Grafik *f*, **فن الطهي** [fann ɒt-ŧahi:] Kochkunst *f*, Gastronomie *f*, **فن العمارة** [fann al-ʕima:ra] Architektur *f*

فناء [fana:ʔ], *Pl* **أفنية** [ʔafnija] Hof *m*

فنار [fana:r] Leuchtturm *m*

فنان(ة) [fanna:n(a)] Künstler(in) *m(f)*

فنجان [findʒa:n], *Pl* **فناجين** [fana:dʒi:n] Tasse *f*, **فنجان الورق** [findʒa:n al-waraq] Pappbecher *m*

فند [fannada] widerlegen

فندق [funduq], *Pl* **فنادق** [fana:diq] Hotel *n*

فنلندا [finlanda:] Finnland *n*

فنون [funu:n] *Pl* Künste; **فنون تطبيقية** [funu:n tɒŧbi:qi:ja] Kunstgewerbe *n*; **فنون شعبية** [funu:n ʃaʕbi:ja] Folklore *f*

[1]**فني** [fanni:] künstlerisch; technisch

[2]**فني(ة)** [fanni:(-ni:ja)] Techniker(in) *m(f)*

فهرس [fihris], *Pl* **فهارس** [faha:ris] *Liste* Katalog *m*; Inhaltsverzeichnis *n*

[1]**فهم** [fahhama] *j-n* belehren

[2]**فهم** [fahima, a] begreifen, verstehen; *umg* kapieren; einsehen; *etw* durchschauen

[3]**فهم** [fahm] *Text* Verständnis *n*

فوائد [fawa:ʔid] FIN Zinsen *mpl*

فورا [fauran] fristlos, sofort

فوز [fauz] SPORT, POL Sieg *m*, Triumph *m*

فوض [fawwɒđɒ] ermächtigen

فوضوي [fauđɒwi:] chaotisch

فوضى [fauđɒ:] Chaos *n*; Durcheinander *n*, Unordnung *f*

فوطة [fu:ŧɒ], *Pl* **فوط** [fuwɒŧ] Handtuch *n*; **فوطة السفرة** [fu:ŧɒt as-sufra] Serviette *f*, **فوطة صحية** [fu:ŧɒ siħħi:ja], **فوطة نسائية** [fu:ŧɒ nisa:ʔi:ja] Slipeinlage *f*, Binde *f*

فوق [fauq] *Präp* auf; oben; darüber, über; **فوق السمعي/الصوتي** [fauq as-samʕi:/ɒs-sauti:] Ultraschall *m*

فول [fu:l] *Saubohne* Bohne *f*, **فول سوداني** [fu:l su:da:ni:] BOT Erdnuss *f*

فولاذ [fu:la:ð] Stahl *m*

فولت [vu:lt] ELEK Volt *n*

فولكلور [fulklu:r] Folklore *f*
في [fi:] *Präp* in; an; um; zu; MATH mal; في الألف [fil-ʔalf] Promille *n*; في البداية [fil-bida:ja] *anfangs* zuerst; في البيت [fil-bait] daheim, zu Hause; في الخارج [fil-xa:-ridʒ] draußen; في الخلاء [fil-xala:ʔ] im Freien; في الداخل [fid-da:xil] drinnen; في الساعة الثانية [fis-sa:ʕa aθ-θa:nija] um zwei Uhr; في الصيف [fis-sɒif] im Sommer; في المئة [fil-miʔa] Prozent *n*; في المدينة [fil-madi:na] in der Stadt; في حال [fi: ħa:l] falls; في ذلك [fi: ða:lik] darin; في صحتكم [fi: siħħatikum] auf Ihr/euer Wohl; في عجلة [fi: ʕadʒala] hastig; في عيد الفصح [fi: ʕi:d al-fisħ] an Ostern
فيديو [vi:diju:], *Pl* فيديوهات [vi:diju:ha:t] Video *n*
فيروس [vi:ru:s] Virus *m/n*; فيروس الكمبيوتر [vi:rus al-kambju:tar] COMPUT Computervirus *m/n*
فيزياء [fi:zja:ʔ] Physik *f*
فيش [fi:ʃ] *syr* Stecker *m*
فيشة [fi:ʃa] *äg* Stecker *m*
فيضان [fajɒđɒ:n] Flut *f*; Hochwasser *n*, Überschwemmung *f*
فيل [fi:l], *Pl* فيلة [fijala] *Schach* Läufer(in) *m(f)*; ZOOL Elefant *m*
فيلا [vi:la:] Einfamilienhaus *n*; Villa *f*
فيلم [fi:lm], *Pl* أفلام [ʔafla:m] Spielfilm *m*; FOTO Film *m*; فيلم بوليسي [fi:lm bu:li:si:] *Film* Krimi *m*; فيلم كرتون [fi:lm kartu:n], فيلم متحرك [fi:lm mutaħarrik] Zeichentrickfilm *m*
فيليه [fi:li:h] Filet *n*
فيما [fi:ma:] woran; فيما بعد [fi:ma: baʕad] anschließend, später, nachher; فيما مضى [fi:ma: mɒđɒ:] *früher* einmal; فيما يخص [fi:ma: jaxussu] *hinsichtlich* dazu, hinsichtlich
فيه [fi:h] *äg*, *umg* es gibt
فيه [fi:hi] daran, darin; فيه فائدة [fihi fa:ʔida] es lohnt sich
فئة [fiʔa] Klasse *f*, Kategorie *f*; فئة مستهدفة [fiʔa mustahdafa] Zielgruppe *f*
فيينا [fi:jina:] Wien *n*

ق

قابس [qa:bis], *Pl* **قوابس** [qawa:bis] ELEK Stecker *m*
1**قابل** [qa:bala] *j-m* begegnen, *j-n* treffen
2**قابل** [qa:bil] -bar; -lich; **قابل للاحتراق** [qa:bil lil-iħtira:q] brennbar; **قابل للتمدد** [qa:bil lit-tamaddud] dehnbar; **قابل للذوبان** [qa:bil lið-ðawaba:n] löslich; **قابل للنقل** [qa:bil linnaql] *Ticket* übertragbar
قابلة [qa:bila] Hebamme *f*
1**قاتل** [qa:tala] *bekriegen* bekämpfen
2**قاتل** [qa:til] tödlich
3**قاتل** [qa:til], *Pl* **قتلة** [qatala] Killer *m*
4**قاتل(ة)** [qa:til(a)], *mpl* **قتلة** [qatala] Mörder(in) *m(f)*
قاتم [qa:tim] *Farbe* dunkel, *Farbe* düster
قاحل [qa:hil] *Boden* dürr
قاد [qa:da, u:] führen; *Auto* steuern, lenken; *Heer* befehlen, kommandieren
قادر على [qa:dir] fähig, imstande sein zu
قادم [qa:dim] künftig; **القادم** [al-qa:dim] nächste(r, -s)
قار [qa:r] Teer *m*
قارئ(ة) [qa:ri:ʔ(a)], *mpl* **قراء** [qura:ʔ] Leser(in) *m(f)*; TECH DVD-Player *m*; CD-Player *m*
1**قارب** [qa:raba] an *etw* grenzen; nahe sein
2**قارب** [qa:rib], *Pl* **قوارب** [qawa:rib] Boot *n*; **قارب النجاة** [qa:rib an-nadʒa:t] Rettungsboot *n*; **قارب بمحرك** [qa:rib bimuħarrik] Motorboot *n*; **قارب تجديف** [qa:rib tadʒdi:f] SPORT Kajak *m*, Ruderboot *n*; **قارب شراعي** [qa:rib ʃira:ʕi:] Segelboot *n*; **قارب مطاطي** [qa:rib mɒŧŧɒ:ŧi:] Schlauchboot *n*
قارس [qa:ris] *Kälte* bitter
قارن ب [qa:rana] *mit* vergleichen
قارنة [qa:rina]: **قارنة المقطورة** [qa:rinat al-maqŧu:ra] Anhängerkupplung *f*
قارة [qa:rra] Erdteil *m*, Kon-

tinent *m*
قازوزة [qa:zu:za] *Limonade* Brause *f*
¹قاس [qa:sa, i:] ausmessen, messen
²قاس [qa:sin] roh; brutal, kaltblütig
قاسم [qa:sama] *teilen* abgeben
قاسى [qa:sa:] leiden; durchmachen
قاصر [qɒ:si̵r] klein; minderjährig; machtlos
قاض(ية) [qɒ:đi̵n(-đi̵:ja)], *mpl* قضاة [quđɒ:t] Richter(in) *m* (*f*)
قاطرة [qɒ:ti̵ra] Lokomotive *f*
¹قاطع [qɒ:tɒʕa] boykottieren, unterbrechen
²قاطع [qɒ:ti̵ʕ]: قاطع(ة) التذاكر [qɒ:ti̵ʕ(at) at-taða:kir] Schaffner(in) *m(f)*; قاطع(ة) طريق [qɒ:ti̵ʕ(at) tɒri:q] Bandit(in) *m(f)*, Strassenräuber(in) *m(f)*
قاع [qa:ʕ], *Pl* قيعان [qi:ʕa:n] *Gewässer* Grund *m*; قاع النهر [qa:ʕ an-nahr] Flussbett *n*
قاعدة [qa:ʕida], *Pl* قواعد [qawa:ʕid] JUR Grundsatz *m*, Prinzip *n*, Regel *f*, Basis *f*; قاعدة المرور [qa:ʕidat al-muru:r] Verkehrsregel *f*
قاعة [qa:ʕa] Halle *f*, Saal *m*; قاعة الانتظار [qa:ʕat al-inti̵ðɒ:r] Wartesaal *m*; قاعة الجمباز [qa:ʕat al-dʒumba:z] Turnhalle *f*; قاعة الطعام [qa:ʕat ɒt-tɒʕa:m] Speisesaal *m*; قاعة المحاضرات [qa:ʕat al-muħɒ:đɒra:t] Hörsaal *m*; قاعة المغادرة [qa:ʕat al-muɣa:dara] Abflughalle *f*
قافلة [qa:fila], *Pl* قوافل [qawa:fil] Karawane *f*
قال [qa:la, u:] bemerken, sagen, äußern; القال والقيل [al-qa:l wal-qi:l] *umg* Geschwätz *n*
قالب [qa:lib], *Pl* قوالب [qawa:lib] *Backform* Model *n*; *Schokolade* Riegel *m*
قام [qa:ma, u:] stehen; aufstehen; قام ب [qa:ma (u:) bi] *etw* unternehmen; *Pflicht* erfüllen; sich vornehmen; قام بتشغيل [qa:ma (u:) bitaʃɣi:l] COMPUT hochfahren; قام بتنزيل [qa:ma (u:) bitanzi:l] COMPUT herunterladen; قام على [qa:ma (u:) ʕala:] beruhen auf
قامر [qa:mara] zocken

قامة [qa:ma] Figur *f*, Gestalt *f*
قاموس [qa:mu:s], *Pl* **قواميس** [qawa:mi:s] Lexikon *n*, Wörterbuch *n*
قانون [qa:nu:n], *Pl* **قوانين** [qawa:ni:n] Gesetz *n*
قانوني [qa:nu:ni:] JUR rechtlich, gesetzlich, juristisch, legal, rechtmäßig
قاهرة [qa:hira]: **القاهرة** [al-qa:hira] Kairo *n*
قاوم [qa:wama] widerstehen; sich wehren
قائد(ة) [qa:ʔid(a)], *Pl* **قادة (قائدات)** [qa:da (qa:ʔida:t)] Anführer(in) *m(f)*; **قائد(ة) الأوركسترا** [qa:ʔid(a) al-ʔu:rkistra] Dirigent(in) *m(f)*; **قائد(ة) الطائرة** [qa:ʔid(a) dˤ-tˤɒ:ʔira] Kapitän(in) *m(f)*
قائم [qa:ʔim] *Felsen* steil; senkrecht, aufrecht; **قائم بذاته** [qa:ʔim biða:tihi] selbstständig; **قائما** [qa:ʔiman] im
قائمة [qa:ʔima], *Pl* **قوائم** [qa:wa:ʔim] Tabelle *f*, Liste *f*; Pfosten *m*; COMPUT Menü *n*
¹قبر [qabara, u, i] begraben
²قبر [qabr], *Pl* **قبور** [qubu:r] Grab *n*
قبرص [qubrɒs] Zypern *n*
قبض [qabadˤɒ, i] kassieren; **قبض على** [qabaɒdˤɒ (i) ʕala:] fangen, erwischen, festnehmen
قبضة [qabdˤɒ]: **قبضة اليد** [qabdˤɒt al-jad] Faust *f*
قبطان [qubtˤɒ:n], *Pl* **قباطين** [qabɒ:tˤi:n] SCHIFF Kapitän *m*
قبعة [qubbaʕa] Hut *m*; **قبعة قش** [qubbaʕat qaʃʃ] Strohhut *m*
¹قبل [qabbala] küssen
²قبل [qabila, a] annehmen, akzeptieren; zustimmen; einverstanden sein
³قبل [qabla] *zeitlich* vor; **قبل الأخير** [qabla l-ʔaxi:r] vorletzte(r, -s); **قبل الظهر** [qabla ðˤ-ðˤuhr] vormittags; **قبل أن** [qabla ʔan] bevor; **قبل ذلك** [qabla ða:lik] vorher
قبلة [qubla] Kuss *m*
قبة [qabba] Kragen *m*
قبو [qabw], *Pl* **أقبية** [ʔaqbija] Keller *m*
قبول [qubu:l] Empfang *m*; **قبول الرشوة** [qubu:l ar-raʃwa] Bestechung *f*
قبيح [qabi:ħ] hässlich
قبيلة [qabi:la], *Pl* **قبائل** [qaba:ʔil] Stamm *m*
قتال [qita:l] Kampf *m*

[1]قتل [qatala, u] töten; ermorden, umbringen
[2]قتل [qatl] Mord *m*, Totschlag *m*
قتيل(ة) [qati:l(a)], *mpl* قتلى [qatala:] *Getötete* Tote *m/f*
قح [quħħ] *typisch* echt
قحبة [qaħba] Hure *f*
قحط [qaħt] Trockenheit *f*, Dürre *f*
قد [qad] *bereits* schon
قداحة [qadda:ħa] Feuerzeug *n*
قداس [qudda:s], *Pl* قداديس [qada:di:s] REL *christlicher* Gottesdienst *m*; Messe *f*
[1]قدر [qadar] Los *n*, Schicksal *n*
[2]قدر [qaddara] schätzen, beurteilen
[3]قدر [qadira, a] können
[4]قدر [qidr], *Pl* قدور [qudu:r] Kessel *m*, Topf *m*
قدرة [qudra] PHYS Kraft *f*, Leistung *f*; Fähigkeit *f*
قدس [quds]: القدس [al-quds] Jerusalem *n*
[1]قدم [qadam] *f*, *Pl* أقدام [ʔaqda:m] Fuß *m*
[2]قدم [qaddama] anbieten; *Antrag* einreichen; *Möglichkeit* bieten; *Uhr* vorgehen; THEAT vorstellen; *Essen* servieren; قدم له خدمة [qaddama lahu xidma] *j-m e-n* Gefallen tun
[3]قدم [qadima, a] ankommen, kommen
قدوم [qudu:m] Anreise *f*, Ankunft *f*
قدوة [qudwa] Vorbild *n*
قديم [qadi:m] alt, antik, veraltet
قذارة [qaða:ra] Schmutz *m*
[1]قذر [qaðar], *Pl* أقذار [ʔaqða:r] Dreck *m*
[2]قذر [qaðir] dreckig, schmutzig
قذف [qaðafa, i] SPORT stoßen, werfen
قذيفة [qaði:fa], *Pl* قذائف [qaða:ʔif] MIL Geschoss *n*
قرأ [qaraʔa, a] lesen; قرأ على [qaraʔa, a] vorlesen
قرابة [qara:ba] Verwandtschaft *f*
قرابة [qura:batan] ungefähr; knapp, etwa
قرار [qara:r] Entscheidung *f*; JUR Bescheid *m*
قرآن [qurʔa:n]: القرآن [al-qurʔa:n] Koran *m*
قرب [qurb] Nähe *f*
قربان [qurba:n], *Pl* قرابين [qara:bi:n] REL Opfer *n*
قربة [qirba]: قربة ماء ساخن [qirba ma:ʔ sa:xin] Wärm-

flasche *f*
قرحة [qurħa], *Pl* **قرح** [quraħ] MED Geschwür *n*; **قرحة في المعدة** [qurħa fil-maʕida] MED Magengeschwür *n*
قرد [qɨrd], *Pl* **قرود** [quru:d] ZOOL Affe *m*
قرر [qarrara] bestimmen, beschließen; sich entscheiden
¹**قرص** [qɒrɒsɒ, u] kneifen, zwicken; *Insekt* beißen, stechen
²**قرص** [qurs], *Pl* **أقراص** [ʔaqrɒ:s] MED Tablette *f*, Pille *f*; **قرص القراءة والكتابة فقط** [qurs al-qira:ʔa wa-l-kita:ba faqɒt] CD-R *f*; **قرص صلب** [qurs sɒlb] COMPUT Festplatte *f*; **قرص فحم نباتي** [qurs faħm naba:ti:] MED Kohletablette *f*; **قرص فيديو رقمي** [qurs fi:dju: raqami:] COMPUT DVD *f*; **قرص قابل لإعادة الكتابة** [qurs qa:bil liʔiʕa:dat al-kita:ba] CD-RW *f*; **قرص مدمج** [qurs mudmadʒ] COMPUT Diskette *f*, CD *f* (Compactdisk)
قرصان [qursɒ:n] COMPUT Hacker *m*
قرصة [qarsɒ] *Insekt* Biss *m*; *Adj* bisschen
¹**قرض** [qɒrɒđɒ, i] nagen, knabbern
²**قرض** [qɒrđ], *Pl* **قروض** [quru:đ] Darlehen *n*, Kredit *m*
قرط [qurt], *Pl* **أقراط** [ʔaqrɒ:t] Piercing *n*
قرطاسية [qɨrtɒ:si:ja] Schreibwaren *f/pl*
قرع [qaraʕa, a] klingeln, läuten
¹**قرعة** [qarʕa], *Koll* **قرع** [qarʕ] BOT Kürbis *m*; *umg* Glatze
²**قرعة** [qurʕa], *Pl* **قرع** [quraʕ] Verlosung *f*
قرف [qarifa, a] sich ekeln
قرفص [qɒrfɒsɒ] hocken
قرفة [qɨrfa] BOT Zimt *m*
قرقع [qarqaʕa] knarren
قرمش [qarmaʃa] *Salzgebäck* knabbern
قرمة [qurma], *Pl* **قرم** [quram] *Holz* Block *m*
قرميدة [qarmi:da], *Koll* **قرميد** [qarmi:d] *Dach* Ziegel *m*
قرن [qarn], *Pl* **قرون** [quru:n] Horn *n*; Jahrhundert *n*; **القرون الوسطى** [al-quru:n al-wustɒ:] Mittelalter *n*
قرنبيط [qarnabi:t] BOT Blumenkohl *m*; **قرنبيط أخضر**

[qarnabiːt ʔaxdɒr] Brokkoli *Pl*
قرنية [qarniːja] ANAT Hornhaut *f*; **القرنيات** [al-qarnijaːt] Hülsenfrüchte *f/pl*
1**قروي** [qarawiː] ländlich
2**قروي(ة)** [qarawiː(-wiːja)] Dorfbewohner(in) *m(f)*
1**قريب** [qariːb] nah(e); verwandt
2**قريب(ة)** [qariːb(a)] *mpl* **أقرباء** [ʔaqribaːʔ] Verwandte *m/f*, Angehörige *m/f*
قريبا [qariːban] bald, demnächst
قريدس [quraidis] ZOOL Garnele *f*
قرين [qariːn], *Pl* **قرناء** [quranaːʔ] Gatte *m*
قرينة [qariːna] Gattin *f*
قرية [qarja], *Pl* **قرى** [quran] Dorf *n*
قزم [qazam], *Pl* **أقزام** [ʔaqzaː-m] Zwerg *m*
قسط [qist], *Pl* **أقساط** [ʔaqsɒːt] Abzahlung *f*, Rate *f*
1**قسم** [qasam], *Pl* **أقسام** [ʔaqsaːm] Eid *m*
2**قسم** [qassama] *unterteilen* gliedern
3**قسم** [qism], *Pl* **أقسام** [ʔaqsaːm] Teil *m/n*, Abteilung *f*, *Krankenhaus* Station *f*; **قسم العناية المكثفة** [qism al-ʕinaːja al-mukaθθafa] Intensivstation *f*; **قسم تخليص إجراءات السفر** [qism taxliːs ʔidʒraːʔaːt as-safr] Abfertigungsschalter *m*
4**قسم** [qassama]: **قسم بين** [qassama bain] aufteilen zwischen; **قسم على** [qasama (i) ʕalaː] MATH dividieren, teilen
قسمة [qisma] Schicksal *n*
قسيس(ة) [qissiːs(a)], *mpl* **قساوسة** [qasaːwisa] Pfarrer (in) *m(f)*; Priester *m*
قسيمة [qasiːma], *Pl* **قسائم** [qasaːʔim] Coupon *m*, Gutschein *m*; **قسيمة الطلبية** [qasiːmat ɒt-tɒlabiːja] Bestellschein *m*; **قسيمة الكفالة** [qasiːmat al-kafaːla] Garantie *f*
قش [qaʃʃ] Stroh *n*
قشاط [qiʃɒːt] *umg* Gürtel *m*; **قشاط الرادياتور** [qiʃɒːt ar-raːdjatuːr] AUTO Keilriemen *m*
قشر [qaʃʃara] schälen
1**قشرة** [qiʃra], *Pl* **قشر** [qiʃr] Schuppe *f*
2**قشرة** [qiʃra], *Pl* **قشور**

[quʃuːr] Schale *f*; Rinde *f*, Kruste *f*

قشطة [qiʃtɒ] *Süßspeise* Creme *f*, Rahm *m*, Sahne *f*; **قشطة مخفوقة** [qiʃtɒ maxfuːqa] Schlagsahne *f*

قشعريرة [qaʃʕariːra] Gänsehaut *f*

قشعريرة [quʃaʕriːra] MED Schüttelfrost *m*

قشة [qaʃʃa] Halm *m*, Strohhalm *m*

قص [qɒssɒ, u] schneiden; ausschneiden

قصاصة [qusɒːsɒ] *Papier* Schnipsel *m*

قصب [qɒsɒb] BOT *Koll* Schilf *n*

قصبة [qɒsɒba] Röhre *f*, Schnorchel *m*; **قصبة الساق** [qɒsɒbat as-saːq] ANAT Schienbein *n*; **القصبة الهوائية** [al-qɒsɒba al-hawaːʔiːja] ANAT Luftröhre *m*

1**قصد** [qɒsɒda, i] beabsichtigen; meinen

2**قصد** [qɒsd] *Absicht* Ziel *n*, Vorhaben *n*

قصدا [qɒsdan] *Adv* mutwillig, mit Absicht

قصدير [qɒsdiːr] Zinn *n*

قصر [qɒsr], *Pl* **قصور** [qusuːr] *Gebäude* Schloss *n*, Palast *m*

قصر [qɒssɒra] kürzen; vernachlässigen

1**قصة** [qɒssɒ] *Haar, Kleidung* Schnitt *m*

2**قصة** [qissɒ], *Pl* **قصص** [qisɒs] Geschichte *f*, Erzählung *f*; *Film* Handlung *f*

قصيدة [qɒsiːda], *Pl* **قصائد** [qɒsɒːʔid] Dichtung *f*, Gedicht *n*

قصير [qɒsiːr] *Wuchs* klein; *zeitlich* kurz

قضاء [qɒđɒːʔ]: **القضاء** [al-qɒđɒːʔ] Justiz *f*

قضائي [qɒđɒːʔiː] gerichtlich

قضبان [quđbaːn] Schienen *f/pl*; **قضبان حديدية** [quđbaːn hadiːdiːja] Eisengitter *n*

قضم [qɒđɒma, i] nagen; knabbern

قضى [qɒđɒː, iː] *verweilen* bleiben; JUR *urteilen* fällen; lauten; **قضى الليل عند** [qɒđɒː (iː) l-lail] übernachten; **قضى حاجته** [qɒđɒː (iː) ħaːdʒatahu] auf Toilette gehen; **قضى على** [qɒđɒː (iː) ʕalaː] *umbringen* beseitigen, vernichten

قط [qitt], *Pl* **قطط** [qitɒt] Kater *m*

قطار [qiṭɒːr] Bahn *f*, Zug *m*; **قطار الأنفاق** [qiṭɒːr al-ʔanfaːq] U-Bahn *f*; **قطار قشاش** [qiṭɒːr qaʃaːʃ] *äg* Bummelzug *m*; **قطار البضائع** [qiṭɒːr al-bɒđɒːʔiʕ] Güterzug *m*

قطاع [qiṭɒːʕ] Branche *f*; **قطاع الفنادق والمطاعم** [qiṭɒːʕ al-fanaːdiq wal-maṭɒːʕim] WIRTSCH Gastronomie *f*

قطب [quṭb]: **القطب الجنوبي** [al-quṭb al-dʒanuːbiː] Südpol *m*; **القطب الشمالي** [al-quṭb aʃ-ʃamaːliː] Nordpol *m*

قطة [qiṭṭɒ], *Pl* **قطط** [qiṭɒṭ] Katze *f*

قطر1 [qɒṭɒr] *Staat* Katar *n*

قطر2 [qɒṭɒra, u] tropfen

قطران [qɒṭraːn] Teer *m*

قطرة [qɒṭra] MED Tropfen *m*; **قطرة للأذن** [qɒṭra lil-ʔuðun] Ohrentropfen *mpl*; **قطرة للأنف** [qɒṭra lil-ʔanf] Nasentropfen *mpl*

قطع1 [qɒṭɒʕa, a] abschneiden; abbrechen; abreißen; *Baum* fällen; *Fahrkarte* lösen; ELEK *Leitung* abschalten

قطع2 [qɒṭṭɒʕa] zerkleinern, zerschneiden, aufschneiden; *Holz* hacken

قطعان [quṭʕaːn] Herde *f*

قطعة [qiṭʕa], *Pl* **قطع** [qiṭaʕ] Brocken *m*; Bruchstück *n*; Klumpen *m*, Stück *n*; **قطعة غيار** [qiṭʕat ɣajaːr] Ersatzteil *n*; **قطعة فنية** [qiṭʕa fanniːja] Kunstwerk *n*; **قطعة نقدية** [qiṭʕa naqdiːja] Geldstück *n*

قطف [qɒṭɒfa, i] ernten, pflücken

قطن [quṭn] Baumwolle *f*; **قطن طبي** [quṭn ṭibbiː] Watte *f*

قطيع [qɒṭiːʕ] Herde *f*

قطيعة [qɒṭiːʕa] *Trennung* Bruch *m*

قعد [qaʕada, u] hocken, sitzen

قف [qif] halt!, stop!

قفا [qafan], *Pl* **أقفية** [ʔaqfiːja] ANAT Genick *n*, Nacken *m*

قفاز [quffaːz], *Pl* **قفافيز** [qafaːfiːz] Handschuh *m*

قفز1 [qafaza, i] hüpfen, springen

قفز2 [qafz]: **القفز الطويل** [al-qafz ɒṭ-ṭawiːl] SPORT Weitsprung *m*

قفزة [qafza] *a.* SPORT Sprung *m*

قفص [qafɒs], *Pl* **أقفاص** [ʔaqfɒːs] Käfig *m*; **القفص الصدري** [al-qafɒs ɒs-sɒdriː] ANAT Brustkorb *m*

قفل [qufl], *Pl* **أقفال** [ʔaqfa:l] *Tür* Schloss *n*
قلادة [qila:da], *Pl* **قلائد** [qala:ʔid] Halsband *n*
1**قلب** [qalaba, i] wenden, umdrehen; kippen; umstoßen; verwandeln
2**قلب** [qalb], *Pl* **قلوب** [qulu:b] Herz *n*
3**قلب** [qallaba] umrühren; umblättern
قلبي [qalbi:] *Grüße* herzlich
قلد [qallada] nachahmen, nachmachen
قلع [qalaʕa, a] abreißen *v/t*, ausreißen
قلعة [qalʕa], *Pl* **قلاع** [qila:ʕ] Burg *f*
1**قلق** [qalaq] Sorge *f*, Aufregung *f*
2**قلق** [qaliq] *besorgt* ängstlich, unruhig
3**قلق** [qaliqa, a] sich Sorgen machen
قلل [qallala] verringern; *Mittel* kürzen;
قلم [qalam], *Pl* **أقلام** [ʔaqla:m] *lib*, *äg* Amt *n*; Stift *m*; **قلم الشفايف** [qalam aʃ-ʃafa:jif] *äg* Lippenstift *m*; **قلم حبر جاف** [qalam ħibr dʒa:f] Kugelschreiber *m*; **قلم لباد** [qalam lubba:d] Filzstift *m*; **قلم ملون** [qalam mulawwan] Buntstift *m*
قلما [qallama:] *selten* kaum
قلنسوة [qalansuwa], *Pl* **قلانس** [qala:nis] Kapuze *f*
1**قلة** [qulla], *Pl* **قلل** [qulal] *äg* Krug *m*
2**قلة من** [qilla] wenige
قلى [qala:, i:] braten, frittieren
قليل [qali:l] wenig; selten; wenig; **قليل جدا** [qali:l dʒiddan] zu wenig; **قليل من** [qali:l min] ein bisschen; wenige
قليلا [qali:lan] ein bisschen, etwas; **قليلا ما** [qali:lan ma:] selten; **قليلا من** [qali:lan min] eine Prise von
قمار [qima:r] Glücksspiel *n*
قماش [quma:ʃ], *Pl* **أقمشة** [ʔaqmiʃa] Stoff *m*
قماط [qimɒ:ŧ], *Pl* **أقمطة** [ʔaqmiŧɒ] Höschenwindel *f*, Windel *f*
قمامة [quma:ma] Abfall *m*, Müll *m*
قمح [qamħ], *Pl* **قموح** [qumu:ħ] BOT Weizen *m*
قمر [qamar], *Pl* **أقمار** [ʔaqma:r] Mond *m*; **قمر صناعي** [qamar ṣina:ʕi:] Satellit *m*

قمرة [qamara] FLUG Kabine *f*, Kajüte *f*
قمع [qamiʕ], *Pl* **أقماع** [ʔaqmaːʕ] Trichter *m*
قملة [qamla], *Koll* **قمل** [qamil] ZOOL Laus *f*
قمة [qimma], *Pl* **قمم** [qimam] *Berg* Spitze *f*, Gipfel *m*; *fig* Höhepunkt *m*
قميص [qamiːs], *Pl* **قمصان** [qumsɒːn] Hemd *n*; **قميص النوم** [qamiːs an-naum] Nachthemd *n*
قناع [qinaːʕ], *Pl* **أقنعة** [ʔaqniʕa] Maske *f*
قناعة [qanaːʕa] Überzeugung *f*
قناة [qanaː], *Pl* **قنوات** [qanawaːt] Kanal *m*; **قناة السويس** [qanaːt as-suwais] Suezkanal *m*; **قناة مياه** [qanaːt mijaːh] Schleuse *f*
قنب [qinnab] BOT Hanf *m*
قنبلة [qunbula], *Pl* **قنابل** [qanaːbil] Bombe *f*; **قنبلة ذرية** [qunbula ðarriːja] Atombombe *f*; **قنبلة نووية** [qunbula nawawiːja] Atombombe *f*
قنصلية [qunsuliːja] Konsulat *n*; **قنصلية عامة** [qunsuliːja ʕaːma] Generalkonsulat *n*
قنع [qannaʕa] maskieren; sich maskieren
قنفذ [qunfuð], *Pl* **قنافذ** [qanaːfið] ZOOL Igel *m*; **قنفذ البحر** [qunfuð al-baħar] Seeigel *m*
قنوع [qanuːʕ] anspruchslos, bescheiden
قنينة [qinniːna], *Pl* **قناني** [qanaːniː] Flasche *f*
قهقه [qahqaha] kichern
قهقهة [qahqaha] Gelächter *n*
قهوة [qahwa] Kaffee *m*; **قهوة باردة مع بوظة** [qahwa baːrida maʕ buːðɒ] Eiskaffee *m*; **قهوة عربية** [qahwa ʕarabiːja] Mokka *m*; **قهوة مطحونة** [qahwa mɒtħuːna] Pulverkaffee *m*
قوات [quwwaːt] MIL Truppe *f*; **قوات الاحتلال** [quwwaːt al-iħtilaːl] Besatzung *f*; **القوات البحرية** [al-quwwaːt al-baħriːja] Marine *f*; **القوات المسلحة** [al-quwwaːt al-musallaħa] Militär *n*
قوار [quwwaːr], *Pl* **قواوير** [qawaːwiːr] *jord* Blumentopf *m*
قواعد [qawaːʕid] *etwa* Grammatik *f*
قوباء [quːbaːʔ] Herpes *m*
قوس [qaus], *Pl* **أقواس**

[ʔaqwaːs] Klammer *f*; Bogen *m*; قوس قزح [qaus quzaħ] Regenbogen *m*
قوس [qawwasa] TECH biegen
قوطة [quːtɒ] *äg* Tomate *f*
قول [qaul], *Pl* أقوال [ʔaqwaːl] Aussage *f*, Äußerung *f*; قول مأثور [qaul maʕθuːr] Redewendung *m*; Ausspruch *m*
قومي [qaumiː] national
قوة [quwwa], *Pl* قوى [quwan] Kraft *f*, Stärke *f*, Energie *f*; بالقوة [bil-quwwa] gewaltsam; بقوة [bi-quwwa] energisch; بالقوة فتح [fataħa (a) bil-quwwa] *Tür, Auto* aufbrechen
¹قوي [qawiː] kräftig; *mächtig* gewaltig; *stark* eisern, robust
²قوى [qawwaː] stärken, verstärken
قيادة [qijaːda] Führung *f*, Steuerung *f*
قياس [qijaːs] Maß *n*; قياسا إلى [qiːjaːsan ʔilaː] verglichen mit; قياسا ل [qijaːsan li] analog zu
قيام [qijaːm] Start *m*; Veranstaltung *f*
قيح [qaiħ] Eiter *m*
¹قيد [qaid], *Pl* قيود [qujuːd] WIRTSCH Beschränkung *f*; قيد دائن [qaid daːʔin] FIN Gutschrift *f*; قيد مدين [qaid madiːn] WIRTSCH *Lastschrift* Belastung *f*
²قيد [qajjada] *Konto* buchen; *schriftlich* festhalten; sich festhalten
قيراط [qiːrɒːt], *Pl* قراريط [qaraːriːt] Karat *n*
قيصر(ة) [qaisɒr(a)], *mpl* قياصرة [qajɒːsira] Kaiser (in) *m(f)*
قيل [qiːl]: القيل والقال [al-qiːl wal-qaːl] Gerede, Klatsch *m*
¹قيم [qajjama] bewerten; einschätzen
²قيم [qijam] *ideelle Werte* Güter *npl*
قيمة [qiːma], *Pl* قيم [qijam] Wert *m*

ك

كآبة [kaʔa:ba] Depression *f*, Kummer *m*
كابتن [kabtin] Kapitän *m*
كابل [ka:bil] ELEK Kabel *n*; **كابل التوصيل** [ka:bil at-taus̶i̶:l] ELEK Verlängerungsschnur *f*
كابوتشينو [ka:butʃi:no] Capuccino *m*
كابينة [ka:bi:na] Kabine *f*; TEL Zelle *f*
كاتاراكت [kata:ra:kt] MED grauer Star
كاتب(ة) [ka:tib(a)], *mpl* **كتاب** [kutta:b] Schriftsteller(in) *m(f)*; **كاتب العدل** [ka:tib al-ʕadl] Notar *m*
كاثوليكي [ka:θu:li:ki:] katholisch
كاحل [ka:ħil], *Pl* **كواحل** [kawa:ħil] ANAT Knöchel *m*
كاد [ka:da, a:] *mit Negation* kaum; *vor Imperfekt* fast
كاذب(ة) [ka:ðib(a)] Lügner (in) *m(f)*
كارافان [kara:va:n] AUTO Wohnmobil *n*
كارثة [ka:riθa], *Pl* **كوارث** [kawa:riθ] Katastrophe *f*; **كارثة طبيعية** [ka:riθa t̶ɒbi:ʕi:ja] Naturkatastrophe *f*
كاروهات [ka:ru:ha:t] *Kleidung* kariert
كاريكاتورية [ka:rika:tu:ri:ja] Karikatur *f*
كازوزة [ka:zu:za] Sprudel *m*
كازينو [kazi:nu:] Spielkasino *n*
كأس [kaʔs], *Pl* **كؤوس** [kuʔu:s] Glas *n*, Becher *m*; **كأسك** [-ka [kaʔsa ka(-ki)] auf dein Wohl!, Prost!; **كأس بوظة** [kaʔs bu:ðɒ] Eisbecher *m*
كاسد [ka:sid] WIRTSCH flau
كاسيت [kasait] MUS Kassette *f*
كاف [ka:fin] ausreichend
كافأ [ka:faʔa] lohnen; **كافأ على** [ka:faʔa] belohnen
كافح [ka:faħa] bekämpfen, kämpfen
كافر [ka:fir] ungläubig
كافيار [ka:fja:r] Kaviar *m*
كاكاو [ka:ka:u] *Getränk* BOT Kakao *m*
كامل [ka:mil] perfekt, voll-

ständig; *a. Person* vollkommen; ganz, komplett
كاميرا [ka:mi:ra:] Fotoapparat *m*,Kamera *f*
كان [ka:na, u:] sein; sich befinden; كان في عجلة [ka:na (u:) fi: ʕadʒala] es eilig haben
كانتون [kantu:n] Kanton *n*
كانو [ka:nu:] Kanu *n*
كانون [ka:nun]: كانون الأول [ka:nun al-ʔawwal] *syr* Dezember *m*; كانون الثاني [ka:nu:n aθ-θa:ni:] *syr* Januar *m*
كاهن(ة) [ka:hin(a)], *mpl* كهنة [kahana] Priester(in) *m(f)*
كاوتشوك [kautʃu:k] Gummi *m*/*n*
كب [kabba, u] *Wasser* verschütten, kippen
كباب [kaba:b] *Spieß* Kebab *m*/*n*
كباريه [kabari:h] *Gebäude* Kabarett *n*
كبت [kabata, i] *Gefühle* unterdrücken
كبح¹ [kabaħa, a] WIRTSCH hemmen
كبح² [kabħ] *Bremsen* Hemmung *f*
كبد [kabid], *Pl* أكباد [ʔakba:d] Leber *f*
كبر¹ [kabbara] vergrößern; sich vergrößern
كبر² [kubr] *Charakter* Größe *f*
كبريت [kibri:t] Schwefel *m*; *syr* Streichhölzer *Pl*
كبس [kabasa, i] *in Essig* einlegen; TECH pressen
كبسة [kabsa] Razzia *f*
كبسولة [kabsu:la] MED Kapsel *f*
كبش [kabʃ], *Pl* أكباش [ʔakba:ʃ] *Schaf* Bock *m*
كبكوب [kabku:b], *Pl* كباكيب [kaba:ki:b] *Garn* Knäuel *m*/*n*
كبة [kubba], [kibba], *Pl* كبب [kubab] *Fleisch* Kloß *m*; Knäuel *m*/*n*
كبود [kabbu:d], *Pl* كبابيد [kaba:bi:d] Kondom *n*
كبير [kabi:r] groß; *Unterschied* krass
كتاب¹ [kita:b], *Pl* كتب [kutub] Buch *n*
كتاب² [kutta:b], *Pl* كتاتيب [kata:ti:b] Koranschule *f*
كتابة [kita:ba] Inschrift *f*, Schrift *f*; كتابةً [kita:batan] *Adv* schriftlich
كتابي [kita:bi:] schriftlich
كتالوج [katalu:dʒ] Katalog *m*, Prospekt *m*

كتان [kitta:n] Leinen *n*
كتب [kataba, u] schreiben; *Rechnung* ausstellen
كتشب [kitʃab] Ketchup, Ketschup *m/n*
كتف [katif], *Pl* **أكتاف** [ʔakta:f] Schulter *f*
كتكوت [katku:t], *Pl* **كتاكيت** [kata:ki:t] ZOOL Küken *n*
كتلة [kutla], *Pl* **كتل** [kutal] *Erde* Klumpen *m*; *Fels* Brocken *m*, Masse *f*; POL **كتلة برلمانية** [kutla barlama:ni:ja] Fraktion *f*
كتم [katama, u] geheim halten, verschweigen
كتوم [katu:m] *Adj* diskret
كتيب [kutajjib] Broschüre *f*, Handbuch *n*
كث [kaθθ] *Haar* dicht
كثر [kaθθara] vermehren
كثف [kaθθafa] *intensivieren* konzentrieren
كثيب [kaθi:b], *Pl* **كثبان** [kuθba:n] Düne *f*
كثير [kaθi:r] viel; zahlreich; **كثير الكلام** [kaθi:r al-kala:m] gesprächig; **كثير جد** [kaθi:r dʒiddan] sehr viel; zu viel
كثيرا [kaθi:ran] allzu, sehr, vielmals
كثيف [kaθi:f] dicht
كح [kaħħa, u] husten
كحلي [kuħli:] dunkelblau
كحة [kaħħa] Husten *m*
كحول [kuħu:l] Alkohol *m*
كحولي [kuħu:li:] alkoholisch
كد [kadda] sich anstrengen
كدر[1] [kaddara] kränken
كدر[2] [kadir] *Flüssigkeit* trüb, trübe
كدس[1] [kaddasa] stapeln, vollladen
كدس[2] [kuds], *Pl* **أكداس** [ʔakda:s] Stoß *m*, Stapel *m*
كدمة [kadma] MED Prellung *f*, Quetschung *f*; Bluterguss *m*, blauer Fleck
كذا [kaða:] so
كذاب(ة) [kaððа:b(a)] Lügner (in) *m(f)*
كذب[1] [kaðaba, i] lügen
كذب[2] [kaððaba] dementieren, leugnen
كذبة [kiðba] Lüge *f*
كذلك [kaða:lik] auch; *äg* auch, ebenfalls
كراث [kurra:θ] BOT Lauch *m*, Porree *m*
كراج [kara:dʒ] Garage *f*
كراسة [kurra:sa] Broschüre *f*, Heft *n*
كراسي [kara:si:] *Pl* Stühle
كرافتا [krafatta:] Krawatte *f*,

Schlips *m*
كراكيب [kara:ki:b] *Pl* Gerümpel *n*
كرامة [kara:ma] Würde *f*
كراهية [kara:hi:ja] Hass *m*; Abneigung *f*
كرباج [kurba:dʒ], *Pl* كرابيج [kara:bi:dʒ] Peitsche *f*
كرتون [kartu:n], *Pl* كراتين [kara:ti:n] Karton *m*, Pappe *f*
كردي(ة) [kurdi:(-di:ja)] Kurde *m*, Kurdin *f*
كرر [karrara] wiederholen
كرزة [karaza], *Koll* كرز [karaz] Kirsche *f*
كرس نفسه ل [karrasa nafsahu] sich widmen
كرسي [kursi:] Stuhl *m*; كرسي متحرك [kursi: mutaħarrik] Rollstuhl *m*
كرش [kirʃ], *Pl* كروش [kuru:ʃ] Bauch *m*
كرفس [karafs] BOT Sellerie *m/f*
كركر [karkara] kichern
كركند [karkand] *syr, äg* Hummer *m*
كرم [karm], *Pl* كروم [kuru:m] Weinberg *m*
كرنب [kurunb] BOT Weißkohl *m*, Weißkraut *n*; كرنب أبو ركبة [kurunb abu: rukba] Kohlrabi *m*; كرنب مخلل [kurunb muxallal] Sauerkraut *n*
كرنتينة [karanti:na] Quarantäne *f*
كرنفال [karnifa:l] Karneval *m*
كره [kariha, a] hassen, *j-n* nicht leiden können
كرة [kura] Kugel *f*, Ball *m*; الكرة الأرضية [al-kura al-ʔarđi:ja] Globus *m*; كرة القدم [kurat al-qadam] Fußball *m*; كرة اليد [kurat al-jad] SPORT Handball *m*; كرة/تنس الطاولة [kurat/tinis ~~DT~~ TD:wula] SPORT Tischtennis *n*
كرها [karhan, kurhan] ungern, widerwillig
كريب [kri:b] Pfannkuchen *m*
كريز [kuraiz] *äg* Kirsche *f*
كريك [kuri:k] Wagenheber *m*
كريم[1] [kari:m] edel, großzügig; zuvorkommend
كريم[2] [kri:m] Creme *f*
كريما [kri:ma:] *Süßspeise* Creme *f*
كريمة [kri:ma] Sahne *f*, Schlagsahne *f*
كريه [kari:h] scheußlich, widerlich
كزاز [kuza:z] MED Tetanus *m*, Wundstarrkrampf *m*

كزدر [kazdara] *lib* spazieren gehen

كسا [kasa:, u:] einkleiden; كسا ب [kasa: (u:) bi] *Wand* verkleiden

كساد [kasa:d] WIRTSCH Depression *f*, Flaute *f*

كسب [kasaba, i] *Geld*, *Vertrauen* verdienen; *j-n* werben; sich verschaffen

كستليتة [kustali:ta] Kotelett *n*

كستناء [kastina:ʔ] BOT Kastanie *f*

كسر1 [kasara, i] (zer)brechen *v/t*; *Code*, *Nuss* knacken; *Gegenstand* durchbrechen, *Glas*, *Spitze* abbrechen

كسر2 [kasr], *Pl* كسور [kusu:r] *a.* MATH Bruch *m*; MED Knochenbruch *m*

كسر3 [kassara] zerbrechen, zerschlagen

كسرة [kisra], *Pl* كسر [kisar] Bruchstück *n*; *Brot* Brocken *m*

كسل [kasal] Faulheit *f*

كسلان [kasla:n] träge

كسول [kasu:l] *träge* bequem, faul

كسيح [kasi:ħ] gelähmt

كش [kiʃʃ]: كش ملك [kiʃʃ malik] Schach!

كشاف [kaʃʃa:f] *a.* AUTO Scheinwerfer *m*

كشرة [kiʃra] Grimasse *f*

كشف1 [kaʃafa, i] *enthüllen* aufdecken; herausfinden; MED untersuchen

كشف2 [kaʃf]: كشف أثري [kaʃf ʔaθari:] *Archäologie* Fund *m*; كشف حساب [kaʃf ħisa:b] Kontoauszug *m*

كشك [kuʃk], *Pl* أكشاك [ʔakʃa:k] Bude *f*, Imbissbude *f*, Kiosk *m*

كعب [kaʕb], *Pl* كعوب [kuʕu:b] ANAT Ferse *f*

كعبة [kaʕaba]: الكعبة [al-kaʕaba] REL Kaaba *f* (*Mekka*)

كعك [kaʕk] Gebäck *n*, Kuchen *m*

كعكة [kaʕka] Torte *f*

كف1 [kaff], *Pl* كفوف [kufu:f] Handfläche *f*; كف الحيوان [kaff al-ħajawa:n] Pfote *f*

كف2 عن [kaffa, u] sich *etw* abgewöhnen; *aufhören* einstellen

كفاءة [kafa:ʔa] Fähigkeit *f*, Kompetenz *f*; *Schulabschluss syr* Mittlere Reife *f*

كفاح [kifa:ħ] Kampf *m*

كفالة [kafa:la] Garantie *f*,

Kaution *f*
1كفر [kafr], *Pl* كفور [kufu:r] *äg* Dorf *n*
كفر 2 عن [kaffara] büßen
كفل [kafala, u] bürgen
كفؤ [kufuʔ] kompetent
كفى [kafa:, i:]; genügen, reichen; es reicht, schon gut!
كل [kull] ganz, alle, gesamt; الكل [al-kull] alles; كل شيء [kull ʃaiʔ] alles; كل عام وأنتم بخير [kul ʕa:m wa-ʔantum bixair] Prosit Neujahr!; كل مرة [kull marra] jedes Mal; كل واحد(ة) [kull wa:ħid(a)] jede(r, -s); كل يوم [kull jaum] pro Tag ; jeden Tag; كله تمام [kulluhu tama:m] es klappt; *umg* alles in Ordnung
1كلا [kalla:] nein
2كلا [kila:], *f* كلتا [kilta:] *m* beide
كلاب [kulla:b], *Pl* كلاليب [kala:li:b] Haken *m*
كلاتش [kla:tʃ] AUTO Kupplung *f*
كلاسيكي [kla:si:ki:] klassisch
كلاكس [kla:ks] Hupe *f*
كلام [kala:m] Rede *f*, كلام سخيف [kala:m saxi:f] Quatsch *m*; كلام فارغ [kala:m fa:riɣ] Blödsinn *m*
كلاهما [kila:huma:(kilta:huma:)] alle beide *m*
1كلب [kalab] Tollwut *f*
2كلب [kalb], *Pl* كلاب [kila:b] Hund *m*
كلبة [kalba] Hündin *f*
كلس [kils] Kalk *m*
كلسات [kalsa:t] Strümpfe *Pl*: كلسات نايلون [kalsa:t nailu:n] Seidenstrumpfhose *f*
كلسون [kalsu:n] Slip *m*, Unterhose *f*
كلسي [kilsi:] kalkhaltig
كلف [kallafa] *v/i* kosten; *j-n* beauftragen
كلل [kallala] *christlich heiraten* trauen *v/t*
كلم [kallama] anreden
كلما [kullama:] umso; كلما زاد [kullama za:da] desto mehr; كلما... كلما [kullama:... kullama:] je ... desto
كلمات [kalima:t] *Lied* Text *m*; كلمات متقاطعة [kalima:t mutaqɒ:ṭiʕa] Kreuzworträtsel *n*
كلمة [kalima] Rede *f*, Wort *n*
كلوة [kulwa] ANAT *Fuß, Hand* Ballen *m*
كلور [klu:r] CHEM Chlor *n*

كلي [kulli:] brutto, total; restlos
كليا [kulli:jan] *Adv* völlig
¹كلية [kulja], *Pl* كلى [kulan] Niere *f*
²كلية [kulli:ja] Fakultät *f*, Hochschule *f*
¹كم [kam] wie viel(e); كم الساعة؟ [kam as-sa:ʕa] wie spät ist es?; كم عمرك؟ [kam ʕumruka(-ki)?] wie alt bist du?; كم من الوقت؟ [kam min al-waqt] wie lange?
²كم [kumm], *Pl* أكمام [ʔakma:m] Ärmel *m*
³ـكم (ـكن) [-kum(-kunna)] euch *m/f*; euer, eure(s); *Pl m* (*f*) Ihnen; WIRTSCH *Brief Pl m* (*f*) Ihr (e, -r)
كما [kama:] *vor Hauptsatz* ebenso; كما يبدو [kama: jabdu:] offensichtlich
كمادة [kama:da] MED Umschlag *m*
كماشة [kamma:ʃa] Kneifzange *f*, Zange *f*
كمال [kama:l]: كمال الأجسام [kama:l al-ʔadʒsa:m] Bodybuilding *n*
كمان [kama:n] *syr, äg* auch; MUS Geige *f*
كمبيالة [kimbija:la] FIN Wechsel *m*
كمبيوتر [kambju:tar] Computer *m*, PC *m*; كمبيوتر لوحة العدادات [kumbju:tar lauħat al-ʕadda:da:t] AUTO Bordcomputer *m*; كمبيوتر محمول/متنقل [kumbju:tar maħmu:l/mutanaqqil] COMPUT Laptop *m*
كمثرى [kummaθra:] *äg* Birne *f*
كمساري(ة) [kumsa:ri:(-ri:ja)], *mpl* كمسارية [kumsa:ri:ja] *äg* Schaffner(in) *m(f)*
كمل [kammala] ergänzen
كمنجة [kamandʒa] MUS Geige *f*
كمية [kammi:ja] Menge *f*
كنار [kana:r] Saum *m*
كنب [kanab] *Schwiele* Hornhaut *f*
كنبة [kanaba] Couch *f*, Sofa *n*
كندا [kanada:] Kanada *n*
كنز [kanz], *Pl* كنوز [kunu:z] Schatz *m*
كنزة [kanza] Pullover *m*; كنزة قطنية [kanza quṭni:ja] Sweatshirt *n*
كنس [kanasa, u] kehren, fegen
كنة [kanna], *Pl* كنائن [kana:ʔin] Schwiegertochter *f*
كنيسة [kani:sa], *Pl* كنائس [kana:ʔis] Kirche *f*; Syna-

goge *f*
كهذا [kaha:ða:] dergleichen, solche(r, -s)
كهرباء [kahraba:ʔ] Elektrizität *f*
[1]كهربائي [kahraba:ʔi:] elektrisch
[2]كهربائي(ة) [kahraba:ʔi:(-ʔi:ja)] Elektriker(in) *m(f)m(f)*;
كهربجي(ة) [kahrabdʒi:(-dʒi:ja)] *pal, lib* Elektriker(in) *m (f)*
كهف [kahf], *Pl* كهوف [kuhu:f] Grotte *f*, Höhle *f*
كوافير(ة) [kuwa:fi:r(a)] Friseur(in) *m(f)*
كوب [ku:b], *Pl* أكواب [ʔakwa:b] Becher *m*
كوبري [kubri:], *Pl* كباري [kaba:ri:] *äg* Brücke *f*
كوبة [ku:ba] *Spielkarte* Herz *n*
كوبون [ku:bu:n] Coupon *m*, Gutschein *m*
كوخ [ku:x], *Pl* أكواخ [ʔakwa:x] Hütte *f*
كوز [ku:z], *Pl* أكواز [ʔakwa:z] *Mais* Kolben *m*
كوساية [ku:sa:ja], *Koll* كوسى [ku:sa:] BOT Zucchini *Pl*
كوع [ku:ʕ], *Pl* أكواع [ʔakwa:ʕ] Ellbogen *m*
كوفائين [ku:faʔi:n] Koffein *n*
كوفية [ku:fi:ja] *Männer* Kopftuch *n*
كوكب [kaukab], *Pl* كواكب [kawa:kib] Stern *m*; كوكب سيار [kaukab sajja:r] Planet *m*
كول [ku:l] *gelassen* cool
كولا [ku:la] Cola *f/n*
كولون [ku:lu:n] Strumpfhose *f*
كولونيا [ku:lu:nija:] Rasierwasser *n*
كوليرا [ku:lira:] MED Cholera *f*
كوليسترول [ku:listru:l] MED Cholesterin *n*
[1]كوم [kawwama] zusammenlegen, häufen; sich häufen, stapeln
[2]كوم(ة) [kaum(a)], *Pl* أكوام [ʔakwa:m] Haufen *m*
كوميديا [ku:mi:dja:] Komödie *f*
[1]كون [kaun]: الكون [al-kaun] All *n*, Weltall *n*
[2]كون [kawwana] bilden
كوى [kawa:,i:] bügeln
كويت [kuwait]: الكويت [al-kuwait] Kuwait *n*
كويس [kuwajjis] *äg* gut
كيان [kija:n] POL Existenz *f*
كيس [ki:s], *Pl* أكياس [ʔakja:s] Tasche *f*; Beutel *m*, Sack *m*;

كيس الشاي [ki:s aʃ-ʃa:j] Teebeutel *m*; كيس النوم [ki:s an-naum] Schlafsack *m*; كيس بلاستيكي [ki:s bla:sti:ki:] Tüte *f*, Plastiktüte *f*
1كيف [kaifa] wie; كيف الحال؟ [kaifa al-ħa:l] wie geht es dir/Ihnen?; كيف ترى ذلك؟ [kaifa tara: ða:lik] wie finden Sie das?
2كيف [kajjafa] anpassen
كيلومتر [ki:lumitr] Kilometer *m*; كيلومتر بالساعة [ki:lumitr bis-sa:ʕa] Stundenkilometer *m*
كيلومتراج [ki:lumitra:dʒ] Kilometerstand *m*
كيماويات [ki:ma:wi:ja:t] Chemikalien *f/pl*
كيمياء [ki:mja:ʔ] Chemie *f*
كئيب [kaʔi:b] niedergeschlagen

ل

ل [li] *Präp* zu, zum; für
لا [la:] nein; nicht; kein; لا ... أبدا [la: ... ʔabadan] überhaupt nicht; لا أحد [la: ʔaħad] kein einziger, niemand; لا بأس [la: baʔs] das macht nichts; لا بأس به [la: baʔs bihi] nicht übel!; لا بتاتا [la: bata:tan] keinesfalls
لاءم [la:ʔama] *entsprechen* zusagen, passen
لاجئ [la:dʒiʔ] Flüchtling *m*
لأجل [liʔadʒl] für; لأجلك [liʔadʒlika(-ki)] deinetwegen *m(f)*; لأجلي [liʔadʒli:] meinetwegen
لاح ل [la:ħa] in Sicht kommen
لاحظ [la:ħaðɒ] merken; feststellen
لاحق [la:ħiq] *Adj* anschließend
لاحقا [la:ħiqan] *Adv* anschließend, später
لاذع [la:ðiʕ] *Bemerkung, Kritik* scharf
لازم [la:zim] erforderlich, nötig
لاسلكي [la:silki:] schnurlos; TEL Funk *m*
لاطف [lɒ:ŧɒfa] schmusen, streicheln
لافتة [la:fita] Schild *n*; لافتة

الطريق [la:fitat ɒt-tɒri:q] Wegweiser *m*; لافتة المرور [la:fitat al-muru:r] Verkehrsschild *n*
لاق [la:qa, i:] passen; *Kleidung j-m* stehen
لاقى [la:qa:] antreffen; *finden* erfahren; *erleiden* einstecken
لاك [la:ka, u:] kauen
لام [la:ma] tadeln
لامتناه [la:mutana:hin] endlos
لامع [la:miʕ] *glänzend* blank
لامنتمي(ة) [la:muntami:(-mi:ja)] Außenseiter(in) *m(f)*
[1]لان [la:na, i:] nachgeben
[2]لأن [liʔan] damit
[3]لأن [liʔanna] *weil* da, denn, weil
لانهائي [la:niha:ʔi:] endlos
لائحة [la:ʔiħa], *Pl* لوائح [lawa:ʔiħ] Vorschrift *f*; لائحة أطباق اليوم [la:ʔiħat ʔɒtba:q al-jaum] Tageskarte *f*; لائحة الطعام [la:ʔiħat ɒt-taʕa:m] Menü *n*; Speisekarte *f*
لائق [la:ʔiq] angebracht
لب [lubb] *a. fig* Kern *m*
لباد [lubba:d] Filz *m*
لبان [liba:n] Kaugummi *m/n*
لبس [labisa, a] *Kleidung* anziehen; tragen; *umg* anhaben; sich anziehen
لبق [labiq] gewandt
لبن [laban] *äg* Milch *f*; لبن زبادي [laban zaba:di:] *äg* Jogurt, Joghurt *m/n* ; لبن عاقد [laban ʕa:qid] Quark *m*
لبنان [lubna:n] Libanon *m*
لبؤة [labuʔa] ZOOL Löwin *f*
لبى [labba:] entsprechen; *Bitte* erfüllen; *Einladung* zusagen
لتر [litar] Liter *m*
لثة [liθa], *Pl* لثى [liθan] Zahnfleisch *n*
لجأ إلى [ladʒaʔa, a] flüchten; sich wenden an
لجنة [ladʒna], *Pl* لجان [lidʒa:n] Ausschuss *m*, Komitee *n*
لحاف [liħa:f], *Pl* لحف [luħuf] Bettdecke *f*
لحس [laħisa, a] lecken
لحساب [liħisa:b] zugunsten
لحسن [liħusn]: لحسن الحظ [liħusn al-ħɒðð] glücklicherweise, zum Glück
لحظة [laħðɒ] Augenblick *m*, Moment *m*
لحق ب [laħiqa, a] *Zug* einholen; *j-m* nachlaufen
[1]لحم [laħama, u] löten
[2]لحم [laħm], *Pl* لحوم [luħu:m] Fleisch *n*; لحم بقري [laħm baqari:] Rindfleisch *n*; لحم

خروف [laħm xaruːf] Hammelfleisch *n*; لحم خنزير [laħm xinziːr] Schweinefleisch *n*; لحم عجل [laħm ʕidʒl] Kalbfleisch *n*; لحم محمر [laħm muħammar], لحم مشوي [laħm maʃwiː] Braten *m*; لحم مفروم [laħm mafruːm] Hackfleisch *n*
¹لحن [laħħana] MUS *Lied* komponieren
²لحن [laħn], *Pl* ألحان [ʔalħaːn] MUS Weise *f*, Melodie *f*
لحوح [laħuːħ] *aufdringlich* hartnäckig
لحية [liħja], *Pl* لحى [liħan] Bart *m*
لخبط [laxbɒŧɒ] *äg, syr* verwirren
لخص [laxxɒsɒ] zusammenfassen
لدغة [ladɣa] *Insekt* Stich *m*; *Schlange* Biss *m*
لدود [laduːd] *Feind* erbittert
لدينة [ladiːna], *Pl* لدائن [ladaːʔin] Kunststoff *m*
لذلك [liðaːlik(a)] daher, darum, deshalb
لذة [laððа] Genuss *m*
لذيذ [laðiːð] lecker; appetitlich, köstlich
لزج [lazidʒ] klebrig
¹لزق [lazaqa, a] haften, kleben
²لزق [laziq] klebrig
لزقة [lazqa], *Pl* لزق [luzaq] MED Pflaster *n*
لزم [lazima] notwendig sein, müssen
لسان [lisaːn], *Pl* ألسن [ʔalsun] Zunge *f*
لسع [lasaʕa, a] *Insekt* stechen
لسعة [lasʕa] *Insekt* Stich *m*
لصالح [lisɒːliħ] zugunsten
لص(ة) [liss(a)], *mpl* لصوص [lusuːs] Bandit(in), Räuber (in), Einbrecher(in), Dieb (in) *m(f)*
¹لطف [lɒŧŧɒfa] entspannen *v/t*; *Spannungen* abbauen; beschönigen
²لطف [luŧf] Höflichkeit *f*
لطم [laŧɒma, i] schlagen
لطمة [lɒŧma] Ohrfeige *f*
لطيف [lɒŧiːf] freundlich, angenehm; nett, sympathisch; لطيف المعاشرة [lɒŧiːf almuʕaːʃara] gesellig
لعاب [luʕaːb] Speichel *m*, Spucke *f*
¹لعب [laʕiba, a] spielen; لعب الشطرنج [laʕiba (a) aʃʃɒŧrandʒ] Schach spielen
²لعب [laʕib] Spiel *n*; لعب

الورق [laʕib al-waraq] Kartenspiel *n*
لعبة [luʕba], *Pl* لعب [luʕab] Puppe *f*; Spiel *n*, Spielzeug *n*; لعبة كرة القدم [luʕbat kurat al-qadam] SPORT Fußballspiel *n*; لعبة كرة المضرب [luʕbat kurat al-miđrab] SPORT Tennis *n*
لعل [laʕalla] *mit Personalsuffix* hoffentlich
لعن [laʕana] fluchen; verfluchen
لعنة [laʕna] Fluch *m*
لغز [luɣz], *Pl* ألغاز [ʔalɣa:z] Rätsel *n*
لغم [laɣam], *Pl* ألغام [ʔalɣa:m] MIL Mine *f*
لغة [luɣa] Sprache *f*
لف [laffa, u] rollen; einpacken; *Haar* locken
لفافة [lifa:fa], *Pl* لفائف [lafa:ʔif] *Bandage* Binde *f*; *Haar* Lochenwickler
لفت [lafata]: لفت الأنظار [lafata l-anđa:r] auffallen, Aufsehen erregen
¹لفتة [lafta] *fig* Geste *f*
²لفتة [lifta], *Koll* لفت [lift] BOT *weiß* Rübe *f*
لفظ [lafaðɒ, i] aussprechen
لفق [laffaqa] *fig* schwindeln
لفة [laffa] Rolle *f*
لفيف [lafi:f] *Schar* Menge *f*
لقاء [liqa:ʔ] *Gegenleistung* dafür; لقاء وصل [liqa:ʔ wɒsl] gegen Quittung
لقاح [luqa:ħ] MED Impfstoff *m*
لقب [laqab], *Pl* ألقاب [ʔalqa:b] Beiname *m*, Titel *m*, Nickname *m*
لقح [laqqaħa] impfen
لقط [laqatɒ, u] *Gegenstand* aufheben
لقف [laqifa] auffangen
لقلق [laqlaq], *Pl* لقالق [laqa:liq] ZOOL Storch *m*
لقمة [luqma], *Pl* لقم [luqam] Bissen *m*, Happen *m*; Häppchen *n*
لقن [laqqana] *Wissen* vermitteln
لقية [luqja] Fund *m*
لك [laka (laki)] für dich/Sie *m* (*f*); dir; *höflich* Ihnen; *höflich* haben Sie?
لكل [li-kull] pro, je, jeweils; لكل شخص [li-kull ʃaxs], لكل فرد [li-kull fard] pro Person
لكم [lakum] *mpl* ihnen; für euch; ihr habt; *höflich* haben Sie?
لكمة [lakma] *Faust* Stoß *m*
لكن [la:kin] aber; jedoch

لكن [lakinna] aber; dagegen, dennoch

لكن [lakunna] *f/pl* ihnen; für euch; ihr habt; *höflich* haben Sie?

لكنة [lakna] Aussprache *f*, Akzent *m*; Dialekt *m*

لكي [likai] um zu

للأسف [lil-ʔasaf] leider

للغاية [lil-ɣa:ja] *Adv* außerordentlich, extrem, fürchterlich, äußerst

لم [lam] nicht; لم ... ولن ... [lam ... wa-lan ...] *mit Verb* weder ... noch ...

لما [lamma:] *zeitlich* als

لما [lima:] wofür

لماذا [lima:ða:] warum, wieso; wofür

لمباجو [lamba:gu:] Kreuzschmerzen *Pl*; Hexenschuss *m*

لمبة [lamba] ELEK Glühbirne *f*; Lampe *f*

لمح [lamaħa, a] bemerken

لمح إلى [lammaħa] andeuten

لمحة [lamħa] Blick *m*; لمحة عن البرامج [lamħa ʕan al-bara:midʒ] TV Vorschau *f*

لمس [lamasa, i, u] berühren; *umg* anfassen

لمع¹ [lamaʕa, a] funkeln, blinken; *Augen* strahlen, glänzen

لمع² [lammaʕa] polieren

لمعان [lamaʕa:n] Glanz *m*

لمن [liman] wessen

لن [lan] nicht

لنا [lana:] uns; für uns; wir haben

لنش بوكس [lanʃ bu:ks] Lunchpaket *n*

له [lahu] ihm; ihn; er hat

لها [laha:] *Sg* ihr; sie hat

لهاة [laha:t], *Pl* لهوات [lahawa:t] MED Zäpfchen *n*

لهب [lahab] Flamme *f*

لهث [lahaθa, a] außer Atem sein, keuchen

لهجة [lahdʒa] *Redeweise* Ton *m*; Dialekt *m*

لهذا [liha:ða:] darum, daher; hierfür

لهم [lahum] *mpl* ihnen *Pron*; sie haben

لوازم [lawa:zim] Ausstattung *f*; *Material* Bedarf *m*, Zubehör *n*; لوازم السباحة [lawa:zim as-siba:ħa] Badesachen *f/pl*; لوازم الكتابة [lawa:zim al-kita:ba] Schreibwaren *f/pl*

لوبيا [lu:bija:] *grüne* Bohne *f*

لوح¹ [lauħ], *Pl* ألواح [ʔalwa:ħ] Brett *n*, Platte *f*; *Glas*

Scheibe *f*, *Wand* Tafel *f*
[2]لوّح [lawwaħa] winken; schwenken
لوحة [lauħa] *Anzeigentafel* Tafel *f*, Schild *n*; *Gemälde* Bild *n*, Gemälde *n*; لوحة الإعلانات [lauħat al-ʔiʕla:na:t] Schwarzes Brett; لوحة التزحلق [lauħat at-tazaħluq] Skateboard *n*; لوحة السيارة [lauħat as-sajja:ra] AUTO Kennzeichen *n*; لوحة العدادات [lauħat al-ʕadda:da:t] AUTO Armaturenbrett *n*
لوزة [lauza], *Koll* لوز [lauz] BOT Mandel *f*; اللوزتان [al-lauzata:n] ANAT Mandel *f*
لوعة [lauʕa] Kummer *m*; لوعة الحب [lauʕat al-ħubb] Liebeskummer *m*
لوكندة [lu:kanda] *äg* Hotel *n*
لولب [laulab], *Pl* لوالب [lawa:lib] Spirale *f*
لؤلؤة [luʔluʔa], *Pl* لآلىء [laʔa:liʔ] Perle *f*
لوم [laum] Vorwurf *m*
لون [laun], *Pl* ألوان [ʔalwa:n] Farbe *f*, Gattung *f*
لوى [lawa:, i:] biegen; MED verstauchen
لي [li:] mir; für mich
ليبرالي [li:bira:li:] liberal
ليبيا [li:bija] Libyen *n*
ليرة [li:ra] *syr* Pfund *n*
ليزر [li:zar] Laser *m*
ليس [laisa] kein; nicht; أليس كذلك؟ [ʔalaisa kaða:lik] nicht wahr?
ليش [laiʃ] *syr* warum
ليفة [li:fa], *Pl* ألياف [ʔalja:f] Faser *f*
ليلا [lailan] bei Nacht, nachts
ليلة [laila], *Pl* ليال [laja:lin] Nacht *f*; ليلة الزفاف [lailat az-zafa:f] Hochzeitsnacht *f*; الليلة الماضية [al-laila al-mɒ:đi:ja] gestern Abend; ليلة رأس السنة [lailat raʔs as-sana] Silvester *n*; ليلة سعيدة [laila saʕi:da] gute Nacht!; ليلة عيد الميلاد [lailat ʕi:d al-mi:la:d] Heiligabend *m*
ليلكي [lailaki:] lila
ليمونادة [li:mu:na:da], ليموناضة [limu:na:đɒ] Limonade *f*, Brause *f*
ليمونة [laimu:na], *Koll* ليمون [laimu:n] BOT Zitrone *f*
لين [lajjin] flexibel; mürb(e), weich
ليه [le:h] *äg* warum
لئيم [laʔi:m] fies, gehässig, heimtückisch

م

ما [maː] was; wie; *syr, äg* kein; ما إذا [maː ʔiðaː] ob; ما الاخبار؟ [maː l-axbaːr] was gibt es Neues?; ما الأمر؟ [maː l-ʔamr] was ist los?; ما زال [maː zaːla] noch; ما شخص [ʃaxsun maː] jemand; ما عدا [maː ʕadaː] außer, bis auf; ما هذا؟ [maː haðaː] was ist das?

ماء [maːʔ], *Pl* مياه [mijaːh] Wasser *n*; الماء الأبيض [al-maːʔ al-ʔabjɒđ] MED grauer Star; الماء الأزرق [al-maːʔ al-ʔazraq] MED grüner Star; ماء الحنفية [maːʔ al-ħanafiːja] Leitungswasser *n*; ماء للشرب [maːʔ liʃ-ʃurb] Trinkwasser *n*; ماء معدني/ غازي [maːʔ maʕdiniː/ɣaːziː] Sprudel *m*

مات [maːta, uː] sterben; *Pflanze* eingehen; مات الملك [maːt al-malik] schachmatt; مات بردا [maːta (uː) bardan] erfrieren; مات جوعا [maːta (uː) dʒuːʕan] verhungern

ماخور [maːxuːr], *Pl* مواخير [mawaːxiːr] Bordell *n*; *umg* Puff *m*

مأدبة [maʔduba], *Pl* مآدب [maʔaːdib] Festessen *n*

مادة [maːdda], *Pl* مواد [mawaːdd] *Schule* Fach *n*; Material *n*; *Gesetz* Artikel; *m* مادة تنظيف [maːddat tanðiːf] Putzmittel *n*; مادة خام [maːdda xaːm] Rohstoff *m*; مادة محلية [maːdda muħalliːja] Süßstoff *m*

مادي [maːddiː] materiell; materialistisch

ماذا [maːðaː] was; ماذا تود؟ [maːðaː tawaddu] *im Laden* was darf es sein?; ماذا حدث؟ [maːðaː ħadaθa, u] was ist los?

مارس [maːrasa] ausüben; *Beruf* nachgehen; *a. Politik* betreiben

مارس [maːrs] *äg* März *m*

مارش [maːrʃ] AUTO Anlasser *m*

مارك [mark] Mark *f*; مارك ألماني [mark ʔal-maːniː] *hist* Deutsche Mark (DM)

ماركة [maːrka] *Fabrikat* Mar-

ke *f*
مأزق [maʔzaq], *Pl* **مآزق** [maʔa:ziq] *fig* Sackgasse *f*, Notlage *f*
ماس [ma:s]: **ماس كهربائي** [ma:s kahraba:ʔi:] ELEK Kurzschluss *m*
مأساة [maʔsa:t] *fig* Drama *n*
مأساوي [maʔsa:wi:] tragisch
ماسحة [ma:siħa]: **ماسحة ضوئية** [ma:siħa đɒwʔi:ja] COMPUT Scanner *m*
ماسورة [ma:su:ra], *Pl* **مواسير** [mawa:si:r] *Wasser* Leitung *f*, Rohr *n*; **ماسورة العادم** [ma:su:rat al-ʕa:dim] Auspuff *m*
ماش [ma:ʃin], *Pl* **مشاة** [muʃa:t] Fußgänger *m*
ماشية [ma:ʃija], *Pl* **مواش** [mawa:ʃin] ZOOL Vieh *n*, Herde *Koll*
ماضي [mɒ:đɨ:] Vergangenheit *f*; **الماضي** [al-mɒ:đɨ:] GRAM Perfekt *n*; **الماضي البعيد** [al-mɒ:đɨ: al-baʕi:d] Plusquamperfekt *n*
ماطر [mɒ:ŧɨr] regnerisch
ماطل [mɒ:ŧɒla] *j-n* hinhalten; **ماطل في** [mɒ:ŧɒla] verzögern; vertrödeln
ماعز [ma:ʕiz], *Koll* **معز** [maʕz] ZOOL Ziege *f*
مافيا [ma:fja:] Mafia *f*
ماكر [ma:kir] gerissen, schlau
ماكنة [ma:kina] Automat *m*; **ماكنة بيع التذاكر** [ma:kinat baiʕ at-taða:kir] Fahrkartenautomat *m*
مأكول [maʔku:l] essbar; **مأكولات بحرية** [maʔku:la:t baħri:ja] Meeresfrüchte *f/pl*; **مأكولات خفيفة باردة** [maʔku:la:t xafi:fa ba:rida] kaltes Büfett; **مأكولات شهيرة** [maʔku:la:t ʃahi:ra] *Speise* Spezialität *f*
ماكياج [ma:kija:dʒ] Make-up *n*
ماكينة [ma:ki:na] Maschine *f*; **ماكينة الحلاقة** [maki:nat al-ħila:qa] Rasierapparat *m*; **ماكينة القهوة** [ma:ki:nat al-qahwa] Kaffeemaschine *f*; **ماكينة المشروبات** [ma:ki:nat al-maʃru:ba:t] Getränkeautomat *m*; **ماكينة حفر** [ma:ki:nat ħafr] *Öl* Bohrmaschine *f*
1**مال** [ma:l], *Pl* **أموال** [ʔamwa:l] Geld *n*, Vermögen *n*
2**مال إلى** [ma:la, i:] *in e-e Straße* einbiegen; sich einbilden; **مال إلى الأمام** [ma:la (i:) ʔila l-ʔama:m] sich vorbeugen;

tendieren zu
مالح [ma:liħ] salzig
مالطا [ma:lṭɒ:] Malta *n*
مالك(ة) [ma:lik(a)], *Pl* **ملاك (مالكات)** [mulla:k (ma:lika:t)] Besitzer(in) *m* (*f*), Eigentümer(in) *m*(*f*)
مألوف [maʔlu:f] gebräuchlich; gewohnt
مالي [ma:li:] finanziell
ماما [ma:ma:] Mama *f*
مأمون [maʔmu:n] ungefährlich; sicher
1**مانع** [ma:niʕ] anti-; abweisend, verhindernd; **مانع للهواء** [ma:niʕ lil-hawa:ʔ] luftdicht
2**مانع** [ma:naʕa] hindern; dagegen sein
ماهر [ma:hir] clever, fix; *fig* geschickt
مأوى [maʔwan], *Pl* **مآو** [maʔa:win] Unterkunft *f*
مائة [miʔa] hundert; **مائة غرام** [miʔat ɣra:m] 100 Gramm
مائدة [ma:ʔida], *Pl* **موائد** [mawa:ʔid] Tisch *m*
مائل [ma:ʔil] schief, schräg; abschüssig
مايو [ma:ju] *äg* Mai *m*
مايونيز [ma:ju:ni:z] Majonäse *f*, Mayonnaise *f*
مايوه [ma:ju:] Badeanzug *m*
مباح [muba:ħ] zulässig
مباحثات [muba:ħaθa:t] *Pl* Konferenz *f*
مبادلة [muba:dala] Austausch *m*
مباراة [muba:ra:t], *Pl* **مباريات** [muba:raja:t] SPORT Turnier *n*, Wettkampf *m*; **مباراة نهائية** [muba:ra:t niha:ʔi:ja] SPORT Endspiel *n*, SPORT Finale *n*
مباشر [muba:ʃir] direkt; live; durchgehend
مبالغ في [muba:liɣ] übertrieben
مبتدئ(ة) [mubtadiʔ(a)] Anfänger(in) *m*(*f*)
مبتدأ [mubtadaʔ] *Nominalsatz* Subjekt *n*
مبتذل [mubtaðal] abgedroschen; ordinär, vulgär; kitschig
مبتهج [mubtahidʒ] fröhlich
مبحوح [mabħu:ħ] heiser
مبدئيا [mabdaʔi:jan] *Adv* grundsätzlich
مبدأ [mabdaʔ], *Pl* **مبادئ** [maba:diʔ] Grundsatz *m*, Prinzip *n*
مبدع [mubdiʕ] erfinderisch,

kreativ, originell
1مبرد [mibrad], *Pl* مبارد [maba:rid] Feile *f*
2مبرد [mubarrid] AUTO Kühler *m*
مبرر [mubarrir] Argument *n*, Rechtfertigung *f*
مبسوط [mabsu:ŧ] zufrieden, glücklich
مبشور [mabʃu:r] gerieben
مبعثر [mubaʕθar] zerstreut
مبعثر [mubaʕθir] durcheinander
مبقع [mubaqqaʕ] fleckig
مبكر [mubakkir] *Adj* früh, frühzeitig
مبكرا [mubakkiran] *Adv* frühzeitig
مبلبل [mubalbal] *verwirrt* durcheinander
مبلغ [mablaɣ], *Pl* مبالغ [maba:liɣ] Betrag *m*, Summe *f*; مبلغ إجمالي [mablaɣ ʔidʒma:li:] Pauschale *f*; مبلغ إضافي [mablaɣ ʔiđɒ:fi:] Aufpreis *m*; مبلغ التعويض [mablaɣ at-taʕwi:đ] *Summe* Abfindung *f*; مبلغ كلي/إجمالي [mablaɣ kulli:/ʔidʒma:li:] Gesamtbetrag *m*; مبلغ مقطوع [mablaɣ maqtu:ʕ] TEL Flatrate *f*
مبلول [mablu:l] feucht, nass
مبنى [mabnan], *Pl* مبان [maba:nin] Bauwerk *n*; مبنى سكني [mabna: sakani:] *Häuser* Block *m*; مبني للمجهول [mabni: lil-madʒhu:l] GRAM Passiv *n*
مبهدل [mubahdal] unordentlich, schlampig
مبهم [mubham] undeutlich, vage; verschwommen, zweideutig
مبيت [mabi:t] Übernachtung *f*
مبيد [mubi:d]: مبيد الحشرات [mubi:d al-ħaʃara:t] Insektenschutzmittel *n*; Pflanzenschutzmittel *n*
متأثر [mutaʔaθθir] ergriffen, bewegt
متاح [muta:ħ] vorhanden
متأخر [mutaʔaxxir] spät
متأخرا [mutaʔaxiran] *Adv* nachträglich
متأسف [mutaʔassif] es tut mir (*m*) leid
متآلف [mutaʔa:lif] einträchtig
متأن [mutaʔannin] bedächtig; dankend
متبادل [mutaba:dal] gegenseitig
متباك [mutaba:kin] wehleidig
متباين [mutaba:jin] gegen-

sätzlich
متبق [mutabaqqin] restlich, übrig
متبل [mutabbal] gewürzt; würzig
متثاقل [mutaθa:qil] schwerfällig
متجر [matdʒar] Kaufhaus *n*; متجر بيع البضاعة بالبريد [matdʒar baiʕ al-biđɒ:ʕa bil-bari:d] Versandhaus *n*; متجر كبير [matdʒar kabi:r] Kaufhaus *n*; متجر لوازم البناء [matdʒar lawa:zim al-bina:ʔ] Baumarkt *m*
متجمد [mutadʒammid] gefroren
متحجر [mutaħaddʒir] starr; herzlos
متحد [muttaħid] einig
متحر(ية) خاص(ة) [mutaħarrin(-ri:ja) xɒ:s(a)] Detektiv(in) *m(f)*
متحرر [mutaħarrir] liberal
متحرك [mutaħarrik] beweglich, mobil
متحزب [mutaħazzib] *parteiisch* einseitig
متحف [matħaf], *Pl* متاحف [mata:ħif] Museum *n*
متحفظ [mutaħaffið] zurückhaltend
متحير [mutaħajjir] *Adj* verlegen
متحيز [mutaħajjiz] *parteiisch* einseitig
متخلف [mutaxallif] *rückständig* primitiv
متخوف [mutaxawwif] ängstlich
متداع(ة) [mutada:ʔin] baufällig
متداول [mutada:wal] *Geld* gültig
متدربة [mutadarrib(a)] Auszubildende *m/f*
متدهور [mutadahwir] *Lage* schlimm
متدين [mutadajjin] fromm, religiös
متذمر [mutaðammir] mürrisch; متذمر من [mutaðammir min] unzufrieden mit
متر [mitr], *Pl* أمتار [ʔamta:r] Meter *m*; متر مربع [mitr murabbaʕ] Quadratmeter *m*; متر مكعب [mitr mukaʕʕab] Kubikmeter *m*; المتر [al-mitr] *Zollstock* Maßstab *m*
متراس [mitra:s], *Pl* متاريس [mata:ri:s] Barrikade *f*
مترجم(ة) [mutardʒim(a)] Übersetzer(in) *m(f)*

متردد [mutaraddid] unentschlossen
مترف [mutraf] *Pflanze* üppig
مترنح [mutarannih] *Mensch* torkelnd
مترو [mitru:] U-Bahn *f*
متزامن [mutaza:min] *zeitlich* parallel
متزمت [mutazammit] konservativ
متزوج [mutazawwadʒ] verheiratet
متسامح [mutasa:mih] tolerant
متساو [mutasa:win] gleichwertig; **متساو في الحقوق** [mutasa:win fil-ħuqu:q] gleichberechtigt
متسرع [mutasarriʕ] voreilig
متسكع(ة) [mutasakkiʕ(a)] Gammler(in) *m(f)*
متشائم [mutaʃa:ʔim] pessimistisch
متشرد(ة) [mutaʃarrid(a)] Gammler(in) *m(f)*, Obdachlose *m/f*
متشنج [mutaʃannidʒ] verkrampft
متشوق إلى [mutaʃawwiq] neugierig, gespannt
متصدع [mutasɒddiʕ] rissig
متصفح [mutasɒfih] COMPUT Browser *m*
متصلب [mutasɒllib] steif
متضامن [mutaðɒ:min] solidarisch
متضايق [mutaðɒ:jiq] *verärgert* ärgerlich
متضرر من [mutaðɒrir] *geschädigt* betroffen
متطرف [mutɒŧɒrrif] *Adj* POL extrem, radikal
متطفل [mutɒŧɒffil] COMPUT Hacker *m*
متطلبات [mutɒŧɒllaba:t] Anforderungen
متطور [mutɒŧɒwwir] hoch entwickelt, modern
متطوع(ة) [mutɒŧɒwwiʕ(a)] Freiwillige *m/f*
متعارف [mutaʕa:rif]: **متعارف عليه** [mutaʕa:rif ʕalaihi] gebräuchlich
متعاطف [mutaʕa:tif] verständnisvoll
متعامل(ة) [mutaʕa:mil(a)] Geschäftspartner(in) *m(f)*; **متعامل في البورصة** [mutaʕa:mil fil-bu:rsɒ] *Börse* Händler(in) *m(f)*
متعب1 [mutʕab] *kraftlos* schlapp
متعب2 [mutʕib] anstrengend, mühsam; lästig
متعة [mutʕa], *Pl* **متع** [mutaʕ]

Genuss *m*

متعجرف [mutaʕadʒrif] arrogant, hochmütig, überheblich

متعجل [mutaʕaddʒil] voreilig

متعدد [mutaʕaddid] *Adj* häufig, mehrfach; **متعدد الألوان** [mutaʕaddid al-ʔalwa:n] bunt; **متعدد الثقافات** [mutaʕaddid aθ-θaqa:fa:t] multikulturell; **متعدد الوسائط** [mutaʕaddid al-wasa:ʔit] Multimedia *n*

متعصب [mutaʕɒssib] fanatisch

متعطل [mutaʕɒttil] *außer Betrieb* defekt

متعفف [mutaʕaffif] *keusch* enthaltsam

متعفن [mutaʕaffin] morsch

متعلق ب [mutaʕaliq] bezüglich; anhänglich; **متعلق بالأرصاد الجوية** [mutaʕalliq bil-ʔarsɒ:d al-dʒawwi:ja] meteorologisch; **متعلق بالعمل** [mutaʕalliq bil-ʕamal] geschäftlich

متعمد [mutaʔammad] *Adj vorsätzlich* mutwillig

متعهد(ة) [mutaʕahhid(a)] Unternehmer(in) *m(f)*

متفائل [mutafa:ʔil] optimistisch, zuversichtlich

متفرج(ة) [mutafarridʒ(a)] Zuschauer(in) *m(f)*

متفق على [muttafiq] sich einig sein

متفهم [mutafahhim] verständnisvoll

متفوق [mutafawwiq] *Leistung* hervorragend, überlegen *Adj*

متقاعد1 [mutaqa:ʕid] pensioniert

متقاعد(ة)2 [mutaqa:ʕid(a)] Rentner(in) *m(f)*

متقدم [mutaqaddim] fortgeschritten; fortschrittlich

متقشف [mutaqaʃʃif] enthaltsam

متقلب [mutaqallib] *Person* inkonsequent; launisch, zickig; *Wetter* unbeständig, wechselhaft

متقن [mutqan] *Adj* genau, exakt, sorgfältig

متكبر [mutakabbir] eingebildet, arrogant

متكرر [mutakarrir] *Adj* häufig

متكلف [mutakallif] *gekünstelt* förmlich

متلازم [mutala:zim] untrennbar; *fig* unzertrennlich

متلهف ل [mutalahhif] *neugie-*

rig gespannt
متماثل [mutama:θil] symmetrisch
متمرس [mutamarris] geübt
متناظر [mutanɒ:ðir] symmetrisch
متناقض [mutana:qiđ] gegensätzlich, widersprüchlich; inkonsequent
متنرفز [mutanarfiz], **متنرفز وقلق** [mutanarfiz waqaliq] nervös, hektisch
متنزه [mutanazzah]: **متنزه لقضاء أوقات الفراغ** [mutanazzah liqɒđɒ:ʔi waqt alfara:ɣ] Freizeitpark *m*
متنقل [mutanaqqil] mobil
متنوع [mutanawwiʕ] vielfältig
متهاود [mutaha:wid] *Preis* erschwinglich
متهكم [mutahakkim] *Adj* spöttisch
متهم(ة) [muttaham(a)] Angeklagte *m/f*, Verdächtige *m/f*
متهور [mutahawwir] fahrlässig, leichtsinnig, unvorsichtig, überstürzt
متواصل [mutawɒ:sɨl] *Adj* fortlaufend; konstant, ununterbrochen
متواضع [mutawɒ:đɨʕ] anspruchslos, bescheiden
متوافر [mutawa:fir] vorhanden
متوافق [mutawa:fiq] harmonisch
متوافق مع [mutawa:fiq] COMPUT kompatibel
متوتر [mutawattir] *Lage* angespannt
متوحش [mutawaħħiʃ] *a. fig* wild
متورم [mutawarrim] dick, geschwollen
متوسط [mutawassɨt] Durchschnitt *m*; *Adj* durchschnittlich; mittlere(r, -s)
متوعك [mutawaʕʕik] flau, unwohl, kränklich
متوفر [mutawaffir] *vorhanden* erhältlich
متوفى [mutawaffan] tot, verstorben
متوقع [mutawaqqaʕ] voraussichtlich *Adj*
متوقف على [mutawaqqif] abhängig
متوهج [mutawahhidʒ] glühend
متى [mata:] wann
متين [mati:n] fest; *Material* haltbar, massiv

مثابر [muθa:bir] beharrlich, konsequent
مثابرة [muθa:bara] Ausdauer *f*
مثال [miθa:l], *Pl* أمثلة [ʔamθila] Beispiel *n*, Vorbild *n*
مثالي [miθa:li:] ideal; tadellos, vorbildlich
مثانة [maθa:na] ANAT Blase *f*
مثقب [miθqab], *Pl* مثاقب [maθa:qib] Bohrer *m*
1مثقف [muθaqqaf] gebildet
2مثقف(ة) [muθaqqaf(a)] Intellektuelle *m/f*
مثقوب [muθqu:b] *Reifen* platt
1مثل [maθal], *Pl* أمثال [ʔamθa:l] Sprichwort *n*
2مثل [maθθala] vertreten; THEAT darstellen
3مثل [miθla] *Vergleich* wie; مثل هذا [miθl ha:ða:] solch(e, -r, -s); dergleichen
مثلا [maθalan] z. B. (zum Beispiel)
مثلث [muθallaθ] Dreieck *n*; مثلث التحذير [muθallaθ attaħði:r] AUTO Warndreieck *n*
مثلج [muθalladʒ] eisgekühlt
مثلي [miθli:]: مثلي(ة) الجنس [miθli:(-li:ja) al-dʒins] *m(f)* homosexuell, schwul; lesbisch
مثمر [muθmir] fruchtbar
مثنى [muθanna:]: المثنى [al-muθanna:] GRAM Dual *m*
مثير [muθi:r] aufregend, spannend; مثير للسخرية [muθi:r lis-suxri:ja] lächerlich
مجازف [mudʒa:zif] gewagt
مجازفة [mudʒa:zafa] Abenteuer *n*
مجاعة [madʒa:ʕa] Hungersnot *f*
مجال [madʒa:l] Bereich *m*; Raum *m*, Gebiet *n*; ELEK Feld *n*
مجاملة [mudʒa:mla] Kompliment *n*
مجانا [maddʒa:nan] *gratis* frei, umsonst
مجاور [mudʒa:wir] nah(e), nebenan
مجتمع [mudʒtamaʕ] Gesellschaft *f*
مجتهد [mudʒtahid] eifrig, fleißig
1مجد [madʒd], *Pl* أمجاد [ʔamdʒa:d] Ruhm *m*
2مجد [mudʒidd] eifrig, fleißig
3مجد [mudʒdin] sinnvoll
مجدب [mudʒdib] *Boden* unfruchtbar
مجذاف [midʒða:f], *Pl* مجاذيف

[madʒa:ði:f] Paddel *n*, Ruder *n*
مجر [madʒar]: **المجر** [al-madʒar] Ungarn *n*
مجرد [mudʒarrad] abstrakt; *Auge* bloß
مجرفة [midʒrafa], *Pl* **مجارف** [madʒa:rif] Schaufel *f*
مجرم(ة) [mudʒrim(a)] Verbrecher(in) *m(f)*
مجروح [madʒru:ħ] verwundet, wund
مجرى [madʒran], Fluss *m*, Verlauf *m*; *Pl* **مجارى** [madʒa:rin] TECH Abfluss *m*; **مجرى جليدي** [madʒra: dʒali:di:] Gletscher *m*
مجز [mudʒzin] rentabel
مجسم [mudʒassam] *Bauwerk* Modell *n*
مجعد [mudʒaʕʕad] *Gesicht*, *Stoff* faltig; *Haar* kraus, zerknittert
مجفف [mudʒaffif]: **مجفف الشعر** [mudʒaffif aʃ-ʃaʕr] Föhn *m*
مجلة [madʒalla] Zeitschrift *f*
مجلد [mudʒallad] *Buch* Band *m*
مجلس [madʒlis] POL Rat *m*; **مجلس (ممثلي) العمال** [madʒlis (mumaθθili:) al-ʕummal] Betriebsrat *m*; **مجلس الإدارة** [madʒlis al-ʔida:ra] Vorstand *m*; **مجلس الأمن** [madʒlis al-ʔamn] Sicherheitsrat *m*; **مجلس النواب** [madʒlis an-nuwwa:b] Parlament *n*
مجمع [mudʒammaʕ]: **مجمع استهلاكي** [mudʒammaʕ istihla:ki:] Einkaufszentrum *n*; **مجمع سكني** [mudʒammaʕ sakani:] Häuserblock *m*
مجمل [mudʒmal]: **مجمل المفردات** [mudʒmal al-mufrada:t] Wortschatz *m*
مجموع [madʒmu:ʕ] MATH Summe *f*
مجموعة [madʒmu:ʕa] Gruppe *f*, Serie *f*, MATH Reihe *f*, KUNST Sammlung *f*
مجنون [madʒnu:n] *umg* irre, verrückt, wahnsinnig
مجهد [mudʒhid] stressig
مجهر [midʒhar], *Pl* **مجاهر** [madʒa:hir] Mikroskop *n*
مجهود [madʒhu:d] *Arbeit* Leistung *f*; *Mühe* Aufwand *m*
مجهول [madʒhu:l] anonym, unbekannt
مجيب [mudʒi:b]: **المجيب الآلي** [al-mudʒi:b al-ʔa:li] Anruf-

beantworter *m*
مح [muħħ] Eigelb *n*
محا [maħa:, u:] *Daten* löschen; *Tafel* abwischen
محاجر [maħa:dʒir] *Pl* Steinbruch *m*
محادثة [muħa:daθa] Gespräch *n*, Unterhaltung *f*, COMPUT Chat *m*
محار [maħa:r], *Sg* محارة [maħa:ra] *Koll* Auster *f*
محاسبة [muħa:saba] Abrechnung *f*
محاضر(ة) [muħɒ:đɨr(a)] Dozent(in) *m(f)*
محاضرة [muħɒ:đɒra] Vortrag *m*
محافظ [muħa:fɨð] POL konservativ
محاكمة [muħa:kama] Gerichtsverhandlung *f*
محام(ية) [muħa:min (-mi:ja)] Anwalt *m*, Anwältin *f*
محامي [muħa:mi:]: المحامي [al-muħa:mi:] JUR Verteidigung *f*
محاولة [muħa:wala] Versuch *m*
محايد [muħa:jid] neutral
محب [muħibb] verliebt; محب العشرة [muħibb al-ʕiʃra] kontaktfreudig
محبة [maħabba] Zuneigung *f*
محبط [muħbɒŧ] frustriert
محبوب [maħbu:b] *Person* beliebt, populär
محبوس [maħbu:s] gefangen
محتاج [muħta:dʒ] bedürftig; man braucht
محتال[1] [muħta:l] tückisch
محتال(ة)[2] [muħta:l(a)] Gauner(in) *m(f)*
محتدم [muħtadim] *Debatte* erregt
محترس [muħtaris] vorsichtig
محترف [muħtarif] *a.* SPORT Profi *m*
محترم [muħtaram] angesehen, geehrt; *Gehalt* beachtlich, anständig
محتل [muħtall] MIL besetzt
محتم [muħattam] unvermeidlich
محتمل [muħtamal] *Adj* denkbar; voraussichtlich, wahrscheinlich
محتوى [muħtawan] Inhalt *m*; Gehalt *m*
محجر [maħdʒar] Steinbruch *m*
محجوز [maħdʒu:z] *Hotel* belegt; محجوز بالكامل [maħdʒu:z bil-ka:mil] ausgebucht

محجوز [maħdʒu:z] *reserviert* vorgesehen
محدد [muħaddad] *Preis* fest; befristet
محدق [muħdiq] *Gefahr* drohend
محدود [maħdu:d] beschränkt
محراث [miħra:θ], *Pl* **محاريث** [maħa:ri:θ] Pflug *m*
محرج [muħridʒ] peinlich
محرك [muħarrik] *a. fig* Motor *m*; **محرك البحث** [muħarrik al-baħθ] COMPUT Suchmaschine *f*, **محرك القرص** [muħarrik al-qurs] COMPUT Laufwerk *n*
محرمة [maħrama], *Pl* **محارم** [maħa:rim] Taschentuch *n*; **محرمة ورق** [maħrama waraq] Papiertaschentuch *n*
محزن [muħzin] erschütternd, tragisch
محسن [muħsin] wohltätig
محسوبية [maħsu:bija] *Vetternwirtschaft* Filz *m*; *umg* Klüngel *m*
محسوس [maħsu:s] fühlbar
محصول [maħsu:l], *Pl* **محاصيل** [maħɒ:si:l] Ertrag *m*; Ernte *f*
محض [maħđ] *bloß* rein
محضر [maħđɒr], *Pl* **محاضر** [maħɒ:đir] Protokoll *n*; Anwesenheit *f*
محطة [maħɒttɒ] Station *f*; TV Sender *m*; **محطة أخيرة** [maħɒtɒ ʔaxi:ra] Endstation *f*; **محطة القطارات** [maħɒttɒt al-qitɒ:ra:t] Bahnhof *m*; **محطة بنزين/وقود** [maħɒtɒt banzi:n/waqu:d] Tankstelle *f*
محظور [maħðu:r] verboten
محظوظ [maħðu:ð] Glück haben
محفر [miħfar], *Pl* **محافر** [maħa:fir] Spaten *m*
محفظة [maħfɒðɒ], *Pl* **محافظ** [maħa:fið] Brieftasche *f*, Mappe *f*, Tasche *f*, **محفظة النقود** [maħfɒðɒt an-nuqu:d] Geldbeutel *m*
محفوف: **محفوف بالمخاطر** [maħfu:f bil-maxɒ:tir] riskant
محكم [muħkam] *Adj* exakt; luftdicht
محكمة [maħkama], *Pl* **محاكم** [maħa:kim] *a. Gebäude* JUR Gericht *n*
محل [maħall] *Laden* Geschäft *n*, Laden *m*, Ort *m*; **محل الإقامة** [maħall al-ʔiqa:ma] Aufenthaltsort *m*; **محل البوظة** [maħall al-bu:ðɒ] Eisdiele *f*, **محل الحلويات**

[maħall al-ħalwi:ja:t] Konditorei *f*
محلول [maħlu:l], *Pl* محاليل [maħa:li:l] CHEM Lösung *f*
محلي [maħalli:] heimisch, einheimisch; kommunal, örtlich
محمل [muħammal] *Adj* beladen
محمية [maħmi:ja]: محمية طبيعية [maħmi:ja ŧobi:ʕi:ja] Naturschutzgebiet *n*
محنك [muħannak] *fig* raffiniert
محور [miħwar], *Pl* محاور [maħa:wir] TECH Achse *f*; *Thema* Schwerpunkt *m*
محير [muħajjir] rätselhaft
محيط [muħi:ŧ] Umgebung *f*, Umkreis *m*; MATH Umfang *m*; المحيط الأطلسي [al-muħi:ŧ al-ʔaŧlasi:] Atlantik *m*; المحيط الهادئ [al-muħi:ŧ al-ha:di?] Pazifik *m*
مخ [muxx], *Pl* مخاخ [mixa:x] Gehirn *n*
مخاط [muxɒ:ŧ] Schleim *m*
مخاطبة [muxɒ:ŧɒba] Anrede *f*
مخاطر [muxɒ:ŧir] riskant
مخاطرة [muxɒ:ŧɒra], *Pl* مخاطر [maxɒ:ŧir] Risiko *n*
مخالطة [muxa:lɒŧɒ] Umgang *m*
مخالف [muxa:lif] entgegengesetzt; مخالف للقانون [muxa:lif lil-qa:nu:n] gesetzwidrig
مخالفة [muxa:lafa] Strafzettel *m*; SPORT Foul *n*
مخبأ [maxbaʔ], *Pl* مخابئ [maxa:biʔ] Versteck *n*
مخبر [muxbir]: مخبر سري [muxbir sirri:] Detektiv(in) *m(f)*
مخبز [maxbaz], *Pl* مخابز [maxa:biz] Bäckerei *f*
مخبوز [maxbu:z] gebacken
مخبول [maxbu:l] verrückt
مختار [muxta:r], *Pl* مخاتير [maxa:ti:r] *syr, lib* Bürgermeister(in) *m(f)*
مختبر [muxtabar] Labor *n*
مخترع(ة) [muxtariʕ(a)] Erfinder(in) *m(f)*
مختص [muxtɒss] zuständig
مختل [maxtal]: مختل العقل [maxtal al-ʕaql] geisteskrank
مختلط [muxtaliŧ] gemischt
مختلف [muxtalif] *Adj* verschieden
مخدة [mixadda] Kissen *n*, Kopfkissen *n*
مخدر [muxaddir] *Rauschgift*

Droge *f*, Betäubungsmittel *n*
مخدرات [muxaddara:t] Rauschgift *n*
مخرج¹ [maxradʒ], *Pl* **مخارج** [maxa:ridʒ] Ausfahrt *f*, Ausgang *m*; Ausweg *m*; **مخرج للطوارئ** [maxradʒ lit-ṭawa:riʔ] Notausgang *m*
مخرج(ة)² [muxridʒ(a)] Regisseur(in) *m(f)*
مخروط [maxru:ṭ], *Pl* **مخاريط** [maxa:ri:ṭ] MATH Kegel *m*
مخزن [maxzan], *Pl* **مخازن** [maxa:zin] *Korn* Speicher *m*; WIRTSCH Lager *n*; **مخزن الحبوب** [maxzan al-ḥubu:b] Scheune *f*; **مخزن المعدات** [maxzan al-muʕadda:t] Schuppen *m*
مخزون [maxzu:n] Bestand *m*; Vorrat *m*
مخصص ل [muxɒssɒs] *Adj* vorgesehen
مخط [maxxɒṭɒ] schnäuzen
مخطط [muxɒṭṭɒṭ] Skizze *f*; *Adj* gestreift
مخطوط [maxṭu:ṭ] Manuskript *n*
مخلب [mixlab], *Pl* **مخالب** [maxa:lib] Kralle *f*
مخلخل [muxalxal] wackelig
مخلص [muxliṣ] *loyal* anhänglich, treu
مخلوق [maxlu:q] Lebewesen *n*, Wesen *n*
مخول [muxawwal] berechtigt
مخيف [muxi:f] furchtbar, entsetzlich *Adj*
مخيم [muxajjam] Zeltlager *n*; Campingplatz *m*
مد¹ [madd] *Gezeiten* Flut *f*
مد² [madda, u] *geben* reichen; ausdehnen *v/t*; sich strecken; sich ausdehnen; **مد يد العون** [madda (u) jad al-ʕaun] Hilfe leisten
مداد [mida:d] Tinte *f*
مدار [mada:r] *Thema* Gegenstand *m*
مدالية [mida:lija] Medaille *f*
مدام [mada:m] *syr* Dame *f*
مدبب [mudabbab] spitz
مدبلج [mudabladʒ] *Film* synchronisiert
مدة [mudda], *Pl* **مدد** [muddad] *Zeitraum* Dauer *f*, Frist *f*; **مدة الإخطار** [muddat al-ʔixṭɒ:r] Kündigungsfrist *f*; **مدة الرحلة** [muddat ar-riḥla] Flugzeit *f*; **مدة الصلاحية** [muddat ɒs-ṣala:ḥi:ja] Verfallsdatum *n*; **مدة طويلة** [mudda ṭɒwi:la] lange *Adv*;

مدته ساعة [muddatuhu saːʕa] einstündig
1مدح [madaħa, a] loben
2مدح [madħ] Kompliment *n*; Lob *n*
مدحلة [midħala], *Pl* مداحل [madaːħil] Walze *f*
مدخرات [muddaxaraːt] Ersparnisse *Pl*
مدخل [madxal], *Pl* مداخل [madaːxil] Eingang *m*; Einfahrt *f*, Zufahrt *f*
1مدخن [mudaxxan] geräuchert
2مدخن(ة) [mudaxxin(a)] Raucher(in) *m(f)*
مدخنة [midxana], *Pl* مداخن [madaːxin] Schornstein *m*
مدخول [madxuːl] Einkommen *n*
مدد [maddada] *zeitlich* verlängern; sich ausdehnen
1مدرب [mudarrab] *ausgebildet* gelernt
2مدرب(ة) [mudarrib(a)] Trainer(in) *m(f)*
1مدرج [madradʒ], *Pl* مدارج [madaːridʒ] Landebahn *f*, Startbahn *f*
2مدرج [mudarradʒ] Hörsaal *m*, Tribüne *f*
مدرس(ة) [mudarris(a)] Lehrer(in) *m(f)*; مدرس(ة) جامعة [mudarris(a) dʒaːmiʕa] Dozent(in) *m(f)*
مدرسة [madrasa], *Pl* مدارس [madaːris] Schule *f*; مدرسة ابتدائية [madrasa ibtidaːʔiːja] Grundschule *f*; مدرسة أساسية [madrasa ʔasaːsiːja] Hauptschule *f*; مدرسة إعدادية [madrasa ʔiʕdaːdiːja] Realschule *f*; المدرسة العليا الشعبية [al-madrasa al-ʕuljaː aʃ-ʃaʕbiːja] *etwa* Volkshochschule *f*; مدرسة تعليم السواقة [madrasat taʕliːm as-siwaːqa] Fahrschule *f*; مدرسة ثانوية [madrasa θaːnawiːja] Gymnasium *n*
مدع(ية) [muddaʕin(-ʕiːja)] JUR Kläger(in) *m(f)*
مدعى [muddaʕaː]: مدعى عليه(ها) [muddaʕaː ʕalaihi (-haː)] Angeklagte *m/f*
مدفأة [midfaʔa], *Pl* مدافئ [madaːfiʔ] Ofen *m*; Kamin *m*; مدفأة المازوت/الكيروسين [midfaʔat al-maːzuːt/al-kiːruːsiːn] Ölheizung *f*
مدفع [midfaʕ], *Pl* مدافع [madaːfiʕ] Kanone *f*
مدلع [mudallaʕ], مدلل

[mudallal] verwöhnt
مدلول [madlu:l] Begriff *m*
1مدمن [mudmin] süchtig
2مدمن(ة) [mudmin(a)]: مدمن (ة) على الخمر [mudmin(a) ʕala l-xamr] Alkoholiker(in) *m(f)*
1مدني [madani:] städtisch, zivil
2مدني(ة) [madani:(-ni:ja)] Städter(in) *m(f)*
مدنية [madani:ja] Zivilisation *f*
مدهش [mudhiʃ] erstaunlich
مدهوش [madhu:ʃ] fassungslos; *umg* platt
مدى [madan] Umfang *m*; Ausmaß *n*; مدى البصر [mada: l-bɒsɒr] Sichtweite *f*; مدى الحياة [mada: l-ħaja:t] lebenslänglich
مدير(ة) [mudi:r(a)], *mpl* مدراء [mudara:ʔ] Direktor(in) *m (f)*, Manager(in) *m(f)*Geschäftsführer(in) *m(f)*; Leiter(in) *m(f)*; Chef(in) *m(f)*
مديرية [mudi:ri:ja] *äg* Provinz *f*
مدين ب [mudi:n] schuldig
مدينة [madi:na], *Pl* مدن [mudun] Stadt *f*; المدينة القديمة [al-madi:na al-qadi:ma] Altstadt *f*; المدينة المنورة [al-madi:na al-munawwara] Medina *n*
مذاق [maða:q] *Speise* Geschmack *m*
مذبح [maðbaħ], *Pl* مذابح [maða:biħ] Altar *m*
مذعور [maðʕu:r] entsetzt
مذكر [muðakkar] GRAM männlich, maskulin
مذكرة [muðakkira] Notizbuch *n*
1مذنب [muðannab] Komet *m*
2مذنب [muðnib] JUR schuldig
1مذهب [maðhab], *Pl* مذاهب [maðahib] Rechtsschule *f*; مذهب ديني [maðhab di:ni:] Konfession *f*; *isl.* Richtung *f*
2مذهب [muðɒhhab] vergoldet
مذهول [maðhu:l] bestürzt, entsetzt, fassungslos
مذيع(ة) [muði:ʕ(a)] *Radio* , TV Sprecher(in) *m(f)*
1مر [marra, u] *Zeit* verlaufen; مر ب [marra (u) bi] vorbeikommen; vorbeifahren an; *Tal* passieren; *umg Phase* durchmachen; vorbei sein
2مر [murr] bitter
مرء [marʔ]: المرء [al-marʔ] man
مرئي [marʔi:] sichtbar

مرآة [mirʔa:t], *Pl* **مرايا** [mara:ja:] Spiegel *m*
مراد [mura:d] Vorhaben *n*
مرارا [mira:ran]: **مرارا وتكرارا** [mira:ran wa-tikra:-ran] immer wieder
مرارة [mara:ra] ANAT Galle *f*
مراسل(ة) [mura:sil(a)] Reporter(in) *m(f)*
مراسلة [mura:sala] Briefwechsel *m*, Korrespondenz *f*
مراسم [mara:sim] Zeremonie *f*; **مراسم تشييع الجنازة** [mara:sim taʃji:ʕ al-dʒana:-za] *Trauerfeier* Beerdigung *f*
مراعاة [mura:ʕa:t] Rücksicht *f*
مرافق(ة) [mura:fiq(a)] Begleiter(in) *m(f)*
مرافقة [mura:faqa] Begleitung *f*
مراقب(ة) [mura:qib(a)] Beobachter(in) *m(f)*
مراقبة [mura:qaba] Überwachung *f*; **مراقبة بالرادار** [mura:qaba bir-ra:da:r] Radarkontrolle *f*
مراكش [mara:kiʃ] Marrakesch *n*
مراهقة [mura:haqa] Pubertät *f*
مراهنة [mura:hana] Wette *f*
مربح [murbiħ] einträglich, rentabel
مربط [marbɒt], *Pl* **مرابط** [mara:bit] *Pferde* Box *f*
مربع [murabbaʕ] Viereck *n*, Quadrat *n*; Karo *n*; **مربع الشكل** [murabbaʕ aʃ-ʃakl] viereckig; **مربعات ...** [murabbaʕa:t] *nachgestellt* kariert
مربك [murbik] heikel, peinlich
مربى [murabban] Marmelade *f*, *syr* Bonbons *Pl*
مرة [marra] Mal *n*; **مرة أخرى** [marratan ʔuxra:] noch einmal; **مرة واحدة** [marratan wa:ħida] einmal; auf einmal; **مرات لا تحصى** [marra:t la: tuħsɒ:] x-mal; **مرات ثمانية** [marra:tin θama:nija] acht Mal
مرتاب [murta:b] skeptisch
مرتاح [murta:ħ] erleichtert; zufrieden
مرتب [murattab] *Wohnung* gepflegt, ordentlich; **مرتب زمنيا** [murattab zamani:jan] chronologisch
مرتبة [martaba], *Pl* **مراتب** [mara:tib] *Posten* Stellung *f*, *Rang* Stufe *f*, Matratze *f*, Rang *m*

مرتبك [murtabik] *verwirrt* durcheinander; verlegen, konfus, verwirrt
مرتفع [murtafiʕ] hoch
مرتكب(ة) [murtakib(a)]: **مرتكب(ة) الجريمة** [murtakib(at) al-dʒari:ma] Verbrecher(in) *m(f)*; Täter (in) *m(f)*
مرتين [marratain] *umg* zweimal
مرج [mardʒ], *Pl* **مروج** [muru:dʒ] Wiese *f*
مرجع [mardʒiʕ], *Pl* **مراجع** [mara:dʒiʕ] *wissenschaftliche* Quelle *f*
مرجل [mirdʒal], *Pl* **مراجل** [mara:dʒil] TECH Kessel *m*
مرجو [mardʒu:] erwünscht
1**مرح** [marah] Heiterkeit *f*
2**مرح** [mariħ] fröhlich, heiter, vergnügt
مرحاض [mirħɒ:đ], *Pl* **مراحيض** [mara:ħi:đ] Toilette *f*, WC *n*; *umg* Klo *n*
مرحبا [marħaba:] *pal, syr* guten Tag!; *umg* hallo!
مرحلة [marħala], *Pl* **مراحل** [mara:ħil] Phase *f*, Stadium *n*; *Zeitraum* Epoche *f*, Abschnitt *m*
مرحوم [marħu:m] verstorben
مرر [marrara] *Ball* abspielen; sich abspielen; COMPUT scrollen
مرساة [mirsa:t], *Pl* **مراس** [mara:sin] Anker *m*
1**مرسل** [mursil] *Post* Absender *m*
2**مرسل** [mursal] *Post* Empfänger *m*
مرشح(ة) [muraʃʃaħ(a)] Kandidat(in) *m(f)*
1**مرشد** [murʃid] Handbuch *n*
2**مرشد(ة)** [murʃid(a)] Reiseführer(in) *m(f)*; **مرشد(ة) سياحي(ة)** [murʃid(a) sija:ħi:(-ħi:ja)] Reiseleiter(in) *m (f)*
مرصد [marsɒd]: **مرصد فلكي** [marsɒd falaki:] Sternwarte *f*
مرصص [murɒssɒs] verbleit
1**مرض** [marɒđ], *Pl* **أمراض** [ʔamrɒ:đ] MED Krankheit *f*; **مرض السكري** [marɒđ as-sukkari:] MED Zuckerkrankheit *f*; **مرض جنون البقر** [marɒđ dʒunu:n al-baqar] BSE; **مرض معد** [marɒđ muʕdin] Infektionskrankheit *f*
2**مرض** [murđin] befriedigend
مرضي [marɒđi:] *fig* krankhaft
مرطب [murɒttib] *Getränke*

erfrischend
مرطبات [murɒṭṭibaːt] *Pl* Erfrischungen
مرطم [marṭɒm], *Pl* مراطم [marɒːṭim] Mole *f*
مرعب [murʕib] erschreckend, schrecklich
مرعى [marʕan], *Pl* مراع [maraːʕin] Weide *f*
مرغرين [marɣariːn] Margarine *f*
مرغوب [marɣuːb] wünschenswert
مرفأ [marfaʔ], *Pl* مرافئ [maraːfiʔ] Anlegestelle *f*; Hafen *m*
1مرفق [marfaq], *Pl* مرافق [maraːfiq] *Institut* Einrichtung *f*; ARCH Anlage *f*
2مرفق [mirfaq], *Pl* مرافق [maraːfiq] Ellbogen *m*
3مرفق [murfaq], مرفق ب [murfaq bi] *Adj* beiliegend; *Brief* Anlage *f*
مرق [maraq] Fleischbrühe *f*; Soße *f*
مرقة [maraqa] *Essen* Brühe *f*
مرقص [marqɒs], *Pl* مراقص [maraːqiṣ] Diskothek *f*
مركب [markab] Schiff *n*; Boot *n*
مركبة [markaba], *Pl* مراكب [maraːkib] Fahrzeug *n*
مركز [markaz], *Pl* مراكز [maraːkiz] Zentrum *n*, Mittelpunkt *m*, Zentrale *f*; *äg* Bezirk *m*; MIL Posten *m*; مركز التسوق [markaz attasawwuq] Einkaufszentrum *n*; مركز المدينة [markaz al-madiːna] Stadtmitte *f*
مركزي [markaziː] zentral
مركم [mirkam], *Pl* مراكم [maraːkim] Akku *m*
مرمر [marmar] Marmor *m*
مرمى [marman], *Pl* مرام(ى) [maraːmin] SPORT Tor *n*
1مرن [marin] beweglich, elastisch, flexibel
2مرن [marrana] *j-n* einarbeiten; trainieren
1مرهق [murhaq] müde
2مرهق [murhiq] anstrengend, stressig
مرهم [marham], *Pl* مراهم [maraːhim] Creme *f*, Salbe *f*; مرهم للجروح [marham lil-dʒuruːħ] MED Wundsalbe *f*
مروحة [mirwaħa], *Pl* مراوح [maraːwiħ] Ventilator *m*
مرور [muruːr] Durchgang *m*; Durchreise *f*, Transitverkehr *m*; Verkehr *m*
مروض [murawwɒđ] zahm

مروع [murawwiʕ] erschütternd, fürchterlich
مريء [mari:ʔ], *Pl* **أمرئة** [ʔamriʔa] ANAT Speiseröhre *f*
مريب [muri:b] bedenklich, verdächtig
مريح [muri:ħ] bequem; gemütlich
1**مريض** [mari:đ] krank; **مريض بالقلب** [mari:đ bilqalb] herzkrank; **مريض عقليا** [mari:đ ʕaqli:jan] geisteskrank
2**مريض(ة)** [mari:đ(ɒ)], *mpl* **مرضى** [marđɒ:] Patient(in) *m(f)*, Kranke *m/f*
مريلة [marjala], *Pl* **مرايل** [mara:jil] Lätzchen *n*, Schürze *f*
مريول [marju:l], *Pl* **مرايل** [mara:jil] Kittel *m*
مز [muzz] herb
مزاج [miza:dʒ], *Pl* **أمزجة** [ʔamzidʒa] Laune *f*, Stimmung *f*, Temperament *n*
مزاجي [maza:dʒi:] launisch, zickig
مزاح [miza:ħ] Humor *m*; Scherz *m*, Spaß *m*
مزاد [maza:d] Auktion *f*, Versteigerung *f*
مزارع(ة) [muza:riʕ(a)] Bauer *m*, Bäuerin *f*
1**مزج** [mazadʒa, u] kombinieren; mischen
2**مزج** [mazdʒ] Kombination *f*
مزدحم [muzdaħim] *Straße* belebt; *Verkehr* dicht, stark
مزدهر [muzdahir] florierend
مزدوج [muzdawidʒ] doppelt, zweifach
مزراب [mizra:b], *Pl* **مزاريب** [maza:ri:b] Dachrinne *f*
مزرعة [mazraʕa], *Pl* **مزارع** [maza:riʕ],
مزعج [muzʕidʒ] *störend* lästig, ärgerlich; mulmig, unangenehm; *umg* blöd
مزعوم [mazʕu:m] *Adj* angeblich
1**مزق** [mazq] Riss *m*
2**مزق** [mazzaqa] aufreißen; zerreißen
مزلاج [mizla:dʒ], *Pl* **مزاليج** [maza:li:dʒ] Riegel *m*
مزلقان [mazlaqa:n] Bahnübergang *m*
مزمز [mazmaza] nippen
مزمن [muzmin] chronisch
مزهرية [mazhari:ja] Vase *f*
مزود [muzawwid] COMPUT Provider *m*
مزور [muzawwar] *Geld* falsch
مزيج [mazi:dʒ] Kombination

f; Mischung f
مزيف [muzajjaf] *Geld* falsch
مزيل [muzi:l]: **مزيل البقع** [muzi:l al-buqaʕ] Fleck(en) entferner *m*; **مزيل رائحة العرق** [muzi:l ra:ʔiħat al-ʕaraq] Deo *n*
¹**مس** [mass] Berührung *f*
²**مس** [massa, a] streifen, berühren
مساء [masa:ʔ] Abend *m*; **مساء** [masa:ʔan] abends *Adv*; **مساء الخير** [masa:ʔa l-xair] guten Abend!
مسابقة [musa:baqa] SPORT Wettkampf *m*, Wettbewerb *m*; Preisausschreiben *n*
مساج [masa:dʒ] Massage *f*
مساحة [masa:ħa] Fläche *f*
مساحة [massa:ħa] AUTO Scheibenwischer *m*; *Haushalt* Wischmop
مسار [masa:r] Fahrspur *f*; **مسار معاكس** [masa:r muʕa:kis] Gegenfahrbahn *f*
مساعد(ة) [musa:ʕid(a)] Assistent(in) *m(f)*; Helfer(in) *m(f)*
مساعدة [musa:ʕada] Hilfe *f*, Unterstützung *f*; **مساعدة مالية** [musa:ʕada ma:li:ja] Zuschuss *m*
مسافة [masa:fa] Strecke *f*, Entfernung *f*; Zwischenraum *m*, Abstand *m*; **مسافة الفرملة** [masa:fat al-farmala] Bremsweg *m*
مسافر(ة) [musa:fir(a)] Passagier(in) *m(f)*, Reisende *m/f*
مسألة [masʔala], *Pl* **مسائل** [masa:ʔil] Frage *f*; Problem *n*; **مسألة ذوق** [masʔalat ðauq] Geschmack(s)sache *f*
مسالم [musa:lim] friedlich
مساهمة [musa:hama] Beitrag *m*, Beteiligung *f*
مساوئ [masa:wiʔ] *a. Pl* Nachteil *m*
مساواة [musa:wa:t]: **مساواة في الحقوق** [musa:wa:t fil-ħuqu:q] Gleichberechtigung *f*
مساير [musa:jir] gesteuert; **مساير للموضة** [musa:jir lil-mu:ðɒ] modisch
مسبح [masbaħ], *Pl* **مسابح** [masa:biħ] Badeanstalt *f*, Schwimmbad *n*; **مسبح في الهواء الطلق** [masbaħ fil-hawa:ʔ ɒt-ṭaliq] Freibad *n*; **مسبح مسقوف** [masbaħ masqu:f] Hallenbad *n*
مسبقا [musbaqan] im Voraus
مسبة [masabba] Beleidigung

f, Schimpfwort *n*
مستاء من [mustaːʔ] entrüstet; *j-m* böse sein
مستأجر(ة) [mustaʔdʒir(a)] Mieter(in) *m(f)*
مستبد [mustabid] eigenmächtig
مستجد [mustadʒidd] neuartig
مستح [mustaħin] schüchtern
مستحسن [mustaħsan] empfehlenswert
مستحضر [mustaħđɒr], **مستحضر طبي** [mustaħđɒr ṭibbiː] MED Präparat *n*
مستحق [mustaħaqq] fällig
مستحيل [mustaħiːl] ausgeschlossen, unmöglich
[1]**مستخدم(ة)** [mustaxdam(a)] Angestellte *m/f*
[2]**مستخدم(ة)** [mustaxdim(a)] Benutzer(in) *m(f)*; COMPUT Anwender(in) *m(f)*; **مستخدم (ة) العنف** [mustaxdim(a) al-ʕunf] Gewalttäter(in) *m (f)*; **المستخدمون** [al-mustaxdamuːn] *Betrieb* Personal *n*
مستخرج من [mustaxradʒ] Auszug *m aus Dokument*
مستدير [mustadiːr] rund
مستشار(ة) [mustaʃaːr(a)] Berater(in) *m(f)*; Kanzler(in) *m(f)*
مستشفى [mustaʃfaː] Klinik *f*, Krankenhaus *n*
مستطيل [mustɒṭiːl] Rechteck *n*
مستعار [mustaʕaːr] *Haare* falsch; *Zahn* künstlich
مستعجل [mustaʕdʒal] dringend, eilig
مستعد [mustaʕidd] *fertig* bereit, willens
مستعمرة [mustaʕmara] Kolonie *f*
مستعمل [mustaʕmal] gebraucht
مستغرق [mustaɣriq]: **مستغرق في التفكير** [mustaɣriq fit-tafkiːr] nachdenklich
مستغنى عنه [mustaɣnan] überflüssig
مستفيض [mustafiːđ] *Adj* eingehend
مستقبل [mustaqbal] Zukunft *f*
مستقبلا [mustaqbalan] *Adv* künftig
مستقبلي [mustaqbaliː] *Adj* zukünftig
مستقر [mustaqirr] *Wetter* beständig, stabil
مستقل [mustaqill] selbstständig, unabhängig
مستقيم [mustaqiːm] anstän-

dig; ehrlich, aufrichtig
مستلم(ة) [mustalim(a)] Empfänger(in) *m(f)*
مستمر [mustamirr] andauernd, beständig
مستمع(ة) [mustamiʕ(a)] Hörer(in) *m(f)*, Zuhörer(in) *m (f)*
مستند [mustanad] Beleg *m*; Urkunde *f*
مستندات [mustanada:t] *Pl* Unterlagen
مستنقع [mustanqaʕ] Moor *n*, Sumpf *m*
مستهتر [mustahtir] *Adj* rücksichtslos
مستهزئ [mustahziʔ] spöttisch, zynisch
1**مستهلك** [mustahlak] *verbraucht* abgenutzt; mitgenommen, erschöpft
2**مستهلك(ة)** [mustahlik(a)] Konsument(in) *m(f)*, Verbraucher(in) *m(f)*
مستو [mustawin] *Adj* eben
مستودع [mustaudaʕ] WIRTSCH Lager *n*; **مستودع الأمانات** [mustaudaʕ al-ʔama:na:t] Gepäckaufbewahrung *f*
مستوطنة [mustautɒna] Siedlung *f*
مستوى [mustawan] *a.* MATH Ebene *f*, Niveau *n*; **مستوى المعيشة** [mustawa: l-maʕi:ʃa] Lebensstandard *m*
مسجد [masdʒid], *Pl* **مساجد** [masa:dʒid] Moschee *f*
مسجل [musaddʒil] Kassettenrekorder *m*
مسجون [masdʒu:n] gefangen
مسح [masaħa, a] reinigen, putzen; wischen
مسحاة [misħa:t], *Pl* **مساح** [masa:ħin] Spaten *m*
مسحة [masħa] MED Abstrich *m*
مسحوق [masħu:q], *Pl* **مساحيق** [masa:ħi:q] Pulver *n*; **مسحوق الغسيل** [masħu:q al-ɣasi:l] Waschmittel *n*
مسدس [musaddas] Pistole *f*
مسرب [masrab], *Pl* **مسارب** [masa:rib] Fahrbahn *f*
مسرح [masraħ], *Pl* **مسارح** [masa:riħ] Theater *n*; Bühne *f*; **مسرح الأحداث** [masraħ al-ʔaħda:θ] Schauplatz *m*
مسرحية [masraħi:ja] Schauspiel *n*, Theaterstück *n*; **مسرحية غنائية** [masraħi:ja ɣina:ʔijja] Musical *n*
مسرور [masru:r] froh, vergnügt
مسطرة [mistɒra], *Pl* **مساطر**

[masɒ:t̶i̶r] Lineal *n*
مسعف(ة) [musʕif(a)] Sanitäter(in) *m(f)*
مسقط [masqɒt̶] Maskat *n* (*Oman*)
مسك¹ [masaka, i] anfassen, festhalten; halten
مسك² [mask]: مسك الدفاتر [mask ad-dafa:tir] FIN Buchhaltung *f*
مسكن [maskan], *Pl* مساكن [masa:kin] Quartier *n*, Unterkunft *f*
مسكن [musakkin] MED beruhigend; Beruhigungsmittel *n*, Schmerzmittel *n*
مسكوكة [masku:ka] Münze *f*
مسكين [miski:n] arm, bedauernswert
مسل [mussalin] amüsant
مسلح [musallaħ] bewaffnet
مسلك [maslak], *Pl* مسالك [masa:lik] Fahrbahn *f*
مسلم(ة) [muslim(a)] Muslim (in) *m(f)*
مسلوق [maslu:q] hart gekocht
مسمار [misma:r], *Pl* مسامير [masa:mi:r] TECH Stift *m*, Nagel *m*; مسمار قلاووظ [misma:r qala:wu:ð̶] Schraube *f*
مسموح به [masmu:ħ] erlaubt; مسموح به للمراهقين [masmu:ħ bihi lil-mura:hiqi:n] jugendfrei
مسموع [masmu:ʕ] hörbar
مسن¹ [mussin] *Person* alt
مسن(ة)² [musin(a)] Alte *m(f)*
مسند [misnad], *Pl* مساند [masa:nid] Lehne *f*
مسهل [mushil] Abführmittel *n*
مسودة [miswadda] Skizze *f*, Entwurf *m*
مسؤول [masʔu:l] zuständig, verantwortlich
مسؤولية [masʔu:li:ja] Verantwortung *f*
مسيحي¹ [masi:ħi:] christlich
مسيحي(ة)² [masi:ħi:(-ħi:ja)] Christ(in) *m(f)*
مسيرة [masi:r(a)] Marsch *m*
مشابه [mutaʃa:bih] *ähnlich* gleich *Adj*
مشارف [maʃa:rif] *Pl*: مشارف المدينة [maʃa:rif al-madi:na] Stadtrand *m*
مشارك(ة) [muʃa:rik(a)] Teilnehmer(in) *m(f)*
مشاركة [muʃa:raka] Teilnahme *f*, مشاركة في العمل [muʃa:raka fil-ʕamal] Mitarbeit *f*, مشاركة وجدانية [muʃa:raka widʒda:ni:ja] Mitgefühl *n*

مشاكس [muʃaːkis] *zänkisch* zickig
مشاهد(ة) [muʃaːhid(a)] Zuschauer(in) *m(f)*
مشاهدة [muʃaːhada] *Anschauen* Anblick *m*
مشاية [maʃʃaːja] *Teppich* Brücke *f*
مشبك [miʃbak], *Pl* **مشابك** [maʃaːbik] Brosche *f*; **مشبك غسيل** [miʃbak ɣasiːl] *Wäsche* Klammer *f*; **مشبك ورق** [miʃbak waraq] Büroklammer *f*
مشتبه [muʃtabah] *Person* verdächtig
مشتري(ة) [muʃtarin(-riːja)] Käufer(in) *m(f)*
مشترك[1] [muʃtarak] gegenseitig; gemeinsam
في مشترك[2] [muʃtarik] beteiligt an
مشتل [maʃtal], *Pl* **مشاتل** [maʃaːtil] Gärtnerei *f*
مشجع [muʃaddʒiʕ] ermutigend; Fan *m*
مشحون ب [maʃħuːn] *Adj* beladen
مشد [miʃadd] TECH Klemme *f*, Miederwaren *f/pl*
مشدد [muʃaddad] *Maßnahme* streng
مشدود [maʃduːd] straff, gespannt; **مشدود الأعصاب** [maʃduːd al-ʔaʕsɒːb] nervös
مشرد [muʃarrad] obdachlos
مشرف(ة) [muʃrif(a)] Betreuer(in) *m(f)*; **مشرف(ة) الرحلة** [muʃrif(at) ar-riħla] Reiseleiter(in) *m(f)*
مشرق[1] [maʃriq]: **المشرق** [al-maʃriq] Orient *m*
مشرق[2] [muʃriq] hell
مشروب [maʃruːb] Getränk *n*; **مشروبات روحية** [maʃruːbaːt ruːħiːja] alkoholische Getränke
مشروع[1] [maʃruːʕ] *legitim* berechtigt
مشروع[2] [maʃruːʕ], *Pl* **مشاريع** [maʃaːriːʕ] Entwurf *m*, Projekt *n*, Vorhaben *n*; JUR Vorlage *f*; WIRTSCH Unternehmen *n*
مشط [maʃʃɒtɒ] kämmen, bürsten; *Gebiet* durchsuchen; sich kämmen
مشط [muʃt], *Pl* **أمشاط** [ʔamʃɒːt] Harke *f*, Kamm *m*
مشغول [maʃɣuːl] beschäftigt; TEL besetzt; **مشغول البال** [maʃɣuːl al-baːl] besorgt
مشقق [muʃaqqaq] rissig
مشكلة [muʃkila], *Pl* **مشاكل**

[maʃaːkil] Problem *n*
مشكوك [maʃkuːk]: **مشكوك فيه** [maʃkuːk fiːhi] zweifelhaft, fraglich
مشلول [maʃluːl] MED lahm, gelähmt; **مشلول النصف الأسفل** [maʃluːl an-nisf al-ʔasfal] querschnittgelähmt
مشمس [muʃmis] sonnig
مشمش [miʃmiʃ], *Sg* **مشمشة** [miʃmiʃa] BOT Aprikose *f*
مشمع [muʃammaʕ] *Kleidung* wasserdicht
مشه [muʃahin] Aperitif *m*
مشهد [maʃhad], *Pl* **مشاهد** [maʃaːhid] THEAT Auftritt *m*; Schauplatz *m*, Szene *f*
مشهور [maʃhuːr] berühmt; berüchtigt
مشهيات [muʃhahijaːt] Vorspeise *f*
مشوار [miʃwaːr], *Pl* **مشاوير** [maʃaːwiːr] Spaziergang *m*
مشواة [miʃwaːt], *Pl* **مشاو** [maʃaːwin] *Grill* Rost *m*
مشورة [maʃuːra] Rat *m*
مشوش [muʃawwaʃ] konfus
مشوق [muʃawwiq] spannend
مشوي [maʃwiː] gegrillt
مشى [maʃaː, iː] laufen, gehen; **مشيا على الأقدام** [maʃjan ʕala l-ʔaqdaːm] zu Fuß
مشية [miʃja] Gang *m*
مص [mɒssɒ, u] lutschen, saugen
مصاب [musɒːb] erkrankt; **مصاب بالزكام** [musɒːb bizzukaːm] erkältet; **مصاب بمرض نقص المناعة المكتسبة** [musɒːb bimarɒđ naqs al-manaːʕ al-muktasaba] HIV-positiv; **مصاب بمرض السكري** [musɒːb bimarɒđ as-sukkariː] Diabetiker *m*
مصادفة [musɒːdafa] Zufall *m*
مصارعة [musɒːraʕa] Ringkampf *m*
مصاري [mɒsɒːriː] *syr* Geld *n*
مصاريف [mɒsɒːriːf] *Pl* Ausgaben; **مصاريف إضافية** [mɒsɒːriːf ʔiđɒːfiːja] Nebenkosten *Pl*
مصاصة [mɒssɒːsa] Schnuller *m*
مصافحة [musɒːfaħa] Händedruck *m*
مصب [mɒsɒbb] Mündung *f*
مصباح [misbaːħ], *Pl* **مصابيح** [masɒːbiːħ] Lampe *f*, Laterne *f*; **مصباح جيب** [misbaːħ dʒaib] Taschenlampe *f*
مصحة [mɒsɒħħa] Sanatorium

n
مصد [misɒdd] AUTO Stoßstange *f*
مصدر [mɒsdar], *Pl* **مصادر** [mɒsɒːdir] *Information* Quelle *f*; GRAM Infinitiv *m*
مصدق [musɒddaq] glaubwürdig
مصر [misr] Ägypten *n*
مصر [musirr] *beharrlich* hartnäckig
مصران [misraːn], *Pl* **مصارين** [mɒsɒːriːn] Darm *m*
مصرف [mɒsraf], *Pl* **مصارف** [mɒsɒːrif] *Geldinstitut* Bank *f*
مصروف [mɒsruːf]: **مصروف الجيب** [mɒsruːf al-dʒaib], **مصروف يومي** [mɒsruːf jaumiː] Taschengeld *n*
مصروفات [mɒsruːfaːt] *Pl* Spesen
مصطلح [mustɒlaħ] Fachausdruck *m*
مصعد [misʕad], *Pl* **مصاعد** [mɒsɒːʕid] Aufzug *m*, Fahrstuhl *m*, Lift *m*
مصفاة [misfaːt], *Pl* **مصاف(ى)** [mɒsɒːfin] Sieb *n*; Filter *m*
مصلحة [mɒslaħa], *Pl* **مصالح** [mɒsɒːliħ] *äg* Amt *n*, Behörde *f*; *Vorteil* Interessen *Pl*; **مصلحة الضرائب** [mɒslaħat ɒđ-đɒraːʔib] Finanzamt *n*
مصنع [mɒsnaʕ], *Pl* **مصانع** [mɒsɒːniʕ] Werk *n*, Betrieb *m*, Fabrik *f*; **مصنع ألبان** [mɒsnaʕ al-baːn] Molkerei *f*
مصنوع [mɒsnuːʕ] hergestellt; **مصنوع يدويا** [mɒsnuːʕ jadawiːjan] handgemacht
مصهر [mishar], *Pl* **مصاهر** [mɒsɒːhir] ELEK Sicherung *f*
مصور(ة) [musɒwwir(a)] Fotograf(in) *m(f)*
مصيبة [musiːba], *Pl* **مصائب** [mɒsɒːʔib] Unglück *n*
مصيدة [misjada], *Pl* **مصايد** [mɒsɒːjid] Falle *f*
مصير [mɒsiːr], *Pl* **مصائر** [mɒsɒːʔir] Schicksal *n*
مصيف [masiːf]: **مصيف بحري** [masiːf baħriː] Badeort *m*
مضاء [muđɒːʔ] *Licht* an sein; beleuchtet
مضاد [muđɒːd] entgegengesetzt; **مضاد حيوي** [muđɒːd ħajawiː] Antibiotikum *n*; **مضادات** [muđɒdaːt] Gegenmittel *n*
مضارع [muđɒːriʕ]: **المضارع** [al-muđɒːriʕ] GRAM Imperfekt *m*; **المضارع المنصوب** [al-muđɒːriʕ al-mansuːb]

Konjunktiv *m*; مضارع مجزوم [muđɒ:riʕ madʒzu:m] Apokopat *m*; مضارع مرفوع [muđɒ:riʕ marfu:ʕ] Indikativ *m*
مضاعف [muđɒ:ʕaf] doppelt; مضاعفات [muđɒ:ʕafa:t] *Pl* MED Komplikation *f*
مضافا [muđɒ:fan] zuzüglich
مضايق [muđɒ:jiq] *Frage* unbequem
مضايقة [muđɒ:jaqa] Ärger *m*, Störung *f*, Mobbing *n*
مضبوط [mɒđbu:ŧ] genau; das stimmt!
مضحك [muđħik] lustig, komisch, witzig
مضخة [miđɒxxa] Pumpe *f*; مضخة البنزين [miđɒxxat albanzi:n] Zapfsäule *f*
مضرب [miđrab], *Pl* مضارب [mɒđɒ:rib] SPORT Schläger *m*
مضطرب [muđŧɒrib] *Lage* konfus; hektisch
مضغ [mɒđɒɣa, u] kauen
مضل [muđil] *irreführend* trügerisch
مضمض [mɒđmɒđɒ] spülen, ausspülen
1مضمون [mɒđmu:n] sicher
2مضمون [mɒđmu:n], *Pl* مضامين [mɒđɒ:mi:n] *a. fig* Inhalt *m*, Gehalt *m*
مضنى [muđnan] erschöpft
مضى [mɒđɒ:, i:] *Zeit* vorbeigehen, verlaufen; *Frist* ablaufen; *zeitlich* vergehen
مضياف [miđja:f] gastfreundlich, gastlich
مضيف(ة) [muđi:f(a)] Gastgeber(in) *m(f)*; مضيف(ة) الطيران [muđi:f(at) ɒŧŧɒjara:n] Steward *m*, Stewardess *f*
مضيق [mɒđi:q], *Pl* مضائق [mɒđɒ:ʔiq] Meerenge *f*
مط [mɒŧŧɒ, u] *etw* dehnen
مطابق [muŧɒ:biq] analog; identisch
مطار [mɒŧɒ:r] Flughafen *m*
1مطاط [mɒŧŧɒ:ŧ] *a. fig* dehnbar; elastisch
2مطاط [mɒŧŧɒ:ŧ] Gummi *m/n* ; مطاط اسفنجي [mɒŧŧɒ:ŧ isfandʒi:] Schaumgummi *m/n*
مطالبة [muŧɒ:laba] Forderung *f*
مطالعة [muŧɒ:laʕa] Lektüre *f*
مطاوع [muta:wiʕ] nachgiebig
مطبخ [mɒŧbax], *Pl* مطابخ [mɒŧɒ:bix] Küche *f*
مطبعة [mɒŧbaʕa], *Pl* مطابع [mɒŧɒ:biʕ] Druckerei *f*

مطبوخ [mɒtbu:x] gekocht
مطبوعات [mɒtbu:ʕa:t] *Pl* Drucksache *f*
مطحنة [mitħana], *Pl* مطاحن [matɒ:ħin] Mühle *f*
مطر [mɒtɒr], *Pl* أمطار [ʔamtɒ:r] Regen *m*, Niederschlag *m*
مطرب(ة) [mutrib(a)] Sänger (in) *m(f)*
مطرد [muttɒrid] *Adj* ständig
مطرقة [mitraqa], *Pl* مطارق [mɒtɒriq] *a.* ANAT Hammer *m*
مطعم [mɒtʕam], *Pl* مطاعم [mɒtɒ:ʕim] Restaurant *n*, Gasthaus *n*, Lokal *n*
مطفأة [mitfaʔa], *Pl* مطافئ [mɒtɒ:fiʔ] Feuerlöscher *m*
مطلب [mɒtlab], *Pl* مطالب [mɒtɒ:lib] Anspruch *m*, Forderung *f*
مطلق[1] [mutɒllaq] geschieden
مطلق[2] [mutlaq] absolut
مطلوب [mɒtlu:b] WIRTSCH begehrt
مطمئن [mutɒmʔin] beruhigend; zuversichtlich
مطهر [mutɒhhir] MED steril, keimfrei; Desinfektionsmittel *n*
مطواة [mitwa:t], *Pl* مطاو [mɒtɒ:win] Taschenmesser *n*
مطيع [muti:ʕ] gehorsam
مظاهرة [muðɒ:hara] POL Demonstration *f*
مظفر [muðɒffar] siegreich
مظلة [miðɒlla] Schirm *m*; Fallschirm *m*; مظلة شمسية [miðɒlla ʃamsi:ja] Sonnenschirm *m*
مظلل [muðɒllal] schattig
مظلم [muðlim] *a. fig* düster, dunkel, finster
مظهر [mɒðhar], *Pl* مظاهر [mɒðɒ:hir] Äußere *n*, Aussehen *n*; Anblick *m*; Anschein *m*
مع [maʕa] mit; مع السلامة [maʕa as-sala:ma] leben Sie wohl!, auf Wiedersehen!; مع أن [maʕ ʔanna] obwohl; trotz; مع خالص تحياتي [maʕa xa:lis taħi:ja:ti:] mit freundlichen Grüßen; مع ذلك [maʕa ða:lik] trotzdem; مع رصاص [maʕa rɒsɒ:s] verbleit
معا [maʕan] miteinander, zusammen
معاد [muʕa:din] feindlich; معاد للأجانب [muʕa:din lil-adʒa:nib] ausländerfeindlich;

معاد للنساء [muʕa:din lin-nisa:ʔ] frauenfeindlich
معادلة [muʕa:dala] MATH Gleichung *f*
معارض(ة) [muʔa:riđ(ɒ)] Gegner(in) *m(f)*
معارضة [muʕa:rɒđɒ] Widerspruch *m*; POL Opposition *f*; JUR Einspruch *m*
معارف [maʕa:rif] Kenntnisse *f/pl*
معاش [maʕa:ʃ] Lebensunterhalt *m*; Pension *f*; **معاش التقاعد** [maʕa:ʃ at-taqa:ʕud] Rente *f*
معاشرة [muʕa:ʃara] Umgang *m*
1**معاق** [muʕa:q] körperbehindert
2**معاق(ة)** [muʕa:q(a)] Behinderte *m/f*
معاكس [muʕa:kis] entgegengesetzt
معالج [muʕalidʒ] *PC* Prozessor *m*
معالجة [muʕa:ladʒa] Bearbeitung *f*; **معالجة البيانات** [muʕa:ladʒat al-baja:na:t] Datenverarbeitung *f*; **معالجة النفايات** [muʕa:ladʒat an-nifa:ja:t] Recycling *n*
معالم [maʕa:lim] Umriss *m*
معاهدة [muʕa:hada] *Pakt* Vertrag *m*
معاون(ة) [muʕa:win(a)] Helfer(in) *m(f)*
معاونة [muʕa:wana]: **معاونة مالية** [muʕa:wana ma:li:ja] *Geld* Starthilfe *f*
معاينة [muʕa:jana] *Tatort* Besichtigung *f*
معبد [maʕbad], *Pl* **معابد** [maʕa:bid] Tempel *m*
1**معبر** [maʔbar]: **معبر حدودي** [maʔbar ħudu:di:] Grenzübergang *m*; **معبر المشاة** [maʕbar al-muʃa:t] Fußgängerüberweg *m*; **معبر سكة الحديد** [maʕbar sikkat al-ħadi:d] Bahnübergang *m*
2**معبر** [muʕabbir] ausdrucksvoll
معتاد [muʕta:d] gewöhnlich, alltäglich
معتدل [muʕtadil] *Klima* gemäßigt; POL mild
معتقد [muʕtaqid]: **معتقد بالخرافات** [muʕtaqid bil-xura:fa:t] abergläubisch
معتقدات [muʕtaqada:t] *Pl* Gesinnung *f*
معتم [muʕtim] düster, finster, dunkel *a. fig*

معتوه [maʕtu:h] *geisteskrank* irre

معجب [muʕdʒab] Fan *m*; **معجب بنفسه** [muʕdʒab binafsihi] eitel

معجزة [muʕdʒiza] Wunder *n*

معجم [muʕdʒam], *Pl* **معاجم** [maʕa:dʒim] Wörterbuch *n*, Lexikon *n*

معجون [maʕdʒu:n]: **معجون الأسنان** [maʕdʒu:n al-ʔasna:n] Zahnpasta *f*

معد [muʕdin] ansteckend

معدات [muʕadda:t] *Pl* TECH Ausrüstung *f*

معدة [maʕida], *Pl* **معد** [miʕad] Magen *m*

معدل [muʕaddal] Durchschnitt *m*

معدن [maʕdan], *Pl* **معادن** [maʕa:din] Metall *n*; Mineral *n*; **معدن خام** [maʕdin xa:m] Erz *n*

معدوم [maʕdu:m] -los; **معدوم الضمير** [maʕdu:m ɒđ-đɒmi:r] gewissenlos

معدية [muʕaddi:ja], *Pl* **معاد** [maʕa:din] Fähre *f*

معذرة [maʕðira], [maʕðiratan] Entschuldigung *f*

معرض[1] [maʕrɒđ], *Pl* **معارض** [maʕa:riđ] WIRTSCH Messe *f*; Ausstellung *f*; **معرض الصور** [maʕrɒđ as-suwwar] KUNST Galerie *f*

معرض[2] [muʕarrɒđ] ausgesetzt; **معرض لتيار هوائي** [muʕarrɒđ litajja:r hawa:ʔi:] zugig; **معرض للضوء** [muʕarrɒđ lil-đɒuʔ] FOTO belichtet

معرفة [maʕrifa], *Pl* **معارف** [maʕa:rif] Wissen *n*, Erkenntnis *f*, *Person* Bekanntschaft *f*; Bekannte *m/f*

معركة [maʕraka], *Pl* **معارك** [maʕa:rik] Schlacht *f*; **معركة انتخابية** [maʕrakat intixa:bi:ja] Wahlkampf *m*

معروف [maʕru:f] bekannt; Gefallen *m*

معد [muʕdin] MED ansteckend

معس [maʕasa, a] zerquetschen

معسكر [muʕaskar] MIL Lager *n*; **معسكر اعتقال** [muʕaskar iʕtiqa:l] Konzentrationslager *m*

معصرة [miʕsɒra], *Pl* **معاصر** [maʕɒ:sir] *Haushalt* Presse *f*

معصم [miʕsɒm], *Pl* **معاصم** [maʕɒ:sim] ANAT Handgelenk *n*

معطف [miʕtɒf], *Pl* **معاطف**

[maʕɒ:tˤif] Mantel *m*; **معطف فرو** [miʕtˤɒf farw] Pelzmantel *m*
معطل [muʕɒtˤtˤɒl] außer Betrieb
معطيات [muʕtˤɒja:t] Daten *npl*
معظم [muʕðam] meiste *m/f/n*
معفر [muʕaffar] staubig
معفى [muʕfan]: **معفى من الجمرك** [muʕfan min al-dʒumruk] zollfrei; **معفى من الضرائب** [muʕfan min ɒđ-đɒra:ʔib] steuerfrei
معقد [muʕaqqad] kompliziert; *Text* schwer verständlich
1**معقم** [muʕaqqam] MED steril, keimfrei
2**معقم** [muʕaqqim] Desinfektionsmittel *n*
معقول [maʕqu:l] einleuchtend; vernünftig
معك [maʕak] mit dir
1**معكر** [muʕakkar] *Wetter* trübe
2**معكر** [muʕakkir]: **معكر الصفو** [muʕakkir ɒs-safw] Spielverderber(in) *m(f)*
معكرونة [maʕkaru:na] Nudeln *f/pl*
معكم [maʕakum] mit euch
معكوس [maʕku:s] verkehrt
معلبات [muʕallaba:t] Konserven *f/pl*
معلم(ة) [muʕallim(a)] Lehrer(in) *m(f)*
معلوم [maʕlu:m] bekannt; und ob!
معلومة [maʕlu:ma] Angabe *f*; **معلومات** [maʕlu:ma:t] *Pl* Erkenntnisse; Informationen; Auskunft *f*
معمل [maʕmal], *Pl* **معامل** [maʕa:mil] Fabrik *f*, Werk *n*
معمول [maʕmu:l] *Gesetz* gültig
معنوي [maʕnawi:] *ideell* moralisch
معنى [maʕnan], *Pl* **معان** [maʕa:nin] Sinn *m*, Bedeutung *f*
معني [maʕni:] betreffend, zuständig
معه [maʕahu] bei ihm; er hat es bei sich
معهد [maʕhad] Institut *n*; **معهد عال** [maʕhad ʕa:lin] Hochschule *f*
معوز [muʕwaz] arm
معونة [maʕu:na] Unterstützung *f*; **معونة اجتماعية** [maʕu:na idʒtima:ʕi:ja] Sozialhilfe *f*
معي [maʕi:], *Pl* **أمعاء** [ʔamʕa:ʔ] Darm *m*
معيار [miʕja:r], *Pl* **معايير** [maʕa:ji:r], **مقياس** [miqja:s],

Pl مقاييس [maqa:ji:s] Kriterium *n*; Maßstab *m*, Norm *f*
معيب [maʕi:b] mangelhaft
معيد(ة) [muʕi:d(a)] *Universität* Assistent(in) *m(f)*
معين [muʕajjan] bestimmt, konkret
معينات [muʕi:na:t] Hilfsmittel *npl*
مغادرة [muɣa:dara] Abfahrt *f*, Abreise *f*; Abflug *m*
مغارة [maɣa:ra] Grotte *f*
مغامرة [muɣa:mara] Erlebnis *n*, Abenteuer *n*
مغبر [muɣabbar] staubig
مغبن [maɣban] ANAT Leiste *f*
مغتاظ [muɣtɒ:ð̶] wütend
مغترب(ة) [muɣtarib(a)] Auswanderer *m*, Auswanderin *f*; Einwanderer *m*, Einwanderin *f*
مغذ [muɣaððin] nahrhaft
مغر [muɣrin] verlockend
مغرب [maɣrib]: المغرب [al-maɣrib] Marokko *n*
مغرور [maɣru:r] eingebildet; eitel
مغزى [maɣzan], *Pl* مغاز [maɣa:zin] *Bedeutung* Sinn *m*
مغسلة [maɣsala], *Pl* مغاسل [maɣa:sil] Spüle *f*, Spülbecken *n*, Waschbecken *n*
مغص [maɣs̶] Bauchschmerzen *mpl*
مغضب [muɣđ̶ib] *Sache* ärgerlich
مغفل [muɣaffal] Dummkopf *m*
مغلق [muɣlaq] geschlossen; *umg* zu; außer Betrieb
مغمى [muɣman]: مغمى عليه [muɣman ʕalaihi] bewusstlos, ohnmächtig
مغن(ية) [muɣannin(-ni:ja)], *mpl* مغنون [muɣanu:n] Sänger(in) *m(f)*
مغناطيس [miɣnɒ:t̶i:s] Magnet *m*
مفاجئ [mufa:dʒiʔ] unvorhergesehen
مفاجأة [mufa:dʒaʔa] Überraschung *f*
مفاعل [mufa:ʕil]: مفاعل نووي [mufa:ʕil nawawi:] Kernkraftwerk *n*
مفاوضات [mufa:wɒđɒ:t] Verhandlung *f*
مفتاح [mifta:ħ, mufta:ħ], *Pl* مفاتيح [mafa:ti:ħ] Schlüssel *m*; Taste *f*; ELEK Schalter *m*; Hebel *m*; FOTO Auslöser *m*; مفتاح التشغيل [mifta:ħ at-

taʃɣi:l] AUTO Anlasser *m*; مفتاح النور [mifta:ħ an-nu:r] Lichtschalter *m*; مفتاح علب [mifta:ħ ʕulab] Dosenöffner *m*

مفتوح [maftu:ħ] *Adv* offen; *umg* auf; ELEK eingeschaltet; *umg Radio, Licht* an

مفتول [maftu:l] kräftig; مفتول العضلات [maftu:l al-ʕađɒla:t] muskulös

مفتون ب [maftu:n] *fasziniert* besessen

مفرح [mufriħ] erfreulich

مفرد [mufrad] einzeln; GRAM Einzahl *f*, Singular *m*

مفرط [mufrit̶] maßlos; extrem, übermäßig

مفرق [mafriq] Scheitel *m*

مفروغ منه [mafru:ɣ] erledigt; befreit

مفزع [mufziʕ] furchtbar, entsetzlich

1مفصل [mifsɒl], *Pl* مفاصل [mafɒ:s̶i̶l] *Hand, Fuß*, TECH Gelenk *n*

2مفصل [mufɒssɒl] *Adj* ausführlich

مفضل [mufɒđđɒl] *Sache* beliebt; … المفضل [al-mufɒđđɒl] Lieblings…

مفعول [mafʕu:l]: مفعول به [mafʕu:l bihi] GRAM Objekt *n*

مفقود [mafqu:d] fort, weg, verloren

مفقودات [mafqu:da:t] Fundsachen *f/pl*

مفك [mifakk] Schraubenzieher *m*

مفكرة [mufakkira] Terminkalender *m*

مفكوك [mafku:k] locker, lose

مفلس [muflis] bankrott; *umg* pleite, blank

مفلوج [maflu:dʒ] *halbseitig* gelähmt

1مفهوم [mafhu:m] verständlich

2مفهوم [mafhu:m], *Pl* مفاهيم [mafa:hi:m] Auffassung *f*, Begriff *m*

مفيد [mufi:d] nützlich; sinnvoll; vorteilhaft, praktisch

مفيش [mafi:ʃ] *äg* es gibt nicht

مقابل [muqa:bil] gegenüber; مقابل ضوء الشمس [muqa:bil đɒuʔ aʃ-ʃams] Gegenlicht *n*

مقابلة [muqa:bala] Interview *n*

مقادير [maqa:di:r] *Pl* Zutaten

مقارنة [muqa:rna] Vergleich *m*; مقارنة مع [muqa:ranatan maʕ] verglichen mit

مقاس [maqa:s] *Kleidung* Größe *f*; **مقاسات كبرى** [maqa:sa:t kubra:] Übergröße *f*
مقاطعة [muqɒ:ŧɒʕa] Provinz *f*; Bundesland *n*; Kanton *n*
مقال [maqa:l] *Zeitung* Artikel *m*
مقالة [maqa:la] *Zeitschrift* Aufsatz *m*
مقام [maqa:m] *Position* Rang *m*
مقاوم [muqa:wim] widerstandsfähig
مقاومة [muqa:wama] Widerstand *m*
مقبرة [maqbara], *Pl* **مقابر** [maqa:bir] Friedhof *m*
مقبس [maqbas], *Pl* **مقابس** [maqa:bis] ELEK Steckdose *f*; ELEK Fassung *f*
مقبض [miqbɒđ], *Pl* **مقابض** [maqa:biđ] Stiel *m*; Griff *m*; **مقبض الباب** [miqbɒđ al-ba:b] Türklinke *f*
مقبل [muqbil] *Adj* zukünftig
مقبلات [muqabbila:t] Vorspeise *f*
مقبول [maqbu:l] akzeptabel; erträglich
مقتصد [muqtɒsid] sparsam
مقتطف [muqtɒŧɒf] *Buch* Auszug *m*
مقدار [miqda:r], *Pl* **مقادير** [maqa:di:r] Menge *f*
مقدام [miqda:m] übermütig
مقدرة [maqdira] Stärke *f*, Fähigkeit *f*
مقدس [muqaddas] heilig
مقدم [muqaddim]: **مقدم برنامج تلفزيوني** [muqaddim barna:midʒ tilfizju:ni:] Showmaster *m*
مقدما [muqaddaman] im Voraus
مقدمة [muqaddima] Einleitung *f*, Vorwort *n*; *Reihe* Spitze *f*; TV Vorspann *m*
مقر [maqarr], *Pl* **مقار** [maqa:rr] *Firma* Sitz *m*; **مقر رئيسي** [maqarr raʔi:si:] Zentrale *f*
مقرف [muqrif] unappetitlich; widerlich
مقرقش [muqarqaʃ] knusprig
مقرمش [muqarmaʃ] knusprig
مقروء [maqru:ʔ] lesbar
مقزز [muqazziz] ekelhaft
مقشة [miqaʃʃa] *äg* Besen *m*
مقص [miqɒss] Schere *f*; **مقص الأظافر** [miqɒss al-ʔaðɒ:fir] Nagelschere *f*
مقصد [maqsɒd], *Pl* **مقاصد** [maqɒ:sid] Absicht *f*
مقصر [muqɒssir] nachlässig

مقنع [muqniʕ] *überzeugend* einleuchtend
مقهى [maqhan], *Pl* مقاه [maqa:hin] Café *n*; مقهى الانترنت [maqha: al-intarnit] Internetcafé *n*
مقود [miqwad], *Pl* مقاود [maqa:wid] AUTO Steuer *n*, Lenkrad *n*
مقوس [muqawwas] gebogen
مقولة [maqu:la] Aussage *f*
مقياس [miqja:s], *Pl* مقاييس [maqa:ji:s] Maß *n*, Norm *f*, Maßstab *m*, Skala *f*, مقياس السرعة [miqja:s as-surʕa] AUTO Tacho(meter) *m*
مكار [makka:r] gerissen, listig
مكافأة [muka:faʔa] Honorar *n*, Entgelt *n*; Belohnung *f*, Prämie *f*
مكافحة [muka:faħa] *Bekämpfung* Kampf *m*; مكافحة الحشرات والآفات [muka:faħat al-ħaʃara:t wal-ʔa:fa:t] Schädlingsbekämpfung *f*
مكالمة [muka:lama] Anruf *m*, Gespräch *n*; مكالمة خارجية [muka:lama xa:ridʒi:ja] TEL Ferngespräch *n*; مكالمة محلية [muka:lama maħalli:ja] TEL Ortsgespräch *n*
مكان [maka:n], *Pl* أمكنة

مقصود [maqsu:d] bewusst
مقصورة [maqsu:ra] Kabine *f*
مقطر [muqɒttɒr] destilliert
مقطع [maqtɒʕ], *Pl* مقاطع [maqɒ:tiʕ] Silbe *f*, *Film* Ausschnitt *m*
مقطورة [maqtu:ra] *Wagen* Anhänger *m*; مقطورة نوم [maqtu:rat naum] AUTO Wohnmobil *n*
مقعد [maqʕad], *Pl* مقاعد [maqa:ʕid] Sitzung *f*, Sitzplatz *m*, Platz *m*, Stuhl *m*; مقعد أطفال [maqʕad ʔɒtfa:l] Kindersitz *m*; مقعد خلفي [maqʕad xalfi:] AUTO Rücksitz *m*; مقعد دراسي [maqʕad dira:si:] Ausbildungsplatz *m*, Studienplatz *m*
مقعد(ة) [muqʕad(a)] Invalide *m/f*
مقعدة [miqʕada], *Pl* مقاعد [maqa:ʕid] ANAT Gesäß *n*
مقفر [muqfir] öd(e)
مقلب [maqlab], *Pl* مقالب [maqa:lib] Streich *m*
مقلم [muqallam] gestreift
مقلوب [maqlu:b] umgekehrt, umgedreht; verkehrt herum
1مقلى [maqlan], *Pl* مقال [maqa:lin] Pfanne *f*
2مقلي [maqli:] gebraten

[ʔamkina] Ort *m*, Platz *m*; **مكان الإقامة** [maka:n al-ʔiqa:ma] Wohnort *m*; **مكان التدريب** [maka:n at-tadri:b] Lehrstelle *f*; **مكان الولادة** [maka:n al-wila:da] Geburtsort *m*
مكانة [maka:na] Position *f*, Stellung *f*
مكاني [maka:ni:] räumlich
مكبح [mikbaħ], *Pl* **مكابح** [maka:biħ] AUTO Bremse *f*
مكبر [mukabbir]: **مكبر الصوت** [mukabbir ɒs-saut] Lautsprecher *m*
مكبس [mikbas], *Pl* **مكابس** [maka:bis] TECH Kolben *m*, TECH Presse *f*
مكتئب [muktaʔib] deprimiert, traurig
مكتب [maktab], *Pl* **مكاتب** [maka:tib] Büro *n*; Schreibtisch *m*; Amt *n*; **مكتب الأحوال الشخصية** [maktab al-ʔaħwa:l aʃ-ʃaxsi:ja] Standesamt *n*; **مكتب العمل** [maktab al-ʕamal] Arbeitsamt *n*
مكتبة [maktaba] Bibliothek *f*, Bücherei *f*; **مكتبة بيع الكتب** [maktaba baiʕ al-kutub] Buchhandlung *f*
مكتسبات [muktasaba:t] *Pl* Errungenschaft *f*
مكتظ [muktɒðð] überfüllt; **مكتظ بالسكان** [muktɒðð bis-sukka:n] übervölkert
مكتوب [maktu:b], *Pl* **مكاتيب** [maka:ti:b] Brief *m*
مكتوم [maktu:m] *Geräusch* dumpf
مكث ب [makaθa, u] sich aufhalten
مكثف [mukaθθaf] intensiv
مكرر [mukarrar] raffiniert
مكرونة [makaru:na] *äg* Nudeln *f/pl*
مكروه [makru:h] unbeliebt
مكس [maks], *Pl* **مكوس** [muku:s] FIN Steuer *f*
مكسب [maksab], *Pl* **مكاسب** [maka:sib] Gewinn *m*
مكسور [maksu:r] kaputt; zerbrochen
مكشوف [makʃu:f] *Kopf* bloß; *fig* offen
مكعب [mukaʕʕab] Würfel *m*; **مكعبات الثلج** [mukaʕʕaba:t aθ-θaldʒ] Eiswürfel *m*
مكفهر [mukfahir] *Himmel* dunkel
مكلف [mukallif] aufwendig, aufwändig
مكلل [mukallal] gekrönt; **مكلل**

بالنجاح [mukallal bin-nadʒa:ħ] erfolgreich
مكن [makkana] ermöglichen
مكنسة [miknasa], *Pl* مكانس [maka:nis] *syr* Besen *m*; مكنسة كهربائية [miknasa kahruba:ʔi:ja] Staubsauger *m*
مكة [makka]: مكة المكرمة [makka al-mukarrama] Mekka *n*
مكواة [mikwa:t], *Pl* مكاو [maka:win] Bügeleisen *n*
مكون [mukawwin] Bestandteil *m*
مكيدة [maki:da], *Pl* مكائد [maka:ʔid] Intrige *f*
مكيف [mukajjaf] mit Klimaanlage
مكيفات [mukajjifa:t] *Pl* Drogen; المكيفات والمنبهات [al-mukajjifa:t wal-munabbiha:t] Genussmittel *npl*
مل [malla, a] sich langweilen
ملأ [malaʔa, a] füllen; *Formular* ausfüllen; *Uhr* aufziehen; *Wasser* nachfüllen
ملابس [mala:bis] Kleider *Pl*, Kleidung *f*
ملاح [malla:ħ] Seemann *m*
ملاحة [mila:ħa] Schifffahrt *f*; ملاحة فضائية [mila:ħa faðɒ:ʔi:ja] Raumfahrt *f*
ملاحظة [mula:ħaðɒ] Anmerkung *f*; Bemerkung *f*; Notiz *f*
ملاذ [mala:ð] *Zuflucht* Schutz *m*
ملاعب [mala:ʕib] SPORT Stadion *n*
ملاك [mala:k], *Pl* ملائكة [mala:ʔika] Engel *m*
ملاك(ة) [malla:k(a)] Eigentümer(in) *m(f)*
ملاكمة [mula:kama] Boxen *n*, Boxkampf *m*
ملامح [mala:miħ] *Gesichtszüge* Miene *f*
ملآن [malʔa:n] voll
ملائم [mula:ʔim] angemessen, passend
ملبد [mulabbad] *Himmel* trüb, trübe; ملبد بالغيوم [mulabbad bil-ɣuju:m] bewölkt
ملبس [milabbas, mulabbas] Bonbon *m/n*; ملبس للسعال [milabbas lis-suʕa:l] Hustenbonbon *m/n*
ملتقى [multaqan] Treffpunkt *m*
ملجأ [maldʒaʔ], *Pl* ملاجئ [mala:dʒiʔ] Asyl *n*; Heim *n*; ملجأ العجزة [maldʒa:ʔ al-ʕadʒaza] Altenheim *n*

¹ملح [mallaħa] *in Salz* einlegen

²ملح [milħ], *Pl* أملاح [ʔamlaːħ] Salz *n*

³ملح [muliħħ] akut, dringend

ملحق [mulħaq], *Pl* ملاحق [malaːħiq] Anhang *m*; *Zeitung* Beilage *f*

ملحمة [malħama], *Pl* ملاحم [malaːħim] *jord* Fleischerei *f*, Metzgerei *f*

ملحن(ة) [mulaħħin(a)] Komponist(in) *m(f)*

ملحوظ [malħuːð] beachtlich; sichtlich

ملخص [mulaxxɒs] *Zusammenfassung* Übersicht *f*

ملصق [mulsɒq], *Pl* ملاصق [malɒːsɨq] Plakat *n*; Aufkleber *m*

ملطخ [mulɒttɒx] fleckig

ملعب [malʕab], *Pl* ملاعب [malaːʕib] Spielplatz *m*; SPORT Stadion *n*; ملعب رياضي [malʕab rijɒːđiː] Sportplatz *m*

ملعقة [milʕaqa], *Pl* ملاعق [malaːʕiq] Löffel *m*; ملعقة شاي [milʕaqat ʃaːj] Teelöffel *m*; ملعقة كبيرة [milʕaqa kabiːra] Esslöffel *m*

ملف [malaff, milaff] *Hefter* Ordner *m*; COMPUT Datei *f*, Akte *f*

ملفت [mulfit]: ملفت للنظر [mulfit lin-nɒðɒr] auffallend

ملفوف [malfuːf] BOT *syr* Kohlrabi *m*; ملفوف أبيض [malfuːf ʔabjɒđ] Weißkohl *m*, Weißkraut *n*

ملقط [milqɒt], *Pl* ملاقط [malaːqit] Pinzette *f*

ملقم [mulaqqim] COMPUT Server *m*

¹ملك [malak], *Pl* ملائكة [malaːʔika] Engel *m*

²ملك [malaka, i] besitzen, haben; *j-m* gehören; *Auto* halten

³ملك [milk], *Pl* أملاك [ʔamlaːk] Besitz *m*

⁴ملك(ة) [malik(a)], *mpl* ملوك [muluːk] König(in) *m(f)*

¹ملكية [malakiːja] Monarchie *f*

²ملكية [milkiːja] Eigentum *n*

ملل [malal] Langeweile *f*

ملم ب [mulimm] vertraut mit etw

ملموس [malmuːs] fühlbar; konkret

مله [mulhin] amüsant, unterhaltsam

ملون [mulawwan] bunt, farbig

ملئ [maliʔ] voll
مليح [mli:ħ] *lib* gut
مليون [milju:n], *Pl* **ملايين** [mala:ji:n] Million *f*
مليونير(ة) [milju:nair(a)] Millionär(in) *m(f)*
مما [mimma:] woraus, wovon
مماثل [muma:θil] identisch; ähnlich
ممتاز [mumta:z] herrlich; *umg* super, toll
ممتع [mumtiʕ] ein Genuss sein
ممتلكات [mumtalaka:t] *Pl* Habe *f*
ممثل(ة) [mumaθθil(a)] Repräsentant(in) *m(f)*, Schauspieler(in) *m(f)*; **ممثل هزلي** [mumaθθil hazli] Komiker *m*
ممر [mamarr] *Haus* Flur *m*, Gang *m*, Korridor *m*; Durchgang *m*; **ممر الطائرة** [mamarr ɒt-tɑʔira] Flugsteig *m*, Gate *n*; **ممر المشاة** [mamarr al-muʃa:t] *fig* Zebrastreifen *m*
ممرض [mumarriđ] Krankenpfleger *m*
ممرضة [mumarriđɒ] Krankenschwester *f*
ممزوج [mamzu:dʒ] *Stoffe* gemischt
ممسحة [mamsɒħa], *Pl* **مماسح** [mamɒ:siħ] Lappen *m*, Putzlappen *m*; Waschlappen *m*; Lumpen *m*
ممشى [mamʃan], *Pl* **مماش** [mama:ʃin] Bürgersteig *m*, Gehweg *m*
ممطر [mumtir] regnerisch
ممكن [mumkin] denkbar, möglich
ممل [mumill] eintönig; langweilig, fad(e)
مملح [mumallaħ] gesalzen
مملكة [mamlaka], *Pl* **ممالك** [mama:lik] Reich *n*
ممنوع [mamnu:ʕ] verboten; **ممنوع التدخين** [mamnu:ʕ attadxi:n] Rauchverbot *n*; **ممنوع الدخول** [mamnuʕ adduxu:l] Betreten verboten; **ممنوع الوقوف** [mamnu:ʕ alwuqu:f] Halteverbot *n*
ممنون ل [mamnu:n] dankbar
ممول(ة) [mumawwil(a)] Sponsor(in) *m(f)*
مميت [mumi:t] tödlich
مميز [mumajjiz] charakteristisch
من[1] [man] wer; wem; wen
من[2] [min] *Herkunft, Stoff* aus; *Komp* als, vom, von; **من بعد** [min buʕd] von weitem; **من**

... إلى [min ... ʔila:] von ... bis; من أجلكم [min ʔadʒlikum] euretwegen; WIRTSCH *Brief Pl* Ihretwegen; من الأفضل أن [mina l-ʔafđɒl ʔan] am besten; من الممكن [min al-mumkin] es ist möglich; من أين أنت؟ [min ʔaina ʔanta(-ti)] wo kommen Sie her? *m(f)*; من برلين [min birli:n] aus Berlin; من ذلك [min ða:lik] daraus, davon; من فضلك [min fɒđlak], [min fɒđlik] bitte; من قبل [min qabl] früher, schon, bereits; من مواليد [min mawa:li:d] *geboren* ... Jahrgang *m*;

مناخ [muna:x] Klima *n*

منارة [mana:ra], *Pl* **منائر** [mana:ʔir] Leuchtturm *m*

مناسب [muna:sib] passend, recht, angebracht; geeignet

مناسك [mana:sik] *isl.* Zeremonie *f*

منافس [muna:fis] Rivale *m*

منافسة [muna:fasa] WIRTSCH Wettbewerb *m*; Konkurrenz *f*

منافق [muna:fiq] *scheinheilig* falsch

مناقشة [muna:qaʃa] Diskussion *f*

مناكير [mana:ki:r] *Pl* Nagellack *m*

منام [mana:m] Schlaf *m*

منامة [mana:ma]: **المنامة** [al-mana:ma] Manama *n*

مناوبة [muna:wabatan] *Adv* abwechselnd

مناورة [muna:wara] *a.* MIL Manöver *n*

منبسط [munbasiŧ] *eben* flach

منبع [manbaʕ], *Pl* **منابع** [mana:biʕ] Quelle *f*

منبه [munabbih] Wecker *m*; *Kaffee* Aufputschmittel *n*; **منبه راديو** [munabbih ra:dju:] Radiowecker *m*

منتبه [muntabih] aufmerksam

1**منتج** [muntadʒ] Fabrikat *n*, Produkt *n*

2**منتج** [muntidʒ] WIRTSCH Erzeuger *m*

3**منتج(ة)** [muntidʒ(a)] Hersteller(in) *m(f)*

منتجع [muntadʒaʕ] Badeort *m*; Kurort *m*

منتخب(ة) [mutaxib(a)] Wähler(in) *m(f)*

منتدى [muntadan] Tagung *f*

منتزه [muntazah] Park *m*, Vergnügungspark *m*; **منتزه ترفيهي** [muntazah tarfi:hi:]

Freizeitpark *m*
منتصب [muntɒsɨb] aufrecht
[1]**منتصر** [muntɒsɨr] siegreich
[2]**منتصر(ة)** [muntɒsɨr(a)] Sieger(in) *m(f)*
منتصف [muntɒsɒf] mitten in; **منتصف الليل** [muntɒsɒf allail] Mitternacht *f*; **منتصف أيار** [muntɒsɒf ʔajja:r] Mitte Mai
منتظم [muntɒðɨm] regelmäßig; ordentlich, systematisch; gleichmäßig
منتفخ [muntafix] *fig* geschwollen
منتهي [muntahi:] ungültig; abgelaufen
منتوج [mantu:dʒ] Erzeugnis *n*; **منتوجات حيوية** [mantu:dʒa:t ħajawi:ja] Bioprodukte *npl*
منجز [mundʒaz] erledigt
منجم [mandʒam], *Pl* **مناجم** [mana:dʒim] Grube *f*, Mine *f*, Bergwerk *n*
منح [manaħa, a] geben, vergeben; *Titel* verleihen; **منح نفسه** [manaħa (a) nafsahu] sich *etw* gönnen
منحاز [munħa:z] parteiisch
[1]**منحدر** [munħadar] Hang *m*; Böschung *f*
[2]**منحدر** [munħadir] steil, abschüssig
منحرف [munħarif] pervers; schief, schräg
منحل [munħall] *Adj* verkommen
منحنى [munħana:] MATH, *Straße* Biegung *f*, Kurve *f*
منحة [minħa] Beihilfe *f*, Stipendium *n*
منخفض [munxafiđ] leise; nieder, niedrig
منخل [munxul], *Pl* **مناخل** [mana:xil] *Mehl* Sieb *n*
مندرين [mandari:n] BOT Mandarine *f*
مندفع [mundafiʕ] impulsiv
مندلينا [mandali:na] *jord* Mandarine *f*
مندهش [mundahiʃ] bestürzt; erstaunt
مندوب(ة) [mandu:b(a)] Reporter(in) *m(f)*
منديل [mandi:l], *Pl* **مناديل** [mana:di:l] Kopftuch *n*, Tuch *n*; **منديل الرقبة** [mandi:l ar-raqaba] Halstuch *n*; **منديل جيب** [mandi:l dʒaib] Taschentuch *n*
منذ [munðu] seit; seitdem; **منذ الأمس** [munðu l-ʔams] seit gestern; **منذ ذلك الوقت**

[munðu ða:lika l-waqt] seitdem; منذ لحظات [munðu lahaðɒ:t] gerade, kurz vorher

منزل [manzil], *Pl* منازل [mana:zil] *Zuhause* Heim *n*

منزلي [manzili:] häuslich

منسجم [munsadʒim] einträchtig, harmonisch

منسوجات [mansu:dʒa:t] *Pl* Textilien

منشأ [manʃaʔ] Herkunft *f*

منشار [minʃa:r], *Pl* مناشير [mana:ʃi:r] Säge *f*

منشأة [munʃaʔa], *Pl* منشآت [munʃaʔa:t] ARCH Anlage *f*, *Institution* Einrichtung *f*

منشرح [munʃariħ]: منشرح الصدر [munʃariħ ɒs-sɒdr] fröhlich

[1]منشط [munaʃʃiṯ] *Doping* Aufputschmittel *n*

[2]منشط(ة) [munaʃʃiṯ(a)] Organisator(in) *m(f)*

منشفة [minʃafa], *Pl* مناشف [mana:ʃif] Handtuch *n*; Badetuch *n*; منشفة تجفيف الأواني [minʃafat tadʒfi:f al-ʔawa:ni:] Geschirrtuch *n*

منشور [manʃu:r], *Pl* مناشير [mana:ʃi:r] Prospekt *m*; Flugblatt *n*; *Publikation* Bekanntmachung *f*

منصب [mansɨb], *Pl* مناصب [manɒ:sɨb] Posten *m*

منصف [munsɨf] fair, gerecht

منصة [minɒssɒ] Tribüne *f*

منصوص [mansu:s]: منصوص عليه [mansu:s ʕalaihi] *im Gesetz* vorgesehen

منطاد [muntɒ:d], *Pl* مناطيد [manɒ:tɨ:d] *Luftfahrzeug* Ballon *m*

[1]منطقة [mantɨqa] Rede (kunst) *f*

[2]منطقة [mintɒqa], *Pl* مناطق [manɒ:tɨq] *syr* Region *f*, Zone *f*, Bezirk *m*; Gebiet *n*, Gegend *f*, Gelände *n*; المناطق الاستوائية/الحارة [al-manɒ:tɨq al-istiwa:ʔi:ja/al-ħa:rra] Tropen *Pl*; منطقة الساحل [mintɒqat as-sa:ħil] Sahelzone *f*; منطقة المشاة [mintɒqat al-muʃa:t] Fußgängerzone *f*; منطقة انخفاض جوي [mintɒqat inxifɒ:đ dʒawwi:] METEO Tiefdruckgebiet *n*; منطقة آهلة بالسكان [mintɒqa ʔa:hila bis-sukka:n] Ballungsgebiet *n*; منطقة صناعية [mantɨqa sɨna:ʕi:ja] Industriegebiet *n*, Gewerbegebiet

n

منطقي [mantiqi:] logisch

منطلق [muntɒlaq] Ausgangspunkt *m*

منطو [muntawin]: **منطو(ية) على نفسه (ـها)** [muntawin(-wi:ja) ʕala: nafsihi(-ha:)] Außenseiter (in) *m(f)*

منظار [minðɒ:r], *Pl* **مناظير** [manɒ:ði:r] Fernglas *n*

منظر [manðɒr], *Pl* **مناظر** [manɒ:ðir] Anblick *m*, Aussicht *f*; Szene *f*; Ansicht *f*; **منظر طبيعي** [manðar tabi:ʕi:] Landschaft *f*; **منظر عام/شامل** [manðɒr ʕa:mm/ ʃa:mil] Überblick *m*

1**منظم** [munɒððam] *Person* ordentlich

2**منظم** [munɒððim] Regler *m*; Organisator *m*; **منظم الحرارة** [munɒððim al-ħara:ra] Thermostat *m*; **منظم الرحلة** [munɒððim ar-riħla] Reiseveranstalter *m*; **منظم دقات القلب** [munɒððim daqa:t al-qalb], **منظم ضربات القلب** [munɒððim đɒraba:t al-qalb] Herzschrittmacher *m*

منظمة [munɒððɒma] Organisation *f*; **منظمة الأمم المتحدة** [munɒððɒmat al-ʔumam al-muttaħida] UNO *f*

منع [manʕ] Verbot *n*; *in Zssgn* anti-, Anti-; **منع الحمل** [manʕ al-ħaml] Empfängnisverhütung *f*

منع [manaʕa, a] *j-n* zurückhalten; aufhalten; verhindern, verhüten; verbieten; blockieren; **منع (ه) عن** [manaʔa(hu)] *j-n* von *etw* abhalten

منعزل(ة) [munʕazil(a)] Einzelgänger(in) *m(f)*

منعش [munʕiʃ] erfrischend

منعطف [munʕɒtɒf] *Straße* Kurve *f*, Biegung *f*

منغلق على نفسه: [munɣaliq] [munɣaliq ʕala: nafsihi] *Mensch* verschlossen

منفاخ [minfa:x], *Pl* **منافيخ** [mana:fi:x] TECH Gebläse *n*; Luftpumpe *f*

منفذ [manfað], *Pl* **منافذ** [mana:fið] Zugang *m* *zum Meer*; Ausweg *m*

منفر [munaffir] abstoßend

1**منفرد** [munfarid] allein, einzeln

2**منفرد(ة)** [munfarid(a)] Einzelgänger(in) *m(f)*

منفصل [munfɒsˈil] *separat* extra, getrennt
منفضة [minfɒđɒ], *Pl* منافض [mana:fiđ] Aschenbecher *m*
منفعة [manfaʕa], *Pl* منافع [mana:fiʕ] Vorteil *m*
منفعل [munfaʕil] ergriffen; erregt, gereizt
منفوش [manfu:ʃ] struppig, zerzaust
منفى [manfan] Exil *n*
منقار [minqa:r], *Pl* مناقير [mana:qi:r] ZOOL Schnabel *m*
منقذ(ة) [munqið(a)] Lebensretter(in) *m(f)*; Retter(in) *m (f)*
منكب [mankib], *Pl* مناكب [mana:kib] Schulter *f*
منكسر [munkasir] entzwei; zerbrochen
منكود [manku:d]: منكود الحظ [manku:d al-ħɒðˈðˈ] unglücklich
منه [minhu] daraus, davon
منهك [munhak] erschöpft; *Aufgabe* erledigt, fix und fertig
منوم [munawwim] Schlafmittel *n*
مني [mani:j] *Sperma* Samen *m*
مني ب [munija] *Niederlage* einstecken; *Verlust* erleiden
منير [muni:r] hell
مهابة [maha:ba] Ehrfurcht *f*
مهاجر(ة) [muha:dʒir(a)] Einwanderer *m*, Einwanderin *f*; Auswanderer *m*, Auswanderin *f*
مهارة [maha:ra] Geschicklichkeit *f*
مهبط [mahbɒtˈ], *Pl* مهابط [maha:bitˈ] Landebahn *f*
مهبل [mahbil], *Pl* مهابل [maha:bil] ANAT Scheide *f*
مهبول [mahbu:l] *lib* dumm
مهجور [mahdʒu:r] *Ort* einsam
مهدئ [muhaddiʔ] Beruhigungsmittel *n*
مهدد [muhaddid] bedrohlich, drohend
مهذب [muhaððab] *vornehm* fein; artig; höflich, taktvoll
مهر [muhr], *Pl* أمهار [ʔamha:r] ZOOL Fohlen *n*
مهرج(ة) [muharridʒ(a)] Clown(in) *m(f)*
مهرجان [mahradʒa:n] Festival *n*
مهروس [mahru:s]: مهروس البطاطا [mahru:s al-bɒtˈɒ:tˈɒ:] Püree *n*
مهلبية [muhallabi:ja] Pudding *m*; *Reis* Brei *m*

مهلة [muhla] Frist *f*
مهم [muhimm] wichtig, bedeutend
مهمة [muhima], *Pl* **مهام** [maha:m] *Aufgabe* Auftrag *m*, Mission *f*
¹**مهمل** [muhmal] *Adj* verkommen
²**مهمل** [muhmil] *Person* schlampig, unordentlich; sorglos, nachlässig
مهملات [muhmala:t] *Pl Müll* Abfall *m*
مهنة [mihna], *Pl* **مهن** [mihan] Job *m*; Beruf *m*
مهندس(ة) [muhandis(a)] Ingenieur(in) *m(f)*
مهندم [muhandam] gepflegt
مهني [mihani:] beruflich
مهيج [muhajjidʒ] aufregend; *Doping* Aufputschmittel *n*
موات [muwa:tin] *Chance* günstig
مواد [mawa:dd] Material *n*; **مواد البناء** [mawa:dd al-bina:ʔ] Baumaterial *n*; **مواد حافظة** [mawa:dd ħa:fiðɒ] Konservierungsstoffe *mpl*; **مواد ضارة** [mawa:dd đɒ:rra] Schadstoffe *mpl*; **مواد غذائية** [mawa:dd ɣiða:ʔi:ja] Lebensmittel *npl*; **مواد كيماوية** [mawa:dd ki:ma:wi:ja] Chemikalien *f/pl*
موازٍ [muwa:zin] parallel
موازنة [muwa:zana] WIRTSCH Bilanz *f*
مواساة [muwa:sa:t] Beileid *n*
مواصلة [muwɒ:sɒla] *Zug* Anschluss *m*
مواطن(ة) [muwɒ:tin(a)] Bürger(in) *m(f)*, Staatsbürger (in) *m(f)*
مواعيد [mawaʕi:d]: **مواعيد الزيارة** [mawaʕi:d az-zija:ra] *Pl* Besuchszeiten
موافق [muwa:fiq] analog; **موافق على** [muwa:fiq ʕala:] einverstanden
موافقة [muwa:faqa] *amtliche* Genehmigung *f*
مؤامرة [muʔa:mara] Verschwörung *f*
مؤبد [muʔabbad] lebenslänglich
موبوء [maubu:ʔ] verseucht
موت [maut] Tod *m*
موتور [mu:tu:r] Motor *m*
مؤتمر [muʔtamar] Konferenz *f*, Kongress *m*; **مؤتمر القمة** [muʔtamar al-qimma] Gipfelkonferenz *f*
موتوسيكل [mu:tusikl] Motorrad *n*

مؤثر [muʔaθθir] eindrucksvoll
موثوق [mauθu:q] glaubwürdig; موثوق به [mauθu:q bihi] zuverlässig
موجب [mu:dʒab] PHYS plus; positiv
مؤجر(ة) [muʔaddʒir(a)] Vermieter(in) *m(f)*
موجز [mudʒaz] Zusammenfassung *f*
موجع [mu:dʒiʕ] schmerzhaft
موجة [maudʒa] Welle *f*; موجة برد [maudʒat bard] Kältewelle *f*; موجة حر [maudʒat ħarr] Hitzewelle *f*
موجود [maudʒu:d] anwesend, vorhanden; dabei, da; موجودات [maudʒu:da:t] *mpl* Bestand *m*
موحد [muwaħħad] einheitlich
موحش [mu:ħiʃ] *Ort* einsam, öd(e)
مؤخرا [muʔaxaran] neulich
[1]مؤخرة [muʔaxxira] Po *m*, Hintern *m*
[2]مؤخرة [muʔaxxara] Heck *n*; Hinter-; مؤخرة الرأس [muʔaxxarat ar-raʔs] Hinterkopf *m*
مؤدب [muʔaddab] *Kind* brav, artig; höflich, anständig; taktvoll
مودم [mu:dim] COMPUT Modem *n*
موديل [mu:dail] *Auto* Modell *n*
مودة [mawadda] Freundschaft *f*, Zuneigung *f*, Sympathie *f*
مودة [mu:da] Mode *f*
مئذنة [miʔðana], *Pl* مآذن [maʔa:ðin] Minarett *n*
مورد(ة) [muwarrid(a)] Lieferant(in) *(f)*
موريطانيا [mauri:tɒ:nija:] Mauretanien *n*
موز [mauz], *Sg* موزة [mauza] BOT *Koll* Banane *f*
مؤسسة [muʔassasa] WIRTSCH Betrieb *m*; Firma *f*, Unternehmen *n*; REL Stift *m*
مؤسف [muʔsif] bedauerlich, schmerzlich
موسكو [mu:sku:] Moskau *n*
موسم [mausim], *Pl* [mawa:sim] Saison *f*, Hauptsaison *f*; Jahrmarkt *m*
موسيقار(ة) [musi:qa:r(a)] Musiker(in) *m(f)*
[1]موسيقى [mu:si:qa:] *f* Musik *f*; موسيقى البوب [mu:si:qa al-bu:b] Popmusik *f*; موسيقى الروك [mu:si:qa: ar-ru:k] Rockmusik *f*; موسيقى تكنو

[musiːqaː tiknuː] Technomusik *f*, **موسيقى شعبية** [musiːqaː ʃaʕbiːja] Volksmusik *f*, **مولع بالموسيقى** [muːlaʕ bil-musiːqaː] musikalisch

²**موسيقي** [muːsiːqiː] musikalisch

مؤشر [muʔaʃʃir] COMPUT Cursor *m*

موصل [muwassil] ELEK Leiter *m*

موصوف [mausuːf] *Weg* ausgeschildert

موضع [mauđiʕ], *Pl* **مواضع** [mawɒːđiʕ] Platz *m*; Stelle *f*

موضة [muːđɒ] Mode *f*

موضوع [mauđuːʕ], *Pl* **مواضيع** [mawɒːđiːʕ] Objekt *n*; *Thema* Gegenstand *m*; **وضوع إنشائي** [mauđuːʕ ʔinʃaːʔiː] *Schule* Aufsatz *m*; **الموضوع يدور حول** [al-mauđuːʕ jaduːr ħaul] es geht um

موضوعي [mauđuːʕiː] objektiv, sachlich

موطن [mautin] Heimat *f*

موظف(ة) [muwɒððɒf(a)] Angestellte *m/f*, Beamte *m*, Beamtin *f*

موعد [mauʕid], *Pl* **مواعد** [mawaːʕid] Termin *m*, Verabredung *f*, **موعد إقلاع الطائرة** [mauʕid ʔiqlaːʕ ɒt-tɒːʔira] Abflugzeit *f*, **موعد الإقلاع** [mauʕid al-ʔiqlaːʕ] Abfahrtszeit *f*, **موعد القدوم/الوصول** [mauʕid al-quduː-m/al-wusuːl] Ankunftszeit *f*, **موعد المغادرة** [mauʕid al-muɣaːdara] Abfahrtszeit *f*

موفق [muwaffaq] erfolgreich

موفور [maufuːr] reichlich

مؤقت [muʔaqqat] vorübergehend, provisorisch, vorläufig, zeitweilig

مؤقتا [muʔaqqatan] *Adv* vorläufig

موقد [mauqid], *Pl* **مواقد** [mawaːqid] Kocher *m*; **موقد الغاز** [mauqid al-ɣaːz] Gasherd *m*

موقع [mauqiʕ], *Pl* **مواقع** [mawaːqiʕ] Stelle *f*, Lage *f*, COMPUT Webseite *f*

¹**موقف** [mauqif], *Pl* **مواقف** [mawaːqif] *Haltestelle* Station *f*, Einstellung *f*, *Standpunkt* Position *f*, *fig* Haltung *f*, **موقف الحافلة/الباص** [mauqif al-ħaːfila/al-bɒːs] Bushaltestelle *f*, **موقف سيارات** [mauqif sajjaːraːt]

موقف سيارات Parkplatz *m*; طابقي [mauqif sajja:ra:t tɒ:biqi:] Parkhaus *n*
موقف² [mu:qif]: وقف للنزيف [mu:qif lin-nazi:f] blutstillend
موكب [maukib], *Pl* مواكب [mawa:kib] *Festzug* Umzug *m*
موكل(ة) [muwakkil(a)] Auftraggeber(in) *m(f)*
موكيت [mu:ki:t] Teppichboden *m*
مول [mawwala] finanzieren
مولد(ة) [muwallid(a)] Geburtshelfer(in) *m(f)*
مولود [maulu:d] geboren
مؤلف¹ [muʔallaf] *Literatur* Werk *n*
مؤلف(ة)² [muʔallif(a)] Autor (in) *m(f)*, Verfasser(in) *m(f)*
مؤلم [muʔlim] schmerzhaft; schmerzlich
مؤمن [muʔmin] gläubig
مومياء [mu:mija:ʔ], *Pl* مومياوات [mu:mija:wa:t] Mumie *f*
مؤنث [muʔannaθ] GRAM feminin
موهبة [mauhiba], *Pl* مواهب [mawa:hib] Talent *n*, Begabung *f*
مؤهل ل [muʔahhal] kompetent, geeignet für
موهوب [mauhu:b] begabt
مؤونة [maʔu:na], *Pl* مؤن [muʔan] Verpflegung *f*, Vorrat *m*
مياه [mija:h] Gewässer *Pl*; المياه الإقليمية [al-mi:ja:h al-ʔiqli:mi:ja] Hoheitsgewässer *npl*; مياه التبريد [mija:h at-tabri:d] TECH Kühlwasser *n*; مياه الصرف الصحي [mija:h ɒs-sarf as-sihhi:] Abwasser *n*; مياه جارية [mija:h dʒa:ri:ja] fließendes Wasser; مياه جوفية [mija:h dʒaufi:ja] Grundwasser *n*; مياه عادمة [mija: ʕa:dima] Abwasser *n*; مياه قذرة [mija:h qaðira] *umg Abwasser* Brühe *f*; مياه معدنية [mija:h maʕdani:ja] Mineralwasser *n*
ميت¹ [majjit] tot
ميت(ة)² [majjit(a)], *mpl* موتى [mauta:] Tote *m/f*
مئتان [miʔata:n] zweihundert
ميثاق [mi:θa:q], *Pl* مواثيق [mawa:θi:q] Abkommen *n*
ميجا بايت [mi:ga ba:jt] Megabyte *n*
ميدالية [mi:da:lija] Medaille *f*

ميدان [maida:n], *Pl* **ميادين** [maja:di:n] Platz *m*; *Bereich* Gebiet *n*
ميراث [mi:ra:θ], *Pl* **مواريث** [mawa:ri:θ] Erbe *n*
1**ميز** [majjaza] *charakterisieren* kennzeichnen; unterscheiden *v/t*
2**على ميز** [majjaza] *fig* vorziehen; **ميز عن** [majjaza] benachteiligen
ميزان [mi:za:n], *Pl* **موازين** [mawa:zi:n] Waage *f*; **ميزان الحرارة** [mi:za:n al-ħara:ra] Thermometer *n*
ميزانية [mi:za:ni:ja] WIRTSCH Bilanz *f*; FIN Etat *m*, Haushalt *m*
ميسر [mujassar] *vereinfacht* erleichtert
ميسور [maisu:r]: **ميسور الحال** [maisu:r al-ħa:l] wohlhabend
ميعاد [mi:ʕa:d], *Pl* **مواعيد** [mawa:ʕi:d] *Termin* Zeitpunkt *m*; Rendezvous *n*
ميكانزم [mi:kanizim] TECH Laufwerk *n*
ميكانيكي [mi:ka:ni:ki:] mechanisch
ميكانيكية [mi:ka:ni:ki:ja] Mechanik *f*
ميكروسكوب [mi:krusku:b] Mikroskop *n*
ميكروفون [mi:krufu:n] Mikrofon *n*
ميكروويف [mi:kru:wi:f] Mikrowellenherd *m*
1**ميل** [mail], *Pl* **ميول** [muju:l] Tendenz *f*; *a. fig* Neigung *f*, Hang *m*, Vorliebe *f*
2**ميل** [mi:l], *Pl* **أميال** [ʔamja:l] Meile *f*
ميلاد [mi:la:d] Geburt *f*
ميلك شيك [milk ʃaik] Milchshake *m*
ميناء [mi:na:ʔ], *Pl* **موانئ** [mawa:niʔ] Hafen *m*

ن

ناب عن [na:ba, u:] vertreten; für *j-n* einspringen
نابغ [na:biɣ] genial
نابغة [na:biɣa], *Pl* **نوابغ** [nawa:biɣ] *m(f)* Genie *n*; *v/r* genieren

ناتج [na:tidʒ]: **الناتج القومي الإجمالي** [an-na:tidʒ al-qaumi: al-ʔidʒma:li:] WIRTSCH Bruttosozialprodukt *n*; **الناتج المحلي الإجمالي** [an-na:tidʒ al-maħli: al-ʔidʒma:li:] Bruttoinlandsprodukt *n*

ناتو [na:tu:]: **الناتو** [an-na:tu:] NATO *f*

ناتوروباثيا [na:turu:ba:θja:] Naturheilkunde *f*

ناج(ية) [na:dʒin(-dʒi:ja)] Überlebende *m*/*f*

ناجح [na:dʒiħ] erfolgreich, florierend

ناجع [na:dʒiʕ] *vorteilhaft* rationell; wirksam

ناح [na:ħa, u:] jammern, klagen

ناحية [na:ħija], *Pl* **نواح** [nawa:ħin] Gegend *f*

ناخب(ة) [na:xib(a)] Wähler(in) *m(f)*

ناد [na:din], *Pl* **نواد** [nawa:din] Club *m*; **ناد رياضي** [na:din rijɒ:đi:] Sportverein *m*; **ناد ليلي** [na:din laili:] Nachtclub *m*; **ناد المستجمين** [na:di: al-mustadʒimmi:n] Ferienclub *m*

نادر [na:dir] selten, außergewöhnlich; einmalig, einzigartig; knapp; **نادر الاستعمال** [na:dir al-istiʕma:l] ungebräuchlich; **نادرا ما** [na:diran ma:] *Adv* kaum, selten

نادرة [na:dira], *Pl* **نوادر** [nawa:dir] Rarität *f*

نادل [na:dil] Ober *m*; **نادل(ة)**, *Pl* **ندل (نادلات)** [nudul (na:dila:t)] Kellner(in) *m(f)*, Bedienung *f*

نادى [na:da:] rufen

نار [na:r], *Pl* **نيران** [ni:ra:n] Feuer *n*; **نار المخيم** [na:r al-muxajjam] Lagerfeuer *n*

نارجيلة [na:rdʒi:la] Wasserpfeife *f*

نازي [na:zi:] Nazi *m*; **النازية** [an-na:zi:ja] Nationalsozialismus *m*

ناس [na:s] Leute *Pl*; **الناس** [an-na:s] *Leute* Volk *n*

ناسب [na:saba] *entsprechen* zusagen, passen

ناسب [na:saba] *j-m* recht sein; *Kleidung j-m* stehen; sich eignen

ناشر(ة) [na:ʃir(a)] Herausgeber(in) *m(f)*

ناشف [na:ʃif] trocken

ناصر(ة) [nɒ:sɨr(a)], *Pl* **أنصار (ناصرات)** [ʔansɒ:r

(na:sira:t)] *Person* Anhänger(in) *m(f)* *a. rel*, POL
ناصع [nɒ:siʕ]: **ناصع البياض** [nɒ:siʕ al-bajɒ:đ] schneeweiß
ناضج [nɒ:đidʒ] reif; *Speise* gar
ناضل [nɒ:đɒla] kämpfen; **ناضل من أجل** [nɒ:đɒla min adʒl] für *etw* kämpfen
ناطحة [nɒ:tiħa]: **ناطحة السحاب** [nɒ:tiħat as-saħa:b] Hochhaus *n*, Wolkenkratzer *m*
ناظر(ة) [nɒ:ðir(a)], *Pl* **نظار (ناظرات)** [nuððɒ:r (na:ðira:t)] *äg Schule* Direktor(in) *m(f)*
ناعس [na:ʕis] *Adj* verschlafen
ناعم [na:ʕim] *weich* zart, fein; glatt
نافد [na:fid] ausverkauft; *Geduld* erschöpft
نافذ [na:fið]: **نافذ الكلمة** [na:fið al-kalima] *Person* einflussreich
نافذة [na:fiða], *Pl* **نوافذ** [nawa:fið] Fenster *n*
نافع [na:fiʕ] nützlich, vorteilhaft
نافق [na:faqa] sich verstellen
نافورة [na:fu:ra], *Pl* **نوافير** [nawa:fi:r] ARCH Brunnen *m*, Springbrunnen *m*
ناقد [na:qid] kritisch
ناقش [na:qaʃa] *Thema* besprechen; diskutieren
ناقص [na:qis] unvollständig; abzüglich; MATH minus
ناقل [na:qil]: **ناقل السرعة** [na:qil as-surʕa] AUTO Gangschaltung *f*
ناقم [na:qim] empört
ناقوس [na:qu:s], *Pl* **نواقيس** [nawa:qi:s] Glocke *f*
ناكر [na:kir]: **ناكر الجميل** [na:kir al-dʒami:l] undankbar
نال [na:la, a:] *Vertrauen* erwerben; **نال قهرا** [na:la (a:) qahran] *zwingen zu* erzwingen
نام [na:ma, a:] schlafen; einschlafen
ناموسة [na:mu:sa], *Koll* **نواميس** [nawa:mi:s] ZOOL Mücke *f*
ناموسية [na:mu:si:ja] Moskitonetz *n*
ناول [na:wala] reichen, geben; herumreichen; hinhalten
ناي [na:j] MUS Flöte *f*
نائب(ة) [na:ʔib(a)], *mpl* **نواب** [nuwwa:b] Stellvertreter(in) *m(f)*; POL Abgeordnete *m(f)*
نبات [naba:t] Pflanze *f*, **نبات**

متسلق [naba:t mutasalliq] Kletterpflanze *f*; نباتات قرنية [nabata:t qarni:ja] Hülsenfrüchte *f/pl*
1نباتي [naba:ti:] botanisch, pflanzlich, vegetarisch
2نباتي(ة) [naba:ti:(-ti:ja)] Vegetarier(in) *m(f)*
نبت [nabata, u] *Pflanze, Bart* wachsen
نبح [nabaħa, a] bellen
نبرة [nabra] *Akzent* Betonung *f*; Tonfall *m*
نبريج [nabri:dʒ], نبريج ماء [nabri:dʒ ma:ʔ] Schlauch *m*
نبش [nabaʃa] Ausgrabung *f*
1نبض [nabđ] Puls *m*
2نبض [nabɒđɒ, i] *Herz* klopfen
نبع من [nabaʕa, u] entspringen; hervorgehen aus, abstammen von
نبغ [nabaɣa, u] *fig* glänzen
1نبه [nabaha] JUR *j-n* belehren
2نبه [nabbaha] mahnen; ermahnen; نبه إلى [nabbaha ʔila:] *etw* anmerken; hinweisen auf
نبوت [nabu:t], *Pl* نوابيت [nawa:bi:t] *äg* Keule *f*
نبي(ة) [nabi:(-bi:ja)], *mpl* أنبياء [ʔanbija:ʔ] Prophet(in) *m(f)*
نبيذ [nabi:ð] Wein *m*; نبيذ أبيض [nabi:ð ʔabjad] Weißwein *m*; نبيذ أحمر [nabi:ð ʔaħmar] Rotwein *m*
نبيل [nabi:l] edel, vornehm; *umg* nobel
نبيه [nabi:h] gescheit
نتاج [nita:dʒ] ZOOL Wurf *m*
نتانة [nata:na] Gestank *m*
نتج [natadʒa, i] sich ergeben
نتف [natafa, i] *Haare* ausreißen
نتن [natina, a] stinken
نتوء [nutu:ʔ] Beule *f*
نتيجة [nati:dʒa], *Pl* نتائج [nata:ʔidʒ] Erfolg *m*; Ergebnis *n a.* JUR; Folge *f*, Resultat *n*; Bilanz *f*; Schlussfolgerung *f*; نتيجة الفحص [nati:dʒat al-faħs] MED Befund *m*; نتيجة لذلك [nati:dʒatan liða:lik] infolgedessen; نتيجة نهائية [nati:dʒa niha:ʔi:ja] Endergebnis *n*
1نثر [naθara, u] streuen
2نثر [naθr] Prosa *f*
نجا [nadʒa:, u:] überleben; نجا بنفسه [nadʒa: (u:) binafsihi] sich retten; نجا من [nadʒa:, u:] entgehen, entrinnen,

entkommen
نجاح [nadʒa:ħ] Erfolg *m*
نجاة [nadʒa:t] Rettung *f*
نجح [nadʒaħa, a] *bestehen* durchkommen; **نجح في** [nadʒaħa, a] *Prüfung* bestehen; *v/i* gelingen
نجدة [nadʒda]: ! **النجدة** [an-nadʒda] Hilfe!
نجم [nadʒm], *Pl* **نجوم** [nudʒu:m] Stern *m*; *Film* Celebrity *f*, Star *m*; **نجم البحر** [nadʒm al-baħr] ZOOL Seestern *m*; **نجم مذنب** [nadʒm muðannab] Komet *m*
نجم عن [nadʒama, u] sich ergeben
نجى من [naddʒa:] *j-n* retten; sich retten
نجيب [nadʒi:b] gelehrig
نحاس [nuħa:s] Kupfer *n*; **نحاس أصفر** [nuħa:s ʔɒsfar] Messing *n*
نحت [naħata, u] schnitzen
نحر [naħara, a] schlachten; *rel* schächten
[1]**نحس** [naħisa, a] Pech haben
[2]**نحس** [naħs] *fig* Pech *n*
نحل [naħula, a] *v/i Gewicht* abnehmen
نحلة [naħla], *Pl* **نحل** [naħl] ZOOL Biene *f*
نحن [naħnu] *Pron* wir
[1]**نحو** [naħw] Grammatik *f*
[2]**نحو** [naħwa] *Richtung* nach, *gen* gegen, etwa, zirka; **نحو الخارج** [naħwa l-xa:ridʒ] nach außen
نحيف [naħi:f] *Mensch* dünn, schmal, hager, mager
نحيل [naħi:l] schlank; *mager* dürr
نخاع [nuxa:ʕ] Mark *n*
نخامة [nuxa:ma] Schleim *m*
نخل [naxala, u] *mit dem Sieb* sieben
نخلة [naxla], *Koll* **نخل** [naxl] BOT Palme *f*, Dattelpalme *f*
نخوة [naxwa] Ehrgefühl *n*
ند [nidd], *Pl* **أنداد** [ʔanda:d] Rivale *m*
نداء [nida:ʔ] Aufruf *m*, Ruf *m*; **نداء النجدة** [nida:ʔ an-nadʒda] Notruf *m*
ندبة [nadba], *Pl* **ندوب** [nudu:b] Narbe *f*
ندفة [nudfa]: **ندفة الثلج** [nudfat aθ-θaldʒ] Schneeflocke *f*
[1]**ندم** [nadam] Reue *f*
[2]**ندم على** [nadima, a] bereuen
ندوة [nadwa] Tagung *f*
ندى [nadan] Tau *m*
نرويج [nurwi:dʒ]: **النرويج** [an-

nurwi:dʒ] Norwegen *n*
نزاع [niza:ʕ] Konflikt *m*, Streit *m*
نزح [nazaħa, a, i] einwandern
¹نزع [nazaʕa, i] abmachen; abreißen
²نزع [nazʕ]: نزع السلاح [nazʕ as-sila:ħ] Abrüstung *f*
نزعة [nazʕa] *Neigung* Tendenz *f*
نزف [nazafa, i] bluten
¹نزل [nazala, i] *im Hotel* absteigen, wohnen; sich senken; *Blitz* einschlagen; FLUG landen; نزل من [nazala (i) min] absteigen, aussteigen; نزل إلى البر [nazala (i) ʔila l-barr] an Land gehen
²نزل [nazzala] *Fahrgast* absetzen, abladen; *Preis* herabsetzen
نزهة [nuzha], *Pl* نزه [nuzah] Spaziergang *m*; Ausflug *m*, Tour *f*
نزولا [nuzu:lan] bergab
نزيف [nazi:f] Blutung *f*
نزيل [nazi:l], *Pl* نزلاء [nuzala:ʔ] *Hotel* Gast *m*
نسبة [nisba], *Pl* نسب [nisab] Verbindung *f*; MATH Verhältnis *n*; GRAM *arab. Adjektiv mit* [ja:] *am Ende*; بالنسبة إلى [bin-nisbati ʔila:] in Bezug auf
نسبي [nisbi:] relativ; نسبيا [nisbi:jan] *Adv* relativ, verhältnismäßig
نسج [nasadʒa, i, u] *weben* knüpfen, weben
نسخ [nasaxa, a] kopieren, abschreiben; COMPUT brennen
نسخة [nusxa], *Pl* نسخ [nusax] Kopie *f*, Exemplar *n*; Version *f*; COMPUT Ausdruck *m*; FOTO Abzug *m*; نسخة أصلية [nusxa ʔɒsli:ja] Originaltext *n*; نسخة مقرصنة [nusxa muqarsana] Raubkopie *f*
نسر [nisr], *Pl* نسور [nusu:r] ZOOL Adler *m*
نسق [nassaqa] auf einander abstimmen; COMPUT *Text* formatieren
نسمة [nasma] Brise *f*
نسي [nasija, a:] vergessen, übersehen; verlernen; *umg* verschlafen
نسيج [nasi:dʒ], *Pl* أنسجة [ʔansidʒa] ANAT Gewebe *n*
نشأ [naʃaʔa, a] entstehen; aufwachsen
نشاء [naʃa:ʔ] GASTR Stärke *f*
نشاط [naʃɒ:ṭ], *Pl* أنشطة

[ʔanʃitɒ] Aktivität *f*, Tätigkeit *f*; *Vitalität* Energie *f*
نشال(ة) [naʃʃa:l(a)] Taschendieb(in) *m(f)*
نشج [naʃadʒa, i] schluchzen
نشر [naʃara, u] verbreiten, veröffentlichen; *Buch* herausgeben, verlegen; *Segel* hissen; *Wäsche* aufhängen
نشرة [naʃra] Bericht *m*; **نشرة الأخبار** [naʃrat al-ʔaxba:r] TV Nachrichten; **نشرة الأخبار الجوية** [naʃrat al-ʔaxba:r al-dʒawwi:ja] Wetterbericht *m*, Wettervorhersage *f*
نشط [naʃiɫ] *Mensch* dynamisch; *lebhaft* munter, flink
1**نشف** [naʃifa, a] *v/i* trocknen, vertrocknen
2**نشف** [naʃʃafa] trocknen, abtrocknen; austrocknen, eintrocknen
نشق [naʃiqa, a] schnüffeln
نشوان [naʃwa:n] *berauscht* high
نشوب [nuʃu:b] *Feuer, Krieg* Ausbruch *m*
نشوة [naʃwa] Rausch *m*
نشيد [naʃi:d]: **النشيد الوطني** [an-naʃi:d al-wɒɫɒni:] Nationalhymne *f*
نشيط [naʃi:ɫ] lebendig, aktiv, energisch; forsch, geschäftig, lebhaft
1**نص** [nɒss], *Pl* **نصوص** [nusu:s] Text *m*
2**نص** [nɒssɒ, u] lauten
نصاب(ة) [nɒssɒ:b(a)] Betrüger(in) *m(f)*, Gauner(in) *m (f)*, Schwindler(in) *m(f)*
1**نصب** [nɒsɒba, u] *Zelt* aufstellen, aufrichten; *fig* schwindeln
2**نصب** [nusb] Denkmal *n*; *äg* Betrug *m*; **نصب تذكاري** [nusb taðka:ri:] Denkmal *n*, Gedenkstätte *f*
3**نصب على** [nɒsɒba, u] *umg* betrügen
نصح [nɒsɒħa, a] beraten, raten; ermahnen; **نصح ب** [nɒsɒħa (a) bi] empfehlen
نصر [nɒsr] Sieg *m*, Triumph *m*
نصراني [nɒsra:ni:] christlich
نصراني(ة) [nɒsra:ni:(-ni:ja)], *Pl* **نصارى (نصرانيات)** [nɒsɒ:ra: (nasra:ni:ja:t)] Christ(in) *m (f)*
1**نصف** [nɒssɒfa] halbieren
2**نصف** [nisf] halb
3**نصف** [nisf], *Pl* **أنصاف** [ʔansɒ:f] Hälfte *f*, **نصف**

ساعة [nisf sa:ʕa] e-e halbe Stunde; نصف سنة [nisf sana] Halbjahr *n*; نصف مشوي [nisf maʃwi:] *Steak* medium; نصف يومي [nisf jaumi:] halbtags

نصل [nɒsl], *Pl* نصال [nisɒ:l] *Messer* Klinge *f*

نصيب [nɒsi:b], *Pl* أنصبة [ʔansiba] Anteil *m*

نصيحة [nɒsi:ħa], *Pl* نصائح [nɒsɒ:ʔiħ] Rat *m*, Tipp *m*

نضج [nɒđidʒa, a] reifen

نط [nɒttɒ, u] hüpfen, springen

نطق [nɒtɒqa] aussprechen; sprechen

نطق [nutq] Aussprache *f*

نظاراتي(ة) [nɒððɒ:ra:ti:(-ti:ja)], *mpl* Optiker(in) *m(f)*

نظارة [nɒððɒ:ra] Brille *f*; نظارة الغوص [nɒððɒ:rat alɣaus] Taucherbrille *f*; نظارة شمسية [nɒððɒ:ra ʃamsi:ja] Sonnenbrille *f*

نظام [niðɒ:m], *Pl* أنظمة [ʔanðima] Ordnung *f*, System *n*; Disziplin *f*; Regime *n*; نظام إغلاق مركزي [niðɒ:m ʔiɣla:q markazi:] AUTO Zentralverriegelung *f*; نظام البيت [niðɒ:m al-bait] Hausordnung *f*; نظام التشغيل [niðɒ:m at-taʃɣi:l] COMPUT Betriebssystem *m*; نظام التوجيه [niða:m at-taudʒi:h] AUTO Lenkung *f*; نظام بيئي/ إيكولوجي [niða:m bi:ʔi:/ʔi:kulu:dʒi:] Ökosystem *n*; نظام سيرفو [niðɒ:m sairvo] AUTO Servolenkung *f*

نظر [nɒðɒr] Sicht *f*, Ansicht *f*

نظر إلى [nɒðɒra, u] ansehen, betrachten; نظر في [nɒðɒra (u) fi:] *fig* erwägen

نظرة [nɒðra] Blick *m*; نظرة إلى الماضي [nɒðra ʔila l-mɒ:đi:] Rückblick *m*; نظرة شاملة [nɒðra ʃa:mila] Überblick *m*; نظرة عامة [nɒðra ʕa:mma] Übersicht *f*

نظري [nɒðɒri:] theoretisch

نظريا [nɒðɒri:jan] *Adv* theoretisch

نظرية [nɒðɒri:ja] Theorie *f*

نظف [nɒððɒfa] putzen, reinigen, sauber machen; abwaschen; aufwischen; نظف بالمكنسة الكهربائية [nɒððɒfa bil-miknasa al-kahruba:ʔi:ja] Staub saugen

¹نظم [nɒðɒma] reimen; *Gedicht* verfassen

²نظم [nɒððɒma] ordnen; organisieren; regeln, regulie-

ren
نظير [nɒðiːra], *Pl* **نظائر** [nɒðɒːʔir] Gegenleistung *f*
نظيف [nɒðiːf] sauber; *Wäsche* frisch
نعامة [naʕaːma], *Koll* **نعام** [naʕaːm], *Pl* **نعائم** [naʕaːʔim] ZOOL Strauß *m*
نعجة [naʕdʒa] *Muttertier* Schaf *n*
نعر [naʕara] *Kuh* brüllen
نعرة [nuʕara] ZOOL Bremse *f*
نعسان [naʕsaːn] schläfrig
نعش [naʕʃ], *Pl* **نعوش** [nuʕuːʃ] Totenbahre *f*
نعل [naʕl], *Pl* **نعال** [niʕaːl] *Schuh* Sohle *f*
نعم [naʕam] ja; wie bitte?
نغم [naɣam], *Pl* **أنغام** [ʔanɣaːm] Melodie *f*
نغمة [naɣama] MUS Klang *m*; Ton *m*
نفاخة [nuffaːxa] Luftballon *m*
نفاد [nafaːd] Erschöpfung *f*; **نفاد الصبر** [nafaːd ɒs-sɒbr] Ungeduld *f*
نفاق [nifaːq] Heuchelei *f*
نفايات [nafaːjaːt] *Pl* Müll *m*
نفاية [nufaːja] *defekte Ware* Ausschuss *m*
نفخ [nafaxa, u] blasen; *umg* pusten; aufpumpen
نفد [nafida, a] vergriffen sein, aus sein; *Vorräte* ausgehen
1**نفذ** [nafaðda] *Nachricht* durchdringen
2**نفذ** [naffaða] durchführen, verwirklichen; *Willen* durchsetzen; *Tat* ausführen
نفر [nafara] scheuen *v/t*
1**نفس** [nafas], *Pl* **أنفاس** [ʔanfaːs] Atem *m*
2**نفس** [nafs] derselbe, dieselbe, dasselbe; gleiche(r,-s); selbst; **نفسه** [nafsahu] sich selbst;
3**نفس** [nafs], *Pl* **أنفس** [ʔanfus] Seele *f*
4**نفس عن** [naffasa] *j-n* aufmuntern
نفساني [nafsaːniː] psychisch; psychologisch
نفسه [nafsahu] sich selbst; derselbe
نفسي [nafsiː] seelisch, psychisch; psychologisch
نفط [naft] Öl *n*, Erdöl *n*; **نفط خام** [naft xaːm] Rohöl *n*
1**نفع** [nafʕ] Nutzen *m*, Profit *m*
2**نفع** [nafaʕa, a] nutzen, taugen
نفعي [nafʕiː] berechnend
نفق [nafaq], *Pl* **أنفاق** [ʔanfaːq] Tunnel *m*, Unterführung *f*

نفقات [nafaqa:t] Spesen *Pl*; **نفقات الحياة** [nafaqa:t alħaja:t] Lebenshaltungskosten *Pl*
نفقة [nafaqa] *Alimente* Unterhalt *m*
نفوذ [nufu:ð] Einfluss *m*
نفور [nufu:r] Abneigung *f*
نفى [nafa:, i:] verneinen; widerrufen
نفيس [nafi:s] kostbar
نقاب [niqa:b], *Pl* **نقب** [nuqub] Schleier *m*
نقابة [niqa:ba] Gewerkschaft *f*
نقاش [niqa:ʃ] Diskussion *f*
نقالة [naqqa:la] *Trage* Bahre *f*
نقانق [naqa:niq] GASTR Würstchen *n*; **نقانق مشوية** [naqa:niq maʃwi:ja] Bratwurst *f*; **نقانق هوت دوغ** [naqa:niq hu:tdu:ɣ] Hotdog *m*
نقاهة [naqa:ha] MED Erholung *f*
نقب عن [naqqaba] graben; *etw* ausgraben
نقد [naqd], *Pl* **نقود** [nuqu:d] Geld *n*; Bargeld *n*; Kritik *f*; **نقدا** [naqdan] (in) bar
نقر [naqara, u] COMPUT klicken; anklicken
نقرة [nuqra], *Pl* **نقر** [nuqar] *Grube* Vertiefung *f*
نقش [naqaʃa, u] schnitzen
نقش [naqʃ], *Pl* **نقوش** [nuqu:ʃ] *Gravur* Inschrift *f*
نقص[1] [naqɒsɒ, u] sich verringern; fehlen
نقص[2] [naqqɒsɒ] *etw* vermindern, verringern
نقص[3] [naqs] Defizit *n*, Mangel *m*; **نقص المناعة** [naqs almana:ʕa] MED Immunschwäche *f*
نقض [naqɒđɒ, u] *Vertrag* brechen
نقط[1] [naqqɒŧɒ] tropfen
نقط[2] [nuqɒŧ] *Pl* Tropfen; Punkte
نقطة [nuqŧɒ], *Pl* **نقط** [nuqɒŧ], **نقاط** [niqɒ:ŧ] Tropfen *m*; Punkt *m*; **نقطة أساسية** [nuqŧɒ ʔasa:si:ja] Stichwort *n*; **نقطة الانطلاق** [nuqŧɒt alinŧila:q] Ausgangspunkt *m*; **نقطة تحول** [nuqŧɒt taħawwul] *fig* Einschnitt *m*; **نقطة عبور حدودية** [nuqŧɒt ʕubu:r ħudu:di:ja] Grenzkontrolle *f*; **النقطتان** [an-nuqŧɒta:n] Doppelpunkt *m*
نقع [naqaʕa, a] einweichen
نقل[1] [naqala, u] transportieren; wegfahren, befördern;

Text wiedergeben; **نقل التحية** [naqala (u) at-taħi:ja] *e-n* Gruß bestellen; **نقل إلى المستشفى** [naqala (u) ʔila l-mustaʃfa:] ins Krankenhaus einliefern; **نقل من** [naqala (u) min] abschreiben

2**نقل** [naql] Transport *m*; Spedition *f*; **نقل الحركة** [naql al-ħaraka] TECH Übersetzung *f*; **نقل الدم** [naql ad-dam] MED Transfusion *f*, Bluttransfusion *f*

نقود [nuqu:d] *Pl* Bargeld *n*; **نقود مزيفة** [nuqu:d muzajjafa] Falschgeld *n*

1**نقي** [naqi:] sauber; *Wasser* klar, rein

2**نقى** [naqqa:] aussortieren

3**نقى** [naqqa:], *a. fig* **صفى** [sɒffa:] *Flüssigkeit* klären

نكتة [nukta], *Pl* **نكت** [nukat] Witz *m*

نكر [nakkara] *j-n* verkleiden

نكسة [naksa] *a.* MED Rückfall *m*, *fig* Rückschlag *m*

نكش [nakaʃa] wühlen

نما [nama:, u:] wachsen, gedeihen *a. fig*; *Pflanze* wuchern

نمر [namir], *Pl* **نمور** [numu:r] ZOOL Tiger *m*

نمرة [numra], *Pl* **نمر** [numar] Nummer *f*; **النمرة غلط** [an-numra ɣalɒŧ] falsch verbunden

نمسا [namsa:]: **النمسا** [an-namsa:] Österreich *n*

نمساوي [namsa:wi:] österreichisch

نمساوي(ة) [namsa:wi:(-wi:ja)] Österreicher(in) *m(f)*

نمط [namɒŧ], *Pl* **أنماط** [ʔanmɒ:ŧ] Typ *m*

نمل [namila, a] *Glieder* einschlafen

نملة [namla], *Pl* **نمال** [nima:l], *Koll* **نمل** [naml] ZOOL Ameise *f*

نمو [numu:w] Wachstum *n*; WIRTSCH Zuwachs *m*

نموذج [namu:ðadʒ], *Pl* **نماذج** [nama:ðidʒ] Modell *n*, Vorlage *f*, Muster *n*

نموذجي [namu:ðadʒi:] vorbildlich

نهار [naha:r] Tag *m*; **نهارا** [naha:ran] am Tag, bei Tage; **نهارك سعيد** [naha:rak(-ik) saʕi:d] *äg (f)* guten Tag!

نهاية [niha:ja] Ende *n*, Schluss *m*; GRAM Endung *f*; Abschluss *m*; **نهاية الأسبوع** [niha:jat al-ʔusbu:ʕ] Wo-

chenende *n*; نهاية الدوام [niha:jat ad-dawa:m] Feierabend *m*; نهاية نيسان [niha:jat ni:sa:n] Ende April
نهائي [niha:ʔi:], بصورة نهائية [bi-su:ra niha:ʔi:ja] endgültig
نهب [nahaba, a] ausrauben; *umg* plündern
نهدان [nahda:n] *Dual* Busen *m*
نهر [nahr], *Pl* أنهار [ʔanha:r] Fluss *m*; نهر الأردن [nahr al-ʔurdunn] Jordan *m*; نهر الدانوب [nahr ad-da:nu:b] Donau *f*; نهر الدجلة [nahr ad-didʒla] Tigris *m*; نهر جليدي [nahr dʒali:di:] Gletscher *m*
نهض [nahɒđɒ, u] aufstehen
نواة [nawa:t], *Pl* نويات [nawaja:t] *Obst* Kern *m*
نوارة [nuwwa:ra], *Pl* نواوير [nawa:wi:r] *Pflanze* Blüte *f*
نواكشوط [nuwa:kʃu:ŧ] Nouakchott *n*
نوام(ة) [nawwa:m(a)] Langschläfer(in) *m(f)*
نوايا [nawa:ja:]: نوايا خلفية [nawa:ja: xalfi:ja] Hintergedanke *m*
نوبة [nauba] *Arbeit* Schicht *f*; MED Anfall *m*; نوبة قلبية [nauba qalbi:ja] MED Herzanfall *m*
نوتة [nu:ta] MUS Note *f*
نور [nawwara] aufklären
نورس [nauras], *Pl* نوارس [nawa:ris] ZOOL Möwe *f*
نوع [nauʕ], *Pl* أنواع [ʔanwa:ʕ] Typ *m*, Art *f*, Sorte *f*, Gattung *f*; نوعا ما [nauʕan ma:] sozusagen; ziemlich, einigermaßen; *umg* halbwegs, quasi
نوعية [nauʕi:ja] Qualität *f*
نوفمبر [nu:vimbar] *äg* November *m*
نوم [naum] Schlaf *m*
نوه [nawwaha]: نوه إلى [nawwaha] auf *etw* deuten; نوه ب [nawwaha] andeuten
نؤوم(ة) [naʔu:m(a)] Langschläfer(in) *m(f)*
نوى [nawa:, i:] vorhaben, beabsichtigen
ـني [-ni:] *pers Pr* mich; mir
نيء [najjiʔ] *ungekocht* roh
نيابة [nija:batan]: نيابة عن [nija:batan ʕan] im Auftrag von
نيجاتيف [ni:dʒati:f] Negativ *n*
نير [najjir] leuchtend
نيسان [ni:sa:n] *syr* April *m*

نية [nija], *Pl* نوايا [nawa:ja:] Absicht *f*

نيوترال [niju:tra:l] AUTO Leerlauf *m*

ه

ـه [-hu] ihm; ihn; sein(e, -r, -s)
ـها [-ha:] *Sg* ihr, ihre, ihres
هاب [ha:ba, a:] sich fürchten
هاتف [ha:tif], *Pl* هواتف [hawa:tif] Telefon *n*; هاتف بالبطاقة [ha:tif bil-bitɒ:qa] Kartentelefon *n*; هاتف بحصالة [ha:tif biħɒssɒ:la] Münztelefon *n*; هاتف ثابت [ha:tif θa:bit] TEL Festnetzanschluss *m*; هاتف خلوي/ جوال [ha:tif xalawi:/-dʒawwa:l] Handy *n*; هاتف عمومي [ha:tif ʕumu:mi:] Telefonzelle *f*
هاتفي [ha:tifi:] telefonisch
هاتفيا [ha:tifi:jan] *Adv* telefonisch
هاج [ha:dʒa, i:] sich aufregen
هاجر [ha:dʒara] auswandern; هاجر إلى [ha:dʒara] einwandern
هاجم [ha:dʒama] angreifen, überfallen
هادئ [ha:diʔ] friedlich, ruhig; *Dorf* verschlafen; gelassen; gemütlich; هادئ وجميل [ha:diʔ wa-dʒami:l] idyllisch
هارب [ha:rib] auf der Flucht, flüchtig
هارد ديسك [ha:rd di:sk] COMPUT Festplatte *f*
هارد وير [ha:rd wair] COMPUT Hardware *f*
هام [ha:mm] wichtig; schwerwiegend
هامبورغر [ha:mbu:rɣar] GASTR Hamburger *m*
هامش [ha:miʃ], *Pl* هوامش [hawa:miʃ] Rand *m*
هامشي [ha:miʃi] *Adj* beiläufig
هاند بريك [ha:nd braik] Handbremse *f*
هانم [ha:nim] *äg* Dame *f*
هاو(ية) [ha:win (-wija)], *Pl* هواة (هاويات) [huwa:t (ha:wija:t)] Amateur(in) *m* (*f*)
هاوية [ha:wija] Schlucht *f*, Abgrund *m*

هاويس [ha:wi:s], *Pl* أهوسة [ʔahwisa] *bes äg* Schleuse *f*
هائج [ha:ʔidʒ] gereizt
هائل [ha:ʔil] grenzenlos; enorm, gigantisch
هب [habba, u] *Wind* wehen; aufkommen; *Feuer* ausbrechen
هبط [habatɒ, i] *Preis, Temperatur* sinken, fallen; FLUG landen; herunterfallen
هبوط [hubu:t̶] FLUG Landung *f*, Rückgang *m*; هبوط اضطراري [hubu:t̶ idt̶ira:ri:] Notlandung *f*
هتف [hatafa, i] jubeln
هجر [hadʒr] *Trennung* Bruch *m*
هجن [haddʒana] BIOL kreuzen; sich kreuzen
هجوم [hudʒu:m] Angriff *m*, Überfall *m*
هدأ [haddaʔa] entspannen, beruhigen; *Kind* bändigen, bremsen; sich beruhigen
هدد ب [hadda] bedrohen, drohen
هدر [hadara, i] *Wasser* rauschen
هدف [ħadaf], *Pl* أهداف [ʔaħda:f] Ziel *n*; Zielscheibe *f*, *Treffer* Tor *n*
هدم[1] [hadama, i] *Haus* abreißen
هدم[2] [haddama] verwüsten
هدهد [hadada] *Kind* wiegen
هدوء [hudu:ʔ] *fig* Flaute *f*, Ruhe *f*
هدية [hadi:ja], *Pl* هدايا [hada:ja:] Geschenk *n*; Überraschung *f*; هدية تذكارية [hadi:ja tiðka:ri:ja] Souvenir *n*; هدية صغيرة [hadi:ja sɒɣi:ra] Kleinigkeit *f*, Mitbringsel *n*
هذا [ha:ða:] diese(r, -s); das; هذا المساء [haða: l-masa:ʔa] heute Abend; هذا أنا [ha:ða: ʔana:] ich bin es; هذا صحيح [ha:ða: sɒħi:ħ] das stimmt!; هذا طبعه [ha:ða: t̶ɒbaʕuhu] typisch für ihn; هذا غير مقبول [ha:ða: ɣair maqbu:l] das geht nicht; هذا لا يهمني [ha:ða: la: jahummuni:] es ist mir gleich, egal; هذا لي [ha:ða: li:] das gehört mir; das ist für mich
هذه [ha:ðihi] diese(r, -s); هذه الليلة [ha:ðihi l-laila] heute Nacht
هراء [hura:ʔ] Unsinn *m*
هراوة [hira:wa] *Waffe* Keule *f*
هرب[1] [harab] Flucht *f*

2هرب [haraba, u] fliehen, flüchten; weglaufen; *Häftling* ausbrechen; *umg* ausreißen; هرب من [haraba (u) min] entkommen aus

3هرب [harraba] schmuggeln

هربس [herbes] MED Herpes *m*

هرس [harasa, u] zerquetschen; *Kartoffeln* stampfen

هرش [harʃ] Juckreiz *m*

هرم [haram], *Pl* أهرام [ʔahra:m] Pyramide *f*

هرم [harim] gebrechlich

هرمون [hurmu:n] Hormon *n*

هروب [huru:b] *Häftling* Ausbruch *m*; هروب مسبب الحادث [huru:b musabbib al-ħa:diθ] Unfallflucht *f*

هز [hazza, u] *a. Kopf* schütteln, erschüttern, rütteln; هز رأسه [hazza (u) raʔsahu] nicken

هزلي [hazali:] humorvoll; *lustig* komisch

هزم [hazama, i] besiegen

هزة [hazza] Ruck *m*

هزئ ب [haziʔa, a] spotten

هزيل [hazi:l] schwach; hager, mager

هزيمة [hazi:ma], *Pl* هزائم [haza:ʔim] Niederlage *f*

هستيري [histi:ri:] hysterisch

هش [haʃʃ] zerbrechlich; *umg* morsch

هشم [haʃʃama] zerschlagen

هضبة [hɒđba] Hügel *m*

هضم [hɒđm] Verdauung *f*

هطل [hɒŧɒla]: هطل البرد [hɒŧɒla al-barad] hageln

هفوة [hafwa] Versehen *n*

هكتار [hikta:r] Hektar *m*

هكذا [ha:kaða:] so

هل [hal] *Fragepartikel*; هل ترغب بشيء آخر؟ [hal tarɣab biʃaiʔ ʔa:xar] sonst noch etwas?; هل يمكنني أن...؟ [hal jumkinuni: ʔan ...], هل من المسموح لي أن...؟ [hal min al-masmu:ħ li: ʔan ...] darf ich ...?

هلا [halla:] *Fragepartikel*; هلا سمحتم؟ [halla: samaħtum] gestatten Sie?

هلاك [hala:k] Untergang *m*

هلال [hila:l], *Pl* أهلة [ʔahilla] Halbmond *m*; Neumond *m*; الهلال الأحمر [al-hila:l al-ʔaħmar] Roter Halbmond, *etwa* Rotes Kreuz

هلام [hula:m] Gelee *m/n*

هلل [hallala] jubeln

هليكوبتر [hili:kubtar] Hubschrauber *m*

هليون [hiljaun] BOT *Koll*

Spargel *m*
1هم [hamm], *Pl* هموم [humu:m] *Besorgnis* Belastung *f*, Kummer *m*
2هم [hamm], *Pl* هموم [humu:m] Besorgnis *f*, Sorge *f*
3هم [hamma, u] sich kümmern um etw
4هم [humma] *Pron mpl*, هن [hunna] *f/pl* sie; ـهم [-hum] *mpl* ihnen; ihr (ihre, -er, -es)
همام [hamma:m] *energisch* eifrig
همس [hamasa, i] flüstern
همة [himma] Eifer *m*; *umg* Schwung *m*
هن [hunna] *f/pl* sie; ـهن [-hunna] *f/pl* ihnen; ihr (ihre, -er, -es)
1هنأ [hanna?a] beglückwünschen; هنأ على [hanna?a] gratulieren
2هنا [huna:] hier
هناك [huna:ka] da, dort; drüben; es gibt; هناك تيار هواء [huna:k tajja:r hawa:?] es zieht; هناك في الخلف [huna:ka fil-xalf] dort hinten
هنالك [huna:lika] da, dort
هند [hind]: الهند [al-hind] Indien *n*
هندسة [handasa] MATH Geometrie *f*; هندسة العمارة [handasat al-ʕima:ra] Architektur *f*; هندسة مكنات/ الآلات [handasa maka:na:t/al-?a:la:t] Maschinenbau *m*; هندسة وراثية [handasa wira:θi:ja] Gentechnik *f*
هندي(ة) [hindi:(-di:ja) ?aħmar(ħamra:?)] Inder(in) *m(f)*; هندي(ة) أحمر (حمراء) [hindi:(-di:ja) ?aħmar(ħamra:?)] Indianer(in) *m(f)*
هنيئا [hani:?an] guten Appetit!
هو [huwa] *Pron* er; es; هو أحسن [huwa ?aħsan] er/es ist am besten; هو على صواب [huwa ʕala: sɒwa:b] recht haben; هومستعجل [huwa mustaʕdʒil] es eilig haben
هواء [hawa:?] Luft *f*; مكيف الهواء [mukajjif al-hawa:?] Klimaanlage *f*
هوائي [hawa:?i:] Antenne *f*
1هواية [hawwa:ja] *Ventilator* Gebläse *n*
2هواية [hiwa:ja] Hobby *n*
هوت لاين [hotlain] TEL Hotline *f*
هوميوباتي [humju:ba:ti:] homöopathisch

هوى [hawwa:] lüften
هوية [huwi:ja] Personalausweis *m*
هي [hija] *Pron Sg* sie; es; *n/pl* sie
هيبة [haiba] Ehrfurcht *f*, Scheu *f*
هيج [hajjadʒa] *reizen* erregen
هيجان [hajadʒa:n] Aufregung *f*
هيروغليفية [hi:ru:ɣli:fi:ja]: **الهيروغليفية** [al-hi:ru:ɣli:fi:ja] Hieroglyphen *Pl*
هيروين [hi:ruwi:n] Heroin *n*
هيكل [haikal], *Pl* **هياكل** [haja:kil] Altar *m*; **هيكل السيارة** [haikal as-sajja:ra] AUTO Fahrwerk *n*, Karosserie *f*; **هيكل عظمي** [haikal ʕɒðmi:] ANAT Skelett *n*
هين [hajjin] *leicht* einfach
هيئة [haiʔa] *Gremium* Stab *m*; Gestalt *f*

و

و [wa] und; **و ... أيضا** [wa-... ʔaiðɒn] sowohl als auch; sowie
واثق [wa:θiq] zutraulich; **واثق بنفسه** [wa:θiq binafsihi] selbstbewusst, selbstsicher
واجب [wa:dʒib] *Schule* Aufgabe *f*, Pflicht *f*; **واجب مدرسي** [wa:dʒib madrasi:] Hausarbeit *f*, Hausaufgabe *f*, Schularbeiten *f/pl*
واجه [wa:dʒaha] *konfrontiert sein* begegnen
واجهة [wa:dʒiha] Schaufenster *n*, Vorderseite *f*, ARCH Front *f*, **واجهة المستخدم** [wa:dʒihat al-mustaxdim] COMPUT Benutzeroberfläche *f*, Interface *n*
واحد¹ [wa:ħid] eins; **واحد ونصف** [wa:ħid wa-nisf] anderthalb, eineinhalb
واحد(ة)² [wa:ħid(a)] ein(e, -r); einzelne; **واحد فوق الآخر** [wa:ħid fauqa al-ʔa:xar] übereinander; **الواحد في الآخر** [al-waħad fil-ʔa:xar] ineinander
واحدا [wa:ħidan]: **واحدا تلو الآخر** [wa:ħidan tilw al-ʔa:-

xar] nacheinander; واحدا فوق الآخر [wa:hidan fauqa l-ʔa:xar] übereinander

واحة [wa:ħa] Oase *f*

واد [wa:din], *Pl* أودية [ʔaudija] Tal *n*; وادعميق [wa:din ʕami:q] *Canyon* Schlucht *f*

واردات [wa:rida:t] *Importe* Einfuhr *f*

وارسو [wa:rsu:] Warschau *n*

وارف [wa:rif] *Pflanze* üppig

وازن [wa:zana]: ...وازن بين و [wa:zana] abwägen zwischen .. und ...

واسع [wa:siʕ] *Fläche* weit, breit; واسع النطاق [wa:siʕ an-nitɒ:q] umfangreich

واسى [wa:sa:] kondolieren, trösten

واشنطن [wa:ʃintun] Washington *n*

واصل في [wɒ:sɒla] *fortsetzen* fortfahren; واصل السفر [wɒ:sɒla s-safar] weiterfahren

واضح [wɒ:điħ] verständlich, deutlich; offensichtlich, offenbar; sichtbar; übersichtlich; *Schrift* lesbar; FOTO scharf

واطئ [wɒ:tiʔ] *Ton* tief

واع ل [wa:ʕin li] sich e-r Sache bewusst sein

واف [wa:fin] *reichlich* genug

وافد [wa:fid] *im Ausland* Gast *m*

وافر [wa:fir] *Adj* ausgiebig

وافق [wa:faqa] zusagen, übereinstimmen; وافق على [wa:faqa] genehmigen, bewilligen; einwilligen, zustimmen; einverstanden sein, dafür sein

وافل [wa:fil] Waffel *f*

واقع [wa:qiʕ] Realität *f*, Wirklichkeit *f*

واقعة [wa:qiʕa], *Pl* وقائع [waqa:ʔiʕ] Geschehen *n*, Tatsache *f*, Vorfall *m*

واقعي [wa:qiʕi:] tatsächlich, wirklich; realistisch

وإلا [wa-ʔila:] ansonsten; sonst

والد [wa:lid] Erzeuger *m*, Vater *m*; والد وحيد [wa:lid waħi:d] *Vater* alleinerziehend; الوالدان [al-wa:lida:n] Eltern *Pl*

وإن [wa-ʔin] selbst wenn

واهن [wa:hin] *kraftlos* schlapp

وباء [waba:ʔ], *Pl* أوبئة [ʔaubiʔa] MED Epidemie *f*, Seuche *f*

وبخ [wabbaxa] *tadeln*

schimpfen
وتد [watad], *Pl* **أوتاد** [ʔauta:d] Pfahl *m*; SPORTKegel *m*
وتر [watar], *Pl* **أوتار** [ʔauta:r] Saite *f*
وثائق [waθa:ʔiq]: **وثائق الثبوتية** [waθa:ʔiq aθ-θubu:tija] Ausweispapiere *npl*
وثب1 [waθb] SPORT Springen *n*; **وثب عال** [waθb ʕa:lin] Hochsprung *m*
وثب2 [waθθaba] *j-n* anspringen
وثبة [waθba] *a.* SPORT Sprung *m*
وثق ب [waθiqa, jaθiqu] *j-m* trauen, vertrauen
وثير [waθi:r]: **وثير ودافئ** [waθi:r wa-da:fiʔ] *warm* mollig
وثيقة [waθi:qa], *Pl* **وثائق** [waθa:ʔiq] Dokument *n*; Urkunde *f*, **وثيقة الزواج** [waθi:qat az-zawa:dʒ] Heiratsurkunde *f*
وجب [wadʒaba, jadʒibu] müssen; **يجب علي** [jadʒib ʕalajj] ich muss
وجبة [wadʒba] *Mahlzeit* Essen *n*, GASTR Gericht *n*; **وجبة جاهزة** [wadʒba dʒa:hiza] Fertiggericht *n*; **وجبة خفيفة** [wadʒba xafi:fa] Imbiss *m*; **الوجبات السريعة** [al-wadʒaba:t as-sari:ʕa] Fast Food *n*; **وجبة للأطفال** [wadʒba lil-ʔɒtfa:l] Kinderteller *m*
وجد [wadʒada, jadʒidu] finden, herausfinden; antreffen; **وجد** [wudʒida] sich befinden, liegen, existieren
وجع [wadʒaʕ], *Pl* **أوجاع** [ʔaudʒa:ʕ] Schmerz *m*; **وجع الأسنان** [wadʒʕ al-ʔasna:n] Zahnschmerzen *mpl*; **وجع البطن** [wadʒaʕ al-bɒtn] Bauchschmerzen *mpl*
وجنة [wadʒna] Wange *f*
وجه1 [waddʒaha] *richten* lenken; sich orientieren, steuern; **وجه إلى** [waddʒaha ʔila:] *Frage* richten
وجه2 [wadʒh], *Pl* **أوجه** [ʔaudʒuh] Gesicht *n*; **وجه ضاحك** [wadʒh ðɒ:ħik] Smiley *m*
وجهة [widʒha] *Reise* Ziel *n*; SCHIFF Kurs *m*; **وجهة السفر** [widʒhat as-safar] Fahrtrichtung *f*, **وجهة النزهة** [widʒhat an-nuzha] Ausflugsziel *n*; **وجهة نظر** [widʒhat nɒðɒr] Einstellung

f, Standpunkt m; Gesichtspunkt m, Sicht f
وجود [wudʒu:d] Existenz f
وجيز [wadʒi:z] *zusammenfassend* kurz
وجيه [wadʒi:h] angesehen, prominent
وحد [waħħada] vereinigen v/t; sich einigen
وحدة [wiħda] Einheit f; **وحدة القياس** [wiħdat al-qija:s] Maßeinheit f; **وحدة حرارية/ سعرية** [waħda ħara:ri:ja/ suʕri:ja] Kalorie f; **وحدة دم** [wiħdat dam] MED Blutkonserve f
وحش [waħʃ], Pl **وحوش** [wuħu:ʃ] Bestie f, Ungeheuer n
وحشة [waħʃa] Einsamkeit f, Wildnis f
وحشي [waħʃi:] *Tier* wild; brutal, grausam
وحل [waħal, waħl], Pl **وحول** [wuħu:l] Schlamm m, Matsch m
وحيد(ة) [waħi:d(a)] einzige(r, -s); allein; einmalig, ausschließlich; *Person* einsam
وخز1 [waxaza, jaxizu] stechen
وخز2 [waxz]: **الوخز بالإبر** [al-waxz bil-ʔibar] Akupunktur f
وخزة [waxza] Stich m
وخيم [waxi:m]: **وخيم العواقب** [waxi:m al-ʕawa:qib] fatal
ود [wadda, jawaddu] gerne wollen; sich freuen über
وداع [wada:ʕ] Abschied m
وداعا [wada:ʕan] leben Sie wohl!
ودع [waddaʕa] Abschied nehmen; sich verabschieden von
ودود [wadu:d] *Mensch* herzlich, freundlich; liebenswürdig, liebevoll
وديعة [wadi:ʕa], Pl **ودائع** [wada:ʔiʕ] FIN Einlage f
وراء [wara:ʔa] hinten, hinter; **وراء ذلك** [wara:ʔa ða:lika] dahinter
وراثة [wira:θa] BIOL Vererbung f
وراثي [wira:θi:] erblich, genetisch
ورث1 [warraθa] JUR, BIOL vererben
ورث2 [wirθ] Erbschaft f
ورث3 [wariθa, jariθu]: **ورث من/عن** erben
ورد1 [warada, jaridu] *Brief* eingehen, ankommen; **ورد**

بباله [warada (jaridu) biba:lihi] *etw* fällt *j-m* ein
²ورّد [warrada] liefern
وردة [warda], *Koll* ورد [ward], *Pl* ورود [wuru:d] BOT Blume *f*; Rose *f*
وردي [wardi:] rosa; pink
وردية [wardi:ja] *äg, syr* Schicht *f*
ورشة [warʃa] Werkstatt *f*; ورشة البناء [warʃat al-bina:ʔ] Baustelle *f*; ورشة تصليح السيارات [warʃat tɒsli:ħ as-sajja:ra:t] Autowerkstatt *f*; ورشة عمل [warʃat ʕamal] Workshop *m*
ورع [wariʕ] fromm, religiös
¹ورق [waraq] *Koll* BOT Laub *n*
²ورق [waraq], *Pl* أوراق [ʔaura:q] Papier *n*; ورق التواليت [waraq at- tuwali:t] Toilettenpapier *n*; ورق الجدار/الحائط [waraq al-dʒida:r/al-ħa:ʔiŧ] Tapete *f*; ورق الرسائل [waraq ar-rasa:ʔil] Briefpapier *n*; ورق المطبخ [waraq al-mɒŧbax] Küchenpapier *n*; ورق الهدايا [waraq al-hada:ja:] Geschenkpapier *n*; ورق مقوى [waraq muqawwa:] Pappe *f*
ورقة [waraqa], *Pl* أوراق [ʔaura:q] *Papier*, BOT Blatt *n*; Bogen *m*, Zettel *m*; ورقة اللعب [waraqat al-luʕab] Spielkarte *f*; ورقة رابحة [waraqa ra:biħa] *a. fig* Trumpf *m*; ورقة نقدية [waraqa naqdi:ja] Geldschein *m*, Banknote *f*; ورقة يانصيب [waraqat ja:nasi:b] *Lotterie* Los *n*
ورك [wirk], *Pl* أوراك [ʔaura:k] Hüfte *f*
ورم [waram], *Pl* أورام [ʔaura:m] MED Beule *f*, Geschwulst *f*, Tumor *m*; ورم دموي [waram damawi:] Bluterguss *m*
ورنيش [warni:ʃ] *Firnis* Lack *m*
ورود [wuru:d] *Sendung* Eingang *m*
وريث [wari:θ], *Pl* ورثاء [wuraθa:ʔ] Erbe *m*
وريثة [wari:θa] Erbin *f*
وريد [wari:d], *Pl* أوردة [ʔaurida] Ader *f*, Vene *f*
وز على [wazza, jawuzzu]: وز [wazza ʕala:] *umg* aufhetzen gegen
وزارة [wiza:ra]: Ministerium *n*; وزارة الخارجية [wiza:rat

al-xa:ridʒi:ja] Außenministerium *n*

وزع [wazzaʕa] ausgeben, verbreiten, verteilen; aufteilen *Gewinn* ausschütten; *Brief* austragen

وزن¹ [wazan], *Pl* **أوزان** [ʔauza:n] Gewicht *n*; **وزن زائد** [wazn za:ʔid] Übergewicht *n*; **وزن مثالي** [wazn miθa:li:] Idealgewicht *n*

وزن² [wazana, jazinu] *j-n* wiegen; *v/i* wiegen

وزة [wazza], *Koll* **وز** [wazz] ZOOL Gans *f*

وزير(ة) [wazi:r(a)], *mpl* **وزراء** [wuzara:ʔ] Minister (in) *m(f)*

وسائل [wasa:ʔil] *Pl* Mittel; **وسائل الإعلام** [wasa:ʔil al-ʔiʔla:m] Medien; **وسائل الإعلام الجماهيري** [wasa:ʔil al-iʕla:m al-dʒama:hi:ri:] Massenmedien *Pl*; **وسائل الراحة** [wasa:ʔil ar-ra:ħa] Komfort *m*

وساخة [wasa:xa] *umg Sauerei* Scheiße *f*

وسادة [wisa:da], *Pl* **وسائد** [wasa:ʔid] Kissen *n*, Kopfkissen *n*; **وسادة منجدة** [wisa:da munaddʒada] Polster *n*; **وسادة هوائية** [wisa:da hawa:ʔija] AUTO Airbag *m*

وساطة [wasɒ:tɒ] *Fürsprache* Vermittlung *f*

وسام [wisa:m], *Pl* **أوسمة** [ʔausima] *Orden* Auszeichnung *f*

وسامة [wisa:ma] Schönheit *f*

وسخ [wasax], *Pl* **أوساخ** [ʔausa:x] Dreck *m*, Schmutz *m*

وسخ¹ [wasix] dreckig, schmutzig

وسخ² [wassaxa] *beschmutzen* kleckern

وسط [wasɒt], *Pl* **أوساط** [ʔausɒ:t] Mitte *f*, Zentrum *n*; *Gesellschaft* Kreis *m*, Szene *f*; Taille *f*; **وسط المدينة** [wasɒt al-madi:na] Innenstadt *f*

وسع¹ [wasiʕa, jasaʕu] *Behälter* fassen

وسع² [wassaʕa] ausbauen; erweitern

وسم [wasama, jasimu] *Lotterie* tippen

وسن [wasin] *Adj* verschlafen

وسيلة [wasi:la], *Pl* **وسائل** [wasa:ʔil] Mittel *n*; **وسيلة الدفع** [wasi:lat ad-dafʕ] Zahlungsmittel *n*

وسيم [wasi:m] hübsch
وشوش [waʃwaʃa] flüstern
وشيع [waʃi:ʕ] Hecke *f*
وصف [wɒsɒfa, jɒsifu] beschreiben, schildern; bezeichnen; MED verschreiben
وصف [wɒsf] Beschreibung *f*; **وصف الطريق** [wɒsf ɒt-tɒri:q] Wegbeschreibung *f*
وصفة [wɒsfa] GASTR Rezept *n*; **وصفة طبية** [wɒsfa tibbi:ja] MED Rezept *n*
¹وصل [wɒsɒla, jɒsilu] *Ort* erreichen; (miteinander) verbinden; **وصل إلى** [wɒsɒla (jɒsilu) ʔila:] ankommen bei/in
²وصل [wɒsl], *Pl* **وصول** [wusu:l] Quittung *f*, Kassenzettel *m*; Verbindung *f*
³وصل [wɒssɒla] ELEK anschließen; **وصل ب** [wɒssɒla bi] TEL verbinden
وصلة [wɒsla] ELEK Adapter *m*; **وصلة تشعبية** [wɒsla taʃaʕʕubi:ja] COMPUT Link *m*; **وصلة ربط المقطورة** [wɒslat rabt al-maqtu:ra] Anhängerkupplung *f*
وصول [wusu:l] *Reise* Ankunft *f*, WIRTSCH Eingang *m*
وصية [wɒsi:ja], *Pl* **وصايا** [wɒsɒ:ja:] REL Gebot *n*; Testament *n*
وضح [wɒđđɒħa] klären, klarmachen
¹وضع [wɒđʕ], *Pl* **أوضاع** [ʔauđɒ:ʕ] Situation *f*, Lage *f*; *Lage* Stand *m*, Zustand *m*; *Körper* Stellung *f*; **وضع احتياطي** [wɒđʕ iħtija:ti:] TECH Stand-by-Betrieb *m*; **وضع المحايدة/المور** [wɒđʕ al-muħa:jada/al-mu:r] AUTO Leerlauf *m*; **وضع علامة** [wɒđʕ ʕala:ma] Markierung *f*
²وضع [wɒđɒʕa, jɒđɒʕu] hinlegen, hinstellen; *Brille* aufsetzen; *Film* einlegen; *Plan* entwerfen; *Schriftstück* anfertigen; **وضع المكياج** [wɒđɒʕa (jɒđɒʕu) l-mikja:dʒ] sich schminken; **وضع جانبا** [wɒđɒʕa (jɒđɒʕu) dʒa:niban] beiseitelegen; **وضع في** [wɒđɒʕa (jɒđɒʕu) fi:] einstecken
وضوح [wuđu:ħ] Klarheit *f*
وطن [wɒtɒn], *Pl* **أوطان** [ʔautɒ:n] Heimat *f*, Vaterland *n*
وطني [wɒtɒni:] heimisch, national, patriotisch

وطيد [wɒtɨ:d] *Beziehung* eng; solide
وظف [wɒðððfa] *Personal* einstellen; *Geld* anlegen
وظيفة [wɒðɨ:fa], *Pl* **وظائف** [wɒðɒ:ʔif] *Arbeit* Stelle *f*, Stellung *f*, *Funktion* Amt *n*, Dienst *m*; **وظائف شاغرة** [wɒðɒ:ʔif ʃa:ɣira] Stellenangebote; **وظيفة بدوام جزئي** [wɒðɨ:fa bidawa:m dʒuzʔi:] Teilzeitjob *m*
وعاء [wiʕa:ʔ], *Pl* **أوعية** [ʔauʕija] Behälter *m*; Gefäß *n*; **وعاء داخلي** [wiʕa:ʔ da:xili:] *Gefäß* Einsatz *m*
وعد[1] [waʕada, jaʕidu] zusagen; **وعد ب** [waʕada (jaʕidu) bi] versprechen
وعد[2] [waʕd], *Pl* **وعود** [wuʕu:d] Versprechen *n*
وعر [waʕr] holprig
وعل [waʕl], *Pl* **وعول** [wuʕu:l] *Gämse* Bock *m*
وعي [waʕj] Bewusstsein *n*
وعيد [waʕi:d] drohend; Drohung *f*
وفاء [wafa:ʔ] Treue *f*
وفاة [wafa:t] Tod *m*
وفد [wafd], *Pl* **وفود** [wufu:d] Delegation *f*
وفر[1] [wafara, jafiru] bereitstellen
وفر[2] [waffara] schaffen; *j-m* verschaffen; sich verschaffen; einsparen, sparen; **وفر على** [waffara ʕala:] *fig* ersparen; **وفر ل** [waffara li] *Arbeit* vermitteln
وفق[1] [wifqa] laut, gemäß, nach
وفق[2] [wufiqa] Glück haben
وفق[3] **بين** [waffaqa] etw kombinieren, zusammenstellen; **وفق بين ... وبين** [waffaqa bain ... wabain] *in Einklang bringen* vereinbaren; **وفق مع** [waffaqa maʕa] *etw* abstimmen
وفقا ل [wifqan li] gemäß, aufgrund
وفي[1] [wafi:] treu
وفى[2] **ب** [wafa:, jafi:] *Versprechen* halten, einlösen; *Verpflichtung* erfüllen; *Termin* einhalten; treu sein
وقائي [wiqa:ʔi:] prophylaktisch, vorsorglich
وقاحة [waqa:ħa] Frechheit *f*
وقاية [wiqa:ja] Schutz *m*, Vorsorge *f*; **الوقاية من السرطان** [al-wiqa:ja min as-sarɒtɒ:n] Krebsvorsorge *f*
وقت [waqt], *Pl* **أوقات**

[ʔauqa:t] Zeit *f*, Zeitpunkt *m*; Tageszeit *f*; الوقت [al-waqt] Uhrzeit *f*; وقت الصيام [waqt ɒs-sija:m] Fastenzeit *f*; وقت ذروة العمل [waqt ðirwat al-ʕamal] Hochbetrieb *m*; الوقت ضيق [al-waqt ɗɒjjiq] die Zeit ist knapp; الوقت متأخر [al-waqt mutaʔxir] es ist spät; وقتا ممتعا [waqtan mumtiʕan] viel Spaß!, viel Vergnügen!

وقتئذ [waqtaʔiðin] da, damals

وقتي [waqti:] zeitlich

وقح [waqiħ] *unverschämt* ordinär, frech

وقع[1] [waqaʕa, jaqaʕu] fallen; stürzen; (um)kippen; stattfinden, sich ereignen; وقع في [waqaʕa (jaqaʕu) fi:] *in etw* geraten; وقع في حب [waqaʕa (jaqaʕu) fi: ħubb] sich verlieben; وقع في الفخ [waqaʕa (jaqaʕu) fil-faxx] hereinfallen; وقعا في الحب [waqaʕa: fil-ħubb] ineinander verliebt

وقع[2] على [waqqaʕa] unterschreiben

وقف[1] [waqafa, jaqifu] anhalten, stoppen; وقف إلى جانب [waqafa (jaqifu) ʔila: dʒa:nib] beistehen; وقف في الصف [waqafa (jaqifu) fis-saff] Schlange stehen, sich anstellen; وقف مكانه [waqafa (jaqifu) maka:nahu] stehen bleiben

وقف[2] [waqqafa] einparken

وقفة [waqfa] *Körper* Haltung *f*, Stellung *f*

وقود [waqu:d] Brennstoff *m*, Kraftstoff *m*; وقود المدفأة [waqu:d al-midfaʔa] Heizöl *n*

وقوف [wuqu:f] *Anhalten* Halt *m*

وقى [waqa:, jaqi:] *a. Schwangerschaft* verhüten; وقى من [waqa: (jaqi:) min] vorbeugen, schützen

وكالة [wika:la] Agentur *f*; وكالة دعاية وإعلانات [wika:lat diʕa:ja wa-ʔiʕla:na:t] Werbeagentur *f*

وكل [wakkala] beauftragen; وكل ب [wakkala bi] *Institution*, *Person* einschalten

وكيل(ة) [waki:l(a)], *mpl* وكلاء [wukala:ʔ] Vertreter(in) *m* (*f*), Stellvertreter(in) *m*(*f*); WIRTSCH Handelsrepräsentant(in) *m*(*f*)

ولادة [wila:da] MED Entbin-

dung *f*, Geburt *f*; ولادة مبكرة [wila:da mubakkira] Frühgeburt *f*
ولاعة [walla:ʕa] Feuerzeug *n*
ولاية [wila:ja] Bundesland *n*; الولايات المتحدة الأمريكية [al-wila:ja:t al-mutaħidda al-ʔamri:ki:ja] USA *Pl*
ولد¹ [walad], *Pl* أولاد [ʔaula:d] Junge *m*, Sohn; *Pl* Kinder *npl*
ولد² [walada, jalidu] gebären; وُلد [wulida] geboren werden, sein
ولد³ [wallada] *Kind* zeugen; *Strom* erzeugen
ولع¹ [waliʕa, jalaʕu] begeistert sein, sich begeistern für; *Licht* angehen
ولع² [wallaʕa] anzünden
ولع³ ب [walaʕ] Vorliebe *f*, Begeisterung *f*, Leidenschaft *f*
ولع⁴ ب [waliʕ] besessen
ولكن [wala:kin] doch, hingegen; aber
ولو [wa-lau] na, wenn schon!, na und?
ولول [walwala] jammern
وليمة [wali:ma], *Pl* ولائم [wala:ʔim] Festessen *n*, Bankett *n*
ومد [wamid] schwül
ومض [wamɒđɒ, jamiđu] flimmern
ونش [winʃ] Kran *m*
وهم [wahm], *Pl* أوهام [ʔauha:m] Einbildung *f*, Illusion *f*
وهن [wahn] Schwäche *f*
ويل [wail] Unheil *n*

ي

ـي [-i:] *Pron 1. Pers Sg* mein(e)
يئس [jaʔisa] verzweifeln
يا [ja:] *in Anrede etwa* oh: يا سميرة [ja: sami:ra] (oh) Samira!; *in Ausrufen etwa* ach!; يا ويلي [ja: waili:] oje!; يا خسارة [ja: xasa:ra], يا للأسف [ja: lil-ʔasaf] wie schade!; يا للعجب [ja: lil-ʕadʒab] nanu!; يا له من [ja: lahu min] was für ein(e)
يائس [ja:ʔis] hoffnungslos,

verzweifelt
يابان [ja:ba:n]: اليابان [al-ja:ba:n] Japan *n*
يابانيّ(ة) [ja:ba:ni:(-ni:ja)] Japaner(in) *m(f)*
يابس [ja:bis] trocken, dürr; *Brot* hart
يابسة [ja:bisa] *Festland* Land *n*
ياقة [ja:qa] Kragen *m*
يانصيب [ja:nDsi:b] Lotterie *f*, Lotto *n*
يانع [ja:niʕ] reif
يبدو [jabdu:] als ob; يبدو أن [jabdu: ʔanna] offenbar *Adv*; يبدو وكأنه [jabdu: wa-ka-ʔannahu] es sieht nach *etw* aus
يبس [jabisa] *Brot* vertrocknen
يتعلق [jataʕallaq] → تعلق [taʕallaq]; يتعلق الأمر ب [jataʕallaq al-ʔamr bi] es handelt sich um; es kommt darauf an(, ob, wie, dass); يتعلق الموضوع ب [jataʕallaq al-mauđu:ʕu bi] es geht um
يتيم(ة) [jati:m(a)], *mpl* يتامى [jata:ma:] Waise *f*
يخت [jaxt], *Pl* يخوت [juxu:t] Jacht *f*
يد [jad] *f*, *Pl* أيد [ʔaidin] Hand *f*, *Korb* Henkel *m*, Griff *m*; *Glas* Stiel *m*
يدوي [jadawi:] handgemacht
يرقان [jaraqa:n] MED Gelbsucht *f*
يرقة [jaraqa] ZOOL Larve *f*, Made *f*
يسار [jasa:r], اليسار [al-jasa:r] linke(r,-s); *Adv* links; POL Linke *f*, يسار السفينة [jasa:r as-safi:na] SCHIFF Backbord *n*
يساريّ(ة) [jasa:ri:(-ri:ja)] POL Linke *m(f)*
يستحق [jastaħiqq] er ist es wert, er hat es verdient; يستحق الشفقة [jastaħiqq aʃ-ʃafaqa] bedauernswert; → استحق [istaħaqq]
يسروع [jasru:ʕ], *Pl* يساريع [jasa:ri:ʕ] ZOOL Raupe *f*
يسرى [jusra:] *f* linke(r, -s); اليسرى [al-jusra:] *Hand* Linke *f*
يعني [jaʕani:] das heißt; also
يقظ [jaqiđ] wach; wachsam
يقينا [jaqi:nan] sicherlich
يمن [jaman]: اليمن [al-jaman] Jemen *m/n*
يمنى [jumna:] *f* rechte(r, -s); اليمنى [al-jumna:] *Hand* Rechte *f*

[1]يمين [jamiːn] rechte(r, -s); rechts; اليمين [al-jamiːn] POL Rechte *f*; يمين السفينة [jamiːn as-safiːna] Steuerbord *n*

[2]يمين [jamiːn], *Pl* أيمان [ʔaimaːn] Eid *m*

يمينا [jamiːnan] rechts

يميني [jamiːniː] POL rechte(r, -s)

ينابيع [janaːbiːʕ]: ينابيع ساخنة [janaːbiːʕ saːxina] Thermen *f/pl*

يناير [janaːjir] *äg* Januar *m*

يهود [jahuːd] *Koll* Juden *Pl*

يهودي [jahuːdiː] jüdisch; Jude *m*

يهودية [jahuːdiːja] Jüdin *f*

يوجد [juːdʒad] es gibt; → وجد [wadʒada, jadʒidu]

يود [juːd] Jod *n*

يورو [juːruː], *Pl* يوروهات [juːruːhaːt] Euro *m*

يوروسنت [juːruːsint] Eurocent *m*

يوسف [juːsuf]: يوسف افندي [juːsuf ʔafandiː] *syr, äg* Mandarine *f*

يوطوبيا [juːtuːbija] Utopie *f*

يوليو [juːljuː] *äg* Juli *m*

يوم [jaum], *Pl* أيام [ʔajaːm] Tag *m*; اليوم [al-jaum] heute; heutig; يوم الأسبوع [jaum al-ʔusbuːʕ] Wochentag *m*; يوم الراحة [jaum ar-raːħa] *Geschäft* Ruhetag *m*; يوم العرس [jaum al-ʕurs] Hochzeitstag *m*; يوم الوصول [jaum al-wusuːl] Anreisetag *m*; يوم سعيد [jaum saʕiːd] guten Tag!; يوم عمل [jaum ʕamal] Arbeitstag *m*, Werktag *m*; يوما ما [jauman maː] *künftig* einmal, irgendwann

يومي [jaumiː] *Adj* alltäglich

يوميا [jaumiːjan] *Adv* täglich

يونان [juːnaːn]: اليونان [al-juːnaːn] Griechenland *n*

يوناني [juːnaːniː] griechisch *n*

يونيو [juːnjuː] *äg* Juni *m*

Deutsch – Arabisch

A

ab *zeitlich* ابتداء من [ibtida:ʔan min], اعتبارا من [iʕtiba:ran min]; ***ab Berlin*** من برلين [min barli:n], انطلاقا من برلين [intɨla:qan min barli:n]; ***ab und zu*** من حين إلى آخر [min ħi:nin ʔila: ʔa:xar]

abbauen *Zelt* فك [fakka, u]; *verringern* قلل [qallala], نقص [naqɒsɒ]

abbeißen عض [ʕađđɒ, u]; **abbestellen** ألغى الطلب [ʔalɣa: ɒt-tɒlab]; **abbiegen** انحرف عن [inħarafa], ثنى [θana:, i:]

Abbildung *f* رسم [rasm], *Pl* رسوم [rusu:m], صورة [su:ra], *Pl* صور [suwar], تصوير [tɒswi:r]

Abblendlicht ضوء خافت/منخفض [đɒuʕ xa:fit/munxafiđ]

abbrechen *Spitze* قطع [qɒtɒʕa, a], كسر [kasara, i]; *beenden* قطع [qɒtɒʕa, a], أوقف [ʔauqafa]

abbuchen *Betrag* سحب [saħaba, a], خصم [xɒsɒma, i]

Abend *m* مساء [masa:ʔ]; ***heute Abend*** هذا المساء [haða: l-masa:ʔ]; ***guten Abend*** مساء الخير [masa:ʔa l-xair]; ***zu Abend essen*** تعشى [taʕaʃʃa:]

Abendessen *n* عشاء [ʕaʃa:ʔ]

abends *Adv* مساء [masa:ʔan], في المساء [fil-masa:ʔ]

Abenteuer *n* مغامرة [muɣa:mara], مجازفة [mudʒa:zafa]

aber لكن [lakin], أما [ʔamma], غير أن [ɣaira ʔanna]

abfahren *v/i Bus, Zug* غادر إلى [ɣa:dara]; *Schiff* أقلع [ʔaqlaʕa]

Abfahrt *f* مغادرة [muɣa:dara], انطلاق [intɨla:q]; *Schiff* إقلاع [ʔiqla:ʕ]

Abfahrtszeit *f* موعد الإقلاع [mauʕid al-ʔiqla:ʕ], موعد المغادرة [mauʕid al-muɣa:dara]

Abfall *m Müll* مهملات [muhmala:t], قمامة [quma:-

ma]
abfertigen *Gepäck* خلص على [xallasɒ]; *Person* فتش [fatta-ʃa]
abfinden *v/t* عوض عن [ʕawwađɒ]; *v/r* ***sich abfinden mit*** ارتضى [irtađɒ:], تقبل [taqabbala]; *Schicksal* استسلم ل [istaslama]; **Abfindung** *f* تعويض [taʕwi:đ]; *Summe* مبلغ التعويض [mablaɣ at-taʕwi:đ]
abfliegen أقلع [ʔaqlaʕa], سافر [sa:fara], غادر [ɣa:dara]
Abflug *m* إقلاع [ʔiqla:ʕ], مغادرة الطائرة [muɣa:darat ɒt-tɒ:ʔira]; **Abflughalle** *f* قاعة المغادرة [qa:ʕat al-muɣa:dara]; **Abflugzeit** *f* موعد إقلاع الطائرة [mauʕid ʔiqla:ʕ ɒt-tɒ:ʔira]
Abfluss *m* TECH سيلان [sajala:n], مجرى [madʒran], *Pl* مجار [madʒa:rin]
Abführmittel *n* مسهل [mushil]
Abgase *npl* غازات العادم [ɣa:za:t al-ʕa:dim], غازات مستهلكة [ɣa:za:t mustahlaka]
abgeben قدم [qaddama], *abliefern* سلم إلى [sallama]; *teilen* شارك [ʃa:raka], قاسم [qa:sama]
abgenutzt مستهلك [mustahlak], بال [ba:lin]
Abgeordnete *m/f* نائب(ة) [na:ʔib(a)], *mpl* نواب [nuwwa:b]
abgesehen: ***abgesehen von*** بغض النظر عن [bi-ɣɒđđi n-nɒðɒr ʕan]; ***davon abgesehen*** فضلا عن أن [fɒđlan ʕan ʔan]
abgewöhnen *v/t*: ***j-m etw abgewöhnen*** صرف عن [sɒrafa, i]; *v/r* ***sich etw abgewöhnen*** امتنع عن [imtanaʕa], *aufgeben* كف عن [kaffa, u]; ***sich das Rauchen abgewöhnen*** أقلع عن التدخين [ʔaqlaʕa ʕan attadxi:n]
abhalten *Sitzung* عقد [ʕaqada, i]; ***j-n von etw abhalten*** منع عن [manaʕa, a], حال دون [ħa:la, u:]
Abhang *m* منحدر [munħadar]
abhängen *v/t* أنزل [ʔanzala]; *Waggon* فصل [fɒsɒla, i]; ***abhängen von*** توقف على [tawaqqafa]
abhängig متوقف على [mutawaqqif ʕala:]
abheben *Geld* سحب [saħaba, a]

abholen أحضر [ʔaħđɒra]; *j-n* اصطحب [iʃtɒħaba]
abhören *Gespräch* تنصت على [tanɒsɒta]; استمع إلى [istamaʕa]
Abitur *n Prüfung* إمتحان الدراسة الثانوية [ʔimtiħa:n addira:sa aθ-θa:nawija]; *Zeugnis* شهادة الدراسة الثانوية [ʃiha:dat ad-dira:sa aθ-θa:nawija]
Abkommen *n* اتفاقية [ittifa:qija], ميثاق [mi:θa:q], *Pl* مواثيق [mawa:θi:q]
abkühlen *v/t* برد [barrada]; *v/r* ***sich abkühlen*** تبرد [tabarrada]; *erfrischen* انتعش [intaʕaʃa]
Abkürzung *f Weg, Wort* اختصار [ixtiṣɒ:r]
abladen نزل [nazzala], فرغ [farraɣa]
Ablage *f Fach* رف [raff], *Pl* رفوف [rufu:f]
ablaufen *Frist* انقضى [inqɒđɒ:], مضى [mɒđɒ:, i:];
ablehnen رفض [rafađɒ, u];
ablenken *fig* شغل عن [ʃaɣala, a], ألهى عن [ʔalha:];
ablösen *abmachen* نزع [nazaʕa, i]; *Posten* حل محل [ħalla (u, i) maħall]
abmachen *lösen* فك [fakka, u]; *vereinbaren* اتفق [ittafaqa]; **Abmachung** *f* اتفاق [ittifa:q]
abmelden *v/r* ***sich abmelden*** ***(bei j-m)*** طلب الخروج [ṭalaba (u) al-xuru:dʒ]; *Meldeamt* إشعار بتغيير العنوان [ʔiʃʕa:r bi-taɣji:ri l-ʕinwa:n]
abmontieren فك [fakka, u]
abnehmen *v/t glauben* صدق [ṣɒdaqa, u]; *v/i Gewicht* نحل [naħula, a]; *Zahl* تناقص [tana:qɒṣɒ]
Abneigung *f* نفور [nufu:r], *Hass* كراهية [kara:hija]
abnutzen *v/t* أتلف [ʔatlafa], استهلك [istahlaka]; *v/r* ***sich abnutzen*** بلي [balija, a:]
abonnieren اشترك في [iʃtaraka]
abräumen *Tisch* رفع المائدة [rafaʕa (a) al-ma:ʔida]
abrechnen حاسب [ħa:saba]; **Abrechnung** *f* حساب [ħisa:b], محاسبة [muħa:saba]
Abreise *f* مغادرة [muɣa:dara], سفر [safar]; **abreisen** غادر [ɣa:dara], سافر [sa:fara], رحل [raħala]
abreißen *v/t* قطع [qɒṭɒʕa, a], قلع [qalaʕa, a]; *Haus* هدم

[hadama, i]
abrufen *Informationen* طلب [ŧɒlaba, u]
absagen ألغى [ʔalɣa:]; *j-m* اعتذر [iʕtaðara]; *ablehnen* رفض [rafaðɒ, u]
Absatz *m Text* فقرة [faqara]; *Schuh* كعب [kaʕb], *Pl* كعوب [kuʕu:b]; WIRTSCH تسويق [taswi:q]
abschaffen ألغى [ʔalɣa:], أبطل [ʔabŧɒla]; **abschalten** *Gerät* أوقف [ʔauqafa]; **abschicken** أرسل [ʔarsala], بعث [baʕaθa, a]; **abschieben** أبعد [ʔabʕada]
Abschied *m*: ***Abschied nehmen*** ودع [waddaʕa]
abschießen *Rakete* أطلق [ʔɒŧlɒqa]
Abschleppdienst *m* خدمة سحب وجر (السيارة) [xidmat saħb wa-dʒarr (as-saja:ra)]; **abschleppen** سحب [saħaba, a], جر [dʒarra, u]
abschließen أغلق [ʔaɣlaqa], أقفل [ʔaqfala]; *beenden* أنهى [ʔanha:]
Abschluss *m* نهاية [niha:ja]; *Transaktion* إتمام [ʔitma:m], عقد [ʕaqd]
abschneiden قطع [qɒŧɒʕa, a]
Abschnitt *m* جزء [djuzʔ], *Pl* أجزاء [ʔadʒza:ʔ]; *Kapitel* باب [bab] *Pl* أبواب [ʔabwa:b]
abschrecken ردع [radaʕa, a], خوف [xawwafa]; **abschreiben** نسخ [nasaxa, a], نقل من [naqala, u]; WIRTSCH استهلك [istahlaka]
absehen *v/i*: ***absehen von*** غض النظر عن [ɣɒđđɒ n-nɒðɒr ʕan]
Absender *m* مرسل [mursil]
absetzen *Fahrgast* نزل [nazzala]
Absicht *f* نية [nija], *Pl* نوايا [nawa:ja:]; ***mit Absicht*** قصدا [qɒsdan], عمدا [ʕamdan]
absolut مطلق [muŧlaq]
Absperrung *f* حاجز [ħa:dʒiz], *Pl* حواجز [ħawa:dʒiz]; *Schließung* إغلاق [ʔiɣla:q]
abspielen *v/t Band* أدار [ʔada:ra]; *Ball* مرر [marrara]; *v/r* ***sich abspielen*** حدث [ħadaθa, u]
Absprache *f* اتفاق [ittifa:q]
abspülen جلا [dʒala:, i:], غسل [ɣasala, i]
abstammen: ***abstammen von*** انحدر من [inħadara]
Abstand *m* مسافة [masa:fa]; ***Abstand halten*** حافظ على

i], استبعد [istabʕada]; **ausschließlich** *Adj* وحيد [waħi:d], حصري [ħɒsri:]; *Adv* فقط [faqɒŧ], حصرا [ħɒsran], دون غيره [du:na ɣairihi]

ausschneiden قص [qɒssɒ, u]

Ausschnitt *m Kleid* تقويرة [taqwi:ra]; *Film* مقطع [maqŧɒʕ], *Pl* مقاطع [maqɒ:ŧiʕ];

Ausschreitungen *fpl* أعمال العنف [ʔaʕma:l al-ʕunf];

Ausschuss *m* لجنة [ladʒna], *Pl* لجان [lidʒa:n]; *defekte Ware* نفاية [nufa:ja]

ausschütten *Wasser* صب [sɒbba, u]; *Eimer* أفرغ [ʔafraɣa]; *Gewinn* وزع [wazzaʕa]

aussehen بدا [bada:, u:], ظهر [ðɒhara, a]; ***es sieht nach etw aus*** يبدو وكأن [jabdu: wa-ka-ʔanna]

Aussehen *n* مظهر [mɒðhar], *Pl* مظاهر [mɒðɒ:hir]; *Person* طلعة [ŧɒlʕa]

außen *Adv außerhalb* خارج [xa:ridʒ]; ***nach außen*** نحو/ إلى الخارج [naħwa/ʔila l-xa:ridʒ]; ***nach außen hin*** على ما يبدو [ʕala: ma: jabdu:], الظاهر أن [ɒð-ðɒ:hiru ʔanna]

Außenministerium *n* وزارة الخارجية [wiza:rat al-xa:ridʒi:ja]; **Außenpolitik** *f* سياسة خارجية [sija:sa xa:ridʒi:ja]; **Außenseite** *f* جانب خارجي [dʒa:nib xa:ridʒi:];

Außenseiter(in) *m(f)* لامنتمي(ة) [la:muntami: (-mi:ja)]; منطو (ية) على نفسه (ها) [muntawin (-wi:ja) ʕala: nafsihi (-ha:)]

außer *außerhalb* خارج [xa:ridʒ]; *ausgenommen* ما عدا [ma: ʕada:], سوى [siwa:]; ***außer Betrieb*** معطل [muʕɒŧŧɒl], خربان [xarba:n]; **außerdem** علاوة على ذلك [ʕila:watan ʕala: ða:lik], بالإضافة إلى ذلك [bil-ʔiđɒ:fati ʔila: ða:lik]

äußere(r, -s) خارجي [xa:ridʒi:], سطحي [sɒŧhi:]

Äußere *n* مظهر [mɒðhar], *Pl* مظاهر [mɒðɒ:hir]; *Aussehen* طلعة [ŧɒlʕa]

außergewöhnlich غير عادي [ɣair ʕa:di:], خارق للعادة [xa:riq lil-ʕa:da]; *selten* نادر [na:dir]; **außerhalb** خارج [xa:ridʒ]; ***außerhalb der Stadt*** خارج المدينة [xa:ridʒ al-madi:na]

äußerlich خارجي [xa:ridʒi:], سطحي [sɒt̄ħi:]; ***äußerlich anzuwenden*** MED للإستعمال الخارجي [lil-ʔistiʕma:l al-xa:ridʒi:]

äußern عبر عن [ʕabbara], قال [qa:la, u:]

außerordentlich *Adj* غير عادي [ɣair ʕa:di:]; *unerwartet* استثنائي [istiθna:ʔi:], طارئ [t̄ɒ:riʔ]; *Adv* للغاية [lil-ɣa:ja]

äußerst *Adv* جدا [dʒiddan], للغاية [lil-ɣa:ja]; **äußerste(r, -s)** *Adj m(f)* أقصى (قصوى) [ʔaqsɒ (quswa:)]; ***im äußersten Fall*** عند الضرورة القصوى [ʕinda đ-đɒru:ra al-quswa:]

Äußerung *f* تعبير عن [taʕbi:r], قول [qaul], *Pl* أقوال [ʔaqwa:l]

aussetzen *Tier* ترك [taraka, u]; *Gefahr* عرض ل [ʕarrɒđɒ]; *Belohnung* عين [ʕajjana]

Aussicht *f* منظر [manðɒr], *Pl* مناظر [manɒ:ðir]; *Chancen* فرص [furɒs]; *Hoffnung* أمل في [ʔamal]

aussichtslos لا أمل فيه [la: ʔamala fi:hi]; *Plan* عقيم [ʕaqi:m]

aussortieren نقى [naqqa:]

Aussprache *f* نطق [nut̄q]; *Akzent* لكنة [lakna]; *Gespräch* محادثة [muħa:daθa]

aussprechen نطق [nɒt̄ɒqa, i], لفظ [lafaðɒ, i]

Ausspruch *m* قول مأثور [qaul maʔθu:r]; *Weisheit* حكمة [ħikma], *Pl* حكم [ħikam]

ausspucken بصق [bɒsɒqa, u]

ausspülen غسل [ɣasala, i], شطف [ʃat̄ɒfa, u]; *Mund* مضمض [mɒđmɒđɒ]

Ausstattung *f* تجهيز [tadʒhi:z]; *Material* لوازم [lawa:zim]; *Mobiliar* أثاث [ʔaθa:θ]

ausstehen *v/t*: ***nicht ausstehen können*** كره [kariha, a]

aussteigen نزل من [nazala, i]; *verzichten, a. umg* ترك [taraka, u]

ausstellen *Ware* عرض [ʕarɒđɒ, i]; *Scheck, Pass* أصدر [ʔɒsdara]; *Rechnung* كتب [kataba, u]

Ausstellung *f* معرض [maʕrid̄], *Pl* معارض [maʕa:rid̄]

ausstrecken *v/t* مد [madda, u]; *v/r* ***sich ausstrecken*** تمدد [tamadda], استلقى [istalqa:]

aussuchen اختار [ixta:ra], انتقى [intaqa:]

Austausch *m* تبادل [taba:dul], مبادلة [muba:dala]; **austauschen** تبادل مع [taba:dala]; *ändern* غير [ɣajjara]
Auster *f* محارة [maħa:ra], *Koll* محار [maħa:r]
Australien *n* أستراليا [ʔustura:lija:]
austreten *Organisation* ترك [taraka, u], خرج [xaradʒa, u]; **austrinken** شرب ... كله [ʃariba (a) … kullahu]; **austrocknen** *v/i* جف [dʒaffa, i]
Ausverkauf *m* تصفية [tɒsfi:ja], *äg* أوكازيون [ʔu:ka:zju:n]; **ausverkauft** نافد [na:fid]
Auswahl *f* اختيار [ixtija:r]; *Auslese* انتقاء [intiqa:ʔ]; WIRTSCH تشكيلة [taʃki:la]
Auswanderer *m*, **Auswanderin** *f* مهاجر(ة) [muha:dʒir(a)], مغترب(ة) [muɣtarib(a)]; **auswandern** هاجر [ha:dʒara], اغترب [iɣtaraba]
auswärtig POL خارجي [xa:ridʒi:]; **auswärts** خارج [xa:ridʒ]; **auswechseln** بدل [baddala], غير [ɣajjara]
Ausweg *m* مخرج [maxradʒ], *Pl* مخارج [maxa:ridʒ]
ausweichen تنحى عن [tanaħħa:]; *Frage* تهرب من [taharraba]; *Problem* تجنب [tadʒannaba]
Ausweis *m Personalausweis* (بطاقة الـ)هوية [(biŧɒ:qat al-) hawi:ja], *syr* تذكرة الهوية [taðkirat al-hawi:ja], *äg* بطاقة الشخصية [biŧɒ:qat aʃ-ʃaxsi:ja]; **ausweisen** *v/t* طرد [ŧɒrada, u], أبعد [ʔabʕada]; *v/r* ***sich ausweisen*** أثبت شخصيته [ʔaθbata ʃaxsi:jatahu]; **Ausweiskontrolle** *f* فحص البطاقات الشخصية [faħs al-biŧɒ:qa:t aʃ-ʃaxsi:ja];
Ausweispapiere *npl* وثائق الثبوتية [waθa:ʔiq aθ-θubu:ti:ja]
auswendig *Adv* ***auswendig lernen*** حفظ غيبا [ħafiðɒ (a) ɣaiban], درس عن ظهر قلب [darasa (u) ʕan ðɒhri qalb]
auswirken *v/r* ***sich auswirken auf*** أثر في [ʔaθθara]
auszahlen دفع [dafaʕa, a]; *abfinden* عوض [ʕawwaðɒ]; *v/r* ***sich auszahlen*** *Mühe* استحق الجهد [istaħaqa al-dʒuhd]; **Auszahlung** *f Auszahlen* دفع [dafʕ]
Auszeichnung *f Orden* وسام [wisa:m], *Pl* أوسمة [ʔausima];

Preis جائزة [dʒaːʔiza], *Pl* جوائز [dʒawaːʔiz]

ausziehen *v/t Kleid* شلح [ʃalaħa, a], خلع [xalaʕa, a]; *entblößen* عرى [ʕarraː]; *v/r* ***sich ausziehen*** تعرى [taʕarraː]; *v/i aus der Wohnung* انتقل من [intaqala]

Auszubildende *m/f* متدرب(ة) [mutadarrib(a)]

Auszug *m Wohnung* انتقال من [intiqaːl]; *Buch* مقتطف [muqtaṭɒf]; *Dokument* مستخرج من [mustaxradʒ]

Auto *n* سيارة [sajjaːra], *äg* عربية [ʕarabiːja]; **Autobahn** *f* أوتوستراد [ʔuːtuːstraːd]; **Autobahngebühr** *f* رسوم الأوتوستراد [rusuːm al-ʔuːtuːstraːd]; **Autofähre** *f* عبارة/معدية شحن السيارات [ʕabbaːrat/muʕaddijat ʃaħn as-sajjaːraːt]; **Autofahrer(in)** *m(f)* سائق(ة) [saːʔiq(a)]

Automat *m* آلة بيع [ʔaːlat baiʕ];

Automatik *f* تحكم آلي [taħakum ʔaːliː], أوتوماتيك [ʔuːtuːmaːtiːk]; **automatisch** *Adj* أوتوماتيكي [ʔuːtuːmaːtiːkiː]; *Adv* تلقائيا [tilqaːʔiːjan], آليا [ʔaːliːjan]

Autonummer *f* رقم السيارة [raqm as-sajjaːra]

Autor(in) *m(f)* مؤلف(ة) [muʔallif(a)]

Autorität *f Ansehen* سمعة [sumʕa]; *Person* كفء [kufʔ], *Pl* أكفاء [ʔakfaːʔ]

Autounfall *m* حادث سيارة [ħaːdiθ sajjaːra]; **Autoverleih** *m* تأجير السيارات [taʔdʒiːr as-sajjaːraːt]; **Autowaschanlage** *f* محطة غسيل السيارات [maħɒṭṭɒt ɣasiːl as-sajjaːraːt]; **Autowerkstatt** *f* ورشة تصليح السيارات [warʃat tɒsliːħ as-sajjaːraːt]

Axt *f* بلطة [balṭɒ]

B

Baby *n* رضيع(ة) [raḍiːʕ(a)], *mpl* رضعاء [ruḍɒʕaːʔ], طفل صغير [ṭifl saɣiːr]; **Babynahrung** *f* طعام الأطفال

[tɒʕa:m al-ʔɒtfa:l]

Babysitter(in) *m(f)* حاضن(ة) [ħɒ:đin(a)]

Bach *m* جدول [dʒadwal], *Pl* جداول [dʒada:wil]

Backe *f Wange* خد [xadd], *Pl* خدود [xudu:d]

backen خبز [xabaza, i]

Backenzahn *m* ضرس [đirs], *Pl* أضراس [ʔɒđra:s]

Bäckerei *f* مخبز [maxbaz], *Pl* مخابز [maxa:biz]

Backofen *m* فرن [furn], *Pl* أفران [ʔafra:n]; **Backpulver** *n* بيكنج بودر [bi:king bu:dar], خميرة الحلوى [xami:rat al-hulwa:]

Bad *n* حمام [ħamma:m], مسبح [masbaħ], *Pl* مسابح [masa:biħ]

Badeanstalt *f öffentliches Bad* حمام عمومي [ħamma:m ʕumu:mi:]; *Schwimmbad* مسبح [masbaħ], *Pl* مسابح [masa:biħ]; **Badeanzug** *m* مايوه [ma:ju:h]; **Badehose** *f* بنطلون سباحة [bantɒlu:n siba:ħa]; **Bademantel** *m* برنس الحمام [burnus al-ħamma:m]

baden *v/i* استحم [istaħamma]; *schwimmen* سبح [sabaħa, a]

Baden-Württemberg *n* بادن فورتمبيرج [ba:den-fu:timbi:rg]

Badeort *m* منتجع [muntadʒaʕ], مصيف بحري [mɒsjaf baħri:]; **Badesachen** *fpl* لوازم السباحة [lawa:zim as-siba:ħa]; **Badetuch** *n* منشفة [minʃafa], *Pl* مناشف [mana:ʃif]; **Badewanne** *f* بانيو [ba:nju:], *Pl* -هات [-ha:t]; **Badezimmer** *n* غرفة الحمام [ɣurfat al-ħamma:m]

Badminton *n* SPORT تنس الريشة [tinis ar-ri:ʃa]

Bagger *m* حفارة [ħaffa:ra]; **Baggersee** *m* بحيرة سباحة [buħairat siba:ħa]

Bahn *f Zug* قطار [qitɒ:r]; *äg* قطر [qɒtr]; *lib* تران [tra:n]; ***mit der Bahn fahren*** سافر بالقطار [sa:fara bil-qitɒ:r]; **Bahnhof** *m* محطة القطارات [maħɒttɒt al-qitɒ:ra:t]; **Bahnlinie** *f* خط سكة الحديد [xɒtt sikkat al-ħadi:d]; **Bahnsteig** *m* رصيف [rɒsi:f], *Pl* أرصفة [ʔarsifa], إفريز المحطة [ʔifri:z al-maħɒttɒ]; **Bahnübergang** *m* مزلقان [mazlaqa:n], معبر سكة الحديد [maʕbar sikkat al-ħadi:d]

Bahrain البحرين [al-baħrain]
Bakterie *f* جرثومة [dʒurθu:ma], *Pl* جراثيم [dʒara:θi:m], بكتيريا [bakti:rija:]
bald قريبا [qari:ban], عن قريب [ʕan qari:b]; ***bald darauf*** بعد ذلك بقليل [baʕda ða:lika biqali:l]; ***so bald wie möglich*** بأسرع وقت ممكن [bi-ʔasraʕi waqtin mumkin]
Balkan *m* البلقان [al-balqa:n]
Balken *m* عارضة [ʕa:riđɒ], *Pl* عوارض [ʕawa:riđ]
Balkon *m* شرفة [ʃurfa], *Pl* شرف [ʃuraf], بلكون [balku:n]
Ball *m* كرة [kura]; *syr* طابة [ŧɒ:ba]
Ballen *m Waren* بالة [ba:la]; *Bündel* رزمة [rizma], *Pl* رزم [rizam]; ANAT كلوة اليد [kulwat al-jad]; *Fuß* كلوة القدم [kulwat al-qadam]
Ballett *n* باليه [ba:li:h]
Ballon *m Luftballon* بالون [ba:lu:n]
Banane *f* موزة [mauza], *Koll* موز [mauz]
Band¹ *n* شريط [ʃari:ŧ]
Band² *m* مجلد [mudʒallad]; *Teil e-s Werkes* جزء [dʒuzʔ], *Pl* أجزاء [ʔadʒza:ʔ]
Band³ *f* جوقة موسيقية [dʒauqa musi:qi:ja], باند [ba:nd]
Bandage *f* ضمادة [đima:da]
Bande *f* عصابة [ʕisɒ:ba]
Bänderriss *m* تمزق الأربطة [tamazzuq al-ʔarbiŧɒ]
Bandnudeln *fpl* معكرونة/ مكرونة شريطية [maʕkaru:na/ makaru:na ʃari:ŧi:ja]; **Bandscheibe** *f* ANAT ديسك [disk]; **Bandwurm** *m* ZOOL دودة شريطية [du:da ʃari:ŧi:ja]
Bank¹ *f Möbel* بنك [bank], *Pl* بنوك [bunu:k]
Bank² *f Geldinstitut* بنك [bank], *Pl* بنوك [bunu:k], مصرف [mɒsrif], *Pl* مصارف [mɒsɒ:rif]; **Bankautomat** *m* صراف آلي [sɒrra:f ʔa:li:]; **Bankkarte** *f* بطاقة البنك [biŧɒ:qat al-bank]; **Bankkonto** *n* حساب بنكي [ħisa:b banki:]; **Bankleitzahl** *f* رمز البنك [ramz al-bank]; **Banknote** *f* ورقة نقدية [waraqa naqdi:ja], بنكنوت [banknu:t]
bankrott مفلس [muflis]
bar *Adv*: (***in***) ***bar*** نقدا [naqdan]
Bar *f* بار [ba:r], حانة [ħa:na]
Bär *m* ZOOL دب [dubb], *Pl* دببة [dibaba]
barfuß حاف [ħa:fin]; ***barfuß laufen*** مشى حافيا [maʃa:

ħa:fijan]
Bargeld *n* نقد [naqd], نقود [nuqu:d]; **bargeldlos** بالشيك [biʃ-ʃi:k], بحوالة [bi-ħawa:la]
Barkeeper(in) *m(f)* خمار(ة) [xamma:r(a)]
Barrel برميل [barmi:l], *Pl* براميل [bara:mi:l]
Barriere *f* حاجز [ħa:dʒiz], *Pl* حواجز [ħawa:dʒiz]
Bart *m* لحية [liħja], *Pl* لحى [liħan]; *Kinnbart* ذقن [ðaqn], *Pl* ذقون [ðuqu:n]
Basar *m* بازار [ba:za:r], سوق [su:q] *f*, *Pl* أسواق [ʔaswa:q]
basieren *v/i*: ***basieren auf*** قام على [qa:ma, u:]
Basilikum *n* ريحان [ri:ħa:n], حبق [ħabaq]
Basis *f* قاعدة [qa:ʕida], *Pl* قواعد [qawa:ʕid], أساس [ʔasa:s], *Pl* أسس [ʔusus]
Basketball *m* كرة السلة [kurat as-salla]
basteln مارس الأشغال اليدوية [ma:rasa al-ʔaʃɣa:l al-jadawi:ja], مارس هواية [ma:rasa hiwa:jatan]
Batterie *f* بطارية [bɒtt̴ɒri:ja]
Bau *m Herstellen* بناء [bina:ʔ]; *Gebäude* عمارة [ʕima:ra]; *Höhle* جحر [dʒuħr], *Pl* جحور [dʒuħu:r]; **Bauarbeiten** *fpl* أعمال البناء [ʔaʕma:l al-bina:ʔ]
Bauch *m* بطن [bɒt̴n], *Pl* بطون [but̴u:n]; *Wanst* كرش [kirʃ], كروش [kuru:ʃ]; **bauchfrei** عاري البطن [ʕa:ri: l-bɒt̴n]; **Bauchschmerzen** *mpl* وجع البطن [wadʒaʕ al-bɒt̴n], مغص [maɣs]; **Bauchtanz** *m* رقص هز البطن [raqs̴ hazz al-bɒt̴n], رقص شرقي [raqs̴ ʃarqi:]
bauen بنى [bana:, i:], شيد [ʃajjada]
Bauer *m* فلاح [falla:ħ], مزارع [muza:riʕ]
Bäuerin *f* فلاحة [falla:ħa], مزارعة [muza:riʕa]
Bauernhof *m* مزرعة [mazraʕa], *Pl* مزارع [maza:riʕ], *äg* عزبة [ʕizba], *Pl* عزب [ʕizab]
baufällig متداع [mutada:ʕin], آيل إلى السقوط [ʔa:jil ʔila s-suqu:t̴]
Baufirma *f* شركة مقاولات/بناء [ʃarikat muqa:wala:t/bina:ʔ]; **Baujahr** *n Gebäude* تاريخ البناء [ta:ri:x al-bina:ʔ]
Baum *m* شجرة [ʃadʒara], *Pl* أشجار [ʔaʃdʒa:r]
Baumarkt *m* متجر لوازم البناء [matdʒar lawa:zim al-bina:ʔ];

Baumaterial *n* مواد البناء [mawa:d al-bina:ʔ]
Baumwolle *f* قطن [qutn]
Baustelle *f* ورشة البناء [warʃat al-bina:ʔ]; *Straße* أعمال على الطريق [ʔaʕma:l ʕala t-tori:q]; **Baustil** *m* طراز البناء [tira:z al-bina:ʔ]
Bayern *n* بافاريا [bava:rija]
beabsichtigen *bezwecken* قصد [qɒsɒda]; *vorhaben* نوى [nawa:, i:]
beachten انتبه إلى [intabaha]; *wahrnehmen* لاحظ [la:ħaðɒ]; *befolgen* احترم [ixtarama], راعى [ra:ʕa:]; **beachtlich** *Adj Leistung* ملحوظ [malħu:ð]
Beamte *m*, **Beamtin** *f* موظف (ة) [muwɒððɒf(a)]
beanspruchen *verlangen* طالب ب [tɒ:laba], ادعى [iddaʕa:]; *Stelle* شغل [ʃaɣala, a]; *Zeit* استغرق [istaɣraqa]
beanstanden انتقد [intaqada], اعترض على [iʕtaraɖɒ]
beantragen طلب [tɒlaba, u], تقدم بطلب [taqaddama bi-tɒlab]
beantworten رد على [radda, u], أجاب على [ʔadʒa:ba]
bearbeiten *Feld* فلح [falaħa, a]; *Thema* عالج [ʕa:ladʒa]; *Antrag* درس [darasa, u]; *überarbeiten* أعاد النظر في [ʔaʕa:da an-nɒðɒr]
beatmen أجرى تنفسا اصطناعيا [ʔadʒra: tanaffusan istina:ʕi:jan]
beaufsichtigen أشرف على [ʔaʃrafa], راقب [ra:qaba];
beauftragen كلف [kallafa], وكل [wakkala]
Becher *m* كأس [kaʔs], *Pl* كؤوس [kuʔu:s], كوب [ku:b], *Pl* أكواب [ʔakwa:b]
Becken *n a.* ANAT حوض [ħauđ], *Pl* أحواض [ʔaħwɒ:đ]
bedanken *v/r* ***sich bedanken*** شكر على [ʃakara, u]
Bedarf *m* حاجة [ħa:dʒa]; *Material* لوازم [lawa:zim]
bedauerlich مؤسف [muʔsif]; **bedauern** *bemitleiden* أشفق على [ʔaʃfaqa]; *Geschehen* أسف [ʔasifa, a]; **bedauernswert** مسكين [miski:n]
bedecken غطى [ɣɒttɒ:]; *verhüllen* حجب [ħadʒaba, u]
bedeckt *Himmel* غائم [ɣa:ʔim]
bedenken فكر في [fakkara], تأمل في [taʔammala]; **Bedenken** *n* شك [ʃakk]; **bedenklich** مريب [muri:b];

bedrohlich خطير [xɒtˈiːr]
bedeuten عنى [ʕanaː, iː]; **bedeutend** *Adj* مهم [muhimm], عظيم [ʕɒðiːm]; *Adv* جدا [dʒiddan], بكثير [bikaθiːr]; **Bedeutung** *f Sinn* معنى [maʕnan], *Pl* معان [maʕaːnin]; *Wichtigkeit* أهمية [ʔahammiːja]
bedienen *v/t* خدم [xadama, i]; *v/r* ***sich bedienen*** استخدم [istaxdama]; **Bedienung** *f Service* خدمة [xidma]; *Kellner (in)* نادل(ة) [naːdil(a)], *mpl* ندل [nudul]; *äg* جرسون(ة) [garsuːn(a)]; **Bedienungsanleitung** *f* تعليمات [taʕliːmaːt], طريقة الاستعمال [tɒriːqat al-istiʕmaːl]
Bedingung *f* شرط [ʃart], *Pl* شروط [ʃuruːt]
bedrängen ألح على [ʔalaħħa], ضيق الخناق على [đɒjjaqa l-xinaːq]
bedrohen هدد ب [haddada], توعد ب [tawaʕʕada]; **bedrohlich** خطر [xɒtir], مهدد [muhaddid]
bedrücken أقلق [ʔaqlaqa], أحزن [ʔaħzana]
Beduine *m*, **Beduinin** *f* بدوي (ة) [badawiː (-wiːja)], *mpl* بدو [badw]; ***Beduinen*** البدو الرحل [al-badw ar-ruħħal]
Bedürfnis *n* حاجة إلى [ħaːdʒa]
beeilen *v/r* ***sich beeilen*** أسرع في [ʔasraʕa]
beeindrucken أثر في [ʔaθθara], أثار إعجاب [ʔaθaːra ʔiʕdʒaːb]; **beeinflussen** أثر في [ʔaθθara]; **beeinträchtigen** أضر ب [ʔađɒrra]
beenden أنهى [ʔanhaː], انتهى من [intahaː], أتم [ʔatamma]
Beerdigung *f* جنازة [dʒanaːza], *Pl* جنائز [dʒanaːʔiz], دفن [dafn]; *Trauerfeier* مراسم تشييع الجنازة [maraːsim taʃjiːʕ al-dʒanaːza]
Beere *f* حبة [ħabba]
Beet *n* حوض زراعة [ħauđ ziraːʕa]
befahrbar سالك [saːlik], صالح للسير [sɒːliħ lis-sair]
befallen أصاب [ʔasɒːba]; *Krankheit* أصيب ب [ʔusiːba]
befassen *v/r* ***sich befassen mit*** *Thema* انشغل ب [inʃaɣala]; *kümmern* اهتم ب [ihtamma]
Befehl *m* أمر [ʔamr], *Pl* أوامر [ʔawaːmir]; **befehlen** أمر [ʔamara, u]; *Heer* قاد [qaːda, uː]

befestigen ثبت [θabbata]; MIL حصن [ħɒssɒna]

befinden *v/t* اعتبر [iʕtabara]; *v/r* ***sich befinden*** *Ort* كان في [ka:na, u:], تواجد [tawa:dʒada]; *existieren* وجد [wudʒida]

befolgen *Rat* اتبع [ittabaʕa]; *Vorschriften* راعى [ra:ʕa:]

befördern نقل [naqala, u]; *schicken* أرسل [ʔarsala]; *beruflich* رقى [raqqa]

befragen استجوب [istadʒwaba], سأل [saʔala, a]

befreien حرر [ħarrara]; *retten* أنقذ [ʔanqaða]; *von Steuern* أعفى من [ʔaʕfa:]; **Befreiung** *f* تحرير [taħri:r]

befreundet: ***befreundet sein*** تصاحب مع [tasɒ:ħaba], صادق [sɒ:daqa]

befriedigend مرض [murđin]; *überzeugend* مقنع [muqniʕ]

befristet محدد [muħaddad]

Befund *m* MED نتيجة الفحص [nati:dʒat al-faħs], تشخيص [taʃxi:s]

befürchten خشي من [xaʃija, a:], تخوف من [taxawwafa]; **Befürchtung** *f* خشية [xaʃja], تخوف [taxawwuf]

begabt موهوب [mauhu:b]; **Begabung** *f* موهبة [mauhiba]

begegnen التقى ب [iltaqa:]; *a. fig* قابل [qa:bala]; *konfrontiert sein* واجه [wa:dʒaha]

begehen *Fehler* ارتكب [irtakaba]; *Fest* احتفل ب [iħtafala]; *Gedenktag* أحيا [ʔaħja:]; *Selbstmord* انتحر [intaħara]

begehrt مرغوب فيه [marɣu:b fi:hi]; WIRTSCH رائج [ra:ʔidʒ], مطلوب [mɒtlu:b]

begeistern *v/t* حمس [ħammasa], شجع [ʃaddʒaʕa]; *v/r* ***sich begeistern für*** تحمس ل [taħammasa], ولع ب [waliʕa, jalaʕu]; **Begeisterung** *f* حماس [ħama:s], ولع ب [walaʕ]

Beginn *m* بداية [bida:ja], ابتداء [ibtida:ʔ]

beginnen بدأ [badaʔa, a], شرع في [ʃaraʕa, a]

Beglaubigung تصديق على [tɒsdi:q], اعتماد [iʕtima:d]

begleiten رافق [ra:faqa], صاحب [sɒ:ħaba]; **Begleitung** *f* مرافقة [mura:faqa], صحبة [suħba]; *Begleiter(in)* مرافق(ة) [mura:fiq(a)]

beglückwünschen هنأ [hannaʔa]

begnadigen عفا عن [ʕafa:, u:]
begraben قبر [qabara, u, i], دفن [dafana, i]
begreifen فهم [fahima, a], أدرك [ʔadraka]
Begriff *m* مفهوم [mafhu:m], *Pl* مفاهيم [mafa:hi:m], مدلول [madlu:l]; ***im Begriff sein zu*** أوشك على [ʔauʃaka], عمد إلى [ʕamada]
begründen دلل ب... على [dallala], علل [ʕallala]; **Begründung** *f* تعليل [taʕli:l], *Pl* تعاليل [taʕa:li:l]; *Argument* حجة [ħudʒa], *Pl* حجج [ħudʒadʒ]; JUR حيثيات [ħaiθi:ja:t]
begrüßen رحب ب [raħħaba], حيا [ħajja:]; *empfangen* استقبل [istaqbala]; **Begrüßung** *f* ترحيب [tarħi:b]
behalten احتفظ ب [iħtafaðɒ], حفظ [ħafiðɒ, a]; ***im Gedächtnis behalten*** حفظ [ħafiðɒ, a]
Behälter *m* وعاء [wiʕa:ʔ], *Pl* أوعية [ʔauʕija], إناء [ʔina:ʔ], *Pl* أوان [ʔawa:nin]; *Speicher* خزان [xazza:n]
behandeln عامل [ʕa:mala]; MED عالج [ʕa:ladʒa], داوى [da:wa:]
behaupten *v/t* زعم [zaʕama, u], ادعى [iddaʕa:]; **Behauptung** *f* ادعاء [iddiʕa:ʔ], زعم [zaʕm]
behelfen *v/r* ***sich behelfen mit*** استخدم مؤقتا [istaxdama muʔaqatan]
beherrschen *v/t* حكم [ħakama, u], سيطر على [saitɒra]; *Sprache* أجاد [ʔadʒa:da], أتقن [ʔatqana]; *v/r* ***sich beherrschen*** تمالك أعصابه [tama:laka ʔaʕsɒ:bahu]
behindern عاق [ʕa:qa, u:], *a. Verkehr* عرقل [ʕarqala]; **Behinderte** *m/f* معاق(ة) [muʕa:q(a)]; **behindertengerecht** صالح/ملائم لإحتياجات المعاقين [sɒ:liħ/mula:ʔim li-ʔiħtija:dʒa:t al-muʕa:qi:n]
Behörde *f* دائرة [da:ʔira], *Pl* دوائر [dawa:ʔir], مصلحة [mɒslaħa], *Pl* مصالح [mɒsɒ:liħ]
bei → ***beim***; ***bei j-m*** عند [ʕinda], لدى [lada:]; ***bei Nacht*** ليلا [lailan], بالليل [bil-lail]; ***etw bei sich haben*** معه [maʕahu], عنده [ʕindahu]
beibringen: ***j-m etw beibringen*** علم [ʕallama], درس [darrasa]

beide *m* كلا [kila:], *f* كلتا [kilta:]; ***alle beide*** *m/f* كلاهما (كلتاهما) [kila:huma: (kilta:huma:)]; ***beide Kinder*** الطفلان [ɒt-tifla:n]

Beifahrer(in) *m(f)* راكب(ة) في الكرسي الأمامي [ra:kib(a) fil-kursi: al-ʔama:mi:]

Beifall *m* تصفيق [tɒsfi:q]

beige بيج [bi:dʒ]

Beilage *f Zeitung* ملحق [mulħaq]; GASTR طبق جانبي [tɒbaq dʒa:nibi:]

Beileid *n* تعزية [taʕzi:ja], *Pl* تعاز [taʕa:zin], مواساة [muwa:sa:t]

beiliegend *Adj* مرفق ب [murfaq]; *Adv* طيه [tɒjjahu]

beim → ***bei***; عند [ʕinda], أثناء [ʔaθna:ʔ]; ***beim Lesen*** أثناء القراءة [ʔaθna:ʔa l-qira:ʔa]

Bein *n* ANAT ساق [sa:q] *f*, *Pl* سيقان [si:qa:n]; *Mobiliar* رجل [ridʒl], *Pl* أرجل [ʔardʒul]

beinah(e) تقريبا [taqri:ban], *mit Imperfekt* كاد [ka:da]

beinhalten تضمن [tađɒmmana], احتوى على [iħtawa:]

Beipackzettel *m* تعليمات تعاطي الأدوية [taʕli:ma:t taʕɒ:ti: al-ʔadwija]

Beirut بيروت [bairu:t]

Beispiel *n* مثال [miθa:l], *Pl* أمثلة [ʔamθila]; ***zum Beispiel*** على سبيل المثال [ʕala: sabi:li l-miθa:l]

beißen عض [ʕađđɒ, u]; *Schlange* لدغ [ladaɣa, a]; *Insekt* قرص [qɒrɒsɒ, u]

Beitrag *m* مساهمة [musa:hama], إسهام [ʔisha:m]; *Verein* اشتراك [iʃtira:k]

beitragen ساهم في [sa:hama]

bekämpfen كافح [ka:faħa]; *bekriegen* حارب [ħa:raba], قاتل [qa:tala]

bekannt معروف [maʕru:f]; ***etw bekannt geben*** أعلن [ʔaʕlana], *Rundfunk* أذاع [ʔaðaʕa]; ***j-n bekannt machen*** *vorstellen* عرف ب [ʕarrafa]; *informieren* أطلع على [ʔɒtlaʕa]; **Bekannte** *m/f* معرفة [maʕrifa], *Pl* معارف [maʕa:rif]; **bekanntlich** من المعروف أن [mina l-maʕru:f ʔanna], كما هو معروف [kama: huwa maʕru:f]; **Bekanntmachung** *f* إعلان [ʔiʕla:n], بلاغ [bala:ɣ]; *Publikation* منشور [manʃu:r]; **Bekanntschaft** *f* تعرف على [taʕarruf]; *Person* معرفة [maʕrifa], *Pl* معارف [maʕa:-

rif]
bekennen *v/t* اعترف ب [iʕtarafa]; *v/r* ***sich bekennen*** أقر ب [ʔaqarra]; *Religion annehmen* اعتنق [iʕtanaqa]
bekommen استلم [istalama], تلقى [talaqqa], حصل على [ħɒsɒla, u]; ***was bekommen Sie?*** *Rechnung m(f)* الحساب من فضلك [al- ħisa:b min fɒđlak(-ik)]; *Restaurant m(f)* طلباتك؟ [ŧɒlaba:tak(-tik)]
beladen *v/t* حمل [ħammala]; *Adj* محمل [muħammal], مشحون ب [maʃħu:n]
belasten حمل [ħammala]; *a. fig* أثقل [ʔaθqala]
belästigen ضايق [đɒ:jaqa]; *necken* عاكس [ʕa:kasa]
Belastung *f* عبء [ʕibʔ], *Pl* أعباء [ʔaʕba:ʔ]; *Besorgnis* هم [hamm], *Pl* هموم [humu:m]; WIRTSCH *Lastschrift* قيد مدين [qaid madi:n]
belebt *Straße* مزدحم [muzdaħim], عامر ب [ʕa:mir]
Beleg *m* وصل [wɒsl], *Pl* وصول [wusu:l], مستند [mustanad]; **belegen** *Platz* حجز [ħadʒaza, i]; *Kursus* سجل [saddʒala]; *beweisen* برهن على [barhana]
belegt *Hotel* محجوز [maħdʒu:z]
belehren *v/t*: ***j-n belehren*** أرشد [ʔarʃada], فهم [fahhama], JUR نبه [nabbaha]
beleidigen أهان [ʔaha:na], سب [sabba, u]; **Beleidigung** *f* إهانة [ʔiha:na], مسبة [masabba]
Beleuchtung *f Licht* إضاءة [ʔiđɒ:ʔa], إنارة [ʔina:ra]
Belgien بلجيكا [baldʒi:ka:]
beliebig أي(ة) [ʔajj(a)], *nach Substantiv* ... ما [ma:]
beliebt *Person* محبوب [maħbu:b]; *Sache* مفضل [mufɒđđɒl]
bellen نبح [nabaħa, a]
belohnen كافأ على [ka:faʔa], جزى عن [dʒaza:, i:]; **Belohnung** *f* مكافأة [muka:faʔa], جائزة [dʒa:ʔiza], *Pl* جوائز [dʒawa:ʔiz]
belügen كذب على [kaðaba, i]
bemerken لاحظ [la:ħaðɒ], لمح [lamaħa, a]; *äußern* قال [qa:la, u:]; **bemerkenswert** جدير بالملاحظة/بالذكر [dʒadi:r bilmula:ħaðɒ/bið-ðikr]; **Bemerkung** *f* ملاحظة [mula:ħaðɒ]; *Kommentar* تعليق [taʕli:q], *Pl* تعاليق [taʕa:li:q]

bemitleiden أشفق على [ʔaʃfaqa], تأسف على [taʔassafa]
bemühen *v/t* استعان ب [istaʕa:na]; *v/r* ***sich bemühen*** سعى إلى [saʕa:, a:], بذل جهده [baðala(u, i) dʒuhdahu]; *kümmern* اهتم ب [ihtamma]
benachrichtigen: ***j-n von etw benachrichtigen*** أخبر [ʔaxbara], أطلع على [ʔɒt̶laʕa]; **Benachrichtigung** *f* إبلاغ [ʔibla:ɣ], إشعار [ʔiʃʕa:r]
benachteiligen ميز ضد [majjaza], أجحف بحق [ʔdʒħafa bi-ħaqqi]
Benehmen *n* سلوك [sulu:k], تصرف [tasɒrruf]
beneiden حسد [ħasada, u]
benutzen استخدم [istaxdama], استعمل [istaʕmala]; **Benutzer(in)** *m(f)* *a.* COMPUT مستخدم(ة) [mustaxdim(a)]; **benutzerfreundlich** سهل الاستخدام [sahl al-istixda:m]; **Benutzung** *f* استعمال [istiʕma:l], استخدام [istixda:m]
Benzin *n* بنزين [banzi:n]
beobachten راقب [ra:qaba], شاهد [ʃa:hada]; **Beobachter(in)** *m(f)* مراقب(ة) [mura:qib(a)]
bequem مريح [muri:ħ]; *mühelos* سهل [sahl]; *träge* كسول [kasu:l]
beraten نصح [nɒsɒħa, a]; **Berater(in)** *m(f)* مستشار(ة) [mustaʃa:r(a)]
berauben سلب [salaba, u], نهب [nahaba, a]; *Recht* حرم [ħarama, i]
Berber[1] *m Teppich* سجاد مغربي/بربري [siddʒa:d maɣribi:/barbari:]
Berber[2]**(in)** *m(f)* بربري(ة) [barbari: (-ri:ja)], *mpl* برابرة [bara:bira]; *Volk* البربر [al-barbar]
berechnen حسب [ħasaba, u], احتسب [iħtasaba]; **berechnend** نفعي [nafʕi:]
berechtigt مخول [muxawwal], له الحق في [lahu al-ħaq fi:]; *legitim* مشروع [maʃru:ʕ]
Bereich *m* مجال [madʒa:l], ميدان [maida:n], *Pl* ميادين [maja:di:n]
bereichern *v/t* أغنى [ʔaɣna:]; *v/r* ***sich bereichern*** أثرى [ʔaθra:]
bereit *fertig* مستعد [mustaʕid], جاهز [dʒa:hiz]; *willens* مستعد [mustaʕid]; **bereithalten** *v/t* حضر [ħɒđđɒra], أعد [ʔaʕad-

da]; *v/r* **sich bereithalten** استعد [istaʕadda], تأهب ل [taʔahhaba]; **bereitlegen** حضر [ħɒđđɒra]
bereits سابقا [sa:biqan], سبق وأن [sabaqa wa-ʔan], من قبل [min qabl]
bereitstellen وفر [waffara]; *Betrag* خصص [xɒssɒsɒ], رصد [rɒsɒda, u]
bereuen ندم على [nadima, a]
Berg *m* جبل [dʒabal], *Pl* جبال [dʒiba:l]; **bergab** نزولا [nuzu:lan]; **bergauf** صعودا [suʕu:dan]; **Bergbau** *m* صناعة التعدين [sina:ʕat at-taʕdi:n]
bergen *retten* أنقذ [ʔanqaða]; *Schiff* انتشل [intaʃala]
bergig جبلي [dʒabali:]
Bergsteigen *n* تسلق/صعود الجبال [tasalluq /suʕu:d al-dʒiba:l]; **Bergtour** *f* رحلة جبلية [riħla dʒabali:ja]; **Bergwerk** *n* منجم [mandʒam], *Pl* مناجم [mana:dʒim]
Bericht *m* تقرير [taqri:r], تقارير [taqa:ri:r]; **berichten** روى [rawa:, i:], حدث عن [ħaddaθa]
berichtigen صحح [sɒħħaħa], استدرك [istadraka]
Berlin *n* برلين [barli:n]
berüchtigt سيء السمعة [sajjiʔ as-sumʕa]
berücksichtigen أخذ بعين الاعتبار [ʔaxaða (u) bi-ʕaini l-iʕtiba:r], راعى [ra:ʕa:]
Beruf *m* مهنة [mihna], *Pl* مهن [mihan], حرفة [ħirfa], *Pl* حرف [ħiraf]; **beruflich** *Adj* مهني [mihani:]; *Adv* خاص بالمهنة [xɒ:ss bil-mihna]
Berufsausbildung *f* التدريب المهني [at-tadri:b al-mihani:]; **Berufsschule** *f* مدرسة التدريب المهني [madrasat at-tadri:b al-mihani:]; **berufstätig** عامل [ʕa:mil]; **Berufsverkehr** *m* فترة الازدحام [fatrat al-izdiħa:m], أوقات الذروة [ʔauqa:t að-ðarwa]
beruhigen *v/t* طمأن [tɒmʔana], هدأ [haddaʔa]; *v/r* **sich beruhigen** هدأ [hadaʔa, a], اطمأن [itmaʔana]; **beruhigend** مطمئن [mutɒmʔin]; MED مسكن [musakkin]; **Beruhigungsmittel** *n* مهدئ [muhaddiʔ], مسكن [musakkin]
berühmt مشهور [maʃhu:r]
berühren مس [massa, a], لمس [lamasa, i]; *beeinflussen* أثر

في [ʔaθθara]; **Berührung** *f* مس [mass]; ELEK تماس [tama:s], اتصال [ittisɒ:l]

Besatzung *f* FLUG طاقم الطائرة [tɒ:qim ɒt-tɒ:ʔira]; SCHIFF البحارة [al-baħħa:ra]; MIL قوات الاحتلال [quwa:t al-iħtila:l]

beschädigen أتلف [ʔatlafa], أعطب [ʔaʕtɒba]; *Ruf* أضر ب [ʔađɒrra]; **Beschädigung** *f* ضرر [đɒrar], *Pl* أضرار [ʔɒđra:r], تلف [talaf], *Pl* أتلاف [ʔatla:f]

beschäftigen *v/t einstellen* شغل [ʃaɣɣala], استخدم [istaxdama]; *v/r* ***sich beschäftigen mit*** انشغل ب [inʃaɣala]

beschäftigt مشغول [maʃɣu:l]; **Beschäftigung** *f* شغل [ʃuɣul]; *Anstellung* تشغيل [taʃɣi:l]; WIRTSCH عمالة [ʕama:la]

Bescheid *m Antwort* جواب [dʒawa:b], *Pl* أجوبة [ʔadʒwiba]; JUR قرار [qara:r]; ***Bescheid wissen*** اطلع على [ittɒlaʕa], عرف [ʕarafa, i]; ***j-m Bescheid geben*** أخبر [ʔaxbara]

bescheiden متواضع [mutawɒ:điʕ], قنوع [qanu:ʕ]

Bescheinigung *f* شهادة [ʃaha:da]

beschimpfen شتم [ʃatama, i], سب [sabba, u]; بهدل [bahdala]

beschlagnahmen صادر [sɒ:dara]

beschleunigen *v/t* عجل [ʕaddʒala], سرع [sarraʕa]; *v/i* أسرع ب [ʔasraʕa]

beschließen قرر [qarrara]; *vornehmen* عزم على [ʕazima, i]

Beschluss *m* قرار [qara:r]

beschränken حدد [ħaddada], حصر في [ħɒsɒra, u]; **beschränkt** محدود [maħdu:d]; *knapp* ضيق [đɒjjiq]; **Beschränkung** *f* اقتصار على [iqtisɒ:r], حصر [ħɒsr]; WIRTSCH قيد [qaid], *Pl* قيود [quju:d]

beschreiben وصف [wɒsɒfa, jɒsifu]; **Beschreibung** *f* وصف [wɒsf]

beschriften كتب على [kataba, u]

beschuldigen اتهم [ittahama]

beschützen حمى [ħama:, i:]; *verteidigen* دافع عن [da:faʕa]

Beschwerde *f* شكوى [ʃakwa:], *Pl* شكاوى [ʃaka:wa:]

Beschwerden *Pl* MED أوجاع [ʔaudʒaːʕ], آلام [ʔaːlaːm]
beschweren *v/t* أثقل [ʔaθqala]; *v/r* ***sich beschweren über etw*** شكا [ʃakaː, uː], اشتكى [iʃtakaː]
beseitigen أزال [ʔazaːla]; *Problem* تخلص من [taxallɒsɒ]
Besen *m* مكنسة [miknasa], *Pl* مكانس [makaːnis], *äg* مقشة [miqaʃʃa]
besetzen *Platz* شغل [ʃaɣala, a]; MIL احتل [iħtala]
besetzt *Platz*, TEL مشغول [maʃɣuːl]; MIL محتل [muħtall]; **Besetztzeichen** *n* TEL إشارة الخط المشغول [ʔiʃaːrat al-xɒtt al-maʃɣuːl]
besichtigen زار [zaːra, uː], شاهد [ʃaːhada]; JUR عاين [ʕaːjana]; **Besichtigung** *f* زيارة [zijaːra]; *Tatort* معاينة [muʕaːjana]
besiegen هزم [hazama, i], انتصر على [intɒsɒra]; *Schwierigkeit* تغلب على [taɣallaba]; SPORT فاز على [faːza, uː]
Besitz *m* ملك [milk], *Pl* أملاك [ʔamlaːk]; JUR حوزة [ħauza]; *Grundbesitz* عقار [ʕaqaːr];
besitzen ملك [malaka, i], حاز [ħaːza, uː]; *genießen* تمتع ب [tamattaʕa]; **Besitzer(in)** *m(f)* صاحب(ة) [sɒːħib(a)], *mpl* أصحاب [ʔɒshaːb], مالك (ة) [maːlik(a)], *mpl* ملاك [mullaːk]
besondere(r, -s) خاص [xɒːss]; **Besonderheit** *f* خاصية [xɒːssiːja], *Pl* خصائص [xɒsɒːʔis], خصوصية [xusuːsiːja]
besonders خصوصا [xusuːsan], خاصة [xɒːssɒtan]
besorgen *erledigen* أنجز [ʔandʒaza]; *beschaffen* دبر [dabbara]
besorgniserregend باعث على القلق [baːʕiθ ʕala l-qalaq], مقلق [muqliq]
besorgt قلق على [qaliq], مشغول البال على [maʃɣuːl al-baːl]
Besorgung *f*: ***Besorgungen machen*** دبر الحاجيات [dabbara al-ħaːdʒiːjaːt]
besprechen *Thema* ناقش [naːqaʃa]; *miteinander* تحدث مع [taħaddaθa]; **Besprechung** *f* محادثة [muħaːdaθa]; *Sitzung* اجتماع [idʒtimaːʕ]
besser أفضل [ʔafđɒl], أحسن

[ʔaħsan]; ***umso besser*** أحسن وأحسن [ʔaħsan wa-ʔaħsan]
bessern *v/r* ***sich bessern*** تحسن [taħassana]
Besserung *f* تحسن [taħassun]; ***gute Besserung!*** *m(f)* سلامتك [sala:mtak(-tik)]
Bestand *m Waren* مخزون [maxzu:n]; *mpl* موجودات [maudʒu:da:t]; *Dauer* استمرار [istimra:r], بقاء [baqa:ʔ]
beständig دائم [da:ʔim], مستمر [mustamirr]; *Wetter* مستقر [mustaqirr]
Bestandteil *m* جزء [dʒuzʔ], *Pl* أجزاء [ʔadʒza:ʔ], مكون [mukawwin]
bestätigen أثبت [ʔaθbata], أكد [ʔakkada]; *beglaubigen* صدق على [sɒddaqa]; **Bestätigung** *f* اثبات [iθba:t], تأكيد [taʔki:d]
beste(r, -s) الأحسن [al-ʔaħsan], الأفضل [al-ʔafđɒl]; ***am besten*** من الأفضل أن [mina l-ʔafđɒl ʔan]; *Person* هو أحسن [huwa ʔaħsan]
bestechen رشا [raʃa:, u:]; **bestechlich** قابل للرشوة [qa:bil lir-raʃwa], مرتش [murtaʃin]; **Bestechung** *f* *aktiv* دفع الرشوة [dafʕ ar-raʃwa]; *passiv* قبول الرشوة [qubu:l ar-raʃwa], ارتشاء [irtiʃa:ʔ]
Besteck *n* طقم أدوات المائدة [ŧɒqm ʔadawa:t al-ma:ʔida]
bestehen *Prüfung* اجتاز [idʒta:za], نجح في [nadʒaħa, a]; ***bestehen auf*** أصر على [ʔɒsɒrra], تمسك ب [tamassaka]; ***bestehen aus*** تكون من [takawwana], تألف من [taʔallafa]
bestehlen سرق [saraqa, i]
bestellen *Essen, Ware* طلب [ŧɒlaba, u]; *Zimmer* حجز [ħadʒaza, i]; *j-n* استدعى [istadʕa:]; *j-m etw* بلغ [ballaɣa]; *ernennen* عين [ʕajjana]; **Bestellnummer** *f* رقم الطلبية [raqm ɒŧ-ŧɒlabi:ja]; **Bestellschein** *m* قسيمة الطلبية [qasi:mat ɒŧ-ŧɒlabi:ja]; **Bestellung** *f* طلبية [ŧɒlabi:ja], طلب [ŧɒlab]
bestimmen *festlegen* حدد [ħaddada]; *a. ernennen* عين [ʕajjana]; *entscheiden* قرر [qarrara]; **bestimmt** *Adj* معين [muʕajjan]; *vorgesehen* مخصص ل [muxɒssɒs]; *Adv sicherlich* بالتأكيد [bit-taʔki:d]

bestrafen عاقب [ʕa:qaba]
Bestrahlung *f* MED علاج بالأشعة [ʕila:dʒ bil-ʔaʃiʕʕa]
bestreiten أنكر [ʔankara]; *widersprechen* عارض [ʕa:rɒđɒ]
Bestseller *m* كتاب رائج [kita:b ra:ʔidʒ]
bestürzt مذهول [maðhu:l], مندهش [mundahiʃ]
Besuch *m* زيارة [zija:ra]; **besuchen** زار [za:ra, u:]; *Kranken* عاد [ʕa:da, u:]; *Schule, Museum* ذهب إلى [ðahaba, a]; **Besucher(in)** *m (f)* زائر(ة) [za:ʔir(a)]; ضيف (ة) [đɒif(a)], *mpl* ضيوف [đuju:f]; **Besuchszeit** *f* مواعيد الزيارة [mawaʕi:d az-zija:ra]
beteiligen *v/t* أشرك في [ʔaʃraka]; *v/r* ***sich beteiligen an*** اشترك في [iʃtaraka]; ساهم في [sa:hama], ***beteiligt sein*** مشترك في [muʃtarik]
beten صلى [sɒlla:]
Beton *m* خرسانة [xarasa:na], بطون [bɒtu:n]
betonen أكد على [ʔakkada], شدد على [ʃaddada]; **Betonung** *f* تأكيد [taʔki:d], *Akzent* نبرة [nabra]
Betracht *m*: ***in Betracht ziehen*** اعتبر [iʕtabara], أخذ بعين الاعتبار [ʔaxaða (u) bi-ʕaini l-iʕtiba:r]; ***in Betracht kommen*** دخل في الاعتبار [daxala (u) fil-iʕtiba:r]
betrachten نظر إلى [nɒðɒra, u]; *zusehen* تفرج على [tafaradʒa]; *prüfen* تمعن [tamaʕana]; ***betrachten als*** اعتبر [iʕtabara]
beträchtlich *Adj* لا يستهان به [la: justaha:n bihi], كبير [kabi:r]; *Verlust* فادح [fa:diħ]; *Adv* جدا [dʒiddan], بكثير [bikaθi:r]
Betrag *m* مبلغ [mablaɣ], *Pl* مبالغ [maba:liɣ]
betragen بلغ [balaɣa, u]
betreffen خص [xɒssɒ, u]; **betreffend** خاص ب [xɒ:ss], معني [maʕni:]
betreiben زاول [za:wala]; *a. Politik* مارس [ma:rasa]; *leiten* أدار [ʔada:ra]
betreten دخل [daxala, u]; *erscheinen* ظهر [ðɒhara, a]; ***Betreten verboten*** ممنوع الدخول [mamnu:ʕ ad-duxu:l]
betreuen اعتنى ب [iʕtana:], أشرف على [ʔaʃrafa]; **Betreuung** *f* رعاية [riʕa:ja], اعتناء [iʕtina:ʔ]

Betrieb *m Unternehmen* مؤسسة [muʔassasa]; *Firma* شركة [ʃarika]; *Werk* مصنع [mɒsnaʕ], *Pl* مصانع [mɒsɒ:niʕ]; ***in Betrieb sein*** دار [da:ra, u:], شغال [ʃaɣɣa:l]; ***außer Betrieb*** معطل [muʕɒtt̶ɒl]; *geschlossen* مغلق [muɣlaq]

Betriebsrat *m* مجلس (ممثلي) العمال [madʒlis (mumaθθili:) al-ʕumma:l]; **Betriebssystem** *m* COMPUT نظام التشغيل [niðɒ:m at-taʃɣi:l]

betrinken *v/r* ***sich betrinken*** سكر [sakira, a]

betroffen *erschüttert* مذهول [maðhu:l]; *geschädigt* متضرر من [mutađɒrrir]; *beeinflusst* متأثر ب [mutaʔaθθir]

Betrug *m* غش [ɣiʃʃ], نصب [nɒsb]; *Täuschung* احتيال [iħtija:l]

betrügen خدع [xadaʕa, a], غش [ɣaʃʃa, u]; *umg* نصب على [nɒsɒba, u]; **Betrüger(in)** *m(f)* نصاب(ة) [nɒssɒ:b(a)], غشاش(ة) [ɣaʃʃa:ʃ(a)]

betrunken سكران [sakra:n], ثمل [θamil]

Bett *n* سرير [sari:r], *Pl* أسرة [ʔasirra], تخت [taxt], *Pl* تخوت [tuxu:t]; ***zu Bett gehen*** ذهب إلى النوم [ðahaba (a) ʔila n-naum]; **Bettbezug** *m* أغطية السرير [ʔaɣt̶ijat as-sari:r]; **Bettdecke** *f* لحاف [liħa:f], *Pl* لحف [luħuf]

betteln شحذ [ʃaħaða, a], تسول [tasawwala]

Bettlaken *n* شرشف [ʃarʃaf], *Pl* شراشف [ʃara:ʃif]

Bettler(in) *m(f)* شحاذ(ة) [ʃaħħa:ð(a)], متسول(ة) [mutasawwil(a)]

Bettwäsche *f* بياضات السرير [bajɒ:đɒ:t as-sari:r]

beugen أحنى [ʔaħna:], ثنى [θana:, i:]; *Knie* ركع [rakaʕa, a]

Beule *f* نتوء [nutu:ʔ]; *Abszess* دمل [dummal], *Pl* دمامل [dama:mil]

beunruhigen أقلق [ʔaqlaqa], أزعج [ʔazʕadʒa]

beurteilen حكم على [ħakama, u]; *bewerten* قدر [qaddara]; **Beurteilung** *f* حكم [ħukm], تقدير [taqdi:r]

Beute *f* غنيمة [ɣani:ma], *Pl* غنائم [ɣana:ʔim]; *Tier* فريسة [fari:sa], *Pl* فرائس [fara:ʔis]

Beutel *m* كيس [ki:s], *Pl* أكياس [ʔakja:s]

Bevölkerung *f* سكان [sukkaːn]
bevor قبل أن [qabla ʔan]; **bevorstehen** اقترب [iqtaraba], أوشك على [ʔauʃaka]; **bevorzugen** فضل على [fɒđđɒla], حابى [ħaːbaː]
bewachen حرس [ħarasa, u]
bewaffnet مسلح [musallaħ]
bewahren حفظ [ħafiðɒ, a], صان [sɒːna, uː]; *schützen* حمى [ħamaː, iː]
bewältigen *Arbeit* أنجز [ʔandʒaza]; *Schwierigkeit* ذلل [ðallala], تغلب على [taɣallaba]
bewässern سقى [saqaː, iː], روى [rawaː, iː]
Bewässerung *f* ري [rajj]
bewegen زحزح [zaħzaħa], *a. fig* حرك [ħarraka],; *j-n zu etw* حث على دفع إلى [dafaʕa, a], [ħaθθa, u]; **beweglich** متحرك [mutaħarrik]; *flexibel* مرن [marin]; **Bewegung** *f* حركة [ħaraka]
Beweis *m* دليل [daliːl], *Pl* أدلة [ʔadilla], برهان [burhaːn], *Pl* براهين [baraːhiːn]; JUR إثبات [ʔiθbaːt]; **beweisen** برهن [barhana], أثبت [ʔaθbata]
bewerben *v/r* ***sich bewerben um*** تقدم بطلب [taqaddama biṭɒlab]; **Bewerbung** *f* طلب [ṭɒlab]
bewerten قدر [qaddara]; قيم [qajjama]
bewilligen اعتمد [iʕtamada], وافق على [waːfaqa]
bewirken أحدث [ʔaħdaθa], سبب [sabbaba]
bewirten استضاف [istađɒːfa]; **bewirtschaften** *leiten* أدار [ʔadaːra]; *Feld* استغل [istaɣalla]
bewohnen سكن [sakana, u]
Bewohner(in) *m(f)* ساكن(ة) [saːkin(a)], *mpl* سكان [sukkaːn]
bewölkt غائم [ɣaːʔim], ملبد بالغيوم [mulabbad bil-ɣujuːm]
bewundern أعجب ب [ʔuʕdʒiba]; **bewundernswert** جدير بالإعجاب [dʒadiːr bil-ʔiʕdʒaːb]
bewusst *Adj* واع [waːʕin]; *absichtlich* مقصود [maqsuːd]; *Adv* قصدا [qɒsdan], عن وعي [ʕan waʕj]; ***sich e-r Sache bewusst sein*** على وعي من [ʕalaː waːʕjin min], واع ل [waːʕin li]; **bewusstlos** فاقد الوعي [faːqid al-waʕj], مغمى عليه [muɣman ʕalaihi]; **Bewusstsein** *n* وعي [waʕj],

إدراك [ʔidraːk]; ***das Bewusstsein verlieren*** فقد الوعي [faqada (i) al-waʕj], أغمي عليه [ʔuɣmija ʕalaihi]; ***wieder zu Bewusstsein kommen*** صحا [sɒħaː], استعاد وعيه [istaʕaːda waʕjahu]

bezahlen دفع [dafaʕa, a], سدد [saddada]; **Bezahlung** *f* دفع [dafʕ], تسديد [tasdiːd]

bezaubernd فاتن [faːtin], ساحر [saːħir], جذاب [dʒaððaːb]

bezeichnen *beschreiben* وصف [wɒsɒfa, jɒsifu]; *betrachten* اعتبر [iʕtabara]; **Bezeichnung** *f Name* تسمية [tasmiːja]

beziehen *Haus* سكن [sakana, u]; *Hotel* نزل ب [nazala, i]; *Bett* فرش [faraʃa, u]; *kaufen* اشترى [iʃtaraː]; ***sich beziehen auf*** رجع إلى [radʒaʕa, i], استند إلى [istanada]; **Beziehung** *f* علاقة [ʕalaːqa], صلة [sila]; **beziehungsweise** أو [ʔau]

Bezirk *m* دائرة [daːʔira], *Pl* دوائر [dawaːʔir], *syr* منطقة [mintɒqa], *Pl* مناطق [manɒːtiq], *äg* مركز [markaz], *Pl* مراكز [maraːkiz]; *Stadtviertel* حي [ħajj], *Pl* أحياء [ʔaħjaːʔ]

Bezug *m Überzug* غطاء [ɣitɒːʔ], *Pl* أغطية [ʔaɣtija]; ***in Bezug auf*** بالنسبة إلى [bin-nisbati ʔilaː], فيما يتعلق ب [fiːmaː jataʕallaq bi]

bezweifeln شك في [ʃakka, u], ارتاب في [irtaːba]

BH *m* صدرية [sɒdriːja], سوتيان [suːtijaːn]

Bibel *f* الكتاب المقدس [al-kitaːb al-muqaddas]

Bibliothek *f* مكتبة [maktaba]

biegen حنى [ħanaː, iː]; *krümmen* ثنى [θanaː, iː]; TECH قوس [qawwasa]; **Biegung** *f Straße* منعطف [munʕataf], *a.* MATH منحنى [munħanaː]

Biene *f* نحلة [naħla], *Koll* نحل [naħl]

Bier *n* بيرة [biːra], جعة [dʒiʕa]; **Biergarten** *m* حديقة (لشرب) البيرة [ħadiːqat (li-ʃurb) al-biːra]; **Bierzelt** *n* خيمة البيرة [xaimat al-biːra]

bieten *Möglichkeit* قدم [qaddama], أتاح [ʔataːħa]; *anbieten* عرض على [ʕarɒđɒ, i]; *Auktion* زايد [zaːjada]

Bikini *m* بيكيني [biːkiːniː]

Bilanz *f Resultat* نتيجة [natiːdʒa], *Pl* نتائج [nataːʔidʒ];

WIRTSCH موازنة [muwaːzana], ميزانية [miːzaːniːja]

Bild *n a.* FOTO صورة [suːra], *Pl* صور [suwar]; *Gemälde* لوحة [lauħa]

bilden شكل [ʃakkala], كون [kawwana]

Bilderbuch *n* كتاب مصور [kitaːb musɒwwar]

Bildschirm *m* شاشة [ʃaːʃa]

Bildung *f Formung* تكوين [takwiːn], تشكيل [taʃkiːl]; *Ausbildung* تعليم [taʕliːm]; *Geistesbildung* ثقافة [θaqaːfa]

Billard *n* لعبة البليارد(و) [luʕbat al-biljaːrd(u)]

billig رخيص [raxiːs], بخس [baxs]

Binde *f* MED رباط [ribɒːt], *Pl* أربطة [ʔarbitɒ]; *Bandage* لفافة [lifaːfa], *Pl* لفائف [lafaːʔif]; *Damenbinde* فوطة نسائية [fuːtɒ nisaːʔiːja]; **Bindehautentzündung** *f* التهاب ملتحمة العين [iltihaːb multaħamat al-ʕain]

binden ربط [rabatɒ, i, u]; *Buch* جلد [dʒallada]

Bindestrich *m* شرطة [ʃɒrtɒ], *Pl* شرط [ʃurɒt]

Bindfaden *m* خيط [xait], *Pl* خيوط [xujuːt]

bio- عضوي [ʕuđwiː], حيوي [ħajawiː]

Biologie *f* علم الأحياء [ʕilm al-ʔaħjaːʔ]

Bioprodukt *n* منتوجات عضوية [mantuːdʒaːt ʕuđwiːja]

Birne *f* BOT إجاص [ʔiddʒɒːs]; *äg* كمثرى [kummaθraː], *syr* إنجاص [ʔindʒɒːs]; ELEK لمبة [lamba]

bis حتى [ħattaː], إلى [ʔilaː]; ***von … bis*** من ... إلى/حتى [min … ʔilaː/ħattaː]; ***bis gleich!*** عن إذنك [ʕan ʔiðnak]; إلى فيما بعد [ʔilaː fiːmaː baʕd]; ***bis auf*** إلا [ʔillaː], ما عدا [maː ʕadaː]; ***bis wann?*** إلى متى؟ [ʔilaː mataː]

bisher حتى الآن [ħatta: l-ʔaːn]

Biss *m Hund* عضة [ʕɒđđɒ]; *Schlange* لدغة [ladɣa]; *Insekt* قرصة [qarsɒ]

bisschen *Adj*: ***ein bisschen*** قليل من [qaliːl min]; *umg* شوية [ʃuwajja]; *Adv* قليلا [qaliːlan]; ***kein bisschen*** على الإطلاق [ʕala l-ʔitlaːq], البتة [al-batta]

bissig *Hund* عضاض [ʕɒđđɒːđ]

bitte *m(f)* من فضلك [min fɒđlak(-lik)], *Pl* من فضلكم

[min fɒđlikum]; *auffordernd* *m(f)* تفضل(ـي) [tafɒđđɒl (-i:)], *Pl* تفضلوا [tafɒđđɒlu:]; ***bitte, gern geschehen!*** العفو لا شكر على واجب [al-ʕafw la: ʃukr ʕala: wa:dʒib]; ***wie bitte?*** نعم؟ [naʕam], عفوا؟ [ʕafwan]

Bitte *f* رجاء [radʒa:ʔ], طلب [ŧɒlab]; *Ersuchen* التماس [iltima:s]

bitten: ***j-n um etw bitten*** رجا [radʒa:, u:], طلب [ŧɒlaba, u]; *Erlaubnis* استأذن في [istaʔ-ðana]

bitter مر [murr]; *Armut* مدقع [mudqiʕ]; *Kälte* قارس [qa:ris]

Blähungen *fpl* انتفاخ (البطن) [intifa:x (al-bɒŧn)]

blamieren *v/t* عرض للسخرية [ʕarrɒđɒ lis-suxri:ja], فضح [fɒđɒħa, a]; *v/r* ***sich blamieren*** سود وجهه [sawwada wadʒhahu], عرض نفسه للسخرية [ʕarrɒđɒ nafsahu lis-suxri:ja]

blank *glänzend* لامع [la:miʕ]; *entblößt* عار [ʕa:rin]; *umg pleite* مفلس [muflis]

Blase *f* فقاعة [fuqqa:ʕa], *Pl* فقاقيع [faqa:qi:ʕ]; ANAT مثانة [maθa:na]

blasen *v/t* نفخ [nafaxa, u]; *Musikinstrument* زمر [zammara]; *v/i Wind* هب [habba, u]

Blasenentzündung *f* التهاب المثانة [iltiha:b al-maθa:na]

Blasinstrument *n* آلة نفخ موسيقية [ʔa:lat nafx musi:qi:ja]

blass *Farbe* باهت [ba:hit]; *Person* شاحب [ʃa:ħib], أصفر [ʔɒsfar]

Blatt *n* BOT, *Papier* ورقة [waraqa], *Pl* أوراق [ʔaura:q]; *Buchseite* صفحة [sɒfħa]

blättern تصفح [tasɒffaħa], قلب [qallaba]; **Blätterteig** *m* عجين مورق [ʔadʒi:n muwarraq]

blau *m* أزرق [ʔazraq], *f* زرقاء [zarqa:ʔ], *Pl* زرق [zuruq]; *umg betrunken* سكران [sakra:n]; ***blauer Fleck*** كدمة [kadma], رضة [rɒđđɒ]

Blech *n* صفيح [sɒfi:ħ], تنك [tanak]; **Blechschaden** *m* أضرار هيكل السيارة [ʔɒđra:r haikal as-sajja:ra]

Blei *n* رصاص [rɒsɒ:s]

bleiben بقي [baqija, a:]; *andauern* ظل [ðɒlla, a]; *verweilen* قضى [qɒđɒ:,i:]; ***bleiben***

Sie am Apparat TEL انتظر على الهاتف [intɒðir ʕala l-ha:tif]; ***es bleibt dabei!*** سنبقى على ما اتفقنا عليه [sanabqa: ʕala: ma: ittafaqna: ʕalaihi]

bleich شاحب [ʃa:ħib], أصفر [ʔɒsfar]

bleifrei خال من الرصاص [xa:lin mina r-rɒsɒ:s]

Bleistift *m* قلم رصاص [qalam rɒsɒ:s]

Blende *f* FOTO حاجز ضوئي [ħa:dʒiz đɒuʔi:], حاجب النور [ħa:dʒib an-nu:r]; **blenden** *v/t Licht, blind machen* أعمى [ʔaʕma:]; *täuschen* غر [ɣarra, u]

Blick *m* نظرة [nɒðra], لمحة [lamħa]

blicken نظر إلى [nɒðɒra, u], تطلع إلى [taŧɒllaʕa]; ***sich blicken lassen*** حضر [ħɒđɒra, u], زار [za:ra, u:]

blind *m* أعمى [ʔaʕma:], *f* عمياء [ʕamja:ʔ], *Pl* عميان [ʕumja:n]

Blinddarm *m* ANAT الزائدة الدودية [az-za:ʔida ad-du:di:ja]; **Blinddarmentzündung** *f* MED التهاب الزائدة الدودية [iltiha:b az-za:ʔida ad-du:di:ja]

Blinde *m/f* ضرير(ة) [đɒri:r (a)], أعمى (عمياء) [ʔaʕma: (ʕamja:ʔ)]

blinken *Licht*, AUTO أومض [ʔaumađɒ]; *glänzen* لمع [lamaʕa, a]; *funkeln* تلألأ [talaʔlaʔa]; **Blinker** *m* AUTO غماز [ɣamma:z], ضوء وامض [đɒuʔ wa:miđ]

Blitz *m* برق [barq], *Pl* بروق [buru:q]; FOTO فلاش [fla:ʃ]; **blitzen** برق [baraqa]; *Straßenverkehr* ضبطه/صاده رادار السرعة [đɒbɒŧɒhu /sa:dahu ra:da:r as-surʕa]; ***es blitzt*** برقت السماء [baraqat as-sama:ʔ]

Block *m Holz* قرمة [qurma], *Pl* قرم [quram]; *Notizblock* دفتر ملاحظات [daftar mula:ħaðɒ:t]; *Häuser* مبنى سكني [mabna: sakani:]; **blockieren** سد [sadda, u]; MIL حاصر [ħɒ:sɒra]; *verhindern* منع [manaʕa, a]

blöd(e) *dumm m* أهبل [ʔahbal], *f* هبلاء [habla:ʔ], *Pl* هبل [hubl]; *äg m(f)* عبيط(ة) [ʕabi:ŧ(ɒ)], *mpl* عبطاء [ʕubɒŧɒ:ʔ]; *albern m(f)* سخيف(ة) [saxi:f(a)], *mpl*

سخفاء [suxafa:ʔ]; *ärgerlich* مزعج [muzʕidʒ]
Blödsinn *m Aussage* خرف [xaraf], كلام فارغ [kala:m fa:riɣ]; *Tat* حماقة [ħama:qa]
blond *m* أشقر [ʔaʃqar], *f* شقراء [ʃaqra:ʔ], *Pl* شقر [ʃuqr]
bloß *Adj nackt* عار [ʕa:rin]; *barfuß* حاف [ħa:fin]; *Kopf* مكشوف [makʃu:f], *Auge* مجرد [mudʒarrad]; *Adv nur* فقط [faqɒt]; **bloßstellen** فضح [fɒđɒħa, a]
خزى [xaza:, i:],
blühen *Blume* أزهر [ʔazhara]; *a.* WIRTSCH ازدهر [izdahara]
Blume *f* وردة [warda], *Pl* ورود [wuru:d], زهرة [zahra], *Pl* أزهار [ʔazha:r]
Blumenkohl *m* قرنبيط [qarnabi:t]; **Blumentopf** *m* أصيص [ʔɒsi:s], *Pl* أصص [ʔusus]; *jord* قوار [quwwa:r], *Pl* قواوير [qawa:wi:r]
Bluse *f* بلوزة [blu:za]
Blut *n* دم [dam], *Pl* دماء [dima:ʔ]; ***j-m Blut abnehmen*** سحب منه دما [saħaba (a) minhu daman]; **Blutdruck** *m* ضغط الدم [đɒɣt ad-dam]
Blüte *f Pflanze* نوارة [nuwwa:ra], *Pl* نواوير [nawa:wi:r]; WIRTSCH ازدهار [izdiha:r]; *Lebensalter* ريعان [raiʕa:n]
bluten نزف [nazafa, i], دمي [damija, a:]
Bluterguss *m* كدمة [kadma], رضة [rɒđđɒ], ورم دموي [waram damawi:]; **Blutgruppe** *f* فصيلة الدم [fɒsi:lat ad-dam]
blutig دموي [damawi:]; *Kleidung* ملطخ بالدم [mulɒttɒx bid-dam]
Blutkonserve *f* وحدة دم [wiħdat dam]; **Blutprobe** *f* فحص الدم [faħs ad-dam]; **Blutspende** *f* تبرع بالدم [tabarruʕ bid-dam]; **blutstillend** موقف للنزيف [mu:qif lin-nazi:f]; **Bluttransfusion** *f* نقل الدم [naql ad-dam]; **Blutung** *f* نزيف [nazi:f]; *Menstruation* العادة الشهرية [al-ʕa:da aʃ-ʃahri:ja], حيض [ħaiđ]; **Blutvergiftung** *f* تسمم الدم [tasammum ad-dam]
Boden *m Erde* أرض [ʔarđ], *Pl* أراض [ʔarɒ:đin], تراب [tura:b], *Pl* أتربة [ʔatriba]; *Fußboden* أرضية [ʔarđi:ja]; *Dachboden* علية [ʕulli:ja], *Pl* علالي [ʕala:li:]; **bodenlos** لا

أساس له [la: ʔasa:sa lahu]; **Bodenschätze** *mpl* الثروات المعدنية [aθ-θarawa:t al-maʕdani:ja]

Body *m Unterwäsche* طقم ملابس داخلية [ŧɒqm mala:bis da:xili:ja]; **Bodybuilding** *n* كمال الأجسام [kama:l al-ʔadʒsa:m]

Bogen *m* قوس [qaus], *Pl* أقواس [ʔaqwa:s]; MATH خط منحن [xɒŧŧ munħanin]; *Papier* ورقة [waraqa], *Pl* ورق [waraq]

Bohne *f Koll weiße* فاصوليا [fɒ:su:lija:]; *grüne* لوبيا [lu:bija:]; *Saubohne* فول [fu:l]

bohren *Loch* ثقب [θaqaba, u], خرم [xarama, i]; *ausschachten* حفر [ħafara, i]; **Bohrer** *m* مثقب [miθqab], *Pl* مثاقب [maθa:qib], دريل [drail]; **Bohrmaschine** *f Erdöl* ماكينة حفر [ma:ki:nat ħafr]; **Bohrturm** *m* TECH برج الحفر [burdʒ al-ħafr]

Boiler *m* سخان [saxxa:n]

Boje *f* عوامة [ʕawwa:ma]

bombardieren ضرب بالقنابل [đɒraba bil-qana:bil]

Bombe *f* قنبلة [qunbula], *Pl* قنابل [qana:bil]

Bon *m Kassenbeleg* وصل [wɒsl], *Pl* وصول [wusu:l]; *Gutschein* بون [bu:n]

Bonbon *m/n* ملبس [mulabbas], سكاكر [saka:kir]

Boot *n* قارب [qa:rib], *Pl* قوارب [qawa:rib], زورق [zauraq], *Pl* زوارق [zawa:riq]

Bootsverleih *m* تأجير قوارب [taʔdʒi:r qawa:rib]

Bord *m Regal* رف [raff], *Pl* رفوف [rufu:f]; ***an Bord*** FLUG على متن الطائرة [ʕala: matn ɒŧ-ŧɒ:ʔira]; SCHIFF على ظهر السفينة [ʕala: ðɒhr as-safi:na]

Bordcomputer *m* AUTO كمبيوتر لوحة العدادات [kumbju:tar lauħat al-ʕadda:da:t]

Bordell *n* بيت الدعارة [bait ad-daʕa:ra], ماخور [ma:xu:r], *Pl* مواخير [mawa:xi:r]

Bordkarte *f* FLUG بطاقة صعود الطائرة [biŧɒ:qat suʕu:d ɒŧ-ŧɒ:ʔira]

borgen *v/t*: ***j-m etw borgen*** أعار [ʔaʕa:ra]; *Geld* أقرض [ʔaqrɒđɒ]; *v/r* (***sich***) ***etw von j-m borgen*** استعار [istaʕa:ra]; *Geld* اقترض [iqtarɒđɒ]

Börse *f* WIRTSCH بورصة [bu:rsɒ]; *Portemonnaie* محفظة النقود [maħfɒðat an-

nuqu:d]; *syr, lib* جزدان [dʒuzda:n], *Pl* جزادين [dʒaza:di:n]; **Börsenkurs** *m* أسعار البورصة [ʔasʕa:r al-bu:rsɒ]
bösartig *a.* MED خبيث [xabi:θ]
Böschung *f* منحدر [munħa-dar]
böse شرير [ʃirri:r], خبيث [xabi:θ]; *schlimm* سيء [saj-jiʔ]; *zornig* زعلان [zaʕla:n], غضبان [ɣɒđba:n]; ***j-m böse sein*** مستاء من [musta:ʔ], غاضب على [ɣɒ:đib]
Bosporus *m* البوسفور [al-busfu:r]
böswillig خبيث [xabi:θ], شرير [ʃirri:r]
botanisch نباتي [naba:ti:]; ***botanischer Garten*** حديقة النباتات [ħadi:qat an-naba:ta:t]
Bote *m*, **Botin** *f* ساع(ية) [sa:ʕin (-ʕi:ja)], *mpl* سعاة [suʕa:t]
Botschaft *f Brief* رسالة [risa:la], *Pl* رسائل [rasa:ʔil]; *dipl. Vertretung* سفارة [sifa:ra]; **Botschafter(in)** *m(f)* سفير(ة) [safi:r(a)], *mpl* سفراء [sufara:ʔ]
Box *f Pferde* مربط [marbɒŧ], *Pl* مرابط [mara:biŧ]; *Essensbehälter* صندوق [sundu:q], *Pl* صناديق [sɒna:di:q]
Boxen *n* ملاكمة [mula:kama]
Boxershorts *Pl* بنطلون قصير [banŧɒlu:n qasi:r], شورت [ʃu:rt]
Boxkampf *m* ملاكمة [mula:kama]
boykottieren قاطع [qɒ:ŧɒʕa]
Branche *f* قطاع [qiŧɒ:ʕ]
Brand *m* حريق [ħari:q], *Pl* حرائق [ħara:ʔiq]; MED غرغرينا [ɣarɣari:na:]
Brandenburg *n* براندنبورغ [bra:ndinbu:rɣ]
Brandstiftung *f* إحراق عمدا [ʔiħra:q ʕamdan]
Brandwunde *f* حرقة [ħarqa]
Branntwein *m* كونياك [kunja:k], براندي [bra:ndi:]
Brasilien البرازيل [al-bra:zi:l]
braten *Pfanne* قلى [qala:, i:]; *rösten* حمر [ħammara]; *grillen* شوى [ʃawa:, i:]
Braten *m* لحم مشوي/محمر [laħm maʃwi:/muħammar];
Brathähnchen *n* دجاجة مشوية [dadʒa:dʒa maʃwi:ja];
Bratkartoffeln *fpl* بطاطا مشوية [bɒŧɒ:ŧɒ: maʃwi:ja];
Bratwurst *f* نقانق مشوية

[naqa:niq maʃwi:ja]
Brauch *m* عادة [ʕa:da], *bes Pl* تقاليد [ṭaqa:li:d]; REL طقس [ṭɒqs], *Pl* طقوس [ṭuqu:s]; **brauchbar** مفيد ل [mufi:d], صالح ل [sɒ:liħ]; **brauchen** احتاج إلى [iħta:dʒa]
brauen صنع البيرة [sɒnaʕa (a) al-bi:ra]; **Brauerei** *f* معمل البيرة [maʕmal al-bi:ra]
braun بني [bunni:]; ***braun gebrannt*** مسمر البشرة [musmarru l-baʃara], برونزي اللون [brunzi: al-laun]
Braut *f* عروس [ʕaru:s], *Pl* عرائس [ʕara:ʔis]; *Verlobte* خطيبة [xɒṭi:ba]
Bräutigam *m* عريس [ʕari:s], *Pl* عرسان [ʕursa:n]; *Verlobter* خطيب [xɒṭi:b], *Pl* خطباء [xuṭɒba:ʔ]
bravo *m(f)* أحسنت [ʔaħsanta (-ti)], برافو [bra:vu:]; *äg* عفارم [ʕafa:rim]
Brechdurchfall *m* استفراغ وإسهال [istifra:ɣ wa-ʔisha:l]
brechen *Glas* كسر [kasara, i]; *Vertrag* نقض [naqɒđɒ, u]; *Versprechen* أخلف [ʔaxlafa]; *speien* استفرغ [istafraɣa], تقيأ [taqajjaʔa]; ***sich den Arm*** (***Unterarm***) ***brechen*** MED كسر ذراعه (ساعده) [kasara (i) ðira:ʕahu (sa:ʕidahu)]
Brechreiz *m* غثيان [ɣaθaja:n]
Brei *m Mehl* عصيدة [ʕaṣi:da]; *Kartoffel* بطاطا مهروسة [bɒṭɒ:ṭɒ: mahru:sa]
breit عريض [ʕari:đ], واسع [wa:siʕ]; ***drei Meter breit*** عرضه ثلاثة أمتار [ʕarđuhu θala:θat ʔamta:r]
Breite *f* عرض [ʕarđ]; **Breitengrad** *m* خط العرض [xɒṭṭ al-ʕarđ]
Bremen *n* بريمن [bri:min]
Bremse *f* ZOOL ذبابة الدواب [ðuba:bat ad-dawa:bb], نعرة [nuʕara]; AUTO فرملة [farmala], *Pl* فرامل [fara:mil], مكبح [mikbaħ], *Pl* مكابح [maka:biħ]; **bremsen** *Fahrzeug* فرمل [farmala]; *beruhigen* هدأ [hadda ʔa]; **Bremsflüssigkeit** *f* سائل الفرامل [sa:ʔil al-fara:mil]; **Bremslicht** *n* ضوء الفرامل [đɒuʔ al-fara:mil]; **Bremsweg** *m* مسافة الفرملة [masa:fat al-farmala]
brennbar قابل للاحتراق [qa:bil lil-iħtira:q]; **brennen** حرق [ħaraqa, i], أحرق [ʔaħraqa]; COMPUT نسخ [nasaxa, a]
Brennholz *n* حطب [ħɒṭɒb];

Brennstoff *m* وقود [waqu:d]
Brett *n* لوح [lauħ], *Pl* ألواح [ʔalwa:ħ]; ***Schwarzes Brett*** لوحة الإعلانات [lauħat al-ʔiʕla:na:t]
Brief *m* رسالة [risa:la], *Pl* رسائل [rasa:ʔil], مكتوب [maktu:b], *Pl* مكاتيب [maka:ti:b]; *äg* جواب [dʒawa:b]; **Briefkasten** *m* صندوق البريد [sundu:q al-bari:d]; **Briefmarke** *f* طابع البريد [tˠɒ:biʕ al-bari:d]; **Briefpapier** *n* ورق الرسائل [waraq ar-rasa:ʔil]; **Brieftasche** *f* محفظة [maħfɒðɒ], *Pl* محافظ [maħa:fiðˠ]; **Briefträger(in)** *m(f)* ساعي(ة) البريد [sa:ʕi: (-ʕi:jat) al-bari:d]; **Briefumschlag** *m* ظرف [ðɒrf], *Pl* ظروف [ðuru:f]
Brillant *m* ألماس [ʔalma:s]
Brille *f* نظارة [nɒððɒ:ra]
Brillenetui *n* علبة النظارة [ʕulbat an-nɒððɒ:ra]; **Brillengestell** *n* إطار النظارة [ʔitˠɒ:r an-nɒððɒ:ra]; **Brillenglas** *n* عدسة النظارة [ʕadasat an-nɒððɒ:ra]
bringen أحضر [ʔaħđɒra], جلب [dʒalaba, i]; *nach Hause* أوصل إلى [ʔausɒla]; ***in Ordnung bringen*** *instand setzen* أصلح [ʔɒslaħa]; *korrigieren* صحح [sɒħħaħa]; ***mit sich bringen*** جلب [dʒalaba, i], حمل في طياته [ħamala (i) fi: tˠɒjja:tihi]
Brise *f* نسمة [nasma]
britisch بريطاني [bri:tˠɒ:ni:]
Brocken *m* قطعة [qitˠʕa], *Pl* قطع [qitˠɒʕ]; *Fels* كتلة [kutla], *Pl* كتل [kutal]; *Brot* كسرة [kisra]; *äg* حتة [ħitta]; *lib* شقفة [ʃaqfa]
brodeln غلى [ɣala:, i:], فار [fa:ra, u:]
Brokkoli *Pl* قرنبيط أخضر [qarnabi:tˠ ʔaxđɒr], بروكلي [bru:kuli:]
Bronchitis *f* التهاب الشعب الهوائية [iltiha:b aʃ-ʃuʕab al-hawa:ʔija]
Bronze *f* برونز [bru:nz]
Brosche *f* مشبك [miʃbak], *Pl* مشابك [maʃa:bik]; بروش [bru:ʃ]
Broschüre *f* كراسة [kurra:sa], كتيب [kutajjib]
Brot *n* خبز [xubz]; *äg* عيش [ʕaiʃ]
Brötchen *n* خبز صغير مستدير [xubz sɒɣi:r mustadi:r]
Browser *m* COMPUT متصفح

[mutasɒfiħ]

Bruch *m a.* MATH كسر [kasr], *Pl* كسور [kusu:r]; *Trennung* قطيعة [qɒtˀi:ʕa], هجر [hadʒr]; MED *Fraktur* كسر [kasr]

Bruchstück *n* كسرة [kisra], *Pl* كسر [kisar], قطعة [qitˀʕa], *Pl* قطع [qitˀɒʕ]

Brücke *f* جسر [dʒisr], *Pl* جسور [dʒusu:r]; *äg* كوبري [kubri:], *Pl* كباري [kaba:ri:]; *Teppich* سجادة طويلة [saddʒa:da tˀɒwi:la], مشاية [maʃʃa:ja]

Bruder *m* أخ [ʔax], *Pl* إخوة [ʔixwa], شقيق [ʃaqi:q], *Pl* أشقاء [ʔaʃiqa:ʔ]

Brühe *f Essen* حساء [ħisa:ʔ], مرقة [maraqa]; *Abwasser* مياه قذرة [mija:h qaðira]

brummen *Insekt* طن [tˀɒnna, i]; *Bär* دمدم [damdama]; *Gerät* أز [ʔazza, i]; *Person* غمغم [ɣamɣama]; *umg einsitzen* جلس في السجن [dʒalasa (i) fis-sidʒn]

Brunnen *m* بئر [biʔr], *Pl* آبار [ʔa:ba:r]; ARCH نافورة [na:fu:ra], *Pl* نوافير [nawa:fi:r]

Brüssel بروكسل [bruksil]

Brust *f* صدر [sɒdr], *Pl* صدور [sudu:r]; *Busen* ثدي [θadj], *Pl* أثداء [ʔaθda:ʔ]; **Brustkorb** *m* القفص الصدري [al-qafɒs ɒs-sɒdri:]; **Brustwarze** *f* حلمة الثدي [ħalamat aθ-θadj]

brutal *Adj* قاس [qa:sin], وحشي [waħʃi:]; *Adv* بقسوة [bi-quswa]

brüten رقد على [raqada, u]; *fig* أمعن في [ʔamʕana]

brutto إجمالي [ʔidʒma:li:], كلي [kulli:]; **Bruttoeinkommen** *n* الدخل الإجمالي [ad-daxl al-ʔidʒma:li:]; **Bruttoinlandsprodukt** *n* WIRTSCH الناتج المحلي الإجمالي [an-na:tidʒ al-maħli: al-ʔidʒma:li:]; **Bruttosozialprodukt** *n* WIRTSCH الناتج القومي الإجمالي [an-na:tidʒ al-qaumi: al-ʔidʒma:li:]

Buch *n* كتاب [kita:b], *Pl* كتب [kutub]

Buche *f Koll* زان [za:n]

buchen *reservieren* حجز [ħadʒaza, i]; *Konto* سجل [saddʒala], قيد [qajjada]

Bücherei *f* مكتبة [maktaba]

Buchhaltung *f* FIN مسك الدفاتر [mask ad-dafa:tir]; **Buchhandlung** *f* مكتبة (بيع الكتب) [maktaba(t baiʕ al-kutub)]

Büchse *f* علبة [ʕulba], *Pl* علب [ʕulab]

Buchstabe *m* حرف [ħarf], *Pl* حروف [ħuru:f]; **buchstabieren** تهجى [tahaddʒa:]
Bucht *f* خليج [xali:dʒ], *Pl* خلجان [xuldʒa:n]
Buchung *f* حجز [ħadʒz]; FIN تسجيل [tasdʒi:l], تقييد [taqji:d]
bücken *v/r* ***sich bücken*** انحنى [inħana:]
Budapest بودابست [bu:da:bist]
Buddhismus *m* بوذية [bu:ði:ja]
Bude *f Kiosk* كشك [kuʃk], *Pl* أكشاك [ʔakʃa:k]; *umg Zimmer* غرفة [ɣurfa], *Pl* غرف [ɣuraf]
Büfett, **Buffet** *n Schranktisch* بوفيه [bu:fi:h]; ***kaltes Büfett*** بوفيه مأكولات خفيفة [bu:fi:h], باردة [maʔku:la:t xafi:fa ba:rida]
Büffel *m* جاموس [dʒa:mu:s], *Pl* جواميس [dʒawa:mi:s]
Bug *m* SCHIFF السفينة مقدمة [muqaddamat as-safi:na]
Bügel *m Kleider* علاقة [ʕalla:qa]; **Bügeleisen** *n* مكواة [mikwa:t], *Pl* مكاو [maka:win]
bügeln كوى [kawa:, i:]
Bühne *f Theater* مسرح [masraħ], *Pl* مسارح [masa:riħ]; *Theaterbühne* خشبة المسرح [xaʃabat al-masraħ]
Bummel *m* جولة [dʒaula]; **bummeln** *umherlaufen* تجول [tadʒawwala], تفسح [tafassaħa]; *trödeln* تلكأ [talakaʔa]
Bund[1] *n Gemüse* ربطة [rabṭɒ]; *Papier* رزمة [ruzma], *Pl* رزم [ruzam]; *Schlüssel* حلقة [ħalaqa]
Bund[2] *m Vereinigung* جمعية [dʒamʕi:ja]; *Pakt* حلف [ħilf], *Pl* أحلاف [ʔaħla:f]; *Hose* رباط [ribɒ:ṭ]
Bündel *n* ربطة [rabṭɒ], حزمة [ħizma], *Pl* حزم [ħuzam]; *Kleider* رزمة [ruzma], *Pl* رزم [ruzam]
Bundeskanzler(in) *m(f)* مستشار(ة) [mustaʃa:r(a)];
Bundesland *n* ولاية [wila:ja], مقاطعة [muqɒ:ṭɒʕa];
Bundesliga *f* بونديسليجا [bundisli:dʒa:], الدوري الاتحادي الألماني [ad-dauri: al-ittiħa:di: al-ʔalma:ni:]; **Bundespräsident(in)** *m(f)* الرئيس(ة) الاتحادي(ة) الألماني(ة) [ar-raʔi:s(a) al-ittiħa:di: (-di:ja) al-ʔalma:ni: (-ni:ja)];
Bundesrat *m* مجلس الولايات

الألمانية [madʒlis al-wilaːjaːt al-ʔalmaːniːja], بونديسرات [bundisraːt]; **Bundesrepublik** *f* جمهورية ألمانيا الاتحادية [dʒumhuːriːjat ʔalmaːnjaː al-ittiħaːdiːja]; **Bundestag** *m* بونديستاغ [bundistaːɣ], البرلمان الألماني [al-barlamaːn al-ʔalmaːniː]; **Bundeswehr** *f* القوات المسلحة الألمانية [al-quwaːt al-musallaħa al-ʔalmaːniːja]

Bündnis *n* حلف [ħilf], *Pl* أحلاف [ʔaħlaːf], تحالف [taħaːluf]

bunt متعدد الألوان [mutaʕaddid al-ʔalwaːn], ملون [mulawwan]; **Buntstift** *m* قلم ملون [qalam mulawwan]

Burg *f* قلعة [qalʕa], *Pl* قلاع [qilaːʕ], حصن [ħisn], *Pl* حصون [ħusuːn]

bürgen ضمن [đɒmina, a], كفل [kafala, u]

Bürger(in) *m(f)* مواطن(ة) [muwɒːtin(a)]; **Bürgermeister(in)** *m(f)* رئيس(ة) البلدية [raʔiːs(at) al-baladiːja]; *äg* عمدة [ʕumda], *Pl* عمد [ʕumad]; *syr, lib* مختار [muxtaːr], *Pl* مخاتير [maxaːtiːr]; **Bürgersteig** *m* رصيف [rɒsiːf], *Pl* أرصفة [ʔarsifa]

Büro *n* مكتب [maktab], *Pl* مكاتب [makaːtib]; **Bürokratie** *f* بيروقراطية [biːruqrɒːtiː-ja]

Bürste *f* فرشاة [furʃaːt], *Pl* فرش [furaʃ]

bürsten فرش [farraʃa]; *Haar* مشط [maʃʃatɒ]

Bus *m* حافلة [ħaːfila]; *äg* أوتوبيس [ʔautubiːs]; *syr* باص [bɒːs]

Busch *m* شجيرة [ʃudʒaira]; *Dschungel* دغل [daɣal], *Pl* أدغال [ʔadɣaːl]

Busen *m Dual* نهدان [nahdaːn], ثديان [θadjaːn]

Bushaltestelle *f* موقف الحافلة/الباص [mauqif al-ħaːfila/al-bɒːs]

Businessclass *f* بيزنس كلاس [biːznis klaːs], درجة رجال الأعمال [daradʒat ridʒaːl al-ʔaʕmaːl]

Buslinie *f* خط الباص [xɒtt al-bɒːs]

büßen كفر عن [kaffara]; *bereuen* تاب [taːba, uː]; *Konsequenz tragen* تحمل العواقب [taħammala al-ʔawaːqib]

Bußgeld *n* غرامة [ɣaraːma]

Butter *f* زبدة [zubda]

C

Café *n* مقهى [maqhan], *Pl* مقاه [maqa:hin]
Callcenter *n* مركز اتصالات تلفونية [markaz ittisɒ:la:t tilifu:ni:ja]
Camping *n* تخييم [taxji:m]; **Campingplatz** *m* مخيم [muxajjam]
Capuccino *m* كابوتشينو [ka:butʃi:no]
CD *f* قرص مدمج [qurs mudmadʒ], سي دي [si: di:]; **CD-Player** *m* TECH جهاز تشغيل السي دي [dʒiha:z taʃɣi:l as-si: di:], قارئ الأقراص المدمجة [qariʔ al-ʔaqrɒ:s al-mudmadʒa]
Celsius ***Grad Celsius*** درجة مئوية [daradʒa miʔawi:ja]
Cent *m* سنت [sant]
Champagner *m* شمبانيا [ʃamba:ni:ja]
Champignon *m* فطر أبيض [futr ʔabjɒđ]
Chance *f* فرصة [fursɒ], *Pl* فرص [furɒs]; *Möglichkeit* احتمال [iħtima:l]
Chaos *n* فوضى [fauđɒ:];
chaotisch فوضوي [fauđɒwi:]
Charakter *m Mensch* خلق [xuluq], طبع [tɒbʕ]; *Sache* طابع [tɒ:biʕ], صفة [sifa]; **charakteristisch** مميز [mumajjiz]
charmant ظريف [ðɒri:f]
Charterflug *m* رحلة طيران شارتر [riħlat tɒjara:n ʃa:rter]
Chat *m* COMPUT محادثة [muħa:daθa], دردشة [dardaʃa], تشات [tʃa:t]
Chauffeur(in) *m(f)* سائق(ة) [sa:ʔiq(a)], شوفير(ة) [ʃu:fi:r(a)]
Check-in *m* إجراءات تخليص أوراق وأمتعة السفر [ʔidʒra:ʔa:t taxli:s ʔaura:q wa-ʔamtiʕat as-safar]
Chef *m* رئيس [raʔi:s], *Pl* رؤساء [ruʔsa:ʔ], مدير [mudi:r]; **Chefarzt** *m* رئيس/كبير الأطباء [raʔi:s/kabi:r al-ʔatibba:ʔ]; **Chefin** *f* رئيسة [raʔi:sa], مديرة [mudi:ra]
Chemie *f* كيمياء [ki:mja:ʔ]; **Chemikalien** *fpl* مواد كيماوية

[mawa:d ki:ma:wi:ja], كيماويات [ki:ma:wi:ja:t]; **Chemotherapie** *f* علاج كيماوي [ʕila:dʒ ki:ma:wi:]
China *n* الصين [ɒs-si:n]
Chip *m* ELEK شريحة إلكترونية [ʃari:ħat al-ʔiliktru:ni:ja]
Chips *Pl* بطاطا شيبس [bɒtɒ:tɒ: ʃi:bs]
Chirurgie *f* MED جراحة [dʒira:ħa]
Chlor *n* CHEM كلور [klu:r]
Cholera *f* MED كوليرا [ku:lira:]
Cholesterin *n* MED كوليسترول [ku:listru:l]
Chor *m* MUS جوقة المغنين [dʒauqat al-muɣanni:n]
Christ(in) *m(f)* مسيحي(ة) [masi:ħi: (-ħi:ja)], نصراني(ة) [nɒsra:ni: (-ni:ja)], *mpl* نصارى [nɒsɒ:ra:]; **christlich** مسيحي [masi:ħi:], نصراني [nɒsra:ni:]
chronisch مزمن [muzmin]
Clique *f* زمرة [zumra], *Pl* زمر [zumar]; *äg* شلة [ʃilla], *Pl* شلل [ʃilal]; *Bande* عصابة [ʕisɒ:ba]
Clown(in) *m(f)* مهرج(ة) [muharridʒ(a)]
Cocktail *m* كوكتيل [ku:kte:l]
Cola *f/n* كولا [ku:la]
Comic *m* رسم هزلي [rasm hazalli:], قصة مصورة [qiṣɒ musɒwwara]; **Comics** كوميكس [koomi:ks]
Computer *m* كمبيوتر [kambju:tar], حاسوب [ħa:su:b], *Pl* حواسيب [ħawa:si:b]; **Computerspiel** *n* COMPUT لعبة الكمبيوتر [luʕbat al-kambju:tar]; **Computervirus** *m/n* COMPUT فيروس الكمبيوتر [vi:rus al-kambju:tar]
Container *m* حاوية [ħa:wi:ja]
cool *hervorragend* ممتاز [mumta:z]; *gelassen* رزين [razi:n], كول [ku:l]
Couch *f* كنبة [kanaba]
Coupon *m* كوبون [ku:bu:n], قسيمة [qasi:ma], *Pl* قسائم [qasa:ʔim]
Cousin *m väterlicherseits* ابن العم(ة) [ibn al-ʕamm(a)]; *mütterlicherseits* ابن الخال(ة) [ibn al-xa:l(a)]
Cousine *f väterlicherseits* ابنة العم(ة) [ibnat al-ʕamm(a)]; *mütterlicherseits* ابنة الخال(ة) [ibnat al-xa:l(a)]
Creme *f Süßspeise* قشطة [qiʃtɒ], كريما [kri:ma:]; *Salbe* مرهم [marham], *Pl* مراهم [mara:him]; كريم [kri:m]

Croissant *n* كرواسون [kruwaːsuːn]

Cursor *m* COMPUT مؤشر [muʔaʃʃir]

D

da *dort* هناك [hunaːka], هنالك [hunaːlika]; *weil* لأن [li-ʔanna]; ***da sein*** *anwesend* حاضر [ħɒːđɨr]; *vorhanden* موجود [maudʒuːd]

dabei *gleichzeitig* في نفس الوقت [fiː nafsi l-waqt]; *obgleich* مع أن [maʕ ʔanna]; ***dabei sein*** موجود [maudʒuːd], حاضر [ħɒːđɨr]

Dach *n* سقف [saqf], *Pl* سقوف [suquːf], سطح [sɒtħ], *Pl* سطوح [sutuːħ]; **Dachboden** *m* علية [ʕulliːja], *Pl* علالي [ʕalaːliː]; **Dachrinne** *f* مزراب [mizraːb], *Pl* مزاريب [mazaːriːb]

dadurch (و)بهذا [(wa)bihaːðaː], (و)بذلك [(wa)biðaːlik]

dafür *Gegenleistung* في المقابل [fil-muqaːbil], لقاء [liqaːʔa]; ***dafür sein*** أيد [ʔajjada], وافق على [waːfaqa]; ***ich kann nichts dafür*** لا ذنب لي [laː ðanba liː]

dagegen *Vergleich* مقارنة مع [muqaːranatan maʕ]; *hingegen* لكن [lakinna]; ***dagegen sein*** مانع [maːnaʕa], اعترض على [iʕtarɒđɒ]

daheim في البيت [fil-bait]

daher *deshalb* لهذا [lihaːða], لذلك [liðaːlik]; *von dort* من هناك [min hunaːk]

dahin *örtlich* إلى هناك [ʔilaː hunaːk]; ***bis dahin*** *zeitlich* حتى ذلك الحين [ħattaː ðaːlika l-ħiːn]

dahinter وراء ذلك [waraːʔa ðaːlik]

damals حينذاك [ħiːnaðaːk], وقتئذ [waqtaʔiðin]

Damaskus *n* دمشق [dimaʃq]

Dame *f* سيدة [sajjida]; *syr* مدام [madaːm]; *äg* هانم [haːnim]

damit (لـ)كي [(li-)kai], لأن [li-ʔan], حتى [ħattaː]; *Adv* بهذا [bihaːða]

Damm *m* سد [sadd], *Pl* سدود [suduːd]

Dämmerung *f morgens* فجر [fadʒr]; *abends* غسق [ɣasaq]

Dampf *m* بخار [buxaːr]; **Dampfbad** *n* حمام بخار [ħammaːm buxaːr]; **dampfen** تصاعد البخار من [tasɒːʕada l-buxaːr]; **Dampfer** *m* باخرة [baːxira], *Pl* بواخر [bawaːxir]

danach *zeitlich* بعد ذلك [baʕda ðaːlik]; *Reihenfolge* من ثم [min θumma]

daneben *örtlich* بالقرب من [bil-qurbi min], بجانب [bi-dʒaːnib]; *außerdem* إلى جانب ذلك [ʔilaː dʒaːnibi ðaːlik], علاوة على ذلك [ʕilaːwatan ʕalaː ðaːlik]

Dänemark *n* الدنمارك [ad-danmaːrk]

dank بفضل [bi-fɒđli], تقديرا ل [taqdiːran li]

Dank *m* شكر [ʃukr]; ***vielen Dank*** شكرا جزيلا [ʃukran dʒaziːlan]

dankbar شاكر [ʃaːkir], ممنون ل [mamnuːn]

danke شكرا [ʃukran]; ***danke schön*** شكرا جزيلا [ʃukran dʒaziːlan]

danken شكر [ʃakara, u]; ***nichts zu danken*** عفوا [ʕafwan], لا شكر على واجب [laː ʃukr ʕalaː waːdʒib]

dann ثم [θumma], بعد ذلك [baʕda ðaːlik]; ***bis dann!*** حتى ذلك الحين [ħattaː ðaːlika l-ħiːn]

daraus منه [minhu], من ذلك [min ðaːlik]

darin فيه [fiːhi], في ذلك [fiː ðaːlik]

Darlehen *n* قرض [qarđ], *Pl* قروض [quruːđ], سلفة [sulfa], *Pl* سلف [sulaf]

Darm *m* معي [maʕj], *Pl* أمعاء [ʔamʕaːʔ], مصران [misraːn], *Pl* مصارين [mɒsɒːriːn]; **Darmgrippe** *f* MED التهاب الأمعاء [iltihaːb al-ʔamʕaːʔ]

darstellen *beschreiben* عرض [ʕarɒđɒ, i]; *Gefahr* شكل [ʃakkala]; THEAT مثل [maθθala]

darüber على [ʕalaː], فوق [fauqa]; ***ich freue mich darüber*** أنا مسرور ب [ʔanaː masruːrun bi]; ***darüber hinaus*** فضلا عن ذلك [fɒđlan ʕan ðaːlik], علاوة على ذلك [ʕilaːwatan ʕalaː ðaːlik]

darum لذلك [liðaːlik], لهذا [lihaːðaː]; ***es geht darum, dass*** يتعلق الموضوع ب [ja-

taʕallaqu l-mauđu:ʕu bi]
darunter *unterhalb* تحت [taħta]; *zwischen* بين [baina]; *weniger* أقل [ʔaqalla], دون [du:na]
das *Pron* هذا [ha:ða:], ذلك [ða:lika]; *rel Pr m(f)* الذي (التي) [allaði: (allati:)]; *Art* الـ [al-]; ***was ist das?*** ما هذا؟ [ma: haða:]
dass *vor Nomen* أن [ʔanna]; *vor Verb* أن [ʔan]; *nach "sagen"* إن [ʔinna]
dasselbe نفس [nafs], ذات [ða:t]
Datei *f* COMPUT ملف [malaff]
Daten *npl* بيانات [baja:na:t], معطيات [muʕŧɒja:t]; **Datenbank** *f* بنك البيانات [bank al-baja:na:t]; **Datenschutz** *m* حماية/سرية البيانات [ħima:jat/sirri:jat al-baja:na:t]; **Datenträger** *m* COMPUT حامل البيانات [ħa:mil al-baja:na:t]; **Datenverarbeitung** *f* معالجة البيانات [muʕa:ladʒat al-baja:na:t]
Dativ *m* GRAM (حالة) الجر [(ħa:lat) al-dʒarr]
Dattel *f getrocknet* تمرة [tamra]; *frisch* بلحة [balaħa]; *Dattelpalme* نخلة [naxla]
Datum *n* تاريخ [ta:ri:x], *Pl* تواريخ [tawa:ri:x]
Dauer *f Zeitraum* مدة [mudda], فترة [fatra]; ***auf die Dauer*** على الدوام [ʕala d-dawa:m]; **dauern** استمر [istamarra], دام [da:ma, u:], استغرق [istaɣraqa]; **dauernd** *Adj* دائم [da:ʔim], مستمر [mustamirr]; *Adv* دائما [da:ʔiman]; **Dauerwelle** *f* تمويج الشعر [tamwi:dʒ aʃ-ʃaʕr]
Daumen *m* إبهام [ʔibha:m], *Pl* أباهيم [ʔaba:hi:m]
davon من ذلك [min ða:lik], منه (ـها) [minhu (-ha)]; **davonlaufen** هرب [haraba, u], فر [farra, i]
davor *örtlich* أمام ذلك [ʔama:ma ða:lik]; *zeitlich* قبل ذلك [qabla ða:lik]
dazu *darüber hinaus* إضافة إلى [ʔiđɒ:fatan ʔila:]; *hinsichtlich* في هذا [fi: ha:ða:], فيما يخص [fi:ma: jaxuṣṣu]; *Zweck* من أجل [min ʔadʒli]; **dazugehören** عد من [ʕadda, u], انطوى تحت لوائه [intɒwa: taħta liwa:ʔihi], كان من بينهم [ka:na (u:) min bainihim]
dazwischen بين [baina]
dazwischenliegen تخلل [ta-

xallala]
dazwischensein توسط [tawassatɒ]
Deck *n* سطح السفينة [sɒtħ as-safi:na], ظهر المركب [ðɒhr al-markab]
Decke *f Wolle* بطانية [bɒtʈɒ:ni:ja]; *lib* حرام [ħira:m]; *Bett* لحاف [liħa:f], *Pl* لحف [luħuf]; *Zimmer* سقف [saqf], *Pl* سقوف [suqu:f]
Deckel *m* غطاء [ɣiʈɒ:ʔ], *Pl* أغطية [ʔaɣʈi:ja]
decken *Tisch* أعد [ʔaʕadda], جهز [dʒahhaza]; *Bedarf* سد [sadda, u], غطى [ɣɒʈʈɒ:]
defekt عاطل [ʕa:ʈil], خربان [xarba:n], *außer Betrieb* متعطل [mutaʕɒʈʈil]
Defekt *m* خلل [xalal], عطب [ʕaʈɒb], *Pl* أعطاب [ʔaʕʈɒ:b]; *Mangel* عيب [ʕaib], *Pl* عيوب [ʕuju:b]
Definition *f* تعريف [taʕri:f], تحديد [taħdi:d]
Defizit *n* عجز [ʕadʒz], نقص [naqs]
dehnbar *a. fig* مطاط [mɒʈʈɒ:ʈ]; *Material* قابل للتمدد [qa:bil lit-tamaddud]; **dehnen** *v/t* مط [mɒʈʈɒ, u], مد [madda, u]; *v/r* ***sich dehnen*** امتد [imtadda], اتسع [ittasaʕa]; *Zeit* طال [ʈɒ:la, u:]
dein, deine *Pron* ـك [-ka (-ki)] *m(f)*
deinetwegen لأجلك [li-ʔadʒlika (-ki)] *m(f)*, بسببك [bi-sababika (-ki)] *m(f)*
Dekoration *f* ديكور [di:ku:r], زخرفة [zaxrafa], زينة [zi:na]
Delegation *f* وفد [wafd], *Pl* وفود [wufu:d], بعثة [biʕθa]
Delfin, **Delphin** *m* دلفين [dilfi:n], *Pl* دلافين [dala:fi:n]
Delikatesse *f* طعام لذيذ [ʈɒʕa:m laði:ð]
dementieren نفى [nafa:, i:], كذب [kaððaba]
demnächst قريبا [qari:ban], عما قريب [ʕama: qari:b], في القريب العاجل [fil-qari:bi l-ʕa:dʒil]
Demokratie *f* ديموقراطية [di:muqrɒ:ʈi:ja]; **demokratisch** ديموقراطي [di:muqrɒ:ʈi:]
Demonstration *f Darstellung* إيضاح [ʔiđɒ:ħ], عرض [ʕarđ]; POL مظاهرة [muðɒ:hara], تظاهر [taðɒ:hur]
Den Haag *n* لا هاي [la: ha:j], دين هاغ [di:n ha:ɣ]
denkbar ممكن [mumkin], محتمل [muħtamal]; **denken**

فكر [fakkara], اعتقد [iʕtaqada], ظن [ðɒnna, u]; ***an etwas denken*** فكر في [fakkara], تذكر [taðakkara]; ***sich etwas denken*** تصور [tasɒwwara], اعتقد [iʕtaqada]

Denkmal *n* تمثال [timθa:l], *Pl* تماثيل [tama:θi:l], نصب تذكاري [nusb taðka:ri:]

denn لأن [li-ʔanna], إذ [ʔið]

dennoch لكن [lakinna], (و)مع ذلك [(wa) maʕa ða:lik]·

Deo *n* مزيل رائحة العرق [muzi:l ra:ʔiħat al-ʕaraq], ديودرانت [diju:dra:nt]

deponieren أودع [ʔaudaʕa]

Depression *f* MED كآبة [kaʔa:ba], اكتئاب [iktiʔa:b]; WIRTSCH كساد [kasa:d]

deprimiert مكتئب [muktaʔib], حزين [ħazi:n]

der *Pron* الـ [al]; *rel Pr* الذي [allaði:]

derart لهذا الحد [liha:ða l-ħadd]

derb *grob* فظ [fɒðð], خشن [xaʃin], غليظ [ɣali:ð]

dergleichen مثل هذا [miθla ha:ða:], كهذا [kaha:ða:]; **derjenige** الذي [allaði:]; **derselbe** نفس [nafs], ذات [ða:t]; *nachgest.* ذاته ... [ða:tuhu], ... نفسه [nafsuhu]

deshalb لذلك [liða:lik], لهذا [liha:ða:]

Design *n* تصميم [tɒsmi:m], *Pl* تصاميم [tɒsɒ:mi:m], ديزاين [di:sa:jn]

Desinfektionsmittel *n* معقم [muʕaqqim], مطهر [mutɒhhir]

desinfizieren عقم [ʕaqqama], طهر [tɒhhara]

Desktop *n* سطح المكتب [sɒtħ al-maktab]

Dessert *n* تحلية [taħli:ja], ديزرت [di:zirt]

destilliert مقطر [muqɒttɒr]; ***destilliertes Wasser*** ماء مقطر [ma:ʔ muqɒttɒr]

desto: ***je ..., desto*** كلما ... كلما [kullaman]; ***desto mehr*** كلما زاد [kullaman za:da]

deswegen لذلك [liða:lika], من ثم [min θamma]

Detail *n* تفصيل [tafsi:l], *Pl* تفاصيل [tafɒsi:l]

Detektiv(in) *m(f)* متحر(ية) خاص (ة) [mutaħarrin (-ri:ja) xɒ:ss(ɒ)], مخبر(ة) سري(ة) [muxbir(a) sirri: (-ri:ja)]

deuten فسر [fassara], أول [ʔawwala]; ***auf etw deuten*** نوه إلى [nawwaha]; أشار إلى [ʔaʃa:ra], **deutlich** *Adj*

واضح [wɒːđiħ], بين [bajjin]; *Adv* بشكل ملحوظ/ملموس [bi-ʃaklin malħuːð/malmuːs], بوضوح [bi-wuđuːħ]

deutsch ألماني [ʔalmaːniː]; ***in, auf Deutsch*** بالألماني [bil-ʔalmaːniː], باللغة الألمانية [bil-luɣati l-ʔalmaːniːja]; **Deutsche** *m/f* ألماني(ة) [ʔalmaːniː (-niːja)]; **Deutschland** *n* ألمانيا [ʔalmaːnjaː]

Devisen *Pl* العملات الأجنبية [al-ʕumlaːt al-ʔadʒnabiːja]

Dezember *m syr* كانون الأول [kaːnun al-ʔawwal]; *äg* ديسمبر [diːsambar]

Dia *n* FOTO شريحة مصورة [ʃariːħa musɒwwara], سلايد [slaid]

Diabetiker(in) *m(f)* مصاب(ة) بمرض السكري [musɒːb(a) bi-marɒđ as-sukkariː]

Diagnose *f a.* MED تشخيص [taʃxiːs], تحديد [taħdiːd]

Dialekt *m* لهجة [lahdʒa], لكنة [lakna]

Dialog *m* حوار [ħiwaːr]

Diamant *m* ألماس [ʔalmaːs]

Diät *f* حمية [himja], رجيم [ridʒiːm]

dich *Pron* ـك [-ka (-ki)] *m(f)*; ***für dich*** لك [laka (laki)] *m(f)*

dicht كثيف [kaθiːf]; *Verkehr* مزدحم [muzdaħim]; *wasserdicht* مانع/مقاوم للماء [maːniʕ/muqaːwim lil-maːʔ]

Dichter(in) *m(f)* شاعر(ة) [ʃaːʕir(a)], *mpl* شعراء [ʃuʕaraːʔ]; **Dichtung** *f* قصيدة [qɒsiːda], *Pl* قصائد [qɒsɒːʔid]; *Poesie* شعر [ʃiʕr], *Pl* أشعار [ʔaʃʕaːr]; TECH سداد محكم [sadaːd muħkam], جلبة [dʒilba], *Pl* جلب [dʒilab]

dick ثخين [θaxiːn]; *Person* سمين [samiːn], بدين [badiːn]; *Material* سميك [samiːk]; *geschwollen* متورم [mutawarrim]

die *Pron* الـ [al]; *rel Pr* التي [allatiː]

Dieb(in) *m(f)* سراق(ة) [saraːq(a)], لص(ة) [liss(ɒ)], *mpl* لصوص [lusuːs], حرامي(ة) [ħaraːmiː (-miːja)], *mpl* حرامية [ħaraːmiːja]; **Diebstahl** *m* سرقة [sariqa]

dienen خدم [xadama, i]; ***dienen zu*** صلح لـ [sɒluħa, u]

Dienst *m* خدمة [xidma]; *Stelle* عمل [ʕamal], وظيفة [wɒðiːfa]; ***im Dienst sein*** عمل [aʕmila]

Dienstag *m* الثلاثاء [aθ-θulaːθaːʔ]; **Dienstagabend** *m*

مساء الثلاثاء [masa:ʔu θ-θula:θa:ʔ]
dienstags أيام الثلاثاء [ʔajja:ma θ-θula:θa:ʔ]
dienstlich رسمي [rasmi:]; **Dienstreise** *f* سفر رسمي [safar rasmi:], رحلة عمل [riħlat ʕamal]
diese(r, -s) *Pron m* هذا [ha:ða:], *f* هذه [ha:ðihi]
Diesel[1] *n* (زيت الـ) ديزل [(zait ad-)di:zil]
Diesel[2] *m Motor* محرك الديزل [muħarrik ad-di:zil]
diesjährig (في) هذه السنة [(fi:) ha:ðihi s-sana]; **diesmal** (في) هذه المرة [(fi:) ha:ðihi l-marra]
Differenz *f* فرق [farq], *Pl* فروق [furu:q]
digital رقمي [raqmi:]; **Digitaluhr** *f* ساعة رقمية [sa:ʕa raqmi:ja]
Diktatur *f* دكتاتورية [dikta:tu:ri:ja]
diktieren أملى على [ʔamla:]
Ding *n* شيء [ʃaiʔ], *Pl* أشياء [ʔaʃja:ʔ], أمر [ʔamr], *Pl* أمور [ʔumu:r]; ***vor allen Dingen*** قبل كل شيء [qabla kulli ʃaiʔ], خاصة [xɒ:ssɒtan]
Diplom *n* دبلوم [diblu:m], شهادة [ʃaha:da]
Diplomat(in) *m(f)* دبلوماسي (ة) [diblu:ma:si: (-si:ja)]; **diplomatisch** دبلوماسي [diblu:ma:si:]
dir *Pron* لك [laka (laki)] *m(f)*, ـك [-ka(-ki)] *m(f)*; ***mit dir*** معك [maʕaka(-ki)] *m(f)*
direkt مباشر [muba:ʃir]; **Direktflug** *m* رحلة جوية مباشرة [riħla dʒawwi:ja muba:ʃira], طيران مباشر [tɒjara:n muba:ʃir]
Direktor(in) *m(f)* مدير(ة) [mudi:r(a)], *äg Schulleiter(in)* ناظر(ة) [nɒ:ðir(a)], *mpl* نظار [nuððɒ:r]
Dirigent(in) *m(f)* قائد(ة) الأوركسترا [qa:ʔid(a) al-ʔu:rkistra]
Diskjockey *m* ديسك جوكي [di:sk dʒuki:], لاعب الأقراص والأسطوانات الموسيقية [la:ʕib al-ʔaqrɒ:s wa-l-ʔustuwa:na:t al-mu:si:qi:ja]
Diskothek *f* ديسكو [di:sko], *Pl* ديسكوهات [di:skoha:t], مرقص [marqɒs], *Pl* مراقص [mara:qis]
diskret *Adj* كتوم [katu:m], سري [sirri:]; *Adv* بكتمان [bikitma:n]

Diskussion *f* نقاش [niqa:ʃ], مناقشة [muna:qaʃa]; *Disput* جدال [dʒida:l]
diskutieren ناقش [na:qaʃa], جادل [dʒa:dala]
Display *n* TECH *Leuchtanzeige* شاشة العرض [ʃa:ʃat al-ʕarđ], ديسبلاي [disblaj]; COMPUT *PC-Bildschirm* شاشة الكمبيوتر [ʃa:ʃat al-kambju:tar]
Distanz *f* مسافة [masa:fa], بعد [buʕd], *Pl* أبعاد [ʔabʕa:d]
Disziplin *f Ordnung* نظام [niðɒ:m], انضباط [inđɨbɒ:ŧ]; *Wissenschaft* فرع [farʕ], *Pl* فروع [furu:ʕ]
dividieren MATH قسم على [qasama, i]
doch إلا أن [ʔilla: ʔanna], ولكن [wa-la:kin]; ***doch*** بلى [bala:], طبعا [ŧɒbʕan]
Dock *n* حوض [ħauđ], *Pl* أحواض [ʔaħwɒ:đ]
Doktor *m Arzt* طبيب [ŧɒbi:b], *Pl* أطباء [ʔaŧibba:ʔ], *a. Titel* دكتور [duktu:r], *Pl* دكاترة [daka:tira]
Dokument *n* وثيقة [waθi:qa], *Pl* وثائق [waθa:ʔiq]; **Dokumentarfilm** *m* فيلم وثائقي [fi:lm waθa:ʔiqi:]
Dollar *m* دولار [du:la:r]
dolmetschen ترجم شفهيا [tardʒama ʃafahi:jan];
Dolmetscher(in) *m(f)* ترجمان(ة) [turdʒuma:n(a)], *mpl* تراجمة [tara:dʒima]
Domain *f* COMPUT حقل [ħaql]
Donau *f* نهر الدانوب [nahr ad-da:nu:b]
Döner *m* شاورما [ʃa:warma:]
Donner *m* METEO رعد [raʕd], *Pl* رعود [ruʕu:d]; *Geschütz* قصف [qɒsf]
donnern *dröhnen* دوى [dawwa:]; ***es donnert*** رعدت السماء [raʕadat as-sama:ʔ]
Donnerstag *m* الخميس [al-xami:s]; **donnerstags** أيام الخميس [ʔajjama l-xami:s]
Doppelbett *n* سرير مزدوج [sari:r muzdawidʒ]; **Doppelpunkt** *m* النقطتان [an-nuqŧɒta:n]
doppelt مزدوج [muzdawidʒ], مضاعف [muđɒ:ʕaf], ثنائي [θuna:ʔi:]; ***doppelt so viel*** ضعف [đɨʕfa]
Doppelzimmer *n* حجرة بسريرين/لشخصين [ħudʒra bi-sari:rain/li-ʃaxsɒin], غرفة مزدوجة [ɣurfa muzdawidʒa]
Dorf *n* قرية [qarja], *Pl* قرى [quran]; *lib* ضيعة [đɒjʕa]; *äg*

كفر [kafr], *Pl* كفور [kufu:r]; **Dorfbewohner(in)** *m(f)* قروي(ة) [qarawi: (-wi:ja)]

Dorn *m* شوكة [ʃauka], *Pl* أشواك [ʔaʃwa:k]

dort هناك [huna:ka], هنالك [huna:lika]; ***dort hinten*** هناك في الخلف [huna:ka fil-xalf]; **dorthin** إلى [ʔila:], إلى هناك [ʔila: huna:k]

Dose *f* علبة [ʕulba], *Pl* علب [ʕulab]; **Dosenöffner** *m* مفتاح علب [mifta:ħ ʕulab]

Dosis *f* MED جرعة [dʒurʕa], *Pl* جرع [dʒuraʕ]

Download *m* COMPUT تنزيل [tanzi:l]

Dozent(in) *m(f)* مدرس(ة) جامعة [mudarris(at) dʒa:miʕa], محاضر(ة) [muħɒ:đɨr(a)]

Draht *m* سلك [silk], *Pl* أسلاك [ʔasla:k]

Drama *n* THEAT دراما [dra:ma]; *fig* مأساة [maʔsa:t]; **dramatisch** *fig* دراماتيكي [dra:ma:ti:ki:], مثير [muθi:r]

dran → ***daran***; ***dran sein*** جاء دوره [dʒa:ʔa, i: daurahu], الدور عليه [ad-daur ʕalaihi]

drängen *v/t schubsen* زاحم [za:ħama], دفع [dafaʕa, a]; *anspornen* حض [ħɒđđɒ, u], حفز إلى [ħafaza]; *v/r* ***sich drängen*** تزاحم [taza:ħama], تدافع [tada:faʕa]

drankommen جاء دوره [dʒa:ʔa (i:) dauruhu]; *erreichen* طال [ŧɒ:la, u:]

draußen في الخارج [fil-xa:ridʒ], خارجا [xa:ridʒan]; *umg* برا [barra]

Dreck *m* وسخ [wasax], *Pl* أوساخ [ʔausa:x], قذر [qaðar], *Pl* أقذار [ʔaqða:r]; **dreckig** قذر [qaðir], وسخ [wasix]

drehbar قابل للدوران [qa:bil lid-dawara:n]; **drehen** *v/t* أدار [ʔada:ra], دور [dawwara]; *Film* صور [sɒwwara]; *Regie führen* أخرج [ʔaxradʒa]; *v/r* ***sich drehen um*** دار حول [da:ra, u:], كان مدار / محط [ka:na (u:) mada:r/maħɒŧ]

Drehung *f* دوران [dawara:n]

drei *m* ثلاثة [θala:θa], *f* ثلاث [θala:θ]; **Dreieck** *n* مثلث [muθallaθ]; **dreifach** ثلاثة أضعاف [θala:θat ʔɒđʕa:f], ثلاثي [θula:θi:]; **dreihundert** ثلاثمائة [θala:θu miʔa]; **dreimal** ثلاث مرات [θala:θa marra:t]; **dreißig** ثلاثون

[θala:θu:n]; **Dreisternehotel** *n* فندق بثلاثة نجوم [funduq bi-θala:θat nudʒu:m]; **dreistöckig** بثلاثة طوابق [bi-θala:θat ŧɒwa:biq]; **Dreiviertelstunde** *f* ثلاثة أرباع الساعة [θala:θat ʔarba:ʕ as-sa:ʔa]; **dreizehn** *m* ثلاثة عشر [θala:θata ʕaʃar], *f* ثلاث عشرة [θala:θa ʕaʃrata]

dringend عاجل [ʕa:dʒil], مستعجل [mustaʕdʒal]; *nachdrücklich* ملح [muliħ]; ***ich brauche dringend*** أنا في حاجة ماسة إلى [ʔana: fi: ħa:dʒatin ma:sa ʔila:]

drinnen داخل [da:xila], في الداخل [fid-da:xil]; *umg* جوا [dʒuwwa:]

dritt: ***zu dritt*** ثلاثتهم سوية [θala:θatuhum sawi:jatan]; **dritte** *m(f)* الثالث(ة) [aθ-θa:liθ(a)]; **Drittel** *n* ثلث [θulθ], *Pl* أثلاث [ʔaθla:θ]; **drittens** ثالثا [θa:liθan]

Droge *f* عقار [ʕaqa:r], *Pl* عقاقير [ʕaqa:qi:r]; *Rauschgift* مخدر [muxaddir]

Drogerie *f* محل عطارة [maħall ʕiŧɒ:ra]

drohen هدد ب [haddada], توعد ب [tawaʕʕada]; **drohend** وعيد [waʕi:d], مهدد [muhaddid]; *Gefahr* محدق [muħdiq]

Drohung *f* تهديد [tahdi:d], وعيد [waʕi:d]

drüben هناك [huna:ka], في الجانب الآخر [fil-dʒa:nibi l-ʔa:xar]

Druck *m* PHYS, *a. fig* ضغط [đɒɣŧ], *Pl* ضغوط [đuɣu:ŧ]; *Buchdruck* طبع [ŧɒbʕ]

drucken طبع [ŧɒbaʕa, a]

drücken ضغط [đɒɣaŧa, a]; *umarmen* احتضن [iħtɒđɒna]; *Hand* صافح [sɒ:faħa]

drückend: ***drückend heiß, schwül*** حرارة شديدة/لافحة [ħara:ra ʃadi:da/la:fiħa], حرارة لا تطاق [ħara:ra la: tuŧɒ:q]

Drucker *m* COMPUT طابعة [ŧɒ:biʕa]; **Druckerei** *f* مطبعة [mɒŧbaʕa], *Pl* مطابع [mɒŧɒ:biʕ]; **Druckknopf** *m* ELEK زر كهربائي [zirr kahraba:ʔi:]; *Kleidung* إبزيم [ʔibzi:m], *Pl* أبازيم [ʔaba:zi:m]

Drüse *f* غدة [ɣudda], *Pl* غدد [ɣudad]

Dschungel *m* غابة [ɣa:ba], دغل [daɣal], *Pl* أدغال [ʔadɣa:l]

DSL *n* COMPUT الخط الرقمي

للمشترك [al-xɒtt ar-raqmi: lil-muʃtarik]

du *Pron* أنت [ʔanta (ʔanti)] *m* (*f*)

Dual *m* GRAM المثنى [al-muθanna:]

ducken *v/t* أذل [ʔaðalla]; *v/i* خضع [xɒđɒʕa, a]; *v/r* ***sich ducken*** انحنى خوفا [inħana: xaufan], طأطأ رأسه [tɒʔtɒʔa raʔsahu]

Duft *m* رائحة [ra:ʔiħa], *Pl* روائح [rawa:ʔiħ], عبير [ʕabi:r]; **duften** عبق [ʕabiqa, a], فاح [fa:ħa, u:]

dulden *v/t erlauben* سمح ب [samaħa]; *v/i ertragen* صبر [sɒbara], احتمل [iħtamala]

dumm غبي [ɣabi:]; *äg* عبيط [ʕabi:t]; *lib* مهبول [mahbu:l]; **Dummheit** *f* غباء [ɣaba:ʔ], حماقة [ħama:qa]; **Dummkopf** *m* مغفل [muɣaffal], غبي [ɣabi:], *Pl* أغبياء [ʔaɣbija:ʔ]

dumpf *Geräusch* مكتوم [maktu:m], خافت [xa:fit]; *unbestimmt* مبهم [mubham]

Düne *f* كثيب [kaθi:b], *Pl* كثبان [kuθba:n]

Dünger *m* سماد [sama:d], *Pl* أسمدة [ʔasmida]

dunkel مظلم [muðlim], معتم [muʕtim]; *Farbe* قاتم [qa:tim], غامق [ɣa:miq]; *Himmel* مكفهر [mukfahir]; **dunkelblau** أزرق غامق [ʔazraq ɣa:miq], كحلي [kuħli:]; **Dunkelheit** *f* عتمة [ʕatma], ظلام [ðɒla:m]

dünn *Mensch* نحيف [naħi:f]; *Papier* رقيق [raqi:q]; *Kaffee* خفيف [xafi:f]; *Luft* قليل الكثافة [qali:l al-kaθa:fa]

Dunst *m* ضباب رقيق [đɒba:b raqi:q], سديم [sadi:m], *Pl* سدم [sudum]

durch خلال [xila:la], عبر [ʕabra]; *mittels* بواسطة [bi-wa:sitɒti]; *aufgrund* نتيجة ل [nati:dʒatan li]; ***durch und durch*** تماما [tama:man]; ***durchs Tor gehen*** دخل عبر البوابة [ʕdaxala (u) abra l-bawwa:ba]

Durchblick *m fig* إدراك [ʔidra:k]

Durchblutungsstörung *f* اضطراب الدورة الدموية [iđtira:b ad-daura ad-damawi:ja]

durchbrechen *v/t* MIL اخترق [ixtaraqa]; *Gegenstand* كسر [kasara, i]; *v/i* انكسر [inkasara]; **durchbrennen** ELEK احترق [iħtaraqa]; *umg fliehen*

هرب [haraba, u]; **durchdrehen** *Fleisch* فرم [farama, i]; *umg außer sich geraten* جن جنونه [dʒunna (a) dʒunu:nuhu]

durcheinander *verwirrt* مبلبل [mubalbal], مرتبك [murtabik]; *ungeordnet* مبعثر [mubaʕθar]

Durcheinander *n* بلبلة [balbala], فوضى [fauđɒ:]

durcheinanderbringen أربك [ʔarbaka], بلبل [balbala]

Durchfahrt *f* ممر [mamarr]; ***Durchfahrt verboten*** ممنوع العبور [mamnu:ʕ al-ʕubu:r]

Durchfall *m* إسهال [ʔisha:l]; **durchfallen** *hinunterfallen* سقط [saqɒŧɒ, u]; *nicht bestehen* رسب [rasaba, u]

durchführen نفذ [naffaða], أجرى [ʔadʒra:]

Durchgang *m* ممر [mamarr], مرور [muru:r]; ***kein Durchgang!*** ممنوع المرور/الدخول [mamnu:ʕ al-muru:r/ad-duxu:l]

durchgebraten مقلي جيدا [maqli: dʒajjidan]; **durchgehen** *Tal* مر ب [marra, u], قطع [qɒŧɒʕa, a]; *überprüfen* راجع [ra:dʒaʕa]; *bewilligen* وافق على [wa:faqa]; **durchgehend** *Adj Zugverbindung* دون توقف [du:na tawaqquf], مباشر [muba:ʃir]; *Adv* دائما [da:ʔiman]; ***durchgehend geöffnet*** مفتوح طوال اليوم [maftu:ħ ŧɒwa:la l-jaum];

durchhalten صمد [sɒmada, u], صبر [sɒbara, i]; **durchkommen** *bestehen* نجح [nadʒaħa, a]; *genesen* شفي [ʃufija]; TEL توصل إلى [tawɒssɒla]; **durchlassen** سمح له بالمرور [samaħa (a) lahu bil-muru:r]

durchlaufen *Krise* اجتاز [idʒta:za]; *Phase* قطع [qɒŧɒʕa, a], مر ب [marra, u]; *Ausbildung* تخرج [taxarradʒa]

durchmachen مر ب [marra, u], اجتاز [idʒta:za]; *erleiden* قاسى [qa:sa:], عانى [ʕa:na:];

Durchmesser *m* قطر الدائرة [quŧr ad-da:ʔira]; **Durchreise** *f* مرور [muru:r], عبور [ʕubu:r]; ***auf der Durchreise*** في الطريق إلى [fi-ŧŧari:qi ʔila:]

durchs → ***durch***

Durchsage *f* إعلان [ʔiʕla:n], بلاغ [bala:ɣ]

durchschneiden قطع [qɒtˑtɒʕa]
Durchschnitt *m* متوسط [mutawassit], معدل [muʕaddal]; **durchschnittlich** متوسط [mutawassit]; *Mensch* عادي [ʕa:di:]
durchsehen *prüfen* راجع [ra:dʒaʕa]; **durchsetzen** *Willen* نفذ [naffaða], فرض [farɒđɒ, i]; **durchsichtig** شفاف [ʃaffa:f]; **durchstreichen** شطب [ʃatɒba, u]
durchsuchen *Gebiet* فتش [fattaʃa], مشط [maʃʃatɒ]
Durchwahl *f* TEL اتصال مباشر [ittisɒ:l muba:ʃir]
dürfen *Erlaubnis haben* سمح له [sumiħa lahu]; *berechtigt sein* جاز له [dʒa:za, u: lahu]; *sollen* انبغى [inbaɣa:]; *wahrscheinlich sein* يبدو وكأن [jabdu: wakaʔanna]; ***darf ich …?*** هل يمكنني أن…؟ [hal jumkinuni: ʔan …] هل من المسموح لي أن…؟ [hal mina l-masmu:ħ li: ʔan …] ; ***was darf es sein?*** *im Laden m(f)* ماذا تريد(ين)؟ [ma:ða: turi:d (-di:n)], أي خدمة؟ [ʔaj xidma]; *im Restaurant m(f)* طلباتك؟ [tɒlaba:tak(-tik)] ماذا تأمر(ين)؟ [ma:ða: taʔmur(i:n)]
dürftig *spärlich* قليل [qali:l]; *Kenntnisse* ضعيف [đɒʕi:f]; *Antwort* غير كاف [ɣair ka:fin]
dürr *trocken* جاف [dʒa:f], يابس [ja:bis]; *mager* نحيل [nahi:l]; *Boden* قاحل [qa:hil]
Dürre *f* جفاف [dʒafa:f], قحط [qaħt]
Durst *m* عطش [ʕataʃ], ظمأ [ðɒmaʔ]; ***ich habe Durst*** أنا عطشان [ʔana: ʕɒtʃa:n]; **Durstig** عطشان [ʕɒtʃa:n]
Dusche *f* دش [duʃʃ], حمام [ħamma:m]; **duschen** *v/r* ***sich duschen*** أخذ دشا [ʔaxaða (u) duʃʃan], استحم [istaħamma]; **Duschgel** *n* جل الاستحمام [dʒil al-istiħma:m]
düster *a. fig* معتم [muʕtim], مظلم [muðlim]; *Farbe* قاتم [qa:tim]
Dutyfreeshop *m* السوق الحرة [as-su:q al-ħurra]
Dutzend *n* دزينة [dazzi:na], دستة [dasta]
DVD *f* دي في دي [di: fi: di:], قرص فيديو رقمي [qurs fi:dju: raqmi:]; **DVD-Player** *m* جهاز تشغيل دي في دي [dʒiha:z

taʃɣiːl diː fiː diː], قارئ أقراص الفيديو الرقمي [qaːriʔ ʔaqrɒːs al-fiːdjuː al-raqmiː]

dynamisch ديناميكي [diːnaːmiːkiː]; *Mensch* نشط [naʃit]

E

Ebbe *f* جزر [dʒazr]

eben *Adj* مستو [mustawin]; *Adv zeitlich* توا [tawwan]; *genau* بالذات [bið-ðaːt]

Ebene *f* سهل [sahl], *Pl* سهول [suhuːl]; *fig* صعيد [sɒʕiːd], *Pl* أصعدة [ʔɒsʕida], *a.* MATH مستوى [mustawan]

ebenso كذلك [kaðaːlik]; *vor Hauptsatz* كما [kamaː]

Echo *n* صدى [sɒdan]

echt أصلي [ʔɒsliː]; *Haar* طبيعي [tɒbiːʕiː]; *wirklich* حقيقي [ħaqiːqiː]; *Gold* خالص [xaːlis]; *typisch* قح [quħħ]

EC-Karte *f* بطاقة يورو شيك [bitɒːqat juːruː ʃiːk]

Ecke *f* ركن [rukn], *Pl* أركان [ʔarkaːn]; *Winkel* زاوية [zaːwija], *Pl* زوايا [zawaːjaː]

eckig ذو زوايا [ðuː zawaːjaː]

Economyclass *f* إكونومي كلاس [ʔikunuːmiː klaːs], درجة سياحية [daradʒa sijaːħiːja]

edel كريم [kariːm], نبيل [nabiːl], شريف [ʃariːf]; **Edelstein** *m* حجر كريم [ħadʒar kariːm]

EDV *f* معالجة البيانات الإلكترونية [muʕaːladʒat al-bajaːnaːt al-ʔiliktruːniːja]

Effekt *m* أثر [ʔaθar], تأثير [taʔθiːr]

egal: ***das ist mir egal*** لا يهمني [laː jahummuniː]; *gleichgültig* سيان عندي [sijjaːna ʕindiː]

egoistisch أناني [ʔanaːniː]

Ehe *f* زواج [zawaːdʒ], زيجة [ziːdʒa]; **Ehefrau** *f* زوجة [zaudʒa]; **ehelich** زوجي [zaudʒiː]; *Kind* شرعي [ʃarʕiː]

ehemalig سابق [saːbiq]

Ehemann *m* زوج [zaudʒ], *Pl* أزواج [ʔazwaːdʒ]; **Ehepaar** *n* الزوجان [az-zaudʒaːn]

eher *früher* من قبل [min qabl], قبل ذلك [qabla ðaːlik]; *lieber*

فضل على [fɒđđɒla]; ***eher … denn (als)*** أقرب إلى … منه إلى [ʔaqrabu ʔila: …minhu ʔila:]

Ehering *m* خاتم الزواج [xa:tim az-zawa:dʒ]

Ehre *f* شرف [ʃaraf], عرض [ʕarđ]

ehren أكرم [ʔakrama]; *achten* احترم [iħtarama]; *auszeichnen* شرف [ʃarrafa]; **ehrenamtlich** فخري [faxri:], شرفي [ʃarafi:]; **Ehrengast** *m* ضيف الشرف [đɒif aʃ-ʃaraf]; **Ehrenwort** *n* كلمة شرف [kalimat ʃaraf]

Ehrgefühl *n* عزة النفس [ʕizat an-nafs], نخوة [naxwa]; **ehrgeizig** طموح [ŧɒmu:ħ]; **ehrlich** حسن النية [ħasan an-ni:ja]; *aufrichtig* صادق [sɒ:diq]; *redlich* أمين [ʔami:n], مستقيم [mustaqi:m]

Ei *n* بيضة [baiđɒ], *Pl* بيض [baiđ]

Eiche *f* البلوط [al-ballu:ŧ]

Eichhörnchen *n* سنجاب [sindʒa:b], *Pl* سناجيب [sana:dʒi:b]

Eid *m* قسم [qasam], *Pl* أقسام [ʔaqsa:m], يمين [jami:n], *Pl* أيمان [ʔaima:n]

Eidechse *f* سحلية [siħli:ja], *Pl* سحال [saħa:lin]

Eifer *m* حماس [ħama:s]; *Hingabe* همة [himma]; *Fleiß* اجتهاد [idʒtiha:d]; *Leidenschaft* شغف [ʃaɣaf]; **eifersüchtig** غيور [ɣaju:r]

eifrig مجتهد [mudʒtahid], مجد [mudʒidd]; *energisch* همام [hamma:m]

Eigelb *n* صفار البيض [sɒfa:r al-baiđ], مح [muħħ]

eigen خاص ب [xɒ:ss]; *sonderbar* غريب الأطوار [ɣari:b al-ʔɒŧwa:r]; **eigenartig** غريب الأطوار [ɣari:b al-ʔɒŧwa:r]

eigene(r, -s) خاص ب [xɒ:ss]; ***mein eigenes Zimmer*** غرفتي الخاصة [ɣurfati: al-xɒ:ssɒ]; **eigenmächtig** مستبد [mustabid]; **Eigenschaft** *f* صفة [sifa], خصلة [xɒsla], *Pl* خصال [xisɒ:l]; **eigensinnig** عنيد [ʕani:d], متشبث برأيه [mutaʃabbiθ bira ʔi:hi]

eigentlich أصلي [ʔɒsli:], حقيقي [ħaqi:qi:]; *Adv* في الواقع [fil-wa:qiʕ], في الحقيقة [fil-ħaqi:qa]

Eigentum *n* ملكية [milki:ja];

Eigentümer(in) *m(f)* مالك(ة) [ma:lik(a)], *mpl* ملاك [mulla:k], ملاك(ة) [malla:k-(a)]; **Eigentumswohnung** *f* شقة ملك [ʃiqqat milk]

eignen *v/r* ***sich eignen*** صلح ل [sɒluħa, u], ناسب [na:saba]

Eile *f* سرعة [surʕa], عجلة [ʕadʒala]

eilen أسرع إلى [ʔasraʕa]; ***es eilt nicht*** لا داعي للعجلة [la: da:ʕi: lil-ʕadʒala]; الأمر غير مستعجل [al-ʔamr ɣair mus-taʕdʒal]

eilig عاجل [ʕa:dʒil], مستعجل [mustaʕdʒal]; ***es eilig haben*** كان في عجلة [ka:na (u:) fi: ʕadʒala], هو مستعجل [huwa mustaʕdʒil]

Eimer *m* دلو [dalw], *Pl* أدلاء [ʔadla:ʔ], سطل [sɒtˤl], *Pl* سطول [sutˤu:l]

ein¹(e, -er) *m(f)* واحد(ة) [wa:ħid(a)]; *irgendeine(r) m (f)* أحد (إحدى) [ʔaħad (ʔiħda:)]; *jemand* شخص ما [ʃaxsun ma:]; ***ein Uhr*** الساعة الواحدة [as-sa:ʕa al-wa:ħida]

ein² ELEK *eingeschaltet* مفتوح [maftu:ħ]

einarbeiten *v/t* درب [darraba], مرن [marrana]; *v/r* ***sich einarbeiten*** تدرب [tadarraba]

einatmen تنفس [tanaffasa], استنشق [istanʃaqa]

Einbahnstraße *f* طريق في اتجاه واحد [tˤɒri:q fi: ittidʒa:h wa:ħid]

einbauen ركب [rakkaba]; **Einbauküche** *f* مطبخ مجهز بكافة المستلزمات [mɒtˤbax mudʒahhaz bi-ka:fati l-mustalzama:t]

einbiegen *in e-e Straße* انعطف إلى [inʕatˤɑfa], مال إلى [ma:la, i:]

einbilden *v/r* ***sich etw einbilden*** تخيل [taxajjala], توهم [tawahhama]; **Einbildung** *f* وهم [wahm], خيال [xaja:l]

einbrechen JUR سطا [satˤɒ:, u:], اقتحم [iqtaħama]; *a.* WIRTSCH انهار [inha:ra]; *Dunkelheit* حل [ħalla, u]; **Einbrecher(in)** *m(f)* لص(ة) [liss(ɒ)], *mpl* لصوص [lusu:s]

Einbruch *m* JUR اقتحام [iqtiħa:m]; ***bei Einbruch der Nacht*** عند حلول الظلام [ʕinda ħulu:l ɒð-ðɒla:m]

einchecken خلص أوراق وأمتعة السفر [xallɒsɒ ʔaura:q wa-ʔamtiʔat as-safar]

eincremen دهن [dahana, u]

eindeutig واضح [wɒːđiħ], جلي [dʒaliː]
eindringen *gewaltsam* اقتحم [iqtaħama]; *Flüssigkeit* تسرب [tasarraba], تسلل [tasallala]
Eindruck *m* انطباع [intibaːʕ], أثر [ʔaθar]; **eindrucksvoll** مؤثر [muʔaθθir], رائع [raːʔiʕ]
eineinhalb واحد ونصف [waːħid wa-nisf]
einerseits من ناحية [min naː-ħija]
einfach *leicht* هين [hajjin], سهل [sahl]; *schlicht* بسيط [basiːt]; *Fahrkarte* ذهاب [ðahaːb]
Einfahrt *f* مدخل [madxal], دخول [duxuːl]
Einfall *m* خاطرة [xɒːtira], *Pl* خواطر [xawɒːtir], فكرة [fikra], *Pl* أفكار [ʔafkaːr]; MIL غزوة [ɣazwa]; **einfallen** *einstürzen* انهدم [inhadama]; MIL غزا [ɣazaː, uː], اعتدى على [iʕtadaː]; ***etw fällt j-m ein*** خطر على باله [xɒtɒra (i) ʕalaː baːlihi], ورد بباله [warada (jaridu) bi-baːlihi]
Einfamilienhaus *n* فيلا [viːlaː], بيت عائلة واحدة [bait ʕaːʔila waːħida]
einfarbig ذو لون واحد [ðuː launin waːħid]; *Stoff* سادة [saːda]
Einfluss *m* تأثير [taʔθiːr], أثر [ʔaθar], نفوذ [nufuːð]; **einflussreich** ذو نفوذ [ðuː nufuːð], قوي النفوذ [qawwiː an-nufuːð]; *Person* نافذ الكلمة [naːfið al-kalima]
einfrieren *a. fig* جمد [dʒammada]; **einfügen** أدخل [ʔadxala], أضاف إلى [ʔaḍɒːfa]
Einfuhr *f* استيراد [istiːraːd]; *Importe* واردات [waːridaːt]
einführen WIRTSCH استورد [istaurada]; *Neuerung* أدخل [ʔadxala]; *informieren* أطلع على [ʔɒtlaʕa]
Einfuhrsteuer *f* WIRTSCH الضرائب المفروضة على المستوردات [ɒđ-đɒraːʔib al-mafruːđɒ ʕala l-mustauridaːt]
Einfuhrverbot *n* حظر الاستيراد [ħɒðr al-istiːraːd]
Eingang *m* مدخل [madxal], *Pl* مداخل [madaːxil]; WIRTSCH وصول [wusuːl]; *Sendung* ورود [wuruːd]
eingeben *Daten* أدخل [ʔadxala]
eingebildet *dünkelhaft* مغرور [maɣruːr], متكبر [mutakab-

bir]
eingehen *Pflanze* مات [maːta, uː]; *Stoff* انكمش [inkamaʃa]; ***auf etw eingehen*** تصدى إلى [tasɒddaː]
eingewöhnen *v/t* عود [ʕawwada]; *v/r* ***sich eingewöhnen*** تعود [taʕawwada]
eingießen صب [sɒbba, u];
eingleisig *Bahn* أحادي الخط [ʔuħaːdiː al-xɒtt], خط السكة الحديدية الواحد [xɒtt as-sikka al-ħadiːdiːja al-waːħid]; **eingreifen** تدخل في [tadaxxala];
einhalten *Termin* التزم ب [iltazama], *Versprechen* وفى ب [wafaː, jafiː]
einheimisch محلي [maħaliː], بلدي [baladiː]; **Einheimische** *m/f* ابن(ة) البلد [ibn(at) al-balad]
Einheit *f* وحدة [wiħda]; **einheitlich** موحد [muwaħħad]
einholen *Information* حصل على [ħɒsɒla, u]; *Zug* أدرك [ʔadraka], لحق ب [laħiqa, a]
einig متحد [muttaħid]; ***sich einig sein*** متفق على [muttafiq]
einige بعض [baʕđ], عدة [ʕiddat], بضع(ة) [biđʕ(a)]; ***einige Tage*** بضع أيام [biđʕu ʔajjaːm]
einigen *v/t* وحد [waħħada]; *v/r* ***sich einigen*** اتفق على [ittafaqa], أجمع على [ʔadʒmaʕa]
einigermaßen نوعا ما [nauʕan maː], إلى حد ما [ʔilaː ħaddin maː]
einiges بعض الأشياء [baʕđu l-ʔaʃjaːʔ]
einjährig سنوي [sanawiː]; *Kind* عمره سنة [ʕumruhu sana]
Einkauf *m* شراء [ʃiraːʔ], تسوق [tasawwuq]; **einkaufen** اشترى [iʃtaraː]; ***einkaufen gehen*** تسوق [tasawwaqa], تبضع [tabɒđđɒʕa]
Einkaufsbummel *m* جولة التسوق [dʒaulat at-tasawwuq]; **Einkaufswagen** *m* عربة التسوق [ʕarabat at-tasawwuq]; **Einkaufszentrum** *n* مركز التسوق [markaz at-tasawwuq] مجمع استهلاكي [mudʒammaʕ istihlaːkiː]
einkleiden كسا [kasaː, uː], ألبس [ʔalbasa]; **einklemmen** *Finger* انحصر [inħɒsɒra]
Einkommen *n* دخل [daxl], *Pl* مدخول [duxuːl], مدخول [madxuːl]; **Einkommensteuer** *f* ضريبة الدخل

[đɒri:bat ad-daxl]
einladen *j-n* دعا [daʕa:, u:]; *Waren* شحن [ʃaħana, a], حمل [ħammala]; **Einladung** *f* دعوة [daʕwa]
Einlass *m* دخول [duxu:l]; **einlassen** سمح له بالدخول [samaħa (a) lahu bid-duxu:l]; *v/r* ***sich auf etw einlassen*** دخل في [daxala, u] أقدم على [ʔaqdama],
einleben *v/r* ***sich einleben*** تأقلم مع [taʔaqlama]
einlegen *in Essig* خلل [xallala], كبس [kabasa, i]; *in Salz* ملح [mallaħa]
Einleitung *f* مقدمة [muqaddima], تمهيد [tamhi:d]
einleuchtend معقول [maʕqu:l]; مقنع [muqniʕ]
einliefern: ***ins Krankenhaus einliefern*** نقل إلى المستشفى [naqala (u) ʔila l-mustaʃfa:]
einloggen *v/r* ***sich einloggen*** COMPUT سجل الدخول [sadʒala ad-duxu:l]
einlösen *Scheck* صرف [sɒrafa, i]; *Versprechen* وفى ب [wafa:, jafi:]; *Pfand* فك [fakka, u]
einmal مرة واحدة [marratan wa:ħida]; *früher* فيما مضى [fi:ma: mɒđɒ:]; ***auf einmal*** *gleichzeitig* في نفس الوقت [fi: nafsi l-waqt], مرة واحدة [marratan wa:ħida]; *plötzlich* فجأة [fadʒʔatan], ***nicht einmal*** حتى ولا [ħatta: wa-la:];
einmalig وحيد [waħi:d], نادر [na:dir]; *hervorragend* عظيم [ʕađi:m]
einmischen *v/r* ***sich einmischen*** تدخل في [tadaxxala]
Einnahme *f* WIRTSCH إيراد [ʔi:ra:d]; MED تناول [tana:wul]
einnehmen *Mahlzeit, Arznei* تناول [tana:wala]; *Platz* اتخذ مكانه [ittaxađa maka:nahu], جلس [dʒalasa, i]; *Stellung* حل محل [ħalla (u) maħall]
einordnen *v/t* رتب [rattaba]; *v/r* ***sich einordnen*** *integrieren* اندمج في [indamadʒa]; AUTO اصطف [ist ɒffa]
einpacken لف [laffa, u]; حزم [ħazama, i]; **einparken** أوقف [ʔauqafa], وقف [waqqafa];
einräumen رتب [rattaba]; *eingestehen* أقر ل ب [ʔaqarra]; **einreden** أقنع ب [ʔaqnaʕa]; **einreiben** دهن [dahana, u], دلك [dallaka]; **einreichen** *Antrag* قدم [qadda-

ma]; ***die Scheidung einreichen*** طالب بالطلاق [ṫɒ:laba bit-ṫɒlɒ:q]

Einreise *f* دخول [duxu:l]; **Einreiseerlaubnis** *f* إذن الدخول [ʔiðn ad-duxu:l]; **Einreisevisum** *n* تأشيرة الدخول [taʔʃi:rat ad-duxu:l]

einrichten *Zimmer* أثث [ʔaθθaθa]; *Konto* فتح [fataħa, a]; **Einrichtung** *f Institution* مرفق [marfaq], *Pl* مرافق [mara:fiq], منشأة [munʃaʔa]; *Mobiliar* أثاث [ʔaθa:θ]

eins واحد [wa:ħid]

einsam *Person* وحيد [waħi:d]; *Ort* مهجور [mahdʒu:r], موحش [mu:ħiʃ]; **Einsamkeit** *f* عزلة [ʕuzla], وحشة [waħʃa]

einsammeln جمع [dʒamaʕa, a], حصل [ħɒssɒla]

Einsatz *m Verwendung* استخدام [istixda:m], استعمال [istiʕma:l]; *Gefäß* وعاء داخلي [wiʕa:ʔ da:xili:]

einschalten *Gerät* فتح [fataħa, a], أدار [ʔada:ra], *Licht* أضاء [ʔađɒ:ʔa]; *Institution, Person* وكل ب [wakkala]; التجأ إلى [iltadʒaʔa]; **einschätzen** قدر [qaddara], خمن [xammana], قيم [qajjama]; **einschenken** صب [sɒbba, u]; **einschlafen** نام [na:ma, a:], غفا [ɣafa:, u:]; *Glieder* خدر [xadira, a], نمل [namila, a]; **einschlagen** *Nagel* دق [daqqa, u]; *Blitz* نزل [nazala, i]; *Weg* انتهج [intahadʒa]

einschließlich بما في ذالك [bima: fi: ða:lik], شاملا [ʃa:milan]

einschränken قيد [qajjada], حد من [ħadda, u]; *v/r* ***sich einschränken*** اقتصد في معيشته/أمواله [iqtasɒda fi: maʕi:ʃatihi/ʔamwa:lihi]

Einschreiben *n* رسالة مسجلة [risa:la musaddʒala]; ***per Einschreiben*** بالبريد المسجل [bil-bari:d al-musaddʒal]

einschüchtern خوف [xawwafa], أرعب [ʔarʕaba]; **einsehen** *verstehen* فهم [fahima, a]; *Fehler* أدرك [ʔadraka]; **einseitig** *parteiisch* متحيز [mutaħajjiz], متحزب [mutaħazzib]; JUR من جانب واحد [min dʒa:nibin wa:ħid]; **einsetzen** *v/t anwenden* استخدم [istaxdama]; *v/r* ***sich einsetzen für*** *Sache* عمل على/من أجل [ʕamila (a) ʕala:/min

ʔadʒli]; *Person* أيد [ʔajjada], ساند [saːnada]

Einsicht *f fig* تفهم [tafahhum], إدراك [ʔidraːk]

einsparen ادخر [iddaxara], وفر [waffara]; **einsperren** حجز [ħadʒaza, i], سجن [sadʒana, u]; **einspringen** *v/i*: ***für j-n einspringen*** ناب عن [naːba, uː]

Einspruch *m* JUR اعتراض [iʕtirɒːđ], معارضة [muʕaːrɒđɒ]; ***Einspruch erheben*** قدم اعتراضا [qaddama iʕtirɒːđɒn], اعترض على [iʕtarɒđɒ]

einspurig *Straße* ذو مسار واحد [ðuː masaːrin waːħid]; **einstecken** وضع في [wɒđɒʕa, jɒđɒʕu]; *erleiden* لاقى [laːqaː]; *Niederlage* مني ب [munija]; **einsteigen** *Wagen* ركب [rakiba, a]; *Geschäft* شارك في [ʃaːraka]

einstellen *Personal* وظف [wɒððɒfa], استخدم [istaxdama]; TECH ضبط [đɒbɒtɒ, i, u]; *aufhören* كف عن [kaffa, u], توقف عن [tawaqqafa]; **Einstellung** *f Haltung* موقف [mauqif], *Pl* مواقف [mawaːqif], وجهة نظر [widʒhat nɒðɒr]

einstündig مدته ساعة [muddatuhu saːʕa]; **einstürzen** انهار [inhaːra], انهدم [inhadama]; **eintägig** مدته يوم [muddatuhu jaum]; **einteilen** قسم [qassama], صنف [sɒnnafa], بوب [bawwaba];

eintönig *Adj* ممل [mumil], رتيب [ratiːb]; *Adv* على وتيرة واحدة [ʕalaː watiːra waːħida]

Eintopf *m* GASTR (*mit oder ohne Fleisch*) طنجرة خضار (مع أو بدون لحم) [ŧɒndʒarat xuđaːr (maʕa ʔau bi-duːni laħm)]

einträchtig منسجم [munsadʒim], متآلف [mutaʔaːlif];

eintragen سجل [saddʒala], دون [dawwana], قيد [qajjada];

einträglich مربح [murbiħ];

eintreffen ورد [warada, jaridu], وصل [wɒsɒla, jɒsilu]; *sich erfüllen* تحقق [taħaqqaqa], صدق [sɒdaqa, u]; **eintreten** دخل [daxala, u]; *sich ereignen* حدث [ħadaθa, u]; *in e-e Organisation* انضم إلى [inđɒmma]; ***für j-n eintreten*** دافع عن [daːfaʕa]

Eintritt *m* دخول [duxuːl]; ***Eintritt frei*** الدخول مجانا [ad-duxuːl maddʒaːnan]; ***Eintritt verboten*** ممنوع الدخول [mamnuːʕ ad-duxuːl]; **Eintrittskarte** *f* تذكرة الدخول [taðkirat ad-duxuːl]; **Eintrittspreis** *m* رسوم الدخول [rusuːm ad-duxuːl]

eintrocknen نشف [naʃʃafa], جفف [dʒaffafa]

einverstanden موافق على [muwaːfiq]; ***einverstanden sein*** قبل [qabila, a], وافق على [waːfaqa]

Einwand *m* اعتراض [iʕtirɒːđ]

Einwanderer *m*, **Einwanderin** *f* مهاجر(ة) [muhaːdʒir(a)], مغترب(ة) [muɣtarib(a)]; **einwandern** هاجر إلى [haːdʒara], نزح [nazaħa, a, i]

einwandfrei سليم [saliːm], لا غبار عليه [laː ɣubaːra ʕalaihi], لا عيب فيه [laː ʕaiba fiːhi];

einweichen نقع [naqaʕa, a]; **einweihen** افتتح [iftataħa]; *feierlich* دشن [daʃʃana]; **einweisen** *ins Krankenhaus* أدخل إلى [ʔadxala]; *in e-e Arbeit* أرشد [ʔarʃada]; **einwilligen** قبل [qabila, a], وافق على [waːfaqa], رضي ب [rɒđɨja, a]; **einwirken** أثر في/ على [ʔaθθara]

Einwohner(in) *m(f)* ساكن(ة) [saːkin(a)], *mpl* سكان [sukkaːn]; **Einwohnermeldeamt** *n* دائرة تسجيل السكان [daːʔirat tasdʒiːl as-sukkaːn]

Einzahl *f* GRAM مفرد [mufrad]

einzahlen دفع [dafaʕa, a]

Einzelhandel *m* تجارة التجزئة [tidʒaːrat at-tadʒziʔa]; **Einzelheit** *f* تفصيل [tafsɨːl], *Pl* تفاصيل [tafɒːsɨːl]; **Einzelkind** *n* طفل وحيد [tɨfl waħiːd]

einzeln *Adj* فردي [fardiː], منفرد [munfarid], مفرد [mufrad]; *Adv* فردا فردا [fardan fardan], كل على حدة [kullun ʕalaː ħida]

Einzelzimmer *n* حجرة بسرير واحد [ħudʒra bi-sariːrin waːħid]

einziehen *v/t beschlagnahmen* حجز [ħadʒaza, i]; *Führerschein* سحب [saħaba, a]; *v/i Wohnung* انتقل إلى [intaqala]

einzigartig فريد [fariːd], نادر [naːdir]

einzige(r, -s) *Adj m(f)* وحيد(ة) [waħiːd(a)]; ***kein einziger*** لا أحد [laː ʔaħad]

Eis *n* ثلج [θaldʒ], *Pl* ثلوج [θuluːdʒ], جليد [dʒaliːd]; GASTR *syr* بوظة [buːðɒ]; *äg*

دندرمة [dandurma]; ***Eis am Stiel*** بوظة أسكيمو/على عود [buːðɒ ʔaskiːmuː/ʕalaː ʕuːd]; **Eisbecher** *m* كأس بوظة [kaʔs buːðɒ]; **Eisberg** *m* جبل جليد [dʒabal dʒaliːd]
Eisen *n* حديد [ħadiːd]
Eisenbahn *f* سكة الحديد [sikkat al-ħadiːd]; *Zug* قطار [qitɒːr]; **Eisenbahnlinie** *f* خط حديدي [xɒtt ħadiːdiː]
eisgekühlt مثلّج [muθalladʒ]; **Eiskaffee** *m* قهوة باردة مع بوظة [qahwa baːrida maʕa buːðɒ]; **eiskalt** بارد كالثلج [baːrid kaθ-θaldʒ]; **eislaufen** تزلج على الجليد [tazalladʒa ʕala l-dʒaliːd]; **Eiswürfel** *m* مكعبات الثلج [mukaʕʕabaːt aθ-θaldʒ]
eitel مغرور [maɣruːr], معجب بنفسه [muʕdʒab bi-nafsihi]
Eiter *m* قيح [qaiħ], صديد [sɒdiːd]; **eitern** تقيّح [taqajjaħa]
Eiweiß *n* بياض البيض [bajɒːđ al-baiđ], زلال [zulaːl] BIOL بروتين [bruːtiːn]
ekelhaft مقزز [muqazziz], مثير للإشمئزاز [muθiːr lil-ʔiʃmiʔzaːz]
ekeln *v/r* ***sich ekeln*** اشمأز من [iʃmaʔaza], قرف [qarifa, a]
EKG *n* MED تخطيط كهربائي للقلب [taxtiːt kahrubaːʔiː lil-qalb]
Ekzem *n* MED إكزيما [ʔikziːmaː]
elastisch مرن [marin], مطاط [mɒttɒːt]
Elefant *m* فيل [fiːl], *Pl* فيلة [fijala]
elegant أنيق [ʔaniːq], رشيق [raʃiːq]
Elektriker(in) *m(f)* كهربائي(ة) [kahrabaːʔiː (-ʔiːja)]; *lib, pal* كهربجي(ة) [kahrabdʒiː (-dʒiːja)]
elektrisch كهربائي [kahrabaːʔiː]
Elektrizität *f* كهرباء [kahrabaːʔ]
Elektrogerät *n* جهاز كهربائي [dʒhaːz kahrabaːʔiː]; **elektronisch** إليكتروني [ʔiliktruːniː]
Element *n a.* CHEM عنصر [ʕunsur], *Pl* عناصر [ʕanɒːsir]
Elend *n* بؤس [buʔs], شقاء [ʃaqaːʔ]; *Armut* فقر [faqr]
elf *m* أحد عشر [ʔaħada ʕaʃar], *f* إحدى عشرة [ʔiħdaː ʕaʃrata]
Elfenbein *n* عاج [ʕaːdʒ]
Elfmeter *m* SPORT ضربة جزاء

[đɒrbat dʒazaːʔ]
elfte(r, -s) *Adj m(f)* الحادي عشر (الحادية عشرة) [al-ħaːdiː ʕaʃar (al-ħaːdija ʕaʃra)]
Ellbogen *m* كوع [kuːʕ], *Pl* أكواع [ʔakwaːʕ], مرفق [mir-faq], *Pl* مرافق [maraːfiq]
Eltern *Pl* الوالدان [al-waːlidaː-n], الأبوان [al-ʔabawaːn]
E-Mail *f* COMPUT بريد إلكتروني [bariːd al-ʔiliktruːniː], إيميل [ʔiːmajl]; **E-Mail-Adresse** *f* COMPUT عنوان البريد الالكتروني [ʕunwaːn al-bariːd al-ʔiliktruːniː]
Emirat *n* إمارة [ʔimaːra], *Pl* إمارات [ʔimaːraːt]
Empfang *m Hotel, Radio*, TV استقبال [istiqbaːl]; *Brief* استلام [istilaːm]; **empfangen** استلم [istalama], تلقى [talaqqaː]; *Person* استقبل [istaqbala]
Empfänger(in) *m(f) Post* المرسل إليه(ـها) [al-mursal ʔilaihi(-ha)]; مستلم(ة) [mustalim(a)]; **Empfängnisverhütung** *f* منع الحمل [manʕ al-ħaml]
empfehlen نصح ب [nɒsɒħa, a], أوصى ب [ʔausɒː]; **empfehlenswert** ينصح به [jun-sɒħu bi-hi], مستحسن [mus-taħsan]; **Empfehlung** *f* توصية [tausiːja]
empfinden أحس [ʔaħassa], شعر [ʃaʕara, u]; **empfindlich** حساس [ħassaːs], سريع التأثر [sariːʕ at-taʔθur]
empört ساخط [saːxiṭ], ناقم [naːqim]
Ende *n* نهاية [nihaːja]; *Abschluss* ختام [xitaːm]; *Beendigung* انتهاء [intihaːʔ]; ***Ende April*** في نهاية نيسان [fiː nihaːjati niːsaːn]; ***zu Ende sein*** انتهى [intahaː], انقضى [inqɒđɒː]
enden انتهى [intahaː]
Endergebnis *n* نتيجة نهائية [natiːdʒa nihaːʔiːja]; **endgültig** *Adj* نهائي [nihaːʔiː], *Adv* نهائيا [nihaːʔiːjan]; **endlich** أخيرا [ʔaxiːran]; **endlos** لانهائي [laːnihaːʔiː], لامتناه [laːmutanaːhin]; **Endspiel** *n* SPORT مباراة نهائية [mubaːraːt nihaːʔiːja]; **Endstation** *f* محطة أخيرة [maħɒttɒ ʔaxiːra]; **Endung** *f* GRAM نهاية [nihaːja]
Energie *f* PHYS طاقة [ṭɒːqa]; *Kraft* قوة [quwwa]; *Vitalität* نشاط [naʃɒːṭ]; **Energieversorgung** *f* تزويد بالطاقة

[tazwi:d bit-tɒ:qa], إمداد بالطاقة [ʔimda:d bit-tɒ:qa]

energisch *Adj* نشيط [naʃi:ɫ], حيوي [ħajawi:]; *Adv* بقوة [bi-quwwa]

eng ضيق [đɒjjiq]; *Freundschaft* حميم [ħami:m]; *Beziehung* وطيد [wɒti:d]; ***eng anliegend*** *Kleid* ضيق [đɒjjiq]

engagieren *v/t* استخدم [istaxdama]; *v/r* ***sich engagieren*** عمل من أجل [ʕamila (a) min ʔadʒli], بذل جهده [baðala (u) dʒuhdahu]

Engel *m* ملك/ملاك [malak/mala:k], *Pl* ملائكة [mala:ʔika]

England *n* إنجلترا [ʔindʒiltira:]; **Engländer(in)** *m(f)* إنجليزي(ة) [ʔindʒili:zi:(-zi:ja)]; **Englisch** *n* إنجليزي [ʔindʒili:zi:]

Enkel(in) *m(f)* حفيد(ة) [ħafi:d(a)], *mpl* أحفاد [ʔaħfa:d]

enorm *Adj* هائل [ha:ʔil]; *Erfolg* عظيم [ʕɒði:m]; *Betrag* طائل [tɒ:ʔil], *Adv* بشكل هائل [bi-ʃaklin ha:ʔil]

Ensemble *n* THEAT فرقة [firqa], *Pl* فرق [firaq]; MUS جوقة موسيقية [dʒauqa mu:si:qi:ja]

Entbindung *f* MED ولادة [wila:da]

entdecken اكتشف [iktaʃafa]; *finden* عثر على [ʕaθara, u]; **Entdeckung** *f* اكتشاف [iktiʃa:f]

Ente *f* ZOOL بطة [bɒtta]; *umg Falschmeldung* خبر كاذب [xabar ka:ðib]

entfallen *wegfallen* سقط [saqɒtɒ, u], ألغي [ʔulɣija]; *vergessen* نسي [nasija, a:]; ***entfallen auf*** *Anteil* كان من نصيب [ka:na (u:) min nɒsi:b], خص [xɒssɒ, u]

entfernen أبعد عن [ʔabʕada], *Position* أقصى عن [ʔaqsɒ:]; *Fleck* أزال [ʔaza:la]; *v/r* ***sich entfernen*** ابتعد عن [ibtaʕada]; **entfernt** بعيد [baʕi:d]; **Entfernung** *f* بعد [buʕd], *Pl* أبعاد [ʔabʕa:d], مسافة [masa:fa]

entführen خطف [xɒtɒfa, i], اختطف [ixtatɒfa]; **Entführer(in)** *m(f)* خاطف(ة) [xɒ:tif(a)]; **Entführung** *f* خطف [xɒtf], اختطاف [ixtitɒ:f]

entgegen *Präp* على خلاف [ʕala: xila:f], على عكس [ʕala: ʕaks]; *Adv* باتجاه [bi-ittidʒa:hi]; **entgegengehen** ذهب للقاء/لمقابلة [ðahaba (a) li-liqa:ʔ/li-muqa:balat]; **entge-**

gengesetzt مضاد [muđɒːdd], مخالف [muxaːlif], معاكس [muʕaːkis]; **entgegenkommen** *fig* تساهل [tasaːhala]; *Konzessionen machen* قدم تنازلا [qaddama tanaːzulan]; **entgegennehmen** تلقى [talaqqaː]; *Sendung* استلم [istalama]

entgehen *Gefahr* نجا من [nadʒaː, uː]; *verpassen* فات [faːta, uː]; ***sich etw nicht entgehen lassen*** لا يدع الفرصة تفوته [laː jadaʕu l-fursɒ tafuːtuhu]

Entgelt *n* مكافأة [mukaːfaʔa]

entgleisen حاد عن الخط [ħaːda (iː) ʕan al-xɒŧŧ]; *fig* زل [zalla, i, a]; **enthalten** *v/t* احتوى [iħtawaː], اشتمل على [iʃtamala]; *v/r* ***sich enthalten*** امتنع عن [imtanaʕa]; **entkommen** هرب من [haraba, u]; *entrinnen* نجا من [nadʒaː, uː]

entlang: ***die Straße entlang*** على طول [ʕalaː ŧuːl], على امتداد [ʕalaː imtidaːd]

entlassen *Arbeiter* فصل [fɒsɒla, i], طرد [ŧɒrada, u]; *Häftling* أفرج عن [ʔafradʒa]; *Patient* غادر [ɣaːdara]; **entlasten** خفف العبء عن [xaffafa l-ʕibʔ]; **entmutigen** ثبط همته [θabbata himmatahu]

entschädigen عوض [ʕawwɒđɒ]; **Entschädigung** *f* تعويض [taʕwiːđ], بدل [badal]

entscheiden حكم [ħakama, u], فصل بين [fɒsɒla, i], بت في [batta, u]; *v/r* ***sich entscheiden*** قرر [qarrara], اختار [ixtaːra]; **entscheidend** حاسم [ħaːsim], فاصل [fɒːsil]; **Entscheidung** *f* قرار [qaraːr]; JUR حكم [ħukm], *Pl* أحكام [ʔaħkaːm]

entschließen *v/r* ***sich entschließen*** اعتزم على [iʕtazama], أزمع على [ʔazmaʕa]

entschlossen حازم [ħaːzim]

Entschluss *m* قرار [qaraːr], عزم على [ʕazm]

entschuldigen *v/t* عذر [ʕaðara, i], غفر [ɣafara, i]; *v/r* ***sich entschuldigen*** اعتذر [iʕtaðara]; **Entschuldigung** *f* اعتذار [iʕtiðaːr], معذرة [maʕðira]; ***Entschuldigung!*** معذرة [maʕðiratan], عفوا [ʕafwan]

entsetzlich *Adj* مخيف [muxiːf], مفزع [mufziʕ]; *Adv* جدا [dʒiddan]; **entsetzt**

مذعور [maðʕu:r], مذهول [maðhu:l]
entspannen *v/t* لطف [lɒttɒfa]; POL خفف من حدة التوتر [xaffafa min ħiddat at-tawattur]; *v/i beruhigen* هدأ [haddaʔa], أراح [ʔara:ħa]; *v/r* ***sich entspannen*** استراح [istara:ħa], استرخى [istarxa:]; **Entspannung** *f* راحة [ra:ħa], استراحة [istira:ħa]; POL تخفيف حدة التوتر [taxfi:f ħiddat at-tawattur], انفراج [infira:dʒ]
entsprechen *übereinstimmen* طابق [tɒ:baqa], تناسب و [tana:saba wa]; *Bedarf* لبى [labba:]; *gleichen* ساوى [sa:wa:]; **entsprechend** *Adj* ملائم [mula:ʔim], مناسب [muna:sib]; *Adv* طبقا ل [tibqan li]; حسب [ħasaba]
entstehen نشأ [naʃaʔa, a], تكون [takawwana]
enttäuschen خيب ظنه/أمله [xajjaba ðɒnnahu/ʔamalahu]; **Enttäuschung** *f* خيبة أمل [xaibat ʔamal]
entweder: ***entweder … oder*** إما… أو [ʔimma: … ʔau]
entweichen *Gas* تسرب [tasarraba]; **entwerfen** صمم [sɒmmama]; *Plan* وضع [wɒđɒʕa, jɒđɒʕu], رسم [rasama, u]; **entwerten** *Fahrschein* ختم [xatama, i]
entwickeln *v/t* طور [tɒwwara]; FOTO حمض [ħammɒđɒ]; *v/r* ***sich entwickeln*** تطور [tatɒwwara]; **Entwicklung** *f* تطور [tatɒwwur]; WIRTSCH تنمية [tanmija]; **Entwicklungsland** *n* دولة نامية [daula na:mi:ja]
Entwurf *m* مسودة [miswadda], مشروع [maʃru:ʕ], *Pl* مشاريع [maʃa:ri:ʕ]; *Plan* تصميم [tɒsmi:m]
entziehen حرم من [ħarama, i]; *Führerschein* سحب [saħaba, a]; *v/r* ***sich entziehen*** *e-r Verantwortung* تهرب من [taharraba], تنصل من [tanɒssɒla]
entzünden *v/t* أشعل [ʔaʃʕala]; *v/r* ***sich entzünden*** اشتعل [iʃtaʕala]; MED التهب [iltahaba]; **Entzündung** *f* MED التهاب [iltiha:b]
Epidemie *f* MED وباء [waba:ʔ], *Pl* أوبئة [ʔaubiʔa]
Epoche *f* مرحلة [marħala], *Pl* مراحل [mara:ħil], عهد [ʕahd], *Pl* عهود [ʕuhu:d]

er *Pron* هو [huwa]
Erbe[1] *n* ميراث [mi:ra:θ], *Pl* مواريث [mawa:ri:θ], إرث [ʔirθ]
Erbe[2] *m* وريث [wari:θ], *Pl* ورثاء [wuraθa:ʔ]
erben ورث من/عن [wariθa, jariθu]
Erbin *f* وريثة [wari:θa]
erblich وراثي [wira:θi:]; *angeboren* خلقي [xilqi:]
erbrechen *v/r* ***sich erbrechen*** استفرغ [istafraɣa], تقيأ [taqajjaʔa]
Erbschaft *f* ورث [wirθ], إرث [ʔirθ]
Erbse *f* حبة بسلة [ħabbat bisilla], *Koll* بسلة [bisilla]; *a.* بازلاء [ba:zila:ʔ]; *jord* بازيلا [ba:zi:lla:]
Erdbeben *n* زلزال [zilza:l], *Pl* زلازل [zala:zil]
Erdbeere *f* توت أرضي [tu:t ʔarđi:]; *äg* فراولة [fara:ula]
Erde *f Planet* أرض [ʔarđ], *Pl* أراض [ʔarɒ:đin]; *Boden* تربة [turba], *Pl* ترب [turab]; *fig* عالم [ʕa:lam], دنيا [dunja:]; **Erderwärmung** *f* ارتفاع حرارة الأرض [irtifa:ʕ ħara:rat al-ʔarđ]; **Erdgas** *n* غاز طبيعي [ɣa:z ŧɒbi:ʕi:]; **Erdgeschoss** *n* طابق أرضي [ŧɒ:biq ʔarđi:]; **Erdkunde** *f* جغرافيا [dʒuɣra:fja:]; **Erdnuss** *f* فول سوداني [fu:l su:da:ni:]; **Erdöl** *n* نفط [nafŧ], بترول [bitru:l]; **Erdrutsch** *m* انهيال الأرض [inhija:l al-ʔarđ]; **Erdteil** *m* قارّة [qa:rra]
Ereignis *n* حادث(ة) [ħa:diθ(a)], *Pl* حوادث [ħawa:diθ]; **ereignisreich** حافل [ħa:fil]
erfahren علم [ʕalima, a], سمع [samiʕa, a]; *finden* لاقى [la:qa:]; *durchlaufen* شهد [ʃahida, a]
Erfahrung *f* خبرة [xibra], تجربة [tadʒruba], *Pl* تجارب [tadʒa:rib]
erfinden اخترع [ixtaraʕa]; *fig* ابتدع [ibtadaʕa], اختلق [ixtalaqa]; **Erfinder(in)** *m(f)* مخترع(ة) [muxtariʕ(a)]; **erfinderisch** مبدع [mubdiʕ]; **Erfindung** *f* اختراع [ixtira:ʕ]
Erfolg *m* نجاح [nadʒa:ħ]; *Ergebnis*, *a.* JUR نتيجة [nati:dʒa]; **erfolglos** فاشل [fa:ʃil], خائب [xa:ʔib], بلا جدوى [bila: dʒadwa:]; **erfolgreich** موفق [muwaffaq], مكلل بالنجاح [mukallal bin-nadʒa:ħ], ناجح [na:dʒiħ]

erforderlich لازم [la:zim], ضروري [đɒru:ri:]; **erfordern** تطلب [tatɒllaba], اقتضى [iqtɒđɒ:]

erforschen بحث [baħaθa, a], تحرى [taħarra:]; *Land* استكشف [istakʃafa]

erfreuen (*j-n*) أفرح [ʔafraħa], أبهج [ʔabhadʒa]; **erfreulich** سار [sa:r], مفرح [mufriħ]

erfrieren مات بردا [ma:ta (u:) bardan]

erfrischend منعش [munʕiʃ], *Getränke* مرطب [murɒttib]

Erfrischungen *Pl* مرطبات [murɒttiba:t]; **Erfrischungstuch** *n* منديل منعش [mindi:l munʕiʃ]

erfüllen *v/t Bitte* لبى [labba:]; *Pflicht* قام ب [qa:ma, u:]; *Verpflichtung* وفى ب [wafa:, jafi:]; *Aufgabe* أتم [ʔatamma]; *v/r* ***sich erfüllen*** تحقق [taħaqqaqa]

ergänzen كمل [kammala], تمم [tammama]; **Ergänzung** *f* إكمال [ʔikma:l], إضافة [ʔiđɒ:fa]

ergeben *v/t* أسفر عن [ʔasfara], أظهر [ʔɒðhara]; *v/r* ***sich ergeben*** نجم عن [nadʒama, u], نتج [natadʒa, i]; *aufgeben* استسلم [istaslama]

Ergebnis *n* نتيجة [nati:dʒa], *Pl* نتائج [nata:ʔidʒ]; MATH حاصل [ħɒ:sil]

ergreifen أمسك [ʔamsaka]; *Gelegenheit* انتهز [intahaza]; *Maßnahme* اتخذ [ittaxaða]; **erhalten** استلم [istalama], تلقى [talaqqa:]; *bewahren* حافظ على [ħa:faðɒ]; **erhältlich** *vorhanden* متوفر [mutawaffir], في متناول اليد [fi: mutana:wali l-jad]

erheben رفع [rafaʕa, a]; *Zoll* فرض [farɒđɒ, i]; **erheblich** *Adj Verlust* فادح [fa:diħ]; *wichtig* مهم [muhimm]; *Adv* بكثير [bi-kaθi:r]

erhitzen سخن [saxxana], *a. fig* حمى [ħamma:]

erhöhen رفع [rafaʕa, a], زاد [za:da, i:]

erholen *v/r* ***sich erholen*** استراح [istara:ħa]; *Urlaub* استجم [istadʒamma]; *genesen* شفي [ʃufija]; WIRTSCH انتعش [intaʕaʃa]; **erholsam** مريح [muri:ħ]; **Erholung** *f* استراحة [istira:ħa]; MED نقاهة [naqa:ha]

erinnern *v/t j-n* ذكر [ðakkara]; *v/r* ***sich erinnern*** تذكر [taðakkara]; **Erinnerung** *f* ذكرى [ðikraː]

erkälten *v/r* ***sich erkälten*** أصيب بالزكام [ʔusiːba bizzukaːm]; ***erkältet sein*** مصاب بالزكام [musɒːb bizzukaːm]; **Erkältung** *f* زكام [zukaːm], برد [bard] *f*

erkennen عرف [ʕarafa, i], تعرف على [taʕarrafa]; *wahrnehmen* أدرك [ʔadraka]; **Erkenntnis** *f* معرفة [maʕrifa], *Pl* معارف [maʕaːrif], معلومات [maʕluːmaːt]

erklären بين [bajjana], شرح [ʃaraħa, a]; *bekanntgeben* أعلن [ʔaʕlana]; **Erklärung** *f* *Erläuterung* شرح [ʃarħ]; *öff. Mitteilung* بيان [bajaːn], تصريح [tɒsriːħ]

erkundigen *v/r* ***sich nach etw erkundigen*** استفهم [istafhama], استفسر [istafsara]

erlauben سمح ل [samaħa, a], أجاز ل [ʔadʒaːza]; **Erlaubnis** *f* إذن [ʔiðn], *Pl* أذون [ʔuðuːn], ترخيص [tarxiːs], *Pl* تراخيص [taraːxiːs], سماح [samaːħ]

erleben شهد [ʃahida, a], عاش [ʕaːʃa, iː]; **Erlebnis** *n* حادث [ħaːdiθ], *Pl* حوادث [ħawaːdiθ]; *Abenteuer* مغامرة [muɣaːmara]

erledigen أنجز [ʔandʒaza], أدى [ʔaddaː]; **erledigt** منته [muntahin], منجز [mundʒaz], مفروغ منه [mafruːɣ minhu]; *erschöpft* منهك [munhak]

erleichtert *beruhigt* مرتاح [murtaːħ]; *vereinfacht* ميسر [mujassar]; **Erleichterung** *f* *Genugtuung* ارتياح [irtijaːħ]; *Vereinfachung* تسهيل [tashiːl]

erleiden عانى [ʕaːnaː]; *Verlust* مني ب [munija]

Erlös *m* إيراد [ʔiːraːd]

ermächtigen فوض [fawwaðɒ], خول [xawwala]

ermahnen نبه [nabbaha], نصح [nɒsɒħa, a]

Ermäßigung *f* تخفيض [taxfiːđ]; *Rabatt* خصم [xasm], *Pl* خصوم [xusuːm]

ermitteln كشف [kaʃafa, i]; *Preis* حدد [ħaddada]; JUR حقق [ħaqqaqa], تحرى [taħarraː]

ermöglichen مكن [makkana], أتاح ل [ʔataːħa]

ermorden قتل [qatala, u], اغتال [iɣtaːla]

ermutigen شجع على [ʃaddʒaʕa]; **ermutigend** مشجع [muʃaddʒiʕ]

ernähren غذى [ɣaððaː]; *Fa-*

milie أعال [ʔaʕaːla]; **Ernährung** *f Nahrung* غذاء [ɣiðaːʔ], *Pl* أغذية [ʔaɣðija]

ernennen عين [ʕajjana]

erneuern جدد [dʒaddada]; *instand setzen* رمم [rammama]

ernst جاد [dʒaːd], جدي [dʒaddiː]; *Krankheit* خطير [xɒṭiːr]

Ernstfall *m*: ***im Ernstfall*** عند الضرورة [ʕinda đ-đɒruːra]

ernsthaft *Überlegung* جدي [dʒaddiː]

Ernte *f* محصول [maħsuːl], حصاد [ħisɒːd]

ernten حصد [ħɒsɒda, u], جنى [dʒanaː, iː]; *pflücken* قطف [qɒṭɒfa, i]

erobern MIL, WIRTSCH استولى على [istaulaː], غزا [ɣazaː, uː]; *fig* فاز [faːza, uː]

eröffnen *Geschäft* افتتح [iftataħa]; *Konto* فتح [fataħa, a] **Eröffnung** *f* افتتاح [iftitaːħ]

Erosion *f Geologie* انجراف [indʒiraːf]

erotisch جنسي [dʒinsiː]

erpressen ابتز [ibtazza]; **Erpressung** *f* ابتزاز [ibtizaːz]

erraten حزر [ħazara, i, u], حدس [ħadasa, u, i]

erregen *bewegen* حرك [ħaraka]; *bewirken* أثار [ʔaθaːra]; *reizen* هيج [hajjadʒa]; **Erreger** *m* MED جرثومة [dʒarθuːma], *Pl* جراثيم [dʒaraːθiːm]; **erregt** منفعل [munfaʕil]; *Debatte* محتدم [muħtadim]

erreichbar في متناول اليد [fiː mutanaːwali l-jad]; *Ziel* سهل المنال [sahl al-manaːl]; *Ort* ممكن الوصول إليه [mumkin al-wusuːl ʔilaihi]; **erreichen** *fig* بلغ [balaɣa, u]; *Ort* وصل [wɒsɒla, jɒsilu]; *telefonisch* إتصل ب [ʔittɒsɒla]; *Zug* أدرك [ʔadraka]

Ersatz *m* بديل [badiːl], *Pl* بدائل [badaːʔil]; **Ersatzteil** *n* قطعة غيار [qiṭʕat ɣajaːr]

erscheinen ظهر [ðɒhara, a]; *j-m vorkommen* بدا [badaː, uː]; *Publikation* صدر [sɒdara, u]

erschießen قتل رميا بالرصاص [qatala (u) ramjan bir-rɒsɒːs]

erschöpft منهك [munhak], مضنى [muđnan]; *verbraucht* مستهلك [mustahlak]; *Geduld* نافد [naːfid]; **Erschöpfung** *f* إعياء [ʔiʕjaːʔ], إنهاك [ʔinhaːk]

erschrecken *v/t* أرعب

[ʔarʕaba], أخاف [ʔaxa:fa]; *v/i* ارتعب [irtaʕaba], فزع [faziʕa, a]; **erschreckend** مخيف [muxi:f], مرعب [murʕib]
erschüttern هز [hazza, u], رج [raddʒa, u]; *Vertrauen* زعزع [zaʕzaʕa]; **erschütternd** مروع [murawwiʕ], محزن [muħzin]
erschwinglich رخيص [raxiṣ:], متهاود [mutaha:wid]
ersetzen استبدل [istabdala]; *Schaden* عوض [ʕawwaɖɒ]
ersparen وفر [waffara]; *fig* أراح من وفر على [waffara], [ʔara:ħa]; **Ersparnisse** *Pl* مدخرات [muddaxara:t]
erst *zuerst* أولا [ʔawwalan]; ***erst gestern*** فقط بالأمس [faqɒt bil-ʔams]; ***erst jetzt*** الآن فقط [al-ʔa:n faqɒt]
erstaunlich مدهش [mudhiʃ], عجيب [ʕadʒi:b]; **erstaunt** مندهش [mundahiʃ]
erstbeste(r, -s) *Adj m(f)* أيا كان(ت) [ʔajjan ka:na(t)]
erste(r, -s) *Adj m(f)* أول (أولى) [ʔawwal (ʔu:la:)]; ***am ersten Juni*** في الأول من حزيران/يونيو [fil-ʔawwal min huzaira:n/ju:nju:]; ***Erste Hilfe*** إسعاف أولي [ʔisʕa:f ʔawwali:]; ***zum ersten Mal*** للمرة الأولى [lil-marrati l-ʔu:la:]
erstens أولا [ʔawwalan]; قبل كل شيء [qabla kulli ʃaiʔ]
ersticken *v/t* خنق [xanaqa, u]; *v/i* اختنق [ixtanaqa]
erstklassig ممتاز [mumta:z], من الدرجة الأولى [mina d-daradʒa al-ʔu:la:]
erstrecken *v/r* ***sich erstrecken*** امتد إلى [imtadda]; *Zeitraum* دام [da:ma, u:]
Ertrag *m* إيراد [ʔi:ra:d], محصول [maħsu:l], *Pl* محاصيل [maħa:si:l], غلة [ɣalla], *Pl* غلال [ɣila:l]
ertragen طاق [ṭɒ:qa, u:], احتمل [iħtamala]
erträglich محتمل [muħtamal]; *akzeptabel* مقبول [maqbu:l]
ertrinken غرق [ɣariqa, a]
Erwachsene *m/f* بالغ(ة) [ba:liɣ(a)], راشد(ة) [ra:ʃid(a)]
erwägen أخذ بعين الاعتبار [ʔaxaða bi-ʕaini l-iʕtiba:r], نظر في [nɒðɒra]
erwähnen ذكر [ðakara, u]
erwarten انتظر [intɒðɒra], توقع [tawaqqaʕa]; **Erwartung** *f* انتظار [intiðɒ:r], توقع [tawaqquʕ]; ***jemandes Er-***

wartungen erfüllen حقق أمنياته/توقعاته [ħaqqaqa ʔumnija:tihi/tawaqquʕa:tihi]
erweitern وسع [wassaʕa]; *Anzahl* زاد [za:da, i:]
erwerben *kaufen* اشترى [iʃtara:]; *Vertrauen* نال [na:la, a:], كسب [kasaba, i]; *Fähigkeiten* اكتسب [iktasaba], تعلم [taʕallama]
erwidern رد [radda, u]; *antworten* أجاب [ʔadʒa:ba]; *Gefühl* بادل [ba:dala]
erwischen *Zug* لحق ب [laħiqa, a]; *ertappen* ضبط [đɒbɒtɒ, i, u]; *festnehmen* قبض على [qabađɒ, i]
erwünscht مرغوب فيه [marɣu:b fi:hi], مرجو [mardʒu:]
Erz *n* خامة [xa:ma], معدن خام [maʕdin xa:m]
erzählen حدث [ħaddaθa]; *Geschichte* روى [rawa:, i:], حكى [ħaka:, i:]; **Erzählung** *f* قصة [qissɒ], *Pl* قصص [qisɒs], حكاية [ħika:ja]
erzeugen صنع [sɒnaʕa, a], أنتج [ʔantadʒa]; *Strom, fig* ولد [wallada]; *hervorrufen* أحدث [ʔaħdaθa]; **Erzeuger** *m* WIRTSCH منتج [muntidʒ]; **Erzeugnis** *n* إنتاج [ʔinta:dʒ], منتوج [mantu:dʒ]
erziehen أدب [ʔaddaba]; *aufziehen* ربى [rabba:]; **Erziehung** *f* تربية [tarbija]
erzielen حقق [ħaqqaqa]; SPORT أصاب [ʔɒsɒ:ba]
erzwingen *zwingen zu* أجبر على [ʔadʒbara], نال قهرا [na:la (a:) qahran]
es هو [huwa] *m*, هي [hija] *f und npl*, إنه/ـها [ʔinnahu/-ha:]; ***ich bin es*** هذا أنا [ha:ða: ʔana:]; ***es ist spät*** الوقت متأخر [al-waqt mutaʔxir]; ***es gibt*** هناك [huna:ka], يوجد [ju:dʒad]; *äg* فيه [fi:h]
Esel *m* ZOOL حمار [ħima:r], *Pl* حمير [ħami:r]
Espresso *m* اسبريسو [isbri:su:]
essbar صالح للأكل [sɒ:liħ lilʔakl], مأكول [maʔku:l]
essen أكل [ʔakala, u], تناول الطعام [tana:wala ɒt-tɒʕa:m]; ***zu Mittag essen*** تغدى [taɣadda:], تناول طعام الغداء [tana:wala tɒʕa:ma l-ɣada:ʔ]
Essen *n* طعام [tɒʕa:m], أكل [ʔakl]; *Mahlzeit* وجبة [wadʒba]
Essig *m* خل [xall]; ***in Essig***

eingelegt مخلل [muxallal], طرشي [ṭurʃi:]; **Essiggurke** *f* خيار مخلل/مكبوس [xija:r muxallal/makbu:s]; *äg* طرشي الخيار [ṭurʃi: al-xija:r]

Esslöffel *m* ملعقة كبيرة [mil-ʕaqa kabi:ra]; **Esszimmer** *n* غرفة الطعام/السفرة [ɣurfat ɒṭ-ṭɒʕa:m/as-sufra]

Etage *f* طابق [ṭɒ:biq], *Pl* طوابق [ṭɒwa:biq], دور [daur], *Pl* أدوار [ʔadwa:r]

Etappe *f* مرحلة [marħala], *Pl* مراحل [mara:ħil]

Etat *m* FIN ميزانية [mi:za:ni:ja]

ethnisch عرقي [ʕirqi:], إثني [ʔiθni:]

Etikett *n* بطاقة [biṭɒ:qa]

etliche *zahlreiche* عديد من [ʕadi:d min]; عدة [ʕidda]

Etui *n* علبة [ʕulba], *Pl* علب [ʕulab]

etwa نحو [naħwa], قرابة [qura:bata], حوالي [ħawa:laj]

etwas شيء [ʃaiʔ]; *ein wenig* قليل من [qali:l min]; *Adv* قليلا [qali:lan]

EU *f* (***Europäische Union***) الاتحاد الأوروبي [al-ittiħa:d al-ʔu:ru:bi:]

euch *Pron* كم (كن) [-kum (-kunna)] *m(f)*; ***für euch*** لكم [lakum]; ***mit euch*** معكم [maʕakum]

euer *Pron* كم (كن) [-kum (-kunna)] *m(f)*

Eule *f* بومة [bu:ma], *Pl* بوم [bu:m]

eure *Pron* كم (كن) [-kum (-kunna)] *m(f)*

euretwegen من أجلكم [min ʔadʒlikum], بسببكم [bi-sababikum]

Euro *m* يورو [ju:ru:], *Pl* يوروهات [ju:ru:ha:t]; **Eurocent** *m* يوروسنت [ju:ru:sant]

Europa *n* أوروبا [ʔu:rubba:]

Europäer(in) *m(f)* أوروبي(ة) [ʔu:rubbi:(-bi:ja)]

europäisch أوروبي [ʔu:rubbi:]

Europameister(in) *m(f)* بطل (ة) أوروبا [bɒṭɒl(at) ʔu:rubba:]; **Europaparlament** *n* البرلمان الأوروبي [al-barlama:n al-ʔu:rubbi:]

evangelisch إنجيلي [ʔindʒi:li:], بروتستانتي [bru:tista:nti:]

eventuell *Adj* محتمل [muhtamal]; *Adv* ربما [rubbama:], من الممكن [mina l-mumkin]

ewig خالد [xa:lid]; *ohne Anfang* أزلي [ʔazali:]; *ohne Ende* أبدي [ʔabadi:]; **Ewigkeit** *f* خلد

[xuld], أزل [ʔazal], أبد [ʔabad]
exakt *Adj* دقيق [daqiːq], محكم [muħkam], متقن [mutqan]; *Adv* بدقة [bi-diqqa]
Examen *n* امتحان [imtiħaːn]
Exemplar *n* نسخة [nusxa], *Pl* نسخ [nusax]
Exil *n* منفى [manfan]
Existenz *f* وجود [wudʒuːd]; POL كيان [kijaːn]; **existieren** وجد [wudʒida], تواجد [tawaː-dʒada]
exklusiv خاص ب [xɒːss], حصري [ħɒsriː]
exotisch غريب [ɣariːb]
Expedition *f* بعثة [biʕθa]
Experiment *n* تجربة [tadʒri-ba], *Pl* تجارب [tadʒaːrib]
Experte *m*, **Expertin** *f* خبير(ة) [xabiːr(a)], *mpl* خبراء [xubaraːʔ]
explodieren انفجر [infadʒa-ra]; **Explosion** *f* انفجار [infidʒaːr]
Export *m* WIRTSCH تصدير [tɒsdiːr]; **exportieren** صدر [sɒddara]
extra *Adj zusätzlich* إضافي [ʔiđɒːfiː]; *separat* منفصل [munfɒsil]; *Adv getrennt* بشكل منفصل [bi-ʃaklin munfɒsil]; *speziell* بالذات [biđ-ðaːt], خصيصا [xissiːsɒn]
extra- إضافي [ʔiđɒːfiː]
extrem *Adj* مفرط [mufrit]; POL متطرف [mutatɒrrif]; *Adv* للغاية [lil-ɣaːja]

F

Fabrik *f* مصنع [mɒsnaʕ], *Pl* مصانع [mɒsɒːniʕ], معمل [maʕmal], *Pl* معامل [maʕaː-mil]; **Fabrikat** *n* منتج [mun-tadʒ]; *Erzeugnis* صناعة [sinaːʕa]
Fach *n Schule* مادة [maːdda], *Pl* مواد [mawaːdd]; *Schrank* رف [raff], *Pl* رفوف [rufuːf];
Facharzt *m*, **Fachärztin** *f* طبيب(ة) أخصائي(ة) [tɒbiːb-(a) ʔaxissɒːʔiː (-ʔiːja)];
Fachausdruck *m* مصطلح [mustɒlaħ]; **Fachfrau** *f* خبيرة [xabiːra]; **Fachgebiet** *n* اختصاص [ixtisɒːs]; **Fach-**

mann *m* خبير [xabi:r], *Pl* خبراء [xubara:ʔ]

Fackel *f* شعلة [ʃuʕla], *Pl* شعل [ʃuʕal]

fad(e) *Speise* لا طعم له [la: ŧɒʕma lahu]; *langweilig* ممل [mumill]

Faden *m* خيط [xaiŧ], *Pl* خيوط [xuju:ŧ]

fähig قادر على [qa:dir], كفء ل [kufʔ]; **Fähigkeit** *f* قدرة على [qudra], مقدرة على [maqdira], كفاءة [kafa:ʔa]

fahnden بحث عن [baħaθa, a]; ***nach j-m fahnden*** تحرى عن [taħarra: ʕan]; **Fahndung** *f* بحث عن [baħθ], تحر عن [taħarrin]

Fahne *f* علم [ʕalam], *Pl* أعلام [ʔaʕla:m], راية [ra:ja]

Fahrbahn *f* مسرب [masrab], *Pl* مسارب [masa:rib], مسلك [maslak], *Pl* مسالك [masa:lik]

Fähre *f* عبارة [ʕabba:ra], معدية [muʕaddi:ja], *Pl* معاد [maʕa:din]

fahren سافر [sa:fara], ركب [rakiba, a]; *Auto* ساق [sa:qa, u:]

Fahrer(in) *m(f)* سائق(ة) [sa:ʔiq(a)], *mpl* سواق [suwwa:q]; **Fahrerflucht** *f* جريمة الهرب (بعد الحادث) [dʒari:mat al-harab (baʕd al-ħa:diθ)]

Fahrgast *m* مسافر [musa:fir], راكب [ra:kib], *Pl* ركاب [rukka:b]; **Fahrgeld** *n* أجرة السفر [ʔudʒrat as-safar]; **Fahrgemeinschaft** *f* سفر جماعي (توفيرا للمال) [safar dʒama:ʕi: (taufi:ran lil-ma:l)]

Fahrkarte *f* تذكرة السفر [taðkirat as-safar]; **Fahrkartenautomat** *m* ماكنة بيع التذاكر [ma:kinat baiʕ at-taða:kir]; **Fahrkartenschalter** *m* شباك التذاكر [ʃubba:k at-taða:kir]

fahrlässig طائش [ŧɒ:ʔiʃ], متهور [mutahawwir]; JUR عن غير عمد خطأ [xɒŧɒʔan], [ʕan ɣairi ʕamd]

Fahrplan *m* جدول مواعيد السفر [dʒadwal mawaʕi:di s-safar]; **Fahrplanmäßig** حسب الجدول [ħasaba l-dʒadwal], في الوقت المحدد [fil-waqti l-muħaddad]

Fahrpreis *m* *Taxi* أجرة السفر [ʔudʒrat as-safar]; *Zug* ثمن التذكرة [θaman at-taðkira]

Fahrrad *n* دراجة [darra:dʒa]; *lib* بسكليت [bisikli:t]; *äg* عجلة [ʕagala]; **Fahrradverleih** *m*

تأجير الدراجات [taʔdʒi:r ad-darra:dʒa:t]
Fahrschule *f* مدرسة تعليم السواقة [madrasat taʕli:m as-siwa:qa]; **Fahrspur** *f* مسار [masa:r]; **Fahrstuhl** *m* مصعد [mɨsʕad], *Pl* مصاعد [mɒsɒ:ʕid], أسانسير [ʔasa:n-si:r]
Fahrt *f* سفر [safar], *Pl* أسفار [ʔasfa:r]; *Reise* رحلة [riħla]; **Fahrtrichtung** *f* وجهة السفر [widʒhat as-safar]
fahrtüchtig صالح للسفر [sɒ:liħ lis-safar]
Fahrwerk *n* FLUG عجلات الطائرة [ʕadʒala:t ɒt-tɒ:ʔira]; AUTO هيكل السيارة [haikal as-sajja:ra]
Fahrzeug *n* مركبة [markaba], *Pl* مراكب [mara:kib]; *Auto* سيارة [sajja:ra]; **Fahrzeugschein** *m* رخصة السيارة [ruxsɒt as-sajja:ra]
fair عادل [ʕa:dil], منصف [munsif]
Faktor *m* عامل [ʕa:mil], *Pl* عوامل [ʕawa:mil]; *Grund* سبب [sabab], *Pl* أسباب [ʔasba:b]
Fakultät *f* كلية [kulli:ja]
Falke *m* ZOOL صقر [sɒqr], *Pl* صقور [suqu:r], باز [ba:z], *Pl* بيزان [bi:za:n]
Fall *m* حال [ħa:l], *Pl* أحوال [ʔaħwa:l], حالة [ħa:la]; *Sturz* سقوط [suqu:t]; ***auf jeden Fall*** على كل حال [ʕala: kulli ħa:l]; ***auf keinen Fall*** لا ... بأي حال من الأحوال [la: ...bi-ʔaji ħa:lin mina l-ʔaħwa:l]
Falle *f* مصيدة [mɨsjada], *Pl* مصايد [mɒsɒ:jid]; *a. fig* فخ [faxx], *Pl* فخوخ [fuxu:x]
fallen سقط [saqɒtɒ, u], وقع [waqaʕa, jaqaʕu]; *Preis, Temperatur* انخفض [inxa-faðɒ], هبط [habatɒ, i]
fällen *Bäume* قطع [qɒtɒʕa, a]; *Urteil* قضى ب [qɒðɒ:, i:], حكم [ħakama, u]
fällig مستحق [mustaħaqq]
falls إذا [ʔiða:], في حال [fi: ħa:li]
Fallschirm *m* مظلة [miðɒlla], باراشوت [ba:ra:ʃu:t]
falsch خطأ [xɒtɒʔ]; *scheinheilig* منافق [muna:fiq]
fälschen زور [zawwara], زيف [zajjafa]
Falschgeld *n* نقود مزيفة [nuqu:d muzajjafa]
Fälschung *f* تزوير [tazwi:r], تزييف [tazji:f]

Falte *f* ثنية [θanja], طية [tɒjja]; *Runzel, Geologie* تجعيدة [tadʒʕiːda], *Pl* تجاعيد [tadʒaːʕiːd]; **falten** ثنى [θanaː, iː], طوى [tɒwaː, iː]; **faltig** *Gesicht, Stoff* مجعد [mudʒaʕʕad]
Familie *f* عائلة [ʕaːʔila], أسرة [ʔusra], *Pl* أسر [ʔusar]; **Familienname** *m* اسم العائلة [ism al-ʕaːʔila]; *lib, syr* شهرة [ʃuhra]; **Familienstand** *m* الحالة الاجتماعية [al-ħaːla al-idʒtimaːʕiːja]
Fan *m* معجب [muʕdʒab], مشجع [muʃaddʒiʕ]
fanatisch متعصب [mutaʕɒsɒb]
fangen *Ball* التقط [iltaqatɒ]; *festnehmen* قبض على [qabaðɒ, i]; *Tier* صاد [sɒːda. iː]
Fantasie *f* خيال [xajaːl]; **fantastisch** *großartig* رائع [raːʔiʕ]; *unrealistisch* خيالي [xajaːliː]
Farbe *f* لون [laun], *Pl* ألوان [ʔalwaːn]; *Tünche* دهان [dihaːn]; *Tinktur* صبغة [sɒbɣa]
färben صبغ [sɒbaɣa]; *Fingernagel* طلى [tɒlaː]
farbenblind أعمى الألوان [ʔaʕmaː l-ʔalwaːn]; **farbig** ملون [mulawwan]; **farblos** لا لون له [laː launa lahu]; *belanglos* تافه [taːfih]; **Farbstift** *m* قلم ألوان [qalam ʔalwaːn]; **Farbstoff** *m* صبغة [sɒbɣa]
Faser *f* ليفة [liːfa], *Pl* ألياف [ʔaljaːf]; CHEM خيط [xaitɒ], *Pl* خيوط [xujuːtɒ]
Fass *n* برميل [barmiːl], *Pl* براميل [baraːmiːl]
fassen *Dieb* أمسك [ʔamsaka], ضبط [đɒbɒtɒ, i, u]; *Beschluss* اتخذ [ittaxaða]; *begreifen* فهم [fahima, a]; *Behälter* احتوى [iħtawaː], وسع [wasiʕa, jasaʕu]
Fassung *f* ELEK مقبس [maqbis], *Pl* مقابس [maqaːbis]; *Besonnenheit* رزانة [razaːna]; *Version* صيغة [sɒːɣa], *Pl* صيغ [sɒjaɣ]; **fassungslos** مدهوش [madhuːʃ], مذهول [maðhuːl]
fast تقريبا [taqriːban]; *vor Imperfekt* كاد [kaːda]
fasten صام [sɒːma, uː]; **Fastenbrechen** *n* إفطار [ʔiftɒːr]; **Fastenzeit** *f* وقت الصيام [waqt ɒs-sɒjaːm]
Fast Food *n* الوجبات السريعة [al-wadʒabaːt as-sariːʕa], فاست فوود [faːst fuːd]

faszinierend فاتن [faːtin], أخاذ [ʔaxxaːð]
fatal خطير [xɒṭiːr], وخيم العواقب [waxiːm al-ʕawaːqib]
faul *träge* كسول [kasuːl]; *verdorben* فاسد [faːsid], عفن [ʕafin]; **faulen** تعفن [taʕaffana], فسد [fasada, u, i]; **faulenzen** تكاسل [takaːsala], تسكع [tasakkaʕa]; **Faulheit** *f* كسل [kasal]
Faust *f* قبضة اليد [qabḍɒt al-jad]
Fax *n* فاكس [faːks]; **faxen** أرسل بالفاكس [ʔarsala bil-faːks]; **Faxgerät** *n* جهاز فاكس [dʒihaːz faːks]
FCKW-frei خال من الكلوروفلوروكربون [xaːlin mina l-kluːrufluːrukarbuːn]
Februar *m syr* شباط [ʃubɒːṭ]; *äg* فبراير [fibraːjir]
Feder *f* ريشة [riːʃa], *Pl* ريش [riːʃ]; TECH زنبرك [zumbarak], *Pl* زنابك [zanaːbik]; **Federball** *m* SPORT كرة الريشة [kurat ar-riːʃa]; **Federbett** *n* لحاف ريش [liħaːf riːʃ]
Fee *f* جنية [dʒiniːja]
fegen كنس [kanasa, u]
fehlen غاب [ɣaːba, iː], نقص [naqɒṣɒ, u]
Fehler *m* خطأ [xɒṭɒʔ], *Pl* أخطاء [ʔaxṭɒːʔ], غلط [ɣalɒṭ], *Pl* أغلاط [ʔaɣlɒːṭ]; **Fehlermeldung** *f* COMPUT رسالة الخطأ [risaːlat al-xɒṭɒʔ]
Fehlgeburt *f* MED إجهاض [ʔidʒhɒːḍ], طرح [ṭɒrħ];
Fehlschlag *m* فشل [faʃal], إخفاق [ʔixfaːq]
Feier *f* حفلة [ħafla], احتفال [iħtifaːl]; **Feierabend** *m* نهاية الدوام [nihaːjat ad-dawaːm]; ***nach Feierabend*** بعد الدوام/العمل [baʕda d-dawaːm/l-ʕamal]; **feierlich** احتفالي [iħtifaːliː]; **feiern** *v/i* احتفل ب [iħtafala]; *v/t* احتفى ب [iħtafaː]; **Feiertag** *m* عيد [ʕiːd], *Pl* أعياد [ʔaʕjaːd]
feig(e) جبان [dʒabaːn]
Feige *f* تينة [tiːna], *Koll* تين [tiːn]
Feigling *m* خواف [xawwaːf], جبان [dʒabaːn], *Pl* جبناء [dʒubanaːʔ]
Feile *f* مبرد [mibrad], *Pl* مبارد [mabaːrid]
feilschen ساوم [saːwama], فاصل على [fɒːṣɒla]
fein *Adj dünn* رفيع [rafiːʕ]; *gut* حسن [ħasan]; *zart* ناعم

[naːʕim], رقيق [raqiːq]; *vornehm* مهذب [muhaððab]

Feind *m* عدو [ʕaduːw], *Pl* أعداء [ʔaʕdaːʔ], خصم [xɒsm], *Pl* خصوم [xusuːm]; **feindlich** عدائي [ʕadaːʔiː], معاد [muʕaːdin]; **Feindschaft** *f* عداء [ʕadaːʔ], عداوة [ʕadaːwa]

Feld *n* حقل [ħaql], *Pl* حقول [ħuquːl]; *fig*, ELEK مجال [madʒaːl]; **Feldweg** *m* طريق زراعي [tɒriːq ziraːʕiː]

Fell *n Koll* فرو [farw]

Fels *m*, **Felsen** *m* صخرة [sɒxra], *Pl* صخور [suxuːr]; **felsig** صخري [sɒxriː]

feminin GRAM مؤنث [muʔannaθ]

Fenchel *m* شمرة [ʃumra]

Fenster *n* شباك [ʃubbaːk], *Pl* شبابيك [ʃabaːbiːk], نافذة [naːfiða], *Pl* نوافذ [nawaːfið]; **Fensterbrett** *n* حافة الشباك [ħaːffat aʃ-ʃubbaːk]; **Fensterplatz** *m* مقعد على الشباك [maqʕad ʕala ʃ-ʃubbaːk]

Ferien *Pl Schule* عطلة [ʕutɫa], *Pl* عطل [ʕutɒl]; *Urlaub* إجازة [ʔidʒaːza]; **Ferienclub** *m* نادي المستجمين [naːdiː l-mustadʒimmiːn]; **Ferienhaus** *n* بيت إجازة مفروش [bait ʔidʒaːza mafruːʃ]; **Ferienwohnung** *f* شقة إجازة مفروشة [ʃiqqat ʔidʒaːza mafruːʃa]

fern بعيد [baʕiːd], ناء [naːʔin]

Fernbedienung *f* التحكم عن بعد [at-taħakkum ʕan buʕd], رموت [rimoːt]

Ferne *f* بعد [buʕd]; ***aus der Ferne*** عن بعد [ʕan buʕd]

Fernflug *m* رحلة جوية طويلة [riħla dʒawwiːja tɒwiːla]; **Ferngespräch** *n* TEL مكالمة خارجية [mukaːlama xaːridʒiːja]; **Fernglas** *n* منظار [minðɒːr], *Pl* مناظير [manaːðiːr]; **Fernlicht** *n* AUTO ضوء عال/مبهر [đɒuʔ ʕaːlin/mubhir]

fernsehen شاهد التلفزيون [ʃaːhada t-tilfizjuːn]; **Fernsehen** *n* تلفزيون [tilfizjuːn]; **Fernseher** *m* تلفزيون [tilfizjuːn], جهاز التلفزيون [dʒihaːz at-tilfizjuːn]

Fernstraße *f Autobahn* أوتوستراد [ʔutustraːd]

Ferse *f* ANAT عقب [ʕaqb], *Pl* أعقاب [ʔaʕqaːb], كعب [kaʕb], *Pl* كعوب [kuʕuːb]

fertig *vollendet* جاهز [dʒaːhiz];

bereit مستعد ل [mustaʕidd]; **fertigbringen** *beenden* أتم [ʔatamma], أنهى [ʔanha:]; *können* استطاع [istatɒ:ʕa]; **Fertiggericht** *n* وجبة جاهزة [wadʒba dʒa:hiza]; **fertigmachen** *v/t abschließen* أنهى [anha:], أنجز [andʒaza]; *entkräften* أنهك [anhaka]; *zermürben* حطم [ħattɒma]

fesseln قيد [qajjada]

Fest *n* عيد [ʕi:d], *Pl* أعياد [ʔaʕja:d], احتفال [iħtifa:l]; *umg* حفلة [ħafla]

fest *hart* صلب [sulb]; *konstant* ثابت [θa:bit]; *Preis* محدد [muħaddad]; *Wohnsitz* دائم [da:ʔim]; *Beziehung* متين [mati:n]

festbinden ربط [rabatɒ, i, u]

Festessen *n* مأدبة [maʔduba], *Pl* مآدب [maʔa:dib], وليمة [wali:ma], *Pl* ولائم [wala:ʔim]

festhalten *v/t* مسك [masaka, i]; *Meinung* تشبث ب [taʃabaθa]; *schriftlich* قيد [qajjada]; *v/r* ***sich festhalten*** أمسك ب [ʔamsaka]

Festival *n* مهرجان [mahradʒa:n]

Festland *n* بر [bar], *Pl* برور [buru:r]

festlegen حدد [ħaddada]; FIN استثمر [istaθmara]; **festlich** احتفالي [iħtifa:li:]; *prächtig* فخم [faxm]; **festnehmen** اعتقل [iʕtaqala], ألقى القبض على [ʔalqa: l-qabđɒ]; **Festnetzanschluss** *m* TEL هاتف ثابت [ha:tif θa:bit]; **Festplatte** *f* COMPUT قرص صلب [qurs sɒlb], هارد ديسك [ha:rd di:sk]; **feststehen** ثبت [θabata, u]; **feststellen** *bemerken* لاحظ [la:ħaðɒ]; *Fehler* أثبت [ʔaθbata]; *Personalien* تحقق من [taħaqqaqa]

fett *Person* سمين [sami:n]; *Nahrungsmittel* دسم [dasim]

Fett *n* دهن [duhn], *Pl* دهون [duhu:n]; TECH شحم [ʃaħm], *Pl* شحوم [ʃuħu:m]; **fettarm** قليل الدسم [qali:l ad-dasam]; **fettig** دسم [dasim], دهني [duhni:]

feucht رطب [rɒtb], مبلول [mablu:l]; **Feuchtigkeit** *f* رطوبة [rutu:ba]

Feuer *n* نار [na:r], *Pl* نيران [ni:ra:n]; *Brand* حريق [ħari:q], *Pl* حرائق [ħara:ʔiq]; **Feueralarm** *m* إنذار بالحريق [ʔinða:r bil-ħari:q]; **feuerfest** مقاوم للنار [muqa:wim lin-na:r]; **feuergefährlich** سريع الاشتعال [sari:ʕ lil-iʃtiʕa:l], قابل للاحتراق [qa:bil lil-iħtira:q]; **Feuerlöscher** *m* مطفأة [mitfaʔa], *Pl* مطافئ [mɒtɒ:fiʔ]; **Feuermelder** *m* جهاز الإنذار بالحريق [dʒiha:z al-ʔinða:r bil-ħari:q]; **Feuerwehr** *f* الإطفائية [al-ʔitfaʔi:ja], فرقة المطافئ [firqat al-mɒtɒ:fiʔ]; **Feuerwerk** *n* ألعاب نارية [ʔalʕa:b na:ri:ja]; **Feuerzeug** *n* قداحة [qadda:ħa], ولاعة [walla:ʕa]

Fichte *f* الشربين [aʃ-ʃirbi:n]

Fieber *n* حرارة [ħara:ra], حمى [ħumma:]; **Fieberthermometer** *n* ميزان الحرارة [mi:za:n al-ħara:ra]

fies لئيم [laʔi:m]

Figur *f Gestalt* قامة [qa:ma]; *Statue* تمثال [timθa:l], *Pl* تماثيل [tama:θi:l]

Filet *n* فيليه [fi:li:h], فلتو [filittu]

Filiale *f* فرع [farʕ], *Pl* فروع [furu:ʕ]

Film *m* FOTO فيلم [film], *Pl* أفلام [ʔafla:m]; *Kino* فيلم سينما [fi:lm si:nama:]; **filmen** صور [sɒwwara]; **Filmstar** *m* نجم [nadʒm], *Pl* نجوم [nudʒu:m]

Filter *m* فلتر [filtar], مصفاة [misfa:t], *Pl* مصاف [mɒsɒ:fin]; **filtern** صفى [sɒffa:]; TECH رشح [raʃʃaħa]; **Filterzigarette** *f* سيجارة بالفلتر [si:dʒa:ra bil-filtar]

Filz *m* لباد [lubba:d]; *Vetternwirtschaft* محسوبية [maħsu:bija]; **Filzstift** *m* قلم لباد [qalam lubba:d]

Finale *n* SPORT مباراة نهائية [muba:ra:t niha:ʔi:ja]

Finanzamt *n* مصلحة الضرائب [mɒslaħat ɒđ-đɒra:ʔib]; **finanziell** مالي [ma:li:]; **finanzieren** مول [mawwala]

finden وجد [wadʒada, jadʒidu], عثر على [ʕaθara, u]; ***wie finden Sie das?*** كيف ترى ذلك؟ [kaifa tara: ða:lik], ما رأيك؟ [ma: raʔjuka]

Finger *m* إصبع [ʔisbaʕ], *Pl* أصابع [ʔasɒ:biʕ]; ***kleiner Finger*** خنصر [xinsir], *Pl* خناصر [xanɒ:sir]; **Fingernagel** *m* ظفر [ðufr], *Pl* أظافر [ʔɒðɒ:fir]

Finnland *n* فنلندا [finlanda:]

finster مظلم [muðlim], معتم [muʕtim]

Firewall *f* COMPUT جدار أمان/ناري [dʒida:r ʔama:n/na:ri:], فاير وول [fa:jar wu:l]

Firma *f* شركة [ʃarika]; *Unternehmen* مؤسسة [muʔassasa]

Fisch *m* سمك [samak], *Pl* أسماك [ʔasma:k]; **fischen** اصطاد صاد [sɒ:da, i:], [istɒ:da]; **Fischer** *m* صياد الأسماك [sɒjja:d al-ʔasma:k]; **Fischerei** *f* صيد السمك [sɒid as-samak];**Fischstäbchen** *npl* أصابع سمك [ʔasɒ:biʕ samak]

fit تمتع بلياقة بدنية [tamattaʕa bi-lija:qa badani:ja]

Fitnesscenter *n* مركز اللياقة البدنية [markaz al-lija:qa al-badani:ja]

fix *Adj clever* ماهر [ma:hir], ذكي [ðaki:]; *Adv* بسرعة [bi-surʕa]; ***fix und fertig*** *Aufgabe* منهك [munhak]; *Person* تعبان [taʕba:n]

flach *eben* مستو [mustawin], منبسط [munbasit]; *seicht* ضحل [ɖɒħil]; **Flachbildschirm** *m* COMPUT شاشة مسطحة [ʃa:ʃa musɒttɒħa]

Fläche *f* سطح [sɒtħ], *Pl* سطوح [sutu:ħ]; مساحة [misa:ħa]

Fladenbrot *n* رغيف [raɣi:f], *Pl* أرغفة [ʔarɣifa]

Flagge *f* علم [ʕalam], *Pl* أعلام [ʔaʕla:m], راية [ra:ja]

Flamme *f* شعلة [ʃuʕla], *Pl* شعل [ʃuʕal], لهب [lahab]

Flasche *f* قنينة [qinni:na], *Pl* قناني [qana:ni:], زجاجة [zudʒa:dʒa]; *Saugflasche* رضاعة [rɒɖɖɒ:ʕa]; **Flaschenöffner** *m* فتاحة [fatta:ħa]

Flatrate *f* TEL مبلغ مقطوع [mablaɣ maqtu:ʕ], رسم شهري ثابت [rasm ʃahri: θa:bit]

flau *unwohl* متوعك [mutawaʕʕik]; *langweilig* ممل [mumill]; WIRTSCH كاسد [ka:sid]; **Flaute** *f* WIRTSCH كساد [kasa:d]; *fig* هدوء [hudu:ʔ]

flechten جدل [dʒadala, u], ضفر [ɖɒffara]

Fleck *m* بقعة [buqʕa], *Pl* بقع [buqaʕ]; *Land* رقعة [ruqaʕa], *Pl* رقع [ruqaʕ]; **Fleck(en)-entferner** *m* مزيل البقع [muzi:l al-buqaʕ]; **fleckig** ملطخ [mulɒttɒx], مبقع [mubaqqaʕ]

Fleisch *n* لحم [laħm], *Pl* لحوم [luħu:m]; **Fleischbrühe** *f* مرق [maraq]; **Fleischerei** *f* دكان الجزار [dukka:n al-dʒazza:r]; *jord* ملحمة [malħama], *Pl* ملاحم [mala:ħim]

fleißig مجتهد [mudʒtahid], مجد [mudʒidd]
flexibel مرن [marin], لين [lajjin]
flicken رقع [raqaʕa, a], رتق [rataqa,i]
Fliege *f* ZOOL ذبابة [ðuba:ba], *Koll* ذباب [ðuba:b]; **fliegen** طار [tɒ:ra, i:], سافر بالطائرة [sa:fara bit-tɒ:ʔira]; FLUG *Raumschiff* حلق [ħallaqa]
fliehen هرب [haraba, u], فر [farra, i]
Fliese *f* بلاطة [bala:tɒ], *Pl* بلاط [balɒ:t]
Fließband *n* خط الإنتاج [xɒtt al-ʔinta:dʒ], سير ناقل/متحرك [sair na:qil/mutaħarrik]
fließen جرى [dʒara:, i:], سال [sa:la, i:]; *münden* صب في [sɒbba, u]
fließend *Adj* غيرمحدد [ɣair muħaddad]; *Adv sprechen* بطلاقة [bi-tɒla:qa]; ***fließendes Wasser*** مياه جارية [mija:h dʒa:ri:ja]
flimmern ومض [wamađɒ, jamiđu], لمع [lamaʕa, a]
flink نشط [naʃit]; *scharfsinnig* فطن [fɒtin]
flirten غازل [ɣa:zala], داعب [da:ʕaba]
Flitterwochen *fpl* شهر العسل [ʃahr al-ʕasal]
Floh *m* برغوث [barɣu:θ], *Pl* براغيث [bara:ɣi:θ]; **Flohmarkt** *m* سوق الخردة [su:q al-xurda]
Flop *m* إخفاق [ʔixfa:q], فشل [faʃal]
florierend مزدهر [muzdahir], ناجح [na:dʒiħ]
Floß *n* طوف [tɒuf], *Pl* أطواف [ʔɒtwa:f]; رمث [ramaθ], *Pl* أرماث [ʔarma:θ]
Flosse *f* زعنفة [zaʕnafa], *Pl* زعانف [zaʕa:nif]
Flöte *f* MUS ناي [na:j]
flott *schnell* سريع [sari:ʕ]; *schick* أنيق [ʔani:q]
Flotte *f* SCHIFF أسطول [ʔustu:l], *Pl* أساطيل [ʔasa:ti:l]
Fluch *m* لعنة [laʕna]; **fluchen** لعن [laʕana]
Flucht *f* هرب [harab], فرار [fira:r]
flüchten هرب [haraba, u], فر [farra, i], لجأ إلى [ladʒaʔa]; **flüchtig** *auf der Flucht* هارب [ha:rib]; *oberflächlich* سطحي [sɒtħi:]; **Flüchtling** *m* لاجئ [la:dʒiʔ]
Flug *m* طيران [tɒjara:n], رحلة جوية [riħla dʒawwi:ja];

Flugblatt *n* منشور [manʃuːr], *Pl* مناشير [manaːʃiːr]
Flügel *m* جناح [dʒanaːħ], *Pl* أجنحة [ʔadʒniħa]
Fluggast *m* راكب [raːkib], *Pl* ركاب [rukkaːb], مسافر [musaːfir]; **Fluggesellschaft** *f* شركة طيران [ʃarikat ṭɒjaraːn]; **Flughafen** *m* مطار [mɒṭɒːr]; **Fluglinie** *f* خط جوي [xɒṭṭ dʒawwiː]; **Flugplan** *m* جدول مواعيد الطيران [dʒadwal mawaːʕiːd ɒṭ-ṭɒjaraːn]; **Flugschein** *m* *Ticket* تذكرة الطائرة [taðkirat ɒṭ-ṭɒːʔira]; **Flugsteig** *m* ممر/دهليز الطائرة [mamarr/dahliːz ɒṭ-ṭɒʔira]; **Flugzeit** *f* مدة الرحلة [muddat ar-riħla]
Flugzeug *n* طائرة [ṭɒːʔira]; **Flugzeugentführung** *f* اختطاف طائرة [ixtiṭɒːf ṭɒːʔira]
Flur *m* حقول ومروج [ħuquːl wa-muruːdʒ]; *Haus* ممر [mamarr], طرقة [ṭurqa]
Fluss *m* نهر [nahr], *Pl* أنهار [ʔanhaːr]; *Strömen* جريان [dʒarajaːn]; *Verlauf* مجرى [madʒraː]; **flussabwärts** مع التيار [maʕa t-tajjaːr]; **flussaufwärts** ضد التيار [ḍidda t-tajjaːr]; **Flussbett** *n* قاع النهر [qaːʕ an-nahr]
flüssig سائل [saːʔil]; *Verkehr* سلس [salis]; **Flüssigkeit** *f* سائل [saːʔil], *Pl* سوائل [sawaːʔil]
flüstern همس [hamasa, i], وشوش [waʃwaʃa]
Flut *f Gezeiten* مد [madd]; *Überschwemmung* فيضان [fajaḍɒːn]
Fohlen *n* مهر [muhr], *Pl* أمهار [ʔamhaːr]
Föhn *m Haare* سشوار [siʃwaːr]; مجفف الشعر [mudʒaffif aʃ-ʃaʕr]; *Wind* رياح دافئة [rijaːħ daːfiʔa]; **föhnen** جفف الشعر [dʒaffafa ʃ-ʃaʕr]
Folge *f Konsequenz* عاقبة [ʕaːqiba], *Pl* عواقب [ʕawaːqib]; *Ergebnis* نتيجة [natiːdʒa], *Pl* نتائج [nataːʔidʒ]; *Reihe* ترتيب [tartiːb], سلسلة [silsila], *Pl* سلاسل [salaːsil]; TV حلقة [ħalaqa]
folgen: ***j-m folgen*** تبع [tabiʕa, a], خلف [xalafa, u]; *verstehen* فهم [fahima, a]; *nachfolgen* أعقب [ʔaʕqaba]; *gehorchen* أطاع [ʔaṭɒːʕa]
folgend تال [taːlin], آت [ʔaːtin]
folgern استدل [istadalla],

استنتج [istantadʒa]; **Folgerung** *f* استنتاج [istinta:dʒ], استدلال [istidla:l]

Folie *f* رقيقة [raqi:qa], *Pl* رقائق [raqa:ʔiq]; *Metall* رقاقة/ورقة معدنية [ruqa:qa/waraqa maʕdani:ja]

Folklore *f* فولكلور [fulklu:r], فنون شعبية [funu:n ʃaʕbi:ja]

foltern عذب [ʕaððaba]

fordern طالب [ṭɒ:laba], طلب [ṭɒlaba, u]

fördern دعم [daʕama, a], شجع [ʃaddʒaʕa]; *Öl* استخرج [istaxradʒa]

Forderung *f* مطلب [mɒṭlab], *Pl* مطالب [mɒṭɒ:lib], مطالبة [muṭɒ:laba]; WIRTSCH استحقاق [istiħqa:q]

Forelle *f* سلمون مرقط [salmu:n muraqqɒṭ], سمك أطروط/تراوت [samak ʔɒṭru:ṭ/traut]

Form *f Gestalt* شكل [ʃakl], *Pl* أشكال [ʔaʃka:l]; *Art* صورة [su:ra], *Pl* صور [suwar]

formal شكلي [ʃakli:]; **Formalität** *f meist Pl* شكليات [ʃakli:ja:t]; *Zoll* إجراءات [ʔidʒra:ʔa:t]

Format *n* شكل [ʃakl], *Pl* أشكال [ʔaʃka:l], حجم [ħadʒm], *Pl* حجوم [ħudʒu:m]; **formatieren** COMPUT إعادة تهيئة (القرص الصلب) [ʔiʕa:dat tahjiʔat (al-qurs ɒs-sulb)], إعادة برمجة الجهاز [ʔiʕa:dat barmadʒat al-dʒiha:z]; *Text* نسق [nassaqa]

Formel *f a.* MATH, CHEM صيغة [si:ɣa], *Pl* صيغ [sijaɣ]; **formen** شكل [ʃakkala]

Formular *n* استمارة [istima:ra], طلب [ṭɒlab]; **formulieren** صاغ [sɒ:ɣa, u:]; *Ziele* رسم [rasama, u]

forschen: ***forschen nach*** بحث عن [baħaθa, a], تفحص عن [tafaħħasɒ]; **Forscher(in)** *m(f)* باحث(ة) [ba:ħiθ(a)]; **Forschung** *f* بحث [baħθ], *Pl* أبحاث [ʔabħa:θ]

fort *verschwunden* مختف [muxtafin]; *verloren* ضائع [đɒ:ʔiʕ], مفقود [mafqu:d]

fortbewegen *v/t* حرك [ħarraka]; *entfernen* زحزح [zaħzaħa]; *v/r* ***sich fortbewegen*** تحرك [taħarraka], انتقل [intaqala]

Fortbildung *f* تعليم متواصل [taʕli:m mutawɒ:sil]

fortfahren *fortsetzen* واصل في [wɒ:sɒla], استرسل في [istarsala]; *abreisen* سافر [sa:fara];

fortgeschritten متقدم [mutaqaddim]; **fortlaufend** مستمر [mustamirr], متواصل [mutawɒːsˤil]
Fortpflanzung *f* تناسل [tanaːsul]
Fortschritt *m* تقدم [taqaddum]; **fortschrittlich** تقدمي [taqaddumiː], متقدم [mutaqaddim]
fortsetzen استمر في [istamarra], تابع [taːbaʕa], استأنف [istaʔnafa]; **Fortsetzung** *f* استمرار [istimraːr], دوام [dawaːm], *Zeitungsartikel* بقية [baqiːja]; ***Fortsetzung folgt*** البقية تتبع [al-baqiːja tatbaʕ]
Foto *n* صورة [sˤuːra], *Pl* صور [sˤuwar]; **Fotoapparat** *m* آلة تصوير [ʔaːlat tɒswiːr], كاميرا [kaːmiːraː]; **Fotograf(in)** *m* (*f*) مصور(ة) [musɒwwir(a)]; **fotografieren** صور [sɒwwara], التقط صورة [iltaqatˤɒ sˤuwaratan]; **Fotokopie** *f* نسخة [nusxa], *Pl* نسخ [nusax]; **Fotomodell** *n* عارضة أزياء [ʕaːriđɒt ʔazjaːʔ]
Foul *n* SPORT مخالفة [muxaːlafa], فاول [faul]
Foyer *n* ردهة [rudha], بهو [bahw], *Pl* أبهاء [ʔabhaːʔ]
Fracht *f* شحنة [ʃaħna], حمولة [ħumuːla]; **Frachter** *m* سفينة نقل/شحن [safiːnat naql/ʃaħn]
Frage *f* سؤال [suʔaːl], *Pl* أسئلة [ʔasʔila]; *Angelegenheit* مسألة [masʔala], *Pl* مسائل [masaːʔil], قضية [qɒđiːja], *Pl* قضايا [qɒđɒːjaː]; **Fragebogen** *m* استمارة [istimaːra], استبيان [istibjaːn]
fragen سأل [saʔala, a]; *sich erkundigen* استعلم [istaʕlama]
Fragezeichen *n* علامة استفهام [ʕalaːmat istifhaːm]
fraglich *unsicher* غير مؤكد [ɣair muʔakkad]; *zweifelhaft* مشكوك فيه [maʃkuːk fiːhi], مريب [muriːb]; **fragwürdig** مشكوك فيه [maʃkuːk fiːhi], مريب [muriːb]
Fraktion *f* كتلة برلمانية [kutla barlamaːniːja]
Franken *m*: ***Schweizer Franken*** فرنك سويسري [frank swiːsriː]
frankieren ألصق طابعا بريديا [ʔalsɒqa tɑːbiʕan bariːdiːjan], خلص على [xallasɒ]
Frankreich *n* فرنسا [faransaː]
französisch *n* فرنسي [faransiː]
Frau *f* امرأة [imraʔa], *Pl* نساء

[nisa:ʔ]; *Anrede* سيدة [sajjida]; *Gattin* زوجة [zaudʒa], عقيلة [ʕaqi:la]

Frauenarzt *m*, **Frauenärztin** *f* طبيب(ة) أمراض النساء [ṭɒbi:b(at) ʔamrɒ:ḍ an-nisa:ʔ]; **frauenfeindlich** معاد للنساء [muʕa:din lin-nisa:ʔ]

frech وقح [waqiħ]; *dreist* جسور [dʒasu:r]; **Frechheit** *f* وقاحة [waqa:ħa], قلة الأدب [qilat al-ʔadab]

frei حر [ħurr]; *von etw* خال من [xa:lin]; *gratis* مجانا [maddʒa:nan]; *Stelle* شاغر [ʃa:ɣir]; ***frei halten*** *Platz* حجز [ħadʒaza, i]; ***im Freien*** في الهواء الطلق [fil-hawa:ʔ ɒṭ-ṭɑlq], في الخلاء [fil-xala:ʔ]; **Freibad** *n* مسبح في الهواء الطلق [masbaħ fil-hawa:ʔ ɒṭ-ṭɒlq]

freiberuflich: ***freiberuflich tätig sein*** مارس العمل الحر [ma:rasa l-ʕamal al-ħurr]; **Freigepäck** *n* الحقائب المنقولة مجانا [al-ħaqa:ʔib al-manqu:la maddʒa:nan]; **freihaben** لديه إجازة [ladaihi ʔidʒa:za], عنده وقت فراغ [ʕindahu waqt fara:ɣ]; **Freiheit** *f* حرية [ħurri:ja]; **Freikarte** *f* تذكرة مجانية [taðkira maddʒa:ni:ja]; **freilassen** أطلق سراح [ʔɒṭlaqa sara:ħ], أفرج عن [ʔafradʒa]

Freispruch *m* JUR الحكم بالبراءة [al-ħukm bil-bara:ʔa], تبرئة [tabriʔa]

Freitag *m* الجمعة [al-dʒumʕa]

freiwillig *Adv* تطوعي [taṭɒwwuʕi:], اختياري [ixti:ja:ri:]; *Adv* اختيارا [ixtija:ran], طواعية [ṭɒwa:ʕijatan]; **Freiwillige** *m/f* متطوع(ة) [mutaṭɒwwiʕ(a)]

Freizeichen *n* TEL إشارة/نغمة عدم انشغال الخط [ʔiʃa:rat/naɣmat ʕadam inʃiɣa:l al-xɒṭṭ]

Freizeit *f* أوقات الفراغ [ʔauqa:t al-fara:ɣ]

fremd غريب [ɣari:b]; *ausländisch* أجنبي [ʔadʒnabi:]

Fremde *m/f Ausländer* أجنبي(ة) [ʔadʒnabi: (-bi:ja)], *mpl* أجانب [ʔadʒa:nib]; *Auswärtiger* غريب(ة) [ɣari:b(a)], *mpl* غرباء [ɣuraba:ʔ]

fremdenfeindlich معاد للأجانب [muʕa:din lil-ʔadʒa:nib]; **Fremdenführer(in)** *m (f)* مرشد(ة) سياحي(ة)

[murʃid(a) sija:ħi: (-ħi:ja)]; **Fremdenverkehr** *m* السياحة [as-sija:ħa]
Fremdsprache *f* لغة أجنبية [luɣa ʔadʒnabi:ja]; **Fremdwort** *n* كلمة أجنبية/دخيلة [kalima ʔadʒnabi:ja/daxi:la]
Frequenz *f a.* PHYS تردد [taraddud]
fressen التهم [iltahama], افترس [iftarasa]
Freude *f* سرور [suru:r], بهجة [bahdʒa], فرح [faraħ]; ***Freude haben an etw*** تمتع [tamattaʕa], طاب ل [tɒ:ba, i:]
freuen *v/t* أسعد [ʔasʕada], أفرح [ʔafraħa]; *v/r* ***sich über etw freuen*** فرح ب [fariħa, a], سر ب [surra]; ***sich auf etw freuen*** انتظر بسرور [intɒðɒra bi-suru:r]
Freund(in) *m(f)* صديق(ة) [sɒdi:q(a)], *mpl* أصدقاء [ʔɒsdiqa:ʔ], صاحب(ة) [sɒ:ħib(a)], *mpl* أصحاب [ʔɒsħa:b]; **freundlich** لطيف [lati:f], ودود [wadu:d]; **Freundschaft** *f* صداقة [sɒda:qa], مودة [mawadda]
Friede(n) *m* سلم [silm], سلام [sala:m]; **Friedhof** *m* مقبرة [maqbara], *Pl* مقابر [maqa:bir]; **friedlich** سلمي [silmi:], مسالم [musa:lim]; *ruhig* هادئ [ha:diʔ]
frieren *Person* برد [barada, u]
frisch طازج [tɒ:zidʒ]; *äg* طازه [tɒ:zah]; *Wäsche* نظيف [nɒði:f]; *Luft* بارد [ba:rid]; **Frischhaltefolie** *f* كيس حفظ الأغذية [ki:s ħifði l-ʔaɣði:ja]
Friseur(in) *m(f)* حلاق(ة) [ħalla:q(a)], كوافير(ة) [kuwa:fi:r(a)]; **Friseursalon** *m* صالون حلاقة [sɒ:lu:n ħila:qa]
frisieren سرح/صفف الشعر [sarraħa /sɒffafa ʃ-ʃaʕr]
Frist *f* فترة [fatra], مدة [mudda], *Pl* مدد [muddad], مهلة [muhla]; **fristlos** فورا [fauran], دون سابق إنذار [du:na sa:biq ʔinða:r]
Frisur *f* تسريحة [tasri:ħa]
frittieren قلى [qala:, i:]
froh مسرور [masru:r], فرحان [farħa:n]
fröhlich مرح [mariħ], مبتهج [mubtahidʒ], منشرح الصدر [munʃariħ ɒs-sɒdr]
fromm متدين [mutadajjin], تقي [taqi:], ورع [wariʕ]
Front *f* ARCH واجهة [wa:dʒiha]; MIL جبهة [dʒabha]

halb نصف [nisf]; ***e-e halbe Stunde*** نصف ساعة [nisf saːʕa]; ***halb zwölf*** الحادية عشرة والنصف [al-ħaːdiːja ʕaʃra wan-nisf]; **halbieren** نصف [nɒssɒfa], شطر [ʃatɒra, u]

Halbinsel *f* شبه جزيرة [ʃibh dʒaziːra]; **Halbjahr** *n* نصف سنة [nisf sana]; **Halbkreis** *m* نصف دائرة [nisf daːʔira]; **Halbmond** *m* هلال [hilaːl], *Pl* أهلة [ʔahilla]; **Halbpension** *f* إقامة مع وجبتين [ʔiqaːmat maʕa wadʒbatain]; **Halbschuh** *m* حذاء (قصير) [ħiðaːʔ (qɒsiːr)]

halbtags نصف يومي [nisf jaumiː]

halbwegs إلى حد ما [ʔilaː ħaddin maː], نوعا ما [nauʕan maː]

Halbzeit *f* SPORT شوط [ʃaut], *Pl* أشواط [ʔaʃwɒːt]; ***erste Halbzeit*** الشوط الأول [aʃ-ʃaut al-ʔawwal]

Hälfte *f* نصف [nisf], *Pl* أنصاف [ʔansɒːf], شطر [ʃɒtr], *Pl* شطور [ʃutuːr]

Halle *f* قاعة [qaːʕa]; *Foyer* ردهة [rudha]; *Messe* صالة [sɒːla]; **Hallenbad** *n* مسبح مسقوف [masbaħ masquːf]

hallo! مرحبا [marħaba], سلام [salaːm]; TEL آلو [ʔaːluː]; *als Antwort* أهلا [ʔahlan]

Halm *m* عود [ʕuːd], *Pl* عيدان [ʕaidaːn]; *Strohhalm* قشة [qaʃʃa]

Hals *m* ANAT رقبة [raqaba], عنق [ʕunq], *Pl* أعناق [ʔaʕnaːq]; *Kehle* حلق [ħalq], *Pl* حلوق [ħuluːq], زور [zaur]; **Halsband** *n* عقد [ʕiqd], *Pl* عقود [ʕuquːd], قلادة [qilaːda], *Pl* قلائد [qalaːʔid]; **Halsentzündung** *f* MED التهاب الحلق [iltihaːb al-ħalq]; **Halsschmerzen** *mpl* أوجاع الحلق [ʔaudʒaːʕ al-ħalq]; **Halstuch** *n* منديل الرقبة [mindiːl ar-raqaba]

halt! قف [qif]

Halt *m Stütze* سند [sanad], *Pl* أسناد [ʔasnaːd]; *Anhalten* وقوف [wuquːf]

haltbar متين [matiːn]; ***haltbar bis*** صالح حتى [sɒːliħ ħattaː]

halten مسك [masaka, i]; *Ordnung* التزم ب [iltazama]; *Versprechen* وفى ب [wafaː, jafiː]; *Rede* ألقى [ʔalqaː]; *Auto m(f)* عنده(ـها) [ʕindahu(-haː)], ملك [malaka, i]; ***was***

halten Sie davon? *m(f)* ما رأيك في ذلك؟ [ma: raʔjuka(-ki) fi: ðaːlik]
Haltestelle *f* موقف [mauqif], *Pl* مواقف [mawa:qif]; **Halteverbot** *n* ممنوع الوقوف [mamnu:ʕ al-wuqu:f]
Haltung *f Körper* وقفة [waqfa]; *fig* موقف [mauqif], *Pl* مواقف [mawa:qif]
Hamburg *n* هامبورغ [ha:m-bu:rɣ]
Hamburger *m* GASTR هامبورغر [ha:mbu:rɣar]
Hammel *m* خروف [xaru:f], *Pl* خرفان [xirfa:n]; **Hammelfleisch** *n* لحم خروف [laħm xaru:f]
Hammer *m* شاكوش [ʃa:ku:ʃ], *Pl* شواكيش [ʃawa:ki:ʃ]; *a.* ANAT مطرقة [miṭraqa], *Pl* مطارق [maṭɒriq]
Hamster *m* جرذ الهامستر [dʒurð al-hamstar]
hamstern خزن [xazzana]
Hand *f* يد [jad] *f*, *Pl* أيد [ʔaidin]; ***zu Händen von*** يسلم ليد [ju-sallam li-jad]
Handarbeit *f* عمل يدوي [ʕamal jadawi:]; **Handball** *m* SPORT كرة اليد [kurat al-jad];
Handbremse *f* فرملة اليد [farmalat al-jad], هاند بريك [ha:nd braik]; **Handbuch** *n* كتيب [kutajjib], مرشد [mur-ʃid]
Händedruck *m* مصافحة [musɒ:faħa]
Handel *m* WIRTSCH تجارة [tidʒa:ra]
handeln عمل [ʕamila, a], تصرف [tasɒrrafa]; WIRTSCH تاجر [ta:dʒara]; *feilschen* فاصل [fɒ:sɒla], ساوم [sa:-wama]; ***es handelt sich um ...*** يتعلق الأمر ب [jataʕallaq al-ʔamr bi], ... المسألة أن [al-masʔalatu ʔanna]
Handfläche *f* كف [kaff], *Pl* كفوف [kufu:f], راحة اليد [ra:ħat al-jad]; **Handgelenk** *n* ANAT معصم [miʕsɒm], *Pl* معاصم [maʕa:sim], مفصل/ رسغ اليد [mafsil/rusɣ al-jad];
handgemacht يدوي [jadawi:], مصنوع يدويا [mɒsnu:ʕ jadawi:jan];
Handgepäck *n* حقيبة يد [ħaqi:bat jad]
Händler(in) *m(f)* WIRTSCH تاجر(ة) [ta:dʒir(a)], *mpl* تجار [tudʒa:r]; *Börse* متعامل في البورصة [mutaʕa:mil fi-l-bu:rsɒ]

handlich سهل الاستعمال [sahl al-istiʕma:l]
Handlung *f* فعل [fiʕl], *Pl* أفعال [ʔafʕa:l]; *Film* قصة [qiṣṣɒ]
Handrücken *m* ANAT ظهر اليد [ðɒhr al-jad]
Handschrift *f* خط (اليد) [xɒṭṭ (al-jad)]; **handschriftlich** بخط اليد [bi-xɒṭṭi l-jad]
Handschuh *m* قفاز [quffa:z], *Pl* قفافيز [qafa:fi:z]; **Handtasche** *f* شنطة [ʃanṭɒ], حقيبة يد [ħaqi:bat jad]; **Handtuch** *n* منشفة [minʃafa], *Pl* مناشف [mana:ʃif], فوطة [fu:ṭɒ], *Pl* فوط [fuwɒṭ]; **Handwerker(in)** *m(f)* حرفي(ة) [ħirfi: (-fi:ja)], صنائعي(ة) [ṣɒna:ʔiʕi: (-ʕi:ja)]
Handy *n* هاتف خلوي/جوال [ha:tif xalawi:/dʒawwa:l]
Hanf *m* قنب [qinnab]
Hang *m* منحدر [munħadar]; *fig* ميل إلى [mail]
Hängematte *f* أرجوحة شبكية [ʔurdʒu:ħa ʃabaki:ja]
hängen *v/i* تعلق ب [taʕallaqa]; *v/t* علق على [ʕallaqa]
Hardware *f* COMPUT هارد وير [ha:rd wajr], عتاد الحاسوب [ʕata:d al-ħa:su:b]
harmlos غير مؤذ [ɣair muʔðin]; غير خطير [ɣair xɒṭi:r]; *belanglos* تافه [ta:fih]
Harmonie *f* انسجام [insidʒa:m], توافق [tawa:fuq]; **harmonisch** منسجم [munsadʒim], متوافق [mutawa:fiq]
Harn *m* بول [baul]
Harpune *f* رمح لصيد الأسماك [rumħ li-ṣɒidi l-ʔasma:k], خطاف [xuṭɒ:f], *Pl* خطاطيف [xɒṭɒ:ṭi:f]
hart *Metall* صلب [ṣɒlb]; *Brot* يابس [ja:bis]; *a. fig* جامد [dʒa:mid]; *streng* صارم [ṣɒ:rim]; ***hart gekocht*** مسلوق [maslu:q]
hartnäckig *eigensinnig* عنيد [ʕani:d]; *aufdringlich* لحوح [laħuħ]
Haschisch *n* حشيش [ħaʃi:ʃ]
Hase *m* أرنب [ʔarnab], *Pl* أرانب [ʔara:nib]
Haselnuss *f* بندقة [bunduqa], *Koll* بندق [bunduq]
Hass *m* كراهية [kara:hi:ja], حقد [ħiqd]; **hassen** كره [kariha, a], بغض [baɣaḍɒ, u]
hässlich قبيح [qabi:ħ], بشع [baʃiʕ]
hastig *Adv* في عجلة [fi: ʕadʒala]
hauen ضرب [ḍɒraba, i], صفع

[sɒfaʕa, a]
Haufen *m* كوم(ة) [kaum(a)], *Pl* أكوام [ʔakwa:m]
häufen كوم [kawwama]; *v/r* ***sich häufen*** تراكم [tara:-kama], تكدس [takaddasa]
häufig *Adj* متعدد [mutaʕad-did], متكرر [mutakarrir]; *Adv* مرارا وتكرارا [mira:ran wa-tikra:ran], كثيرا ما [kaθi:ran ma:]
Hauptbahnhof *m* المحطة الرئيسية/المركزية [al-maħɒttɒ ar-raʔi:si:ja/al-markazi:ja]; **Haupteingang** *m* مدخل رئيسي [madxal raʔi:si:]; **Hauptgericht** *n* GASTR طبق رئيسي [tɒbaq raʔi:si:]; **Hauptrolle** *f* دور البطولة/رئيسي [daur al-butu:la/raʔi:-si:]; **Hauptsache** *f* الشيء الأساسي [aʃ-ʃaiʔ al-ʔasa:si:], الأهم [al-ʔahamm]
hauptsächlich *Adj* أصلي [ʔɒsli:]; *Adv* في الدرجة الأولى [fid-daradʒati l-ʔu:la:], بشكل أساسي [bi-ʃaklin ʔasa:si:]
Hauptsaison *f* موسم [mau-sim], *Pl* مواسم [mawa:sim]; **Hauptschule** *f* مدرسة أساسية [madrasa ʔasa:si:ja]; **Hauptstadt** *f* عاصمة [ʕa:sɨma], *Pl* عواصم [ʕawa:sɨm]; **Hauptstraße** *f* شارع رئيسي [ʃa:riʕ raʔi:si:]
Haus *n* بيت [bait], *Pl* بيوت [buju:t], دار [da:r], *Pl* دور [du:r]; ***nach Hause*** إلى البيت [ʔila l-bait]; ***zu Hause*** في البيت [fil-bait]; **Hausarbeit** *f* أعمال منزلية [ʔaʕma:l manzili:ja]; **Hausarzt** *m*, **Hausärztin** *f* طبيب(ة) العائلة [tɒbi:b(at) al-ʕa:ʔila]; **Hausaufgabe** *f* واجب مدرسي [wa:dʒib madrasi:]
Häuserblock *m* مجمع سكني [mudʒammaʕ sakani:], بلوك [blu:k]
Hausfrau *f* ربة منزل [rabbat manzil]; *äg* ست البيت [sitt al-bait]; **hausgemacht** من صنع يده [min sunʕi jadihi]; **Haushalt** *m* تدبير منزلي [tadbi:r manzili:], شؤون المنزل [ʃuʔu:n al-manzil]; FIN ميزانية [mi:za:ni:ja]; **Hausherr(in)** *m(f)* رب(ة) البيت [rabb(at) al-bait]
häuslich بيتي [baiti:], منزلي [manzili:]
Hausnummer *f* رقم البيت [raqam al-bait]; **Hausordnung** *f* نظام البيت [niðɒ:m al-

bait]; **Hausschlüssel** *m* مفتاح البيت [mifta:ħ al-bait]; **Hausschuh** *m* شبشب [ʃibʃib], *Pl* شباشب [ʃaba:ʃib]; *syr, jord* شحاطة [ʃaħa:tɒ]; **Haustier** *n* حيوان أليف [ħajawa:n ʔali:f]; **Haustür** *f* الباب الخارجي [al-ba:b al-xa:ridʒi:], باب المنزل [bab al-manzil]

Haut *f Mensch* بشرة [baʃara]; *a. Tier* جلد [dʒild], *Pl* جلود [dʒulu:d]; **Hautarzt** *m*, **Hautärztin** *f* طبيب(ة) الأمراض الجلدية [tɒbi:b(at) al-ʔamra:đ al-dʒildi:ja]; **Hautausschlag** *m* MED طفح جلدي [tɒfħ dʒildi:]; **Hautfarbe** *f* لون البشرة [laun al-baʃara]; **Hautkrankheit** *f* مرض جلدي [marɒđ dʒildi:]

Hebamme *f* قابلة [qa:bila], داية [da:ja]

Hebel *m* رافعة [ra:fiʕa]; ELEK مفتاح [mifta:ħ], *Pl* مفاتيح [mafa:ti:ħ]

heben رفع [rafaʕa, a]

Hebräisch *n* عبري [ʕibri:]

Heck *n* مؤخرة [muʔaxxara]

Hecke *f* سياج من الشجيرات [sija:dʒ mina ʃ-ʃudʒaira:t], وشيع [waʃi:ʕ]

Heckklappe *f* AUTO بوابة خلفية [bawa:ba xalfi:ja]

Hefe *f* خميرة [xami:ra]

Heft *n* دفتر [daftar], *Pl* دفاتر [dafa:tir], كراسة [kurra:sa]; **heften** دبس [dabbasa]; *aufhängen* علق [ʕallaqa]

heftig شديد [ʃadi:d], حاد [ħa:dd]; *Protest* عارم [ʕa:rim]

Heftklammer *f* مشبك ورق [maʃbak waraq], دبوس [dabu:s], *Pl* دبابيس [daba:bi:s]; **Heftpflaster** *n* شريط لاصق [ʃari:t la:siq], لزقة [lazqa], *Pl* لزق [luzaq]

heikel حرج [ħaridʒ], مربك [murbik]; *Thema* حساس [ħassa:s]

heil *unverletzt* سالم [sa:lim]; *ganz* سليم [sali:m]; **heilbar** قابل للشفاء [qa:bil liʃ-ʃifa:ʔ]; **heilen** شفى [ʃafa:, i:], داوى [da:wa:]

heilig مقدس [muqaddas]; **Heiligabend** *m* ليلة عيد الميلاد [lailat ʕi:d al-mi:la:d]

Heilmittel *n* MED دواء [dawa:ʔ], *Pl* أدوية [ʔadwija]; **Heilpflanze** *f* أعشاب طبية [ʔaʕʃa:b tɨbbi:ja]; **heilsam** شاف [ʃa:fin]; **Heilung** *f* شفاء [ʃifa:ʔ]; *Wunde* التآم [iltiʔa:m]

heim إلى البيت [ʔila l-bait]
Heim *n* ملجأ [maldʒaʔ], *Pl* ملاجئ [mala:dʒiʔ]; *Zuhause* منزل [manzil], *Pl* منازل [mana:zil]; بيت [bait], *Pl* بيوت [buju:t]
Heimat *f* وطن [wɒtɒn], *Pl* أوطان [ʔautɒ:n], موطن [mautin]
heimfahren عاد إلى بيته [ʕa:da (u:) ʔila: baitihi]; **heimkehren** عاد إلى وطنه [ʕa:da (u:) ʔila: wɒtɒnihi]
heimlich *Adj* سري [siri:], خفي [xafi:]; *Adv* خفية [xifjatan], خلسة [xilsatan]
heimtückisch *Adj* لئيم [laʔi:m], غدار [ɣada:r], خبيث [xabi:θ]; *Adv* غدرا [ɣadran]
Heimweg *m* طريق العودة [tɒri:q al-ʕauda]; **Heimweh** *n* حنين [ħani:n]
Heirat *f* زواج [zawa:dʒ]; **heiraten** تزوج [tazawwadʒa]
Heiratsantrag *m* عرض الزواج [ʕarđ az-zawa:dʒ], طلب اليد [tɒlab al-jad]; **Heiratsurkunde** *f* وثيقة الزواج [waθi:qat az-zawa:dʒ]
heiser مبحوح [mabħu:ħ]
heiß ساخن [sa:xin]; *a. Wetter* حار [ħa:rr]
heißen سمي [summi:ja]; *bedeuten* عنى [ʕana:, i:]; ***ich heiße …*** اسمي… [ismi: …]; ***was heißt das?*** ما معنى هذا؟ [ma: maʕna: ha:ða:]; ***das heißt*** يعنى [jaʕani:], أي [ʔaj]
heiter مرح [mariħ], فرح [fariħ]; *Himmel* صاف [sɒ:fin];
Heiterkeit *f* مرح [marah], ابتهاج [ibtiha:dʒ]
heizen دفأ [daffaʔa]; **Heizkörper** *m* دفاية [dafa:ja]; **Heizöl** *n* وقود المدفأة [waqu:d al-midfaʔa]; **Heizung** *f* تدفئة [tadfiʔa]
Hektar *m* هكتار [hikta:r]
hektisch مضطرب [muđtɒrib]; *nervös* متنرفز وقلق [mutanarfiz wa-qaliq]
Held(in) *m(f)* بطل(ة) [bɒtɒl(a)], *mpl* أبطال [ʔabtɒ:l]
helfen ساعد [sa:ʕada]; أعان [ʔaʕa:na]
Helfer(in) *m(f)* مساعد(ة) [musa:ʕid(a)], معاون(ة) [muʕa:win(a)]
hell مشرق [muʃriq], منير [muni:r]; *Farbe* فاتح [fa:tiħ]
Helm *m* خوذة [xu:ða]
Helsinki *n* هلسنكي [halsinki:]
Hemd *n* قميص [qami:s], *Pl* قمصان [qumsɒ:n]

hemmen *behindern* أعاق [ʔaʕa:qa], عرقل [ʕarqala]; WIRTSCH كبح [kabaħa, a]; **Hemmung** *f* PSYCH رادع [ra:diʕ], *Pl* روادع [rawa:diʕ]; *Bremsen* كبح [kabħ]
Hengst *m* ZOOL حصان [ħisa:n], *Pl* أحصنة [ʔaħsina]
Henkel *m Korb* يد [jad], *Pl* أيد [ʔaidin]; *Krug* أذن [ʔuðn], *Pl* آذان [ʔa:ða:n]
Henne *f* دجاجة [dadʒa:dʒa]
Hepatitis *f* MED التهاب الكبد الفيروسي/الوبائي [iltiha:b al-kabid al-vi:rusi:/al-waba:ʔi:]
her إلى هنا [ʔila: huna:]
herab إلى تحت [ʔila: taħt]; **herabsetzen** *Preis* خفض [xaffɒđɒ], نزل [nazzala]
heran إلى هنا [ʔila: huna:]; **herankommen** *beschaffen* حصل على [ħɒsɒla, u]; *sich nähern* اقترب [iqtaraba]
herauf إلى الأعلى [ʔila l-ʔaʕla:]; **heraufsetzen** *Preis* رفع [rafaʔa, a]; غلى [ɣalla:]
heraus إلى الخارج [ʔila l-xa:ridʒ]; **herausbekommen** *Fleck* أزال [ʔaza:la]; *Geld* حصل على الباقي [ħɒsɒla (u) ʕala l-ba:qi:]; **herausfinden** وجد [wadʒada, jadʒidu] **herausfordern** تحدى [taħadda:]; **Herausforderung** *f* تحد [taħaddin]
herausgeben سلم [sallama], أعطى [ʔaʕtɒ:]; *Buch* أصدر [ʔɒsdara], نشر [naʃara, u]; **Herausgeber(in)** *m(f)* ناشر (ة) [na:ʃir(a)]; **herausstellen** أبرز [ʔabraza]; *v/r* ***sich herausstellen*** تبين [tabajjana]
herb مز [muzz]
herbringen أحضر [ʔaħđɒra], جلب [dʒalaba, i]
Herbst *m* خريف [xari:f]
Herd *m* فرن [furn], *Pl* أفران [ʔafran]
Herde *f* قطيع [qɒti:ʕ], قطعان [qutʕa:n]
herein إلى الداخل [ʔila d-da:xil]; ***herein*** تفضل (بالدخول) [tafɒđđɒl (bid-duxu:l)]; **hereinfallen** انخدع [inxadaʕa], وقع في الفخ [waqaʕa (jaqiʕu) fil-faxx]; **hereinkommen** دخل [daxala, u]; **hereinlassen** سمح بالدخول [samaħa (a) bid-duxu:l]; **hereinlegen** *fig* غش [ɣaʃʃa, u], خدع [xadaʕa, a]
hergeben سلم [sallama], أعطى [ʔaʕtɒ:]

herkommen جاء [dʒaːʔa]; *sich nähern* اقترب [iqtaraba]; *abstammen* انحدر من [inħadara]; ***wo kommen Sie her?*** *m(f)* من أين أنت؟ [min ʔaina ʔanta(-ti)]; ***komm mal her!*** *m(f)* تعال(ي)! [taʕaːla(-liː)]

Herkunft *f* أصل [ʔɒsl], منشأ [manʃaʔ]

Heroin *n* هيروين [hiːruwiːn]

Herpes *m* MED هربس [herbes]; قوباء [quːbaːʔ]

Herr *m* سيد [sajjid], *Pl* سادة [saːda]; *Anrede* السيد [as-sajjid]

Herrin *f* ربة [rabba]

herrlich رائع [raːʔiʕ], ممتاز [mumtaːz]; ***herrlich*** *umg* عال العال [ʕaːl al-ʕaːl]

herrschen حكم [ħakama, u], سيطر على [saiŧɒra]

herstellen صنع [sɒnaʕa, a], أنتج [ʔantadʒa]; **Hersteller(in)** *m(f)* منتج(ة) [muntidʒ(a)]; **Herstellung** *f* صنع [sunʕ], إنتاج [ʔintaːdʒ]

herum: ***um ... herum...*** حول [ħaula]; *ungefähr* حوالي [ħawaːlaj]; ***herum sein*** انتهى [intahaː], انقضى [inqɒđɒː]; **herumfahren** دار حول [daːra, uː]; *ziellos* تجول [tadʒawwala]; **herumführen** *Besucher* فرج [farradʒa]; **herumkommen** *bereisen* جاب [dʒaːba, uː]; ***um etw herumkommen*** تهرب من [taharraba], تجنب [tadʒannaba]

herunter إلى الأسفل [ʔila l-ʔasfal], إلى تحت [ʔilaː taħt]; **herunterfallen** سقط [saqɒŧɒ, u], هبط [habaŧɒ, i]; **herunterhandeln** *v/t* ساوم على تخفيض السعر [saːwama ʕalaː taxfiːđ as-siʕr]; **herunterkommen** نزل [nazala, i]; *fig* انحط [inħɒŧŧɒ], تدهور [tadahwara]; **herunterladen** COMPUT أنزل [ʔanzala], قام بتنزيل [qaːma (uː) bi-tanziːl]; **herunternehmen** أنزل [ʔanzala]

hervorbringen أنتج [ʔantadʒa], أفرز [ʔafraza]; **hervorheben** أبرز [ʔabraza]; *betonen* أكد على [ʔakkada]; **hervorragend** رائع [raːʔiʕ]; *Leistung* متفوق [mutafawwiq]

Herz *n a.* ANAT قلب [qalb], *Pl* قلوب [quluːb]; *Spielkarte* كوبة [kuːba]; **Herzanfall** *m* MED نوبة قلبية [nauba qalbiːja]; **Herzfehler** MED خلل/عيب في

القلب [xalal/ʕaib fil-qalb]
herzhaft *nahrhaft* مغذ [muɣaððin]; *kräftig* قوي [qawi:]
Herzinfarkt *m* MED جلطة قلبية [dʒaltɒ qalbi:ja]; **Herzklappenfehler** *m* خلل/عيب في صمامات القلب [xalal/ʕaib fi: sɒmma:ma:t al-qalb]; **Herzklopfen** *n* خفقات القلب [xafaqa:t al-qalb]; **herzkrank** مريض بالقلب [mariːđ bil-qalb]
herzlich *Grüße* حار [ħa:rr], قلبي [qalbi:]; *Mensch* ودود [wadu:d]
Herzschlag *m* دقّة/نبضة القلب [daqqat/nabđɒt al-qalb]; MED سكتة قلبية [sakta qalbi:ja]; **Herzschrittmacher** *m* منظم ضربات القلب [munɒððim đɒraba:t al-qalb], منظم دقات القلب [munɒððim daqa:t al-qalb]
Hessen *n* هيسن [hisen]
hetzen *v/t jagen* صاد [sɒ:da, i:]; *j-n auf j-n* سلط على [sallatɒ]; *v/i anstiften* حرض على [ħarrɒđɒ]; *hasten* أسرع [ʔasraʕa]
Heu *n* دريس [dari:s], حشيش يابس [ħaʃi:ʃ ja:bis]
Heuchelei *f* نفاق [nifa:q], رياء [rija:ʔ]
heulen *weinen* بكى [baka:,i:]; *Hund* عوى [ʕawa:, i:]; *Sirene* صفر [sɒfara, i]
Heuschnupfen *m* MED حمى الدريس [ħumma: ad-dari:s]; **Heuschrecke** *f* جندب [dʒundub], *Pl* جنادب [dʒana:dib], جرادة [dʒara:da], *Koll* جراد [dʒara:d]
heute اليوم [al-jaum]; ***heute Morgen*** صباح اليوم [sɒba:ħa l-jaum]; **heutig** اليوم [al-jaum]; *jetzig* حالي [ħa:li:]
Hexenschuss *m* MED لمباجو [lamba:gu:]
hier هنا [huna:]; **hierbei** في هذا السياق [fi: ha:ða s-sija:q]; **hierfür** لهذا [liha:ða:]; **hierher** إلى هنا [ʔila: huna:]; ***bis hierher*** إلى هنا [ʔila: huna:]
hierhin إلى هنا [ʔila: huna:]
hiermit بهذا [biha:ða:], بذلك [biða:lik]
Hieroglyphen *Pl* الهيروغليفية [al-hi:ru:ɣli:fi:ja]
hierzu إلى هذا [ʔila: ha:ða:], لهذا الغرض [liha:ða: l-ɣarɒđ]
hierzulande في هذه البلاد [fi: ha:ðihi l-bila:d]
hiesig محلي [maħalli:], بلدي

[baladiː]
high *berauscht* نشوان [naʃwaːn]; *glücklich* مبسوط [mabsuːʈ]
Hightech- *in Zssgn* ذو تكنولوجيا متطورة [ðuː tiknuluːdʒijaː mutaʈɒwwira]
Hilfe *f* مساعدة [musaːʕada], عون [ʕaun]; ***Hilfe!*** النجدة [annadʒda], الحقوني [ilħaquːniː]; **Hilferuf** *m* استغاثة [istiɣaːθa]; **hilflos** قليل الحيلة [qaliːl alħiːla], في حيرة من أمره [fiː ħairatin min ʔamrihi]
hilfsbedürftig محتاج إلى المساعدة [muħtaːdʒ ʔila l-musaːʕada]; **hilfsbereit** مستعد للمساعدة [mustaʕidd lilmusaːʕada]; **Hilfsmittel** *npl* أدوات مساعدة/معينة [ʔadawaːt musaːʕida/muʕiːna], معينات [muʕiːnaːt]
Himmel *m* سماء [samaːʔ] *f*, *Pl* سماوات [samaːwaːt]; **Himmelsrichtung** *f* جهة [dʒiha]
hin إلى [ʔilaː]; ***hin und wieder*** أحيانا [ʔaħjaːnan]; ***hin und zurück*** ذهابا وإيابا [ðihaːban wa-ʔijaːban]
hinab إلى أسفل [ʔilaː ʔasfal]
hinauf إلى أعلى [ʔilaː ʔaʕlaː]
hinaus إلى الخارج [ʔila l-xaːridʒ]; **hinauslaufen** خرج [xaradʒa, u]; ***auf etw hinauslaufen*** أدى إلى [ʔaddaː]; **hinauslehnen** *v/r* ***sich hinauslehnen*** أطل إلى الخارج [ʔaʈɒlla ʔila l-xaːridʒ]; **hinauswerfen** رمى [ramaː, iː]; *entlassen* طرد [ʈɒrada, u]
hindern أعاق عن [ʔaʕaːqa], منع عن [manaʕa, a]; **Hindernis** *n* عائق [ʕaːʔiq], *Pl* عوائق [ʕawaːʔiq]; *a.* SPORT حاجز [ħaːdʒiz], *Pl* حواجز [ħawaːdʒiz]
hindurch *zeitlich* خلال [xilaːla], طوال [ʈiwaːla]; *örtlich* عبر [ʕabra]
hinein إلى الداخل [ʔila d-daːxil]; **hineingehen** دخل [daxala, u]
hinfahren *v/i* سافر إلى [saːfara], ذهب إلى [ðahaba, a]; *v/t* أوصل إلى [ʔausɒla]; **Hinfahrt** *f* ذهاب [ðahaːb]
hinfallen سقط [saqɒʈɒ, u]; **Hinflug** *m* رحلة الذهاب [riħlat að-ðahhaːb]; **hinführen** *v/t* دل على [dalla, u], أرشد [ʔarʃada]; *v/i* أدى إلى [ʔaddaː]; **hingehen** ذهب [ðahaba, a]; **hinhalten** ناول [naːwala]; *j-n* ماطل [mɒːʈɒla]

hinken عرج [ʕaridʒa, a]
hinlegen *v/t* وضع [wɒđɒʕa, jɒđɒʕu]; *v/r* ***sich hinlegen*** استلقى [istalqaː], تمدد [tamaddada]; *umg* استراح [istaraːħa]; **hinreißend** فاتن [faːtin], رائع [raːʔiʕ]; **hinsetzen** *v/r* ***sich hinsetzen*** جلس [dʒalasa]; **hinsichtlich** من ناحية [min naːħijat], فيما يخص [fiːmaː jaxussu]; **hinstellen** وضع [wɒđɒʕa, jɒđɒʕu], حط [ħɒttɒ, u]
hinten وراء [waraːʔa], في المؤخرة [fil-muʔaxxara]
hinter خلف [xalfa], وراء [waraːʔa]
Hinterbein رجل خلفية [ridʒl xalfiːja]
Hinterbliebene *mpl* أهل المتوفى [ʔahl al-mutawaffaː]
hintere(r, -s) خلفي [xalfiː]; **hintereinander** واحدا تلو الآخر [waːħidan tilwa l-ʔaːxar]; ***dreimal hintereinander*** ثلاث مرات متتالية [θalaːθu marraːtin mutataːlija]
Hintergrund *m* خلفية [xalfiːja]; **hinterhältig** سيئ النية [sajjiʔ an-niːja], غدار [ɣadaːr]; **hinterher** *zeitlich* بعد ذلك [baʕda ðaːlik]; **Hinterkopf** *m* مؤخرة الرأس [muʔaxxarat ar-raʔs]; **hinterlassen** ترك [taraka, u], خلف [xallafa]
Hintern *m* مؤخرة [muʔaxxara]; *umg* طيز [ŧiːz]
Hintertür *f* باب خلفي [baːb xalfiː]
Hinweg *m* ذهاب [ðahaːb]; ***auf dem Hinweg nach*** في الطريق إلى [fit-tɒriːq ʔilaː]
hinwegsetzen *v/r* ***sich hinwegsetzen über*** تجاوز الحد [tadʒaːwaza al-ħadd]; *ignorieren* تجاهل [tadʒaːhala]
Hinweis *m* إشارة [ʔiʃaːra]; **hinweisen** نبه إلى [nabbaha], أشار إلى [ʔaʃaːra]
hinziehen *v/r* ***sich hinziehen*** *zeitlich* طال [ŧɒːla, uː], امتد [imtadda]
hinzu: ***hinzu kommt*** إضافة إلى ذلك [ʔiđɒːfatan ʔilaː ðaːlik]; **hinzufügen** أضاف إلى [ʔađɒːfa]; *fortfahren* أردف قائلا [ʔardafa qaːʔilan]
Hirn *n* مخ [muxx], *Pl* مخاخ [mixaːx], دماغ [dimaːɣ], *Pl* أدمغة [ʔadmiɣa]; **Hirnhautentzündung** *f* MED التهاب السحايا [iltihaːb as-saħaːjaː]

Hirsch *m* أيل [ʔajjil], *Pl* أيائل [ʔaja:ʔil]
Hirse *f* دخن [duxn]; *syr* ذرة بيضاء [ðura baiðɒ:ʔ]; *äg* ذرة عويجة [ðura ʕuwaidʒa]
Hirt(**e**) *m*, **Hirtin** *f a.* REL راع (ية) [ra:ʕin (-ʕi:ja)], *mpl* رعاة [ruʕa:t]
hissen *Segel* نشر [naʃara, u]; *Fahne* رفع [rafaʕa, a]
historisch تاريخي [ta:ri:xi:]
Hit *m Lied* أغنية محبوبة [ʔuɣnija maħbu:ba]
Hitze *f* حرارة [ħara:ra], حر [ħarr]; **Hitzewelle** *f* موجة حر [maudʒat ħarr]
hitzig *heftig* حام [ħa:min]; **Hitzschlag** *m* ضربة شمس [đɒrbat ʃams]
HIV-positiv مصاب بمرض نقص المناعة المكتسبة [musɒ:b bi-marɒđ naqs al-mana:ʕ al-muktasaba]
H-Milch *f* حليب مبستر/متجانس [ħali:b mubastar/mutadʒa:nis]
Hobby *n* هواية [hiwa:ja]
hoch عال [ʕa:lin], مرتفع [murtafiʕ]
Hoch *n* METEO ارتفاع جوي [irtifa:ʕ dʒawwi:]
Hochbetrieb *m* وقت ذروة العمل [waqt ðirwat al-ʕamal];
Hochdeutsch *n* اللغة الألمانية الفصحى [al-luɣa al-ʔalma:ni:ja al-fusħa:];
Hochebene *f* سهل مرتفع [sahl murtafiʕ]; **hochfahren** COMPUT شغل [ʃaɣɣala], قام بتشغيل [qa:ma (u:) bi-taʃɣi:l];
Hochhaus *n* عمارة عالية [ʕima:ra ʕa:lija]; **hochmütig** متعجرف [mutaʕadʒrif], متكبر [mutakabbir]; **Hochsaison** *f* أوج الموسم [ʔaudʒ al-mausim]; **Hochschule** *f* كلية [kulli:ja], معهد عال [maʕhad ʕa:lin]; *Universität* جامعة [dʒa:miʕa]; **hochschwanger** حامل في الشهور الأخيرة [ħa:mil fiʃ-ʃuhu:r al-ʔaxi:ra];
Hochsommer *m* عزالصيف [ʕizz ɒs-sɒif]; **Hochspannung** *f* ELEK ضغط/جهد عال [đɒɣt/dʒuhd ʕa:lin]; *fig* توتر شديد [tawattur ʃadi:d];
Hochstapler(**in**) *m*(*f*) فشار (ة) [faʃʃa:r(a)], دجال(ة) [daddʒa:l(a)]
höchste(**r, -s**) الأعلى [al-ʔaʕla:]; **höchstens** على الأكثر [ʕala l-ʔakθar];
Höchstgeschwindigkeit *f* السرعة القصوى [as-surʕa al-

quswaːl]; **Höchstleistung** *f* SPORT *Rekord* رقم قياسي [raqm qijaːsiː]; **Höchstparkdauer** *f* الحد الأقصى للوقوف [al-ħadd al-ʔaqsɒː lil-wuquːf]

Hochstuhl *m* كرسي عال للأطفال [kursiː ʕaːlin lil-ʔɒŧfaːl]; **Hochwasser** *n* فيضان [fajađɒːn]

Hochzeit *f* زواج [zawaːdʒ], عرس [ʕurs], *Pl* أعراس [ʔaʕraːs]; *bes äg* فرح [faraħ], *Pl* أفراح [ʔafraːħ]

Hochzeitsnacht *f* ليلة الزفاف [lailat az-zafaːf]; **Hochzeitsreise** *f* رحلة شهر العسل [riħlat ʃahr al-ʕasal]; **Hochzeitstag** *m* يوم العرس [jaum al-ʕurs]; *Jahrestag* عيد الزواج [ʕiːd az-zawaːdʒ]

hocken قعد [qaʕada, u], قرفص [qɒrfɒsɒ]; **Hocker** *m* كرسي بلا ظهر [kursiː bilaː ðɒhr]

Hoden *m* ANAT خصية [xusja], *Pl* خصى [xusɒn]; *Dual* الخصيتان [al-xusjataːn]

Hof *m* ساحة [saːħa], فناء [fanaːʔ], *Pl* أفنية [ʔafnija]

hoffen أمل في [ʔamala, u]; **hoffentlich** على أمل أن [ʕalaː ʔamali ʔan]; *mit Pronominalsuffix* لعل [laʕalla]

Hoffnung *f* أمل [ʔamal], *Pl* آمال [ʔaːmaːl]; **hoffnungslos** يائس [jaːʔis]; *a. fig* ميئوس منه [maiʔuːs minhu]

höflich مؤدب [muʔaddab], مهذب [muhaððab]

Höhe *f* ارتفاع [irtifaːʕ], علو [ʕuluːw]

Hoheitsgewässer *npl* المياه الإقليمية [al-miːjaːh al-ʔiqliːmiːja]

Höhepunkt *m fig* ذروة [ðirwa], أوج [ʔaudʒ], قمة [qimma]

höher أعلى [ʔaʕlaː]

hohl *m* أجوف [ʔadʒwaf], *f* جوفاء [dʒaufaːʔ], *Pl* جوف [dʒuwaf]

Höhle *f* كهف [kahf], *Pl* كهوف [kuhuːf]; *Bau* جحر [dʒuħr], *Pl* أجحار [ʔadʒħaːr]

Hohn *m* سخرية [suxriːja], استهزاء [istihzaːʔ]

holen أحضر [ʔaħđɒra], جلب [dʒalaba, i]; ***Hilfe holen*** طلب المساعدة [ŧɒlaba (u) l-musaːʕada]

Hölle *f* جهنم [dʒahannam], جحيم [dʒaħiːm]

holprig وعر [waʕr]; *Stil* ركيك [rakiːk]

Holz *n* خشب [xaʃab]; **Holz-**

kohle *f* فحم نباتي [faħm naba:ti:]
Homebanking *n* البنك المنزلي [al-bank al-manzili:]; **Homepage** *f* COMPUT الصفحة الرئيسية [ɒs-sɒfħa ar-raʔi:si:ja], صفحة البداية [sɒfħat al-bida:ja]
homöopathisch هوميوباتي [humijuba:ti:]
homosexuell *m(f)* مثلي(ة) الجنس [miθli: (-li:jat) al-dʒins]
Honig *m* عسل [ʕasal], شهد [ʃahd]
Honorar *n* مكافأة [muka:faʔa], أتعاب [ʔatʕa:b]
Hopfen *m* حشيشة الدينار [ħaʃi:ʃat ad-di:na:r]
hörbar مسموع [masmu:ʕ]
horchen أصغى ل [ʔɒsɣa:], أنصت ل [ʔansɒta]
hören سمع [samiʕa, a]; ***hör mal!*** *m(f)* !اسمع(ي) [ismaʕ(-i:)]
Hörer[1] *m* TEL سماعة [samma:ʕa]
Hörer[2]**(in)** *m(f)* مستمع(ة) [mustamiʕ(a)]
Hörgerät *n* جهاز السمع [dʒiha:z as-samʕ]
Horizont *m* أفق [ʔufuq], *Pl* آفاق [ʔa:fa:q]
Hormon *n* هرمون [hurmu:n]
Horn *n* قرن [qarn], *Pl* قرون [quru:n]
Hörnchen *n* GASTR كرواسون [kruwa:su:n], كعكة هلالية الشكل [kaʕka hila:lli:jat aʃ-ʃakl]
Hornhaut *f* ANAT قرنية [qarni:ja]; *Schwiele* كنب [kanab]
Horoskop *n* حظ [ħɒðð]
Hörsaal *m* مدرج [mudarradʒ], قاعة المحاضرات [qa:ʕat al-muħɒ:đɒra:t]
Hose *f* بنطلون [bantɒlu:n]
Hosenbein *n* رجل البنطلون [ridʒl al-bantɒlu:n]; **Hosentasche** *f* جيب البنطلون [dʒaib al-bantɒlu:n]
Hotdog *m* GASTR نقانق هوت دوغ [naqa:niq hu:tdug]
Hotel *n* فندق [funduq], *Pl* فنادق [fana:diq]; *äg* لوكندة [lu:kanda]; *lib* أوتيل [ʔuti:l];
Hoteldirektor(in) *m(f)* مدير(ة) الفندق [mudi:r(at) al-funduq]; **Hotelzimmer** *n* غرفة الفندق [ɣurfat al-funduq]
Hotline *f* TEL الخط الساخن [al-xɒtt as-sa:xin], هوت لاين [hotlain]

hübsch جميل [dʒami:l], وسيم [wasi:m]

Hubschrauber *m* طائرة عمودية [tɒ:ʔira ʕamu:di:ja], هليكوبتر [hili:kubtar]

Huf *m* حافر [ħa:fir], *Pl* حوافر [ħawa:fir]; **Hufeisen** *n* حدوة [ħidwa]

Hüfte *f* ورك [wirk], *Pl* أوراك [ʔaura:k]

Hügel *m* هضبة [hɒđba], تل [tall], *Pl* تلال [tila:l]; **hügelig** كثير التلال [kaθi:r at-tila:l]

Huhn *n* دجاجة [dadʒa:dʒa]; *Henne* فرخة [farxa], *Pl* فراخ [fira:x]

Hühnchen *n* GASTR دجاجة [dadʒa:dʒa], فروج [farru:dʒ], *Pl* فراريج [fara:ri:dʒ]

Hühnerauge *n* MED عين السمكة [ʕain as-samaka]

Hülle *f* غلاف [ɣila:f], *Pl* أغلفة [ʔaɣlifa]

Hülsenfrüchte *fpl* القرنيات [al-qarnija:t], نباتات قرنية [nabata:t qarni:ja]

human إنساني [ʔinsa:ni:]

Hummer *m* سرطان البحر [saratɒ:n al-baħr]; *syr, äg* كركند [karkand]

Humor *m* مزاح [miza:ħ], فكاهة [fuka:ha]; **humorvoll** فكاهي [fuka:hi:], هزلي [hazali:]

humpeln عرج [ʕaridʒa, u]

Hund *m* كلب [kalb], *Pl* كلاب [kila:b]

hundert مائة [miʔa]

Hündin *f* كلبة [kalba]

Hunger *m* جوع [dʒu:ʕ]; ***Hunger haben*** جاع [dʒa:ʕa]; **hungern** جاع [dʒa:ʕa]

hungrig جائع [dʒa:ʔiʕ], جوعان [dʒuʕa:n]

Hupe *f* بوق السيارة [bu:q as-sajja:ra], كلاكس [kla:ks]; **hupen** زمر [zammara]

hüpfen قفز [qafaza, i], نط [nɒttɒ, u]

husten سعل [saʕala, u], كح [kaħħa, u]

Husten *m* سعال [suʕa:l], كحة [kaħħa]; **Hustenbonbon** *m/n* ملبس للسعال [milabbas lis-suʕa:l]; **Hustensaft** *m* شراب للسعال [ʃara:b lis-suʕa:l]

Hut *m* قبعة [qubbaʕa]

hüten حرس [ħarasa, u], حافظ على [ħa:faðɒ]; *v/r* ***sich hüten vor*** حذر [ħaðira, a], احترس من [iħtarasa]

Hütte *f* كوخ [ku:x], *Pl* أكواخ [ʔakwa:x]

hygienisch صحي [siħħi:]

Hyperlink *m* COMPUT وصلة تشعبية [wɒsla taʃaʕʕubi:ja]

Hypnose *f* تنويم مغناطيسي [tanwi:m miɣna:ṭi:si:]

Hypothek *f* رهن [rahn], *Pl* رهون [ruhu:n]

hysterisch هستيري [histi:ri:]

I

ICE® *m* قطار سريع [qiṭɒ:r sari:ʕ]

ich *Pron* أنا [ʔana:]

ideal مثالي [miθa:li:]

Idee *f* فكرة [fikra], *Pl* أفكار [ʔafka:r]

identifizieren شخص [ʃaxxɒsɒ], تعرف على [taʕarafa];

identisch مماثل [muma:θil], مطابق [muṭɒ:biq]

ideologisch عقائدي [ʕaqa:ʔidi:]

Idiot(in) *m(f)* *m* أهبل [ʔahbal], *f* هبلاء [habla:ʔ], *mpl* هبل [hubl], *m* أحمق [ʔaħmaq], *f* حمقاء [ħamqa:ʔ], *mpl* حمق [ħumq]

idyllisch هادئ وجميل [ha:diʔ wa-dʒami:l]

Igel *m* قنفذ [qunfuð], *Pl* قنافذ [qana:fið]

ignorieren تجاهل [tadʒa:hala]

ihm, ihn *Pron* له [lahu], ـه [-hu]

ihnen *Pron* لهم (ـهن) [lahum (-hunna)] *m(f)*, ـهم (ـهن) [-hum (-hunna)] *m(f)*

Ihnen *Pron höflich* لك [laka (laki)] *m(f)*, ـك [-ka (-ki)] *m (f)*; WIRTSCH *Brief Pl* لكم (ـكن) [lakum (-kunna)] *m(f)*, ـكم (ـكن) [-kum (-kunna)] *m(f)*

ihr[1] *Pron Sg* لها [laha:]; *Pl* أنتم (أنتن) [ʔantum (-tunna)] *m(f)*

ihr[2], **ihre** *Pron Sg* ـها [-ha:]; *Pl* ـهم (ـهن) [-hum (-hunna)] *m (f)*; ***Ihr, Ihre*** *höflich* ـك [-ka (-ki)] *m(f)*; WIRTSCH *Brief Pl* ـكم (ـكن) [-kum (-kunna)] *m (f)*

illegal غير شرعي [ɣair ʃarʕi:]

Illusion *f* وهم [wahm], *Pl* أوهام [ʔauha:m]

Illustration *f* تصويرة [tɒswi:ra], *Pl* تصاوير [tasɒ:wi:r]

im → ***in***; في [fi:], ب [bi]; ***im Sommer*** في الصيف [fis-sɒif]

Imam *m* إمام [ʔima:m], *Pl* أئمة [ʔaʔimma]
Imbiss *m* وجبة خفيفة [wadʒba xafi:fa]; **Imbissbude** *f* كشك [kuʃk], *Pl* أكشاك [ʔakʃa:k]
Imitation *f a. Fälschung* تقليد [taqli:d]
immer دائما [da:ʔiman]; **immerhin** على كل حال [ʕala: kulli ħa:l]; *zumindest* على الأقل [ʕala l-ʔaqall]
Immobilien *fpl* عقارات [ʕaqa:ra:t]; **Immobilienmakler(in)** *m(f)* سمسار(ة) [simsa:r(a)], *mpl* سماسرة [sama:sira]
immun MED حصين ضد [ħɒsi:n]; **Immunschwäche** *f* MED نقص المناعة [naqs al-mana:ʕa]; **Immunsystem** *n* جهاز المناعة [dʒiha:z al-mana:ʕa]
impfen طعم [ṭɒʕʕama], لقح [laqqaħa]; **Impfpass** *m* شهادة تطعيم [ʃaha:dat tɒṭʕi:m]; **Impfstoff** *m* MED طعم [ṭuʕm], *Pl* طعوم [ṭuʕu:m], لقاح [luqa:ħ]; **Impfung** *f* تطعيم [tɒṭʕi:m]
Import *m* WIRTSCH استيراد [isti:ra:d]; **importieren** استورد [istaurada]
impotent عنين [ʕani:n]; عاجز جنسيا [ʕa:dʒiz dʒinsi:jan]
improvisieren ارتجل [irtadʒala]
imstande: ***imstande sein zu*** استطاع [istaṭɒ:ʕa], قادر على [qa:dir]
in في [fi:], ب [bi]; ***in der Stadt*** في المدينة [fil-madi:na]; ***ins Kino*** إلى السينما [ʔila s-si:nama:]
indem بأن [biʔan]
Indianer(in) *m(f)* هندي(ة) أحمر (حمراء) [hindi: (-di:ja) ʔaħmar (ħamra:ʔ)]
Indien *n* الهند [al-hind]
indirekt غير مباشر [ɣair muba:ʃir]
indiskret غير كتوم [ɣair katu:m], غير متحفظ [ɣair mutaħaffið]
individuell فردي [fardi:]
Industrie *f* صناعة [ṣina:ʕa]; **Industriegebiet** *n* منطقة صناعية [manṭiqa ṣina:ʕi:ja]
ineinander الواحد في الآخر [al-waħad fil-ʔa:xar]; ***ineinander verliebt*** وقعا في الحب [waqaʕa: fil-ħubb]; **ineinanderpassen** لاءم [la:ʔama], تناسب [tana:saba]
Infektion *f* عدوى [ʕadwa:];

Infektionskrankheit *f* مرض معد [marɒđ muʕdin]
Infinitiv *m* GRAM مصدر [mɒsdar], *Pl* مصادر [masɒ:dir]
infizieren أعدى [ʔaʕda:]
Inflation *f* FIN تضخم [tađɒxxum]
infolgedessen بالتالي [bit-ta:li:]
Informatik *f* علم الحاسوب [ʕilm al-ħa:su:b]
Information *f mst Pl* معلومات [maʕlu:ma:t]; **informieren** أعلم [ʔaʕlama], أخبر [ʔaxbara]; *v/r* ***sich informieren über*** استعلم عن [istaʕlama]
Infostand *m* ركن المعلومات [rukn al-maʕlu:ma:t]
Infrastruktur *f* بنية تحتية [bunja taħti:ja]
Infusion *f* MED تسريب [tasri:b]
Ingenieur(in) *m(f)* مهندس(ة) [muhandis(a)]
Inhalt *m* محتوى [muħtawan]; *a. fig* مضمون [mɒđmu:n], *Pl* مضامين [mɒđɒ:mi:n]; **Inhaltsverzeichnis** *n* فهرس [fihris], *Pl* فهارس [faha:ris]
Injektion *f* MED حقنة [ħuqna], *Pl* حقن [ħuqan]
inklusive شاملا [ʃa:milan], بما فيه [bima: fihi]
inkonsequent متناقض [mutana:qiđ]; *Person* متقلب [mutaqallib]
Inland *n* داخل البلاد [da:xil al-bila:d]; **Inlandsflug** *m* رحلة جوية داخلية [riħla dʒawwi:ja da:xili:ja]
Inlineskates *Pl* انلاين سكيت [inlain skajt], رولر سكيت/بليد [rular skajt/blajd]
innen داخلي [da:xili:]
Innenpolitik *f* سياسة داخلية [si:ja:sa da:xili:ja]; **Innenseite** *f* الجهة الداخلية [al-dʒiha ad-da:xili:ja]; **Innenstadt** *f* وسط المدينة [wasɒŧ al-madi:na]
innere(r, -s) داخلي [da:xili:]
Innereien *fpl* أحشاء [ʔaħʃa:ʔ]
innerhalb *zeitlich* خلال [xila:la], أثناء [ʔaθna:ʔa]; *räumlich* داخل [da:xila]; **innerlich** داخلي [da:xili:]
inoffiziell غير رسمي [ɣair rasmi:]
ins → ***in***
Inschrift *f* كتابة [kita:ba]; *Gravur* نقش [naqʃ], *Pl* نقوش [nuqu:ʃ]
Insekt *n* حشرة [ħaʃara]; **Insektenschutzmittel** *n* مبيد الحشرات [mubi:d al-ħaʃara:t]

Insel *f* جزيرة [dʒazi:ra], *Pl* جزر [dʒuzur]; **Inselgruppe** *f* مجموعة جزر [madʒmu:ʕat dʒuzur], أرخبيل [ʔarchabi:l]
Inserat *n* إعلان [ʔiʕla:n]
insgesamt بالإجمال [bil-ʔidʒma:l], جملة [dʒumlatan]
Insider *mpl* مطلع (على بواطن الأمور) [muṭṭaliʕ (ʕala: bawa:ṭin al-ʔumu:r)]
Inspektion *f* تفتيش [tafti:ʃ]
installieren ركب [rakkaba], جهز [dʒahhaza]
instandhalten صان [ṣɒ:na, u:]
instandsetzen أصلح [ʔɒṣlaha]
Instinkt *m* غريزة [ɣari:za], *Pl* غرائز [ɣara:ʔiz]
Institution *f* مؤسسة [muʔassasa]
Instrument *n a.* MUS آلة [ʔa:la]; *a.* MED أداة [ʔada:t], *Pl* أدوات [ʔadawa:t]
Insulin *n* MED أنسولين [ʔansuli:n]
intakt سليم [sali:m]
integrieren أدمج في [ʔadmadʒa]
Intellektuelle *m/f* مثقف(ة) [muθaqqaf(a)]
intelligent ذكي [ðaki:]; **Intelligenz** *f* ذكاء [ðaka:ʔ]
intensiv مكثف [mukaθθaf]; **Intensivstation** *f* قسم/وحدة العناية المكثفة [qism/wiħdat al-ʕina:ja al-mukaθθafa]
interaktiv ذو علاقة متبادلة [ðu: ʕala:qa mutaba:dala]; COMPUT, *Soziologie* تفاعلي [tafa:ʕuli:]
Intercity *m* قطار سريع [qiṭɒ:r sari:ʕ], انترسيتي [intarsiti:]
interessant مثير للاهتمام [muθi:r lil-ihtima:m]; *Buch* شيق [ʃajjiq]; **Interesse** *n* اهتمام [ihtima:m]; **interessieren** *j-n für etw* أثار اهتمام [ʔaθa:ra ihtima:ma], رغب في [raɣɣaba]; *v/r* ***sich interessieren für*** اهتم ب [ihtamma]
intern داخلي [da:xili:]
Internat *n* مدرسة داخلية [madrasa da:xili:ja]
international عالمي [ʕa:lami:], دولي [duwali:]
Internet *n* انترنت [intarnit]; **Internetanschluss** *m* اشتراك في الانترنت [iʃtira:k fil-intarnit]; **Internetcafé** *n* مقهى الانترنت [maqha: al-intarnit]; **Internetseite** *f* صفحة الانترنت [ṣɒfħat al-intarnit]; **Internetzugang** *m*

دخول الانترنت [duxu:l al-intarnit]

Internist(in) *m(f)* MED طبيب (ة) الأمراض الباطنية [ṫɒbi:b(at) al-amra:đ al-bɒ:ṫini:ja]

Interview *n* مقابلة [muqa:bala]

intim حميم [ħami:m]

intolerant غير متسامح [ɣair mutasa:miħ]

Invalide *m/f* عاجز(ة) [ʕa:dʒiz(a)], مقعد(ة) [muqʕad(a)]

Inventur *f* WIRTSCH جرد [dʒard]

investieren استثمر [istaθmara]; **Investition** *f* استثمار [istiθma:r]

inwiefern إلى أي حد [ʔila: ʔajji ħadd], من أي ناحية [min ʔajji na:ħija]

inzwischen *währenddessen* في غضون ذلك [fi: ɣuđu:ni ða:lik]; *mittlerweile* أصبح [ʔɒsbaħa]

Irak *m* العراق [al-ʕira:q]

Iran *m* إيران [ʔi:ra:n]

irdisch دنيوي [dunjawi:]

irgendein(e) *m(f)* أي(ة) [ʔajj(a)]; **irgendetwas** أي شيء [ʔajju ʃaiʔ]; **irgendjemand** شخص ما [ʃaxsun ma:]; **irgendwann** يوما ما [jauman ma:]; **irgendwie** بأي شكل كان [bi-ʔajji ʃaklin ka:na]; **irgendwo** في مكان ما [fi: maka:nin ma:]

Irland *n* إيرلندا [ʔirlanda:]

Ironie *f* سخرية [suxri:ja]

ironisch ساخر [sa:xir]

irre *geisteskrank* معتوه [maʕtu:h]; *umg* مجنون [madʒnu:n]; **irreführen** خدع [xadaʕa, a], ضلل [đɒllala]

irren *v/r* ***sich irren*** أخطأ [ʔaxṫɒʔa]

Irrtum *m* خطأ [xɒṫɒʔ], *Pl* أخطاء [ʔaxṫɒ:ʔ], غلط [ɣalɒṫ], *Pl* أغلاط [ʔaɣlɒ:ṫ]; **Irrtümlich** خاطئ [xɒ:ṫiʔ]

Ischias *m/n* ANAT عرق النسا [ʕirq an-nasa:]

ISDN-Anschluss *m* TEL اشتراك اي اس دي ان [iʃtira:k i: is di: an]; اشتراك في الشبكة الرقمية للخدمات المتكاملة [iʃtira:k fiʃ-ʃabaka ar-raqmi:ja lil-xadama:t al-mutaka:mila]

Islam *m* الإسلام [al-ʔisla:m]; **islamisch** إسلامي [ʔisla:mi:]

isolieren عزل [ʕazala, i]; **Isolierung** *f a.* TECH عزل [ʕazl]

Isomatte *f* فرشة عازلة للحرارة [farʃa ʕa:zila lil-ħara:ra]

Israel *n* إسرائيل [ʔisraːʔiːl]
IT (***Informationstechnologie***) تكنولوجيا/تقنية المعلومات [tiknuluːdʒijaː/tiqniːjat al-maʕluːmaːt]
Italien *n* إيطاليا [ʔiːtɒːljaː]

J

ja نعم [naʕam]; *äg* أيوه [ʔaiwa]
Jacht *f* يخت [jaxt], *Pl* يخوت [juxuːt]
Jacke *f* جاكيت [dʒakiːt], سترة [sutra]; **Jackett** *n* جاكيت [dʒakiːt]
Jagd *f* صيد [sɒid]; **Jagdrevier** *n* منطقة صيد [mantiqat sɒid]
jagen صاد [sɒːda, iː]; *Verbrecher* طارد [tɒːrada]
Jäger(in) *m(f)* صياد(ة) [sɒjjaːd(a)]
Jahr *n* سنة [sana], *Pl* سنوات [sanawaːt], عام [ʕaːm], *Pl* أعوام [ʔaʕwaːm]; **jahrelang** *Adv* أعواما وأعواما [ʔaʕwaːman wa-ʔaʕwaːman]
Jahresbeginn *m* بداية السنة [bidaːjat as-sana]; **Jahrestag** *m* ذكرى سنوية [ðikraː sanawiːja]; **Jahreszeit** *f* فصل [fɒsl], *Pl* فصول [fusuːl]
Jahrgang *m geboren* ... من مواليد [min mawaːliːd]; *Abiturient* دفعة [dufʕa]; *Wein* سنة الصنع [sanat ɒs-sunʕ]; **Jahrhundert** *n* قرن [qarn], *Pl* قرون [quruːn]
jährlich *Adj* سنوي [sanawiː]; *Adv* سنويا [sanawiːjan]
jähzornig غضوب [ɣɒđuːb]
Jalousie *f* شيش النافذة [ʃiːʃ an-naːfiða]
jammern ولول [walwala], ناح [naːħa, uː]
Januar *m syr* كانون الثاني [kaːnuːn aθ-θaːniː]; *äg* يناير [janaːjir]
Japan *n* اليابان [al-jaːbaːn]; **Japaner(in)** *m(f)* ياباني(ة) [jaːbaːniː (-niːja)]
Jazz *m* جاز [dʒaːz]
je *jeweils* لكل [li-kull]; ***je ... desto/umso*** كلما ... كلما [kullamaː... kullamaː]; ***je nachdem*** حسب [ħasaba]
Jeans *Pl* جينز [dʒiːnz]
jede(r, -s) *Adj m(f)* كل واحد(ة)

[kullu waːħid(a)]; ***jedes Mal*** كل مرة [kullu marra]; **jedenfalls** على أي حال [ʕalaː ʔajji ħaːl], على كل حال [ʕalaː kulli ħaːl]; **jederzeit** دائما [daːʔiman], في كل وقت [fiː kulli waqt]
jedoch لكن [laːkin], إلا أن [ʔillaː ʔanna]
jemals في أي وقت كان [fiː ʔajji waqtin kaːna]
jemand شخص ما [ʃaxsun maː]
Jemen *m/n* اليمن [al-jaman]
jene(r, -s) *Adj m(f)* ذلك (تلك) [ðaːlika (tilka)], *Pl* أولئك [ʔulaːʔika]
Jenseits *n* REL الآخرة [al-ʔaː-xira]
Jerusalem *n* القدس [al-quds]
jetzige(r, -s) حالي [ħaːliː], راهن [raːhin]
jetzt الآن [al-ʔaːn], حاليا [ħaː-liːjan]
jeweils *pro* لكل [li-kull]; *jedes Mal* في كل مرة [fiː kulli marra]
Job *m* شغل [ʃuɣl], *Pl* أشغال [ʔaʃɣaːl]; *Beruf* مهنة [mihna], *Pl* مهن [mihan]; **jobben** اشتغل بين فترة وأخرى [iʃtaɣala baina fatratin wa-ʔuxraː]
Jod *n* يود [juːd]
joggen مارس رياضة العدو [maːrasa rijɒːđɒt al-ʕadw]
Jogginganzug *m* ملابس رياضة للركض [malaːbis rijɒːđɒ lir-rakđ]; **Jogging-hose** *f* بنطلون الجري [bantɒluːn al-dʒarj]
Jogurt, **Joghurt** *m/n* لبن [la-ban]; *äg* لبن زبادي [laban zabaːdiː]
Jordan *m* نهر الأردن [nahr al-ʔurdunn]; **Jordanien** *n* الأردن [al-ʔurdunn]
Journalist(in) *m(f)* صحفي(ة) [sɒħafiː (-fiːja)]
jubeln هلل [hallala], هتف [ha-tafa, i]
Jubiläum *n* ذكرى سنوية [ðikraː sanawiːja]
jucken أكله جلده [ʔakalahu dʒildahu]; ***es juckt*** أحكه جلده [ʔaħakkahu dʒilduhu];
Juckreiz *m* حكة [ħikka]; هرش [harʃ]
Jude *m* يهودي [jahuːdiː]; ***die Juden*** *Koll* اليهود [al-jahuːd]
Jüdin *f* يهودية [jahuːdiːja]
jüdisch يهودي [jahuːdiː]
Jugend *f* شباب [ʃabaːb]; ***die Jugend*** *junge Leute* الشبيبة [aʃ-ʃabiːba]; **Jugendher-**

berge *f* بيت الشباب [bait aʃ-ʃaba:b]; **Jugendliche** *m/f* شاب(ة) [ʃa:b(a)], *mpl* شبان [ʃubba:n]

Juli *m syr* تموز [tammu:z]; *äg* يوليو [ju:lju:]

jung صغير السن [sɒɣi:r as-sinn], شاب [ʃa:b]

Junge[1] صغير [sɒɣi:r], *Pl* صغار [siɣa:r]; *Vogel* فرخ [farx], *Pl* فراخ [fira:x]

Junge[2] *m* ولد [walad], *Pl* أولاد [ʔaula:d], صبي [sɒbi:], *Pl* صبيان [sibja:n]

Jungfrau *f* عذراء [ʕaðra:ʔ], *Pl* عذارى [ʕaðara:]

jüngste(r, -s) *Adj m* الأصغر [al-ʔɒsɣar], *f* الصغرى [ɒs-suɣra:]; *aktuell* أحدث [ʔaħdaθ]

Juni *m syr* حزيران [ħuzaira:n]; *äg* يونيو [ju:nju:]

juristisch قانوني [qa:nu:ni:]

Justiz *f* القضاء [al-qɒđɒ:ʔ], العدلية [al-ʕadli:ja]

Juwel *n* حجر كريم [ħadʒar kari:m]; جوهرة [dʒauhara]; **Juwelier(in)** *m(f)* صائغ(ة) [sɒ:ʔiɣ(a)], *mpl* صياغ [sujja:ɣ]; *äg* جواهرجي [gawa:hirgi:]

K

Kaaba *f* الكعبة [al-kaʕaba]

Kabarett *n* إسكتش انتقادي ساخر [ʔiskitʃ intiqa:di: sa:xir]; *Gebäude* كباريه [kabari:h]

Kabel *n* ELEK سلك [silk], *Pl* أسلاك [ʔasla:k], كابل [ka:bil], *Pl* كوابل [kawa:bil]; **Kabelfernsehen** *n* تلفزيون الكوابل [tilfizju:n al-kawa:bil]

Kabine *f* كابينة [ka:bi:na], مقصورة [maqsu:ra]; FLUG قمرة [qamra]

Käfer *m* خنفساء [xunfusa:ʔ], *Pl* خنافس [xana:fis]

Kaffee *m* قهوة [qahwa]; ***Kaffee kochen*** أعد القهوة [ʔaʕdda l-qahwa]; **Kaffeemaschine** *f* ماكينة القهوة [ma:ki:nat al-qahwa]

Käfig *m* قفص [qafɒs], *Pl* أقفاص [ʔaqfɒ:s]

kahl *Kopf m* أصلع [ʔɒslaʕ], *f* صلعاء [sɒlʕa:ʔ], *Pl* صلع [sulaʕ]; *Baum m* أجرد [ʔadʒrad], *f* جرداء [dʒarda:ʔ], *Pl* جرد [dʒurd]

Kai *m* رصيف الميناء [rɒsi:f al-mi:na:ʔ]

Kairo *n* القاهرة [al-qa:hira]

Kaiser(in) *m(f)* قيصر(ة) [qaisɒr(a)], *mpl* قياصرة [qaja:sira]; **Kaiserschnitt** *m* MED عملية قيصرية [ʕamali:ja qaisɒri:ja]

Kajak *m* SPORT قارب تجديف [qa:rib tadʒdi:f], كاياك [ka:ja:k]

Kajüte *f* قمرة [qamra]

Kakao *m* BOT, *Getränk* كاكاو [ka:ka:u]

Kakerlak *m* صرصور [sɒrsu:r], *Pl* صراصير [sɒra:si:r]

Kaktus *m* صبارة [sɒbba:ra]; *Koll* صبار [sɒbba:r]

Kalb *n* عجل [ʕidʒl], *Pl* عجول [ʕudʒu:l]; **Kalbfleisch** *n* لحم عجل [laħm ʕidʒl]

Kalender *m* روزنامة [ru:zna:ma]; *Zeitrechnung* تقويم [taqwi:m]; *Notizbuch* مفكرة [mufakkira]

Kalk *m* جير [dʒi:r], كلس [kils];

kalkhaltig جيري [dʒi:ri:], كلسي [kilsi:]

kalkulieren حسب [ħasaba, u]

Kalorie *f* وحدة حرارية/سعرية [waħda ħara:ri:ja/suʕri:ja];

kalorienarm قليل الوحدات الحرارية [qali:l al-waħada:t al-ħara:ri:ja]

kalt بارد [ba:rid]; ***kalt werden*** برد [barada, u]; **kaltblütig** بلا رحمة [bila: raħma], قاس [qa:sin]; *unerschrocken* رابط الجأش [ra:bit al-dʒaʔʃ]

Kälte *f* برد [bard] *f*

Kamel *n m* جمل [dʒamal], *Pl* جمال [dʒima:l], *f* ناقة [na:qa], *Pl* نوق [nu:q]

Kamera *f* كاميرا [kami:ra:], آلة تصوير [ʔa:lat tɒswi:r]

Kamin *m* مدفأة [midfaʔa], *Pl* مدافئ [mada:fiʔ]

Kamm *m* مشط [muʃt], *Pl* أمشاط [ʔamʃɒ:t]

kämmen *v/t* مشط [maʃʃatɒ]

Kampagne *f* حملة [ħamla]

Kampf *m* كفاح [kifa:ħ], قتال [qita:l]; *Bekämpfung* مكافحة [muka:faħa]; *Konflikt* صراع [sira:ʕ]

kämpfen كافح [ka:faħa], ناضل [nɒ:đɒla]; *für etw* ناضل من أجل [nɒ:đɒla]; *gegen* كافح ضد

[ka:faħa]
Kampfsport *m* الرياضة القتالية [ar-rijɒ:ɖɒ al-qita:li:ja]
Kanada *n* كندا [kanada:]
Kanal *m* قناة [qana:t], *Pl* قنوات [qanawa:t]; **Kanalisation** *f* المجاري [al-madʒa:ri:]
Kandidat(in) *m(f)* مرشح(ة) [muraʃʃaħ(a)]; **kandidieren** رشح نفسه [raʃʃaħa nafsahu]
Kaninchen *n* أرنب [ʔarnab], *Pl* أرانب [ʔara:nib]
Kanister *m* صفيحة [sɒfi:ħa], *Pl* صفائح [sɒfa:ʔiħ]
Kanne *f* إبريق [ʔibri:q], *Pl* أباريق [ʔaba:ri:q]
Kanone *f* مدفع [midfaʕ], *Pl* مدافع [mada:fiʕ]
Kante *f* حافة [ħa:ffa]
Kanton *n* مقاطعة [muqɒ:ʈɒʕa], إقليم [ʔiqli:m], *Pl* أقاليم [ʔaqa:li:m], كانتون [kantu:n]
Kanu *n* كانو [ka:nu:]
Kanzler(in) *m(f)* مستشار(ة) [mustaʃa:r(a)]
Kap *n* رأس [raʔs], *Pl* رؤوس [ruʔu:s]
Kapazität *f Fassungsvermögen* سعة [siʕa]; EL, WIRTSCH طاقة [ʈɒ:qa]; *Experte* خبير [xabi:r], *Pl* خبراء [xubara:ʔ]
kapieren فهم [fahima, a], أدرك [ʔadraka]
Kapital *n* FIN رأس المال [raʔs al-ma:l]; **Kapitalanlage** *f* FIN استثمار رؤوس الأموال [istiθma:r ruʔu:s al-ʔamwa:l]; **kapitalistisch** رأسمالي [raʔsma:li:]
Kapitän *m* SCHIFF قبطان [qubʈɒ:n], *Pl* قباطين [qaba:ʈi:n]; FLUG كابتن/قائد الطائرة [kabtin/qa:ʔid ɒʈ-ʈɒ:ʔira]
Kapitel *n* فصل [fɒsl], *Pl* فصول [fusu:l], باب [ba:b], *Pl* أبواب [ʔabwa:b]
Kappe *f* طاقية [ʈɒ:qi:ja]
Kapsel *f* MED كبسولة [kabsu:la]
kaputt مكسور [maksu:r]; *defekt* عاطل [ʕɒ:ʈil], خربان [xarba:n]; *müde* تعبان [taʕba:n]; ***kaputt machen*** حطم [ħaʈʈɒma], خرب [xarraba]
Kapuze *f* طاقية [ʈɒ:qi:ja], *Pl* طواق [ʈɒwa:qin], قلنسوة [qalansuwa], *Pl* قلانس [qala:nis]
Karaoke *n* غناء الكاريوكي [ɣina:ʔ al-ka:rju:ki:]
Karat *n* قيراط [qi:rɒ:ʈ], *Pl* قراريط [qara:ri:ʈ]
Karawane *f* قافلة [qa:fila], *Pl* قوافل [qawa:fil]

kariert *Kleidung* (*nachgestellt*) ... كاروهات [ka:ru:ha:t]; *Heft* ... مربعات [murabbaʕa:t]
Karies *f* MED تسوس الأسنان [tasawwus al-ʔasna:n]
Karikatur *f* كاريكاتورية [ka:rika:tu:ri:ja]
Karneval *m* كرنفال [karnifa:l]
Karo *n* مربع [murabbaʕ]; *Spielkarte* ديناري [di:na:ri:]
Karosserie *f* هيكل السيارة [haikal as-sajja:ra]
Karotte *f* جزرة [dʒazara]; *Koll* جزر [dʒazar]
Karre *f*, **Karren** *m* عربة يد [ʕarabat jad]
Karriere *f* ترق مهني [taraqqin mihani:]
Karte *f* بطاقة [bitˤɒ:qa]; *Straßenkarte* خريطة [xari:tˤɒ], *Pl* خرائط [xara:ʔitˤ]; ***mit der Karte zahlen*** دفع بالبطاقة [dafʕa (a) bil-bitˤɒ:qa]; **Kartenspiel** *n* لعب الورق [laʕib al-waraq]
Kartoffel *f* بطاطا [bɒtˤɒ:tˤɒ:]; *äg* بطاطس [bɒtˤɒ:tˤis]; **Kartoffelbrei** *m* بطاطا مهروسة [bɒtˤɒ:tˤɒ: mahru:sa]; **Kartoffelsalat** *m* سلطة بطاطا [salatˤɒt bɒtˤɒ:tˤɒ:]
Karton *m* كرتون [kartu:n], *Pl* كراتين [kara:ti:n]
Karussell *n* دوارة [dawwa:ra]
Käse *m* جبنة [dʒubna], *Koll* جبن [dʒubn]
Kaskoversicherung *f Vollkasko* تأمين كامل [taʔmi:n ka:mil]; *Teilkasko* تأمين جزئي [taʔmi:n dʒuzʔi:]
Kasse *f* صندوق [sˤundu:q], *Pl* صناديق [sˤɒna:di:q]; *Kino* شباك التذاكر [ʃubba:k at-taða:kir]; **Kassenzettel** *m* وصل [wɒsˤl], *Pl* وصول [wusˤu:l]
Kassette *f* علبة [ʕulba], *Pl* علب [ʕulab]; MUS كاسيت [kasi:t]
kassieren قبض [qabaðˤɒ, i]; FIN حصل [ħɒssˤɒla];
Kassierer(in) *m(f)* بائع(ة) [ba:ʔiʕ(a)], *mpl* باعة [ba:ʕa]; *Bank* صراف(ة) [sˤɒrra:f(a)]
Kastanie *f* كستناء [kastina:ʔ]
Kasten *m* صندوق [sˤundu:q], *Pl* صناديق [sˤɒna:di:q]
Katalog *m* كتالوج [katalu:dʒ]; *Liste* فهرس [fihris], *Pl* فهارس [faha:ris]
Katalysator *m* TECH حفاز [ħaffa:z]
Katar *n* قطر [qatar]
Katastrophe *f* كارثة [ka:riθa],

Pl كوارث [kawa:riθ]
Kategorie *f* صنف [sinf], *Pl* أصناف [ʔɒsna:f], فئة [fiʔa]
Kater *m* قط [qitt], *Pl* قطط [qitɒt]; *umg* بس [biss], *Pl* بساس [bisa:s]; *umg Kopfschmerz* صداع الخمر [suda:ʕ al-xamr], خمار [xuma:r]
katholisch كاثوليكي [ka:θu:li:ki:]
Katze *f* قطة [qittɒ], *Pl* قطط [qitɒt]; *umg* بسة [bissa], *Pl* بساس [bisa:s]
kauen لاك [la:ka, u:], مضغ [mɒđɒɣa, u]
Kauf *m* شراء [ʃira:ʔ], ابتياع [ibtija:ʕ]; **kaufen** اشترى [iʃtara:], ابتاع [ibta:ʕa]
Käufer(in) *m(f)* مشتر(ية) [muʃtarin (-ri:ja)], شار(ية) [ʃa:rin (-ri:ja)]
Kaufhaus *n* متجر كبير [matdʒar kabi:r]; **Kaufvertrag** *m* عقد البيع/الشراء [ʕaqd al-baiʕ/aʃ-ʃira:ʔ]
Kaugummi *m/n* لبان [liba:n]
kaum *mit Negation* كاد [ka:da, a:]; *selten* نادرا ما [na:diran ma:], قلما [qallama:]; *fast* بالكاد [bil-ka:d]
Kaution *f* كفالة [kafa:la], ضمان مالي [đɒma:n ma:li:]
Kaviar *m* كافيار [ka:fja:r]
Kebab *m/n* كباب [kaba:b]
Kegel *m* SPORT وتد [watad], *Pl* أوتاد [ʔauta:d]; MATH مخروط [maxru:t], *Pl* مخاريط [maxa:ri:t]
Kehle *f* ANAT حلق [ħalq], *Pl* حلوق [ħulu:q], حلقوم [ħulqu:m], *Pl* حلاقيم [ħala:qi:m]; **Kehlkopf** *m* ANAT حنجرة [ħandʒara], *Pl* حناجر [ħana:dʒir]
kehren *wenden* قلب [qalaba, i]; *fegen* كنس [kanasa, u]
Keil *m a. fig* إسفين [ʔisfi:n], *Pl* أسافين [ʔasa:fi:n]
Keilriemen *m* AUTO قشاط/سير الرادياتور [qiʃɒ:t/sair al-ra:dja tu:r]
Keim *m* BIOL بذرة [baðra]; *Bazillus, a. fig* جرثومة [dʒurθu:ma], *Pl* جراثيم [dʒara:θi:m]; **keimfrei** معقم [muʕaqqam], مطهر [mutɒhhar]
kein لا [la:], ما [ma:], ليس [laisa]; **keinesfalls** ولا بأي حال من الأحوال [wa-la: biʔajji ħa:lin mina l-ʔaħwa:l], لا بتاتا [la: bata:tan]
Keks *m* بسكويت [baskawi:t]
Keller *m* قبو [qabw], *Pl* أقبية

[ʔaqbija], بدروم [badru:m]

Kellner(in) *m(f)* نادل(ة) [na:dil(a)]; *bes äg* جرسون(ة) [garsu:n(a)]

kennen عرف [ʕarafa, i]; علم [ʕalima, a]; ***kennen lernen*** تعرف ب/على [taʕarrafa]

Kenntnisse *fpl* معارف [maʕa:rif], معلومات [maʕlu:mat]

Kennwort *n* كلمة السر [kalimat as-sirr]

Kennzeichen *n* شارة [ʃa:ra], علامة [ʕala:ma]; AUTO لوحة السيارة [lauħat as-sajja:ra]; **kennzeichnen** *markieren* علم على [ʕallama]

Keramik *f* خزفيات [xazafi:ja:t]

Kerl *m* رجل [radʒul], *Pl* رجال [ridʒa:l], شاب [ʃa:b], *Pl* شباب [ʃaba:b], شخص [ʃaxs], *Pl* أشخاص [ʔaʃxɒ:s]

Kern *m Obst* نواة [nawa:t], *Pl* نويات [nawaja:t]; *a. fig* لب [lubb]; **Kernkraftwerk** *n* مفاعل نووي [mufa:ʕil nawawi:]

Kerze *f* شمعة [ʃamʕa]

Kessel *m* غلاية [ɣalla:ja], قدر [qidr], *Pl* قدور [qudu:r]; TECH مرجل [mirdʒal], *Pl* مراجل [mara:dʒil]

Ketchup, **Ketschup** *m/n* كتشب [kitʃab]

Kette *f* سلسلة [silsila], *Pl* سلاسل [sala:sil], جنزير [dʒinzi:r], *Pl* جنازير [dʒana:zi:r]; *Halskette* عقد [ʕiqd], *Pl* عقود [ʕuqu:d]

keuchen لهث [lahaθa, a]

Keule *f Tier* فخذ [faxð], *Pl* أفخاذ [ʔafxa:ð]; *Waffe* هراوة [hira:wa]; *umg* نبوت [nabu:t], *Pl* نوابيت [nawa:bi:t]

Keyboard *n* COMPUT لوحة المفاتيح [lauħat al-mafa:ti:ħ]; MUS أرغن إلكتروني [ʔurɣun ʔiliktru:ni:]

Kfz *n* (***Kraftfahrzeug***) سيارة [sajja:ra]

Kichererbse *f* حمصة [ħimisɒ]; *Koll* حمص [ħummus]

kichern قهقه [qahqaha], كركر [karkara]

kidnappen خطف [xɒtɒfa, i]

Kiefer[1] *m* ANAT فك [fakk], *Pl* فكوك [fuku:k]

Kiefer[2] *f* BOT صنوبرة [sɒnaubara], *Koll* صنوبر [sɒnaubar]

Kieme *f* خيشوم [xaiʃu:m], *Pl* خياشيم [xaja:ʃi:m]

Kies *m Koll* حصى [ħɒsɒn]; *äg* زلط [zalɒt]; *syr* بحص [baħs]

Killer *m* قاتل [qa:til], *Pl* قتلة

[qatala]
Kilobyte *n* كيلو بايت [ki:lu: ba:jt]; **Kilogramm** *n* كيلوغرام [ki:lu: ɣra:m], ألف غرام [ʔalf ɣra:m]
Kilometer *m* كيلومتر [ki:lumitr]; **Kilometerstand** *m* عدد كيلومترات السيارة [ʕadad ki:lumitra:t as-sajja:ra]; **Kilometerzähler** *m* كيلومتراج [ki:lumitra:dʒ], عداد الكيلومترات [ʕadda:d al-ki:lumitra:t]
Kilowatt *n* كيلووات [ki:lu:wa:t]
Kind *n* طفل [tˤifl], *Pl* أطفال [ʔɒtˤfa:l], ولد [walad], *Pl* أولاد [ʔaula:d]
Kinderarzt *m*, **Kinderärztin** *f* طبيب(ة) أطفال [tˤɒbi:b(at) ʔɒtˤfa:l]; **Kinderbetreuung** *f* رعاية الأطفال [riʕa:jat al-ʔɒtˤfa:l]; **Kindergarten** *m* روضة أطفال [rauđɒt al-ʔɒtˤfa:l]; **Kindergeld** *n* علاوة أطفال [ʕala:wat ʔɒtˤfa:l]; **Kinderlähmung** *f* شلل الأطفال [ʃalal al-ʔɒtˤfa:l]; **Kindersitz** *m* مقعد أطفال [maqʕad ʔɒtˤfa:l]; **Kinderteller** *m* وجبة للأطفال [wadʒba lil-ʔɒtˤfa:l]; **Kinderwagen** *m* عربة أطفال [ʕarabat ʔɒtˤfa:l]
Kindheit *f* طفولة [tˤufu:la]; **kindisch** سخيف [saxi:f], صبياني [sˤibja:ni:]; **kindlich** طفلي [tˤifli:]; *naiv* ساذج [sa:đidʒ]
Kinn *n* ذقن [đaqan], *Pl* ذقون [đuqu:n]
Kino *n* سينما [si:nama:]
Kiosk *m* كشك [kuʃk], *Pl* أكشاك [ʔakʃa:k]
Kippe *f Zigarettenstummel* عقب [ʕuqb], *Pl* أعقاب [ʔaʕqa:b]; *umg Zigarette* سيجارة [si:dʒa:ra], *Pl* سجائر [sadʒa:ʔir]
kippen *v/t* قلب [qalaba, i]; *ausschütten* كب [kabba, u]; *v/i umfallen* وقع [waqaʕa, jaqaʕu]; *kentern* انقلب [inqalaba]
Kirche *f* كنيسة [kani:sa], *Pl* كنائس [kana:ʔis]
Kirsche *f* كرزة [karaza], *Koll* كرز [karaz]; *äg* كريز [kuraiz]
Kissen *n* وسادة [wisa:da], *Pl* وسائد [wasa:ʔid], مخدة [mixadda]
Kiste *f* صندوق [sˤundu:q], *Pl* صناديق [sˤɒna:di:q], سحارة [saħħa:ra], *Pl* سحاحير [saħa:ħi:r]
kitschig رخيص [raxi:sˤ], مبتذل

[mubtaðal]

Kittel *m* مريول [marju:l], *Pl* مرايل [mara:jil]

kitzeln دغدغ [daɣdaɣa], *äg, lib* زغزغ [zaɣzaɣa]; **kitzlig** حساس [ħassa:s]

Klage *f* شكوى [ʃakwa:], *Pl* شكاوى [ʃaka:wa:], دعوى [daʕwa:], *Pl* دعاوى [daʕa:wa:]; **klagen** ناح [na:ħa, u:]; *beklagen* اشتكى [iʃtaka:]; JUR رفع دعوى ضد [rafaʕa (a) daʕwa:]

Kläger(in) *m(f)* JUR مدع(ية) [muddaʕin (-ʕi:ja)]

Klammer *f Schriftzeichen* قوس [qaus], *Pl* أقواس [ʔaqwa:s]; *Wäsche* مشبك غسيل [miʃbak ɣasi:l]; *Büro* مشبك ورق [miʃbak waraq]; **klammern** شبك [ʃabaka, i]; *a. Wunde* دبس [dabbasa]; *v/r* ***sich klammern an*** تمسك ب [tamassaka], تشبث ب [taʃabbaθa]

Klang *m* صوت [sɒut], *Pl* أصوات [ʔɒswa:t]; *Glocke* رنين [rani:n]; MUS نغمة [naɣama]

Klappbett *n* سرير يطوى [sari:r jutwa:]; **klappen** طوى [tɒwa:, i:]; ***es klappt*** كله تمام [kulluhu tama:m];

Klappstuhl *m* كرسي يطوى [kursi: jutwa:]

klar *Wasser* نقي [naqi:]; *Himmel* صاف [sɒ:fin]; *verständlich* واضح [wɒ:điħ], جلي [dʒali:]

klären *Flüssigkeit* نقى [naqqa:], *a. fig* صفى [sɒffa:]; *Sachlage* وضح [wɒđđɒħa]

klarmachen وضح [wɒđđɒħa], أبان [ʔaba:na];

klarstellen بين [bajjana], أوضح [ʔauđɒħa]

klasse *umg* عظيم [ʕaði:m]

Klasse *f Schule* صف [sɒff], *Pl* صفوف [sufu:f], فصل [fɒsl], *Pl* فصول [fusu:l]; *Kategorie* فئة [fiʔa]; SPORT درجة [daradʒa]; *sozial* طبقة [tɒbaqa]

klassisch كلاسيكي [kla:si:ki:]

Klatsch *m Gerede* القيل والقال [al-qi:l wal-qa:l], ثرثرة [θarθara]

klatschen *tratschen* ثرثر [θarθara]; ***in die Hände klatschen*** صفق [sɒffaqa]

klauen سرق [saraqa, i]

Klavier *n* MUS بيانو [bija:nu:]

Klebeband *n* شريط لاصق [ʃari:t la:siq]; **kleben** *v/t* ألصق على [ʔalsɒqa], ألزق

على [ʔalzaqa]; *v/i* لزق [lazaqa, a], التصق ب [iltasɒqa]; **klebrig** لزج [lazidʒ], لزق [laziq]; **Klebstoff** *m* مادة لاصقة [ma:dda la:siqa]
kleckern *sabbern* ريل [rajjala]; *beschmutzen* بقع [baqqaʕa], وسخ [wassaxa]
Kleid *n* ثوب [θaub], *Pl* ثياب [θija:b], فستان [fusta:n], *Pl* فساتين [fasa:ti:n]
Kleider *Pl* ملابس [mala:bis], ألبسة [ʔalbisa]; **Kleiderbügel** *m* شماعة [ʃamma:ʕa], علاقة [ʕalla:qa]
Kleidung *f* ملابس [mala:bis]
klein صغير [sɒɣi:r]; *Wuchs* قصير [qɒsi:r]
Kleingeld *n* عملة صغيرة [ʕumla sɒɣi:ra]; *äg* فكة [fakka]; *lib* فراطة [fura:tɒ]; **Kleinigkeit** *f* شيء تافه [ʃaiʔ ta:fih], *Geschenk* هدية صغيرة [hadi:ja sɒɣi:ra]; **Kleinkind** *n* طفل [tifl], *Pl* أطفال [ʔɒtfa:l]; **kleinlich** *pedantisch* دقيق [daqi:q]; *geizig* بخيل [baxi:l]; **Kleinstadt** *f* مدينة صغيرة [madi:na sɒɣi:ra]
Klemme *f* TECH مشد [miʃadd]; ***in der Klemme*** في مأزق [fi: maʔzaq], في ورطة [fi: wartɒ]
klemmen *Finger* علق في [ʕaliqa, a], انحصر في [inħɒsɒra]; *Tür* علق في [ʕaliqa, a]; ***sich etw unter den Arm klemmen*** تأبط [taʔabbɒtɒ]
klettern *Berg* تسلق [tasallaqa]; *Dach* طلع [tɒlaʕa, u]; *Preis* ارتفع [irtafaʕa]; **Kletterpflanze** *f* نبات متسلق [naba:t mutasalliq]
klicken طقطق [tɒqtɒqa]; COMPUT نقر [naqara, u]
Klima *n* مناخ [muna:x], جو [dʒaww]; **Klimaanlage** *f* مكيف الهواء [mukajjif al-hawa:ʔ], جهاز تكييف الهواء [dʒiha:z takji:f al-hawa:ʔ]; **Klimaschutz** *m* حماية المناخ [ħi:ma:jat al-muna:x]
Klinge *f Messer* نصل [nɒsl], *Pl* نصال [nisɒ:l]; *Rasierer* شفرة [ʃafra]
Klingel *f* جرس [dʒaras], *Pl* أجراس [ʔadʒra:s]; **klingeln** دق [daqqa, u], قرع [qaraʕa, a]; *Telefon* رن [ranna, i]
klingen طن [tɒnna, i], رن [ranna, i]; *scheinen* يبدو وكأن [jabdu: wa-kaʔanna]
Klinik *f* مستشفى [mustaʃfa:], عيادة [ʕija:da]
Klippe *f* صخرة بحرية [sɒxra

baħri:ja]

klopfen دقدق [daqdaqa]; *Nagel* دق [daqqa, u]; *Tür* طرق [ŧɒraqa, u]; *Herz* نبض [nabɒđɒ, i], خفق [xafaqa, i]; ***es klopft*** دق الباب [duqqa l-ba:b]

Kloß *m Knödel* كرة بطاطس [kurat bɒŧɒ:ŧis]; *Fleisch* كفتة مبرومة [kufta mabru:ma]

Kloster *n* دير [dair], *Pl* أديار [ʔadja:r]

Klub *m* ناد [na:din], *Pl* نواد [nawa:din]

klug ذكي [ðaki:], فطين [fɒŧi:n]; **Klugheit** *f* حكمة [ħikma], ذكاء [ðaka:ʔ]

Klumpen *m Fleisch* قطعة [qiŧʕa], *Pl* قطع [qiŧɒʕ]; *Erde* كتلة [kutla], *Pl* كتل [kutal]

knabbern قضم [qɒđɒma, i]; *Salzgebäck* قرمش [qarmaʃa]; *nagen* قرض [qɒrɒđɒ, i]

knacken *v/t* حطم [ħaŧŧɒma]; *Code, Nuss* كسر [kasara, i]; *v/i* طقطق [ŧɒqŧaqa]

Knall *m* فرقعة [farqaʕa]

knapp *Adj* نادر [na:dir], قليل [qali:l]; *Wasser* شحيح [ʃaħi:ħ]; *eng* ضيق [đɒjjiq]; *Adv* قرابة [qura:bata]; ***die Zeit ist knapp*** الوقت ضيق [al-waqt đɒjjiq]

Knäuel *m/n* كبة [kubba], *Pl* كبب [kubab]; *Wolle* شلة [ʃilla], *Pl* شلل [ʃilal]

kneifen *v/t* قرص [qɒrɒsɒ, u]; **Kneifzange** *f* كماشة [kamma:ʃa]

Kneipe *f* حانة [ħa:na], خمارة [xamma:ra]

kneten عجن [ʕadʒana, i]

knicken طوى [ŧɒwa:, i:], ثنى [θana:, i:]

Knie *n* ANAT ركبة [rukba], *Pl* ركب [rukab]

knien ركع [rakaʕa, a]

Kniescheibe *f* ANAT صابونة الركبة [sɒ:bu:nat ar-rukba]

Knoblauch *m Koll* ثوم [θu:m]

Knöchel *m* ANAT كاحل [ka:ħil], *Pl* كواحل [kawa:ħil]; *Hand* برجمة [burdʒuma], *Pl* براجم [bara:dʒim]

Knochen *m* عظمة [ʕɒðma], *Pl* عظام [ʕiðɒ:m]; **Knochenbruch** *m* كسر [kasr], *Pl* كسور [kusu:r]

Knödel *m* كرة بطاطس [kurat bɒŧɒ:ŧis]

Knopf *m* زر [zirr], *Pl* أزرار [ʔazra:r]; *Schalter* مفتاح [mifta:ħ], *Pl* مفاتيح [mafa:ti:ħ]

knöpfen زرر [zarrara]

Knorpel *m* غضروف [ɣuđru:f], *Pl* غضاريف [ɣɒđɒ:ri:f]
Knospe *f* برعم [burʕum], *Pl* براعم [bara:ʕim]
Knoten *m* عقدة [ʕuqda], *Pl* عقد [ʕuqad]
knoten عقد عقدة [ʕaqada (i) ʕuqda]
knüpfen *Teppiche* صنع [sɒnaʕa, a]; *weben* نسج [nasadʒa, i, u]
knusprig مقرمش [muqarmaʃ], مقرقش [muqarqaʃ]
Koalition *f Staaten* تحالف [taħa:luf]; *Parteien* ائتلاف [iʔtila:f]
Koch *m* طباخ [ŧɒbba:x]; **Kochbuch** *n* كتاب الطهي [kita:b ɒt-ŧɒhi:]; **kochen** *v/t* طبخ [ŧɒbaxa, u], طها [ŧɒha:, u:]; *v/i sieden* غلى [ɣala:, i:]; *Ei* سلق [salaqa, u]; **Kocher** *m* سخان [saxxa:n], موقد [mauqid], *Pl* مواقد [mawa:qid]
Köchin *f* طباخة [ŧɒbba:xa], طاهية [ŧɒ:hija]
Kochplatte *f* سخان كهربائي [saxxa:n kahruba:ʔi:]
Kochtopf *m* طنجرة [ŧɒndʒara], *Pl* طناجر [ŧɒna:dʒir]; *bes äg* حلة [ħalla], *Pl* حلل [ħilal]
Köder *m* طعم [ŧuʕm], *Pl* طعوم [ŧuʕu:m]
Koffein *n* كوفائين [ku:faʔi:n]
Koffer *m* حقيبة [ħaqi:ba], *Pl* حقائب [ħaqa:ʔib], شنطة [ʃanŧɒ], *Pl* شنط [ʃunɒŧ]; **Kofferraum** *m* AUTO صندوق السيارة/الأمتعة [sundu:q as-sajja:ra/al-ʔamtiʕa]
Kohle *f* فحم [faħm], *Pl* فحومات [fuħu:ma:t]; **Kohlensäure** *f* حامض الكربونيك [ħa:miđ al-karbu:ni:k]; **Kohletablette** *f* MED قرص فحم نباتي [qurs faħm naba:ti:]
Kohlrabi *m* كرنب ساقي/أبو ركبة [kurunb sa:qi:/ʔabu: rukba]; *syr* ملفوف [malfu:f]
Kokosnuss *f* جوز الهند [dʒauz al-hind]
Kolben *m* TECH مكبس [mikbas], *Pl* مكابس [maka:bis]; *Mais* كوز [ku:z], *Pl* أكواز [ʔakwa:z]
Kollege *m* زميل [zami:l], *Pl* زملاء [zumala:ʔ]; **Kollegin** *f* زميلة [zami:la]
Kolonie *f* مستعمرة [mustaʕmara]
Kolonne *f* طابور [ŧɒbu:r], *Pl* طوابير [ŧɒwa:bi:r]
Kombi *m* سيارة كومبي/ستيشن [sajja:rat ku:mbi/staiʃin];

Kombination *f* مزج [mazdʒ], مزيج [maziːdʒ]; *Zahlen* تركيب [tarkiːb]; **kombinieren** مزج [mazadʒa, u]; *Zahlen* ركب [rakkaba]; *Fächer* اختار [ixtaːra]
Komet *m* مذنب [muðannab]; نجم مذنب [nadʒm muðannab]
Komfort *m* رفاهية [rafaːhiːja], وسائل الراحة [wasaːʔil araːħa]
Komiker(in) *m(f)* ممثل(ة) هزلي (ة) [mumaθθil(a) hazliː (-liːja)]; **komisch** *lustig* هزلي [hazliː], مضحك [muḍħik], *seltsam* غريب [ɣariːb], عجيب [ʕadʒiːb]
Komitee *n* لجنة [ladʒna], *Pl* لجان [lidʒaːn]
Komma *n* فاصلة [fɒːsila], *Pl* فواصل [fawɒːsil]
kommandieren أمر [ʔamara, u], قاد [qaːda, uː]
kommen جاء [dʒaːʔa, iː], قدم [qadima, a], أتى [ʔataː, iː]
Kommentar *m* تعليق [taʕliːq], *Pl* تعاليق [taʕaːliːq]; *Erläuterung* توضيح [tauḍiːħ], شرح [ʃarħ]; *Deutung* تفسير [tafsiːr]
kommunal محلي [maħalliː], بلدي [baladiː]
Kommunikation *f* اتصالات [ittisɒːlaːt]
kommunistisch شيوعي [ʃujuːʕiː]
Komödie *f* كوميديا [kuːmiːdjaː]; مسرحية هزلية/كوميدية [masraħiːja hazaliːja/kuːmiːdiːja]
Kompass *m* بوصلة [buːsla]
kompatibel COMPUT متوافق مع [mutawaːfiq]
kompetent كفؤ [kufuʔ], مؤهل [muʔahhal]; **Kompetenz** *f* *Zuständigkeit* اختصاص [ixtisɒːs]
komplett *Adj* تام [taːmm], كامل [kaːmil]; *Adv* بالكامل [bil-kaːmil], تماما [tamaːman]
Komplikation *f* تعقيد [taʕqiːd]; *Pl* MED مضاعفات [muḍɒːʕafaːt]; **Kompliment** *n* مدح [madħ], مجاملة [mudʒaːmala]; **Komplize** *m* شريك في جريمة [ʃariːk fiː dʒariːma]; **kompliziert** معقد [muʕaqqad], عسير [ʕasiːr]; **Komplizin** *f* شريكة في جريمة [ʃariːka fiː dʒariːma]
komponieren MUS *Lied* لحن [laħħana]; **Komponist(in)** *m (f)* ملحن(ة) [mulaħħin(a)], مؤلف(ة) موسيقي(ة) [muʔallif(a) musiːqiː (-qiːja)]

Kompromiss *m* حل وسط [ħall wasɒt]
Kondensmilch *f* حليب مكثف/ مركز [ħali:b mukaθθaf/murakkaz]
Kondition *f* شرط [ʃarṭ], *Pl* شروط [ʃuru:ṭ]; *körperliche Verfassung* حالة صحية [ħa:la siħħi:ja]; ***Konditionen*** WIRTSCH شروط [ʃuru:ṭ]
Konditorei *f* محل الحلويات [maħall al-ħalwi:ja:t]
kondolieren عزى [ʕazza:], واسى [wa:sa:]
Kondom *n* كبود [kabbu:d], *Pl* كبابيد [kaba:bi:d]; **Konfekt** *n* حلوى [ħalwa:]; **Konferenz** *f* مؤتمر [muʔtamar], اجتماع [idʒtima:ʕ]; *Verhandlungen* مباحثات [muba:ħaθa:t];
Konfession *f* طائفة [ṭɒ:ʔifa], *Pl* طوائف [ṭɒwa:ʔif], مذهب ديني [maðhab di:ni:]; **Konflikt** *m* صراع [ṣira:ʕ], نزاع [niza:ʕ]; **konfus** مرتبك [murtabik], مشوش [muʃawwaʃ]; *Lage* مضطرب [muḍṭɒrib]; **Kongress** *m* اجتماع [idʒtima:ʕ], مؤتمر [muʔtamar]
König(in) *m(f)* ملك(ة) [malik(a)], *mpl* ملوك [mulu:k]
konjugieren GRAM صرف [ṣɒrrafa]
konkret ملموس [malmu:s], معين [muʕajjan]
Konkurrenz *f* تنافس [tana:fus], منافسة [muna:fasa]
Konkurs *m* WIRTSCH إفلاس [ifla:s]
können استطاع [istaṭɒ:ʕa], قدر [qadira, a], تمكن من [tamakkana]
konsequent *Adj* حازم [ħa:zim], مثابر [muθa:bir]; *Adv* بحزم [bi-ħazm], بإصرار [bi-ʔiṣra:r]
konservativ متزمت [mutazammit]; POL محافظ [muħa:fiḍ]; **Konserven** *fpl* معلبات [muʕallaba:t]; **Konservierungsmittel** *npl* مواد حافظة [mawa:dd ħa:fiḍɒ]
Konsonant *m* GRAM حرف ساكن [ħarf sa:kin]
konstant *gleichbleibend* ثابت [θa:bit]; *ständig* متواصل [mutawɒ:ṣil]
Konstruktion *f Entwerfen* تصميم [tɒṣmi:m]; *Bau* بناء [bina:ʔ]
Konsulat *n* قنصلية [qunṣuli:ja]; **Konsum** *m* استهلاك [istihla:k]; **Konsument(in)**

m(f) مستهلك(ة) [mustahlik(a)]

Kontakt *m a.* ELEK اتصال [ittisɒ:l]; *Berührung* تلامس [tala:mus]; **Kontaktlinsen** *fpl* عدسات لاصقة [ʕadasa:t la:siqa]

Kontinent *m* قارة [qa:rra]

Konto *n* حساب بنكي [ħisa:b banki:]; **Kontoauszug** *m* كشف حساب [kaʃf ħisa:b]; **Kontoinhaber(in)** *m(f)* صاحب(ة) الحساب [sɒ:ħib(at) al-ħisa:b]; **Kontonummer** *f* رقم الحساب [raqm al-ħisa:b]; **Kontostand** *m* رصيد الحساب [rɒsi:d al-ħisa:b]

Kontrast *m* تباين [taba:jun], تضاد [tađɒ:dd]

Kontrolle *f Aufsicht* رقابة [raqa:ba]; *Gepäck* تفتيش [tafti:ʃ]; ***unter Kontrolle*** تحت السيطرة [taħta s-saitɒra]; **kontrollieren** سيطر على [saitɒra], تحكم في [taħakkama]; *beaufsichtigen* راقب [ra:qaba]; *inspizieren* فتش [fattaʃa]

Konzentration *f a. fig* تركيز [tarki:s]; تمركز [tamarkuz]; *Massierung* حشد [ħaʃd]

konzentrieren ركز [rakkaza]; *intensivieren* كثف [kaθθafa]; *sammeln* جمع [dʒammaʕa], حشد [ħaʃada, u]; *v/r* ***sich konzentrieren*** ركز على [rakkaza]

Konzern *m* WIRTSCH مجموعة/ اتحاد شركات [madʒmu:ʕat/ ittiħa:d ʃarika:t]

Konzert *n* حفلة موسيقية [ħafla mu:si:qi:ja]

Kopf *m* رأس [raʔs], *Pl* رؤوس [ruʔu:s]; **Kopfhörer** *m* سماعة [samma:ʕa]; **Kopfkissen** *n* وسادة [wisa:da], *Pl* وسائد [wasa:ʔid], مخدة [mixadda]; **Kopfschmerzen** *mpl* صداع [suda:ʕ]; **Kopftuch** *n* منديل [mandi:l], *Pl* مناديل [mana:di:l]; *Männer* كوفية [ku:fi:ja]

Kopie *f* نسخة [nusxa], *Pl* نسخ [nusax], صورة [su:ra], *Pl* صور [suwar]; **kopieren** نسخ [nasaxa, a], صور [sɒwwara]; **Kopierer** *m* جهاز تصوير المستندات [dʒiha:z tɒswi:r al-mustanada:t], آلة النسخ [ʔa:lat an-nasx]

Koran *m* القرآن [al-qurʔa:n]; **Koranschule** *f* كتاب [kutta:b], *Pl* كتاتيب [kata:ti:b], مدرسة تحفيظ القرآن [ma-

drasat taħfi:ð al-qurʔa:n]
Korb *m* سلة [salla], *Pl* سلال [sila:l]
Korken *m* فلين [falli:n]; **Korkenzieher** *m* فتاحة السدادات [fata:ħat as-sidda:da:t], بريمة [bari:ma]
Korn *n* حبة [ħabba], *Pl* حبوب [ħubu:b]; *Koll* حب [ħabb]
Körper *m* بدن [badan], *Pl* أبدان [ʔabda:n]; *a. fig* جسم [dʒism], *Pl* أجسام [ʔadʒsa:m]; **körperbehindert** معاق [muʕa:q]; **körperlich** جسدي [dʒasadi:], بدني [badani:]; **Körperteil** *m* جزء الجسم [dʒuzʔ al-dʒism]
korrekt صحيح [sɒħi:ħ], مضبوط [mɒđbu:ŧ]
Korrespondenz *f* مراسلة [mura:sala], تراسل [tara:sul]
Korridor *m* دهليز [dihli:z], *Pl* دهاليز [daha:li:z]; ممر [ma-marr]
korrigieren صحح [sɒħħaħa]; *Prognose* عدل [ʕaddala]
Kosmetik *f* فن التجميل [fann at-tadʒmi:l]
Kost *f* طعام [ŧɒʕa:m], غذاء [ɣiða:ʔ]
kostbar ثمين [θami:n], نفيس [nafi:s]
kosten *v/i* كلف [kallafa]; *probieren* ذاق [ða:qa, u:], جرب [dʒarraba]; ***was kostet das?*** كم هذا؟(بـ) [(bi-)kam ha:ða:]
Kosten *Pl* تكلفة [taklifa], *Pl* تكاليف [taka:li:f]; ***Kosten sparen*** اقتصد في النفقات/المصاريف [iqtɒsɒda fin-nafaqa:t/fil-masɒ:ri:f]; ***die Kosten ersetzen*** عوض النفقات/المصاريف [ʕawwađɒ n-nafaqa:t/l-masɒ:ri:f]; **kostenlos** مجانا [maddʒa:nan]
köstlich لذيذ [laði:ð], شهي [ʃahi:]
Kostüm *n* زي [zijj], *Pl* أزياء [ʔazja:ʔ]
Kot *m* براز [bura:z]; *Tier* روث [rauθ], *Pl* أرواث [ʔarwa:θ]
Kotelett *n* كستليتة [kustali:ta]
Kotflügel *m* AUTO رفرف [raf-raf], *Pl* رفارف [rafa:rif]
Krabbe *f* جمبري [dʒambari:]
krabbeln زحف [zaħafa, a], دب [dabba, i]
Krach *m Lärm* ضجة [đɒddʒa], ضوضاء [đɒuđɒ:ʔ]; *Streit* شجار [ʃidʒa:r], خناق [xina:q]; **krachen** فرقع [farqaʕa]
Kraft *f Stärke* قوة [quwwa], *Pl* قوى [quwan]; *Fähigkeit* قدرة [qudra]; PHYS طاقة [ŧɒ:qa];

Kraftfahrer(in) *m(f)* سائق(ة) سيارة [saːʔiq(a) sajjaːra]

kräftig قوي [qawiː]; *heftig* شديد [ʃadiːd]

Kraftstoff *m* وقود [waquːd]; **Kraftwerk** *n* محطة توليد الطاقة [maħɒttɒt tauliːd ɒt-tɒːqa]

Kragen *m* قبة [qabba], ياقة [jaːqa]

Krähe *f* غراب [ɣuraːb], *Pl* غربان [ɣirbaːn]

Kralle *f* مخلب [mixlab], *Pl* مخالب [maxaːlib]; *Katze* ظفر [ðufr], أظافر [ʔaðɒːfir]

Krampf *m* تشنج [taʃannudʒ], تقلص عضلي [taqallus ʕađɒliː]

Kran *m* رافعة [raːfiʕa], ونش [winʃ]

krank مريض [mariːđ]; *äg* عيان [ʕajjan]; ***krank sein*** مريض [mariːđ]; **Kranke** *m/f* مريض (ة) [mariːđ(ɒ)], *mpl* مرضى [marđɒː]

kränken أساء إلى [ʔasaːʔa], كدر [kaddara]

Krankenhaus *n* مستشفى [mustaʃfaː]; **Krankenkasse** *f* صندوق التأمين الصحي [sunduːq at-taʔmiːn ɒs-siħħiː]; **Krankenpfleger** *m* ممرض [mumarriđ]; *äg* تمرجي [tamargiː]; **Krankenschwester** *f* ممرضة [mumarriđɒ]; *äg* تمرجية [tamargiːja]; **Krankenversicherung** *f* تأمين صحي [taʔmiːn siħħiː]; **Krankenwagen** *m* سيارة الإسعاف [sajjaːrat al-ʔisʕaːf]

krankhaft *fig* مرضي [marɒđiː]; **Krankheit** *f* مرض [marɒđ], *Pl* أمراض [ʔamrɒːđ]; **krankschreiben** أعطى إجازة مرضية [ʔaʕtɒː ʔidʒaːza marɒđiːja]

Kranz *m* إكليل [ʔikliːl], *Pl* أكاليل [ʔakaːliːl]

krass *Fehler* شنيع [ʃaniːʕ]; *Unterschied* كبير [kabiːr]; *umg extrem* فظيع [faðiːʕ]

kratzen خربش [xarbaʃa]; *Katze* خمش [xamaʃa, i]; *Haut* حك [ħakka, u]; **Kratzer** *m* MED خدش [xadʃ], *Pl* خدوش [xuduːʃ]

kraus *Haar* أجعد [ʔadʒʕad], مجعد [mudʒaʕʕad]

Kraut *n* عشب [ʕuʃb], *Pl* أعشاب [ʔaʕʃaːb]

Kräutertee *m* شاي الأعشاب [ʃaːj al-ʔaʕʃaːb]

Krawatte *f* ربطة العنق [rabtɒt

al-ʕunq], كرافتا [krafatta:]
kreativ مبدع [mubdiʕ]
Krebs ZOOL, *a.* MED سرطان [saratɒ:n]; **Krebsvorsorge** *f* الوقاية من السرطان [al-wiqa:ja mina s-saratɒ:n]
Kredit *m* ائتمان [iʔtima:n], قرض [qarđ], *Pl* قروض [quru:đ]; **Kreditkarte** *f* بطاقة ائتمان/اعتماد [biŧɒ:qat iʔtima:n/iʕtima:d]
Kreide *f* طباشير [ŧɒba:ʃi:r]
Kreis *m* حلقة [ħalaqa]; *a. Bezirk* دائرة [da:ʔira], *Pl* دوائر [dawa:ʔir]; *Gesellschaft* وسط [wasɒŧ], *Pl* أوساط [ʔausɒ:ŧ]
kreischen صرخ [sɒraxa, u], زعق [zaʕaqa, a]
kreisen دار حول [da:ra, u:]; *a. fig* حام [ħa:ma, u:]; *Flugzeug* حلق [ħallaqa]
Kreislauf *m* MED الدورة الدموية [ad-daura ad-damawi:ja]; **Kreislaufkollaps** *m* انهيار الدورة الدموية [inhija:r ad-daura ad-damawi:ja]; **Kreislaufprobleme** *npl* اضطراب في الدورة الدموية [iđŧira:b fi d-daura d-damawi:ja]
Kreisverkehr *m bes jord* دوار [dawwa:r]
Kreuz *n* صليب [sɒli:b], *Pl* صلبان [sulba:n]; *Spielkarte* سباتي [siba:ti:]; ***Kreuz und quer*** بالطول وبالعرض [bi-ŧu:l wa-bil-ʕarđ]; **kreuzen** صلب [sɒllaba]; *Weg* التقى [iltaqa:]; BIOL هجن [haddʒana]; *v/r* ***sich kreuzen*** *Straßen* تقاطع [taqɒ:ŧɒʕa]; **Kreuzfahrt** *f* رحلة بحرية [riħla baħri:ja]; **Kreuzschmerzen** *mpl* لمباجو [lamba:gu:]; **Kreuzung** *f Verkehr* تقاطع طرق [taqɒ:ŧuʕ ŧuruq]
kriechen زحف [zaħafa, a], دب [dabba, i]
Krieg *m* حرب [ħarb] *f*, *Pl* حروب [ħuru:b]
kriegen حصل على [ħɒsɒla], تلقى [talaqqa:]
Kriegsgefangene *m,f* أسير(ة) حرب [ʔasi:r(at) ħarb]
Krimi *m Film* فيلم بوليسي [fi:lm bu:li:si:]; *Buch* رواية بوليسية [riwa:ja buli:si:ja]; **Kriminalität** *f* إجرام [ʔidʒra:m], الجنايات [al-dʒina:ja:t]; **Kriminalpolizei** *f* شرطة الجنايات [ʃurŧɒt al-dʒina:ja:t];
kriminell إجرامي [ʔidʒra:mi:], جنائي [dʒina:ʔi:]
Krise *f* أزمة [ʔazma]
Kristall *m* بلور [ballu:r],

كريستال [krista:l]
Kriterium *n* معيار [miʕja:r], *Pl* معايير [maʕa:ji:r]; **Kritik** *f* نقد [naqd]; *Vorwurf* انتقاد [intiqa:d]; **kritisch** ناقد [na:qid], انتقادي [intiqa:di:]; *Lage* حرج [ħaridʒ], خطير [xɒṭi:r]
Krokodil *n* تمساح [timsa:ħ], *Pl* تماسيح [tama:si:ħ]
Krone *f* تاج [ta:dʒ], *Pl* تيجان [ti:dʒa:n]
Kröte *f* ZOOL ضفدع الطين [ɖifdaʕ ɒṭ-ṭi:n]
Krücke *f* عكاز [ʕukka:z], *Pl* عكاكيز [ʕaka:ki:z]
Krug *m* إبريق [ʔibri:q], *Pl* أباريق [ʔaba:ri:q]; *äg* قلة [qulla], *Pl* قلل [qulal]
Krümel *m* فتات [futa:t]
krumm *m* أعوج [ʔaʕwadʒ], *f* عوجاء [ʕaudʒa:ʔ], *Pl* عوج [ʕu:dʒ]
Kruste *f* قشرة [qiʃra]
Kubikmeter *m* متر مكعب [mitr mukaʕʕab]
Küche *f* مطبخ [mɒṭbax], *Pl* مطابخ [mɒṭɒ:bix]
Kuchen *m* كعك [kaʕk], فطائر [faṭɒ:ʔir]
Küchenpapier *n* ورق المطبخ [waraq al-mɒṭbax]
Kugel *f Ball* كرة [kura]; *Gewehr* رصاصة [rɒsɒ:sɒ]; **Kugelschreiber** *m* قلم حبر جاف [qalam ħibr dʒa:f]
Kuh *f* ZOOL بقرة [baqara], *Koll* بقر [baqar]
kühl بارد [ba:rid], رطب [rɒṭb]; **Kühlbox** *f* صندوق التبريد [sundu:q at-tabri:d]; **kühlen** برد [barrada], رطب [rɒṭṭɒba]; **Kühler** *m* AUTO مبرد [mubarrid], رادياتور [ra:dija:tu:r]; TECH جهاز التبريد [dʒiha:az at-tabri:d]; **Kühlschrank** *m* ثلاجة [θalla:dʒa], براد [barra:d]; **Kühlung** *f* تبريد [tabri:d]; **Kühlwasser** *n* TECH مياه التبريد [mija:h at-tabri:d]
kühn شجاع [ʃudʒa:ʕ], جريء [dʒari:ʔ]
Küken *n* ZOOL صوص [su:s], *Pl* صيصان [si:sɒ:n], كتكوت [katku:t], *Pl* كتاكيت [kata:ki:t]
Kultur *f* ثقافة [θaqa:fa]; **kulturell** ثقافي [θaqa:fi:]
Kummer *m* هم [hamm], كآبة [kaʔa:ba]
kümmern *v/r* ***sich kümmern um*** اهتم ب [ihtamma], اعتنى ب [iʕtana:]
Kunde *m* زبون [zabu:n], *Pl*

زبائن [zaba:ʔin], عميل [ʕami:l], *Pl* عملاء [ʕumala:ʔ]; **Kundendienst** *m* خدمة الزبائن [xidmat az-zaba:ʔin]

Kundgebung *f* تظاهرة [taðɒ:hura]

kündigen *Vertrag* ألغى [ʔalɣa], فسخ [fasaxa, a]; *Arbeitsstelle* أخطر بترك العمل [ʔaxtɒra bi-tarki l-ʕamal]; ***j-m kündigen*** فصل عن الخدمة [fɒsɒla (i) ʕan al-xidma]; **Kündigung** *f* إنذار [ʔixtɒ:r], إخطار [ʔinða:r]; *Vertrag* إلغاء [ʔilɣa:ʔ], فسخ [fasx]; **Kündigungsfrist** *f* مدة الإخطار [muddat al-ʔixtɒ:r]

Kundin *f* زبونة [zabu:na]; **Kundschaft** *f* زبائن [zaba:ʔin], عملاء [ʕumala:ʔ]

künftig قادم [qa:dim], مقبل [muqbil]; *Adv* مستقبلا [mustaqbalan]

Kunst *f* فن [fann], *Pl* فنون [funu:n]; **Kunstdünger** *m* سماد صناعي [sama:d sina:ʕi:]

Künstler(in) *m(f)* فنان(ة) [fanna:n(a)]; **künstlerisch** فني [fanni:]; **künstlich** صناعي [sina:ʕi:]; *Zahn* مستعار [mustaʕa:r]

Kunststoff *m* بلاستيك [bla:sti:k], لدينة [ladi:na], *Pl* لدائن [lada:ʔin]; **Kunststück** *n* بهلوانية [bahlawa:ni:ja]; *fig* عمل رائع [ʕamal ra:ʔiʕ]; **Kunstwerk** *n* قطعة فنية [qitʕa fanni:ja], تحفة [tuħfa], *Pl* تحف [tuħaf]

Kupfer *n* نحاس [nuħa:s]

Kupplung *f* AUTO تعشيقة [taʕʃi:qa], كلاتش [kla:tʃ], دبرياج [dibrija:dʒ]

Kur *f* استشفاء [istiʃfa:ʔ]; *Erholungsheim* دار النقاهة [da:r an-naqa:ha]

Kürbis *m* قرعة [qarʕa], *Koll* قرع [qarʕ]

Kurde *m*, **Kurdin** *f* كردي(ة) [kurdi: (-di:ja)], *mpl* أكراد [ʔakra:d]

Kurort *m* منتجع [muntadʒaʕ], مكان الاستجمام [maka:n al-istidʒma:m]

Kurs *m* دورة [daura]; SCHIFF خط سير [xɒtt sair], وجهة [widʒha]; FIN سعر الصرف [siʕr ɒs-sɒrf]

Kurve *f* منحنى [munħana:]; *Straße* منعطف [munʕatɒf]

kurz *Adj a. zeitlich* قصير [qɒsi:r]; *zusammenfassend* وجيز [wadʒi:z]; *Adv* باختصار [bi-ʔixtisɒ:r]; **kurzärmelig**

بكم قصير [bi-kumm qɒsiːr]
kürzen قصر [qɒssɒra], اختصر [ixtasɒra]; *Mittel* قلّل [qallala], خفض [xaffaɖɒ]
kurzfristig قصير الأجل [qɒsiːr al-ʔadʒal]; **Kurzgeschichte** *f* قصة قصيرة [qissɒ qɒsiːra];
Kurzschluss *m* ELEK ماس كهربائي [maːs kahrabaːʔiː];
kurzsichtig قصير النظر/البصر [qɒsiːr an-nɒðɒr/al-bɒsɒr]
kuscheln *umarmen* حضن [ħɒɖɒna, u]
Kusine *f väterlicherseits* ابنة العم(ة) [ibnat al-ʕamm(a)]; *mütterlicherseits* ابنة الخال(ة) [ibnat al-xaːl(a)]
Kuss *m* قبلة [qubla]; *umg* بوسة [buːsa]
küssen قبّل [qabbala]; *umg* باس [baːsa, uː]
Küste *f* شاطئ [ʃɒːtiʔ], *Pl* شواطئ [ʃawɒːtiʔ], ساحل [saːħil], *Pl* سواحل [sawaːħil]
Kuwait *n* الكويت [al-kuwait]

L

Labor *n* مختبر [muxtabar]
lächeln ابتسم [ibtasama]
lachen ضحك [ɖɒħika, a]
lächerlich مضحك [muɖħik], مثير للسخرية [muθiːr lis-suxriːja]
Lachs *m* سمك السلمون [samak as-salamuːn]
Lack *m* طلاء [tilaːʔ]; *Firnis* ورنيش [warniːʃ]; **lackieren** دهن [dahana, u]
Ladegerät *n* ELEK شاحن [ʃaː-ħin]
Laden *m* دكان [dukkaːn], *Pl* دكاكين [dakaːkiːn], محل [maħall]
Ladung *f* حمولة [ħumuːla]; JUR طلب استدعاء [tɒlab istidʕaːʔ]; ELEK شحنة [ʃaħna]
Lage *f* موقع [mauqiʕ], *Pl* مواقع [mawaːqiʕ]; *Situation* وضع [wɒɖʕ], *Pl* أوضاع [ʔauɖɒːʕ], حالة [ħaːla]; ***nicht in der Lage sein*** غير قادر على [ɣair qaːdir], عجز عن [ʕadʒaza, i]
Lager *n* MIL معسكر [muʕaskar]; *Zeltlager* مخيم [muxajjam]; WIRTSCH مستودع

[mustaudaʕ], مخزن [maxzan], *Pl* مخازن [maxa:zin]; **Lagern** خزن [xazzana]
lahm MED *gelähmt* مشلول [maʃlu:l]; *langsam* بطيء [bɒṫi:ʔ]
Lähmung *f* شلل [ʃalal]
Laie *m* غير خبير [ɣair xabi:r]; REL علماني [ʕilma:ni:]
Laken *n* ملاءة [mala:ʔa], شرشف [ʃarʃaf], *Pl* شراشف [ʃara:ʃif]
Lamm *n* حمل [ħamal], *Pl* حملان [ħumla:n]; **Lammfleisch** *n* لحم حمل [laħm ħamal]
Lampe *f* مصباح [miṡba:ħ], *Pl* مصابيح [maṡɒ:bi:ħ], لمبة [lamba]
Lampenfieber *n* رهبة المسرح [rahbat al-masraħ]; **Lampenschirm** *m* أباجورة [ʔaba:dʒu:ra]
Land *n Festland* يابسة [ja:bisa], بر [barr], *Pl* برور [buru:r]; *Staat* دولة [daula], *Pl* دول [duwal]; بلد [balad], *Pl* بلدان [bulda:n] *und* بلاد [bila:d]; *ländliche Gegend* ريف [ri:f], *Pl* أرياف [ʔarja:f]
Landebahn *f* مدرج [madradʒ], *Pl* مدارج [mada:ridʒ], مهبط [mahbɒṫ], *Pl* مهابط [maha:biṫ]; **landen** SCHIFF رسا [rasa:, u:]; FLUG هبط [habaṫɒ, i], نزل [nazala, i]
Landesinnere *n* في داخل البلاد [fi: da:xil al-bila:d]
Landkarte *f* خريطة [xari:ṫɒ], *Pl* خرائط [xara:ʔiṫ]; **Landkreis** *m* دائرة [da:ʔira], *Pl* دوائر [dawa:ʔir]
ländlich ريفي [ri:fi:], بلدي [baladi:], قروي [qarawi:]
Landschaft *f* منظر طبيعي [manðɒr ṫɒbi:ʕi:]
Landsmann *m* بلدي [baladi:]
Landstraße *f* طريق عام [ṫɒri:q ʕa:mm]; **Landung** *f* FLUG هبوط [hubu:ṫ]; **Landwirtschaft** *f* زراعة [zira:ʕa]
lang طويل [ṫɒwi:l]; ***lang*** منذ وقت طويل [munðu waqtin ṫɒwi:l]
lange *Adv* مدة طويلة [mudda ṫɒwi:la]
Länge *f a. zeitlich* طول [ṫu:l]
Längengrad *m Geografie* خط الطول [xɒṫṫ aṫ-ṫu:l]
Langeweile *f* ملل [malal]
langfristig طويل الأجل [ṫɒwi:l al-ʔadʒal]; **langjährig** طويل [ṫɒwi:l]; **langsam** بطيء [bɒṫi:ʔ]; *Adv* ببطء [bi-buṫʔ]

längst منذ زمن طويل [munðu zamanin ṭɒwi:l]

Langstreckenflug *m* رحلة طويلة المسافة [riħla ṭɒwi:lat al-masa:fa]

langweilen *v/t* أمل [ʔamalla]; *v/r* ***sich langweilen*** مل [malla, a], سئم [saʔima, a]; **langweilig** ممل [mumil]

Lappen *m* خرقة [xirqa], *Pl* خرق [xiraq], ممسحة [mamsaħa], *Pl* مماسح [mama:siħ]

Laptop *m* COMPUT كمبيوتر محمول/متنقل [kumbju:tar maħmu:l/mutanaqqil], لاب توب [lab tu:b]

Lärm *m* ضجة [ḍoddʒa], ضوضاء [ḍɒuḍɒ:ʔ]; *äg* دوشة [dauʃa]

Larve *f* ZOOL يرقة [jaraqa]

Laser *m* ليزر [li:zar]; **Laserdrucker** *m* طابعة الليزر [ṭɒ:biʕat al-li:zar]

lassen *zulassen* سمح ب [samaħa, a]; *unterlassen* ترك [taraka, u], انقطع عن [inqɒṭɒʕa]; *veranlassen* ترك [taraka,u], جعل [dʒaʕala, a]; ***lass das!*** دع هذا [daʕ ha:ða:]

lässig *leger* غير رسمي [ɣair rasmi:]; *unbekümmert* غير مبال [ɣair muba:lin]

Last *f* حمل [ħiml], *Pl* أحمال [ʔaħma:l]; *fig* عبء [ʕibʔ], *Pl* أعباء [ʔaʕba:ʔ]

Laster *n* رذيلة [raði:la], *Pl* رذائل [raða:ʔil]

lästig متعب [mutʕib]; *störend* مزعج [muzʕidʒ]

Last-Minute-Flug *m* رحلة آخر دقيقة [riħlat ʔa:xir daqi:qa], طيران في الدقيقة الأخيرة [ṭɒjara:n fid-daqi:qati l-ʔaxi:ra]

Lastwagen *m* سيارة نقل [sajja:rat naql], شاحنة [ʃa:ħina]

Latein *n* اللغة اللاتينية [al-luɣa al-la:ti:ni:ja]

Laterne *f* مصباح [misba:ħ], *Pl* مصابيح [masɒ:bi:ħ], فانوس [fa:nu:s], *Pl* فوانيس [fawa:ni:s]

Lätzchen *n* مريلة [marjala], *Pl* مرايل [mara:jil]

Laub *n Koll* ورق [waraq]

Lauch *m* كراث [kurra:θ]

Lauf *m* SPORT الجري [al-dʒari:]; ***im Laufe*** خلال [xila:la], في غضون [fi: ɣuḍu:n]; **Laufbahn** *f Werdegang* سيرة الحياة [si:rat al-ħaja:t]; SPORT مضمار الجري [miḍma:r al-dʒari:]

laufen *rennen* جرى [dʒaraː, iː], ركض [rakaðɒ, u]; *gehen* مشى [maʃaː, iː], سار [saːra, iː]; *Maschine* دار [daːra, uː]; **laufend** جار [dʒaːrin]

Läufer(in) *m(f)* SPORT عداء(ة) [ʕaddaːʔ(a)]; *Schach* فيل [fiːl], *Pl* فيلة [fijala]

Laufwerk *n* TECH آلية [ʔaːliːja], ميكانزم [miːkanizim]; COMPUT محرك القرص [muħarrik al-qurs]

Laune *f* مزاج [mizaːdʒ], *Pl* أمزجة [ʔamzidʒa]; **launisch** مزاجي [mizaːdʒiː]; *wankelmütig* متقلب [mutaqallib]

Laus *f* قملة [qamla], *Koll* قمل [qamil]

lauschen تنصت [tanɒssɒta], استرق السمع [istaraqa s-samʕ]

laut *Stimme* عال [ʕaːlin], جهير [dʒahiːr]; *Lärm* صاخب [sɒː-xib]; *Präp* حسب [ħasaba], بمقتضى [bi-muqtaðɒː]

Laut *m* صوت [sɒut], *Pl* أصوات [ʔɒswaːt]; **lauten** نص [nɒssɒ, u]; *besagen* أفاد [ʔafaːda]; JUR قضى [qɒðɒː, iː]

läuten دق [daqqa, u], قرع [qaraʕa, a]

lautlos غير مسموع [ɣair masmuːʕ], صامت [sɒːmit]; **Lautsprecher** *m* مكبر الصوت [mukabbir ɒs-sɒut]; **Lautstärke** *f* قوة/شدة الصوت [quwwat/ʃiddat ɒs-sɒut]

lauwarm فاتر [faːtir]

Lawine *f* انهيار ثلجي [inhijaːr θaldʒiː]

leasen استأجر [istaʔdʒara]

leben عاش [ʕaːʃa, iː]

Leben *n* حياة [ħajaːt]

lebend حي [ħajj]; **Lebendig** *fig* حيوي [ħajawiː], نشيط [naʃiːt]

Lebensgefahr *f* خطر الموت [xɒtɒr al-maut]; **lebensgefährlich** خطر على الحياة [xɒtɒr ʕala l-ħajaːt]; **Lebenshaltungskosten** *Pl* نفقات الحياة [nafaqaːt al-ħajaːt]; **lebenslänglich** مؤبد [muʔabbad], مدى الحياة [madaː l-ħajaːt]; **Lebenslauf** *m* سيرة [siːra], *Pl* سير [sijar]

Lebensmittel *npl* مواد غذائية [mawaːdd ɣiðaːʔiːja]; **Lebensmittelvergiftung** *f* تسمم الأطعمة [tasammum al-ʔɒtʕima]

Lebensretter(in) *m(f)* منقذ(ة) [munqið(a)]; **Lebensstan-**

dard *m* مستوى المعيشة [mustawa: l-maʕi:ʃa]; **Lebenszeichen** *m* علامة الحياة [ʕala:mat al-ħaja:t]; *Nachricht* خبر [xabar], *Pl* أخبار [ʔaxba:r]

Leber *f* كبد [kabid], *Pl* أكباد [ʔakba:d]

Lebewesen *n* مخلوق [maxlu:q]; **lebhaft** نشيط [naʃi:ŧ], حيوي [ħajawi:]

leck سرب [sarib]; ***leck sein*** غير محكم [ɣair muħkam]

lecken لحس [laħisa, a]

lecker لذيذ [laði:ð], شهي [ʃahi:]; *umg* طيب [ŧɒjjib]; **Leckerbissen** *m* أكلة لذيذة [ʔakla laði:ða]

Leder *n* جلد [dʒild], *Pl* جلود [dʒulu:d]

ledig *m* أعزب [ʔaʕzab], *f* عزباء [ʕazba:ʔ], *Pl* عزب [ʕuzb]

leer فارغ [fa:riɣ], خال من [xa:lin]; **leeren** أفرغ [ʔafraɣa]; **Leerlauf** *m* AUTO وضع نيوترال [niju:tra:l], المحايدة/المور [wɒđʕ al-muħa:jada/al-mu:r]; **Leerung** *f* *Post* تفريغ [tafri:ɣ]; **Leerzeichen** *n* إشارة فراغ [ʔiʃa:rat fara:ɣ]

legal قانوني [qa:nu:ni:], شرعي [ʃarʕi:]

legen *v/t hinlegen* وضع [wɒđɒʕa, jɒđɒʕu]; *Eier* باض [bɒ:đɒ, i:]; *v/r* ***sich legen*** استلقى [istalqa:]

Lehm *m* طين [ŧi:n], *Pl* أطيان [ʔɒŧja:n]

Lehne *f* مسند [misnad], *Pl* مساند [masa:nid]; **lehnen** *v/t* ركن على [rakana, u]; أسند إلى [ʔasnada], *v/r* ***sich lehnen*** استند إلى [istanada], ارتكن على [irtakana]

Lehrbuch *n* كتاب تعليمي [kita:b taʕli:mi:]; **Lehre** *f* *Wissenschaft* علم [ʕilm], *Pl* علوم [ʕulu:m]; *Erfahrung* عبرة [ʕibra], *Pl* عبر [ʕibar], درس [dars], *Pl* دروس [duru:s]; *Ausbildung* تدريب مهني [tadri:b mihani:]; **lehren** علم [ʕallama], درس [darrasa]; **Lehrer(in)** *m(f)* معلم(ة) [muʕallim(a)], مدرس (ة) [mudarris(a)]; **Lehrgang** *m* دورة (تدريبية) [daura (tadri:bi:ja)]; **Lehrling** *m* متدرب [mutadarrib]; **Lehrstelle** *f* مكان التدريب [maka:n at-tadri:b]

Leibwächter(in) *m(f)* حارس

(ة) شخصي(ة) [ħaːris- (a) ʃaxsiː (-siːja)]
Leiche *f* جثة [dʒuθθa], *Pl* جثث [dʒuθaθ], جثمان [dʒuθmaːn]
leicht خفيف [xafiːf], سهل [sahl], بسيط [basiːt]; ***leicht verdaulich*** سهل الهضم [sahl al-hadm]; **Leichtathletik** *f* سباق المضمار والميدان [sibaːq al-midmaːr wal-maidaːn], ألعاب القوى [ʔalʕaːb al-quwaː]; **leichtsinnig** طائش [tɒːʔiʃ], متهور [mutahawwir]
Leid *n* أسى [ʔasaː], حزن [ħuzn], *Pl* أحزان [ʔaħzaːn]; *Schmerz* ألم [ʔalam], *Pl* آلام [ʔaːlaːm]
leid: ***es tut mir leid*** آسف [ʔaːsif], متأسف [mutaʔassif]; **leiden** *an etw* عانى [ʕaːnaː], قاسى [qaːsaː]; ***nicht leiden können*** كره [kariha, a], لم يطق [lam jatiq]
Leiden *n* ألم [ʔalam], *Pl* آلام [ʔaːlaːm]; MED مرض [marɒd], *Pl* أمراض [ʔamrɒːd]; **Leidenschaft** *f* ولع ب [walaʕ], شغف [ʃaɣaf]
leider للأسف [lil-ʔasaf], لسوء الحظ [li-suːʔi l-ħɒðð]
leihen *v/t*: ***j-m etw leihen*** أعار [ʔaʕaːra], أقرض [ʔaqradɒ], سلف [sallafa]; *v/r* ***sich etw leihen*** استعار [istaʕaːra]; *Geld* استقرض [istaqradɒ]; **Leihwagen** *m* سيارة مستأجرة [sajjara mustaʔdʒara]
Leim *m* غراء [ɣiraːʔ], صمغ [sɒmɣ], *Pl* صموغ [sumuːɣ]
Leine *f* حبل [ħabl], *Pl* حبال [ħibaːl]; **Leinen** *n* كتان [kittaːn]; **Leinwand** *f* شاشة [ʃaːʃa]
leise منخفض [munxafid], خافت [xaːfit]
Leiste *f* لوح خشبي رفيع [lauħ xaʃabiː rafiːʕ]; ANAT أوربية [ʔuːrbiːja], مغبن [maɣban]
leisten أدى [ʔaddaː], أنجز [ʔandʒaza]; ***Hilfe leisten*** مد يد العون [madda (u) jad al-ʕaun], ساعد [saːʕada]; *v/r* ***sich etw leisten*** *viel herausnehmen* تجرأ على [tadʒarraʔa]
Leistung *f* أداء [ʔadaːʔ], إنجاز [ʔindʒaːz]; *Arbeit* مجهود [madʒhuːd]; PHYS قدرة [qudra]
leiten *Betrieb* أدار [ʔadaːra]
Leiter[1] *f* سلم [sullam], *Pl* سلالم [salaːlim]
Leiter[2] *m* مدير [mudiːr], رئيس [raʔiːs], *Pl* رؤساء [ruʔasaːʔ];

ELEK موصل [muwassil]; **Leiterin** *f* مديرة [mudi:ra], رئيسة [raʔi:sa]
Leitplanke *f Metall* حاجز معدني للسلامة [ħa:dʒiz maʕdani: lis-sala:ma]
Leitung *f Betrieb* إدارة [ʔida:ra]; TEL خط [xɒtt], *Pl* خطوط [xutu:t]; *Kabel* سلك [silk], *Pl* أسلاك [ʔasla:k]; *Wasser* ماسورة [ma:su:ra], *Pl* مواسير [mawa:si:r]; **Leitungswasser** *n* ماء الحنفية [ma:ʔ al-ħanafi:ja]
Lektion *f* درس [dars], *Pl* دروس [duru:s]
Lektüre *f* مطالعة [mutɒ:laʕa]; *Lesestoff* مادة للقراءة [ma:dda lil-qira:ʔa]
lenken *richten* وجه [waddʒaha]; *Auto* ساق [sa:qa, u:], قاد [qa:da, u:]; **Lenkrad** *n* عجلة القيادة [ʕadʒalat al-qija:da], مقود [miqwad], *Pl* مقاود [maqa:wid]; **Lenkung** *f* AUTO نظام التوجيه [niðɒ:m at-taudʒi:h]
lernen تعلم [taʕallama]; درس [darasa, u]
lesbar مقروء [maqru:ʔ]; *Schrift* واضح [wa:điħ]
lesbisch مثلية الجنس [miθli:jat al-dʒins]
lesen قرأ [qaraʔa, a], طالع [tɒ:laʕa]; **Leser(in)** *m(f)* قارئ(ة) [qa:ri:ʔ(a)], *mpl* قراء [qura:ʔ]
letzte(r, -s) أخير [ʔaxi:r]; *von ind. Gen Sg* آخر [ʔa:xir]; ***letzte Woche*** الأسبوع الماضي [al-ʔusbu:ʕ al-mɒ:đi:]
leuchten أضاء [ʔađɒ:ʔa], أنار [ʔana:ra]; **leuchtend** نير [najjir]; *Farbe* فاقع [fa:qiʕ], زاه [za:hin]; **Leuchtreklame** *f* لوحات دعائية مضاءة [lauħa:t diʕa:ʔi:ja muđɒ:ʔa], لافتات نيون [la:fita:t niju:n]; **Leuchtturm** *m* فنار [fana:r]
leugnen أنكر [ʔankara], كذب [kaððaba]
Leute *Pl* ناس [na:s]; *Gruppe* جماعة [dʒama:ʕa]
Lexikon *n* معجم [muʕdʒam], *Pl* معاجم [maʕa:dʒim]
Libanon *m* لبنان [lubna:n]
liberal ليبرالي [li:bira:li:], متحرر [mutaħarrir]
Liberalisierung *f* تحرير [taħri:r]
Libyen *n* ليبيا [li:bija:]
Licht *n* ضوء [đɒuʔ], *Pl* أضواء [ʔɒđwa:ʔ]; **Lichthupe** *f* AUTO استخدام الضوء العالي للتحذير

[istixda:m ɒđ-đɒuʔ al-ʕa:li: lit-taħði:r]; **Lichtmaschine** *f* AUTO دينامو [di:na:mu:]; **Lichtschalter** *m* مفتاح النور [mifta:ħ an-nu:r]; **Lichtschranke** *f* حاجز كهربائي ضوئي [ħa:dʒiz kahruba:ʔi: đɒuʔi:]; **Lichtschutzfaktor** *m* عامل الوقاية من أشعة الشمس [ʕa:mil al-wiqa:ja min ʔaʃiʕat aʃ-ʃams]

Lid *n* جفن [dʒafn], *Pl* جفون [dʒufu:n]; **Lidschatten** *m* ظلال العيون [ðila:l al-ʕuju:n], اي شادو [aj ʃa:du:]

lieb عزيز [ʕazi:z], غال [ɣa:lin]; ***am liebsten*** ... ليس أحب إلى ... من أن [laisa ʔaħabba ʔila: ... min ʔann]; *bevorzugen (gegenüber)* على فضل [fɒđđɒla]; **Liebe** *f* حب [ħubb]; *Leidenschaft* عشق [ʕiʃq]; **lieben** أحب [ʔaħabba], عشق [ʕaʃiqa, a]; **lieber** أحب [ʔaħabb], أعز [ʔaʕazz]

Liebeskummer *m* لوعة الحب [lauʕat al-ħubb]; **Liebespaar** *n* عاشقان [ʕa:ʃiqa:n]

liebevoll حنون [ħanu:n], ودود [wadu:d]

Liebhaber(in) *m(f)* عاشق(ة) [ʕa:ʃiq(a)], *mpl* عشاق [ʕuʃʃa:q]; **Lieblings...** ... المفضل [al-mufɒđđɒl]

Lied *n* أغنية [ʔuɣnija], *Pl* أغان [ʔaɣa:nin], أنشودة [ʔunʃu:da], *Pl* أناشيد [ʔana:ʃi:d]

Lieferant(in) *m(f)* مورد(ة) [muwarrid(a)]; **liefern** ورد [warrada]; **Lieferung** *f* توريد [tauri:d]; *Sendung* إرسالية [ʔirsa:li:ja]; **Lieferwagen** *m* سيارة تسليم البضائع [sajja:rat tasli:m al-bɒđɒ:ʔiʕ]

liegen استلقى [istalqa:]; *gelegen sein* وقع [waqaʕa, jaqaʕu]; **Liegestuhl** *m* كرسي للاستلقاء [kursi: lil-istilqa:ʔ]

Lift *m* مصعد [misʕad], *Pl* مصاعد [mɒsɒ:ʕid], أسانسير [ʔasa:nsi:r]

lila ليلكي [lailaki:]

Limonade *f* ليموناضة [limuna:đɒ]

lindern سكن [sakkana], خفف [xaffafa]

Lineal *n* مسطرة [mistɒra], *Pl* مساطر [masa:tir]

Linie *f* خط [xɒtt], *Pl* خطوط [xutu:t]

Linienbus *m* باص عمومي [bɒ:s ʕumu:mi:], باص خط [bɒ:s xatt]; **Linienflug** *m* رحلة جوية منتظمة [riħla dʒawwi:ja muntɒðima], رحلة جوية مجدولة [riħla dʒawwi:ja mudʒadwala]

linke(r, -s) *Adj m* أيسر [ʔaisar], *f* يسرى [jusra:], شمالي(ة) [ʃima:li: (-li:ja)]; POL يساري(ة) [jasa:ri: (-ri:ja)]

Linke *f* اليسرى [al-jusra:]; POL اليسار [al-jasa:r]

links *Adv* على اليسار [ʕala l-jasa:r], شمالا [ʃima:lan]; ***nach links*** إلى اليسار [ʔila l-jasa:r], إلى الشمال [ʔila ʃ-ʃima:l]

Linse *f Optik* عدسة [ʕadasa]; BOT حبة عدس [ħabbat ʕadas]; *Koll* عدس [ʕadas]

Lippe *f* شفة [ʃafa], *Pl* شفاه [ʃifa:h]; **Lippenstift** *m* أحمر الشفاه [ʔaħmar aʃ-ʃifa:h]; *lib* إصبع الحمرة [ʔisbaʕ al-ħumra]; *äg* قلم الشفايف [qalam aʃ-ʃafa:jif]

Lissabon *n* لشبونة [liʃbu:na]

List *f* حيلة [ħi:la], *Pl* حيل [ħijal]

Liste *f* قائمة [qa:ʔima], *Pl* قوائم [qawa:ʔim], جدول [dʒadwal], *Pl* جداول [dʒada:wil]

listig مكار [makka:r]

Liter *m* لتر [litr]

Literatur *f* أدب [ʔadab], *Pl* آداب [ʔa:da:b], أدبيات [ʔadabi:jat]

live حي ومباشر [ħajj wa-muba:ʃir]

Lizenz *f* رخصة [ruxsɒ], *Pl* رخص [ruxɒs]

Lkw *m* (***Lastkraftwagen***) شاحنة [ʃa:ħina]

Lob *n* ثناء [θana:ʔ], مدح [madħ]; **loben** أثنى على [ʔaθna:], مدح [madaħa, a]

Loch *n* ثقب [θuqb], ثقوب [θuqu:b], خرم [xurm], خروم [xuru:m]; **Locher** *m* خرامة [xarra:ma]

Locke *f* خصلة [xusla], *Pl* خصل [xusɒl], جعدة [dʒaʕda]

locken أغرى [ʔaɣra:], جذب [dʒaðaba, i]

locker رخو [raxw], مفكوك [mafku:k]; **lockern** أرخى [ʔarxa:], فك [fakka, u]

Löffel *m* ملعقة [milʕaqa], *Pl* ملاعق [mala:ʕiq]

logisch منطقي [mantɨqi:]

Logo *n* شعار [ʃiʕa:r], لوجو [lugu:]

Lohn *m* أجر [ʔadʒr], أجور [ʔudʒu:r]; **lohnen** كافأ [ka:faʔa]; ***es lohnt sich*** فيه فائدة [fihi fa:ʔida]

Lokal *n* مطعم [mɒtʕam], *Pl* مطاعم [mɒtɒ:ʕim]; *Kneipe*

حانة [ħa:na]

Lokomotive *f* قاطرة [qɒ:ŧira]

London *n* لندن [lundun]

los مفكوك [mafku:k]; ***j-n los sein*** تخلص من [taxallɒsɒ]; ***was ist los*** ما الأمر؟ [ma: l-ʔamr], ماذا حدث؟ [ma:ða: ħadaθa (u)]

Los *n Lotterie* ورقة يانصيب [waraqat ja:nɒsi:b]; *Schicksal* قدر [qadar], حظ [ħɒðð]

losbinden فك [fakka, u], حل [ħalla, u]

löschen *Feuer, Licht* أطفأ [ʔɒŧfaʔa]; *Daten* محا [maħa:, u:]

lose رخو [raxw], مفكوك [mafku:k]; *unverpackt* غير معبأ [ɣair muʕabbaʔ], سائب [sa:ʔib]

Lösegeld *n* فدية [fidja]

losen اقترع على [iqtaraʕa]

lösen *Problem* حل [ħalla, u]; *Fahrkarte* قطع [qɒŧɒʕa, a]; *v/r* ***sich lösen*** انفصل [infɒsɒla], انفك [infakka]

losfahren انطلق [inŧɒlaqa], تحرك [taħarraka]; **losgehen** انطلق [inŧɒlaqa]; **loslassen** ترك [taraka, u]

löslich قابل للذوبان [qa:bil lið-ðawaba:n]

Lösung *f* حل [ħall], *Pl* حلول [ħulu:l]; CHEM محلول [maħlu:l], *Pl* محاليل [maħa:li:l]

loswerden تخلص من [taxallasɒ]; *Ware* روج [rawwadʒa], باع [ba:ʕa, i:]

löten لحم [laħama, u]

Lotterie *f* يانصيب [ja:nɒsi:b]

Lotto *n* يانصيب [ja:nɒsi:b], لوتو [lu:tu:]

Löwe *m* أسد [ʔasad], *Pl* أسود [ʔusu:d]; **Löwin** *f* لبؤة [labuʔa]

Lücke *f* ثغرة [θaɣra], فجوة [fadʒwa]

Luft *f* هواء [hawa:ʔ]; **Luftballon** *m* نفاخة [nuffa:xa], بالون [ba:lu:n]; **luftdicht** محكم [muħkam], مانع للهواء [ma:niʕ lil-hawa:ʔ]; **Luftdruck** *m* الضغط الجوي [ɒđ-đɒɣŧ al-dʒawwi:]

lüften هوى [hawwa:]

Luftfeuchtigkeit *f* رطوبة الجو [ruŧu:bat al-dʒaww]; **Luftfracht** *f* شحن جوي [ʃaħn dʒawwi:]; **Luftlinie** *f* خط مستقيم [xɒŧŧ mustaqi:m]; **Luftmatratze** *f* فرشة هوائية [farʃa hawa:ʔi:ja]; **Luftpumpe** *f* منفاخ [minfa:x], *Pl*

منافيخ [mana:fi:x]; **Luftröhre** *m* ANAT القصبة الهوائية [al-qɒsɒba al-hawa:ʔi:ja]
Lüftung *f* تهوية [tahwija]
Luftverschmutzung *f* تلوث الهواء/الجو [talawwuθ al-hawa:ʔ/al-dʒaww]
Luftwaffe *f* سلاح الطيران [sila:ħ ɒt-tɒja:ra:n]
Lüge *f* كذبة [kiðba]; **lügen** كذب [kaðaba, i]; **Lügner(in)** *m(f)* كاذب(ة) [ka:ðib(a)], كذاب(ة) [kaðða:b(a)]
Lunchpaket *n* علبة الطعام [ʔulbat ɒt-tɒʕa:m], لنش بوكس [lanʃ bu:ks]
Lunge *f* ANAT رئة [riʔa];
Lungenentzündung *f* MED التهاب رئوي [iltiha:b riʔawi:]
Lupe *f* عدسة مكبرة [ʕadasa mukabbira]
Lust *f* رغبة [raɣba], شهوة [ʃahwa]; ***Lust haben zu*** رغب في [raɣiba, a], اشتهى [iʃtaha:]
lustig مضحك [muđħik]
lutschen مص [mɒssɒ, u]
Luxor *n* الأقصر [al-ʔuqsur]
luxuriös فاخر [fa:xir], فخم [faħm]
Luxus *m* ترف [taraf], بذخ [baðx]; **Luxushotel** *n* فندق فاخر [funduq fa:xir]
Lymphknoten *m* ANAT عقدة لمفاوية [ʕuqda limfa:wi:ja]

M

machbar ممكن عمله [mumkin ʕamaluhu]
machen عمل [ʕamila, a]; *herstellen* صنع [sɒnaʕa, a]; *gestalten* أعد [ʔaʕadda]; ***Platz machen*** أخلى المكان [ʔaxla l-maka:n]; ***das macht nichts*** لا يهم [la: jahumm], لا بأس [la: baʔs]
Macho *m* رجل مسيطر متعجرف [radʒul musaitir mutaʕadʒrif]
Macht *f* قوة [qu:wa]; *Autorität* سلطة [sultɒ]; *Fähigkeit* قدرة [qudra]
mächtig قوي [qawi:]; *einflussreich* ذو نفوذ [ðu: nufu:ð]
machtlos عاجز [ʕa:dʒiz],

قاصر عن [qɒ:sir]
Mädchen *n* بنت [bint], *Pl* بنات [bana:t]; *Jugendliche* صبية [sɒbi:ja], *Pl* صبايا [sɒba:ja:]; *junge Frau* فتاة [fata:t], *Pl* فتيات [fataja:t]; **Mädchenname** *m* الاسم قبل الزواج [al-ism qabla z-zawa:dʒ]
Made *f* يرقة [jaraqa], دودة [du:da], *Koll* دود [du:d]
Madrid *n* مدريد [madri:d]
Mafia *f* مافيا [ma:fja:]
Magen *m* معدة [maʕida], *Pl* معد [miʕad]; **Magengeschwür** *n* MED قرحة في المعدة [qurħa fil-maʕida]; **Magenschmerzen** *mpl* آلام المعدة [ʔa:la:m al-maʕida]
mager نحيف [naħi:f], هزيل [hazi:l]; *fettarm* غير مدهن [ɣair mudhin]; غير دسم [ɣair dasim]; **Magermilch** *f* حليب مقشود [ħali:b maqʃu:d]
magisch ساحر [sa:ħir], فاتن [fa:tin]
Magnet *m* مغناطيس [miɣna:ti:s]
mähen حصد [ħɒsɒda, u], حش [ħaʃʃa, u]
mahlen طحن [tɒħana]; *grob* جرش [dʒaraʃa]; **Mahlzeit** *f* وجبة طعام [wadʒbat tɒʕa:m]
mahnen أنذر [ʔanðara]; *ermahnen* نبه [nabbaha], ذكر [ðakkara]; **Mahnung** *f* JUR إنذار [ʔinða:r]; *Hinweis* تنبيه [tanbi:h]
Mai *m syr* أيار [ʔajja:r]; *äg* مايو [ma:ju]
Mailbox *f* TEL صندوق البريد الصوتي [sundu:q al-bari:d ɒs-sɒuti:]; COMPUT صندوق البريد الإلكتروني [sundu:q al-bari:d al-ʔiliktru:ni:]; **mailen** COMPUT أرسل بريدا إلكترونيا [ʔarsala bari:dan ʔiliktru:ni:jan]
Mais *m* ذرة [ðura]
Majonäse *f* → ***Mayonnaise***
makaber شنيع [ʃani:ʕ], فظيع [faði:ʕ]
Makel *m* عيب [ʕaib], *Pl* عيوب [ʕuju:b]; **makellos** لا تشوبه شائبة [la: taʃu:buhu ʃa:ʔiba]
Make-up *n* ماكياج [ma:kija:dʒ]
Makrele *f* سمك إسقمري [samak ʔisqumri:]
mal MATH ضرب [đɒrb], في [fi:]
Mal *n* مرة [marra]; *Leberfleck* شامة [ʃa:ma]; ***zum ersten Mal*** للمرة الأولى [lil-marrati l-ʔu:la:]; ***das nächste Mal*** في المرة القادمة [fil-marrati l-qa:dima]

Malaria *f* MED ملاريا [mala:rja:]

malen رسم [rasama, u]; **Maler** *m* رسام [rassa:m]; *Anstreicher* دهان [dahha:n]; **Malerei** *f* فن الرسم والتصوير [fann ar-rasm wat-tɒswi:r]; **Malerin** *f* رسامة [rassa:ma]; **malerisch** رائع [ra:ʔiʕ], فاتن [fa:tin]

Malta *n* مالطا [ma:ltɒ:]

Mama *f* ماما [ma:ma:]

man أحد [ʔaħad], المرء [al-marʔ]

managen أدار [ʔada:ra]; **Manager(in)** *m(f)* مدير(ة) [mudi:r(a)], *mpl* مدراء [mudara:ʔ]

Manama *n* المنامة [al-mana:ma]

manche(r, -s) بعض [baʕđ]; **manchmal** أحيانا [ʔaħjanan], في بعض الأحيان [fi: baʕđi l-ʔaħja:n]

Mandarine *f* مندرين [mandari:n]; *syr, äg* يوسف افندي [ju:suf ʔafandi:]; *jord* مندلينا [mandali:na]

Mandel *f* BOT لوزة [lauza], *Koll* لوز [lauz]; ANAT اللوزتان [al-lauzata:n]

Mangel *m* نقص [naqs]; *Makel* عيب [aib], *Pl* عيوب [ʕuju:b];

mangelhaft ذو عيوب [ðu: ʕuju:b], معيب [maʕi:b]; *Note* ضعيف [đaʕi:f]; **Mangelware** *f* WIRTSCH سلعة نادرة [silʕa na:dira]

Mango *f* مانجو [mangu:]

Manieren *fpl* آداب السلوك [ʔa:da:b as-sulu:k]

manipulieren تلاعب في [tala:ʕaba]

Mann *m* رجل [radʒul], *Pl* رجال [ridʒa:l]; *Gatte* زوج [zaudʒ], *Pl* أزواج [ʔazwa:dʒ]

Männchen *n* ZOOL ذكر [ðakar], *Pl* ذكور [ðuku:r]

männlich ذكر [ðakar]; GRAM مذكر [muðakkar]

Mannschaft *f* SPORT فريق [fari:q], *Pl* فرق [firaq]; *Besatzung* طاقم [tɒ:qim], *Pl* أطقم [ʔɒtqum]

Manöver *n a.* MIL مناورة [muna:wara]

Mantel *m* معطف [miʕtɒf], *Pl* معاطف [maʕɒ:tif], بالطو [ba:ltu:]

Manuskript *n* مخطوط [maxtu:t]

Mappe *f* محفظة [maħfɒðɒ], *Pl* محافظ [maħa:fið]

Marathonlauf *m* سباق المرثون [siba:q al-maraθu:n]

Märchen *n* خرافة [xura:fa], أسطورة [ʔustʉu:ra], *Pl* أساطير [ʔasa:tʉi:r]
Margarine *f* مرغرين [marɣari:n], سمن صناعي/نباتي [samn sʉina:ʕi:/naba:ti:]
Marienkäfer *m* خنفساء مرقطة [xunfusa:ʔ muraqqɒtʉɒ], دعسوقة [duʕsu:qa]
Marine *f* البحرية [al-baħri:ja]; MIL القوات البحرية [al-quwwa:t al-baħri:ja]
Marionette *f a. fig* دمية [dumja], *Pl* دمى [duman], ألعوبة [ʔulʕu:ba], *Pl* ألاعيب [ʔala:ʕi:b]
Mark *n* نخاع [nuxa:ʕ]
Marke *f Fabrikat* ماركة [ma:rka], علامة تجارية [ʕala:ma tidʒa:ri:ja]; *Markierung* علامة [ʕala:ma]; *Briefmarke* طابع [tʉɒ:biʕ], *Pl* طوابع [tʉɒwa:biʕ]; **Markenzeichen** *n* علامة تجارية [ʕala:ma tidʒa:ri:ja]
Marketing *n* WIRTSCH تسويق [taswi:q]
markieren علم على [ʕallama]; **Markierung** *f* وضع علامة على [wɒdʕ ʕala:ma]
Markt *m* سوق [su:q] *f*, *Pl* أسواق [ʔaswa:q]; **Markthalle** *f* سوق مسقوفة [su:q masqu:fa]; **Marktlücke** *f* فجوة في السوق [fadʒwa fis-su:q]; **Marktplatz** *m* ساحة السوق [sa:ħat as-su:q]
Marmelade *f* مربى [murabban]
Marmor *m* مرمر [marmar], رخام [ruxa:m]
Marokko *n* المغرب [al-maɣrib]
Marrakesch *n* مراكش [mara:kiʃ]
marschieren سار [sa:ra, i:]; MIL زحف [zaħafa, a]
Märtyrer(in) *m(f)* شهيد(ة) [ʃahi:d(a)], *mpl* شهداء [ʃuhada:ʔ]
März *m syr* آذار [ʔa:ða:r]; *äg* مارس [ma:rs]
Maschine *f* آلة [ʔa:la], ماكينة [ma:ki:na]; **maschinell** آلي [ʔa:li:]; **Maschinenbau** *m* هندسة مكنات/الآلات [handasat maka:na:t/al-ʔa:la:t]
Masern *Pl* MED حصبة [ħɒsba]
Maskat *n* مسقط [masqɒtʉ]
Maske *f* قناع [qina:ʕ], *Pl* أقنعة [ʔaqniʕa]; **maskieren** *v/t* قنع [qannaʕa]; *v/r* ***sich maskieren*** تنكر [tanakkara], تقنع [taqannaʕa]
maskulin مذكر [muðakkar]

Maß *n* قياس [qija:s], مقياس [miqja:s], *Pl* مقاييس [maqa:ji:s]
Massage *f* تدليك [tadli:k], مساج [masa:dʒ]
Masse *f* كتلة [kutla], *Pl* كتل [kutal]; *Volksmenge* جمهور [dʒumhu:r]
Maßeinheit *f* وحدة القياس [wiħdat al-qija:s]
massenhaft بكثرة [bi-kaθra], بغزارة [bi-ɣaza:ra]; **Massenmedien** *npl* وسائل الإعلام الجماهيري [wasa:ʔil al-ʔiʕla:m al-dʒama:hi:ri:]
Massenproduktion *f* إنتاج بالجملة [ʔinta:dʒ bil-dʒumla]; **Massentourismus** *m* السياحة الجماعية [as-sija:ħa al- dʒama:ʕi:ja]
massieren دلك [dallaka]
mäßig معتدل [muʕtadil]; *Preis* متهاود [mutaha:wid]
massiv *Adj* متين [mati:n]; *Adv* بشدة [bi-ʃidda]
Maßnahme *f* إجراء [ʔidʒra:ʔ]; **Maßstab** *m* مقياس [miqja:s], *Pl* مقاييس [maqa:ji:s]; *Norm* معيار [miʕja:r], *Pl* معايير [maʕa:ji:r]; *Zollstock* المتر [al-mitr]
Mast *m* SCHIFF سارية [sa:ri:ja], *Pl* سوار [sawa:rin]; *Strommast* عمود [ʕamu:d], *Pl* أعمدة [ʔaʕmida]
Material *n* مادة [ma:dda], *Pl* مواد [mawa:dd]; **materialistisch** مادي [ma:ddi:]
Materie *f* مادة [ma:dda], *Pl* مواد [mawa:dd]; **materiell** مادي [ma:ddi:]
Mathematik *f* رياضيات [rijɒ:đɨ:ja:t]
Matratze *f* فرشة [farʃa], مرتبة [martaba], *Pl* مراتب [mara:tib]
Matrose *m*, **Matrosin** *f* بحار(ة) [baħħa:r(a)], *mpl* بحارة [baħħa:ra], ملاح(ة) [malla:ħ(a)]
Matsch *m* وحل [waħal], *Pl* وحول [wuħu:l], طين [ŧɨ:n], أطيان [ʔɒŧja:n]
matt *Farbe* باهت [ba:hit]; *kraftlos* منهك [munhak], تعبان [taʕba:n]
Matte *f* حصيرة [ħɒsɨ:ra], *Pl* حصائر [ħɒsɒ:ʔir]
Mauer *f* جدار [dʒida:r], *Pl* جدران [dʒudra:n], سور [su:r], *Pl* أسوار [ʔaswa:r]
Maul *n* فم [fam], *Pl* أفواه [ʔafwa:h]; **Maultier** *n* بغل [baɣl], *Pl* بغال [biɣa:l];

Maulwurf *m* خلد [xuld]
Maurer(in) *m(f)* بناء(ة) [banna:ʔ(a)]
Mauretanien *n* موريتانيا [mauri:ta:nija:]
Maus *f* ZOOL, COMPUT فأرة [faʔra], *Pl* فئران [fiʔra:n]
Maut *f* رسوم الشوارع والطرق [rusu:m aʃ-ʃawa:riʕ wɒt-tu-ruq]
maximal *Adv* الحد الأقصى [al-ħadd al-ʔaqsɒ:]
Mayonnaise *f* مايونيز [ma:-ju:ni:z]
Mechanik *f* ميكانيكية [mi:ka:-ni:ki:ja]; **mechanisch** ميكانيكي [mi:ka:ni:ki:]
meckern *fig* تذمر [taðamma-ra]
Mecklenburg-Vorpommern *n* مكلنبورغ فوربومرن [miklinbu:rɣ fu:rbumarn]
Medaille *f* ميدالية [mi:da:li:ja]
Medien *Pl* وسائل الإعلام [wasa:ʔil al-ʔiʕla:m]
Medina *n* المدينة المنورة [al-madi:na al-munawwara]
meditieren تأمل [taʔammala]
medium *Steak* نصف مشوي [nisf maʃwi:]
Medizin *f* طب [tibb]; *Arznei* دواء [dawa:ʔ], *Pl* أدوية [ʔad-wija]; **medizinisch** طبي [tibbi:]
Meer *n* بحر [baħr], *Pl* بحار [biħa:r]; **Meeresfrüchte** *fpl* مأكولات بحرية [maʔku:la:t baħri:ja]; **Meeresspiegel** *m* ***über dem Meeresspiegel*** فوق سطح البحر [fauqa sɒtħi l-baħr]
Megabyte *n* ميجا بايت [mi:ga ba:jt]
Mehl *n* طحين [tɒħi:n], دقيق [daqi:q]
mehr أكثر [ʔakθar]; ***mehr als*** أكثر من [ʔakθara min], ما يزيد عن [ma: jazi:d ʕan]; ***mehr oder weniger*** *im Allgemeinen* بشكل عام [bi-ʃaklin ʕa:mm]
mehrere عدة [ʕidda]; **mehrfach** متعدد [mutaʕaddid]; **Mehrheit** *f* أغلبية [ʔaɣlabi:-ja]; **mehrmals** مرات عديدة [marra:t ʕadi:da]; **Mehrwertsteuer** *f* ضريبة القيمة المضافة [đɒri:bat al-qi:ma al-muđɒ:fa]; **Mehrzahl** *f* أكثرية [ʔakθari:ja]; GRAM جمع [dʒamʕ]
meiden تجنب [tadʒannaba]
Meile *f* ميل [mi:l], *Pl* أميال [ʔamja:l]

mein, **meine** *Pron* ـي [-i:]
meinen قصد [qɒsɒda, i], عنى [ʕana:, i:]; *denken* اعتقد [iʕtaqada]
meinetwegen لأجلي [li-ʔadʒli:]; ***meinetwegen!*** فليكن [faljakun]
Meinung *f* رأي [raʔj], *Pl* آراء [ʔa:ra:ʔ]; **Meinungsumfrage** *f* استطلاع الرأي العام [istiṯla:ʕ ar-raʔj al-ʕa:mm]; **Meinungsverschiedenheit** *f* اختلاف الرأي [ixtila:f ar-raʔj]
meist في الغالب [fil-ɣa:lib], غالبا [ɣa:liban]; **meiste** معظم [muʕðam], أغلب [ʔaɣlab]; ***am meisten*** أكثر [ʔakθar], الأكثر [al-ʔakθar]; **meistens** غالبا ما [ɣa:liban ma:], في أغلب الأحيان [fi: ʔaɣlabi l-ʔaħja:n]
Meister(in) *m(f)* معلم(ة) حرفي (ة) [muʕallim(a) ħirfi:(-fi:ja)]; *äg* أسطى [ʔustɒ:], *Pl* أسطوات [ʔustɒwa:t]; SPORT بطل(ة) [bɒtɒl(a)], *mpl* أبطال [ʔabtɒ:l]; **meisterhaft** ممتاز [mumta:z], رائع [ra:ʔiʕ]; **Meisterschaft** *f* SPORT بطولة [butu:la]; **Meisterwerk** *n* تحفة [tuħfa], *Pl* تحف [tuħaf]
Mekka *n* مكة المكرمة [makka al-mukarrama]
melden أخبر [ʔaxbara]; *v/r* ***sich melden*** *bei j-m* اتصل ب [ittɒsɒla]; *zu etw* سجل نفسه [saddʒala nafsahu]; TEL رد على [radda, u]; **Meldung** *f* *Nachricht* خبر [xabar], *Pl* أخبار [ʔaxba:r]; *a. Anzeige* بلاغ [bala:ɣ]
melken حلب [ħalaba, i]
Melodie *f* لحن [laħn], *Pl* ألحان [ʔalħa:n], نغم [naɣam], *Pl* أنغام [ʔanɣa:m]
Melone *f* بطيخة [bɒtti:xa], *Koll* بطيخ [bɒtti:x]; *Honigmelone* شمامة [ʃuma:ma], *Koll* شمام [ʃuma:m]
Menge *f* كمية [kammi:ja], مقدار [miqda:r], *Pl* مقادير [maqa:di:r]; *Menschen* جمع [dʒamʕ]; *Schar* لفيف [lafi:f]
Mensch *m* إنسان [ʔinsa:n]; **Menschenrechte** *npl* حقوق الإنسان [ħuqu:q al-ʔinsa:n]; **Menschheit** *f* الإنسانية [al-ʔinsa:ni:ja]; **menschlich** إنساني [ʔinsa:ni:]
Menstruation *f* حيض [ħaiđ], طمث [tɒmθ]
Mentalität *f* عقلية [ʕaqli:ja]
Menü *n* لائحة الطعام [la:ʔiħat ɒt-tɒʕa:m]; COMPUT قائمة

الخيارات [qa:ʔimat al-xija:ra:t]

merken لاحظ [la:ħaðɒ], انتبه [intabaha]; *spüren* أحس [ʔaħassa], شعر [ʃaʕara, u]; *v/r* ***sich etw merken*** حفظ [ħafiðɒ, a]; **Merkmal** *n* علامة [ʕala:ma], سمة [sima]; **merkwürdig** غريب [ɣari:b], عجيب [ʕadʒi:b]

Messe *f* WIRTSCH معرض [maʕriđ], *Pl* معارض [maʕa:riđ]; REL قداس [qudda:s]

messen قاس [qa:sa, i:]

Messer *n* سكين [sikki:n], *Pl* سكاكين [saka:ki:n]

Messgerät *n* جهاز قياس [dʒiha:z qija:s]

Messing *n* نحاس أصفر [nuħa:s ʔɒsfar]

Metall *n* معدن [maʕdan], *Pl* معادن [maʕa:din]

Meteor *m* شهاب [ʃiha:b], *Pl* شهب [ʃuhub]; **meteorologisch** متعلق بالأرصاد الجوية [mutaʕalliq bil-ʔarsɒ:d al-dʒawwi:ja]

Meter *m* متر [mitr], *Pl* أمتار [ʔamta:r]

Methode *f* أسلوب [ʔuslu:b], *Pl* أساليب [ʔasa:li:b], طريقة [ŧɒri:qa], *Pl* طرق [ŧuruq]

Metzgerei *f* دكان بيع اللحوم [dukka:n baiʕ al-luħu:m]; *bes jord* ملحمة [malħama]

MEZ (***Mitteleuropäische Zeit***) توقيت وسط أوروبا [tauqi:t wasɒŧ ʔu:ru:ba]

mich *Pron* ـني [-ni:]; ***das ist für mich*** هذا لي [ha:ða: li:]

Miene *f* تعبير الوجه [taʕbi:r al-wadʒh]; *Gesichtszüge* ملامح [mala:miħ]

mies سيء [sajjiʔ], رديء [radi:ʔ]

Miete *f* إيجار [ʔi:dʒa:r], أجرة [ʔudʒra], *Pl* أجر [ʔudʒar]; **mieten** استأجر [istaʔdʒara]; **Mieter(in)** *m(f)* مستأجر(ة) [mustaʔdʒir(a)]; **Mietvertrag** *m* عقد الإيجار [ʕaqd al-ʔi:dʒa:r]; **Mietwagen** *m* سيارة مستأجرة [sajja:ra mustaʔdʒara]

Migräne *f* MED شقيقة [ʃaqi:qa], صداع نصفي [suda:ʕ nisfi:]

Mikrofaser *f* ألياف دقيقة [ʔalja:f daqi:qa]; **Mikrofon** *n* ميكروفون [mi:krufu:n]; **Mikroskop** *n* ميكروسكوب [mi:krusku:b], مجهر [midʒhar], *Pl* مجاهر [madʒa:hir]; **Mikrowellenherd** *m* ميكروويف [mi:kru:wi:f]

Milch *f* حليب [ħali:b] *f*; *äg* لبن [laban]; **Milchprodukte** *npl* منتجات حليبية [muntadʒa:t ħali:bi:ja]; **Milchshake** *m* ميلك شيك [milk ʃajk]; **Milchzahn** *m* سن الحليب/لبني [sinn al-ħali:b/labani:]

mild *Klima* معتدل [muʕtadil]; *Tabak, Strafe* خفيف [xafi:f]

Militär *n* القوات المسلحة [al-quwwa:t al-musallaħa]; **Militärdienst** *m* خدمة عسكرية [xidma ʕaskari:ja]; **militärisch** عسكري [ʕaskari:]

Milliarde *f* مليار(د) [milja:r(-d)]; **Millimeter** *m* مليمتر [milimitr]

Million *f* مليون [milju:n], *Pl* ملايين [mala:ji:n]; **Millionär(in)** *m(f)* مليونير(ة) [milju:najr(a)]

Milz *f* طحال [ṭiħa:l], *Pl* طحل [ṭuħul]

Mimik *f* تعابير الوجه [taʕa:bi:r al-wadʒh]

Minarett *n* مئذنة [miʔðana], *Pl* مآذن [maʔa:ðin]

Minderheit *f* أقلية [ʔaqalli:ja]; **minderjährig** قاصر [qɒ:ṣir]

mindeste الأقل [al-ʔaqall]; **mindestens** على الأقل [ʕala l-ʔaqall]

Mine *f Bergwerk* منجم [mandʒam], *Pl* مناجم [mana:dʒim]; MIL لغم [luɣm], *Pl* ألغام [ʔalɣa:m]; *Kugelschreiber* خرطوشة [xarṭu:ʃa], *Pl* خراطيش [xara:ṭi:ʃ]

Mineral *n* معدن [maʕdan], *Pl* معادن [maʕa:din]; **Mineralwasser** *n* مياه معدنية [mija:h maʕdani:ja]

Minibar *f* بار صغير [ba:r ṣɒɣi:r]; **minimal** *Adj* ضئيل [đɒʔi:l], أدنى [ʔadna:]; **Minimum** *n* الحد الأدنى [al-ħadd al-ʔadna:]

Minister(in) *m(f)* وزير(ة) [wazi:r(a)], *mpl* وزراء [wuzara:ʔ]; **Ministerpräsident(in)** *m(f)* رئيس(ة) الوزراء [raʔi:s(at) al-wuzara:ʔ]

minus MATH ناقص [na:qiṣ]

Minute *f* دقيقة [daqi:qa], *Pl* دقائق [daqa:ʔiq]

mir *Pron* ـني [-ni:], لي [li:]; ***das gehört mir*** هذا لي [ha:ða: li:]

mischen خلط [xalaṭɒ, i], مزج [mazadʒa, u]; **Mischung** *f* خليط [xali:ṭ], مزيج [mazi:dʒ]

missachten *geringschätzen* استخف ب [istaxaffa]; *ignorieren* تجاهل [tadʒa:hala];

missbrauchen أساء استعمال [ʔasaːʔa istiʕmaːla]; *vergewaltigen* اغتصب [iɣtasɒba]; **Misserfolg** *m* فشل [faʃal], إخفاق [ʔixfaːq]; **Missernte** *f* سوء الحصاد [suːʔ al-ħisɒːd]; **Missgeschick** *n* سوء الحظ [suːʔ al-ħɒðð]; **misshandeln** أساء المعاملة [ʔasaːʔa al-muʕaːmala]
Mission *f* بعثة [biʕθa]; REL تبشير [tabʃiːr]
misslingen فشل [faʃila, a], أخفق [ʔaxfaqa]; **Missstände** *mpl* سوء الأحوال [suːʔ al-ʔaħwaːl], شر [ʃarr], *Pl* شرور [ʃuruːr]
Misstrauen *n* سوء الظن [suːʔ ɒð-ðɒnn], عدم الثقة [ʕadam aθ-θiqqa]; **misstrauisch** شكاك [ʃakkaːk], ظنون [ðɒnuːn]
Missverständnis *n* سوء الفهم [suːʔ al-fahm]
Mist *m* روث [rauθ], *Pl* أرواث [ʔarwaːθ]
mit مع [maʕa]; ب [bi]; ***mit dem Zug*** بالقطار [bil-qitɒːr]
Mitarbeit *f* مشاركة في العمل [muʃaːraka fil-ʕamal], تعاون [taʕaːwun]; **Mitarbeiter(in)** *m(f)* عامل(ة) لدى [ʕaːmil(a) ladaː]
mitbringen أحضر معه [ʔaħðɒra]; *Person* اصطحب [istɒħaba]
miteinander معا [maʕan]
mitfahren *mit j-m* رافق [raːfaqa], صحب [sɒħiba, a]; **Mitfahrgelegenheit** *f* فرصة السفر مع [fursɒt as-safar]
Mitgefühl *n* عطف [ʕɒtf], مشاركة وجدانية [muʃaːraka widʒdaːniːja]
mitgehen صاحب [sɒːħaba]; **mitgenommen** *bestürzt* مذهول [maðhuːl]; *abgenutzt* مستهلك [mustahlak]; **Mitglied** *n* عضو [ʕuđw], *Pl* أعضاء [ʔaʕđɒːʔ]; **mitkommen** رافق [raːfaqa]; **Mitleid** *n* شفقة [ʃafaqa], رحمة [raħma]; **mitmachen** شارك في [ʃaːraka]; **mitnehmen** اصطحب [istɒħaba]; **mitschreiben** دون ملاحظات [dawwana mulaːħaðɒːt], كتب [kataba, u]
Mittag *m* ظهر [ðuhr]; ***heute Mittag*** ظهر اليوم [ðuhra l-jaum]; **Mittagessen** *n* غداء [ɣadaːʔ]
mittags ظهرا [ðuhran]; **Mittagspause** *f* استراحة الظهيرة

[istira:ħat ɒð-ðɒhi:ra]
Mitte *f* وسط [wasɒt], منتصف [muntɒsɒf] **mitteilen** بلغ [ballaɣa], أعلم [ʔaʕlama]; **Mitteilung** *f* تبليغ [tabli:ɣ]; POL تصريح [tɒsri:ħ]
Mittel *n* وسيلة [wasi:la], *Pl* وسائل [wasa:ʔil]; *Durchschnitt* متوسط [mutawassit]; **Mittelalter** *n* القرون الوسطى [al-quru:n al-wustɒ:]; **Mittelfinger** *m* الإصبع الأوسط [al-ʔisbaʕ al-ʔausɒt]; **mittelmäßig** متوسط [mutawassit]; **Mittelmeer** *n* البحر الأبيض المتوسط [al-baħr al-ʔabjɒđ al-mutawassit]; **Mittelohrentzündung** *f* MED التهاب الأذن الوسطى [iltiha:b al-ʔuðun al-wustɒ:]; **Mittelpunkt** *m* مركز [markaz], *Pl* مراكز [mara:kiz]
mitten منتصف [muntɒsɒf]; ***mitten in*** في منتصف [fi: muntɒsɒf]
Mitternacht *f* منتصف الليل [muntɒsɒf al-lail]
mittlere(r, -s) متوسط [mutawassit]; *m* أوسط [ʔausɒt], *f* وسطى [wustɒ:], *Pl* أواسط [ʔawa:sit]; **mittlerweile** في هذه الأثناء [fi: ha:ðihi: l-ʔaθna:ʔa]
Mittwoch *m* الأربعاء [al-ʔarbiʕa:ʔ]
mitwirken ساهم في [sa:hama], شارك في [ʃa:raka]
Mobbing *n* مضايقة (زملاء العمل) [mudɒ:jaqa(t zumala:ʔ al-ʕamal)], إزعاج [ʔizʕa:dʒ]
Möbel *npl* أثاث [ʔaθa:θ]
mobil متحرك [mutaħarrik], متنقل [mutanaqqil]; **Mobilfunk** *m* اتصال لاسلكي [ittisɒ:l la:silki:]
Mode *f* موضة [mu:đɒ], مودة [mu:da]; *Sitte* عادة [ʕa:da]
Model *n* عارضة أزياء [ʕa:riđɒt ʔazja:ʔ]
Modell *n Muster* نموذج [namu:ðadʒ], *Pl* نماذج [nama:ðidʒ]; *Auto* موديل [mu:dajl]; *Bauwerk* مجسم [mudʒassam]
Modem *n* COMPUT مودم [mu:dim]
Modenschau *f* عرض أزياء [ʕarđ ʔazja:ʔ]
modern حديث [ħadi:θ], عصري [ʕɒsri:]; *hochentwickelt* متطور [mutatɒwwir]; **modernisieren** جدد [dʒaddada]

modisch مساير للموضة [musa:jir lil-mu:đɒ], على الموضة [ʕala l-mu:da]

mögen *gern haben* أحب [ʔaħabba], رغب في [raɣiba, a]; *wollen* أراد [ʔara:da]

möglich ممكن [mumkin]; **möglicherweise** من المحتمل [mina l-muħtamal]; **Möglichkeit** *f* إمكانية [ʔimka:ni:ja], احتمال [iħtima:l]; **möglichst** قدر الإمكان [qadar al-ʔimka:n]

Möhre *f* جزرة [dʒazara], جزر [dʒazar]

Mokka *m* قهوة عربية [qahwa ʕarabi:ja]

Mole *f* كاسر الأمواج [ka:sir al-ʔamwa:dʒ]

Molkerei *f* مصنع ألبان [mɒsnaʕ al-ba:n]

mollig *warm* وثير ودافئ [waθi:r wa-da:fiʔ]; *Körper* عبل [ʕabl]; *umg* دبدوب [dabdu:b]

Moment *m* لحظة [laħðɒ]; **momentan** حاليا [ħa:li:jan]

Monarchie *f* ملكية [malaki:ja]

Monat *m* شهر [ʃahr], *Pl* شهور [ʃuhu:r]; **monatlich** شهريا [ʃahri:jan]

Monatsende *n* نهاية الشهر [niha:jat aʃ-ʃahr]; **Monatskarte** *f* بطاقة شهرية [biŧɒ:qa ʃahri:ja]

Mönch *m* راهب [ra:hib], *Pl* رهبان [ruhba:n]

Mond *m* قمر [qamar], *Pl* أقمار [ʔaqma:r]; **Mondschein** *m* ضوء القمر [đɒuʔ al-qamar]

Monitor *m* COMPUT شاشة [ʃa:ʃa]

Monopol *n* احتكار [iħtika:r]

monoton رتيب [rati:b]

Monsun *m* مطر موسمي [mɒŧɒr mausimi:]

Montag *m* الاثنين [al-iθnain]

montieren ركب [rakkaba], جمع [dʒammaʕa]

Moor *n* مستنقع [mustanqaʕ]

Moped *n* دراجة نارية صغيرة [darra:dʒa na:ri:ja sɒɣi:ra]

Moral *f* الأخلاق [al-ʔaxla:q]; **moralisch** أخلاقي [ʔaxla:qi:]; *ideell* معنوي [maʕnawi:]

Mord *m* قتل [qatl]; *Ermordung* اغتيال [iɣtija:l]

Mörder(in) *m(f)* قاتل(ة) [qa:til(a)], *mpl* قتلة [qatala]

morgen غدا [ɣadan]; ***morgen früh*** غدا صباحا [ɣadan sɒba:ħan], صباح الغد [sɒba:ħa l-ɣad]

Morgen *m* صباح [sɒba:ħ];

guten Morgen صباح الخير [sɒba:ħa l-xair]; *als Antwort* صباح النور [sɒba:ħa n-nu:r]

morgens صباحا [sɒba:ħan]

morsch هش [haʃʃ], متعفن [mutaʕaffin]; *baufällig* متداع [mutada:ʕin]

Moschee *f* مسجد [masdʒid], *Pl* مساجد [masa:dʒid], جامع [dʒa:miʕ], *Pl* جوامع [dʒawa:miʕ]

Moskau *n* موسكو [mu:sku:]

Moskito *m* بعوضة [baʕu:đɒ], *Koll* بعوض [baʕu:đ]; **Moskitonetz** *n* ناموسية [na:mu:si:ja]

Motiv *n* باعث [ba:ʕiθ], *Pl* بواعث [bawa:ʕiθ], دافع [da:fiʕ], *Pl* دوافع [dawa:fiʕ]; **motivieren** شجع على [ʃaddʒaʕa], حفز على [ħaffaza]

Motor *m* موتور [mu:tu:r]; *a. fig* محرك [muħarrik]; **Motorboot** *n* قارب بمحرك [qa:rib bi-muħarrik]; **Motorhaube** *f* غطاء المحرك [ɣitɒ:ʔ al-muħarrik]; **Motorrad** *n* دراجة نارية [darra:dʒa na:ri:ja], موتوسيكل [mu:tusikl]; **Motorschaden** *m* خلل في المحرك [xalal fil-muħarrik]

Mountainbike *n* دراجة جبلية [darra:dʒa dʒabali:ja]

Möwe *f* نورس [nauras], *Pl* نوارس [nawa:ris]

Mücke *f* ناموسة [na:mu:sa], *Koll* نواميس [nawa:mi:s]

müde تعبان [taʕba:n], مرهق [murhaq]; **Müdigkeit** *f* تعب [taʕab], إرهاق [ʔirha:q]

muffig *Geruch* عفن [ʕafin]

Mühe *f* تعب [taʕab], عناء [ʕana:ʔ]; **mühelos** بلا جهد [bila: dʒuhd], دون مشقة [du:na maʃaqqa]

Mühle *f* مطحنة [mitħana], *Pl* مطاحن [mɒtɒ:ħin], طاحونة [tɒ:ħu:na]

mühsam متعب [mutʕib], شاق [ʃa:qq]

Müll *m* زبالة [zuba:la], قمامة [quma:ma], نفايات [nafa:ja:t]

Müllabfuhr *f* جمع القمامة [dʒamʕ al-quma:ma]

Mullbinde *f* ضمادة شاش [đima:dat ʃa:ʃ]

Mülleimer *m* سطل القمامة [sɒtl al-quma:ma]; **Mülltonne** *f* حاوية النفايات [ħa:wijat al-nifa:ja:t]; **Mülltrennung** *f* فرز النفايات [farz an-nifa:ja:t]

multikulturell متعدد الثقافات [mutaʕaddid aθ-θaqa:fa:t];

Multimedia *n* متعدد الوسائط [mutaʕaddid al-wasaːʔiŧ]; **multiplizieren** ضرب [đɒraba, i]
Mumie *f* مومياء [muːmijaːʔ], *Pl* مومياوات [muːmijaːwaːt]
Mund *m* فم [fam], *Pl* أفواه [ʔafwaːh]; **Munddusche** *f* جهاز غسل الفم [dʒihaːz ɣasl al-fam]
Mundgeruch *m* رائحة الفم [raːʔiħat al-famm]
mündig راشد [raːʃid], بالغ [baːliɣ]; **mündlich** شفهي [ʃafahiː], شفوي [ʃafawiː]
Mündung *f* مصب [masɒbb]
Munition *f* ذخيرة [ðaxiːra], *Pl* ذخائر [ðaxaːʔir]
munter صاح [sɒːħin]; *heiter* فرح [fariħ]; *lebhaft* نشط [naʃiŧ]
Münze *f* مسكوكة [maskuːka], عملة نقدية [ʕumla naqdiːja]
mürb(e) لين [lajjin]; *Fleisch* طري [ŧɒriː]
murmeln تمتم [tamtama]
murren تذمر [taðammara]
mürrisch متذمر [mutaðammir]
Muschel *f* ZOOL صدفة [sɒdafa], *Koll* صدف [sɒdaf]
Museum *n* متحف [matħaf], *Pl* متاحف [mataːħif]
Musical *n* مسرحية غنائية [masraħiːja ɣinaːʔiːja]
Musik *f* موسيقى [muːsiːqaː] *f*; **musikalisch** موسيقي [muːsiːqiː], مولع بالموسيقى [muːlaʕ bil-muːsiːqaː]; **Musiker(in)** *m(f)* عازف(ة) [ʕaːzif(a)], موسيقار(ة) [musiːqaːr(a)]; **Musikinstrument** *n* آلة موسيقية [ʔaːla muːsiːqiːja]
musizieren عزف [ʕazafa, i]
Muskatnuss *f* جوز الطيب [dʒauz ɒŧ-ŧiːb]
Muskel *m* عضلة [ʕađɒla]; **Muskelkater** *m* ألم عضلي [ʔalam ʕađɒliː]; **Muskelkrampf** *m* MED تشنج عضلي [taʃannudʒ ʕađɒliː]; **Muskelzerrung** *f* MED شد عضلي [ʃadd ʕađɒliː]
muskulös مفتول العضلات [maftuːl al-ʕađɒlaːt]
Muslim(in) *m(f)* مسلم(ة) [muslim(a)]
müssen وجب على [wadʒaba, jadʒibu], تعين على [taʕajjana]
Muster *n* نموذج [namuːðadʒ], *Pl* نماذج [namaːðidʒ]; *Probe* عينة [ʕajjina]
Mut *m* شجاعة [ʃadʒaːʕa];

mutig شجاع [ʃudʒa:ʕ]
Mutter¹ *f* أم [ʔumm], *Pl* أمهات [ʔummaha:t]
Mutter² *f Schraube* صمولة [sɒmu:la], *Pl* صواميل [sɒwa:mi:l]; *syr* عزقة [ʕazaqa]; **Muttersprache** *f* اللغة الأم [al-luɣa al-ʔumm]; **Muttertag** *m* عيد الأم [ʕi:d al-ʔumm]
mutwillig *Adj vorsätzlich* متعمد [mutaʕammad]; *Adv* قصدا [qɒsdan]
Mütze *f* طاقية [ŧɒ:qi:ja], *Pl* طواق [ŧɒwa:qin]
mysteriös غامض [ɣa:miđ], مريب [muri:b]
Mythos *m* أسطورة [ʔusŧu:ra], *Pl* أساطير [ʔasa:ŧi:r]

N

Nabel *m* سرة [surra], *Pl* سرر [surar]
nach *zeitlich* بعد [baʕd]; *Richtung* إلى [ʔila:], نحو [naħwa]; *laut* حسب [ħasaba], وفق [wifqa]; ***nach und nach*** تدريجيا [tadri:dʒi:jan], شيئا فشيئا [ʃaiʔan faʃaiʔan]
nachahmen قلد [qallada], حاكى [ħa:ka:]
Nachbar(in) *m(f)* جار(ة) [dʒa:r(a)], *mpl* جيران [dʒi:ra:n]; **Nachbarschaft** *f* جيرة [dʒi:ra], جوار [dʒiwa:r]
nachdem بعد أن [baʕda ʔan];
nachdenken تبصر في [tabɒssɒra], فكر (مليا) [fakkara (mali:jan)]; **nachdrücklich** *Adj* ملح [muliħħ]; *Adv* بشدة [bi-ʃidda]; **nacheinander** على التوالي [ʕala t-tawa:li:];
Nachfolger(in) *m(f)* خلف [xalaf], *mpl* أخلاف [ʔaxla:f];
nachforschen بحث عن [baħaθa, a], تقصى [taqɒssɒ:];
Nachfrage *f* WIRTSCH طلب على [ŧɒlab]
nachfüllen ملأ [malaʔa, a], عبأ [ʕabbaʔa]
nachgeben تراجع [tara:dʒaʕa], لان [la:na, i:]; **nachgehen** *j-m folgen* تبع [tabiʕa, a]; *Beruf* مارس [ma:rasa]; *Uhr* أخر [ʔaxxara]; **nachher**

بعد ذلك [baʕda ða:lik], فيما بعد [fi:ma: baʕd]; **Nachhilfe** *f* دروس خصوصية [duru:s xusu:si:ja]; **nachholen** *Versäumtes* عوض [ʕawwaḍɒ], استدرك [istadraka]
Nachlass *m Erbschaft* تركة [tirka]; **nachlassen** *Preis* خفض [xaffaḍɒ]; *Regen, Hitze, Schmerz* خف [xaffa, i]
nachlässig مهمل [muhmil], مقصر في [muqɒssir]; **nachlaufen** *j-m* تبع [tabiʕa, a], لحق ب [laħiqa]; **nachmachen** قلد [qallada], حاكى [ħa:ka:]; **Nachmittag** *m* بعد الظهر [baʕda ð-ðuhr]; ***heute Nachmittag*** عصر اليوم [ʕɒsra l-jaum]; **Nachname** *m* اسم العائلة [ism al-ʕa:ʔila]; **nachprüfen** راجع [ra:dʒaʕa], تحقق من [taħaqqaqa]
Nachricht *f* خبر [xabar], *Pl* أخبار [ʔaxba:r]; ***Nachrichten*** TV نشرة الأخبار [naʃrat al-ʔaxba:r]
Nachsaison *f* نهاية الموسم [niha:jat al-mausim]
nachschauen نظر إلى [nɒðɒra, u]; **nachschlagen** بحث [baħaθa, a], راجع [ra:dʒaʕa]; **nachsehen** *kontrollieren* فحص [faħasɒ, a], راقب [ra:qaba]; *verzeihen* سامح [sa:maħa]; **nachsenden** أرسل على العنوان الجديد [ʔarsala ʕala l-ʕunwa:n al-dʒadi:d]
nächste(r, -s) التالي [at-ta:li:], القادم [al-qa:dim]; ***nächste Woche*** الأسبوع القادم [al-ʔusbu:ʕ al-qa:dim]
Nacht *f* ليلة [laila], *Pl* ليال [laja:lin]; ***gute Nacht*** تصبح على خير [tusbiħ ʕala: xair], ليلة سعيدة [laila saʕi:da]; ***heute Nacht*** هذه الليلة [ha:ðihi l-laila]; **Nachtclub** *m* ناد ليلي [na:din laili:]
Nachteil *m* ضرر [ḍɒrar], *Pl* أضرار [ʔɒḍra:r]; *a. Pl* مساوئ [masa:wiʔ]
Nachthemd *n* قميص النوم [qamiːs an-naum]
Nachtisch *m* تحلاية [tiħla:ja]; *syr* دوسير [dusi:r]
Nachtleben *n* الحياة الليلية [al-ħaja:t al-laili:ja]
nachtragend غير مسامح [ɣair musa:miħ], غير متساهل [ɣair mutasa:hil]
nachträglich متأخرا [mutaʔaxiran]
Nachtruhe *f* سكون الليل

[suku:n al-lail]; **nachts** ليلا [lailan]; **Nachttisch** *m* كومودينة السرير [ku:mu:di:-nat as-sari:r]
nachweisen أثبت [ʔaθbata]; **Nachzahlen** دفع الفرق [da-faʕa l-farq]; **Nachzählen** أعاد العد [ʔaʕa:da l-ʕadd]
Nacken *m* ANAT قفا [qafan], *Pl* أقفية [ʔaqfi:ja]
nackt عار [ʕa:rin], عريان [ʕurja:n]
Nadel *f* إبرة [ʔibra], *Pl* إبر [ʔibar], دبوس [dabbu:s], *Pl* دبابيس [daba:bi:s]; **Nadelbaum** *m* شجرة صنوبر [ʃa-dʒarat sunu:bar]
Nagel *m* مسمار [misma:r], *Pl* مسامير [masa:mi:r]; *Finger* ظفر [ðufr], *Pl* أظافر [ʔaðɒ:-fir]; **Nagellack** *m* طلاء الأظافر [tila:ʔ al-ʔaðɒ:fir], مناكير [mana:ki:r]; **Nagelschere** *f* مقص الأظافر [mi-qɒss al-ʔaðɒ:fir]
nah(e) قريب من [qari:b], مجاور [mudʒa:wir]
Nähe *f* قرب [qurb], جوار [dʒawa:r]; ***aus der Nähe*** عن قرب [ʕan qurb]
nahekommen *j-m* ألف [ʔali-fa], استأنس إلى [istaʔnasa]
nähen خاط [xɒ:tɒ, i:], خيط [xajjɒtɒ]
näher أدنى [ʔadna:], أقرب [ʔaqrab]
nähern *v/r* ***sich nähern*** اقترب من [iqtaraba], شارف [ʃa:-rafa]; *zeitlich* قرب [qaruba, u]
nahrhaft مغذ [muɣaððin]; **Nahrung** *f* طعام [tɒʕa:m], غذاء [ɣiza:ʔ]
Naht *f* درزة [darza]
Nahverkehr *m* شبكة المواصلات الداخلية [ʃabakat al-mu:wa:sɒla:t ad-da:xili:ja]
naiv ساذج [sa:ðidʒ]
Name *m* اسم [ism], *Pl* أسماء [ʔasma:ʔ]
nämlich *Adv* أي [ʔaj]
nanu ما هذا [ma: ha:ða:]
Narbe *f* ندبة [nadba], *Pl* ندوب [nudu:b]
Narkose *f* MED تخدير [taxdi:r], بنج [bandʒ]
naschen تسالى [tasa:la:], قرمش [qarmaʃa]
Nase *f* ANAT أنف [ʔanf], *Pl* أنوف [ʔunu:f]
Nasenbluten *n* رعاف [ruʕa:f]; **Nasenloch** *n* فتحة الأنف [fatħat al-ʔanf]; **Nasentropfen** *mpl* MED قطرة للأنف [qɒtra lil-ʔanf]

nass رطب [rɒŧb], مبلول [mablu:l]
Nässe *f* رطوبة [ruŧu:ba], بلل [balal]
Nation *f* أمة [ʔumma], *Pl* أمم [ʔumam]
national وطني [wɒŧɒni:], قومي [qaumi:]; **Nationalfeiertag** *m* العيد الوطني [al-ʕi:d al-wɒŧɒni:]; **Nationalhymne** *f* النشيد الوطني [an-naʃi:d al-wɒŧɒni:]; **Nationalität** *f* جنسية [dʒinsi:ja]; **Nationalmannschaft** *f* الفريق الوطني [al-fari:q al-wɒŧɒni:]
NATO *f* حلف شمال الأطلسي [ħilf ʃama:l al-ʔɒŧlasi:], الناتو [an-na:tu:]
Natur *f* طبيعة [ŧɒbi:ʕa]; **Naturereignis** *n* ظاهرة طبيعية [đɒ:hira ŧɒbi:ʕi:ja]; **Naturheilkunde** *f* علاج طبيعي [ʕila:dʒ ŧɒbi:ʕi:], ناتوروباثيا [na:turu:ba:θja:]; **Naturkatastrophe** *f* كارثة طبيعية [ka:riθa ŧɒbi:ʕi:ja]; **Naturkost** *f* أغذية عضوية [ʔaɣði:ja ʕuđwi:ja]
natürlich طبيعي [ŧɒbi:ʕi:]; ***natürlich*** طبعا [ŧɒbʕan]
Naturschutz *m* حماية الطبيعة [ħima:jat ɒŧ-ŧɒbi:ʕa]; **Naturschutzgebiet** *n* محمية طبيعية [maħmi:ja ŧɒbi:ʕi:ja]
Naturwissenschaft *f* علم الطبيعة [ʕilm ɒŧ-ŧɒbi:ʕa]
Nazi *m* نازي [na:zi:]
Nebel *m* ضباب [đɒba:b]
neben *örtlich* بجانب [bi-dʒa:nib], بجوار [bi-dʒiwa:r]; *außer* إضافة إلى [ʔiđɒfatan ʔila:]; **nebenan** مجاور [mudʒa:wir]; **Nebenbeschäftigung** *f* عمل إضافي [ʕamal ʔiđɒ:fi:]; **nebeneinander** جنبا إلى جنب [dʒanban ʔila: dʒanb]; **Nebenfluss** *m* رافد [ra:fid], *Pl* روافد [rawa:fid]; **Nebenjob** *m* عمل إضافي [ʕamal ʔiđɒ:fi:]; **Nebenkosten** *Pl* مصاريف إضافية [mɒsɒ:ri:f ʔiđɒ:fi:ja]; **nebensächlich** ثانوي [θa:nawi:]; **Nebenwirkung** *f* تأثير جانبي [taʔθi:r dʒa:nibi:]
neblig ضبابي [đɒba:bi:]
necken داعب [da:ʕaba]
Neffe *m* ابن الأخ [ibn al-ʔax]; *schwesterlicherseits* ابن الأخت [ibn al-ʔuxt]
negativ سالب [sa:lib], سلبي [salbi:]
Negativ *n* نيجاتيف [ni:dʒati:f]
nehmen أخذ [ʔaxaða, u]; *Me-*

dikament تناول [tana:wala]
neidisch حسود [ħasu:d]
Neigung *f a. fig* ميل [mail]; *Gefälle* انحدار [inħida:r]
nein لا [la:]; كلا [kalla:]
nennen سمى [samma:], أسمى [ʔasma:]; **nennenswert** جدير بالذكر [dʒadi:r bið-ðikr]
Neonröhre *f* لمبة النيون [lambat an-niju:n]
Nepp *m Schwindel* غش [ɣiʃ], دجل [dadʒl]
Nerv *m* عصب [ʕasɒb], *Pl* أعصاب [ʔaʕsɒ:b]; **nervös** عصبي [ʕasɒbi:], مشدود الأعصاب [maʃdu:d al-ʔaʕsɒ:b]; **Nervosität** *f* توتر الأعصاب [tawattur al-ʔaʕsɒ:b]
Nest *n Vogel* عش [ʕuʃʃ], *Pl* عشاش [ʕiʃa:ʃ]
nett لطيف [latɨ:f], ظريف [ðɒri:f]
netto صاف [sɒ:fin]
Netz *n* شبكة [ʃabaka], *Pl* شباك [ʃiba:k]; **Netzhaut** *f* شبكية [ʃabaki:ja]; **Netzwerk** *n* شبكة [ʃabaka]
neu جديد [dʒadi:d], حديث [ħadi:θ]; **neuartig** جديد [dʒadi:d], مستجد [musta-dʒidd]
Neu-Delhi نيو دلهي [niju:dilhi:]
neuerdings منذ وقت ليس ببعيد [munðu waqtin laisa bi-baʕi:d]; **Neuerung** *f* تجديد [tadʒdi:d]; *Erfindung* ابتكار [ibtika:r]; **neugierig** فضولي [fuðu:li:]; **Neuigkeit** *f* خبر جديد [xabar dʒadi:d]
Neujahr *n* رأس السنة [raʔs as-sana]; ***Prosit Neujahr*** كل عام وأنتم بخير [kul ʕa:m wa-ʔantum bi-xair]
neulich حديثًا [ħadi:θan]
Neuling *m* مبتدئ [mubtadiʔ]
Neumond *m* هلال [hila:l], *Pl* أهلة [ʔahilla]
neun *m* تسعة [tisʕa]; *f* تسع [tisʕ]; **neunhundert** تسع مائة [tisʕu miʔa]; **neunzehn** *m* تسعة عشر [tisʕata ʕaʃar]; *f* تسع عشرة [tisʕa ʕaʃrata]; **neunzig** تسعون [tisʕu:n]
neutral محايد [muħa:jid]
nicht لا [la:], ليس [laisa], لن [lan], لم [lam]
Nichte *f* ابنة الأخ [ibnat al-ʔax]; *schwesterlicherseits* ابنة الأخت [ibnat al-ʔuxt]
Nichtraucher(in) *m(f)* غير مدخن(ة) [ɣair mudaxxin(a)]
nichts لا شيء [la: ʃaiʔ]

Nichtschwimmer(in) *m(f)* غير سباح(ة) [ɣair sabbaːħ(a)]
nicken هز رأسه [hazza (u) raʔsahu]
nie أبدا [ʔabadan]; ***nie mehr, nie wieder*** لا، لن ... أبدا [laː, lan ... ʔabadan]; *mit Substantiv* لا لـ ... [laː li...]
nieder *Adj* منخفض [munxafiđ]; *Adv* إلى الأسفل [ʔila l-ʔasfal]; **Niederlage** *f* هزيمة [haziːma], *Pl* هزائم [hazaːʔim]; **Niedersachsen** *n* سكسونيا السفلى [saksuːnjaː as-suflaː]; **Niederschlag** *m Regen* مطر [mɒtɒr], *Pl* أمطار [ʔamtɒːr]
niedlich ظريف [ðɒriːf], لطيف [la~~tiː~~f]
niedrig منخفض [munxafiđ], متدن [mutadannin]
niemals أبدا [ʔabadan]
niemand لا أحد [laː ʔaħad]
Niere *f* كلية [kulja], *Pl* كلى [kulan]
Nierenstein *m* حصاة في الكلية [ħɒsɒːt fil-kulja]
Nieselregen *m* رذاذ [raðaːð]
niesen عطس [ʕatɒsa, i]
Nikolaus *m* بابا نويل [baːbaː nuːwajl]
Nikosia *n* نيقوسيا [niːquːsijaː]
Nikotin *n* نيكوتين [niːkuːtiːn]
Nil *m* نهر النيل [nahr an-niːl]; **Nilpferd** *n* فرس النهر [faras an-nahr]
nirgends ولا في أي مكان [wa-laː fiː ʔajji makaːn]
Niveau *n fig* مستوى [mustawan]
nobel نبيل [nabiːl], شريف [ʃariːf]
Nobelpreis *m* جائزة نوبل [dʒaːʔizat nuːbil]
noch ما زال [maː zaːla], لا يزال [laː jazaːlu]; **nochmal** مرة أخرى [marratan ʔuxraː]
Nomade *m*, **Nomadin** *f* بدوي(ة) [badawiː (-wiːja)], *mpl* بدو [badw]; ***die Nomaden*** البدو الرحل [al-badw ar-ruħħal]
Nominativ *m* GRAM (حالة) الرفع [(ħaːlat) ar-rafʕ]
Nonne *f* راهبة [raːhiba]
Nonstop-Flug *m* رحلة دون توقف [riħla duːna tawaqquf]
Nordafrika *n* إفريقيا الشمالية [ʔifriːqjaː aʃ-ʃamaːliːja]; **Norddeutschland** *n* شمال ألمانيا [ʃamaːl ʔalmaːnja]; **Norden** *m* (الـ)شمال [(aʃ-)ʃamaːl]
nördlich شمالي [ʃamaːliː]; ***nördlich von*** شمال [ʃamaːla]

nordöstlich شمالي شرقي [ʃamaːliː ʃarqiː]; **Nordpol** *m* القطب الشمالي [al-qutb aʃ-ʃamaːliː]; **Nordrhein-Westfalen** *n* شمال الراين وستفاليا [ʃamaːl ar-rain wistfaːljaː]; **Nordsee** *f* بحر الشمال [baħr aʃ-ʃamaːl]; **nordwestlich** شمالي غربي [ʃamaːliː ɣarbiː]

Norm *f* معيار [miʕjaːr], *Pl* معايير [maʕaːjiːr], مقياس [miqjaːs], *Pl* مقاييس [maqaːjiːs]; JUR قاعدة [qaːʕida], *Pl* قواعد [qawaːʕid]

normal عادي [ʕaːdiː]; **Normalbenzin** *m* بنزين عادي [banziːn ʕaːdiː]; **normalerweise** عادة [ʕaːdatan], في العادة [fil-ʕaːda]

Norwegen *n* النرويج [an-nurwiːdʒ]

Not *f* حاجة [ħaːdʒa], شدة [ʃidda], ضيق [điːq]

Notar *m* كاتب العدل [kaːtib al-ʕadl]

Notarzt *m*, **Notärztin** *f* طبيب (ة) الطوارئ [ŧɒbiːb(at) ɒŧ-ŧɒwaːriʔ]; **Notausgang** *m* مخرج للطوارئ [maxradʒ lit-ŧɒwaːriʔ]; **Notbremse** *f* فرملة طوارئ [farmalat ŧɒwaːriʔ]

Note *f* MUS نوتة (موسيقية) [nuːta (muːsiːqiːja)]; *Zensur* درجة [daradʒa]

Notfall *m* حالة الضرورة [ħaːlat ɒđ-đɒruːra]; **notfalls** عند الضرورة [ʕinda đ-đɒruːra]

notieren كتب [kataba, u], دون [dawwana]

nötig لازم [laːzim], ضروري [đɒruːriː]; **nötigen** أجبر على [ʔadʒbara], أرغم [ʔarɣama]

Notiz *f* ملاحظة [mulaːħaðɒ]; **Notizbuch** *n* مذكرة [muðakkira]

Notlage *f* مأزق [maʔzaq], *Pl* مآزق [maʔaːziq], ضيق [điːq]; **Notlandung** *f* هبوط اضطراري [hubuːŧ iđŧiraːriː]; **Notruf** *m* نداء النجدة [nidaːʔ an-nadʒda]; *Nummer* رقم الطوارئ [raqm ɒŧ-ŧɒwaːriʔ]; **Notwehr** *f* الدفاع عن النفس [ad-difaːʕ ʕan an-nafs]; **notwendig** ضروري [đɒruːriː]

Nouakchott *n* نواكشوط [nuwaːkʃuːŧ]

November *m syr* تشرين الثاني [taʃriːn aθ-θaːniː]; *äg* نوفمبر [nuːvimbar]

nüchtern على الريق [ʕala r-riːq]; *nicht betrunken* صاح [sɒːħin]

Nudeln *fpl* معكرونة [maʕkaru:na]; *äg* مكرونة [makaru:na]

null صفر [sɨfr]; *nichts* لا شيء [la: ʃaiʔ]; ***unter null*** تحت الصفر [taħta s-sɨfr]

Nummer *f* رقم [raqm], *Pl* أرقام [ʔarqa:m], نمرة [numra], *Pl* نمر [numar]; *Kleidung* مقاس [maqa:s]; **nummerieren** رقم [raqqama]; **Nummernschild** *n* AUTO لوحة رقم السيارة [lauħat raqm as-sajja:ra]

nun الآن [al-ʔa:n]

nur فقط [faqɒt], سوى [siwa:]

Nuss *f* جوزة [dʒauza], *Koll* جوز [dʒauz]

nutzen نفع [nafaʕa, a], أفاد [ʔafa:da]

Nutzen *m* فائدة [fa:ʔida], *Pl* فوائد [fawa:ʔid], نفع [nafʕ]

nützlich مفيد [mufi:d], نافع [na:fiʕ]

nutzlos عديم الجدوى [ʕadi:m al-dʒadwa:]

O

Oase *f* واحة [wa:ħa]

ob ما إذا [ma: ʔiða:]; *ob … oder* سواء … أم [sawa:ʔan … ʔam]; ***und ob*** معلوم [maʕlu:m], طبعا [tɒbʕan]

obdachlos مشرد [muʃarrad]

Obdachlose *m/f* متشرد(ة) [mutaʃarrid(a)]

oben فوق [fauq], في الأعلى [fil-ʔaʕla:]

Ober *m* نادل [na:dil]; *äg* جرسون [garsu:n]; **Oberarm** *m* عضد [ʕađud], *Pl* أعضاد [ʔaʕđɒ:d]

obere(r, -s) *Adj m* أعلى [ʔaʕla:], *f* عليا [ʕulja:], *Pl* أعال [ʔaʕa:lin]

Oberfläche *f* سطح [sɒtħ], *Pl* سطوح [sutu:ħ]; **oberflächlich** سطحي [sɒtħi:]; **Obergeschoss** *n* طابق علوي [tɒ:biq ʕulwi:]; **Oberkörper** *m* الجزء العلوي من الجسم [al-dʒuzʔ al-ʕulwi: mina l-dʒism]; **Oberlippe** *f* الشفة العليا [aʃ-ʃafa al-ʕulja]; **Oberschenkel** *m* فخذ [faxð], *Pl* أفخاذ [ʔafxa:ð]

oberste(r, -s) *Adj m* الأعلى [al-ʔaʕla:], *f* العليا [al-ʕulja]
Oberstufe *f* المرحلة الثانوية [al-marħala aθ-θa:nawi:ja]; **Oberteil** *n* جزء علوي [dʒuzʔ ʕulwi:]
Objekt *n* موضوع [mauđu:ʕ], *Pl* مواضيع [mawɒ:đi:ʕ]; GRAM مفعول به [mafʕu:l bihi]; **objektiv** موضوعي [mauđu:ʕi:]; **Objektiv** *n* FOTO عدسة [ʕadasa]
obligatorisch إجباري [ʔidʒba:ri:], إلزامي [ʔilza:mi:]
Obst *n* فاكهة [fa:kiha], *Pl* فواكه [fawa:kih]; **Obstbaum** *m* شجرة فاكهة [ʃadʒarat fa:kiha]; **Obstsalat** *m* سلطة فواكه [salaŧɒt fawa:kih]
obszön فاحش [fa:ħiʃ], داعر [da:ʕir]
obwohl بالرغم من [bir-raɣm min], مع أن [maʕa ʔanna]
Ochse *m* ثور مخصي [θaur maxsi:j]
öd(e) مقفر [muqfir], موحش [mu:ħiʃ]; *langweilig* ممل [mumill]
oder أو [ʔau], أم [ʔam]
Ofen *m Backofen* فرن [furn], *Pl* أفران [ʔafra:n]; *Heizofen* مدفأة [midfaʔa], *Pl* مدافئ [mada:fiʔ]
offen مفتوح [maftu:ħ]; *fig* مكشوف [makʃu:f]; *Mensch* صريح [sɒri:ħ]
offenbar *Adj* واضح [wɒ:điħ], جلي [dʒali:]; *Adv* يبدو أن [jabdu: ʔanna], الظاهر أن [ðɒ:ðɒ:hir ʔanna]; **offensichtlich** *Adj* واضح [wɒ:điħ], جلي [dʒali:]; *Adv* كما يبدو [kama: jabdu:]
öffentlich *Adj* عمومي [ʕumu:mi:]; *Adv* علنا [ʕala-nan], علانية [ʕala:ni:jatan]
Öffentlichkeit *f* الرأي العام [ar-raʔj al-ʕa:mm], الجمهور [al-dʒumhu:r]
offiziell رسمي [rasmi:]
Offizier(in) *m(f)* ضابط(ة) [đɒ:biŧ(a)], *mpl* ضباط [đubbɒ:ŧ]
offline COMPUT غير متصل بالإنترنت/بالشبكة [ɣair muttasil bil-ʔintarnit/biʃ-ʃabaka], أف لاين [ʔuf lain]
öffnen فتح [fataħa, a]; *Knoten* فك [fakka, u]; **Öffnung** *f* فتحة [fatħa]; WIRTSCH انفتاح [infita:ħ]; **Öffnungszeiten** *fpl* أوقات الدوام [ʔauqa:t ad-dawa:m]
oft كثيرا ما [kaθi:ran ma:]

ohne دون [du:na], بلا [bila:]
Ohnmacht *f* MED إغماء [ʔiɣma:ʔ], غشيان [ɣaʃaja:n]
ohnmächtig مغمى عليه [muɣman ʕalaihi]
Ohr *n* أذن [ʔuðun] *f*, *Pl* آذان [ʔa:ða:n]; **Ohrentropfen** *mpl* MED قطرة للأذن [qɒtra lil-ʔuðun]; **Ohrfeige** *f* صفعة [sɒfʕa], لطمة [lɒtma]; **Ohrläppchen** *n* شحمة الأذن [ʃaħmat al-ʔuðun]; **Ohrring** *m* حلقة الأذن [ħalaqat al-ʔuðun]
o.k., okay طيب [tɒjjib], حسنا [ħasanan], او كي [aukaj]
Ökologie *f* علم البيئة [ʕilm al-bi:ʔa]; **ökologisch** بيئي [bi:ʔi:]; **ökonomisch** اقتصادي [iqtisɒ:di:]; **Ökosystem** *n* نظام بيئي/إيكولوجي [niðɒ:m bi:ʔi:/ʔi:kulu:dʒi:]
Okra *f* BOT باميا [ba:mija:]
Oktober *m syr* تشرين الأول [taʃri:n al-ʔawwal]; *äg* أكتوبر [ʔuktu:bar]
Öl *n* زيت [zait], *Pl* زيوت [zuju:t]; *Erdöl* نفط [naft], بترول [bitru:l]; **ölen** زيت [zajjata]; **Ölgemälde** *n* لوحة زيتية [lauħa zaiti:ja]; **Ölheizung** *f* /مدفأة المازوت الكيروسين [midfaʔat al-ma:zu:t/al-ki:ru:si:n]
Olive *f* زيتونة [zaitu:na], *Koll* زيتون [zaitu:n]; *Baum* الزيتون [az-zaitu:n]; **Olivenöl** *n* زيت الزيتون [zait az-zaitu:n]
Ölpest *f* تلوث الشواطئ بالنفط [talawwuθ aʃ-ʃawɒ:tiʔ bin-naft]; **Ölsardine** *f* سردين بالزيت [sardi:n biz-zait]
Olympiade *f* SPORT ألعاب أولمبية [ʔalʕa:b ʔu:lumbi:ja]; **olympisch** أولمبي [ʔu:lumbi:]
Oma *f* جدة [dʒadda]
Oman *n* عمان [ʕuma:n]
Omelett *n* GASTR عجة البيض [ʕuddʒat al-baiđ]
Onkel *m väterlicherseits* عم [ʕamm], *Pl* أعمام [ʔaʕma:m]; *mütterlicherseits* خال [xa:l], *Pl* أخوال [ʔaxwa:l]
online COMPUT أون لاين [ʔu:n lain]
Opa *m* جد [dʒadd], *Pl* جدود [dʒudu:d]
Oper *f* MUS أوبرا [ʔu:bra:]; *Gebäude* دار الأوبرا [da:r al-ʔu:bra:]
Operation *f* عملية [ʕamali:ja]; MED عملية جراحية [ʕamali:ja dʒira:ħi:ja]

operieren أجرى عملية [ʔadʒraː ʕamaliːja]
Opfer *n Unfall* ضحية [đɒħiː-ja], *Pl* ضحايا [đɒħijaː]; REL قربان [qurbaːn], *Pl* قرابين [qaraːbiːn]
Opposition *f* معارضة [muʕaːrɒđɒ]
Optiker(in) *m(f)* نظاراتي(ة) [nɒððɒːraːtiː (-tiːja)], *mpl* نظاراتية [nɒððɒːraːtiːja]
optimal *m* أمثل [ʔamθal], *f* مثلى [muθlaː], *Pl* أماثل [ʔamaːθil]
optimistisch متفائل [mutafaːʔil]
orange برتقالي [burtuqaːliː]
Orange *f* برتقالة [burtuqaːla], *Koll* برتقال [burtuqaːl]; **Orangensaft** *m* عصير البرتقال [ʕɒsiːr al-burtuqaːl]
Orchester *n* MUS أوركسترا [ʔuːrkistra], فرقة موسيقية [firqa muːsiːqiːja]
ordentlich مرتب [murattab]; *Person* منظم [munɒððɒm]
ordnen رتب [rattaba], نظم [nɒððɒma]; **Ordner** *m Hefter* ملف [milaff]; **Ordnung** *f Disziplin* نظام [niðɒːm]
Organ *n* عضو [ʕuđw], *Pl* أعضاء [ʔaʕđɒːʔ]; POL جهاز [dʒihaːz], *Pl* أجهزة [ʔadʒhiza]; **Organisation** *f* منظمة [munɒððɒma]; **organisieren** نظم [nɒððɒma]
Orgasmus *m* ذروة النشوة الجنسية [ðarwat an-naʃwa al-dʒinsiːja]
Orient *m* الشرق [aʃ-ʃarq], المشرق [al-maʃriq]; **orientalisch** شرقي [ʃarqiː]; **orientieren** وجه [waddʒaha]
original أصلي [ʔɒsliː], أصيل [ʔɒsiːl]; **Original** *n Text* أصل [ʔɒsl], *Pl* أصول [ʔusuːl], نسخة أصلية [nusxa ʔɒsliːja];
originell أصيل [ʔɒsiːl], مبدع [mubdiʕ]
Orkan *m* إعصار [ʔiʕsɒːr], *Pl* أعاصير [ʔaʕɒːsiːr]
Ort *m* مكان [makaːn], *Pl* أمكنة [ʔamkina], محل [maħall]
Orthopäde *m*, **Orthopädin** *f* طبيب(ة) العظام [tɒbiːb(at) al-ʕiðɒːm]
örtlich محلي [maħalliː]
Ortsgespräch *n* TEL مكالمة محلية [mukaːlama maħalliː-ja]; **Ortszeit** *f* توقيت محلي [tauqiːt maħalliː]
Oslo *n* أوسلو [ʔuːsluː]
Ostdeutschland *n* شرق ألمانيا [ʃarq ʔalmaːnja]
Osten *m* شرق [ʃarq]; ***Ferner***

Osten الشرق الأقصى [aʃ-ʃarq al-ʔaqsɒː]; ***Mittlerer Osten*** *m* الشرق الأوسط [aʃ-ʃarq al-ʔausɒt]; ***Naher Osten*** الشرق الأدنى [aʃ-ʃarq al-ʔadnaː], *meist* الشرق الأوسط [aʃ-ʃarq al-ʔausɒt]

Osterei *n* بيضة عيد الفصح [baiđat ʕiːd al-fish]; **Osterhase** *m* أرنب عيد الفصح [ʔarnab ʕiːd al-fish]; **Ostern** *n* عيد الفصح [ʕiːd al-fish]

Österreich *n* النمسا [an-namsaː]; **Österreicher(in)** *m (f)* نمساوي(ة) [namsaːwiː(-wiːja)]; **österreichisch** نمساوي [namsaːwiː]

östlich شرقي [ʃarqiː]

Ostsee *f* بحر البلطيق [baħr al-baltiːq]; **Ostwind** *m* رياح شرقية [rijaːħ ʃarqiːja]

out: ***out sein*** خارج عن الموضة [xaːridʒ ʕan al-muːđɒ], عتيق [ʕatiːq]

oval بيضاوي [baiđɒːwiː], بيضوي [baiđɒwiː]

Ozean *m* محيط [muħiːt], أوقيانوس [ʔuːqijaːnuːs]

Ozonschicht *f* طبقة الأوزون [tɒbaqat al-ʔuːzuːn]

P

paar بضع [biđʕ], عدة [ʕiddat]; ***ein paar Mal*** بضع مرات [biđʕ marraːt]

Paar *n* زوج [zaudʒ], *Pl* أزواج [ʔazwaːdʒ]

pachten استأجر [istaʔdʒara]

Päckchen *n* طرد صغير [tɒrd saɣiːr]

packen *Koffer* حزم [ħazama, i], أعد [ʔaʕadda]; **Packung** *f* علبة [ʕulba], *Pl* علب [ʕulab], عبوة [ʕubuːwa]

pädagogisch تربوي [tarbawiː]

Paddel *n* مجذاف [midʒðaːf], *Pl* مجاذيف [madʒaːðiːf]; **Paddelboot** *n* قارب تجذيف [qaːrib tadʒðiːf]

Paket *n* طرد [tɒrd], *Pl* طرود [turuːd]

Pakistan *n* باكستان [baːkistaːn]

Palast *m* قصر [qɒsr], *Pl* قصور [qusuːr]

Palästina *n* فلسطين [filasti:n]; **Palästinenser(in)** *m(f)* فلسطيني(ة) [filasti:ni: (-ni:ja)]
Palme *f* نخلة [naxla], *Koll* نخل [naxl]
Palmyra *n* تدمر [tadmur]
Panik *f* ذعر [ðuʕr], فزع [fazaʕ]
Panne *f* عطب [ʕatɒb], *Pl* أعطاب [ʔaʕtɒ:b], عطل [ʕutl], *Pl* أعطال [ʔaʕtɒ:l]; **Pannendienst** *m* AUTO خدمة الطوارئ [xidmat ɒt-tɒwa:riʔ]
Pantoffel *m* شبشب [ʃibʃib], *Pl* شباشب [ʃaba:ʃib]
Panzer *m* MIL دبابة [dabba:ba]
Papa *m* بابا [ba:ba:]
Papagei *m* ZOOL ببغاء [babaɣa:ʔ], *Pl* ببغاوات [babaɣa:wa:t]
Papier *n* ورق [waraq], *Pl* أوراق [ʔaura:q]; **Papierkorb** *m* سلة المهملات [sallat al-muhmala:t]; **Papiertaschentuch** *n* محرمة ورق [maħramat waraq]
Pappbecher *m* فنجان الورق [findʒa:n al-waraq]
Pappe *f* كرتون [kartu:n], ورق مقوى [waraq muqawwa:]
Paprika *m* فلفل [filfil]; *Gewürz* فلفل أحمر [filfil ʔaħmar]
Papst *m* البابا [al-ba:ba:]
Paradies *n* جنة [dʒanna], فردوس [firdaus], *Pl* فراديس [fara:di:s]
Paragraf *m* مادة [ma:dda], *Pl* مواد [mawa:dd], بند [band], *Pl* بنود [bunu:d]
parallel موازٍ [muwa:zin], متوازٍ [mutawa:zin]; *zeitlich* متزامن [mutaza:min]
Parasit *m* ZOOL, BOT طفيلي [tufaili:]
Parfüm *n* عطر [ʕitr], *Pl* عطور [ʕutu:r]
Paris *n* باريس [ba:ri:s]
Park *m* حديقة عامة [ħadi:qa ʕa:mma], منتزه [muntazah]
parken ركن [rakana, u], أوقف [ʔauqafa]
Parkgebühr *f* أجرة وقوف السيارة [ʔudʒrat wuqu:f as-sajja:ra]; **Parkhaus** *n* موقف سيارات طابقي [mauqif sajja:ra:t tɒ:biqi:]; **Parkplatz** *m* موقف سيارات [mauqif sajja:ra:t]; **Parkverbot** *n* ممنوع وقوف السيارات [mamnu:ʕ wuqu:f as-sajja:ra:t]
Parlament *n* برلمان [barlama:n], مجلس النواب

[madʒlis an-nuwwa:b]
Parmesan *m* جبن بارما/ بارمزان [dʒubn ba:rma:/ ba:rmiza:n]
Partei *f* حزب [ħizb], *Pl* أحزاب [ʔaħza:b]
Partner(in) *m(f)* شريك(ة) [ʃari:k(a)], *mpl* شركاء [ʃuraka:ʔ]; **Partnerschaft** *f* شراكة [ʃira:ka]
Party *f* حفلة [ħafla]
Pass *m* جواز [dʒawa:z]
passabel مقبول [maqbu:l]
Passagier(in) *m(f)* راكب(ة) [ra:kib(a)], *mpl* ركاب [rukka:b], مسافر(ة) [musa:fir(a)]
Passbild *n* صورة شمسية/ شخصية [su:ra ʃamsi:ja/ ʃaxsi:ja]
passen لاءم [la:ʔama], ناسب [na:saba], لاق [la:qa, i:]; **passend** ملائم [mula:ʔim], مناسب [muna:sib]
passieren *geschehen* حدث [ħadaθa, u]; *Grenze* عبر [ʕabara, u], اجتاز [idʒta:za]
Passiv *n* GRAM مبني للمجهول [mabni: lil-madʒhu:l]
passiv سلبي [salbi:]
Passkontrolle *f* فحص الجوازات [faħs al-dʒawa:za:t]
Passwort *n* COMPUT كلمة المرور [kalimat al-muru:r]; *Code* كلمة السر [kalimat as-sir]
Patient(in) *m(f)* مريض(ة) [mari:đ(ɒ)], *mpl* مرضى [marđɒ:]
pauschal *Adj* شامل [ʃa:mil], إجمالي [ʔidʒma:li:]; *Adv* من غير تمييز [min ɣair tamji:z], دون تمييز [du:na tamji:z]; **Pauschale** *f* مبلغ إجمالي [mablaɣ ʔidʒma:li:]; **Pauschalreise** *f* رحلة سياحية شاملة [riħla sija:ħi:ja ʃa:mila]
Pause *f* استراحة [istira:ħa]
Pavillon *m* *Messe* جناح [dʒana:ħ], *Pl* أجنحة [ʔadʒniħa]; *Zelt* سرادق [sura:diq]
Pazifik *m* المحيط الهادئ [al-muħi:ŧ al-ha:diʔ]
PC *m* كمبيوتر [kambju:tar], حاسوب [ħa:su:b], *Pl* حواسيب [ħawa:si:b]
Pech *n* زفت [zift]; *fig* نحس [naħs]; ***Pech haben*** نحس [naħisa, a], ساء حظه [sa:ʔ (u:) ħɒđđuhu]
Pedal *n* دواسة [dawwa:sa]
peinlich محرج [muħridʒ], مربك [murbik]
Peitsche *f* سوط [sauŧ], *Pl* سياط

[sijɒːŧ], كرباج [kurbaːdʒ], *Pl* كرابيج [karaːbiːdʒ]
Peking *n* بكين [bikiːn]
Pelz *m* فروة [farwa], *Pl* فراء [firaːʔ]; **Pelzmantel** *m* معطف فرو [miʕŧɒf farw]
pendeln تأرجح [taʔardʒaħa]
Penis *m* قضيب الذكر [qaɗiːb að-ðakar], *umg* زب [zubb]
Pension *f Ruhegehalt* معاش [maʕaːʃ]; *Gästehaus* بنسيون [bansjuːn]; **pensioniert** متقاعد [mutaqaːʕid]
per ب [bi], بواسطة [bi-waː-siŧɒt], عن طريق [ʕan ŧɒriːq]
perfekt كامل [kaːmil], تام [taːmm]
Periode *f* دورة [daura], حقبة [ħiqba], *Pl* حقب [ħiqab]; *Menstruation* العادة الشهرية [al-ʕaːda aʃ-ʃahriːja], حيض [ħaiɗ]
Perle *f* درة [durra], *Pl* درر [durar], لؤلؤة [luʔluʔa], *Pl* لآلىء [laʔaːliʔ]
Perser[1]**(in)** *m(f)* إيراني(ة) [ʔiːraːniː (-niːja)]; **Perser**[2] *m Teppich* سجاد عجمي/فارسي [saddʒaːd ʕadʒamiː/faːrisiː];
Persien *n* إيران [ʔiːraːn]
Person *f* شخص [ʃaxs], *Pl* أشخاص [ʔaʃxɒːs]; ***pro Person*** لكل شخص [li-kulli ʃaxs], لكل فرد [li-kulli fard]
Personal *n Betrieb* المستخدمون [al-mustaxdamuːn]; *Hauspersonal* خدم [xadam]; **Personalausweis** *m* بطاقة شخصية [biŧɒːqa ʃaxsiːja], هوية [huwiːja]; **Personalien** *Pl* البيانات الشخصية [al-bajaːnaːt aʃ-ʃaxsiːja]
persönlich *Adj* شخصي [ʃaxsiː]; *Adv* شخصيا [ʃaxsiː-jan]; **Persönlichkeit** *f* شخصية [ʃaxsiːja]
pervers منحرف [munħarif], شاذ [ʃaːð]
pessimistisch متشائم [mutaʃaːʔim]
Petra *n Stadt* البتراء [al-bitraːʔ]
Pfahl *m* وتد [watad], *Pl* أوتاد [ʔautaːd], خازوق [xaːzuːq], *Pl* خوازيق [xawaːziːq]
Pfand *n* رهن [rahn], *Pl* رهون [ruhuːn]
pfänden حجز على [ħadʒaza, i]
Pfanne *f* مقلى [miqlan], *Pl* مقال [maqaːlin]; **Pfannkuchen** *m* كريب [kriːb], *etwa* بانكيك [baːnkiːk]
Pfarrer(in) *m(f)* قسيس(ة) [qissiːs(a)], *mpl* قساوسة

[qasa:wisa]
Pfau *m* طاووس [tɒ:wu:s], *Pl* طواويس [tɒwa:wi:s]
Pfeffer *m* فلفل [filfil]; **Pfefferminztee** *m* شاي النعناع [ʃa:j an-naʕna:ʕ]
Pfeife *f* صفارة [sɒffa:ra]; *Tabakpfeife* غليون [ɣalju:n], *Pl* غلايين [ɣala:ji:n]; **pfeifen** صفر [sɒffara]
Pfeil *m* سهم [sahm], *Pl* سهام [siha:m]
Pfeiler *m* دعامة [daʕa:ma], *Pl* دعائم [daʕa:ʔim]
Pferd *n Hengst* حصان [ħisɒ:n], *Pl* أحصنة [ʔaħsina]; *Stute* فرس [faras], *Pl* أفراس [ʔafra:s]; **Pferderennen** *n* سباق الخيول [siba:q al-xuju:l]
Pfingsten *n* عيد العنصرة [ʕi:d al-ʕansɒra]
Pfirsich *m äg* خوخ [xaux]; *syr* دراق [durra:q]
Pflanze *f* نبات [naba:t]; **pflanzen** غرس [ɣarasa, i]; *säen* زرع [zaraʕa, a]; **Pflanzenschutzmittel** *n* مبيد الحشرات [mubi:d al-ħaʃara:t]; **pflanzlich** نباتي [naba:ti:]
Pflaster *n Straße* بلاط الشارع [balɒ:t aʃ-ʃa:riʕ]; MED لزقة [lazqa], شريط لاصق [ʃari:t la:siq]
Pflaume *f äg* برقوق [barqu:q]; *syr* خوخ [xaux]
Pflege *f* عناية [ʕina:ja], رعاية [riʕa:ja]; *Kranker* تمريض [tamri:đ]; **pflegeleicht** سهل الاستعمال [sahl al-istiʕma:l]; **pflegen** اعتنى ب [iʕtana:]; *Maschine* صان [sɒ:na, u:];
Pflegeversicherung *f* تأمين رعاية الشيخوخة والعجز [taʔmi:n riʕa:jat aʃ-ʃaixu:xa wal-ʕadʒz]
Pflicht *f* واجب [wa:dʒib]; *a.* REL فرض [farđ], *Pl* فروض [furu:đ]; **pflichtbewusst** مدرك للواجب [mudrik lil-wa:dʒib]
pflücken قطف [qɒtɒfa, i], جنى [dʒana:, i:]
Pflug *m* محراث [miħra:θ], *Pl* محاريث [maħa:ri:θ]
Pfosten *m* عمود [ʕamu:d], *Pl* أعمدة [ʔaʕmida]
Pfote *f* كف الحيوان [kaff al-ħajawa:n]
Pfund *n* نصف كيلوغرام [nisf kilu:ɣra:m]; *Währung äg* جنيه [gini:h]; *syr* ليرة [li:ra]
Pfusch *m* عمل غير متقن [ʕamal ɣair mutqan]

Pfütze *f* بقعة ماء [buqʕat maːʔ]

Phase *f* فترة [fatra], مرحلة [marħala], *Pl* مراحل [maraːħil]

Philosophie *f* فلسفة [falsafa]

Physik *f* فيزياء [fiːzjaːʔ]

Pickel *m* MED بثرة [baθra], حبة [ħabba], *Pl* حب [ħabb]; **Picknick** *n* نزهة في الهواء الطلق [nuzha fil- hawaːʔ ɒt-tɒlq]

piepsen *Vogel* زقزق [zaqzaqa]

Piercing *n* قرط [qurt], *Pl* أقراط [ʔaqrɒːt], بيرسينج [biːrsing]

Pik *n Spielkarte* بستوني [bastuːniː]

pikant شهي [ʃahiːj]; *scharf* حريف [ħarriːf]

Pilger(in) *m(f)* حاج(ة) [ħaːdʒ(a)], *mpl* حجاج [ħuddʒaːdʒ]; **Pilgerreise** *f* حج [ħaddʒ]

Pille *f* قرص [qurs], *Pl* أقراص [ʔaqrɒːs], حبة [ħabba] *Pl* حبوب [ħubuːb]; *Verhütungsmittel* حبوب منع الحمل [ħubuːb manʕ al-ħaml]

Pilot(in) *m(f)* طيار(ة) [tɒjjaːr(a)]

Pilz *m* BOT, MED فطر [futr]

PIN *f Bank* رقم سري [raqm sirriː]

Pinie *f* صنوبرة [sɒnaubara], *Koll* صنوبر [sɒnaubar]; **Pinienkern** *m* حبة/نواة الصنوبر [ħabbat/nawaːt ɒs-sɒnaubar]

pink وردي [wardiː]; *syr, lib* زهري [zahriː]

pinkeln بال [baːla, uː], شخ [ʃaxxa, u]

Pinsel *m* فرشاة [furʃaːt], *Pl* فرش [furaʃ]

Pinzette *f* ملقط [milqɒt], *Pl* ملاقط [malaːqit]

Pistazie *f* فستقة [fustuqa], *Koll* فستق [fustuq]

Pistole *f* مسدس [musaddas]

Pizza *f* بيتزا [biːtzaː]

PKW, **Pkw** *m* سيارة [sajjaːra]

Plakat *n* ملصق [mulsɒq], *Pl* ملاصق [malɒːsiq]

Plan *m* خطة [xuttɒ], *Pl* خطط [xutɒt]

Plane *f* غطاء [ɣitɒːʔ], *Pl* أغطية [ʔaɣtija]

planen خطط [xɒttɒtɒ], صمم [sɒmmama]

Planet *m* كوكب سيار [kaukab sajjaːr]

planmäßig *Ankunft* في الوقت المقرر/المحدد [fil-waqti l-muqarrar/l-muħaddad]

Plantage *f* مزرعة [mazraʕa],

Pl مزارع [maza:riʕ]
Planung *f* تخطيط [taxṭi:ṭ]
Plastik *n* بلاستيك [bla:sti:k]; **Plastiktüte** *f* كيس بلاستيكي [ki:s blasti:ki:]
Platane *f Koll* دلب [dulb]
Platin *n* بلاتين [bla:ti:n]
platt *Reifen* مثقوب [maθqu:b]; *fig* مذهول [maðhu:l], مدهوش [maðhu:ʃ]
Platte *f* لوح [lauḥ], *Pl* ألواح [ʔalwa:ḥ]; MUS أسطوانة [ʔusṭu:wa:na]; *Servierplatte* صينية [ṣi:ni:ja], *Pl* صوان [ṣɒwa:nin]
Platz *m* مكان [maka:n], *Pl* أمكنة [ʔamkina], موضع [mauḍiʕ], *Pl* مواضع [mawɒ:ḍiʕ]; *Sitzplatz* مقعد [maqʕad], *Pl* مقاعد [maqa:ʕid]; ***Platz nehmen*** جلس [dʒalasa, i]
Plätzchen *n Keks* فطيرة [faṭi:ra], *Pl* فطائر [faṭɒ:ʔir], بسكوت [baskwu:t]
platzen انفجر [infadʒara]; *scheitern* فشل [faʃila, a]
plaudern تحادث [taḥa:daθa], دردش [dardaʃa]
pleite مفلس [muflis]
Pleite *f* WIRTSCH إفلاس [ʔifla:s]
plötzlich فجأة [fadʒʔatan]
plump غير لبق [ɣair labiq], فظ [fɒðð]
plündern نهب [nahaba, a], سلب [salaba, u]
Plural *m* GRAM جمع [dʒamʕ]
plus زائد [za:ʔid]; PHYS موجب [mu:dʒab]
Po *m* مؤخرة [muʔaxxira]; *umg* طيز [ṭi:z]
Pocken *fpl* MED جدري [dʒudari:]
poetisch شعري [ʃiʕri:]
Polen *n* بولندا [bu:landa:]
polieren لمع [lammaʕa], صقل [ṣɒqala, u]
Politik *f* سياسة [sija:sa]; **Politiker(in)** *m(f)* سياسي(ة) [sija:si: (-si:ja)]
Polizei *f* شرطة [ʃurṭɒ]; **Polizeirevier** *n* مركز الشرطة [markaz aʃ-ʃurṭɒ]
Polizist(in) *m(f)* شرطي(ة) [ʃurṭi: (-ṭi:ja)]
Pollenallergie *f* MED حساسية (ضد) اللقاح [ḥasa:si:ja (ḍidda) al-liqa:ḥ]
Polster *n* وسادة منجدة [wisa:da munaddʒada]
Pommes frites *Pl* بطاطا مقلية [bɒṭɒ:ṭɒ: maqli:ja], بوم فريت [bu:m fri:t]
Pony *n* ZOOL فرس قزم [faras qazam], بوني [bo:ni:]

Popmusik *f* موسيقى البوب [muːsiːqa al-buːb]
populär شعبي [ʃaʕbiː]; *Person* محبوب [maħbuːb]
Pornografie *f* أدب مكشوف [ʔadab makʃuːf], تصوير إباحي [tɒswiːr ʔibaːħiː]
Portemonnaie *n* محفظة النقود [maħfɒðɒt an-nuquːd]; *syr, lib* جزدان [dʒuzdaːn], *Pl* جزادين [dʒazaːdiːn]
Portion *f* حصة [ħissɒ], *Pl* حصص [ħisɒs]; *Essen* صحن [sɒħn]
Porto *n* رسوم البريد [rusuːm al-bariːd]
Portugal *n* البرتغال [al-burtuɣaːl]
Porzellan *n* الخزف الصيني [al-xazaf ɒs-siːniː]
Position *f* مركز [markaz], مكانة [makaːna]; *Standpunkt* موقف [mauqif], *Pl* مواقف [mawaːqif]
positiv إيجابي [ʔiːdʒaːbiː]; PHYS موجب [muːdʒab]
Post® *f* بريد [bariːd]; **Postamt** *n* مكتب البريد [maktab al-bariːd]; **Postanweisung** *f* حوالة بريدية [ħawaːla bariːdiːja]
Posten *m* منصب [mansɨb], *Pl* مناصب [manɒːsɨb]; MIL مركز [markaz], *Pl* مراكز [maraːkiz]
Postfach *n* صندوق بريد [sunduːq bariːd]; **Postkarte** *f* بطاقة بريدية [bitɒːqa bariːdiːja]; **Postleitzahl** *f* رمز المدينة البريدي [ramz al-madiːna al-bariːdiː]; **Poststempel** *m* ختم البريد [xatm al-bariːd]
prächtig رائع [raːʔiʕ], فاخر [faːxir]
Praktikum *n* تدريب عملي [tadriːb ʕamaliː]
praktisch *Adj* عملي [ʕamaliː]; *Adv* عمليا [ʕamaliːjan]; ***praktischer Arzt*** طبيب عام [tɒbiːb ʕaːmm]
Prämie *f* مكافأة [mukaːfaʔa], جائزة [dʒaːʔiza], *Pl* جوائز [dʒawaːʔiz]
Präparat *n* MED مستحضر طبي [mustaħðɒr tɨbbiː]
Präsident(in) *m(f)* رئيس(ة) [raʔiːs(a)], *mpl* رؤساء [ruʔasaːʔ]
Praxis *f* التطبيق العملي [ɒt-tɒtbiːq al-ʕamaliː]; *Arzt* عيادة [ʕijaːda]
präzise دقيق [daqiːq]
Preis *m* سعر [siʕr], *Pl* أسعار [ʔasʕaːr], ثمن [θaman], *Pl*

أثمان [ʔaθma:n]; *Gewinn* جائزة [dʒa:ʔiza], *Pl* جوائز [dʒawa:ʔiz]; **Preisausschreiben** *n* مسابقة [musa:baqa]; **preiswert** بسعر معقول [bi-siʕrin maʕqu:l], أقل تكلفة [ʔaqall taklifa]

Prellung *f* MED رضة [rɒđđɒ], كدمة [kadma]

Prepaid-Karte *f* بطاقة مدفوعة مسبقا [biṭɒ:qa madfu:ʕa musbaqan]

Presse *f* معصرة [miʕsɒra], *Pl* معاصر [maʕɒ:sir]; TECH مكبس [mikbas], *Pl* مكابس [maka:bis]; *Zeitungen* صحافة [sɒħa:fa]

pressen عصر [ʕasɒra, i], ضغط [đɒɣɒṭɒ, a]; TECH كبس [kabasa]

Priester(in) *m(f)* قسيس(ة) [qissi:s(a)], *mpl* قساوسة [qasa:wisa], كاهن(ة) [ka:hin(a)], *mpl* كهنة [kahana]

prima ممتاز [mumta:z], عظيم [ʕaðī:m]

primitiv بدائي [bida:ʔi:]; *rückständig* متخلف [mutaxallif]

Prinz *m* أمير [ʔami:r], *Pl* أمراء [ʔumara:ʔ]; **Prinzessin** *f* أميرة [ʔami:ra]

Prinzip *n* مبدأ [mabdaʔ], *Pl* مبادئ [maba:diʔ], قاعدة [qa:ʕida], *Pl* قواعد [qawa:ʕid]

Prise *f* قليلا من [qali:lan min]

privat خاص [xɒ:ss], خصوصي [xusu:si:], شخصي [ʃaxsi:]; **Privatbesitz** *m* ملكية خاصة [mulki:ja xɒ:ssɒ]; **Privatleben** *n* حياة خاصة [ħaja:t xɒ:ssɒ]; **Privatsphäre** *f* خصوصيات [xusu:si:ja:t]

pro *je* لكل [li-kull]; ***pro Tag*** كل يوم [kulla jaum]

Probe *f* تجربة [tadʒriba], *Pl* تجارب [tadʒa:rib]; *Test* اختبار [ixtiba:r]; *Muster* عينة [ʕajjina]; **Probefahrt** *f* AUTO اختبار السيارة [ixtiba:r as-sajja:ra]

probieren جرب [dʒarraba]; *Speise* ذاق [ða:qa, u:]

Problem *n* مشكلة [muʃkila], *Pl* مشاكل [maʃa:kil]

Produkt *n* منتج [muntadʒ]; **Produktion** *f* إنتاج [ʔinta:dʒ]

produzieren أنتج [ʔantadʒa]

Professor(in) *m(f)* أستاذ(ة) جامعي(ة) [ʔusta:ð(a) dʒa:miʕi: (-ʕi:ja)], بروفسور(ة) [brufisu:r(a)], *Pl* بروفسورات [brufisu:ra:t]

Profi *m a.* SPORT محترف [muħtarif]

Profit *m* ربح [ribħ], *Pl* أرباح

[ʔarbaːħ], نفع [nafʕ]; **profitieren** ربح [rabiħa, a], استفاد من [istafaːda]
Prognose *f* توقع [tawaqquʕ], تنبؤ [tanabbuʔ]
Programm *n* برنامج [barnaːmidʒ], *Pl* برامج [baraːmidʒ]; **programmieren** COMPUT برمج [barmadʒa]
Projekt *n* مشروع [maʃruːʕ], *Pl* مشاريع [maʃaːriːʕ]; **Promille** *n* في الألف [fil-ʔalf]; **prominent** بارز [baːriz], وجيه [wadʒiːh]; **Propaganda** *f* دعاية [diʕaːja]
Prophet(in) *m(f)* نبي(ة) [nabiː (-biːja)], *mpl* أنبياء [ʔanbijaːʔ]
Prospekt *m* كتالوج [katalu:dʒ], منشور [manʃur], *Pl* مناشير [manaːʃiːr]
Prostituierte *f* عاهرة [ʕaːhira], *Pl* عواهر [ʕawaːhir]; **Prostitution** *f* بغاء [biɣaːʔ], دعارة [daʕaːra]
Protest *m* احتجاج [iħtidʒaːdʒ], اعتراض [iʕtirɒːđ]; **protestantisch** بروتستانتي [bruːtistaːntiː]; **protestieren** احتج على [iħtadʒa], اعترض على [iʕtarɒđɒ]
Prothese *f Gliedmaßen* طرف اصطناعي [ŧɒraf isŧinaːʕiː]; *Zahn* طقم أسنان اصطناعية [ŧɒqm ʔasnaːn isŧinaːʕiːja];
Protokoll *n* محضر [maħđɒr], *Pl* محاضر [maħɒːđir], بروتوكول [brutukuːl]; **Proviant** *m* زاد [zaːd], *Pl* أزواد [ʔazwaːd];
Provider *m* COMPUT مزود [muzawwid]; **Provinz** *f* مقاطعة [muqɒːŧɒʕa], إقليم [ʔiqliːm], *Pl* أقاليم [ʔaqaːliːm]; *äg* مديرية [mudiːriːja]; **Provision** *f* عمولة [ʕumuːla]; **provisorisch** مؤقت [muʔaqqat], انتقالي [intiqaːliː]; **provozieren** استفز [istafazza], تحرش ب [taħarraʃa]; **Prozent** *n* في المئة [fil-miʔa]
Prozess *m* عملية [ʕamaliːja]; JUR قضية [qɒđiːja], *Pl* قضايا [qɒđɒːjaː]; **Prozessor** *m PC* معالج [muʕalidʒ]
prüfen *überprüfen* فحص [faħasɒ, a]; *j-n* امتحن [imtaħana], اختبر [ixtabara];
Prüfung *f* فحص [faħs], *Pl* فحوص [fuħuːs], امتحان [imtiħaːn]
Prügelei *f* ضرب [đɒrb], خناقة [xinaːqa]; **prügeln** *v/t* ضرب [đɒraba, i]; *v/r* ***sich prügeln***

تضارب [taďɒːraba]
psychisch نفسي [nafsiː], نفساني [nafsaːniː]; **psychologisch** نفسي [nafsiː], نفساني [nafsaːniː]
Pubertät *f* مراهقة [muraːhaqa]
Publikum *n* جمهور [dʒumhuːr]
Pudding *m* بودنج [buːding], مهلبية [muhallabiːja]
Puder *m* بودرة [buːdra]
Pullover *m* كنزة [kanza], بلوفر [buluːfar]
Puls *m* نبض [nabđ]
Pulver *n* مسحوق [masħuːq], *Pl* مساحيق [masaːħiːq]; **Pulverkaffee** *m* قهوة مطحونة [qahwa mɒtħuːna]
Pumpe *f* مضخة [miđɒxxa]
Pumps *mpl* خف [xuff], *Pl* أخفاف [ʔaxfaːf]
Punkt *m* نقطة [nuqtɒ], *Pl* نقاط [niqɒːŧ]; *Satzzeichen* علامة الوقف [ʕalaːmat al-waqf]
pünktlich *Adj* دقيق في المواعيد [daqiːq fil-mawaːʕiːd]; *Adv* في موعده [fiː mauʕidihi]
Pupille *f* بؤبؤ العين [buʔbuʔ al-ʕain], حدقة [ħadaqa]
Puppe *f* دمية [dumja], *Pl* دمى [duman], لعبة [luʕba], *Pl* لعب [luʕab]
pur خالص [xaːlis], صاف [sɒːfin]
Püree *n* مهروس البطاطا [mahruːs al-bɒŧɒːŧɒː], بوريه [buːriːh]
pusten نفخ [nafaxa, u]
Pute *f* دجاجة رومية [dadʒaːdʒa ruːmiːja]
putzen نظف [nɒððɒfa]; *Schuhe* مسح [masaħa, a]; *Zähne* غسل [ɣasala, i], فرش [faraʃa, u, i]; **Putzfrau** *f* عاملة تنظيف [ʕaːmilat tanðiːf]; **Putzlappen** *m* ممسحة [mimsaħa], *Pl* مماسح [mamaːsiħ]; **Putzmittel** *n* مادة تنظيف [maːddat tanðiːf]
Puzzle *n* لعبة تركيب الصور [luʕbat tarkiːb ɒs-suwar], لعبة بازل [luʕbat baːzil]
Pyjama *m* بيجاما [biːdʒaːmaː]
Pyramide *f* هرم [haram], *Pl* أهرام [ʔahraːm]

Q

Quadrat *n* مربع [murabbaʕ]; **Quadratmeter** *m* متر مربع [mitr murabbaʕ]
quälen عذب [ʕaððaba], أوجع [ʔaudʒaʕa]
Qualität *f* نوعية [nauʕiːja], جودة [dʒauda]
Qualle *f* رئة/قنديل البحر [riʔat/ qindiːl al-baħr]
Quarantäne *f* حجر صحي [ħadʒr siħħiː], كرنتينة [karantiːna]
Quark *m* لبن عاقد [laban ʕaːqid]
Quartal *n* ربع سنة [rubʕ sana]; **Quartier** *n* مسكن [maskan], *Pl* مساكن [masaːkin]
Quatsch *m* خرف [xaraf], كلام سخيف [kalaːm saxiːf]
Quecksilber *n* زئبق [ziʔbaq]
Quelle *f* منبع [manbaʕ], *Pl* منابع [manaːbiʕ]; *Information* مصدر [mɒsdar], *Pl* مصادر [masɒːdir]; *Wissenschaft* مرجع [mardʒiʕ], *Pl* مراجع [maraːdʒiʕ]
quer عرضي [ʕarđiː]; *Adv* عرضا [ʕarđɒn], بالعرض [bil-ʕarđ],
Querschnitt *m* مقطع عرضي [maqtɒʕ ʕarđiː]; **querschnittgelähmt** MED مصاب بشلل سفلي [musɒːb bi-ʃalal sufliː], مشلول النصف الأسفل [maʃluːl an-nisf al-ʔasfal]
Querstraße *f* شارع متقاطع [ʃaːriʕ mutaqɒːtiʕ]
Quetschung *f* MED رضة [rɒđđɒ], كدمة [kadma]
quietschen صر [sɒrra, i]
Quittung *f* وصل [wɒsl], *Pl* وصول [wusuːl], إيصال [ʔiːsɒːl]
Quote *f* حصة [ħissɒ], *Pl* حصص [ħisɒs]

R

Rabat *n* الرباط [ar-ribɒ:ŧ]
Rabatt *m* خصم [xɒsm], *Pl* خصوم [xusu:m], تنزيل [tanzi:l]
Rabbi *m* حاخام [ħa:xa:m], *Pl* حاخامات [ħa:xa:ma:t]
Rabe *m* غراب [ɣura:b], *Pl* غربان [ɣirba:n]
Rache *f* ثأر [θaʔr], انتقام [intiqa:m]
Rachen *m* حلق [ħalq], *Pl* حلوق [ħulu:q], بلعوم [bulʕu:m], *Pl* بلاعيم [bala:ʕi:m]
rächen ثأر [θaʔara, a]
Rad *n* عجلة [ʕadʒala]; *Fahrrad* دراجة [darra:dʒa]; ***Rad fahren*** ركب دراجة [rakiba (a) darra:dʒa]
Radarkontrolle *f* مراقبة بالرادار [mura:qaba bir-ra:da:r]
Radfahrer(in) *m(f)* راكب(ة) دراجة [ra:kib(at) darra:dʒa]
radikal جذري [dʒiðri:]; POL متطرف [mutaŧɒrrif]
Radio *n* راديو [ra:dju:], *Pl* راديوهات [ra:dju:ha:t]; **radioaktiv** إشعاعي [ʔiʃʕa:ʕi:]
Radius *m* نصف القطر [niṣf al-quŧr]
Radtour *f* جولة بالدراجات [dʒaula bid-darra:dʒa:t]; **Radweg** *m* طريق الدراجات [ŧɒri:q ad-darra:dʒa:t]
raffiniert مكرر [mukarrar]; *fig* محنك [muħannak], ماهر [ma:hir]
Rahm *m* قشطة [qiʃŧɒ]
Rahmen *m Bild* برواز [birwa:z], *Pl* براويز [bara:wi:z]; *a. fig* إطار [ʔiŧɒ:r]
Rakete *f* صاروخ [sɒ:ru:x], *Pl* صواريخ [sɒwa:ri:x]
Ramadan *m* رمضان [ramada:n]
Ramallah *n* رام الله [ra:m al-lah]
Rand *m* حافة [ħa:ffa], هامش [ha:miʃ], *Pl* هوامش [hawa:miʃ]
Rang *m* مرتبة [martaba], *Pl* مراتب [mara:tib]; *Dienstgrad* رتبة [rutba], *Pl* رتب [rutab]; *Position* مقام [maqa:m]
ranzig زنخ [zanix]
rasch سريع [sari:ʕ]

rasen أسرع [ʔasraʕa], انطلق مسرعا [intɒlaqa musriʕan]
Rasen *m* عشب [ʕuʃb], *Pl* أعشاب [ʔaʕʃa:b], حشائش [ħaʃa:ʔiʃ]
Rasierapparat *m* ماكينة الحلاقة [maki:nat al-ħila:qa]; **rasieren** حلق [ħalaqa, i]; *v/r* ***sich rasieren*** حلق [ħalaqa, i]; **Rasierklinge** *f* شفرة [ʃafra]; **Rasierwasser** *n* كولونيا [ku:lu:nija:]
Rasse *f* عرق [ʕirq], *Pl* عروق [ʕuru:q]
rassistisch عنصري [ʕunsuri:]
Rast *f*: ***Rast machen*** استراح [istara:ħa]
Rat *m* نصيحة [nɒsi:ħa], *Pl* نصائح [nɒsɒ:ʔiħ], مشورة [maʃu:ra]
Rate *f* قسط [qisŧ], *Pl* أقساط [ʔaqsɒ:ŧ]
raten أوصى ب [ʔausɒ:], نصح [nɒsɒħa, a]; *erraten* حزر [ħazara, i], خمن [xammana]
Rathaus *n* دار البلدية [da:r al-baladi:ja]
Ration *f* حصة [ħissɒ], *Pl* حصص [ħisɒs]; **rationell** معقول [maʕqu:l]
ratlos حائر [ħa:ʔir]
Rätsel *n* لغز [luɣz], *Pl* ألغاز [ʔalɣa:z]; *äg* فزورة [fazu:ra], *Pl* فوازير [fawa:zi:r]; **rätselhaft** غامض [ɣa:miđ], محير [muħajjir]
Ratte *f* ZOOL جرذون [dʒirðaun], *Pl* جراذين [dʒara:ði:n]
rau(h) خشن [xaʃin]; *Stimme* أجش [ʔadʒaʃʃ]
Raub *m* سرقة [sariqa]; *Beute* غنيمة [ɣani:ma], *Pl* غنائم [ɣana:ʔim]; **rauben** سرق [saraqa, i], سلب [salaba, u]
Räuber(in) *m(f)* لص(ة) [liss(ɒ)], *mpl* لصوص [lusu:s]
Raubkopie *f* نسخة مقرصنة [nusxa muqarsana]; **Raubtier** *n* حيوان مفترس [ħajawa:n muftaris]
Rauch *m* دخان [duxa:n]; **rauchen** دخن [daxxana], شرب الدخان [ʃariba (a) d-duxa:n]; **Raucher(in)** *m(f)* مدخن(ة) [mudaxxin(a)]; **Rauchverbot** *n* ممنوع التدخين [mamnu:ʕ at-tadxi:n]
raufen تعارك مع [taʕa:raka]
Raum *m Zimmer* غرفة [ɣurfa], *Pl* غرف [ɣuraf]; *Bereich* مجال [madʒa:l]
räumen أخلى [ʔaxla:], أزاح [ʔaza:ħa]

Raumfahrt *f* رحلة الفضاء [riħlat al-fađɒːʔ], ملاحة فضائية [milaːħa fađɒːʔiːja]
räumlich مكاني [makaːniː]
Raumschiff *n* سفينة الفضاء [safiːnat al-fađɒːʔ]
Raupe *f* ZOOL يسروع [jasruːʕ], *Pl* يساريع [jasaːriːʕ]; *Bulldozer* جرافة [dʒarraːfa]
raus → ***heraus, hinaus***
Rausch *m* نشوة [naʃwa], سكرة [sakra]; **rauschen** خشخش [xaʃxaʃa]; *Wasser* هدر [hadara, i]; **Rauschgift** *n* مخدرات [muxaddaraːt]
räuspern *v/r* ***sich räuspern*** تنحنح [tanaħnaħa]
Razzia *f* كبسة [kabsa]
reagieren استجاب ل [istadʒaːba]; CHEM تفاعل [tafaːʕala]
Reaktion *f* رد فعل [radd fiʕl], تفاعل [tafaːʕul]
real حقيقي [ħaqiːqiː], واقعي [waːqiʕiː]; **realisieren** حقق [ħaqqaqa]; **realistisch** واقعي [waːqiʕiː]; **Realität** *f* واقع [waːqiʕ], حقيقة [ħaqiːqa], *Pl* حقائق [ħaqaːʔiq]; **Realschule** *f* مدرسة إعدادية [madrasa ʔiʕdaːdiːja]
rebellieren تمرد على [tamarrada], عصى [ʕasɒː, iː]
rechnen حسب [ħasaba, u]; ***rechnen mit*** حسب حسابا ل [ħasaba (u) ħisaːban]; *erwarten* توقع [tawaqqaʕa]; **Rechner** *m Gerät* حاسب [ħaːsib]; **Rechnung** *f* حساب [ħisaːb], فاتورة [faːtuːra], *Pl* فواتير [fawaːtiːr]
recht *Adv* نوعا ما [nauʕan maː]; ***j-m recht sein*** ناسب [naːsaba], رضي عن [rɒđija, a]
Recht *n* حق [ħaqq], *Pl* حقوق [ħuquːq]; ***Recht haben*** أحق في [ʔaħaqqa]
rechte(r, -s) *Adj m* أيمن [ʔaiman]; *f* يمنى [jumnaː]; POL يميني [jamiːniː]
Rechte *f Hand* اليمنى [al-jumnaː]; POL اليمين [al-jamiːn]
Rechteck *n* مستطيل [mustatiːl]
rechtfertigen برر [barrara], علل [ʕallala]; **rechtlich** JUR قانوني [qaːnuːniː], شرعي [ʃarʕiː]; **rechtmäßig** قانوني [qaːnuːniː], شرعي [ʃarʕiː]
rechts يمينا [jamiːnan]; على اليمين [ʕala l-jamiːn]
Rechtschreibung *f* ضبط

الكتابة [đɒbŧ al-kita:ba], إملاء [ʔimla:ʔ]

Rechtsgelehrte *m(f)* فقيه(ة) [faqi:h(a)], *mpl* فقهاء [fuqaha:ʔ]; **Rechtsschule** *f* مذهب [maðhab], *Pl* مذاهب [maðahib]

rechtswidrig غير شرعي [ɣair ʃarʕi:], غير قانوني [ɣair qa:nu:ni:]

rechtzeitig *Adv* في الوقت المناسب [fil-waqti l-muna:sib]

Recycling *n* إعادة التدوير [ʔiʕa:dat at-tadwi:r], معالجة النفايات [muʕa:ladʒat an-nifa:ja:t]

Redaktion *f* إدارة التحرير [ʔida:rat at-taħri:r]

Rede *f* خطبة [xuŧba], *Pl* خطب [xuŧɒb], كلمة [kalima]; **reden** تحدث [taħaddaθa], تكلم [takallama]; **Redewendung** *m* قول مأثور [qaul maʔθu:r]; **Redner(in)** *m(f)* خطيب(ة) [xɒŧi:b(a)], *mpl* خطباء [xuŧɒba:ʔ]

reduzieren قلل من [qallala], خفض [xaffađɒ]

Reederei *f* شركة ملاحة [ʃarikat mila:ħa]

Reflex *m* انعكاس [inʕika:s], فعل منعكس [fiʕl munʕakis]

Reform *f* إصلاح [ʔiṣla:ħ]

Regal *n* رف [raff], *Pl* رفوف [rufu:f]

Regel *f* قاعدة [qa:ʕida], *Pl* قواعد [qawa:ʕid]; *Gewohnheit* عادة [ʕa:da]; *Menstruation* العادة الشهرية [al-ʕa:da aʃ-ʃahri:ja]; **regelmäßig** منتظم [muntɒđim], بانتظام [bi-ʔintiđɒ:m]; **regeln** نظم [nɒđđɒma]; **Regelung** *f* تنظيم [tanđi:m], ترتيب [tarti:b]

Regen *m* مطر [mɒŧɒr]; *Pl* أمطار [ʔamŧɒ:r]; **Regenjacke** *f* جاكيت مشمع [dʒa:ki:t muʃammaʕ]; **Regenschirm** *m* مظلة [miđɒlla], شمسية [ʃamsi:ja]; **Regenwald** *m* غابة المطر [ɣa:bat al-mɒŧɒr]; **Regenwurm** *m* دودة الأرض [du:dat al-ʔarđ]

regieren حكم [ħakama, u]; **Regierung** *f* حكومة [ħuku:ma]

Regime *n* حكم [ħukm], *Pl* أحكام [ʔaħka:m], نظام [niđɒ:m], *Pl* أنظمة [ʔanđima]

Region *f* منطقة [minŧɒqa], *Pl* مناطق [manɒ:ŧiq], إقليم [ʔiqli:m], *Pl* أقاليم [ʔaqa:li:m]; **regional** إقليمي [ʔiqli:mi:]

Regisseur(in) *m(f)* مخرج(ة) [muxridʒ(a)]
registrieren سجل [saddʒala], دون [dawwana]
regnen أمطرت السماء [ʔamtɒrat as-sama:ʔ]; **regnerisch** ماطر [mɒ:tɨr], ممطر [mumtɨr]
regulär منتظم [muntɒðɨm]; **regulieren** نظم [nɒððɒma], ضبط [đɒbɒtɒ, i, u]
Reh *n* غزال [ɣaza:l], *Pl* غزلان [ɣizla:n]
reiben حك [ħakka, u]
reich غني [ɣani:], ثري [θari:]
Reich *n* إمبراطورية [ʔimbara:tɒ:ri:ja], مملكة [mamlaka], *Pl* ممالك [mama:lik]
reichen *geben* ناول [na:wala], مد [madda, u]; *genügen* كفى [kafa:, i:]; ***es reicht*** كفى [kafa:, i:]; **reichlich** موفور [maufu:r]; *Adv* بوفرة [bi-wafra]; **Reichtum** *m* غنى [ɣinan], ثروة [θarwa], *Pl* ثروات [θarwa:t]
Reif *m* طوق [tɒuq], *Pl* أطواق [ʔɒtwa:q]; *Arm* سوار [siwa:r], *Pl* أساور [ʔasa:wir]
reif ناضج [nɒ:đidʒ], يانع [ja:niʕ]; **reifen** نضج [nɒđidʒa, a]
Reifen *m* AUTO إطار [ʔitɒ:r], عجلة [ʕadʒala]; **Reifenpanne** *f* بنشر [banʃar], عجلة مثقوبة [ʕadʒala maθqu:ba]
Reihe *f* صف [sɒff], *Pl* صفوف [sufu:f]; سلسلة [silsila], *Pl* سلاسل [sala:sil], مجموعة [madʒmu:ʕa]; ***der Reihe nach*** بالترتيب [bit-tarti:b], بالتناوب [bit-tana:wub]; **Reihenfolge** *f* ترتيب [tarti:b], تعاقب [taʕa:qub]
rein نقي [naqi:]; *sauber* نظيف [nɒði:f]; *bloß* محض [mahđ]; *Silber* صاف [sɒ:fin] **reinigen** نظف [nɒððɒfa], مسح [masaħa, a]; **Reinigung** *f* تنظيف [tanði:f]
Reis *m* أرز [ʔaruzz]
Reise *f* رحلة [riħla], سفر [safar], *Pl* أسفار [ʔasfa:r]; ***gute Reise*** *m(f)* رافقتك السلامة [ra:faqatka(-ki) s-sala:ma], رحلة سعيدة [riħla saʕi:da]; **Reisebüro** *n* مكتب سياحة وسفر [maktab sija:ħa wa-safar]; **Reisebus** *m* باص سياحي [bɒ:s sija:ħi:]; **Reiseführer**[1] *m Buch* دليل السفر [dali:l as-safar]; **Reiseführer**[2]**(in)** *m(f)* مرشد(ة) [murʃid(a)], دليل(ة) [dali:l-

(a)], *mpl* أدلاء [ʔadilla:ʔ]
Reisegepäck *n* أمتعة السفر [ʔamtiʕat as-safar]; **Reisegepäckversicherung** *f* تأمين على الأمتعة [taʔmi:n ʕala l-ʔamtiʕa]
Reiseleiter(in) *m(f)* مشرف(ة) الرحلة [muʃrif(at) ar-riħla]
reisen سافر [sa:fara]; **Reisende** *m/f* مسافر(ة) [musa:fir(a)]
Reisepass *m* جواز السفر [dʒawa:z as-safar]; **Reiseroute** *f* خط الرحلة [xɒtt ar-riħla], طريق السفر [tɒri:q as-safar]; **Reisescheck** *m* شيك سياحي [ʃi:k sija:ħi:]; **Reiseveranstalter** *m* منظم الرحلة [munɒððim ar-riħla]
reißen *v/t* مزق [mazzaqa], نزع [nazaʕa, i]; *v/i* تمزق [tamazzaqa]; **Reißverschluss** *m* سوستة [susta], *Pl* سست [susat]; *syr, jord* سحاب [saħħa:b]; **Reißzwecke** *f* دبوس رسم [dabbu:s rasm]
reiten ركب [rakiba, a], امتطى [imtatɒ:]; **Reiten** *n* ركوب [ruku:b]
Reiz *m fig* سحر [siħr], جاذبية [dʒa:ðibi:ja]; BIOL انفعال [infiʕa:l]; **reizen** *verlocken* أغرى [ʔaɣra:], استهوى [istahwa:]; *ärgern* أثار [ʔaθa:ra], استفز [istafazza]
Reklamation *f* شكوى [ʃakwa:], *Pl* شكاوى [ʃaka:wa:]
Reklame *f* دعاية [diʕa:ja]
Rekord *m* رقم قياسي [raqm qija:si:]
relativ *Adj* نسبي [nisbi:]; *Adv* نسبيا [nisbi:jan]
Religion *f* دين [di:n], *Pl* أديان [ʔadja:n], ديانة [dija:na]; **religiös** متدين [mutadajjin], ورع [wariʕ]
Reling *f* سور المركب [su:r al-markab]
rennen ركض [rakađɒ, u], جرى [dʒara:, i:]; **Rennpferd** *n* حصان السباق [ħisɒ:n as-siba:q]; **Rennwagen** *m* سيارة السباق [sajja:rat as-siba:q]
renovieren جدد [dʒaddada], أصلح [ʔɒslaħa]
rentabel مربح [murbiħ], مجز [mudʒzin]; **Rente** *f* معاش التقاعد [maʕa:ʃ at-taqa:ʕud]; **Rentenversicherung** *f* تأمين الشيخوخة [taʔmi:n aʃ-ʃaixu:xa]; **Rentner(in)** *m(f)* متقاعد(ة) [mutaqa:ʕid(a)]

Reparatur *f* تصليح [tɒsli:ħ]
reparieren صلّح [sɒllaħa]
Reportage *f* تقرير صحفي [taqri:r sɒħafi:]; **Reporter(in)** *m(f)* مراسل(ة) [mura:sil(a)], مندوب(ة) [mandu:b(a)]
Repräsentant(in) *m(f)* ممثل(ة) [mumaθθil(a)]; WIRTSCH وكيل(ة) [waki:l(a)], *mpl* وكلاء [wukala:ʔ]
Republik *f* جمهورية [dʒumhu:ri:ja]
Reserve *f a.* MIL, FIN احتياط [iħtijɒ:ŧ]; **Reserverad** *n* عجلة احتياطية [ʕadʒala iħtijɒ:ŧi:ja]
reservieren حجز [ħadʒaza, i]; **Reservierung** *f* حجز [ħadʒz]
respektieren احترم [iħtarama]
Rest *m* بقية [baqi:ja], *Pl* بقايا [baqa:ja:], الباقي [al-ba:qi:]
Restaurant *n* مطعم [mɒŧʕam], *Pl* مطاعم [mɒŧɒ:ʕim]
restlich باق [ba:qin], متبق [mutabaqqin]
Resultat *n* نتيجة [nati:dʒa], *Pl* نتائج [nata:ʔidʒ]
retten *v/t* أنقذ [ʔanqaða], نجى من [naddʒa:]
Retter(in) *m(f)* منقذ(ة) [munqið(a)]
Rettung *f* إنقاذ [ʔinqa:ð], نجاة [nadʒa:t]
Rettungsboot *n* قارب النجاة [qa:rib an-nadʒa:t]; **Rettungsdienst** *m* فرق الإنقاذ [firaq al-ʔinqa:ð]; **Rettungsring** *m* طوق النجاة [ŧɒuq an-nadʒa:t]
Reue *f* ندم [nadam]
revanchieren *v/r* ***sich revanchieren*** رد الجميل ل [radda (u) l-dʒami:l]
Revolution *f* ثورة [θaura]
Rezept *n* MED وصفة طبية [wɒsfa ŧibbi:ja]; *äg* روشتة [ruʃitta]; GASTR وصفة [wɒsfa]; **Rezeption** *f* استقبال [istiqba:l]
Rhein *m* نهر الراين [nahr ar-rain]; **Rheinland-Pfalz** *n* رينانيا البلاتينات [ri:na:nja: al-bala:ti:na:t]
Rheuma *n* MED روماتزم [ru:ma:tizim]
Rhythmus *m* إيقاع [ʔi:qa:ʕ]
Riad الرياض [ar-rijɒ:đ]
richten *Frage* وجه إلى [waddʒaha]; *Blick* صوب إلى [sɒwwaba]; *reparieren* صلح [sɒllaħa]; *urteilen* قضى

[qɒđɒ:, i:]; ***sich nach etw richten*** اهتدى ب [ihtada:], تبع [tabiʕa, a]

Richter(in) *m(f)* قاض(ية) [qɒ:đin (-đi:ja)], *mpl* قضاة [quđɒ:t]

richtig صحيح [sɒħi:ħ], سليم [sali:m]; ***richtig*** صح [sɒħħ]

Richtlinie *f* توجيهات [taudʒi:ha:t], تعليمات [taʕli:ma:t]; **Richtung** *f* اتجاه [ittidʒa:h]

riechen *v/t* شم [ʃamma, u]; استنشق [istanʃaqa]; ***nach etw riechen*** ... فاحت منه رائحة [fa:ħat minhu ra:ʔiħat ...]

Riegel *m* ترباس [tirba:s], *Pl* ترابيس [tara:bi:s]

riesig عملاق [ʕimla:q], ضخم [đɒxm]

Riff *n* شعب [ʃiʕb], *Pl* شعاب [ʃiʕa:b]

Rind *n Koll* بقر [baqar]

Rinde *f* قشر [qiʃr], *Pl* قشور [quʃu:r]

Rindfleisch *n* لحم بقري [laħm baqari:]

Ring *m* خاتم [xa:tim], *Pl* خواتم [xawa:tim]; **Ringfinger** *m* بنصر [binsɨr], *Pl* بناصر [banɒ:sɨr]; **Ringkampf** *m* مصارعة [musɒ:raʕa]

Rippe *f* ANAT ضلع [đilʕ], *Pl* ضلوع [đulu:ʕ]

Risiko *n* مخاطرة [muxɒ:ŧɒra], *Pl* مخاطر [maxɒ:ŧɨr]

riskant مخاطر [muxɒ:ŧɨr]

riskieren خاطر [xɒ:ŧɒra], غامر [ɣa:mara]

Riss *m* مزق [mazq]; *Haut* تشقق [taʃaqquq]; *Wand* شق [ʃaqq], *Pl* شقوق [ʃuqu:q]

rissig متصدع [mutasɒddiʕ], مشقق [muʃaqqaq]

Ritt *m* ركوب [ruku:b]

Rivale *m* منافس [muna:fis], ند [nidd], *Pl* أنداد [ʔanda:d]

Roboter *m* إنسان آلي [ʔinsa:n ʔa:li:]

robust قوي [qawi:], متين [mati:n]

Rock *m* تنورة [tannu:ra], *Pl* تنانير [tana:ni:r]; *äg* جونلة [gunilla]

Roggen *m* حنطة سوداء [ħinŧɒ sauda:ʔ]

roh *ungekocht* نيء [najjiʔ]; *unbearbeitet* خام [xa:m]; *brutal* فظ [fɒđđ], قاس [qa:sin]

Rohöl *n* نفط خام [naft xa:m]

Rohr *n* أنبوبة [ʔunbu:ba], *Pl* أنابيب [ʔana:bi:b], ماسورة [ma:su:ra], *Pl* مواسير [mawa:si:r]

Röhre *f* → ***Rohr***

Rohstoff *m* مادة خام [ma:dda xa:m]
Rolle *f* لفة [laffa]; THEAT دور [daur], *Pl* أدوار [ʔadwa:r]; **rollen** لف [laffa, u], دحرج [daħradʒa]; **Rollkragenpullover** *m* كنزة بقبة [kanza bi-qabba]; **Rollstuhl** *m* كرسي متحرك [kursi: mutaħarrik]; **Rolltreppe** *f* سلم متحرك [sullam mutaħarrik]
Rom *n* روما [ru:ma:]
Roman *m* رواية [riwa:ja]
romantisch رومانسي [ru:ma:nsi:]
röntgen صور بالأشعة [sɒwwara bil-ʔaʃiʕʕa]; **Röntgenbild** *n* صورة أشعة [su:rat ʔaʃiʕʕa]
rosa وردي [wardi:]
Rose *f* وردة [warda], *Pl* ورود [wuru:d]; **Rosenwasser** *n* ماء الورد [ma:ʔ al-ward]
Rosine *f* زبيبة [zabi:ba], *Koll* زبيب [zabi:b]
Rost *m a.* BOT صدأ [sɒdaʔ]; *Grill* مشواة [miʃwa:t], *Pl* مشاو [maʃa:win]
rösten حمر [ħammara], حمص [ħammasɒ]
rostfrei غير قابل للصدأ [ɣair qa:bil lis-sɒdaʔ]; **rostig** صدئ [sɒdiʔ]
rot *m* أحمر [ʔaħmar], *f* حمراء [ħamra:ʔ], *Pl* حمر [ħumr]; ***Roter Halbmond*** الهلال الأحمر [al-hila:l al-ʔaħmar]; ***Rotes Kreuz*** الصليب الأحمر [ɒs-sɒli:b al-ʔaħmar]
Röteln *Pl* MED الحصبة الألمانية [al-ħɒsba al-ʔalma:ni:ja]
Rotwein *m* نبيذ أحمر [nabi:ð ʔaħmar]
Route *f* طريق [ŧɒri:q], *Pl* طرق [ŧuruq]
Routine *f* روتين [ru:ti:n]
Rübe *f weiß* لفتة [lifta], *Koll* لفت [lift]; *rot* بنجرة [bandʒara], *Koll* بنجر [bandʒar], شمندرة [ʃamandara], *Koll* شمندر [ʃamandar]
Rückblick *m* نظرة إلى الماضي [nɒðra ʔila l-mɒ:đi:]
rücken *v/t* زحزح [zaħzaħa]; *v/i* تزحزح [tazaħzaħa]
Rücken *m* ظهر [ðɒhr], *Pl* ظهور [ðuhu:r]; **Rückenwind** *m* ريح خلفية [ri:ħ xalfi:ja]
Rückfahrkarte *f* تذكرة ذهاب وإياب [taðkirat ðiha:b waʔija:b]; **Rückfahrt** *f* إياب [ʔija:b], عودة [ʕauda]; **Rückfall** *m a.* MED انتكاس

[intika:s], نكسة [naksa]; **Rückflug** *m* رحلة العودة [riħlat al-ʕauda]; **Rückgang** *m* تراجع [tara:dʒuʕ], هبوط [hubu:ŧ]

rückgängig: ***rückgängig machen*** تراجع عن [tara:dʒaʕa], ألغى [ʔalɣa:]

Rücklicht *n* AUTO ضوء خلفي [đɒuʔ xalfi:]

Rucksack *m* حقيبة الظهر [ħaqi:bat ɒð-ðɒhr]

Rückschlag *m fig* نكسة [naksa]; **Rückseite** *f* ظهر [ðɒhr], *Pl* ظهور [ðuhu:r]

Rücksicht *f* اعتبار [iʕtiba:r], مراعاة [mura:ʕa:t]; ***Rücksicht nehmen auf*** راعى [ra:ʕa:]; **rücksichtslos** *Adj* مستهتر [mustahtir], أناني [ʔana:ni:]; *Adv* بغير مبالاة [biɣair muba:la:t]

Rücksitz *m* AUTO مقعد خلفي [maqʕad xalfi:]

rückwärts إلى الوراء [ʔila l-wara:ʔ], إلى الخلف [ʔila l-xalf]; **Rückwärtsgang** *m* AUTO جير الرجوع إلى الخلف [gi:r ar-rudʒu:ʕ ʔila l-xalf], ريفيرس [ri:vi:rs]

Rückweg *m* طريق العودة [ŧɒri:q al-ʕauda]; **Rückzahlung** *f* تسديد [tasdi:d]

Ruder *n* مجذاف [midʒða:f], *Pl* مجاذيف [madʒa:ði:f]; **Ruderboot** *n* قارب تجذيف [qa:rib tadʒði:f]; **rudern** جذف [dʒaððafa]

Ruf *m* نداء [nida:ʔ]; *Ansehen* صيت [si:t], سمعة [sumʕa]; **rufen** نادى [na:da:]; *Arzt* استدعى [istadʕa:], طلب [ŧɒlaba, u]

Ruhe *f* هدوء [hudu:ʔ], راحة [ra:ħa]; **Ruhestörung** *f* إزعاج [ʔizʕa:dʒ]; **Ruhetag** *m Geschäft* يوم العطلة الأسبوعي [jaum al-ʕuŧla al-ʔusbu:ʕi:]

ruhig هادئ [ha:diʔ]

Ruhm *m* مجد [madʒd], *Pl* أمجاد [ʔamdʒa:d], جاه [dʒa:h]

Rührei *n* بيضة مقلية مخلوطة [baiđɒ maqli:ja maxlu:ŧɒ];

rühren حرك [ħarraka], قلب [qallaba]; *fig* حرك مشاعره/عواطفه [ħarraka maʃa:ʕirahu/ʕawa:ŧifahu]

Ruine *f* خرابة [xara:ba], *Pl* خرائب [xara:ʔib]

ruinieren دمر [dammara], خرب [xarraba]

Rumänien *n* رومانيا [ru:ma:nija:]

Rumpf *m* جذع [dʒiðʕ], *Pl*

أجذاع [ʔadʒðaːʕ]
rund مستدير [mustadiːr], دائري [daːʔiriː]; **Runde** *f* جولة [dʒaula], دورة [daura]; SPORT شوط [ʃauṭ], *Pl* أشواط [ʔaʃwɒːṭ]; **Rundfahrt** *f* جولة [dʒaula]; **Rundfunk** *m* إذاعة [ʔiðaːʕa], راديو [raːdjuː], *Pl* راديوهات [raːdjuːhaːt]; **Rundgang** *m* طواف [ṭɒwaːf], تجوال [tidʒwaːl]; **Rundreise** *f* جولة [dʒaula]
russisch روسي [ruːsiː]
Russland *n* روسيا [ruːsija]
rutschen تزحلق [tazaħlaqa], زلق [zaliqa, a]; **rutschig** زلق [zaliq]
rütteln هز [hazza], رج [raddʒa]

S

Saal *m* قاعة [qaːʕa], صالة [sɒːla]
Saarland *n* سارلاند [saːrland]
Saat *f Gesätes* بذر [baðr], *Pl* بذور [buðuːr]; **Saatgut** *n* بذر [baðr], *Pl* بذور [buðuːr]; *äg* تقاوي [taqaːwiː]
Sache *f* شيء [ʃaiʔ], *Pl* أشياء [ʔaʃjaːʔ]; *Angelegenheit* قضية [qɒđiːja], *Pl* قضايا [qɒđɒːjaː], أمر [ʔamr], *Pl* أمور [ʔumuːr]; ***meine Sachen*** أمتعتي [ʔamtiʕatiː]; *syr, lib* أغراضي [ʔaɣrɒːđiː]; **sachlich** موضوعي [mauđuːʕiː]; **Sachschaden** *m* ضرر مادي [đɒrar maːddiː]
Sachsen *n* سكسونيا [saksuːnjaː]; **Sachsen-Anhalt** *n* سكسونيا- آنهالت [saksuːnja-ʔaːnhaːlt]
Sachverständige *m/f* خبير(ة) [xabiːr(a)], *mpl* خبراء [xubaraːʔ]
Sack *m* كيس [kiːs], *Pl* أكياس [ʔakjaːs]; **Sackgasse** *f* طريق مسدود [ṭɒriːq masduːd]; *fig* مأزق [maʔzaq], *Pl* مآزق [maʔaːziq]
säen بذر [baðara, u], زرع [zaraʕa, a]
Safer Sex *m* الجنس الآمن [al-dʒins al-ʔaːmin]
Safran *m* زعفران [zaʕfaraːn]

Saft *m* عصير [ʕasiːr], *Pl* عصائر [ʕɒsɒːʔir]; **saftig** كثير العصير [kaθiːr al-ʕasiːr]; *Zweig, Fleisch* ريان [rajjaːn]
Säge *f* منشار [minʃaːr], *Pl* مناشير [manaːʃiːr]
sagen قال [qaːla, uː]; *mitteilen* أخبر [ʔaxbara]
Sahara *f* الصحراء الكبرى [ɒs-sɒħraːʔ al-kubraː]
Sahelzone *f* منطقة الساحل [mintɒqat as-saːħil]
Sahne *f* قشطة [qiʃtɒ]; *geschlagen* كريمة [kriːma]
Saison *f* موسم [mausim], *Pl* مواسم [mawaːsim]
Saite *f* وتر [watar], *Pl* أوتار [ʔautaːr]
Sakko *n* جاكيت [dʒakiːt]
Salami *f* سجق سلامي [sudʒuq salaːmiː]
Salat *m Blattsalat* خس [xass]; *Speise* سلطة [salatɒ]; **Salatsoße** *f* صلصة السلطة [sɒlsɒt as-salatɒ]
Salbe *f* مرهم [marham], *Pl* مراهم [maraːhim]
Salmonellen *Pl* سالمونيلا [saːlmuːniːlaː]
Salz *n* ملح [milħ], *Pl* أملاح [ʔamlaːħ]; **salzig** مالح [maːliħ]; **Salzwasser** *n* ماء مالح [maːʔ maːliħ]
Samen *m* BOT بذر [biðr], *Pl* بذور [buðuːr], حبة [ħabba], *Pl* حبوب [ħubuːb]; *Sperma* مني [maniːj]
sammeln جمع [dʒamaʕa, a]
Sammlung *f* جمع [dʒamaʕ]; KUNST مجموعة [madʒmuːʕa]
Samstag *m* السبت [as-sabt]
Sanaa *n* صنعاء [sɒnʕaːʔ]
Sanatorium *n* مصحة [masɒħħa]
Sand *m* رمل [raml], *Pl* رمال [rimaːl]
Sandale *f* صندل [sɒndɑl], *Pl* صنادل [sɒnaːdil]
Sandkasten *m* صندوق الرمل [sunduːq ar-raml]
Sandwich *m* ساندويش [sandwiːʃ]
sanft رقيق [raqiːq], لطيف [latiːf]
Sänger(in) *m(f)* مغن(ية) [muɣannin (-niːja)], *mpl* مغنون [muɣanuːn], مطرب(ة) [mutrib(a)]
Sanitäter(in) *m(f)* مسعف(ة) [musʕif(a)]
Sardine *f* سردينة [sardiːna], *Koll* سردين [sardiːn]
Sarg *m* تابوت [taːbuːt], *Pl* توابيت [tawaːbiːt]

Satellit *m* قمر صناعي [qamar sina:ʕi:]; **Satellitenfernsehen** *n* تلفزيون الفضائيات [tilfizju:n al-fađɒ:ʔi:ja:t]
satt شبعان [ʃabʕa:n]
Sattel *m* سرج [sardʒ], *Pl* سروج [suru:dʒ]
satthaben سئم من [saʔima (a) min], زهق من [zahaqa, a]
Satz *m* GRAM جملة [dʒumla], *Pl* جمل [dʒumal]; *Garnitur* طقم [ŧɒqm], *Pl* طقوم [ŧuqu:m]
sauber نظيف [nɒði:f]; ***sauber machen*** نظف [nɒððɒfa]
Saudi Arabien *n* (المملكة) العربية السعودية [(al-mamlaka) al-ʕarabi:ja as-saʕu:di:ja]
sauer حامض [ħa:miđ]; **Sauerkraut** *n* كرنب مخلل [kurunb muxallal]; **Sauerstoff** *m* أوكسجين [ʔuksidʒi:n]
Säufer(in) *m(f)* سكير(ة) [sikki:r(a)]
saugen مص [mɒssɒ, u]; TECH شفط [ʃafaŧɒ, u]; ***Staub saugen*** نظف بالمكنسة الكهربائية [nɒððɒfa bil-miknasa al-kahruba:ʔi:ja]
Säugetier *n* حيوان لبون/ثديي [ħajawa:n labu:n/θadji:j]; **Säugling** *m* رضيع(ة) [rađi:ʕ(a)], *mpl* رضع [ruđđɒʕ]
Säule *f* عمود [ʕamu:d], *Pl* أعمدة [ʔaʕmida]
Saum *m* حاشية [ħa:ʃija], *Pl* حواش [ħawa:ʃin], كنار [kana:r]
Sauna *f* حمام بخاري [ħamma:m buxa:ri:], سونا [sauna:]
Säure *f* CHEM حامض [ħa:miđ], *Pl* حوامض [ħawa:miđ]
Scanner *m* COMPUT ماسحة ضوئية [ma:siħa đɒuʔi:ja], سكانر [ske:nar]
schäbig رث [raθθ], بال [ba:lin]
Schach *n* شطرنج [ʃɒŧrandʒ]; ***Schach*** كش ملك [kiʃʃ malik]; ***Schach spielen*** لعب الشطرنج [laʕiba (a) aʃ-ʃɒŧrandʒ]; **Schachbrett** *n* رقعة/لوحة الشطرنج [ruqʕat/lauħat aʃ-ʃɒŧrandʒ]
Schachtel *f* علبة [ʕulba], *Pl* علب [ʕulab]
schade: ***wie schade*** يا خسارة [ja: xasa:ra]
Schädel *m* جمجمة [dʒumdʒuma], *Pl* جماجم [dʒama:dʒim]
schaden ضر [đɒrra, u], أساء إلى [ʔasa:ʔa]

Schaden *m* ضرر [đɒrar], *Pl* أضرار [ʔɒđra:r]; TECH تلف [talaf], *Pl* أتلاف [ʔatla:f], عطب [ʕatɒb], *Pl* أعطاب [ʔaʕtɒ:b]; **Schadenersatz** *m* تعويض [taʕwi:đ]

schädlich ضار [đɒ:rr], مؤذ [muʔðin]

Schädling *m* حشرة ضارة [ħaʃara đɒ:rra]

Schadstoffe *mpl* مواد ضارة [mawa:dd đɒ:rra]

Schaf *n* غنمة [ɣanama], *Koll* غنم [ɣanam], ضأن [đɒʔn]; *Muttertier* نعجة [naʕdʒa]

Schäfer(in) *m(f)* راعي(ة) الغنم [ra:ʕi: (-ʕi:jat) al-ɣanam], غنام(ة) [ɣanna:m(a)]

schaffen وفر [waffara], خلق [xalaqa, u]; *arbeiten* اشتغل [iʃtaɣala]; *bewirken* أحدث [ʔaħdaθa]

Schaffner(in) *m(f)* قاطع(ة) التذاكر [qɒ:tiʕ(at) at-taða:kir]; *äg* كمساري(ة) [kumsa:ri: (-ri:ja)], *mpl* كمسارية [kumsa:ri:ja]

Schafskäse *m* جبنة غنم [dʒubnat ɣanam]

Schal *m* شال [ʃa:l], *Pl* شيلان [ʃi:la:n]

Schale *f* قشرة [qiʃra], *Pl* قشور [quʃu:r]; *Gefäß* زبدية [zubdi:ja], *Pl* زبادي [zaba:di:]; *Trinkgefäß* طاسة [tɒ:sa]

schälen قشر [qaʃʃara]

Schall *m* صوت [sɒut], *Pl* أصوات [ʔɒswa:t], دوي [dawi:]

schalten AUTO غير السرعة [ɣajjara as-surʕa]; **Schalter** *m* ELEK زر [zirr], *Pl* أزرار [ʔazra:r], مفتاح [mifta:ħ], *Pl* مفاتيح [mafa:ti:ħ]; *Bank, Post®* شباك [ʃubba:k], *Pl* شبابيك [ʃaba:bi:k]

schämen *v/r* ***sich schämen*** خجل من [xadʒila, a], استحى [istaħa:]

Schande *f* فضيحة [fađi:ħa], *Pl* فضائح [fađɒ:ʔiħ], عار [ʕa:r]

scharf *Speise* حار [ħa:rr], حريف [ħirri:f]; *Messer* حاد [ħa:dd]; FOTO واضح [wɒ:điħ]; *Kritik* لاذع [la:ðiʕ]; *Verstand* ثاقب [θa:qib]

Scharia *f* الشريعة [aʃ-ʃari:ʕa]

Scharlach *m* MED الحمى القرمزية [al-ħumma: al-qirmizi:ja]

Schatten *m* ظل [ðill], *Pl* ظلال [ðila:l]; **schattig** ظليل [ðɒli:l], مظلل [muðɒllal]

Schatz *m* كنز [kanz], *Pl* كنوز

[kunu:z]
schätzen قدر [qaddara], خمن [xammana]; *achten* قدر [qaddara], احترم [iħtarama]
schauen نظر إلى [nɒðɒra, u], أبصر إلى [ʔabsɒra]
Schaufel *f* مجرفة [midʒrafa], *Pl* مجارف [madʒa:rif]; **schaufeln** حفر [ħafara, i], جرف [dʒarafa, u]
Schaufenster *n* فترينة [fatri:na], واجهة [wa:dʒiha]
schaukeln تأرجح [taʔardʒaħa]; **Schaukelstuhl** *m* كرسي هزاز [kursi: hazza:z]
Schaum *m* رغوة [raɣwa], زبد [zabad]
Schaumgummi *m/n* مطاط اسفنجي [mɒttɒ:t isfandʒi:]
Schauspiel *n* مسرحية [masraħi:ja]; **Schauspieler(in)** *m(f)* ممثل(ة) [mumaθθil(a)]
Scheck *m* FIN شيك [ʃi:k]
Scheibe *f Brot, Wurst* شريحة [ʃari:ħa], *Pl* شرائح [ʃara:ʔiħ]; *Glas* لوح [lauħ], *Pl* ألواح [ʔalwa:ħ]
Scheibenwischer *m* AUTO مساحة [massa:ħa]
Scheich *m* شيخ [ʃaix], *Pl* شيوخ [ʃuju:x]
Scheide *f* ANAT مهبل [mahbil], *Pl* مهابل [maha:bil]
scheiden *v/t* فرق [farraqa], فصل [fɒsɒla, i] *v/r* ***sich scheiden lassen*** فسخ الزواج [fasaxa (a) z-zawa:dʒ], طلق [tɒllaqa]; **Scheidung** *f* طلاق [tɒla:q]
Schein *m Licht* ضوء [đɒuʔ], *Pl* أضواء [ʔɒđwa:ʔ]; *Banknote* ورقة نقدية [waraqa naqdi:ja]; *Erscheinungsbild* مظهر [mɒðhar], *Pl* مظاهر [mɒðɒ:hir]; **scheinbar** على ما يبدو [ʕala: ma: jabdu], في الظاهر [fið-ðɒ:hir]; **scheinen** *Sonne* أشرق [ʔaʃraqa]; *Licht* أضاء [ʔađɒ:ʔa]; *fig* ظهر [ðɒhara, a], بدا [bada:, u:];
Scheinwerfer *m a.* AUTO كشاف [kaʃʃa:f]
Scheiße *f* براز [bira:z], خرا(ء) [xara:(ʔ)]; *umg Sauerei* وساخة [wasa:xa]; ***Scheiße!*** زفت [zift]
Scheitel *m* فرق الشعر [farq aʃ-ʃaʕar]
scheitern فشل [faʃila, a], أخفق [ʔaxfaqa]
Schenkel *m* ANAT فخذ [faxð], *Pl* أفخاذ [ʔafxa:ð]

schenken أهدى [ʔahda:]
Scherbe *f* شظية [ʃaðiːja], *Pl* شظايا [ʃaðɒ:ja:], *Ton* شقافة [ʃuqa:fa], *Pl* شقف [ʃuqaf]
Schere *f* مقص [miqɒss]; *fig* فجوة [fadʒwa]
Scherz *m* مزاح [miza:ħ], دعابة [duʕa:ba]
Scheu *f* حياء [ħaja:ʔ], هيبة [haiba]
Scheune *f* مخزن الحبوب [maxzan al-ħubu:b], شونة [ʃu:na], *Pl* شون [ʃuwan]
scheußlich كريه [kari:h], شنيع [ʃani:ʕ], بشع [baʃiʕ]
Schicht *f a. Gesellschaft* طبقة [ŧɒbaqa]; *Arbeit* نوبة [nauba]; *äg, syr* وردية [wardi:ja]
schick أنيق [ʔani:q], شيك [ʃi:k]
schicken أرسل [ʔarsala], بعث [baʕaθa, a]
Schicksal *n* قدر [qadar], قسمة [qisma], مصير [mɒsiːr], *Pl* مصائر [mɒsɒ:ʔir]
Schiebedach *n* AUTO سقف متحرك [saqf mutaħarrik]
schieben حرك [ħarraka], زحزح [zaħzaħa]
Schiedsrichter(in) *m(f)* SPORT حكم [ħakam], *Pl* حكام [ħukka:m]
schief منحرف [munħarif], مائل [ma:ʔil]
schiefgehen فشل [faʃila, a]
schielen حول [ħawila, a]
Schienbein *n* ANAT قصبة الساق [qɒsɒbat as-sa:q]
Schienen *fpl* قضبان [quđba:n], سكة الحديد [sikkat al-ħadi:d]
schießen أطلق [ʔɒŧlɒqa]; *Ball* شاط [ʃa:ŧɒ, i:]; FOTO التقط [il-taqaŧɒ]
Schiff *n* سفينة [safi:na], *Pl* سفن [sufun]; **Schifffahrt** *f* ملاحة [mila:ħa]
Schiiten *mpl* الشيعة [aʃ-ʃi:ʕa]
schikanieren ضايق [đɒ:jaqa], أعنت [ʔaʕnata]
Schild *n* لوحة [lauħa]; *Verkehrszeichen* لافتة [la:fita]; *Etikett* بطاقة [biŧɒ:qa]; **Schilddrüse** *f* غدة درقية [ɣudda daraqi:ja]
schildern وصف [wɒsɒfa, jɒsifu], سرد [sarada, u]
Schildkröte *f* سلحفاة [sulaħfa:t], *Pl* سلاحف [sala:ħif]
Schilf *n Koll* بوص [bu:s], قصب [qɒsɒb]
Schimmel *m* عفن [ʕafan]; ZOOL حصان أبيض [ħisɒ:n ʔabjɒđ]; **schimmeln** عفن

[ʕafina, a]
schimpfen سب [sabba, u]; *tadeln* وبخ [wabbaxa], شتم [ʃatama, i]; **Schimpfwort** *n* شتيمة [ʃati:ma], *Pl* شتائم [ʃata:ʔim], مسبة [masabba]
Schinken *m* لحم فخذ مدخن [laħm faxð mudaxxan], جمبون [dʒambu:n]
Schirm *m* مظلة [miðɒlla], شمسية [ʃamsi:ja]; *Bildschirm* شاشة [ʃa:ʃa]
Schlacht *f* معركة [maʕraka], *Pl* معارك [maʕa:rik]
schlachten ذبح [ðabaħa, a], نحر [naħara, a]
Schlaf *m* نوم [naum], منام [mana:m]; **Schlafanzug** *m* بيجامة [bi:dʒa:ma]
Schläfe *f* صدغ [ṣudɣ], *Pl* أصداغ [ʔɒsda:ɣ]
schlafen نام [na:ma, a:]
schlaff خامل [xa:mil], متراخ [mutara:xin]; *Haut* ذابل [ða:bil]
Schlafmittel *n* منوم [munawwim]
Schlafsack *m* كيس النوم [ki:s an-naum]; **Schlafwagen** *m* عربة النوم [ʕarabat an-naum]; **Schlafzimmer** *n* غرفة النوم [ɣurfat an-naum]
Schlag *m Hieb* ضربة [đɒrba]; *Glocke* دقة [daqqa]; *Klopfen* خبطة [xabṭɒ]; **Schlagader** *f* شريان [ʃirja:n], *Pl* شرايين [ʃara:ji:n]; **Schlaganfall** *m* MED سكتة [sakta]; **schlagen** ضرب [đɒraba, i], لطم [laṭɒma, i]; *Sahne* خفق [xafaqa, i]; **Schlager** *m* MUS أغنية شائعة [ʔuɣnija ʃa:ʔiʕa]; *äg* طقطوقة [ṭɒqṭu:qa], *Pl* طقاطيق [ṭɒqa:ṭi:q]
Schläger *m* SPORT مضرب [miđrab], *Pl* مضارب [mɒđɒ:rib]; *Rowdy bes äg* بلطجي [balṭɒdʒi:], *Pl* بلطجية [balṭɒdʒi:ja]; **Schlägerei** *f* شجار [ʃidʒa:r], خناقة [xina:qa]
schlagfertig حاضر البديهة [ħa:đir al-badi:ha]; **Schlagsahne** *f* كريمة [kri:ma], قشطة مخفوقة [qiʃṭɒ maxfu:qa]; **Schlagzeile** *f* عنوان [ʕunwa:n], *Pl* عناوين [ʕana:wi:n]
Schlamm *m* وحل [waħl], *Pl* وحول [wuħu:l]; *a.* MED طين [ṭi:n], *Pl* أطيان [ʔɒṭja:n]
Schlange *f* ZOOL حية [ħajja], أفعى [ʔafʕa:], *Pl* أفاع [ʔafa:ʕin]; *Reihe* طابور [ṭɒ:-

bu:r], *Pl* طوابير [tɒwa:bi:r]; ***Schlange stehen*** اصطف [ist̵ɒffa], وقف في الصف [waqafa (jaqifu) fis-sɒff]; **Schlangenlinie** *f* تعرج [taʕarrudʒ]
schlank نحيل [naħi:l]; *m* أهيف [ʔahjaf], *f* هيفاء [haifa:ʔ], *Pl* هيف [hi:f]
schlapp *kraftlos* واهن [wa:hin]
schlau شاطر [ʃa:t̵ir], ماكر [ma:kir], ذكي [ðaki:j]
Schlauch *m* خرطوم مياه [xurt̵u:m mija:h], نبريج ماء [nabri:dʒ ma:ʔ]; TECH إطار [ʔit̵ɒ:r]; *Fahrrad* إطار داخلي [ʔit̵ɒ:r da:xili:]; **Schlauchboot** *n* قارب مطاطي [qa:rib mɒt̵t̵ɒ:t̵i:]
schlecht سيء [sajjiʔ], رديء [radi:ʔ]; *verdorben* فاسد [fa:sid]
schleichen تسلل [tasallala], زحف [zaħafa, a]
Schleier *m* حجاب [ħidʒa:b], *Pl* حجب [ħudʒub], نقاب [niqa:b], *Pl* نقب [nuqub]
Schleife *f* أنشوطة [ʔunʃu:t̵ɒ], *Pl* أناشيط [ʔana:ʃi:t̵]; شريط [ʃari:t̵], *Pl* شرائط [ʃara:ʔit̵];
schleifen *Messer* سن [sanna, u], جلخ [dʒallaxa]; *v/i* جر [dʒarra, u], سحب [saħaba, a]
Schleim *m* مخاط [muxɒ:t̵], نخامة [nuxa:ma]
schleppen *Last* حمل [ħamala, i], عتل [ʕatala, i, u]; *ziehen* سحب [saħaba, a]
Schleswig-Holstein *n* شليزفيغ-هولشتاين [ʃli:zfi:g-hu:lʃtain]
schleudern رمى [rama:, i:]; *Wäsche* عصر [ʕɒsɒra, i]
Schleuse *f* قناة مياه [qana:t mija:h]; *bes äg* هاويس [ha:wi:s], *Pl* أهوسة [ʔahwisa]
schlichten *Streit* سوى [sawwa:]
schließen *Tür* أغلق [ʔaɣlaqa]; *Vertrag* عقد [ʕaqada, i];
Schließfach *n Gepäck* صندوق أمانات [sundu:q ʔama:na:t]; *Bank* خزانة [xiza:na], *Pl* خزائن [xaza:ʔin]; *Post®* صندوق البريد [sundu:q al-bari:d]; **schließlich** في نهاية المطاف [fi: niha:jati l-mɒt̵ɒ:f], أخيرا [ʔaxi:ran]
schlimm سيء [sajjiʔ], رديء [radi:ʔ]; *Lage* متدهور [mutadahwir]
Schlinge *f* عروة [ʕurwa], *Pl* عرى [ʕuran]

Schlitz *m* شق [ʃaqq], *Pl* شقوق [ʃuqu:q]
Schloss *n Tür* قفل [qufl], *Pl* أقفال [ʔaqfa:l]; *Gebäude* قصر [qɒsr], *Pl* قصور [qusu:r]
Schlucht *f* هاوية [ha:wija], واد عميق [wa:din ʕami:q]
Schluck *m* جرعة [dʒurʕa], *Pl* جرع [dʒuraʕ], بلعة [bulʕa]; **Schluckauf** *m* حازوقة [ħa:zu:qa]; *äg* زغطة [zuɣutɒ]; **schlucken** بلع [balaʕa, a], جرع [dʒaraʕa, a]
Schluss *m* نهاية [niha:ja], ختام [xita:m]
Schlüssel *m* مفتاح [mifta:ħ], *Pl* مفاتيح [mafa:ti:ħ]; **Schlüsselbein** *n* ANAT ترقوة [tarquwa], *Pl* تراق [tara:qin]; **Schlüsselloch** *n* ثقب الباب [θuqb al-ba:b]
schmal ضيق [ðɒjjiq]; *dünn* نحيف [naħi:f]
schmecken ذاق [ða:qa, u:]; ***j-m schmecken*** استطاب [istatɒ:ba]
schmeicheln تملق [tamallaqa], داهن [da:hana], جامل [dʒa:mala]
schmeißen رمى [rama:, i:]
schmelzen *Eis* أذاب [ʔaða:ba]; *Metall* صهر [sɒhara, a]
Schmerz *m* وجع [wadʒaʕ], *Pl* أوجاع [ʔaudʒa:ʕ], ألم [ʔalam], *Pl* آلام [ʔa:la:m]; **schmerzen** أوجع [ʔaudʒaʕa], آلم [ʔa:lama]; **schmerzhaft** مؤلم [muʔlim], موجع [mu:dʒiʕ]; **schmerzlich** مؤلم [muʔlim], مؤسف [muʔsif]; **schmerzlos** غير مؤلم [ɣair muʔlim]; **Schmerzmittel** *n* MED مسكن [musakkin]
Schmetterling *m* فراشة [fara:ʃa], *Koll* فراش [fara:ʃ]
schmieren دهن [dahana, u]; *bestechen* رشا [raʃa:, u:]; TECH زيت [zajjata], شحم [ʃaħħama]; **Schmiergeld** *n* رشوة [raʃwa], *Pl* رشاوى [raʃa:wa:]
schminken *v/r* ***sich schminken*** تزين [tazajjana]
schmoren حمر [ħammara]
Schmuck *m* حلية [ħilja], *Pl* حلى [ħilan]; *Juwelen* جواهر [dʒawa:hir]
schmücken زين [zajjana], زخرف [zaxrafa]
schmuggeln هرب [harraba]
schmusen تعانق [taʕa:naqa]
Schmutz *m* وسخ [wasax], *Pl* أوساخ [ʔausa:x], قذارة [qaða:ra]; **schmutzig** وسخ

[wasix], قذر [qaðir]
Schnabel *m* ZOOL منقار [minqa:r], *Pl* مناقير [mana:qi:r]
Schnaps *m* عرق [ʕaraq]
schnarchen شخر [ʃaxxara]
Schnauze *f* ZOOL بوز [bu:z], *Pl* أبواز [ʔabwa:z]
Schnecke *f* حلزونة [ħalazu:na], *Koll* حلزون [ħalazu:n]
Schnee *m* ثلج [θaldʒ], *Pl* ثلوج [θulu:dʒ]; **Schneeflocke** *f* ندفة الثلج [nudfat aθ-θaldʒ]
schneiden قص [qɒssɒ, u], قطع [qɒtɒʕa, a]; **Schneider(in)** *m(f)* خياط(ة) [xajjɒ:t(a)]; *äg* ترزي(ة) [tarzi: (-zi:ja)], *Pl* ترزية [tarzi:ja]; **Schneidezahn** *m* سن قاطعة [sinn qɒ:tiʕa]
schneien أثلج [ʔaθladʒa], تساقط الثلج [tasa:qɒtɒ aθ-θaldʒ]
schnell سريع [sari:ʕ]; **Schnellimbiss** *m* محل/مطعم الوجبات السريعة [maħall/mɒtʕam al-wadʒaba:t as-sari:ʕa]
Schnipsel *m Papier* قصاصة [qusɒ:sa]
Schnitt *m Haar, Kleidung* قصة [qɒssɒ], *Wunde* جرح [dʒurħ], *Pl* جروح [dʒuru:ħ]
Schnitzel *n* شريحة لحم [ʃari:ħat laħm]; *Papier* قصاصة [qusɒ:sa]
schnitzen نحت [naħata, u], نقش [naqaʃa, u]
Schnorchel *m* أنبوبة التنفس [ʔunbu:bat at-tanaffus]; قصبة [qɒsɒba]; **schnorcheln** سبح/غطس بأنبوبة التنفس [sabaħa (a)/ɣɒtɒsa(i) bi-ʔunbu:bat at-tanaffus]
schnüffeln شم [ʃamma, u], نشق [naʃiqa, a]; *spionieren* تجسس [tadʒassasa]
Schnuller *m* مصاصة [mɒssɒ:sɒ], بزازة [bazza:za]
Schnupfen *m* MED زكام [zuka:m], رشح [raʃħ]
schnuppern تشمم [taʃammama]
Schnur *f* خيط [xait], *Pl* خيوط [xuju:t]
Schnurrbart *m* شارب [ʃa:rib], *Pl* شوارب [ʃawa:rib]
Schnürsenkel *m* رباط الحذاء [ribɒ:t al-ħiða:ʔ]
Schock *m* MED صدمة [sɒdma]; **schockieren** صدم [sɒdama, i]
Schokolade *f* شوكولاتة [ʃuku:la:ta]; **Schokoriegel** *m* لوح شوكولاتة [lauħ ʃuku:-

la:ta]
schon *bereits* قد [qad]; *früher* سابقا [sa:biqan], من قبل [min qabl]; ***schon gut!*** طيب، طيب [tɒjjib, tajjib]
schön جميل [dʒami:l], حسن [ħasan]
schonen *v/t* صان [sɒ:na, u:]; *v/r* ***sich schonen*** رفق بنفسه [rafiqa (a) bi-nafsihi]
Schönheit *f* جمال [dʒama:l], وسامة [wisa:ma]
schonungslos بلا رحمة [bila: raħma], بلا هوادة [bila: ħiwa:da]
schöpfen *Wasser* غرف [ɣarafa, i], *a. fig* استقى من [istaqa:]
Schornstein *m* مدخنة [midxana], *Pl* مداخن [mada:xin]
Schoß *m* حجر [ħidʒr], *Pl* حجور [ħudʒu:r]
schräg مائل [ma:ʔil], منحرف [munħarif]
Schrank *m* خزانة [xiza:na], *Pl* خزائن [xaza:ʔin]
Schraube *f* برغي [burɣi:], *Pl* براغي [bara:ɣi:], مسمار قلاووظ [misma:r qala:wu:ð]; **schrauben** ثبت/مكن بالبرغي [θabbata/makkana bil-burɣi:]; **Schraubenzieher** *m* مفك [mifakk]
Schreck *m* صدمة [sɒdma], فزع [fazaʕ], *Pl* أفزاع [ʔafza:ʕ]; **schreckhaft** خواف [xawwa:f], فزع [faziʕ]; **schrecklich** مخيف [muxi:f], مرعب [murʕib]
Schrei *m* صرخة [sɒrxa], صيحة [sɒiħa]
schreiben كتب [kataba, u], خط [xɒttɒ, u]; **Schreibmaschine** *f* آلة كاتبة [ʔa:la ka:tiba]; **Schreibtisch** *m* مكتب [maktab], *Pl* مكاتب [maka:tib]; **Schreibwaren** *fpl* لوازم الكتابة [lawa:zim al-kita:ba]
schreien صرخ [sɒraxa, u], زعق [zaʕaqa, a]
Schrift *f* كتابة [kita:ba], خط [xɒtt]; **schriftlich** *Adj* كتابي [kita:bi:], تحريري [taħri:ri:]; *Adv* تحريريا [taħri:ri:jan], كتابة [kita:batan]; **Schriftsteller(in)** *m* (*f*) كاتب(ة) [ka:tib(a)], *mpl* كتاب [kutta:b], أديب(ة) [ʔadi:b(a)], *mpl* أدباء [ʔudaba:ʔ]; **Schriftzeichen** *n* حرف [ħarf], *npl* حروف [ħuru:f]
schrill *Pfiff, Stimme* حاد [ħa:dd]

Schritt *m* خطوة [xuṫwa], *Pl* خطى [xuṫɒn]
Schrott *m* خردة [xurda]
schrumpfen انكمش [inkamaʃa], تضاءل [taḋɒːʔala]
Schublade *f* درج [durdʒ], *Pl* أدراج [ʔadraːdʒ]; *bes syr* جارور [dʒaːruːr], *Pl* جوارير [dʒawaːriːr]
schüchtern خجول [xadʒuːl], مستح [mustaħin]
Schuh *m* حذاء [ħiðaːʔ], *Pl* أحذية [ʔaħðiːja]; **Schuhcreme** *f* بوية [buːja]
Schulabschluss *m* شهادة مدرسية [ʃahaːda madrasiːja]; **Schularbeiten** *fpl* واجب مدرسي [waːdʒib madrasiː]; **Schulbuch** *n* كتاب مدرسي [kitaːb madrasiː]
Schuld *f* ذنب [ðanb], *Pl* ذنوب [ðunuːb]; FIN دين [dain], *Pl* ديون [dujuːn]; **schulden** *j-m* دان ل [daːna, iː]; **schuldig** مدين ل ب [mudiːn]; JUR مذنب [muðnib]
Schule *f* مدرسة [madrasa], *Pl* مدارس [madaːris]
Schüler(in) *m(f)* تلميذ(ة) [tilmiːð(a)], *mpl* تلاميذ [talaːmiːð]
Schuljahr *n* سنة دراسية [sana diraːsiːja]; **Schulpflicht** *f* تعليم إلزامي [taʕliːm ʔilzaːmiː]
Schulter *f* كتف [katif] *f*, *Pl* أكتاف [ʔaktaːf]
Schuppe *f* قشرة [qiʃra], *Pl* قشر [qiʃr]
Schuppen *m* مخزن المعدات [maxzan al-muʕaddaːt]
Schürze *f* مريلة [marjala], *Pl* مرايل [maraːjil]
Schüssel *f* سلطانية [sulṫɒːniːja]; *TV* صحن [sɒħn], *Pl* صحون [suħuːn]
Schutt *m* دبش [dabʃ], ردم [radm]
Schüttelfrost *m* MED رعشة الحمى [raʕʃat al-ħumaː], قشعريرة [quʃaʕriːra]
schütteln رج [raddʒa, u]; *a. Kopf* هز [hazza, u]; *Hand* صافح [sɒːfaħa]
schütten أفرغ [ʔafraɣa]; *Flüssigkeit* كب [kabba, u], سكب [sakaba, u]
Schutz *m* حماية [ħimaːja], وقاية [wiqaːja]
schützen *bewahren* صان [sɒːna, uː], حمى [ħamaː, iː]; *vorbeugen* وقى من [waqaː, jaqiː]
schwach ضعيف [ḋɒʕiːf]; هزيل [haziːl]

Schwäche *f* ضعف [ḍuʕf], وهن [wahn]
schwächen أضعف [ʔɒḍʕafa]
Schwalbe *f* ZOOL سنونو [sunu:nu:]
Schwamm *m* إسفنجة [ʔisfandʒa], *Koll* إسفنج [ʔisfandʒ]
Schwan *m* إوز عراقي [ʔiwazz ʕira:qi:]
schwanger حامل [ħa:mil], حبلى [ħubla:]; **Schwangerschaft** *f* حمل [ħaml], حبل [ħabal]
schwanken تذبذب [taðabðaba]; *zögern* تردد [taraddada]; *Temperatur* تراوح بين ... و [tara:waħa]; *Kurs* تقلب [taqallaba], تأرجح [taʔardʒaħa]
Schwanz *m* ذيل [ðail], *Pl* ذيول [ðuju:l], ذنب [ðanab], *Pl* أذناب [ʔaðna:b]
schwärmen *Vögel* انتشر زرافات [intaʃara zara:fa:tin]; ***für etw schwärmen*** أعجب ب [ʔuʕdʒiba]
schwarz *m* أسود [ʔaswad], *f* سوداء [sauda:ʔ], *Pl* سود [su:d]; **Schwarzarbeit** *f* عمل غير مشروع [ʕamal ɣair maʃru:ʕ], عمل أسود [ʕamal ʔaswad]; **schwarzfahren** ركب بلا تذكرة [rakiba (a) bila: taðkira]; **Schwarzmarkt** *m* السوق السوداء [as-su:q as-sauda:ʔ]
schweben حام [ħa:ma, u:]; *hängen* تعلق [taʕallaqa], تأرجح [taʔardʒaħa]
Schweden *n* السويد [as-swi:d]
Schwefel *m* كبريت [kibri:t]
schweigen سكت [sakata, u], صمت [sɒmata, u]
Schwein *n* ZOOL خنزير [xinzi:r]; *Pl* خنازير [xana:zi:r]; **Schweinefleisch** *n* لحم خنزير [laħm xinzi:r]
Schweiß *m* عرق [ʕaraq]
Schweiz *f* سويسرا [swi:sra:]; **Schweizer**[1] *Adj* سويسري [swi:sri:]; **Schweizer**[2]**(in)** *m* (*f*) سويسري(ة) [swi:sri: (-ri:ja)]
schwellen MED انتفخ [intafaxa], تورم [tawarrama]; **Schwellung** *f* انتفاخ [intifa:x], تورم [tawarrum]
schwenken لوح ب [lawwaħa]; *wenden* قلب [qallaba]
schwer ثقيل [θaqi:l]; *schwierig* صعب [sɒʕb]; *Krankheit* خطير [xɒṭi:r]; ***schwer verständlich*** معقد [muʕaqqad], عويص [ʕawi:s]; **schwerhörig** ثقيل السمع [θaqi:l as-

samʕ]; **Schwerpunkt** *m* PHYS مركز الثقل [markaz aθ-θiql]; *Thema* محور [miħwar], *Pl* محاور [maħa:wir]; **schwerwiegend** خطير [xɒt̶i:r], هام [ha:mm]

Schwester *f* أخت [ʔuxt], *Pl* أخوات [ʔaxawa:t], شقيقة [ʃaqi:qa]

Schwiegereltern *Pl* الحمو والحماة [al-ħamu: wal-ħama:-t]; **Schwiegermutter** *f* حماة [ħama:t], *Pl* حموات [ħamawa:t]; **Schwiegersohn** *m* زوج الابنة [zaudʒ al-ibna], ختن [xatan], *Pl* أختان [ʔaxta:n]; **Schwiegertochter** *f* زوجة الابن [zaudʒat al-ibn], كنة [kanna], *Pl* كنائن [kana:ʔin]; **Schwiegervater** *m* حمو [ħamu:], أحماء [ʔaħma:ʔ]

schwierig صعب [sɒʕb], عسير [ʕasi:r]; **Schwierigkeit** *f* صعوبة [suʕu:ba]

Schwimmbad *n* مسبح [mas-baħ], *Pl* مسابح [masa:biħ]; **Schwimmbecken** *n* حوض السباحة [ħaud̶ as-siba:ħa]; **schwimmen** سبح [sabaħa, a]; **Schwimmweste** *f* صدرية النجاة [s̶idri:jat an-nadʒa:t]

Schwindel *m* MED دوخة [dauxa], دوار [duwa:r]; *Betrug* غش [ɣiʃ]; **schwindeln** *fig* لفق [laffaqa], نصب [nɒ-sɒba, u], خدع [xadaʕa, a];

Schwindler(in) *m(f)* نصاب(ة) [nɒssɒ:b(a)], غشاش(ة) [ɣaʃʃa:ʃ(a)]

schwindlig دائخ [da:ʔix]

schwingen تذبذب [taðabða-ba], تأرجح [taʔardʒaħa]; **Schwingung** *f* تذبذب [ta-ðabðub], ذبذبة [ðabðaba]

schwitzen عرق [ʕariqa, a]

schwören أقسم [ʔaqsama], حلف [ħalafa, i]

schwül ومد [wamid], حار خانق [ħa:rr xa:niq]; ***es ist schwül*** الجو حار خانق [al-dʒaww ħa:rr xa:niq]

schwul مثلي الجنس [miθli: al-dʒins]

Schwung *m fig* اندفاع [indifa:ʕ], همة [himma]

sechs *m* ستة [sitta], *f* ست [sitt]; **sechzehn** *m* ستة عشر [sittata ʕaʃar], *f* ست عشرة [sitta ʕaʃrata]; **sechzig** ستون [sittu:n]

Secondhandladen *m* محل بيع الملابس المستعملة [maħall

baiʕ al-mala:bis al-mustaʕa-mala]
See¹ *m* بحيرة [buħaira]
See² *f* بحر [baħr], *Pl* بحار [biħa:r]; **Seehund** *m* فقمة [fuqma], عجل البحر [ʕidʒil al-baħr]; **Seeigel** *m* قنفذ البحر [qunfuð al-baħr]
seekrank مصاب بدوار البحر [musɒ:b bi-duwa:r al-baħr]
Seele *f* نفس [nafs], *Pl* أنفس [ʔanfus], روح [ru:ħ], *Pl* أرواح [ʔarwa:ħ]; **seelisch** نفسي [nafsi:]
Seemann *m* ملاح [malla:ħ], بحار [baħħa:r], *Pl* بحارة [baħħa:ra]; **Seezunge** *f* سمك موسى [samak mu:sa:]
Segel *n* شراع [ʃira:ʕ], *Pl* أشرعة [ʔaʃriʕa]; **Segelboot** *n* مركب شراعي [markab ʃira:ʕi:], قارب شراعي [qa:rib ʃira:ʕi:]; **Segelflugzeug** *n* طائرة شراعية [ŧɒ:ʔira ʃira:ʕi:ja]
segeln أبحر بمركب شراعي [ʔabħara bi-markab ʃira:ʕi:]
sehen رأى [raʔa:, jara:]; شاهد [ʃa:hada]
sehenswert جدير بالنظر [dʒadi:r bin-nɒðɒr]
sehnen *v/r* ***sich nach etw***
sehnen اشتاق إلى [iʃta:qa], حن إلى [ħanna. i]
Sehnsucht *f* شوق [ʃauq], *Pl* أشواق [ʔaʃwa:q], حنين [ħani:n]
sehr كثيرا [kaθi:ran]; جدا [dʒiddan]; ***sehr gern*** بكل سرور/ممنونية [bi-kulli suru:r/mamnu:ni:ja], على الرأس والعين [ʕala r-raʔs wal-ʕain]; ***sehr gut*** جيد جدا [dʒajjid dʒiddan]; *umg* عال [ʕa:l]
Seide *f* حرير [ħari:r], *Pl* حرائر [ħara:ʔir]
Seife *f* صابونة [sɒ:bu:na], *Koll* صابون [sɒ:bu:n]
Seil *n* حبل [ħabl], *Pl* حبال [ħiba:l]
sein¹ كان [ka:na, u:]; ***ich bin*** أنا [ʔana:], أكون [ʔaku:n]
sein², **seine** *Pron* ـه [-hu]
seinetwegen من أجله [min ʔadʒlihi]
seit منذ [munðu]; **seitdem** منذ [munðu]; *Adv* منذ ذلك الوقت [munðu ða:lika l-waqt]
Seite *f* جانب [dʒa:nib], *Pl* جوانب [dʒawa:nib]; *Buch* صفحة [sɒfħa]
Seitenstraße *f* شارع فرعي [ʃa:riʕ farʕi:]
Sekretär(in) *m(f)* سكرتير(ة)

[sikriti:r(a)]
Sekt *m* شمبانيا [ʃamba:nja:]
Sekunde *f* ثانية [θa:nija], *Pl* ثوان [θawa:nin]
selbst ذات [ðat], نفس [nafs]; *sogar* حتى [ħatta:]
Selbstbedienung *f* خدمة ذاتية [xidma ða:ti:ja]; **Selbstbeherrschung** *f* ضبط النفس [đɒbŧ an-nafs]; **selbstbewusst** واثق بنفسه [wa:θiq bi-nafsihi]
Selbstmord *m* انتحار [intiħa:r]; **Selbstmordanschlag** *m* عملية انتحارية [ʕamali:ja intiħa:ri:ja]; **Selbstmordattentäter(in)** *m(f)* انتحاري(ة) [intiħa:ri: (-ri:ja)]
selbstsicher ذو ثقة بنفسه [ðu: θiqa bi-nafsihi], واثق بنفسه [wa:θiq bi-nafsihi]; **selbstständig** مستقل [mustaqill], قائم بذاته [qa:ʔim bi-ða:tihi]; **selbstsüchtig** أناني [ʔana:ni:]; **selbstverständlich** طبيعي [ŧɒbi:ʕi:], بديهي [badi:hi:]; *Adv* بالطبع [bit-ŧɒbʕ], بطبيعة الحال [bi-ŧɒbi:ʕat al-ħa:l]; **Selbstvertrauen** *n* ثقة بالذات/بالنفس [θiqa bið-ða:t/bin-nafs]

Sellerie *m/f* كرفس [karafs]
selten نادر [na:dir]; قليل [qali:l]; *Adv* نادرا ما [na:diran ma:], قليلا ما [qali:lan ma:]
seltsam عجيب [ʕadʒi:b]; غريب [ɣari:b]
Semester *n* فصل دراسي [fɒsl dira:si:]
Seminar *n* حلقة دراسية [ħalaqa dira:si:ja], سيمنار [si:mina:r]
semitisch سامي [sa:mi:]
senden أرسل [ʔarsala]; TV بث [baθθa, u]; *Radio* أذاع [ʔaða:ʕa]; **Sender** *m Radio* محطة إذاعة [maħɒŧŧɒt ʔiða:ʕa]; TV محطة إرسال [maħɒŧŧɒt ʔirsa:l]; **Sendung** *f Fracht* شحنة [ʃaħna]; *Post* إرسالية [ʔirsa:li:ja]; TV برنامج [barna:midʒ], *Pl* برامج [bara:midʒ]
Senf *m* خردل [xardal]
Senior(in) *m(f)* عجوز [ʕadʒu:z], *Pl* عجائز [ʕadʒa:ʔiz]
senken *Preis* خفض [xaffađɒ]; *v/r* ***sich senken*** نزل [nazala, i], انخفض [inxafađɒ]
senkrecht عمودي [ʕamu:di:], رأسي [raʔsi:]
Sensation *f* حدث مثير [ħadaθ muθi:r]

sensibel حساس [ħassa:s], مرهف الحس [murhaf al-ħiss]
sentimental عاطفي [ʕa:ṭifi:]
September *m syr* أيلول [ʔailu:l]; *äg* سبتمبر [sibtambar]
Serie *f* سلسلة [silsila], *Pl* سلاسل [sala:sil], مجموعة [madʒmu:ʕa]
seriös جاد [dʒa:dd], جدي [dʒiddi:]
Server *m* COMPUT سيرفر [sajrvar], ملقم [mulaqqim]; **Service** *m* خدمة [xidma]; **servieren** GASTR قدم الطعام [qaddama ɒṭ-ṭɒʕa:m]; **Serviererin** *f* نادلة [na:dila], *bes äg* جرسونة [garsu:na]; **Serviette** *f* فوطة السفرة [fu:ṭɒt as-sufra]
Servolenkung *f* AUTO توجيه/نظام سيرفو [taudʒi:h/niðɒ:m sairvo]
Sessel *m* كرسي مريح [kursi: muri:ħ]
setzen أجلس [ʔadʒlasa]; *v/r* ***sich setzen*** جلس [dʒalasa, i]
Seuche *f* وباء [waba:ʔ], *Pl* أوبئة [ʔaubiʔa], آفة [ʔa:fa]
seufzen تنهد [tanahhada], زفر [zafara, i]
Sex *m* جنس [dʒins]; **sexistisch** جنسوي [dʒinsawi:];
sexuell جنسي [dʒinsi:]
Shampoo *n* شامبو [ʃa:mbu:]
Shorts *Pl* بنطلون قصير [banṭɒlu:n qɒṣi:r], شورت [ʃu:rt]
sich ذاته [ða:tahu], نفسه [nafsahu]; ***von sich aus*** من تلقاء نفسه [min tilqa:ʔi nafsihi]
sicher آمن [ʔa:min], مضمون [mɒđmu:n]; *gewiss* أكيد [ʔaki:d]; **Sicherheit** *f* أمن [ʔamn]; *Garantie* ضمان [đɒma:n]
Sicherheitsgurt *m* حزام الأمان [ħiza:m al-ʔama:n]; **Sicherheitsnadel** *f* دبوس إنكليزي/أمان [dabbu:s ʔinkli:zi:/ʔama:n]; **Sicherheitsrat** *m* مجلس الأمن [madʒlis al-ʔamn]
sichern أمن [ʔammana]; *garantieren* ضمن [đɒmina, a]; COMPUT خزن [xazzana]; **Sicherung** *f* ELEK مصهر [miṣhar], *Pl* مصاهر [mɒṣɒ:hir]
Sicht *f* رؤية [ruʔja], نظر [nɒðɒr]; *Standpunkt* رؤيا [ruʔja:], *Pl* رؤى [ruʔan], وجهة نظر [widʒhat nɒðɒr];
sichtbar مرئي [marʔi:]; *of-*

fenkundig واضح [wɒ:điħ]; **sichtlich** جلي [dʒali:], بين [bajjin], ملحوظ [malħu:ð]
Sichtweite *f*: ***in Sichtweite*** على مدى البصر [ʕala: mada: l-bɒsɒr]; ***außer Sichtweite*** خارج مدى البصر [xa:ridʒ mada: l-bɒsɒr]
sie *Pron Sg* هي [hija]; *mpl* هم [humma], *fpl* هن [hunna]
Sie *Pron höflich Sg* أنت [ʔanta (-ti)] *m(f)*, حضرتك [ħɒđra-tuka (-ki)]; *Pl* أنتم (أنتن) [ʔantum (ʔantunna)] *m(f)*, حضرتكم(كن) [ħɒđratukum (-kunna)] *m(f)*
Sieb *n* مصفاة [misfa:t], *Pl* مصاف [mɒsɒ:fin]; *Mehl* منخل [munxul], *Pl* مناخل [mana:xil]
sieben¹ *Mehl* نخل [naxala, u]; *Getreide* غربل [ɣarbala]; *passieren* صفى [sɒffa:]
sieben² *Zahlwort* سبعة [sab-ʕa], *f* سبع [sabʕ]; **siebzehn** سبعة عشر [sabʕata ʕaʃar]; *f* سبع عشرة [sabʕa ʕaʃrata]; **siebzig** سبعون [sabʕu:n]
Siedlung *f* مستوطنة [mustau-ŧɒna]
Sieg *m* نصر [nɒsr], انتصار [intisɒ:r]; SPORT, POL فوز [fauz]
siegen انتصر [intɒsɒra], فاز [fa:za, u:]; **Sieger(in)** *m(f)* منتصر(ة) [muntɒsir(a)], فائز(ة) [fa:ʔiz(a)]; **siegreich** منتصر [muntɒsir], مظفر [muðɒffar]
siezen خاطب بصيغة الاحترام [xɒ:ŧɒba bi-si:ɣat al-iħtira:m]
Signal *n* إشارة [ʔiʃa:ra]
Silbe *f* مقطع [maqŧɒʕ], *Pl* مقاطع [maqɒ:ŧiʕ]
Silber *n* فضة [fiđđɒ]; **silbern** فضي [fiđđi:]
Silikon *n* سيليكون [si:li:ku:n]
Silvester *n* ليلة رأس السنة [lailat raʔs as-sana]
singen غنى [ɣanna], أنشد [ʔanʃada]
Singular *m* GRAM مفرد [muf-rad]
sinken *Temperatur* هبط [ha-batɒ, i], انخفض [inxafađɒ]; *Kurs* تدنى [tadana:]; *Schiff* غرق [ɣariqa, a]
Sinn *m Gefühl*, MED حاسة [ħa:ssa], *Pl* حواس [ħawa:ss]; *Bedeutung* معنى [maʕnan], *Pl* معان [maʕa:nin], مغزى [maɣzan], *Pl* مغاز [maɣa:-zin]; **sinnlich** حسي [ħissi:]; **sinnlos** بلا معنى/جدوى [bila: maʕnan/dʒadwa:]; **sinnvoll**

مفيد [mufiːd], مجد [mudʒdin]
Sirene *f* صفارة الإنذار [sɒffaːrat al-ʔinðaːr]
Sirup *m* دبس [dibs], عصير مركز [ʕasiːr murakkaz]
Sitte *f Brauch* عادة [ʕaːda]
Situation *f* وضع [wɒđʕ], *Pl* أوضاع [ʔauđɒːʕ]; *Umstände* ظروف [ðuruːf]
Sitz *m* مقعد [maqʕad], *Pl* مقاعد [maqaːʕid]; *Firma* مقر [maqarr], *Pl* مقار [maqaːrr]; **sitzen** جلس [dʒalasa, i], قعد [qaʕada, u]; **Sitzplatz** *m* مقعد [maqʕad], *Pl* مقاعد [maqaːʕid]; **Sitzung** *f* جلسة [dʒalsa], اجتماع [idʒtimaːʕ]
Sizilien *n* صقلية [siqilliːja]
Skala *f* مقياس [miqjaːs], *Pl* مقاييس [maqaːjiːs], سلم ترتيبي [sullam tartiːbiː]
Skandal *m* فضيحة [fađiːħa], *Pl* فضائح [fađɒːʔiħ]
Skateboard *n* لوحة التزحلق [lauħat at-tazaħluq], سكيت بورد [skiːt buːrd]
Skelett *n* ANAT هيكل عظمي [haikal ʕɒðmiː]
skeptisch شكاك [ʃakkaːk], مرتاب [murtaːb]
Ski *m* زلاجة [zallaːdʒa], سكي [skiː]; ***Ski laufen*** تزلج [tazalladʒa]
Skinhead *m* حليق الرأس [ħaliːq ar-raʔs]
Skizze *f* مخطط [muxɒtːɒt], مسودة [muswadda]
Skorpion *m* عقرب [ʕaqrab], عقارب [ʕaqaːrib]
Skrupel *Pl* تأنيب/وخز الضمير [taʔniːb/waxz ɒđ-đɒmiːr]
Slip *m* سروال داخلي [sirwaːl daːxiliː], كلسون [kalsuːn]; **Slipeinlage** *f* فوطة صحية [fuːtɒ siħħiːja]
Smog *m* ضباب دخاني [đɒbaːb duxaːniː]
SMS *f* TEL خدمة الرسائل القصيرة [xidmat ar-rasaːʔil al-qɒsiːra]; ***eine SMS schicken*** أرسل رسالة قصيرة [ʔarsala risaːla qɒsiːra]
so كذا [kaðaː]; هكذا [haːkaðaː]; ***so genannt*** ما يسمى ب [maː jusammaː bi]; ***so viel*** بقدر ما [bi-qadri maː]; **sobald** حالما [ħaːlamaː], بمجرد [bi-mudʒarrad]
Socke *f* جورب [dʒaurab], *Pl* جوارب [dʒawaːrib]
Sofa *n* كنبة [kanaba], أريكة [ʔariːka], *Pl* أرائك [ʔaraːʔik]
sofort حالا [ħaːlan]; فورا [fauran]

Software *f* COMPUT برمجيات [barmadʒi:jat], سوفت وير [suft wi:r]
sogar حتى [ħatta:], بل و [bal wa]
Sohle *f Schuh* نعل [naʕl], *Pl* نعال [niʕa:l]; *Fuß* بطن القدم [bɒtn al-qadam]
Sohn *m* ابن [ibn], *Pl* أبناء [ʔabna:ʔ], ولد [walad], *Pl* أولاد [ʔaula:d]
Sojabohne *f* فول الصويا [fu:l ɒs-su:ja:]
solange طالما [tɒ:lama], ما دام [ma: da:ma]
Solarzelle *f* خلية شمسية [xali:ja ʃamsi:ja]
solch مثل هذا [miθl ha:ða:], كهذا [kaha:ða:]
Soldat(in) *m(f)* جندي(ة) [dʒundi: (-di:ja)], *mpl* جنود [dʒunu:d]
solide متين [mati:n], ثابت [θa:bit], *Beziehung* وطيد [wɒti:d]
sollen تعين على [taʕajjana], انبغى [inbaɣa:]; ***was soll das sein?*** ما هذا؟ [ma: ha:ða:], ما المقصود من وراء ذلك؟ [ma: l-maqsu:d min wara:ʔa ða:lik]
Sommer *m* صيف [sɒif], *Pl* أصياف [ʔɒsja:f]; **Sommerzeit** *f* توقيت صيفي [tauqi:t sɒifi:]
Sonderangebot *n* تنزيلات [tanzi:la:t], عرض خاص [ʕarđ xɒ:ss]; **sonderbar** عجيب [ɣari:b], غريب [ʕadʒi:b]; **Sonderfall** *m* حالة خاصة [ħa:la xɒ:ssɒ]
sondern بل [bal]; ***nicht nur …, sondern auch*** ليس ... فقط بل ايضا [laisa … faqɒt bal ʔaiđɒn]
Sonne *f* شمس [ʃams], *Pl* شموس [ʃumu:s]
sonnen *v/r* ***sich sonnen*** تشمس [taʃammasa]
Sonnenallergie *f* حساسية الشمس [ħasa:si:jat aʃ-ʃams]; **Sonnenaufgang** *m* شروق [ʃuru:q]; **Sonnenblume** *f* عباد الشمس [ʕabba:d aʃ-ʃams]; **Sonnenbrand** *m* حرق الشمس [ħarq aʃ-ʃams]; **Sonnenbrille** *f* نظارة شمسية [nɒððɒ:ra ʃamsi:ja]; **Sonnencreme** *f* كريم للوقاية من الشمس [kri:m lil-wiqa:ja mina ʃ-ʃams]; **Sonnenschirm** *m* مظلة شمسية [miðɒlla ʃamsi:ja]; **Sonnenstich** *m* ضربة/سفعة شمس [đɒrbat/safʕat

ʃams]; **Sonnenuntergang** *m* غروب [ɣuru:b]
sonnig مشمس [muʃmis]
Sonntag *m* الأحد [al-ʔaħad]
sonst وإلا [wa-ʔilla:]; ***sonst noch etwas?*** هل ترغب بشيء آخر؟ [hal tarɣabu bi-ʃaiʔin ʔa:xar]
Sorge *f* هم [hamm], *Pl* هموم [humu:m], غم [ɣamm], *Pl* غموم [ɣumu:m]; *Besorgnis* قلق [qalaq]; ***sich Sorgen machen über*** قلق على [qaliqa, a]
sorgen: ***für etw sorgen*** اهتم ب [ihtamma], تكفل ب [takaffala]; ***für j-n sorgen*** اعتنى ب [iʕtana:]
sorgfältig *Adj* دقيق [daqi:q], متقن [mutqan]; *Adv* بعناية [bi-ʕina:ja], بدقة [bi-diqqa]; **sorglos** غير مبال [ɣair muba:lin]; *unachtsam* طائش [ŧɒ:ʔiʃ], مهمل [muhmil]
Sorte *f* نوع [nauʕ], *Pl* أنواع [ʔanwa:ʕ], صنف [sinf], *Pl* أصناف [ʔɒsna:f]; **sortieren** صنف [sɒnnafa], فرز [faraza, i], رتب [rattaba]; **Sortiment** *n* WIRTSCH تشكيلة [taʃki:la]
Soße *f* صلصة [sɒlsɒ], مرق [maraq]; *äg* دمعة [dimʕa]
Souvenir *n* هدية تذكارية [hadi:ja tiðka:ri:ja], سوفنير [su:fini:r]
soviel بقدر ما [bi-qadri ma:]; ***soviel ich weiß*** حسبما أعلم [ħasbama: ʔaʕlam]
sowie و (... أيضا) [wa- (... ʔaiđɒn)], إضافة إلى [ʔiđɒ:fatan ʔila:]; **sowieso** على كل حال [ʕala: kulli ħa:l]
sowohl ***sowohl ... als auch*** سواء ... أم [sawa:ʔ ... ʔam], ليس ... فقط بل ايضا [laisa ... faqɒŧ bal ʔaiđɒn]
sozial اجتماعي [idʒtima:ʕi:]; **Sozialhilfe** *f* معونة اجتماعية [maʕu:na idʒtima:ʕi:ja:] *äg* الضمان الاجتماعي [ɒđ-đɒma:n al-idʒtima:ʕi:]; **Sozialversicherung** *f* تأمين اجتماعي [taʔmi:n idʒtima:ʕi:]
sozusagen إن صح هذا التعبير [ʔin sɒħħa ha:ða: t-taʕbi:r]; *gewissermaßen* نوعا ما [nauʕan ma:]
Spagetti, **Spaghetti** *Pl* إسباجتي [ʔisba:gitti:]
Spalte *f* شق [ʃaqq], *Pl* شقوق [ʃuqu:q]; *Text* عمود [ʕamu:d], *Pl* أعمدة [ʔaʕmida]
spalten شق [ʃaqqa, u], شطر [ʃaŧɒra, u]; *v/r* ***sich spalten***

انشق [inʃaqqa], انقسم [inqasama]
Spam *f* COMPUT بريد مزعج [bari:d muzʕidʒ]
Spanien *n* إسبانيا [ʔisba:nja:]
spannen شد [ʃadda, u]; **spannend** مشوق [muʃawwiq], مثير [muθi:r]; **Spannung** *f a.* POL توتر [tawattur]; ELEK جهد [dʒahd], *Pl* جهود [dʒuhu:d]
sparen وفر [waffara], ادخر [iddaxara], اقتصد [iqtasɒda]
Spargel *m Koll* هليون [hiljaun]
Sparkasse *f* FIN صندوق التوفير [sundu:q at-taufi:r]
sparsam مقتصد [muqtɒsid]
Spaß *m* دعابة [duʕa:ba], مزاح [miza:ħ]; ***viel Spaß*** وقتا ممتعا [waqtan mumtiʕan]
spät متأخر [mutaʔaxxir]; ***wie spät ist es?*** كم الساعة؟ [kam as-sa:ʕa]; ***zu spät kommen*** تأخر [taʔaxxara]
Spaten *m* محفر [miħfar], *Pl* محافر [maħa:fir], مسحاة [misħa:t], *Pl* مساح [masa:ħin]
später *Adv* فيما بعد [fi:ma: baʕd], لاحقا [la:ħiqan]
spätestens على الأكثر [ʕala l-ʔakθar]
Spatz *m* عصفور [ʕusfu:r], *Pl* عصافير [ʕasɒ:fi:r]
spazieren: ***spazieren fahren*** تنزه [tanazzaha]; ***spazieren gehen*** تفسح [tafassaħa], تمشى [tamaʃʃa:]; *lib* كزدر [kazdara]; **Spaziergang** *m* نزهة [nuzha], *Pl* نزه [nuzah], مشوار [miʃwa:r], *Pl* مشاوير [maʃa:wi:r]
Speck *m* شحم [ʃaħm], *Pl* شحوم [ʃuħu:m]
Spedition *f* شركة النقليات [ʃarikat an-naqli:ja:t]
Speichel *m* لعاب [luʕa:b], ريق [ri:q], *Pl* أرياق [ʔarja:q]
Speicher *m Korn* مخزن [maxzan], *Pl* مخازن [maxa:zin]; COMPUT ذاكرة [ða:kira];
speichern *a.* COMPUT خزن [xazana, u], حفظ [ħafiðɒ, a]
Speise *f* طعام [tɒʕa:m], *Pl* أطعمة [ʔɒtʕima], أكلة [ʔakla]; **Speisekarte** *f* لائحة الطعام [la:ʔiħat ɒt-tɒʕa:m]; **Speiseröhre** *f* ANAT مريء [mari:ʔ], *Pl* أمرئة [ʔamriʔa]; **Speisesaal** *m* قاعة الطعام [qa:ʕat ɒt-tɒʕa:m]; **Speisewagen** *m* عربة الأكل [ʕarabat al-ʔakl]
Spende *f* تبرع [tabarruʕ]; **spenden** *a. Blut* تبرع ب

[tabarraʕa]; **spendieren** تفضل/تكرم بدفع [tafɒđđɒla/ takarrama bi-dafʕ]

sperren سد [sadda, u], أغلق [ʔaɣlaqa]; *Konto* جمد [dʒammada]

Spesen *Pl* نفقات [nafaqa:t], مصروفات [mɒsru:fa:t]

Spezialist(in) *m(f)* اختصاصي (ة) [ixtisɒ:si: (-si:ja)], أخصائي(ة) [ʔaxissɒ:ʔi: (-ʔi:ja)]; **Spezialität** *f* خاصية [xɒ:ssi:ja], *Pl* خصائص [xɒsɒ:ʔis]; *Speise* مأكولات شهيرة [maʔku:la:t ʃahi:ra]; *Fachgebiet* اختصاص [ixtisɒ:s]; **speziell** *Adj* خاص [xɒ:ss]; *Adv* خاصة [xɒ:ssɒtan]

Spiegel *m* مرآة [mirʔa:t], *Pl* مرايا [mara:ja:]; **Spiegelei** *n* بيض مقلي/عيون [baiđ maqli:j/ʕuju:n]; **spiegeln** *fig* عكس [ʕakasa, i]; *v/r* ***sich spiegeln*** انعكس على [inʕakasa]

Spiel *n* لعبة [luʕba], *Pl* لعب [luʕab]; SPORT مباراة [muba:ra:t], *Pl* مباريات [muba:raja:t]; **Spielautomat** *m* ماكينة لعب القمار [ma:kinat luʕb al-qima:r]; **spielen** لعب [laʕiba, a]; MUS عزف [ʕazafa, i]; **Spielfilm** *m* فيلم [fi:lm], *Pl* أفلام [ʔafla:m]; **Spielkasino** *n* كازينو [kazi:nu:]; **Spielplatz** *m* ملعب [malʕab], *Pl* ملاعب [mala:ʕib]; **Spielzeug** *n* لعبة [luʕba], *Pl* لعب [luʕab]

Spinat *m Koll* سبانخ [saba:nix]

Spinne *f* ZOOL عنكبوت [ʕankabu:t], *Pl* عناكب [ʕana:kib]

spinnen *v/t* غزل [ɣazala, i]; *v/i* فقد صوابه [faqada, (i) sɒwa:bahu]; ***du spinnst wohl!*** *m(f)* لقد فقدت صوابك [laqad faqadta(-ti) sɒwa:baka(-ki)], أنت مجنون(ة) [ʔanta(-ti) madʒnu:n(a)]

Spion(in) *m(f)* جاسوس(ة) [dʒa:su:s(a)], *mpl* جواسيس [dʒawa:si:s]; **spionieren** تجسس [tadʒassasa]

Spirale *f* لولب [laulab], *Pl* لوالب [lawa:lib], حلزون [ħalazu:n]

spitz حاد [ħa:dd], مدبب [mudabbab]; **Spitze** *f Berg* قمة [qimma], *Pl* قمم [qimam]; *Führung* رأس [raʔs]; *Reihe* مقدمة [muqaddima], صدارة [sɒda:ra]; **Spitzname** *m* اسم

الشهرة [ism aʃ-ʃuhra]
Splitter *m* شظية [ʃaðiːja], *Pl* شظايا [ʃaðɒːjaː]
Sponsor(in) *m(f)* راع(ة) [raːʕin (-ʕiːja)], *mpl* رعاة [ruʕaːt], ممول(ة) [mumawwil(a)]
spontan *Adj* تلقائي [tilqaːʔiː], عفوي [ʕafawiː]; *Adv* بشكل تلقائي [bi-ʃaklin tilqaːʔiː], تلقائيا [tilqaːʔiːjan]
Sport *m* رياضة [rijɒːđɒ];
Sportler(in) *m(f)* رياضي(ة) [rijɒːđiː (-điːja)]; **sportlich** رياضي [rijɒːđiː]; **Sportplatz** *m* ملعب رياضي [malʕab rijɒːđiː]; **Sportverein** *m* ناد رياضي [naːdin rijɒːđiː];
Sportwagen *m* سيارة رياضية [sajjaːra rijɒːđiːja]; *Kind* عربة أطفال [ʕarabat ʔɒtfaːl]
spotten سخر من [saxira, a], هزئ ب [haziʔa, a]
Sprache *f* لغة [luɣa];
Sprachführer *m* دليل لغوي [daliːl luɣawiː]; **Sprachkurs** *m* دورة لغة [daurat luɣa];
sprachlos عاجز عن الكلام [ʕaːdʒiz ʕan al-kalaːm]
Spray *n* سبري [sbraj]
sprechen تكلم [takallama], نطق [nɒtɒqa, i]; *über* تحدث في [taħaddaθa]; *mit* خاطب [xɒːtɒba], تحدث مع [taħaddaθa]; **Sprecher(in)** *m(f)* *Radio*, TV مذيع(ة) [muðiːʕ(a)]; **Sprechstunde** *f* أوقات العيادة [ʔauqaːt al-ʕijaːda]; *syr, jord* أوقات المعاينة [ʔauqaːt al-muʕaːjana]
sprengen فجر [faddʒara]; *aufbrechen* كسر [kasara, i]; *Rasen* رش [raʃʃa, u];
Sprengstoff *m* مادة ناسفة [maːdda naːsifa]
Sprichwort *n* مثل [maθal], *Pl* أمثال [ʔamθaːl], حكمة [ħikma], *Pl* حكم [ħikam]
Springbrunnen *m* نافورة [naːfuːra], *Pl* نوافير [nawaːfiːr]; **springen** قفز [qafaza, i], نط [nɒttɒ, u]
Spritze *f* MED حقنة [ħuqna], *Pl* حقن [ħuqan]; **spritzen** رش [raʃʃa, u]; MED حقن [ħaqana, u]
Sprudel *m* ماء معدني/غازي [maːʔ maʕdiniː/ɣaːziː]; كازوزة [kaːzuːza]; **sprudeln** تدفق [tadaffaqa]; *brodeln* فار [faːra, uː]
sprühen رش [raʃʃa, u]
Sprung *m a.* SPORT قفزة [qaf-

za], وثبة [waθba]; **Sprungbrett** *n* لوحة القفز [lauħat al-qafz]

Spucke *f* بصاق [busɒːq], لعاب [luʕaːb]; **spucken** بصق [bɒsɒqa, u]

Spülbecken *n* مغسلة [maɣsala], *Pl* مغاسل [maɣaːsil]; **spülen** غسل [ɣasala, i], شطف [ʃaŧɒfa, u]; *Mund* مضمض [mɒđmɒđɒ]; **Spülmaschine** *f* جلاية [dʒallaːja], غسالة الصحون [ɣasaːlat ɒs-suħuːn]; **Spülmittel** *n* (صابون) سائل للجلي [(sɒːbuːn) saːʔil lil-dʒaliː]

Spur *f* أثر [ʔaθar], *Pl* آثار [ʔaːθaːr]

spüren أحس [ʔaħassa], شعر [ʃaʕara, u]

spurlos بلا أثر [bilaː ʔaθar]

Squash *n* SPORT سكواش [skwaːʃ]

Staat *m* دولة [daula], *Pl* دول [duwal]; **staatlich** حكومي [ħukuːmiː]

Staatsangehörigkeit *f* جنسية [dʒinsiːja]; **Staatsbürger(in)** *m(f)* مواطن(ة) [muwɒːŧin(a)]; **Staatsgebiet** *n* أرض الدولة [ʔarđ ad-daula], إقليم [ʔiqliːm], *Pl* أقاليم [ʔaqaːliːm]

Stab *m Stock* عصا [ʕasɒn], *Pl* عصي [ʕusiːj]

stabil مستقر [mustaqirr], ثابت [θaːbit]

Stachel *m* ZOOL زباني [zubaːnaː], إبرة [ʔibra], *Pl* إبر [ʔibar]; BOT شوكة [ʃauka]; **Stacheldraht** *m* أسلاك شائكة [ʔaslaːk ʃaːʔika]; **stachelig** شائك [ʃaːʔik], شوكي [ʃaukiː]

Stadion *n* SPORT ملعب [malʕab], ملاعب [malaːʕib], إستاد [ʔistaːd]

Stadium *n* مرحلة [marħala], *Pl* مراحل [maraːħil], طور [ŧɒur], *Pl* أطوار [ʔɒŧwaːr]

Stadt *f* مدينة [madiːna], *Pl* مدن [mudun]

Städter(in) *m(f)* مدني(ة) [madaniː (-niːja)], حضري(ة) [ħɒdɒriː (-riːja)], *mpl* حضر [ħɒdɒr]; **städtisch** مدني [madaniː], حضري [ħɒdɒriː]

Stadtmauer *f* سور المدينة [suːr al-madiːna]; **Stadtmitte** *f* مركز المدينة [markaz al-madiːna]; **Stadtplan** *m* خريطة المدينة [xariːŧɒt al-madiːna]; **Stadtrundfahrt** *f* جولة في المدينة [dʒaula fil-madiːna]; **Stadtteil** *m*, **Stadtviertel** *n* حي [ħajj],

Pl أحياء [ʔaħja:ʔ], حارة [ħa:ra]

Stahl *m* فولاذ [fu:la:ð], صلب [sulb]

Stall *m* حظيرة [ħɒði:ra], *Pl* حظائر [ħɒðɒ:ʔir], إصطبل [ʔistɒbl]

Stamm *m* قبيلة [qabi:la], *Pl* قبائل [qaba:ʔil]; BOT جذع [dʒiðʕ], *Pl* جذوع [dʒuðu:ʕ]

stammen انتسب إلى [intasaba]; *hervorgehen* رجع إلى [radʒaʕa, i], نبع من [nabaʕa, u]

Stammgast *m* زبون دائم [zabu:n da:ʔim]

stampfen دبدب [dabdaba]; *zerstoßen* دق [daqqa, u]; *Kartoffeln* هرس [harasa, u]

Stand *m Lage* وضع [wɒdʕ], *Pl* أوضاع [ʔaudɒ:ʕ], حال [ħa:l], *Pl* أحوال [ʔaħwa:l]; *Messe* ركن [rukn], *Pl* أركان [ʔarka:n], *Niveau* مستوى [mustawan]

Stand-by-Betrieb *m* TECH وضع احتياطي [wɒdʕ iħtijɒ:ti:]

Ständer *m* حاملة [ħa:mila]

Standesamt *n* مكتب الأحوال الشخصية [maktab al-ʔaħwa:l aʃ-ʃaxsi:ja]

ständig *Adj* دائم [da:ʔim], مطرد [muttɒrid]; *Adv* باستمرار [bi-ʔistimrar]

Standpunkt *m* رأي [raʔj], *Pl* آراء [ʔa:ra:ʔ], وجهة نظر [widʒhat nɒðɒr]

Stange *f* قضيب [qɒdi:b], *Pl* قضبان [quđba:n]; *Zigaretten* خرطوشة سجائر [xartu:ʃat sadʒa:ʔir], جروز سجائر [dʒru:z sadʒa:ʔir]

Stängel *m* عود [ʕu:d], *Pl* عيدان [ʕi:da:n]; BOT ساق [sa:q], *Pl* سيقان [si:qa:n]

Stapel *m* كدس [kuds], *Pl* أكداس [ʔakda:s]; **stapeln** كوم [kawwama], كدس [kaddasa]

Star *m* ZOOL زرزور [zurzu:r], *Pl* زرازير [zara:zi:r]; *Film* نجم [nadʒm], *Pl* نجوم [nudʒu:m]; MED الساد العيني [as-sa:d al-ʕaini:]

stark قوي [qawi:]; *Verkehr* مزدحم [muzdaħim]

Stärke *f* قوة [quwwa], *Pl* قوى [quwan]; *Intensität* شدة [ʃidda]; *Fähigkeit* مقدرة [maqdira]; GASTR نشاء [naʃa:ʔ]

stärken قوى [qawwa:], عزز [ʕazzaza]

starr جامد [dʒa:mid], صلب [sulb]; **starren** حملق [ħamlaqa], بحلق [baħlaqa]

Start *m* بدء [badʔ]; AUTO, *Rakete* انطلاق [intˤlaːq]; FLUG إقلاع [ʔiqlaːʕ], قيام [qijaːm]; SPORT بدء [badʔ], انطلاق [intˤlaːq]; **Startbahn** *f* مدرج [madradʒ], *Pl* مدارج [madaːridʒ]; **starten** انطلق [intˤɒlaqa], بدأ [badaʔa, a]; **Starthilfe** *f* WIRTSCH معاونة مالية [muʕaːwana maːliːja]; AUTO دفعة [dafʕa]

Station *f Haltestelle* محطة [maħɒtˤtˤɒ], موقف [mauqif], *Pl* مواقف [mawaːqif]; *Krankenhaus* قسم [qism], *Pl* أقسام [ʔaqsaːm], عنبر [ʕanbar], *Pl* عنابر [ʕanaːbir]

Statistik *f* إحصاء [ʔiħsɒːʔ]

statt بدلا من [badalan min], عوضا عن [ʕiwɒđɒn ʕan]; **stattfinden** وقع [waqaʕa, jaqaʕu], حدث [ħadaθa, u]

Statue *f* تمثال [timθaːl], *Pl* تماثيل [tamaːθiːl]

Stau *m Verkehr* ازدحام [izdiħaːm], اختناق مروري [ixtinaːq muruːriː]

Staub *m* غبار [ɣubaːr]; **staubig** مغبر [muɣabbar], معفر [muʕaffar]; **Staubsauger** *m* مكنسة كهربائية [miknasa kahrubaːʔiːja]

Staudamm *m* سد [sadd], *Pl* سدود [suduːd]

staunen اندهش [indahaʃa], تعجب من [taʕaddʒaba]

Stausee *m* بحيرة السد [buħairat as-sadd]

Steak *n* GASTR ستيك [stajk]

stechen وخز [waxaza, jaxizu]; *Insekt* لسع [lasaʕa, a], قرص [qɒrɒsɒ, u]

Steckdose *f* ELEK مقبس [maqbas], *Pl* مقابس [maqaːbis]; *syr* بريز [briːz]; *äg* بريزة [bariːza]; **stecken** *v/t* أدخل [ʔadxala], دس [dassa, u], وضع [wɒđɒʕa, jɒđɒʕu]; *v/i Sand* تغرز [taɣarraza]; **Stecker** *m* ELEK قابس [qaːbis], *Pl* قوابس [qawaːbis]; *syr* فيش [fiːʃ]; *äg* فيشة [fiːʃa]; **Stecknadel** *f* دبوس إبري [dabbuːs ʔibriː]

stehen وقف [waqafa, jaqifu]; ***j-m stehen*** *Kleidung* لاق [laːqa, iː], ناسب [naːsaba]; ***im Stehen*** واقفا [waːqifan], قائما [qaːʔiman]; ***stehen bleiben*** وقف مكانه [waqafa (jaqifu) makaːnahu]; *anhalten* توقف [tawaqqafa]; *sich nicht setzen* بقي واقفا [baqija (aː) waː-

qifan]
stehlen سرق [saraqa, i], اختلس [ixtalasa]
Stehplatz *m* مكان للواقف [maka:n lil-wa:qif]
steif جامد [dʒa:mid], متصلب [mutasɒllib]
steigen ارتفع [irtafaʕa], علا [ʕala:, i:]; *klettern* صعد [sɒʕada, a], تسلق [tasallaqa]; **steigern** *v/t* رفع [rafaʕa, a], زاد [za:da, i:]; *v/r* ***sich steigern*** ازداد [izda:da], ارتفع [irtafaʕa]
steil *abschüssig* منحدر [munħadir]; **Steilküste** *f* ساحل سحيق [sa:ħil saħi:q]
Stein *m* حجر [ħadʒar], *Pl* حجارة [ħidʒa:ra]; **Steinbruch** *m* محجر [maħdʒar]; *Pl* محاجر [maħa:dʒir]; **steinig** حجري [ħadʒari:]
Stelle *f* موضع [mauđiʕ], *Pl* مواضع [mawɒ:điʕ], موقع [mauqiʕ], *Pl* مواقع [mawa:qiʕ]; *Arbeitsstelle* وظيفة [wɒðɨ:fa], *Pl* وظائف [wɒðɒ:ʔif]; **stellen** وضع [wɒđɒʕa, jɒđɒʕu]
Stellenangebot *n* عرض العمل [ʕarđ al-ʕamal]; ***Stellenangebote*** وظائف شاغرة [wɒðɒ:ʔif ʃa:ɣira]
Stellung *f Körper* وقفة [waqfa], وضع [wɒđʕ]; *Posten* مرتبة [martaba], *Pl* مراتب [mara:tib]; مكانة [maka:na]; *Arbeitsstelle* وظيفة [wɒðɨ:fa], *Pl* وظائف [wɒðɒ:ʔif];
Stellvertreter(in) *m(f)* وكيل(ة) [waki:l(a)], *mpl* وكلاء [wukala:ʔ], نائب(ة) [na:ʔib(a)], *mpl* نواب [nuwwa:b]
Stempel *m* ختم [xatm], *Pl* أختام [ʔaxta:m]; **stempeln** ختم [xatama, i]
Steppe *f* برية [barri:ja], *Pl* براري [bara:ri:j]
sterben مات [ma:ta, u:]; توفي [tuwuffija]
Stereoanlage *f* جهاز ستيريو [dʒiha:z sti:riju:]
steril MED معقم [muʕaqqam], مطهر [mutɒhhar]; **sterilisieren** عقم [ʕaqqama], طهر [tɒhhara]
Stern *m* نجم [nadʒm], *Pl* نجوم [nudʒu:m], كوكب [kaukab], *Pl* كواكب [kawa:kib]; **Sternbild** *n* برج السماء [burdʒ as-sama:ʔ]; **Sternzeichen** *n* برج [burdʒ], *Pl* أبراج [ʔabra:dʒ]
Steuer[1] *n* SCHIFF دفة [daffa];

AUTO مقود [miqwad], *Pl* مقاود [maqa:wid]

Steuer² *f* ضريبة [đɒri:ba], *Pl* ضرائب [đɒra:ʔib]; **steuerfrei** معفى من الضرائب [muʕfan mina đ-đɒra:ʔib]

steuern وجه [waddʒaha]; *a.* AUTO قاد [qa:da, u:]

Steuerzahler(in) *m(f)* دافع(ة) الضرائب [da:fiʕ(at) ɒđ-đɒra:ʔib]

Steward *m*, **Stewardess** *f* مضيف(ة) الطيران [muđi:f(at) ɒt-ŧɒjara:n]

Stich *m* طعنة [ŧɒʕna], وخزة [waxza]; *Insekt* لسعة [lasʕa], لدغة [ladɣa]; ***im Stich lassen*** خذل [xaðala, u], خان [xa:na, u:]; **Stichwort** *n* نقطة أساسية [nuqŧɒ ʔasa:si:ja]; *im Wörterbuch* كلمة [kalima]

Stickerei *f* تطريز [tɒŧri:z]

stickig خانق [xa:niq]

Stiefel *m* حذاء طويل [ħiða:ʔ ŧɒwi:l], بوط [bu:ŧ]

Stiefmutter *f* زوجة الأب [zaudʒat al-ʔab], رابة [ra:bba]; **Stiefvater** *m* زوج الأم [zaudʒ al-ʔumm], راب [ra:bb]

Stiel *m Arbeitsgerät* مقبض [miqbɒđ], *Pl* مقابض [maqa:biđ]; *Glas* يد [jad], *Pl* أيد [ʔaidin]; BOT ساق [sa:q], *Pl* سيقان [siqa:n]

Stier *m* ثور [θaur], *Pl* ثيران [θira:n]

Stift *m* قلم [qalam], *Pl* أقلام [ʔaqla:m]; TECH مسمار [misma:r], *Pl* مسامير [masa:mi:r]

Stil *m* أسلوب [ʔuslu:b], *Pl* أساليب [ʔasa:li:b], طراز [ŧira:z], *Pl* طرز [ŧuruz]

still هادئ [ha:diʔ]; *schweigsam* ساكت [sa:kit], صامت [sɒ:mit]; **stillen** *Kind* أرضع [ʔarđɒʔa]; *Blut* أوقف [ʔauqafa]; *Durst* أطفأ [ʔɒŧfaʔa]; *Schmerz* سكن [sakkana]

Stimme *f* صوت [sɒut], *Pl* أصوات [ʔɒswa:t]; **Stimmen** صحح [sɒħħa]; POL *wählen* صوت ل [sɒwwata]; ***das stimmt!*** هذا صحيح [ha:ða: sɒhi:ħ], مضبوط [mɒđbu:ŧ];

Stimmung *f Atmosphäre* جو [dʒaww], *Pl* أجواء [ʔadʒwa:ʔ]; *Laune* مزاج [miza:dʒ], *Pl* أمزجة [ʔamzidʒa]

stinken نتن [natina, a]

Stipendium *n* منحة دراسية [minħa dira:si:ja]

Stirn *f* جبين [dʒabi:n], *Pl* جبن

[dʒubun], جبهة [dʒabha]
Stock *m Stab* عصا [ʕasɒn], *Pl* عصي [ʕusi:j]
Stockwerk *n* طابق [ŧɒ:biq], *Pl* طوابق [ŧɒwa:biq], دور [daur], *Pl* أدوار [ʔadwa:r]; ***mit zwei Stockwerken*** بطابقين [bi-ŧɒ:biqain], ذو طابقين [ðu: ŧɒ:biqain]
Stoff *m* قماش [quma:ʃ], *Pl* أقمشة [ʔaqmiʃa]; *Substanz* مادة [ma:dda], *Pl* مواد [mawa:dd]
stöhnen *vor Schmerz* تأوه [taʔawwaha]; أن [ʔanna, i]
stolpern تعثر [taʕaθθara]
stolz فخور [faxu:r]
stopfen سد [sadda, u]; *füllen* حشا [ħaʃa:, u:], عبأ [ʕabbaʔa]; *flicken* رقع [raqqaʕa]; رفأ [rafaʔa, a]
stoppen *v/t Auto* أوقف [ʔauqafa]; *v/i* وقف [waqafa, jaqifu]; **Stoppschild** *n* إشارة الوقوف [ʔiʃa:rat al-wuqu:f]; **Stoppuhr** *f* SPORT ساعة التوقيت [sa:ʕat at-tauqi:t]
Stöpsel *m* سدادة [sida:da]
Storch *m* لقلق [laqlaq], *Pl* لقالق [laqa:liq]
stören أزعج [ʔazʕadʒa], ضايق [ɖɒ:jaqa], شوش [ʃawwaʃa]
stornieren ألغى [ʔalɣa:]; **Stornogebühr** *f* رسوم الإلغاء [rusu:m al-ʔilɣa:ʔ]
Störung *f* مضايقة [muɖɒ:jaqa], إزعاج [ʔizʕa:dʒ]; TECH خلل فني [xalal fanni:]
Stoß *m Schubs* دفعة [dafʕa]; *Faust* لكمة [lakma]; *Stapel* كدس [kuds], *Pl* أكداس [ʔakda:s]; **stoßen** دفع [dafaʕa, a], SPORT قذف [qaðafa, i], رمى [rama:, i:]; *an, gegen* ارتطم ب [irtaŧɒma], اصطدم ب [iṣŧɒdama]; **Stoßstange** *f* AUTO مصد [misɒdd]
stottern تلعثم [talaʕθama]
Strafe *f* JUR عقوبة [ʕuqu:ba], جزاء [dʒaza:ʔ]
straff *Seil* مشدود [maʃdu:d]
Strafzettel *m* مخالفة [muxa:lafa]
Strahl *m* شعاع [ʃuʕa:ʕ], *Pl* أشعة [ʔaʃiʕʕa]; **strahlen** *fig* أشع [ʔaʃaʕʕa], أشرق [ʔaʃraqa]; *Augen* لمع [lamaʕa, a]; **Strahlung** *f* PHYS إشعاع [ʔiʃʕa:ʕ]
Strand *m* شاطئ [ʃa:ŧiʔ], *Pl* شواطئ [ʃawa:ŧiʔ]
strapazieren *Kleidung* أبلى [ʔabla:], مرمط [marmaŧɒ]

Straße *f* شارع [ʃa:riʕ], *Pl* شوارع [ʃawa:riʕ]; *Weg* طريق [ŧɒri:q], *Pl* طرق [ŧuruq]

Straßenarbeiten *fpl* أعمال على الطريق [ʔaʕma:l ʕala ŧ-ŧɒri:q]; **Straßenbahn** *f* ترام [t(i)ra:m]; *syr* تراموای [t(i)-ra:mwa:j]; *äg* ترماي [turum-maj]; **Straßengraben** *m* خندق الطريق [xandaq ɒŧ-ŧɒri:q]; **Straßenhändler(in)** *m(f)* بائع(ة) متجول(ة) [ba:-ʔiʕ(a) mutadʒawwil(a)]; **Straßensperre** *f* حاجز [ħa:dʒiz], *Pl* حواجز [ħawa:-dʒiz]; **Straßenverkehr** *m* حركة المرور [ħarakat al-muru:r]

Strategie *f* (إ)ستراتيجية [(ʔi)-stra:ti:dʒi:ja]

Strauch *m* BOT شجيرة [ʃud-ʒaira]

Strauß *m* ZOOL نعامة [naʕa:-ma], *Pl* نعائم [naʕa:ʔim], *Koll* نعام [naʕa:m]; *Blumen* باقة [ba:qa], بوكيه [bu:ki:h]

Strecke *f Entfernung* مسافة [masa:fa]; *Phase* مرحلة [mar-ħala], *Pl* مراحل [mara:ħil]; *Weg* طريق [ŧɒri:q], *Pl* طرق [ŧuruq]

strecken *v/t* مد [madda, u]; *v/r* **sich strecken** تمطى [tamɒŧŧɒ:]

Streich *m* مقلب [maqlab], *Pl* مقالب [maqa:lib]; **streicheln** ربت [rabbata], لاطف [la:-ŧɒfa]; **streichen** *Brot* دهن [dahana, u]; *annullieren* ألغى [ʔalɣa:]; *entfernen* حذف [ħa-ðafa, i]; **Streichholz** *n* عود الثقاب/الكبريت [ʕu:d aθ-θiqa:-b/al-kibri:t]

streifen *berühren* مس [massa, a]; *Thema* مر مرورا خاطفا ب [marra (u) muru:ran xɒ:ŧifan]

Streifen *m* شريط [ʃari:ŧ], *Pl* أشرطة [ʔaʃriŧɒ]

Streik *m* إضراب [ʔiđrɒ:b]; **streiken** أضرب [ʔɒđraba]

Streit *m* نزاع [niza:ʕ], جدل [dʒadal]; **streiten** تنازع [tana:zaʕa], تخاصم [taxɒ:-sɒma]

streng شديد [ʃadi:d], صارم [sɒ:rim]; *Maßnahme* مشدد [muʃaddad]

Stress *m* إرهاق [ʔirha:q], توتر نفسي [tawattur nafsi:];

stressig مجهد [mudʒhid], مرهق [murhiq]

streuen نثر [naθara, u], رش [raʃʃa, u]

Strich *m* خط [xɒŧŧ], *Pl* خطوط

[xuṭu:ṭ]; **Strichpunkt** *m* شولة/فاصلة منقوطة [ʃaula/fɒ:sila manqu:ṭɒ]
Strick *m* حبل [ħabl], *Pl* حبال [ħiba:l]; **stricken** حاك [ħa:ka, u:]; **Strickjacke** *f* سترة صوفية [sutra su:fi:ja]
Striptease *m* ستربتيز [stribti:z]
Stroh *n* قش [qaʃʃ], تبن [tibn]; **Strohhalm** *m* قشة [qaʃʃa]; **Strohhut** *m* قبعة قش [qubbaʕat qaʃʃ]
Strom *m* ELEK تيار كهربائي [tajja:r kahruba:ʔi:]; *Fluss* سيل [sail], *Pl* سيول [suju:l]; *fig* تيار [tajja:r]; **Stromausfall** *m* انقطاع التيار الكهربائي [inqiṭɒ:ʕ at-tajja:r al-kahruba:ʔi:]
Strömung *f* تيار [tajja:r]
Strudel *m* دوامة [duwwa:ma]; GASTR *Obst* فطائر الفواكه [fata:ʔir al-fawa:kih]; *Gemüse* فطائر الخضار [fata:ʔir al-xuđɒ:r]
Strumpf *m* جورب [dʒaurab], *Pl* جوارب [dʒawa:rib]; **Strumpfhose** *f* كلسات نايلون [kalsa:t nailo:n], كولون [ku:lu:n]
Stück *n* قطعة [qiṭʕa], *Pl* قطع [qiṭɒʕ]; *Teil* جزء [dʒuzʔ], *Pl* أجزاء [ʔadʒza:ʔ]
Student *m* طالب [ṭɒ:lib], *Pl* طلبة [ṭɒlaba]; **Studentenausweis** *m* بطاقة الطالب [biṭɒ:qat ɒṭ-ṭɒ:lib]; **Studentenwohnheim** *n* سكن الطلاب [sakan ɒṭ-ṭulla:b]; **Studentin** *f* طالبة [ṭɒ:liba]
Studienplatz *m* مقعد دراسي [maqʕad dira:si:]; **studieren** *v/t* درس [darasa, u], بحث [baħaθa, a]; *v/i* درس [darasa, u], تعلم [taʕallama]; **Studio** *n* ستوديو [stu:diju:], *Pl* ستوديوهات [stu:diju:ha:t]; **Studium** *n* دراسة [dira:sa]
Stufe *f* درجة [daradʒa]; *Niveau* مستوى [mustawan]; *Phase* مرحلة [marħala], *Pl* مراحل [mara:ħil]
Stuhl *m* مقعد [maqʕad], *Pl* مقاعد [maqa:ʕid], كرسي [kursi:]; *Pl* كراسي [kara:si:]; **Stuhlgang** *m* براز [bira:z]
stumm *Adj m* أخرس [ʔaxras], *f* خرساء [xarsa:ʔ], *Pl* خرس [xurs], *m* أبكم [ʔabkam], *f* بكماء [bakma:ʔ], *Pl* بكم [bukm]
stumpf *Messer* ثلم [θalim], غير حاد [ɣair ħa:dd]

Stunde *f* ساعة [saːʕa]; *Schule* درس [dars], *Pl* دروس [duruːs]

Stundenkilometer *m* كيلومتر بالساعة [kiːlumitr bis-saːʕa]; **stundenlang** ساعات طوال [saːʕaːt ŧiwaːl], عدة ساعات [ʕiddat saːʕaːt]; **Stundenlohn** *m* الأجر بالساعة [al-ʔadʒr bis-saːʕa]; **Stundenplan** *m* جدول/برنامج الدروس [dʒadwal/barnaːmadʒ ad-duruːs]; **stundenweise** على الساعة [ʕala s-saːʕa]

stur عنيد [ʕaniːd]

Sturm *m* إعصار [ʔiʕsɒːr], *Pl* أعاصير [ʔaʕaːsiːr], عاصفة [ʕaːsifa], *Pl* عواصف [ʕawaːsif]

stürmisch عاصف [ʕaːsif]; *fig* صاخب [sɒːxib]

stürzen *v/t* قلب [qalaba, i]; *Person* خلع عن [xalaʕa, a], أطاح ب [ʔatɒːħa]; *v/i* سقط [saqɒtɒ, u], وقع [waqaʕa, jaqaʕu]

Stute *f* فرس [faras], *Pl* أفراس [ʔafraːs]

Stütze *f a. fig* دعامة [diʕaːma], سند [sanad], *Pl* أسناد [ʔasnaːd]

stützen *v/t* دعم [daʕama, a], عزز [ʕazzaza]; *v/r* ***sich stützen*** ارتكز على [irtakaza], استند إلى [istanada]

subjektiv ذاتي [ðaːtiː]

Substantiv *n* GRAM اسم [ism], *Pl* أسماء [ʔasmaːʔ]; **Substanz** *f* مادة [maːdda], *Pl* مواد [mawaːdd]; *Wesen* جوهر [dʒauhar], *Pl* جواهر [dʒawaːhir]; **subtrahieren** MATH طرح [ŧɒraħa, a]; **Subvention** *f* دعم (حكومي) [daʕm (ħukuːmiː)]

Suche *f* بحث عن [baħθ]; **suchen** بحث [baħaθa, a]; **Suchmaschine** *f* COMPUT محرك البحث [muħarrik al-baħθ]

Sucht *f* إدمان [ʔidmaːn]

süchtig مدمن [mudmin]

Süddeutschland *n* جنوب ألمانيا [dʒanuːb ʔalmaːnjaː]; **Süden** *m* جنوب [dʒanuːb]; **südlich** جنوبي [dʒanuːbiː]; **südöstlich** جنوبي شرقي [dʒanuːbiː ʃarqiː]; **Südpol** *m* القطب الجنوبي [al-quŧb al-dʒanuːbiː]; **südwestlich** جنوبي غربي [dʒanuːbiː ɣarbiː]; **Südwind** *m* رياح جنوبية [rijaːħ dʒanuːbiːja]

Suezkanal *m* قناة السويس [qanaːt as-suweːs]

Sufismus *m* صوفية [su:fi:ja]
Summe *f* مبلغ [mablaɣ], *Pl* مبالغ [maba:liɣ]; MATH مجموع [madʒmu:ʕ]
summen دندن [dandana]; *Insekt* طن [ŧɒnna, i]
Sumpf *m* مستنقع [mustanqaʕ]
Sünde *f* خطيئة [xɒŧi:ʔa], *Pl* خطايا [xɒŧɒ:ja:], إثم [ʔiθm], *Pl* آثام [ʔa:θa:m]
Sunna *f* السنة [as-sunna]
Sunniten *Pl* أهل السنة [ʔahl as-sunna]
super ممتاز [mumta:z], سوبر [su:bar]; **Super(benzin)** *n* بنزين سوبر/ممتاز [banzi:n su:bar/mumta:z]; **Supermarkt** *m* سوبر ماركت [su:bar ma:rkit]
Suppe *f* شربة [ʃurba], حساء [ħasa:ʔ]; *syr* شوربة [ʃu:raba]; **Suppenteller** *m* صحن الشربة [sɒħn aʃ-ʃurba]
Sure *f* سورة [su:ra], *Pl* سور [suwar]
surfen تزلج [tazalladʒa]; *Internet* تجول [tadʒawwala]
süß حلو [ħalw], عذب [ʕaðb]; **Süßigkeiten** *fpl* حلويات [ħalawi:ja:t]; **Süßstoff** *m* سكرين [sakari:n], مادة محلية [ma:dda muħalli:ja]; **Süßwasser** *n* ماء عذب [ma:ʔ ʕaðb]
Sweatshirt *n* كنزة قطنية [kanza quŧni:ja]
Swimmingpool *m* بركة سباحة [birkat siba:ħa]
Symbol *n* رمز [ramz], *Pl* رموز [rumu:z]; **symbolisch** رمزي [ramzi:]
symmetrisch متماثل [mutama:θil], متناظر [mutanɒ:ðir]
sympathisch لطيف [laŧi:f]
Symptom *n* علامة [ʕala:ma], ظاهرة [ðɒ:hira], *Pl* ظواهر [ðɒwa:hir]; MED عارض [ʕa:riđ], *Pl* عوارض [ʕawa:riđ]
Synagoge *f* كنيس [kani:s], *Pl* كنائس [kana:ʔis]
synthetisch صناعي [sina:ʕi:], تركيبي [tarki:bi:]
Syrien *n* سورية [su:ri:jja], سوريا [su:rija:]
System *n* نظام [niðɒ:m], *Pl* أنظمة [ʔanðima]; MED جهاز [dʒiha:z]; **systematisch** *Adj* منتظم [muntɒðim]; *Adv* بانتظام [bi-ʔintiðɒ:m]
Szene *f* مشهد [maʃhad], *Pl* مشاهد [maʃa:hid], منظر [manðɒr], *Pl* مناظر [manɒ:ðir]; *Milieu* وسط [wasɒŧ], *Pl* أوساط [ʔausɒ:ŧ]

T

Tabak *m* تبغ [tabaɣ], *Pl* تبوغ [tubu:ɣ], دخان [duxa:n]
Tabelle *f* جدول [dʒadwal], *Pl* جداول [dʒada:wil]; SPORT قائمة [qa:ʔima], *Pl* قوائم [qa:wa:ʔim]
Tablett *n* صينية [sɨ:ni:ja], *Pl* صوان [sɒwa:nin]; **Tablette** *f* MED قرص [qurs], *Pl* أقراص [ʔaqrɒ:s]
Tacho(meter) *m* AUTO مقياس/ عداد السرعة [miqja:s/ʕadda:d as-surʕa]
Tafel *f Wandtafel* لوح [lauħ], *Pl* ألواح [ʔalwa:ħ]; *syr, äg* سبورة [sabbu:ra]; *Anzeigentafel* لوحة [lauħa]
Tag *m* يوم [jaum], *Pl* أيام [ʔaja:m], نهار [naha:r]; ***guten Tag*** يوم سعيد [jaum saʕi:d]; *pal* مرحبا [marħaba:]; *äg m(f)* نهارك سعيد [naha:rak(-ik) saʕi:d]; ***am Tag, bei Tage*** نهارا [naha:ran], في النهار [fi n-naha:r]; **tagelang** *Adv* أياما وأياما [ʔajja:man wa-ʔajja:man]
Tagesausflug *m* رحلة يوم واحد [riħlat jaum wa:ħid];
Tageskarte *f Restaurant* لائحة أطباق اليوم [la:ʔiħat ʔɒtbɒ:q al-jaum]; **Tagesmutter** *f* حاضنة [ħɒ:dɨna];
Tageszeit *f* وقت [waqt], *Pl* أوقات [ʔauqa:t], ساعة [sa:ʕa];
Tageszeitung *f* جريدة يومية [dʒari:da jaumi:ja]
täglich يوميا [jaumi:jan]
Tagung *f* اجتماع [idʒtima:ʕ], منتدى [muntadan], ندوة [nadwa]
Taille *f* خصر [xɒsr], *Pl* خصور [xusu:r], وسط [wasɒt], *Pl* أوساط [ʔausɒ:t]
Takt *m* MUS إيقاع [ʔi:qa:ʕ]
Taktik *f* تكتيك [takti:k]
Tal *n* واد [wa:din], *Pl* أودية [ʔaudija]
Talent *n* موهبة [mauhiba], *Pl* مواهب [mawa:hib]
Talkshow *f* برنامج حواري [barna:midʒ ħiwa:ri:]
Tampon *m/n* تامبون [tambu:n], سدادة قطنية [sida:da qutni:ja]
Tank *m* خزان [xazza:n],

صهريج [sihri:dʒ], *Pl* صهاريج [sɒha:ri:dʒ]; **tanken** عبأ/ملأ بالبنزين [ʕabbaʔa/malaʔa (a) bil-banzi:n]; **Tankstelle** *f* محطة بنزين/وقود [maħɒttɒt banzi:n/waqu:d]

Tanne *f* التنوب [at-tannu:b]

Tante *f väterlicherseits* عمة [ʕamma]; *mütterlicherseits* خالة [xa:la]

Tanz *m* رقص [raqs]; **tanzen** رقص [raqɒsɒ, u]

Tapete *f* ورق الجدار/الحائط [waraq al-dʒida:r/al-ħa:ʔit]

tapfer شجاع [ʃudʒa:ʕ], باسل [ba:sil]

Tasche *f* شنطة [ʃantɒ], *Pl* شنط [ʃunɒt]; *Mappe* محفظة [miħfɒðɒ], *Pl* محافظ [maħa:fiθ]; *Beutel* كيس [ki:s], *Pl* أكياس [ʔakja:s]; *Kleidung* جيب [dʒaib], *Pl* جيوب [dʒuju:b]

Taschenbuch *n* كتاب الجيب [kita:b al-dʒaib]; **Taschendieb(in)** *m(f)* نشال(ة) [naʃʃa:l(a)]; **Taschenlampe** *f* مصباح جيب [misba:ħ dʒaib]; **Taschenmesser** *n* سكين جيب [sikki:n dʒaib], مطواة [mitwa:t], *Pl* مطاو [mɒtɒ:win]; **Taschenrechner** *m* حاسب يدوي [ħa:sib jadawi:]; **Taschentuch** *n* منديل جيب [mandi:l dʒaib], محرمة [maħrama], *Pl* محارم [maħa:rim]

Tasse *f* فنجان [findʒa:n], *Pl* فناجين [fana:dʒi:n]; ***eine Tasse Tee*** فنجان شاي [findʒa:n ʃa:j]

Tastatur *f* COMPUT لوحة المفاتيح [lauħat al-mafa:ti:ħ]; **Taste** *f* مفتاح [mifta:ħ], *Pl* مفاتيح [mafa:ti:ħ], زر [zirr], *Pl* أزرار [ʔazra:r]; **tasten** تحسس [taħassasa]

Tat *f* عمل [ʕamal], *Pl* أعمال [ʔaʕma:l], فعل [fiʕl], *Pl* أفعال [ʔafʕa:l]

Täter(in) *m(f)* JUR مرتكب(ة) جريمة [murtakib(at) dʒari:ma], فاعل(ة) [fa:ʕil(a)]

Tätigkeit *f* نشاط [naʃɒ:t], *Pl* أنشطة [ʔanʃitɒ]; *Beruf* شغل [ʃuɣl], *Pl* أشغال [ʔaʃɣa:l]

Tatsache *f* حقيقة [ħaqi:qa], *Pl* حقائق [ħaqa:ʔiq], واقعة [wa:qiʕa], *Pl* وقائع [waqa:ʔiʕ]; **tatsächlich** *Adj* حقيقي [ħaqi:qi:]; *Adv* في الواقع [fil-wa:qiʕ]

Tau[1] *n Seil* حبل [ħabl], *Pl* حبال [ħiba:l]

Tau[2] *m* ندى [nadan], طل [tɒll]

taub *m* أطرش [ʔɒtraʃ], *f* طرشاء [tɒrʃaːʔ], *Pl* طرش [turʃ], أصم [ʔasɒmm], صماء [sɒmmaːʔ], صم [summ]

Taube *f* ZOOL حمامة [ħamaː-ma], *Pl* حمائم [ħamaːʔim], *Koll* حمام [ħamaːm]

tauchen غاص [ɣaːsɒ uː], غطس [ɣɒtɒsa, i]

Taucher(in) *m(f)* غواص(ة) [ɣawwɒːs(a)], غطاس(ة) [ɣɒttɒːs(a)]; **Taucheranzug** *m* بدلة/لباس الغوص [badlat/libaːs al-ɣaus]; **Taucherbrille** *f* نظارة الغوص [nɒðːðɒːrat al-ɣaus]

tauen ذاب [ðaːba, uː]

Taufe *f* REL تعميد [taʕmiːd], غطاس [ɣitɒːs]

taugen نفع [nafaʕa, a], صلح ل [sɒluħa, u]; ***das taugt nichts*** غير صالح [ɣair sɒːliħ], لا ينفع [laː janfaʕ]

tauschen بادل [baːdala], تبادل [tabaːdala]

täuschen *v/t* خدع [xadaʕa, a], ضلل [đɒllala]; *v/r* ***sich täuschen*** انخدع ب [inxadaʕa]; **Täuschung** *f* خداع [xidaːʕ], تضليل [tɒđliːl]

tausend ألف [ʔalf], *Pl* آلاف [ʔaːlaːf]

Taxi *n* تاكسي [taksiː], سيارة أجرة [sajjaːrat ʔudʒra]; **Taxifahrer(in)** *m(f)* سائق(ة) تاكسي [saːʔiq(at) taksiː]

Team *n* فريق [fariːq], *Pl* فرق [firaq]

Technik *f* تقنية [tiqniːja], تكنيك [takniːk]; **Techniker(in)** *m (f)* تقني(ة) [tiqaniː (-niːja)], فني(ة) [fanniː (-niːja)]; **technisch** فني [fanniː], تقني [tiqaniː]; **Technologie** *f* تكنولوجيا [tiknuluːdʒijaː], تقانة [tiqaːna]; **Technomusik** *f* موسيقى تكنو [musiːqaː tiknuː]

Tee *m* شاي [ʃaːj]; **Teebeutel** *m* كيس الشاي [kiːs aʃ-ʃaːj]; **Teekanne** *f* إبريق الشاي [ʔibriːq aʃ-ʃaːj]; **Teelöffel** *m* ملعقة شاي [milʕaqat ʃaːj]

Teer *m* قطران [qɒtraːn], قار [qaːr]

Teheran *n* طهران [tɒhraːn]

Teich *m* بركة [birka], *Pl* برك [birak]

Teig *m* عجين [ʕadʒiːn]

Teil *m/n* جزء [dʒuzʔ], *Pl* أجزاء [ʔadʒzaːʔ], قسم [qism], *Pl* أقسام [ʔaqsaːm]

teilen جزأ [dʒazzaʔa], قسم [qassama]

teilnehmen شارك في [ʃaːraka], ساهم [saːhama]; **Teilnehmer(in)** *m(f)* مشارك (ة) [muʃaːrik(a)]
teilweise *Adj* جزئي [dʒuzʔiː]; *Adv* جزئيا [dʒuzʔiːjan]
Teilzeitjob *m* وظيفة/عمل بدوام جزئي [wɒðiːfa/ʕamal bidawaːm dʒuzʔiː]
Tel Aviv *n* تل أبيب [tal ʔabiːb]
Telefax *n* تلفاكس [tilifaːks], فاكس [faːks]
Telefon *n* تلفون [tilifuːn], هاتف [haːtif], *Pl* هواتف [hawaːtif]; **Telefonbuch** *n* دليل الهاتف [daliːl al-haːtif]; **telefonieren** تلفن [talfana], اتصل هاتفيا ب [ittɒsɒla haːtifiːjan]; **telefonisch** *Adj* هاتفي [haːtifiː]; *Adv* هاتفيا [haːtifiːjan]; **Telefonkarte** *f* كرت تلفون [kart tilifuːn]; **Telefonnummer** *f* رقم التلفون/الهاتف [raqm at-tilifuːn/al-haːtif]; **Telefonzelle** *f* هاتف عمومي [haːtif ʕumuːmiː]
Teller *m* صحن [sɒħn], *Pl* صحون [suħuːn], طبق [tɒbɒq], *Pl* أطباق [ʔɒtbɒːq]
Tempel *m* معبد [maʕbad], *Pl* معابد [maʕaːbid]
Temperatur *f* METEO درجة الحرارة [daradʒat al-ħaraːra]
Tempo *n* سرعة [surʕa]; **Tempolimit** *n* الحد الأقصى للسرعة [al-ħadd al-ʔaqsɒː lis-surʕa]
Tendenz *f* *Neigung* ميل [mail], *Pl* ميول [mujuːl], نزعة [nazʕa]; *a.* POL اتجاه [ittidʒaːh]
Tennis *n* SPORT تنس [tinis], لعبة كرة المضرب [luʕbat kurat al-miđrab]; **Tennisplatz** *m* ملعب تنس [malʕab tinis]
Teppich *m* سجاد [saddʒaːd], *Pl* سجاجيد [sadʒaːdʒiːd]; **Teppichboden** *m* موكيت [muːkiːt]
Termin *m* موعد [mauʕid], *Pl* مواعد [mawaːʕid]; **Terminkalender** *m* مفكرة [mufakkira], أجندة [ʔadʒanda]
Terrasse *f* شرفة [ʃurfa], *Pl* شرف [ʃuraf]
Terroranschlag *m* عملية إرهابية [ʕamaliːja ʔirhaːbiːja], إعتداء إرهابي [ʔiʕtidaːʕ ʔirhaːbiː]; **Terrorist(in)** *m(f)* إرهابي(ة) [ʔirhaːbiː (-biːja)]
Tesafilm® *m* شريط لاصق [ʃariːt laːsiq]
Test *m* اختبار [ixtibaːr], فحص [faħs], *Pl* فحوص [fuħuːs];
Testament *n* وصية [wɒsiː-

ja], *Pl* وصايا [wɒsɒːjaː];
testen اختبر [ixtabara], فحص [faħasɒ, a]
Tetanus *m* MED كزاز [kuzaːz]; تيتنوس [tiːtanuːs]
teuer غال [ɣaːlin], باهظ [baː-hið]
Teufel *m* شيطان [ʃaitɒːn], *Pl* شياطين [ʃajaːtiːn]
Text *m* نص [nɒss], *Pl* نصوص [nusuːs]; *Lied* كلمات [kalimaːt]
Textilien *Pl* منسوجات [mansuːdʒaːt], أقمشة [ʔaqmiʃa]
Theater *n* مسرح [masraħ], *Pl* مسارح [masaːriħ]; **Theaterstück** *n* مسرحية [masraħiːja], رواية تمثيلية [riwaːja tamθiːliːja]
Thema *n* موضوع [mauđuːʕ], *Pl* مواضيع [mawɒːđiːʕ]
theoretisch *Adj* نظري [nɒðɒriː]; *Adv* نظريا [nɒðɒriːjan]; **Theorie** *f* نظرية [nɒðɒriːja]
Therapie *f* علاج [ʕilaːdʒ]
Thermometer *n* ميزان الحرارة [miːzaːn al-ħaraːra]
Thermosflasche® *f* ترموس [tirmuːs], *Pl* تراميس [taraːmiːs]
These *f* فرضية [farđiːja]
Thora *f* التوراة [at-tauraːt]
Thunfisch *m* سمك التونة [samak at-tuːna]
Thüringen *n* تورنغن [tuːrinɣin]
ticken تك [takka, u]
Ticket *n* تذكرة [taðkira], *Pl* تذاكر [taðaːkir]
tief عميق [ʕamiːq]; *Ton* واطئ [wɒːtiʔ]
Tiefdruckgebiet *n* METEO منطقة انخفاض جوي [mantiqat inxifɒːđ dʒawwiː]; **Tiefe** *f* عمق [ʕumq], *Pl* أعماق [ʔaʕmaːq]; **Tiefgarage** *f* موقف سيارات تحت أرضي [mauqif sajjaːraːt taħt ʔarđiː]
Tiefkühlfach *n* فريزر [friːzar]; **Tiefkühlkost** *f* أطعمة مثلجة [ʔɒtʕima muθalladʒa]
Tier *n* حيوان [ħajawaːn]; **Tierarzt** *m* طبيب بيطري [tɒbiːb baitɒriː]; **Tierschutz** *m* حماية الحيوان [ħimaːjat al-ħajawaːn]
Tiger *m* نمر [namir], *Pl* نمور [numuːr]
Tigris *m* نهر الدجلة [nahr ad-didʒla]
Tinte *f* حبر [ħibr], مداد

[mida:d]; **Tintenfisch** *m* حبار [ħabba:r]
Tipp *m* نصيحة [nɒsi:ħa], *Pl* نصائح [nɒsɒ:ʔiħ]; *Hinweis* إشارة [ʔiʃa:ra], تلميح [talmi:ħ], *Pl* تلاميح [tala:mi:ħ]
Tisch *m* طاولة [ŧɒ:wula], مائدة [ma:ʔida], *Pl* موائد [mawa:ʔid]; *äg* طربيزة [ŧɒrabi:za]; **Tischdecke** *f* شرشف الطاولة [ʃarʃaf ɒŧ-ŧɒ:wula]; **Tischtennis** *n* SPORT كرة/تنس الطاولة [kurat/tinis ɒŧ-ŧɒ:wula], بنج بونج [bing bong]
Titel *m Beiname* لقب [laqab], *Pl* ألقاب [ʔalqa:b]; *Buch* عنوان [ʕunwa:n], *Pl* عناوين [ʕana:wi:n]
Toast *m* خبز محمص [xubz muħammɒs]; **toasten** حمص [ħammasɒ]
toben غلى غضبا [ɣala: (i:) ɣɒđɒban], احتد [iħtadda]; *Kinder* تعفرت [taʕafrata]
Tochter *f* ابنة [ibna], *Pl* بنات [bana:t], بنت [bint], *Pl* بنات [bana:t]
Tod *m* موت [maut], وفاة [wafa:t]
Todesopfer *n* ضحية [đɒħi:ja], *Pl* ضحايا [đɒħa:ja:]; **Todesstrafe** *f* عقوبة الإعدام [ʕuqu:bat al-ʔiʕda:m]
tödlich مميت [mumi:t], قاتل [qa:til]
Toilette *f* مرحاض [mirħɒ:đ], *Pl* مراحيض [mara:ħi:đ], تواليت [tuwali:t]; **Toilettenpapier** *n* ورق التواليت [waraq at-tuwali:t]
Tokio *n* طوكيو [ŧu:kiju:]
tolerant متسامح [mutasa:miħ]
toll رائع [ra:ʔiʕ], ممتاز [mumta:z]
Tollwut *f* كلب [kalab]
Tomate *f* طماطم [ŧɒmɒ:ŧim]; *syr* بنادورة [bana:du:ra]; *äg* قوطة [qu:ŧɒ]
Ton *m* صلصال [sɒlsɒ:l], طين [ŧi:n], *Pl* أطيان [ʔɒŧja:n]; MUS نغمة [naɣama]; *Klang* صوت [sɒuŧ], *Pl* أصوات [ʔɒswa:ŧ]
Tonne *f* برميل [barmi:l], *Pl* براميل [bara:mi:l]; *Maß* طن [ŧunn], *Pl* أطنان [ʔɒŧna:n]
Topf *m* طنجرة [ŧɒndʒara], *Pl* طناجر [ŧɒna:dʒir], قدر [qidr], *Pl* قدور [qudu:r]; *äg* حلة [ħalla], *Pl* حلل [ħilal]
Töpferwaren *fpl* فخار [faxxa:r], خزف [xazaf]
Tor *n* بوابة [bawwa:ba]; SPORT مرمى [marman], *Pl* مرام [mara:min]; *Treffer* هدف

[hadaf], *Pl* أهداف [ʔahdaːf], إصابة [ʔisɒːba]; ***Tor!*** جول [gool]
Tornado *m* إعصار [ʔiʕsɒːr], *Pl* أعاصير [ʔaʕaːsiːr]
Torte *f* كعكة [kaʕka], تورتة [tuːrta], جاتوه [gatuːh]
Torwart *m* SPORT حارس المرمى [ħaːris al-marmaː]
tot ميت [majjit], متوفى [mutawaffan]; ***das Tote Meer*** *n* البحر الميت [al-baħr al-majjit]
total كلي [kulliː], تام [taːmm]
Tote *m/f* ميت(ة) [majjit(a)], *mpl* موتى [mautaː]; *Getötete* قتيل(ة) [qatiːl(a)], *mpl* قتلى [qatalaː]
töten قتل [qatala, u], أمات [ʔamaːta]
Totschlag *m* قتل [qatl]
Tour *f* رحلة [riħla], نزهة [nuzha], جولة [dʒaula]; **Tourismus** *m* سياحة [sijaːħa]; **Tourist(in)** *m(f)* سائح(ة) [saːʔiħ(a)], *mpl* سواح [suwwaːħ]
Tracht *f* زي [zijj], *Pl* أزياء [ʔazjaːʔ]
Tradition *f* عادات وتقاليد [ʕaːdaːt wa-taqaːliːd]; **traditionell** تقليدي [taqliːdiː]
träge خامل [xaːmil], كسلان [kaslaːn]
tragen حمل [ħamala, i]; *Kleidung* لبس [labisa, a], ارتدى [irtadaː]
tragisch مأساوي [maʔsaːwiː], محزن [muħzin]
Trainer(in) *m(f)* مدرب(ة) [mudarrib(a)]; **trainieren** درب [darraba], مرن [marrana]; **Training** *n* تدريب [tadriːb], تمرين [tamriːn]
Traktor *m* جرار [dʒarraːr], تراكتور [taraːktuːr]
Träne *f* دمعة [damʕa], *Pl* دموع [dumuːʕ]
tränken أسقى [ʔasqaː], روى [rawaː, iː]
Transitverkehr *m* مرور (عابر) [muruːr (ʕaːbir)]; **Transitvisum** *n* تأشيرة المرور [taʔʃiːrat al-muruːr]
Transplantation *f* MED زراعة [ziraːʕa], زرع [zarʕ]
Transport *m* نقل [naql]; **transportieren** نقل [naqala, u]
Traube *f* BOT عنبة [ʕinaba], *Koll* عنب [ʕinab]
trauen *v/t j-m* وثق ب [waθiqa, jaθiqu]; *heiraten chr.* كلل [kallala]; *v/r* ***sich trauen*** تجرأ على [tadʒaraʔa]

Trauer *f* حزن [ħuzn], *Pl* أحزان [ʔaħza:n]; *Zeitraum* حداد [ħida:d]; **trauern** *um* حزن على [ħazina, a]

Traum *m* حلم [ħulm], *Pl* أحلام [ʔaħla:m]; *Wunsch* أمنية [ʔumni:ja], *Pl* أماني [ʔama:ni:]

träumen حلم [ħalama, u]; *phantasieren* سرح [saraħa, a]

traurig حزين [ħazi:n], مكتئب [muktaʔib]; *Angelegenheit* أليم [ʔali:m]

Trauzeuge *m*, **Trauzeugin** *f chr.* شاهد(ة) الزواج [ʃa:hid(at) az-zawa:dʒ], شبين(ة) [ʃabi:n(a)], *mpl* شباين [ʃaba:jin]

treffen *v/t* قابل [qa:bala], صادف [sɒ:dafa]; *Ziel* أصاب [ʔasɒ:ba]; *v/r* ***sich treffen*** التقى ب [iltaqa:], تقابل مع [taqa:bala]; **Treffer** *m* إصابة [ʔisɒ:ba]; **Treffpunkt** *m* ملتقى [multaqan]

treiben *Tiere* ساق [sa:qa, u:]; *tun* فعل [faʕala, a]; *Holz* طفا [ŧɒfa:, u:]; **Treibsand** *m* رمال متحركة [rima:l mutaħarrika]

trennen *v/t* فصل [fɒsɒla, i], فرق [farraqa]; *v/r* ***sich trennen*** افترق [iftaraqa], انفصل [infɒsɒla]; **Trennung** *f* فصل [fɒsl]; *von Personen* فراق [fira:q], بعاد [buʕa:d]

Treppe *f* درج [daradʒ], *Pl* أدراج [ʔadra:dʒ], سلم [sullam], *Pl* سلالم [sala:lim]

Tresor *m* خزينة (فولاذية) [xazi:na (fu:la:ði:ja)]

treten داس [da:sa, u:]; *j-n* ركل [rakala, u], رفس [rafasa, i, u]

treu مخلص [muxlis], وفي [wafi:]; **Treue** *f* إخلاص [ʔixlɒ:s], وفاء [wafa:ʔ]

Tribüne *f* منصة [minɒssɒ], مدرج [mudarradʒ]

Trichter *m* قمع [qumʕ], *Pl* أقماع [ʔaqma:ʕ]

Trick *m* حيلة [ħi:la], *Pl* حيل [ħijal], خدعة [xudʕa], *Pl* خدع [xudaʕ]

trinken شرب [ʃariba, a]; **Trinkgeld** *n* بقشيش [baqʃi:ʃ], *Pl* بقاشيش [baqa:ʃi:ʃ]; **Trinkwasser** *n* ماء للشرب [ma:ʔ liʃ-ʃurb]

Tripolis *n* طرابلس الغرب [ŧɒra:bulus al-ɣarb]

Tritt *m* رفسة [rafsa], ركلة [rakla]

Triumph *m* نصر [nɒsr], فوز [fauz]

trocken جاف [dʒa:ff], ناشف [na:ʃif], يابس [ja:bis]; **Trockenheit** *f Dürre* قحط [qaħt̶]
trocknen *v/t* جفف [dʒaffafa], نشف [naʃʃafa]; *v/i* جف [dʒaffa, i], نشف [naʃifa, a]
trödeln تلكأ [talakaʔa]; عمل ببطء [ʕamala (i) bi-but̶ʔ]
Trommel *f* MUS طبل [t̶ɒbl], *Pl* طبول [t̶ubu:l]; **Trommelfell** *n* ANAT طبلة الأذن [t̶ɒblat al-ʔuðun]; **trommeln** طبل [t̶ɒbbala]
Trompete *f* MUS بوق [bu:q], *Pl* أبواق [ʔabwa:q]
Tropen *Pl* المناطق الاستوائية/ الحارة [al-manɒ:t̶iq al-istiwa:ʔi:ja/al-ħa:rra]
tropfen نقط [naqqɒt̶ɒ], قطر [qɒt̶ɒra, u]
Tropfen *m* نقطة [nuqt̶ɒ]; *Pl* نقط [nuqɒt̶]; MED قطرة [qɒt̶ra]
trösten سلى [salla:], واسى [wa:sa:]
trotz رغم [raɣma], مع أن [maʕa ʔanna]; **trotzdem** مع ذلك [maʕa ða:lik]
trüb(e) *Flüssigkeit* عكر [ʕakir], كدر [kadir]
Trubel *m* ضجة [đɒdʒa]
Trümmer *Pl* أطلال [ʔɒt̶la:l], أنقاض [ʔanqɒ:đ]
Trumpf *m a. fig* ورقة رابحة [waraqa ra:biħa]
Truppe *f Ensemble* فرقة [firqa], *Pl* فرق [firaq]; MIL قوات [quwa:t]
Truthahn *m* ديك رومي [di:k ru:mi:]
T-Shirt *n* تي شيرت [ti: ʃi:rt]
Tube *f* أنبوبة [ʔunbu:ba], *Pl* أنابيب [ʔana:bi:b]
Tuberkulose *f* MED سل [sull]
Tuch *n* منديل [mandi:l], *Pl* مناديل [mana:di:l]; *Stoff* جوخ [dʒu:x], *Pl* أجواخ [ʔadʒwa:x]
tüchtig شاطر [ʃa:t̶ir], بارع [ba:riʕ]
tückisch لئيم [laʔi:m], محتال [muħta:l]; *a. Krankheit* خبيث [xabi:θ]
Tugend *f* فضيلة [fađi:la], *Pl* فضائل [fađɒ:ʔil]
Tumor *m* MED ورم [waram], *Pl* أورام [ʔaura:m]
Tumult *m* ضجيج [đɒdʒi:dʒ], صخب [sɒxab]
tun *machen* فعل [faʕala, a], عمل [ʕamila, a]; ***zu tun haben*** انشغل [inʃaɣala], كان مشغولا [ka:na (u:) maʃɣu:lan]; ***mit etwas nichts zu tun haben*** لا علاقة له بذلك [la: ʕila:qata lahu biða:lik], لا

دخل له بذلك [la: daxla lahu biðaːlik]

Tunesien *n* تونس [tuːnis]

Tunfisch *m* → ***Thunfisch***

Tunis *n* تونس [tuːnis]

Tunnel *m* نفق [nafaq], *Pl* أنفاق [ʔanfaːq]

Tür *f* باب [baːb], *Pl* أبواب [ʔabwaːb]

Türkei *f* تركيا [turkijaː]

Türklinke *f* مقبض/يد الباب [miqbɒd/jad al-baːb]

Turm *m* برج [burdʒ], *Pl* أبراج [ʔabraːdʒ]

Turnen *n* SPORT جمباز [dʒumbaːz]; **Turnhalle** *f* قاعة الجمباز [qaːʕat al-dʒumbaːz]

Turnier *n* SPORT بطولة [butuː-la], مباراة [mubaːraːt], *Pl* مباريات [mubaːrajaːt]

Tüte *f Papier* كيس ورقي [kiːs waraqiː]; *Plastik* كيس بلاستيكي [kiːs blaːstiːkiː]

Typ *m* نمط [namɒt], *Pl* أنماط [ʔanmɒːt]; *Modell* طراز [tiraːz], *Pl* أطرزة [ʔɒtriza]; *Art* نوع [nauʕ], *Pl* أنواع [ʔanwaːʕ]; *Mann* رجل [ra-dʒul], *Pl* رجال [ridʒaːl]

Typhus *m* MED تيفوس [tiːfuːs], تيفود [tiːfuːd]

typisch خاص ب [xɒss]; *echt* قح [quxx], أصلي [ʔɒsliː]; ***typisch für ihn*** هذا طبعه [haː-ðaː tɒbaʕuhu]

U

U-Bahn *f* مترو [mitruː], قطار الأنفاق [qitɒːr al-ʔanfaːq]

übel رديء [radiːʔ]; *Mensch* خبيث [xabiːθ]; ***mir wird übel*** *unwohl sein* أنا لست بخير [ʔanaː lastu bi-xair], أنا متوعك [ʔanaː mutawaʕʕik]; ***übel nehmen*** استاء من [istaːʔa], أخذ على [ʔaːxaða]; ***nicht übel*** لا بأس به [laː baʔs bihi]; **Übelkeit** *f* MED غثيان [ɣaθajaːn]

üben تدرب [tadarraba], تمرن [tamarrana]

über فوق [fauqa], على [ʕalaː]; *zeitlich* طيلة [tiːlata], أثناء [ʔaθnaːʔa]; **überall** في كل مكان [fiː kulli makaːn];

überanstrengen *v/t* أرهق [ʔarhaqa], أجهد [ʔadʒhada]; *v/r* ***sich überanstrengen*** أرهق نفسه [ʔarhaqa nafsahu], أجهد نفسه [ʔadʒhada nafsahu]; **Überblick** *m* منظر عام/شامل [manðɒr ʕaːmm/ʃaːmil], نظرة شاملة [nɒðra ʃaːmila]; **überbucht** محجوز بالكامل [maħdʒuːz bil-kaːmil]; **übereilt** متسرع [mutasarriʕ], متهور [mutahawwir]

übereinander واحد فوق الآخر [waːħid fauqa l-ʔaːxar], بعضهم فوق البعض [baʕđuhum fauqa l- baʕđ]; **übereinstimmen** وافق [waːfaqa], تلاءم مع [talaːʔama]

überfahren دهس [dahasa, a], دعس [daʕasa, a]; **Überfahrt** *f* عبور [ʕubuːr]

Überfall *m* اعتداء [iʕtidaːʔ], هجوم [hudʒuːm]; **überfallen** اعتدى على [iʕtadaː], هاجم [haːdʒama]

überflüssig زائد عن اللزوم [zaːʔid ʕan al-luzuːm], مستغنى عنه [mustaɣnan ʕanhu]; **überfordern** *j-n* حمله أكثر من وسعه [ħammalahu ʔakθara min wusʕihi]; **überfüllt** غاص [ɣɒːss], مكتظ [muktɒðð]; **übergeben** *v/t* سلم إلى [sallama]; *v/r* ***sich übergeben*** تقيأ [taqajjaʔa], استفرغ [istafraɣa]

Übergepäck *n* حقائب متجاوزة الوزن المسموح به [ħaqaːʔib mutadʒaːwizat al-wazn al-masmuħ bihi]; **Übergewicht** *n* وزن زائد [wazn zaːʔid]

überhaupt عموما [ʕumuːman], بشكل عام [bi-ʃaklin ʕaːmm]; ***überhaupt nicht*** لا ... أبدا [laː ... ʔabadan], لا ... على الإطلاق [laː ... ʕala l-ʔiɫlaːq]; **überholen** تجاوز [tadʒaːwaza], سبق [sabaqa, i]; *reparieren* صلح [sallaħa]; **überlassen** ترك [taraka, u]; **überlaufen** *Flüssigkeit* فاض [faːđɒ, iː], طفح [ɫɒfaħa, a]

überleben نجا [nadʒaː]; **Überlebende** *m/f* ناج(ية) [naːdʒin (-dʒiːja)]

überlegen¹ تروى في [tarawwaː]; *v/r* ***sich etw überlegen*** فكر في [fakkara]; **überlegen²** *Adj* متفوق [mutafawwiq]

übermäßig *Adj* مفرط [mufriɫ], زائد [zaːʔid]; *Adv* بكثرة [bikaθra], بإفراط [bi-ʔifrɒːɫ]; **übermorgen** بعد غد [baʕda

ɣad]; **übermütig** جسور [dʒasu:r], مقدام [miqda:m]
übernachten بات [ba:ta, i:], قضى الليل عند [qɒđɒ: (i:) l-lail]; **Übernachtung** *f* مبيت [mabi:t]
übernehmen تسلم [tasallama], تولى [tawalla:]; *Kosten* تحمل [tahammala]; **überprüfen** أعاد فحص [ra:dʒaʕa], راجع [ʔaʕa:da fahs]; **überqueren** اجتاز [idʒta:za], عبر [ʕabara, u]; **Überraschung** *f* مفاجأة [mufa:dʒaʔa]; *Geschenk* هدية [hadi:ja]; **überreden** أقنع [ʔaqnaʕa]; **überschneiden** *v/r* ***sich überschneiden*** تقاطع [tada:xala], تداخل [taqɒ:ŧɒʕa]
Überschrift *f* عنوان [ʕunwa:n], *Pl* عناوين [ʕana:wi:n]; **Überschwemmung** *f* طوفان [fajađɒ:n], فيضان [ŧu:fa:n]
übersehen أغفل [ʔaɣfala], نسي [nasija, a:]
übersetzen عبر [ʕabara, u]; *Text* ترجم [tardʒama]; **Übersetzer(in)** *m(f)* مترجم(ة) [mutardʒim(a)]; **Übersetzung** *f* ترجمة [tardʒama]; TECH نقل الحركة [naql al-ħaraka]
Übersicht *f* نظرة عامة [nɒðra ʕa:mma]; *Zusammenfassung* ملخص [mulaxxɒs]; **übersichtlich** واضح [wɒ:điħ]
überstehen اجتاز [idʒta:za]; **Überstunden** *fpl* ساعات إضافية [sa:ʕa:t ʔiđɒ:fi:ja]
übertragbar MED معد [muʕdin]; *Ticket* قابل للنقل [qa:bil lin-naql]; **übertragen** *Radio* أذاع [ʔaða:ʕa], TV بث [baθθa, u]
übertreffen فاق [fa:qa, u:]; **übertreiben** بالغ [ba:laɣa], غالى في [ɣa:la:]; **übertreten** *Gesetz* خالف [xa:lafa], تجاوز [tadʒa:waza]; **übertrieben** مبالغ في [muba:laɣ], مفرط في [mufriŧ]
überwachen راقب [ra:qaba], أشرف على [ʔaʃrafa]; **Überwachung** *f* مراقبة [mura:qaba]
überwältigend *Mehrheit* ساحق [sa:ħiq]; *Gefühl* باهر [ba:hir]
überweisen *Geld* حول [ħawwala]; **Überweisung** *f* FIN حوالة [ħawa:la]
überwiegend *Adj* غالب [ɣa:lib], أغلب [ʔaɣlab]; *Adv* غالبا

[ɣa:liban]; **überwinden** تغلب على [taɣallaba], تخطى [taxɒŧŧɒ:]

überzeugen *v/t* أقنع [ʔaqnaʕa]; *v/r* ***sich überzeugen*** اقتنع ب [iqtanaʕa]; **Überzeugung** *f* قناعة [qana:ʕa], اقتناع [iqtina:ʕ]

üblich عادي [ʕa:di:], شائع [ʃa:ʔiʕ]

übrig باق [ba:qin], متبق [mutabaqqin]; ***übrig bleiben*** بقي [baqija, a:], تبقى [tabaqqa:]

übrigens بالمناسبة [bil-muna:saba], على فكرة [ʕala: fikra]

Übung *f* تمرين [tamri:n], *Pl* تمارين [tama:ri:n]

Ufer *n* ضفة [đɒffa], *Pl* ضفاف [đifa:f]; *Meer* شاطئ [ʃa:ŧiʔ], *Pl* شواطئ [ʃawa:ŧiʔ]

Uhr *f* ساعة [sa:ʕa]; ***wie viel Uhr ist es?*** كم الساعة؟ [kam as-sa:ʕa]; **Uhrzeit** *f* الساعة [as-sa:ʕa], الوقت [al-waqt]

Ultraschall *m* فوق السمعي/الصوتي [fauqa s-samʕi: /s-sɒuti:]

um *um…herum* حوالي [ħawa:laj]; *ungefähr* تقريبا [taqri:ban]; ***um zwei Uhr*** في الساعة الثانية [fis-sa:ʕa aθ-θa:nija]

umarmen عانق [ʕa:naqa], حضن [ħɒđɒna, u]; **umbauen** أعاد/غير البناء [ʔaʕa:da/ɣajjara al-bina:ʔ], أجرى تصليحات [ʔadʒra: tɒsli:ħa:t]; **umbringen** قتل [qatala, u]; **umbuchen** غير الحجز [ɣajjara l-ħadʒz]; **umdrehen** *v/t* قلب [qalaba, i], أدار [ʔada:ra]; *v/r* ***sich umdrehen*** استدار [istada:ra], التفت [iltafata]; **umfallen** سقط [saqɒŧɒ, u]

Umfang *m* حجم [ħadʒm], *Pl* أحجام [ʔaħdʒa:m]; *Ausmaß* مدى [madan]; MATH محيط [muħi:ŧ]; **umfangreich** ضخم [đɒxm], واسع النطاق [wa:siʕ an-niŧɒ:q]

umfassend شامل [ʃa:mil]

Umfrage *f* استطلاع الرأي [istiŧla:ʕ ar-raʔj], استفتاء [istifta:ʔ]

Umgang *m* مخالطة [muxa:laŧɒ], معاشرة [muʕa:ʃara]; ***Umgang haben mit*** خالط [xa:laŧɒ], عاشر [ʕa:ʃara]; **Umgangssprache** *f* اللغة الدارجة/العامية [al-luɣa ad-da:ridʒa/al-ʕa:mi:ja]

Umgebung *f Vorort* ضاحية [đɒ:ħija], *Pl* ضواح [đɒwa:ħin]; *Umwelt* بيئة [bi:ʔa],

محيط [muħiːt]
umgehen *Hindernis* تجنب [tadʒannaba], تحاشى [taħaː-ʃa]; ***mit j-m umgehen*** تعامل مع [taʕaːmala]; **Umgehungsstraße** طريق دائري [tˤɒriːq daːʔiriː]
umgekehrt *Adj gewendet* مقلوب [maqluːb]; *gegenteilig* عكسي [ʔaksiː]; *Adv im Gegensatz* بالعكس [bil-ʕaks]
Umkleidekabine *f* غرفة تغيير الملابس [ɣurfat taɣjiːr al-malaːbis]
umkommen لقي مصرعه/حتفه [laqija (aː) mɒsraʕahu/ħatfahu]
Umkreis *m* محيط [muħiːt], دائرة [daːʔira], *Pl* دوائر [dawaːʔir]; ***im Umkreis*** في محيط [fiː muħiːt]; **Umleitung** *f* تحويلة [taħwiːla]
umrechnen حول [ħawwala]; **Umrechnungskurs** *m* سعر الصرف [siʕr ɒs-sɒrf]
Umriss *m* معالم [maʕaːlim]
umrühren قلب [qallaba], حرك [ħarraka]
ums → ***um***
Umsatz *m* WIRTSCH *Börse* حجم المعاملات [ħadʒm al-muʕaː-malaːt]; *Firma* حجم المبيعات [ħadʒm al-mabiːʕaːt]
Umschlag *m Brief* ظرف [ðɒrf], *Pl* ظروف [ðuruːf]; MED كمادة [kamaːda]; **umschlagen** *Wetter* تقلب [taqallaba]
umsehen *v/r* ***sich umsehen*** تلفت يمينا وشمالا [talafata jamiːnan wa-ʃimaːlan]; ***nach etwas umsehen*** بحث عن [baħaθa, a]; *umdrehen* التفت وراءه [iltafata waraːʔahu]
umso كلما [kullamaː]
umsonst *gratis* مجانا [maddʒaːnan]; *vergebens* بلا جدوى [bilaː dʒadwaː]
Umstand *m* ظرف [ðɒrf], *Pl* ظروف [ðuruːf]; *Grund* سبب [sabab], *Pl* أسباب [ʔasbaːb]
Umstände *Pl* ظروف [ðuruːf], أحوال [ʔaħwaːl]; ***unter Umständen*** من الممكن [mina l-mumkin], ربما [rubbamaː];
umständlich معقد [muʕaqqad]
umsteigen *Bus* بدل الباص [baddala l-bɒːs]; *Zug* بدل القطار [baddala l-qitˤɒːr]
umstellen *v/t* غير وضع [ɣajjara wɒđɒʕ]; *v/r* ***sich umstellen*** تكيف مع [takajjafa]; **Umstellung** *f* تغيير [taɣjiːr]

umstoßen قلب [qalaba, i]; *Plan* ألغى [ʔalɣa:]

umtauschen بدل [baddala], حول [ħawwala]

Umweg *m* طريق ملتوية/غير مباشرة [ŧɒri:q multawi:ja/ɣair muba:ʃira]

Umwelt *f* بيئة [bi:ʔa]; **Umweltschutz** *m* حماية البيئة [ħima:jat al-bi:ʔa]; **Umweltverschmutzung** *f* تلوث البيئة [talawwuθ al-bi:ʔa]

umziehen بدل مسكنه [baddala maskanahu], انتقل إلى [intaqala]; *äg* عزل [ʕazzala]; ***sich umziehen*** غير ملابسه [ɣajjara mala:bisahu]

Umzug *m* انتقال [intiqa:l]; *Festzug* موكب [maukib], *Pl* مواكب [mawa:kib]

unabhängig مستقل [mustaqill]; **unabsichtlich** غير مقصود [ɣair maqsu:d], بغير قصد [bi-ɣair qɒsd]

unangenehm مزعج [muzʕidʒ], غير مريح [ɣair muri:ħ]; **unanständig** بذيء [baði:ʔ], غير محتشم [ɣair muħtaʃim], فاحش [fa:ħiʃ]

unappetitlich غير شهي [ɣair ʃahi:j], مقرف [muqrif]; **unartig** غير مؤدب [ɣair muʔaddab]

unauffällig غير لافت للنظر [ɣair la:fit lin-nɒðɒr]; **unaufmerksam** غافل [ɣa:fil], غير منتبه [ɣair muntabih]

unbedingt *Adv* على أي حال [ʕala: ʔajji ħa:l], حتما [ħatman]; **unbefristet** إلى أجل غير مسمى [ʔila: ʔadʒalin ɣair musamman]; **unbegrenzt** غير محدد [ɣair muħaddad]; **unbekannt** مجهول [madʒhu:l]; **unbeliebt** مكروه [makru:h]; **unbemerkt** خلسة [xilsatan]; **unbequem** غير مريح [ɣair muri:ħ]; *Frage* مضايق [muđɒ:jiq]; **unbeständig** *Wetter* متقلب [mutaqallib], غير مستقر [ɣair mustaqirr]; **unbestimmt** غير محدد [ɣair muħaddad]; **unbewusst** لا شعوري [la: ʃuʕu:ri:]; **unbezahlbar** لا يقدر بثمن [la: juqaddar biθaman]

unbrauchbar عديم الفائدة [ʕadi:m al-fa:ʔida], غير صالح للاستعمال [ɣair sɒ:liħ lil-istiʕma:l]

und و [wa]; ***und so weiter*** إلى آخره [ʔila: ʔa:xirihi], إلخ [ʔilax]

undankbar ناكر الجميل [na:kir al-dʒami:l], جاحد [dʒa:ħid]; **undeutlich** مبهم [mubham], غامض [ɣa:miđ]; **undicht** غير محكم [ɣair muħkam]; **undurchsichtig** غير شفاف [ɣair ʃaffa:f]; **unendlich** لامتناه [la: mutana:hin]

unentbehrlich لا غنى عنه [la: ɣina: ʕanhu]; **Unentschieden** *n* SPORT تعادل [taʕa:dul]

unerträglich لا يطاق [la: juṭɒ:q], لا يحتمل [la: juħtamal]; **unerwartet** غير متوقع [ɣair mutawaqqaʕ], فجأة [fadʒʔatan]

unfähig عاجز [ʕa:dʒiz], غير كفء [ɣair kufʔ]

unfair غير عادل [ɣair ʕa:dil], غير منصف [ɣair munṣif]

Unfall *m* حادث(ة) [ħa:diθ(a)], *Pl* حوادث [ħawa:diθ]; **Unfallflucht** *f* هروب مسبب الحادث [huru:b musabbib al-ħa:diθ]

unfreiwillig إجباري [ʔidʒba:ri:]; **unfreundlich** غير لطيف [ɣair laṭi:f]; *Empfang* غير ودي [ɣair wuddi:]; **unfruchtbar** *Boden* مجدب [mudʒdib]; *Mensch* عاقر [ʕa:qir], عقيم [ʕaqi:m]

Ungarn *n* المجر [al-madʒar]

ungebildet جاهل [dʒa:hil], غير مثقف [ɣair muθaqqaf];

ungeduldig غير صبور [ɣair ṣɒbu:r], قليل الصبر [qali:l ɒṣ-ṣɒbr]; **ungeeignet** غير مناسب [ɣair muna:sib], غير ملائم [ɣair mula:ʔim]; **ungefähr** تقريبا [taqri:ban], زهاء [zuha:ʔa]; **ungefährlich** غير خطر مأمون [maʔmu:n], [ɣair xɒṭir]

ungehorsam عاص [ʕa:ṣin], غير مطيع [ɣair muṭi:ʕ]; **ungemütlich** غير مريح [ɣair muri:ħ]; **ungerade** *Zahl* فردي [fardi:]; **ungerecht** غير عادل [ɣair ʕa:dil], غير منصف [ɣair munṣif]; *Handlung* ظالم [ðɒ:lim]

ungern على مضض [ʕala: mɒđɒđ], كرها [karhan]

ungeschickt غير ماهر [ɣair ma:hir], غير لبق [ɣair labiq]; **ungesund** مضر بالصحة [muđirr bis-ṣiħħa], غير صحي [ɣair ṣiħħi:]; **ungewöhnlich** غير مألوف [ɣair maʔlu:f], على غير العادة [ʔala: ɣairi l-ʕa:da]; **ungewohnt** غير مألوف [ɣair maʔlu:f], غير عادي [ɣair ʕa:di:]

Ungeziefer *n* حشرات ضارة [ħaʃara:t đɒ:ra]

ungezogen *Kind* غير مؤدب [ɣair muʔaddab], شقي [ʃaqi:];

ungläubig كافر [ka:fir];

unglaublich لا يصدق [la: jusɒddaq]

Unglück *n* مصيبة [musi:ba], *Pl* مصائب [mɒsɒ:ʔib]; **unglücklich** تعيس [taʕi:s], منكود الحظ [manku:d al-ħɒðð]

ungültig باطل [bɒ:til], غير ساري المفعول [ɣair sa:ri: l-mafʕu:l]; *Pass* منتهي الصلاحية [muntahi: ɒs-sɒla:ħi:ja]; **ungünstig** غير مناسب [ɣair muna:sib]; *Gelegenheit* غير موات [ɣair muwa:tin];

unhandlich صعب الاستعمال [sɒʕb al-istiʕma:l]; **unheilbar** MED عضال [ʕuđɒ:l], لا علاج له [la: ʕila:dʒa lahu];

unheimlich مخيف [muxi:f], رهيب [rahi:b]; **unhöflich** قليل الأدب [qali:l al-ʔadab]

Uniform *f* زي موحد [zijj muwaħħad], بدلة رسمية [badla rasmi:ja]

Union *f* اتحاد [ittiħa:d]

Universität *f* جامعة [dʒa:miʕa]

unklar غامض [ɣa:mid], غير واضح [ɣair wɒ:điħ]; **Unkraut** *n* أعشاب ضارة [ʔaʕʃa:b đɒ:ra]; **unmenschlich** غير إنساني [ɣair ʔinsa:ni:]; *barbarisch* وحشي [waħʃi:]; **unmittelbar** مباشر [muba:ʃir]; **unmöglich** مستحيل [mustaħi:l], غير ممكن [ɣair mumkin]; **unmoralisch** فاسد [fa:sid], لاأخلاقي [la:ʔaxla:qi:]; **unnötig** غير ضروري [ɣair đɒru:ri:]

UNO *f* منظمة الأمم المتحدة [munɒððɒmat al-ʔumami l-muttaħida]

unordentlich مهمل [muhmil], غير منتظم [ɣair muntɒðim]; *Kleidung* مبهدل [mubahdal];

Unordnung *f* فوضى [fauđɒ:], انعدام النظام [inʕida:m an-niðɒ:m]

unparteiisch حيادي [ħija:di:], غير متحيز [ɣair mutaħajjiz]; **unpassend** غير مناسب [ɣair muna:sib], غير ملائم [ɣair mula:ʔim]; **unpersönlich** غير شخصي [ɣair ʃaxsi:]; **unpraktisch** غير عملي [ɣair ʕamali:]; **unpünktlich** غير دقيق في المواعيد [ɣair daqi:q fil-mawa:ʕi:d]; *Zug* في غير ميعاده [fi: ɣairi mi:ʕa:dihi]

Unrecht *n* ظلم [ðulm], باطل [bɒ:t̶il]
unregelmäßig غير منتظم [ɣair muntɒð̶im]; **unreif** *a. fig* فج [fiddʒ], غير ناضج [ɣair nɒ:d̶idʒ]; *bes äg* عجر [ʕadʒr];
Unruhe *f* POL توتر [tawattur]; *Besorgnis* قلق [qalaq];
unruhig قلق [qaliq], مضطرب [mud̶t̶ɒrib]
uns *Pron* ـنا [-na:]
unscheinbar *unauffällig* غير ملفت للنظر [ɣair mulfit linnɒðɒr]; *einfach* بسيط [basi:t̶];
unschuldig بريء [bari:ʔ]
unser, unsere *Pron* ـنا [-na:]
unsicher *Weg* غير مأمون [ɣair maʔmu:n]; *ungewiss* غامض [ɣa:mid̶]
unsichtbar خفي [xafi:], غير مرئي [ɣair marʔi:]
Unsinn *m* عبث [ʕabaθ], هراء [hura:ʔ]
unsympathisch ثقيل الظل [θaqi:l ɒð̶-ð̶ill]
unten تحت [taħt], أسفل [ʔasfal]; ***von oben bis unten*** من فوق إلى تحت [min fauq ʔila: taħt]
unter تحت [taħta]; *zwischen* بين [baina]; *weniger als* دون [du:na], تحت [taħta]; **Unterarm** *m* ساعد [sa:ʕid], *Pl* سواعد [sawa:ʕid]; **unterbrechen** قاطع [qɒ:t̶ɒʕa]; *Tätigkeit* توقف عن [tawaqqafa];
unterbringen *Person* أنزل [ʔanzala], أبات [ʔaba:ta];
unterdrücken ظلم [ð̶ɒlama, i]; *Gefühle* كبت [kabata, i]
untere(r, -s) *Adj* سفلي [sufli:]; *m* أسفل [ʔasfal], *f* سفلى [sufla:], *Pl* أسافل [ʔasa:fil]
Unterführung *f* نفق [nafaq], *Pl* أنفاق [ʔanfa:q]; **untergehen** *Schiff* غرق [ɣariqa, a]; *Sonne* غاب [ɣa:ba, i:], غرب [ɣaraba, u]
Unterhalt *m Lebensunterhalt* معاش [maʕa:ʃ]; *Alimente* نفقة [nafaqa]; **unterhalten** *v/t* آنس [ʔa:nasa]; *finanzieren* أعال [ʔaʕa:la]; *v/r* ***sich unterhalten*** تحدث مع [taħaddaθa]; *beschäftigen* تسلى ب [tasalla:]; **Unterhaltung** *f* محادثة [muħa:daθa]; *Vergnügen* تسلية [taslija], ترفيه [tarfi:h]
Unterhose *f* كلسون [kalsu:n], سروال داخلي [sirwa:l da:xili:]; **unterirdisch** تحت أرضي [taħt ʔardi:]; **Unterkunft** *f* مسكن [maskan], *Pl*

مأوى [masa:kin], مساكن [maʔwan], *Pl* مآو [maʔa:win]; **Unterlage** *f* سند [sanad], *Pl* أسناد [ʔasna:d]; ***Unterlagen*** *Pl* أوراق [ʔaura:q], مستندات [mustanada:t]; **Unterleib** *m* أسفل البطن [ʔasfal al-bɒtn]

unternehmen *Handlung* قام ب [qa:ma, u:], أقدم على [ʔaqdama]; **Unternehmen** *n* WIRTSCH مؤسسة [muʔassasa], مشروع [maʃru:ʕ], *Pl* مشاريع [maʃa:ri:ʕ]; **Unternehmer(in)** *m(f)* صاحب(ة) المؤسسة [sɒ:hib(at) al- muʔassasa], متعهد(ة) [mutaʕahhid(a)]

Unterricht *m* حصة [ħissɒ], *Pl* حصص [ħisɒs], درس [dars], *Pl* دروس [duru:s]; *Ausbildung* تعليم [taʕli:m]; **unterrichten** درس [darrasa], علم [ʕallama]

unterschätzen استهان ب [istaha:na], استخف ب [istaxaffa]

unterscheiden *v/t* ميز [majjaza], فرق [farraqa]; *v/r* ***sich unterscheiden*** اختلف عن [ixtalafa]

Unterschenkel *m* ساق [sa:q], *Pl* سيقان [si:qa:n]; **Unterschied** *m* فرق [farq], *Pl* فروق [furu:q], اختلاف [ixtila:f]; **unterschreiben** أمضى وقع على [waqqaʕa], على [ʔamđɒ:]; **Unterschrift** *f* إمضاء ,[tauqi:ʕ] توقيع [ʔimđɒ:ʔ]

unterste(r, -s) *Adj m* أسفل [ʔasfal], *f* سفلى [sufla:], *Pl* أسافل [ʔasa:fil]

unterstützen ساعد [sa:ʕada], ساند [sa:nada], دعم [daʕama, a]

untersuchen بحث [baħaθa, a]; MED فحص [faħasɒ, a], كشف [kaʃafa, i]; **Untersuchung** *f* فحص [faħs], *Pl* فحوص [fuħu:s]; JUR تحقيق [taħqi:q]

Unterteil *m/n* الجزء الأسفل [al-dʒuzʔ al-ʔasfal]; **Unterwäsche** *f* ثياب/ملابس داخلية [θija:b/mala:bis da:xili:ja]; **unterwegs** في الطريق [fit-tɒri:q]

untrennbar متلازم [mutala:zim], لا يتجزأ [la: jatadʒazzaʔ]; **untreu** خائن [xa:ʔin], غادر [ɣa:dir]

unvergesslich لا ينسى [la: junsa:]; **unverheiratet** غير متزوج [ɣair mutazawwidʒ], *m* أعزب [ʔaʕzab], *f* عزباء

[ʕazbaːʔ], *Pl* عزب [ʕuzab]; **unverkäuflich** ليس للبيع [laisa lil-baiʕ], لا يباع [laː jubaːʕ]; **unvernünftig** غير عقلاني [ɣair ʕaqlaːniː]; *Person* غير عاقل [ɣair ʕaːqil]; **unverschämt** وقح [waqiħ]; **unverständlich** غير مفهوم [ɣair mafhuːm]; **unverzeihlich** لا يغتفر [laː juɣtafar]

unvollständig ناقص [naːqis], غير كامل [ɣair kaːmil]

unvorsichtig متهور [mutahawwir], غير حذر [ɣair ħaðir]; **unvorstellbar** لا يمكن تصوره [laː jumkinu tasɒwwuruhu]

unwahrscheinlich بعيد الاحتمال [baʕiːd al-iħtimaːl], غير محتمل [ɣair muħtamal]

Unwetter *n* عاصفة رعدية [ʕɒːsifa raʕdiːja], زوبعة [zaubaʕa], *Pl* زوابع [zawaːbiʕ]

unwichtig تافه [taːfih], غير مهم [ɣair muhimm]; **unwiderstehlich** لا يقاوم [laː juqaːwam]; **Unwissenheit** *f* جهل [dʒahl]

unzerbrechlich غير قابل للكسر [ɣair qaːbil lil-kasr]; **unzertrennlich** متلازم [mutalaːzim], لا يفرقهما شيء [laː jufarriquhumaː ʃaiʔ]

unzufrieden غير راض [ɣair rɒːđɨn], متذمر من [mutaðammir]; **unzuverlässig** غير جدير بالثقة [ɣair dʒadiːr biθ-θiqa], غير موثوق به [ɣair mauθuːq bihi]

Update *n* COMPUT تنزيل [tanziːl]

üppig *Mahl* دسم [dasim], مترف [mutraf]

uralt قديم جدا [qadiːm dʒiddan], عتيق جدا [ʕatiːq dʒiddan]

Urenkel(in) *m(f)* *m* ابن الحفيد(ة) [ibn al-ħafiːd(a)]; *f* بنت الحفيد(ة) [bint al-ħafiːd(a)]; **Urgroßmutter** *f* أم الجد(ة) [ʔumm al-dʒadd(a)]; **Urgroßvater** *m* أبو الجد(ة) [ʔabuː al-dʒadd(a)]

Urin *m* بول [baul], *Pl* أبوال [ʔabwaːl]

Urkunde *f* وثيقة [waθiːqa], *Pl* وثائق [waθaːʔiq], مستند [mustanad]

Urlaub *m* إجازة [ʔidʒaːza], عطلة [ʕutɫa], *Pl* عطل [ʕutɒl]; **Urlauber(in)** *m(f)* سائح(ة) [saːʔiħ(a)], *mpl* سواح [suwwaːħ]

Urlaubsort *m* مكان قضاء

العطلة [maka:n qɒđɒ:ʔ al-ʕutla]

Ursache *f* سبب [sabab], *Pl* أسباب [ʔasba:b]; ***keine Ursache*** لا شكر على واجب [la: ʃukr ʕala: wa:dʒib]

Ursprung *m* أصل [ʔɒsl], *Pl* أصول [ʔusu:l]; *Quelle* مصدر [mɒsdar], *Pl* مصادر [masɒ:dir]

ursprünglich *Adj* أصلي [ʔɒsli:]; *Adv* أصلا [ʔɒslan], في الأساس [fil-ʔasa:s]

Urteil *n* JUR حكم [ħukm], *Pl* أحكام [ʔaħka:m]

Urwald *m* دغل [daɣal], *Pl* أدغال [ʔadɣa:l]

USA *Pl* الولايات المتحدة الأمريكية [al-wila:ja:t al-muttaħida al-ʔamri:ki:ja]

V

vage غامض [ɣa:miđ], مبهم [mubham]

Vandalismus *m* عربدة [ʕarbada], أعمال الشغب والتخريب [ʔaʕma:l aʃ-ʃaɣab wattaxri:b]

Vanille *f* فانيلا [fa:ni:lla:]

Vase *f* مزهرية [mazhari:ja]

Vater *m* أب [ʔab], *Pl* آباء [ʔaba:ʔ], والد [wa:lid]; **Vaterland** *n* وطن [wɒtɒn], *Pl* أوطان [ʔautɒ:n]

Vegetarier(in) *m(f)* نباتي(ة) [naba:ti: (-ti:ja)]; **vegetarisch** نباتي [naba:ti:]

Vene *f* وريد [wari:d], *Pl* أوردة [ʔaurida]

Ventil *n* صمام [sima:m]; **Ventilator** *m* مروحة [mirwaħa], *Pl* مراوح [mara:wiħ]

verabreden اتفق على [ittafaqa]; *v/r* ***sich verabreden*** تواعد مع [tawa:ʕada]; **Verabredung** *f* موعد [mauʕid], *Pl* مواعد [mawa:ʕid]

verabschieden *v/t* ودع [waddaʕa]; *Gesetz* سن [sanna, u]; *v/r* ***sich verabschieden von*** ودع [waddaʕa]

verachten احتقر [iħtaqara]; **verallgemeinern** عمم [ʕammama]; **veraltet** قديم [qadi:m], عتيق [ʕati:q]

verändern غير [ɣajjara]; *v/r*

sich verändern تغير [taɣajjara]; **Veränderung** *f* تغيير [taɣjiːr], تغير [taɣajjur]
veranlassen حمل على [ħamala, i], حدا ب إلى [ħadaː, uː]
veranstalten أجرى [ʔadʒraː], أقام [ʔaqaːma]; **Veranstaltung** *f* قيام ب [qijaːm]; *Festakt* حفل [ħafl]
verantwortlich مسؤول [masʔuːl]; **Verantwortung** *f* مسؤولية [masʔuːliːja]
verarbeiten *Industrie* صنع [sɒnnaʕa]; *psych. bewältigen* انشغل ب [inʃaɣala], فكر في [fakkara]; COMPUT عالج [ʕaːladʒa]
Verb *n* GRAM فعل [fiʕal], *Pl* أفعال [ʔafʕaːl]
Verband *m* جمعية [dʒamʕiːja], اتحاد [ittiħaːd]; MED ضمادة [đɨmaːda]; **Verbandkasten** *m* صندوق الإسعاف الأولي [sunduːq al-ʔisʕaːf al-ʔawwaliː]
verbessern حسن [ħassana], عدل [ʕaddala]; *berichtigen* صحح [sɒħħaħa]; *v/r* ***sich verbessern*** تحسن [taħassana]; *Fehler* استدرك [istadraka], صحح [sɒħħaħa]; **Verbesserung** *f* تحسين [taħsiːn]; *Korrektur* تصحيح [tɒsħiːħ]
verbieten منع عن [manaʕa, a], حرم على [ħarrama]
verbinden ربط ب [rabatɒ, i, u]; *Wunde* ضمد [đɒmmada]; TEL وصل ب [wɒssɒla]; ***falsch verbunden!*** النمرة غلط [an-numra ɣalɒt]; **Verbindung** *f* ربط [rabt], وصل [wɒsl]; *Beziehung* صلة [sila], ارتباط [irtibɒːt]; TEL اتصال [ittisɒːl]
verbleit مع رصاص [maʕa rɒsɒːs]
Verbot *n* منع [manʕ], حظر [ħɒðr]; **verboten** ممنوع [mamnuːʕ], محظور [maħðuːr]
verbrauchen استهلك [istahlaka]; *Geld* أنفق [ʔanfaqa]
Verbrechen *n* جريمة [dʒariːma], *Pl* جرائم [dʒaraːʔim], جناية [dʒinaːja]; **Verbrecher(in)** *m(f)* مجرم (ة) [mudʒrim(a)], مرتكب(ة) الجريمة [murtakib(at) al-jariːma]
verbreiten نشر [naʃara, u], وزع [wazzaʕa]; *publik machen* عمم [ʕammama], أشاع [ʔaʃaːʕa]; *v/r* ***sich verbreiten***

انتشر [intaʃara]
verbrennen أحرق [ʔaħraqa]; *v/i* احترق [iħtaraqa]; *v/r* ***sich verbrennen*** احترق [iħtaraqa]; **Verbrennung** *f* احتراق [iħtira:q]; MED حرق [ħarq], *Pl* حروق [ħuru:q]
verbringen *Zeit* قضى [qɒđɒ:, i:], أمضى [ʔamđɒ:]; **verbünden** *v/r* ***sich verbünden*** تحالف مع [taħa:lafa]; **Verdacht** *m* تهمة [tuhma], *Pl* تهم [tuham], شبهة [ʃubha]; **verdächtig** *Sache* مريب [muri:b]; *Person* مشتبه فيه/به [muʃtabah]; **verdanken** دان ل ب [da:na, i:]; **Verdauung** *f* هضم [hɒđm]; **verderben** *v/t* أفسد [ʔafsada]; *v/i* فسد [fasada, u, i], تلف [talifa, a]
verdienen *Geld* كسب [kasaba, i]; *fig* استحق [istaħaqqa]
Verdienst[1] *n* فضل [fɒđl]
Verdienst[2] *m* راتب [ra:tib], *Pl* رواتب [rawa:tib], دخل [daxl], *Pl* دخول [duxu:l]
verdoppeln ضاعف [đɒ:ʕafa]; **verdorben** تالف [ta:lif]; *a. Mensch* فاسد [fa:sid]; **verdrängen** أزاح [ʔaza:ħa], أقصى [ʔaqsɒ:]; *Thema* طغى على [ŧɒɣa:, a:]; **verdünnen** خفف [xaffafa]; **verdunsten** *v/t* بخر [baxxara]; *v/i* تبخر [tabaxxara], تطاير [taŧɒ:jara]
verehren احترم [iħtarama], بجل [baddʒala]; *a.* REL عبد [ʕabada, u]
Verein *m* جمعية [dʒamʕi:ja], ناد [na:din], *Pl* أندية [ʔandija]
vereinbaren *Treffen* اتفق على [ittafaqa]; **Vereinbarung** *f* اتفاق [ittifa:q]
vereinfachen بسط [bassaŧɒ], سهل [sahhala]
vereinigen جمع بين [dʒamaʕa, a], وحد [waħħada]
vererben JUR, BIOL ورث [warraθa], أورث [ʔauraθa]; **Vererbung** *f* BIOL وراثة [wira:θa]
verfahren تصرف [tasɒrrafa], سلك [salaka, u]; *v/r* ***sich verfahren*** ضل عن [đɒlla, i], تاه عن [ta:ha, u:]
Verfahren *n* إجراء [ʔidʒra:ʔ]; JUR قضية [qɒđi:ja], *Pl* قضايا [qɒđɒ:ja:]
verfallen *Gebäude* تداعى [tada:ʕa:], تهدم [tahaddama]; *Fahrkarte* انتهت صلاحية [intahat sɒla:ħi:jat]
Verfallsdatum *n* تاريخ الانتهاء [ta:ri:x al-intiha:ʔ], مدة

الصلاحية [muddat ɒs-sɒla:ħi:ja]

verfälschen زور [zawwara], زيف [zajjafa]

verfassen ألف [ʔallafa], وضع [wɒđɒʕa, jɒđɒʕu]; **Verfassung** *f* POL دستور [dustu:r], *Pl* دساتير [dasa:ti:r]

verfaulen فسد [fasada, u, i], تعفن [taʕaffana]; **verfolgen** تعقب [taʕaqqaba], طارد [ŧɒ:rada]

verführen أغرى [ʔaɣra:], غرر ب [ɣarrara]

Vergangenheit *f* الماضي [al-mɒ:đɨ:]

vergeben غفر [ɣafara, i], سامح [sa:maħa]; *gewähren* منح [manaħa, a]; *Chance* ضيع [đɒjjaʕa]; **vergeblich** عبثا [ʕabaθan], سدى [sudan]

vergehen مضى [mɒđɒ:, i:], انقضى [inqɒđɒ:]

Vergeltung *f* ثأر [θaʔr], انتقام [intiqa:m]

vergessen نسي [nasija, a:]; **vergesslich** كثير النسيان [kaθi:r an-nisja:n]

vergewaltigen اغتصب [iɣtasɒba]; **Vergewaltigung** *f* اغتصاب [iɣtisɒ:b]

Vergiftung *f* تسمم [tasammum]

Vergleich *m* مقارنة [muqa:rana]; **vergleichen** *mit* قارن ب [qa:rana], شبه ب [ʃabbaha]

Vergnügen *n* ترفيه [tarfi:h], تسلية [taslija]; ***viel Vergnügen*** وقتا ممتعا [waqtan mumtiʕan]; ***mit Vergnügen!*** بكل سرور [bi-kulli suru:r];

vergnügen *v/r* ***sich vergnügen*** رفه عن نفسه [raffaha ʕan nafsihi], تسلى [tasalla:];

vergnügt مسرور [masru:r], مرح [mariħ]

vergoldet مذهب [muđahhab];

vergraben *v/t* دفن [dafana];

vergrößern ضاعف [đɒ:ʕafa]; *a.* FOTO كبر [kabbara]; *v/r* ***sich vergrößern*** اتسع [ittasaʕa]

Vergünstigung *f* امتياز [imtija:z]

verhaften ألقى القبض على [ʔalqa: l-qabđɒ]

Verhalten *n* سلوك [sulu:k], تصرف [tasɒrruf]

verhalten *v/r* ***sich verhalten*** سلك [salaka, u], تصرف [tasɒrrafa]

Verhältnis *n* *Beziehung* علاقة [ʕala:qa]; MATH نسبة [nisba], *Pl* نسب [nisab]; ***Verhältnisse***

Pl ظروف [ðuru:f], أحوال [ʔaħwa:l]; **verhältnismäßig** نسبيا [nisbi:jan]
verhandeln فاوض في [fa:-wɒđɒ]; **Verhandlung** *f* مفاوضات [mufa:wɒđɒ:t]
verheimlichen أخفى [ʔaxfa:], ستر [satara, u]; **verheiratet** متزوج [mutazawwidʒ]; **verhindern** منع [manaʕa, a], حال دون [ħa:la (u:) du:na]
verhören *v/t* حقق مع [ħaqqa-qa], استجوب [istadʒwaba]; *v/r* ***sich verhören*** أخطأ السمع [ʔaxŧɒʔa s-samʕ]
verhungern مات جوعا [ma:ta (u:) dʒu:ʕan]
verhüten منع [manaʕa, a]; *a. Schwangerschaft* وقى [waqa:, jaqi:]; **Verhütungsmittel** *n* حبوب منع الحمل [ħubu:b manʕ al-ħaml]
verirren *v/r* ***sich verirren*** ضل طريقه [đɒlla ŧɒri:qahu]
verjagen طرد [ŧɒrada], شرد [ʃarrada]
Verkauf *m* بيع [baiʕ]; **verkaufen** باع [ba:ʕa]
Verkäufer(in) *m(f)* بائع(ة) [ba:ʔiʕ(a)], *mpl* باعة [ba:ʕa]
Verkehr *m* سير [sair], مرور [muru:r]; *Sexualität* اتصال جنسي [ittisɒ:l dʒinsi:], جماع [dʒima:ʕ]
Verkehrsregel *f* قاعدة المرور [qa:ʕidat al-muru:r]; **Verkehrsschild** *n* لافتة المرور [la:fitat al-muru:r]; **Verkehrsunfall** *m* حادث مروري [ħa:diθ muru:ri:]
verkehrt معكوس [maʕku:s], مقلوب [maqlu:b]; *falsch* خاطئ [xɒ:ŧiʔ]; **verklagen** رفع دعوى ضد [rafaʕa (a) daʕwa:]; **verkleiden** *v/t* نكر [nakkara]; *Wand* كسا ب [kasa:, u:]; *v/r* ***sich verkleiden*** تنكر [tanakkara]; **verkraften** تحمل [taħammala], أطاق [ʔaŧɒ:qa]; **verkünden** أعلن [ʔaʕlana]; **verkürzen** قصر [qɒssɒra], اختصر [ix-tasɒra]
Verlag *m* دار النشر [da:r an-naʃr]
verlangen طلب [ŧɒlaba, u]
verlängern طول [ŧɒwwala]; *zeitlich* مدد [maddada]; **Verlängerungsschnur** *f* ELEK كابل/سلك التوصيل [ka:bil/silk at-tausi:l]
verlassen *v/t* ترك [taraka, u], غادر [ɣa:dara]; *v/r* ***sich verlassen auf*** اعتمد على [iʕta-

mada]; *Adj* مهجور [mahdʒu:r], موحش [mu:ħiʃ]
Verlauf *m* مجرى [madʒran], *Pl* مجار [madʒa:rin]; ***im Verlauf (von)*** خلال [xila:la]; **verlaufen** *v/i* جرى [dʒara:, i:]; *Zeit* مر [marra, u], مضى [mɒđɒ:, i:]; *v/r* ***sich verlaufen*** ضاع [đɒ:ʕa, i:], ضل طريقه [đɒlla (i) ŧɒri:qahu]
verlegen *Termin* أجل [ʔaddʒala]; *Gegenstand* ضيع [đɒjjaʕa]; *Adj* مرتبك [murtabik], متحير [mutaħajjir]
Verleih *m* إعارة [ʔiʕa:ra]; **verleihen** أعار [ʔaʕa:ra]; *Titel* منح [manaħa, a]
verlernen نسي [nasija, a:]
verletzen *Gefühl* جرح [dʒaraħa, a], أهان [ʔaha:na]; *Gesetz* خرق [xaraqa, u, i]; *Recht* انتهك [intahaka]; **Verletzung** *f* MED جرح [dʒurħ], *Pl* جروح [dʒuru:ħ]
verlieben *v/r* ***sich verlieben*** عشق [ʕaʃiqa, a], وقع في حب [waqaʕa fi: ħubb]; **verliebt** عاشق [ʕa:ʃiq], محب [muħibb]; **verlieren** خسر [xasira, a]; *Schlüssel* فقد [faqada, i], أضاع [ʔađɒ:ʕa]
verloben *v/r* ***sich verloben*** خطب [xɒŧɒba, u]; **Verlobung** *f* خطوبة [xuŧu:ba]
verlockend مغر [muɣrin]; **verloren** ضائع [đɒ:ʔiʕ], مفقود [mafqu:d]; ***verloren gehen*** ضاع [đɒ:ʕa, i:]; **Verlosung** *f* قرعة [qurʕa], *Pl* قرع [quraʕ]; **Verlust** *m* ضياع [đɒja:ʕ]; FIN خسارة [xasa:ra]
vermehren *v/t* كثر [kaθθara]; *v/r* ***sich vermehren*** ازداد [izda:da]; BIOL تكاثر [taka:θara]
vermeiden تجنب [tadʒannaba], تفادى [tafa:da:]
vermieten أجر [ʔaddʒara]; **Vermieter(in)** *m(f)* مؤجر(ة) [muʔaddʒir(a)]
vermissen افتقد [iftaqada]
vermitteln توسط بين [tawassaŧɒ]; *Arbeit* وفر ل [waffara]; *Wissen* لقن [laqqana]; *makeln* سمسر [samsara]; **Vermittlung** *f Fürsprache* وساطة [wasa:ŧɒ]; TEL مركز هاتفي [markaz ha:tifi:], سنترال [sintra:l]
Vermögen *n* ثروة [θarwa], مال [ma:l], *Pl* أموال [ʔamwa:l]
vermuten ظن [ðɒnna, u], خمن [xammana]; **vermutlich** *Adj* محتمل [muħtamal]; *Adv* على

على الأرجح [ʕala l-ʔardʒaħ], أغلب الظن [ʕala: ʔaɣlabi ð-ðɒnn]; **Vermutung** *f* ظن [ðɒnn], *Pl* ظنون [ðunu:n], تخمين [taxmi:n]

vernachlässigen أهمل [ʔahmala], قصر بحق [qɒssɒra bi-ħaqq]; **verneinen** نفى [nafa:, i:]; **vernichten** قضى على [qɒđɒ:, i:], أباد [ʔaba:da]; **Vernunft** *f* رشد [ruʃd], عقل [ʕaql]; **vernünftig** معقول [maʕqu:l], حكيم [ħaki:m]; *Person* عاقل [ʕa:qil], راشد [ra:ʃid]; **veröffentlichen** نشر [naʃara, u], أصدر [ʔɒsdara]; **verordnen** MED وصف [wɒsɒfa, jɒsifu]; **Verpackung** *f* غلاف [ɣila:f], *Pl* أغلفة [ʔaɣlifa]; **verpassen** ضيع [đɒjjaʕa]; *Zug* فاته [fa:tahu]; **Verpflegung** *f* مؤونة [maʔu:na], *Pl* مؤن [muʔan], زاد [za:d], *Pl* أزواد [ʔazwa:d]; **Verpflichtung** *f* التزام [iltiza:m]; **verprügeln** ضرب [đɒraba,i]

Verrat *m* خيانة [xija:na]; **verraten** خان [xa:na, u:], غدر [ɣadara, i]

Verräter(in) *m(f)* خائن(ة) [xa:ʔin(a)], *mpl* خونة [xawana]

verrechnen *v/t* حسب [ħasaba, u]; *v/r* ***sich verrechnen*** أخطأ الحساب [ʔaxŧɒʔa l-ħisa:b]; *fig* أخطأ التقدير [ʔaxŧɒʔa t-taqdi:r]

verreisen سافر [sa:fara]; **verrenken** MED خلع [xalaʕa, a]; **verringern** نقص [naqqɒsɒ], قلل [qallala]; **verrosten** صدئ [sɒdiʔa, a]; **verrückt** مجنون [madʒnu:n], مخبول [maxbu:l]

versagen *v/t* حرم من [ħarama, i]; *v/i* خاب [xa:ba, i:]; **Versager(in)** *m(f)* فاشل(ة) [fa:ʃil(a)], خائب(ة) [xa:ʔib(a)]

versammeln *v/t* جمع [dʒamaʕa, a]; *v/r* ***sich versammeln*** اجتمع [idʒtamaʕa]; **Versammlung** *f* تجمع [tadʒammuʕ]; *Treffen* اجتماع [idʒtima:ʕ]

versäumen *Zug, Chance* فاته [fa:tahu]; *unterlassen* أهمل [ʔahmala]; **verschenken** أهدى [ʔahda:]; **verschieben** حرك [ħarraka], أزاح [ʔaza:ħa]; *Termin* أرجأ [ʔardʒaʔa], أجل [ʔaddʒala]; **verschieden** مختلف [muxtalif]; **ver-**

schlafen راحت عليه نومة [ra:ħat ʕalaihi nauma]; *vergessen* نسي [nasija, a:]; *Adj* وسن [wasin], ناعس [na:ʕis]; *Dorf* هادئ [ha:diʔ], ناعس [na:ʕis]; **verschlechtern** *v/t* زاد سوءا [zada, i: su:ʔan]; *v/r* ***sich verschlechtern*** ساء [sa:ʔa, u:], ازداد سوءا [izda:da su:ʔan]

verschlucken *v/t* بلع [balaʕa, a]; *v/r* ***sich verschlucken*** تشردق [taʃardaqa]

Verschluss *m Deckel* سداد [sida:d], *Pl* أسدة [ʔasidda]; *Schnalle* إبزيم [ʔibzi:m], *Pl* أبازيم [ʔaba:zi:m]

verschonen رحم [raħima, a], أراح من [ʔara:ħa]; **verschreiben** MED وصف [wɒsɒfa, jɒsɨfu]; **verschütten** طمر [tɒmara, u], دفن [dafana, i]; *Flüssigkeit* كب [kabba, u]; **verschweigen** كتم [katama, u], أخفى عن [ʔaxfa:]

verschwenden أسرف [ʔasrafa], بذر [baððara]; *Zeit* بدد [baddada]; **verschwenderisch** مسرف [musrif], مبذر [mubaððir]

verschwinden غاب [ɣa:ba, i:], اختفى [ixtafa:]; ***verschwinde!*** *m(f)* أغرب(ي) عن وجهي [ʔurɣub(i:) ʕan wadʒhi:]; **verschwommen** مبهم [mubham], غير واضح [ɣair wɒ:điħ]

Versehen *n* هفوة [hafwa], غلطة [ɣalŧɒ]; ***aus Versehen*** خطأ [xɒŧɒʔan], سهوا [sahwan]

verseucht موبوء [maubu:ʔ]

versichern أمن [ʔammana]; **Versicherung** *f* تأمين [taʔmi:n]; *Gesellschaft* شركة التأمين [ʃarikat at-taʔmi:n]; **Versicherungskarte** *f* بطاقة التأمين [biŧɒ:qat at-taʔmi:n]

Version *f* صيغة [sɨ:ɣa], *Pl* صيغ [sɨjjaɣ]; COMPUT نسخة [nusxa], *Pl* نسخ [nusax], إصدارة [ʔisda:ra]

versöhnen *v/t* صالح [sɒ:laħa]; *v/r* ***sich versöhnen*** تصالح [tasɒ:laħa]

versorgen *Familie* أعال [ʔaʕa:la]; *mit* زود ب [zawwada], أمد ب [ʔamadda]

verspäten *v/r* ***sich verspäten*** تأخر [taʔaxxara]; **Verspätung** *f* تأخير [taʔxi:r]; *Zug* تأخر [taʔaxxur]

versperren سد [sadda, u], أغلق [ʔaɣlaqa]; **verspotten**

سخر من [saxira, a]
versprechen وعد ب [waʕada, jaʕidu]; **Versprechen** *n* وعد [waʕd], *Pl* وعود [wuʕu:d]
Verstand *m* عقل [ʕaql]
verständigen *v/t* أخبر [ʔaxbara], أعلم [ʔaʕlama]; *v/r* ***sich verständigen*** اتفق على [ittafaqa], تفاهم على [tafa:hama]; *Sprache* تفاهم [tafa:hama]; **Verständigung** *f* تفاهم [tafa:hu:m]; **verständlich** واضح [wɒ:ḍiħ], مفهوم [mafhu:m]; **Verständnis** *n* *Text* فهم [fahm], إدراك [ʔidra:k]; *Einfühlungsvermögen* تفهم [tafahhum], تراحم [tara:ħum]
verstärken عزز [ʕazzaza], قوى [qawwa:]; **Verstärkung** *f a. fig* تقوية [taqwija], تعزيز [taʕzi:z]
verstauchen فكش [fakaʃa, u], لوى [lawa:, i:]
Versteck *n* مخبأ [maxbaʔ], *Pl* مخابئ [maxa:biʔ]; **verstecken** *v/t* خبأ [xabbaʔa], أخفى [ʔaxfa:]
verstehen فهم [fahima, a], أدرك [ʔadraka]; ***sich mit j-m verstehen*** تفاهم مع [tafa:hama]
Versteigerung *f* مزاد [maza:d]
verstellen *v/t* غير [ɣajjara]; *versperren* سد [sadda, u]; *v/r* ***sich verstellen*** تظاهر ب [taðɒ:hara], نافق [na:faqa]
verstopfen سد [sadda, u]
verstorben مرحوم [marħu:m], متوفى [mutawaffan]
verstoßen طرد [ṭɒrada, u]; *missachten* خالف [xa:lafa], خرق [xaraqa, u, i]; *isl. Ehefrau* طلق [ṭɒllaqa]
Versuch *m* محاولة [muħa:wala]; **versuchen** حاول [ħa:wala], جرب [dʒarraba]
verteidigen *v/t* دافع عن [da:faʕa]; *v/r* ***sich verteidigen*** دافع عن نفسه [da:faʕa ʕan nafsihi]; **Verteidigung** *f a.* SPORT دفاع [difa:ʕ]; JUR الدفاع [ad-difa:ʕ], المحامي [al-muħa:mi:]
verteilen وزع [wazzaʕa]; **Verteilung** *f* توزيع [tauzi:ʕ]
Vertrag *m* عقد [ʕaqd], *Pl* عقود [ʕuqu:d]; *Pakt* معاهدة [muʕa:hada]; **vertragen** *v/t* تحمل [taħammala]; *v/r* ***sich vertragen*** انسجم مع [insadʒama], اتفق مع [ittafaqa]
vertrauen وثق ب [waθiqa,

jaθiqu], اطمأن إلى [iṭmaʔanna]; **Vertrauen** *n* ثقة [θiqa]; **vertraulich** سري [sirriː]
vertraut مألوف [maʔluːf]; *Person* حميم [ħamiːm]; ***vertraut mit etw*** ملم ب [mulimm]
vertreiben طرد [ṭɒrada, u], أبعد [ʔabʕada]; **vertreten** مثّل [maθθala], ناب عن [naːba, uː]; **vertrocknen** جف [dʒaffa, i], نشف [naʃifa, a]
verunglücken أصيب في حادث [ʔuṣiːba fiː ħaːdiθ]; **veruntreuen** اختلس [ixtalasa]
verursachen سبب [sabbaba], أحدث [ʔaħdaθa]; **verurteilen** أدان [ʔadaːna]; JUR حكم على [ħakama, u]; **verwählen** *v/r* ***sich verwählen*** TEL اتصل بالنمرة الغلط [ittaṣɒla binnumra al-ɣalaṭ]
verwalten أدار [ʔadaːra]; **Verwaltung** *f* إدارة [ʔidaːra]
verwandt قريب [qariːb]; **Verwandte** *m/f* قريب(ة) [qariːb(a)], *mpl* أقرباء [ʔaqribaːʔ]; **Verwandtschaft** *f* قرابة [qaraːba]
verwechseln خلط بين [xalaṭɒ, i]; **verweigern** رفض [rafaðɒ, u], امتنع عن [imtanaʕa];
Verweis *m Tadel* تأنيب [taʔniːb], عتاب [ʕitaːb]; *Hinweis* إشارة [ʔiʃaːra]; **verwenden** استخدم [istaxdama], استعمل [istaʕamala]; **verwirklichen** حقق [ħaqqaqa], نفذ [naffaða]
verwirren حير [ħajjara], بلبل [balbala]; *äg* لخبط [laxbaṭɒ]; **verwirrt** مرتبك [murtabik], حائر [ħaːʔir]
verwöhnen دلع [dallaʕa], دلل [dallala]; **verwöhnt** مدلع [mudallaʕ], مدلل [mudallal]
verwundet مجروح [madʒruːħ]; **Verwundete** *m/f* جريح(ة) [dʒariːħ(a)], *mpl* جرحى [dʒurħaː]
verzeihen سامح [saːmaħa], عفا عن [ʕafaː, uː]; **Verzeihung** *f* عفو [ʕafw]; ***Verzeihung*** عفوا [ʕafwan]
verzichten تخلى عن [taxallaː], تنازل عن [tanaːzala]
verzögern *v/t* أجل [ʔaddʒala], ماطل في [mɒːṭɒla]; *v/r* ***sich verzögern*** تأخر [taʔaxxara]
verzollen جمرك [dʒamraka]
verzweifeln يئس [jaʔisa, jaiʔasu]; **verzweifelt** يائس [jaːʔis]
Video *n* فيديو [viːdijuː], *Pl*

فيديوهات [viːdijuːhaːt]; **Videokamera** *f* آلة تصوير فيديو [ʔaːlat tɒswiːr viːdijuː]

Vieh *n* ZOOL ماشية [maːʃija], *Pl* مواش [mawaːʃin]; *Koll* بهائم [bahaːʔim]

viel كثير [kaθiːr]; ***sehr viel*** كثير جدا [kaθiːr dʒiddan]; ***nicht viel*** ليس كثيرا [laisa kaθiːran]; **viele** كثيرون [kaθiːruːn], كثير من [kaθiːr min]; **vieles** الكثير [al-kaθiːr]; **vielleicht** ربما [rubbamaː]; **vielmals** كثيرا [kaθiːran], جدا [dʒiddan]; **vielseitig** متعدد الجوانب [mutaʕaddid al-dʒawaːnib]

vier *m* أربعة [ʔarbaʕa]; *f* أربع [ʔarbaʕ]; **Viereck** *n* مربع [murabbaʕ]; **viereckig** مربع الشكل [murabbaʕ aʃ-ʃakl]; **vierspurig** ذو أربعة مسارب [ðuː ʔarbaʕati masaːrib]; **vierte(r, -s)** رابع [raːbiʕ]

Viertel *n* ربع [rubʕ], *Pl* أرباع [ʔarbaːʕ]; *Stadt* حي [ħajj], *Pl* أحياء [ʔaħjaːʔ]; **Vierteljahr** *n* فصل [fɒsl], *Pl* فصول [fusuːl], ربع سنة [rubʕ sana]; **Viertelstunde** *f* ربع ساعة [rubʕ saːʕa]

vierzehn *m* أربعة عشر [ʔarbaʕata ʕaʃar]; *f* أربع عشرة [ʔarbaʕa ʕaʃrata]; **vierzig** أربعون [ʔarbaʕuːn]

Villa *f* فيلا [viːlla]

Virus *m/n* فيروس [viːruːs]

Visitenkarte *f* بطاقة الزيارة [biŧɒːqat az-zijaːra]

Visum *n* تأشيرة [taʔʃiːra]

Vitamin *n* فيتامين [viːtaːmiːn]

Vogel *m* طير [ŧɒir], *Pl* طيور [ŧujuːr]

Voicemail *f* TEL بريد صوتي [bariːd sɒutiː]

Vokal *m* GRAM حرف صوتي [ħarf sɒutiː]

Volk *n* شعب [ʃaʕb], *Pl* شعوب [ʃuʕuːb]; *Leute* الناس [an-naːs]

Volksfest *n* عيد شعبي [ʕiːd ʃaʕbiː]; **Volkshochschule** *f* المدرسة العليا الشعبية [al-madrasa al-ʕuljaː aʃ-ʃaʕbiːja]; **Volkslied** *n* أغنية شعبية [ʔuɣniːja ʃaʕbiːja]

voll ملئ [maliʔ], ملآن [malʔaːn]

Vollbremsung *f* AUTO فرملة اضطرارية [farmala iđŧirɒːriːja]

vollenden أكمل [ʔakmala], أتم [ʔatamma]

völlig *Adv* تماما [tamaːman],

كليا [kulli:jan]
volljährig بالغ [ba:liɣ], راشد [ra:ʃid]
Vollkasko(versicherung) *f* تأمين كامل [taʔmi:n ka:mil]
vollkommen تام [ta:mm]; *a. Person* كامل [ka:mil]; *makellos* بلا عيب [bila: ʕaib];
Vollkornbrot *n* خبز الطحين الكامل [xubz ɒt-tɒħi:n al-ka:mil]; **vollladen** كدس [kaddasa], رص [rɒssɒ, u]
Vollmacht *f* توكيل [tauki:l], تفويض [tafwi:đ]
Vollmilch *f* حليب كامل الدسم [ħali:b ka:mil ad-dasam]
Vollmond *m* بدر [badr], *Pl* بدور [budu:r]
Vollpension *f* إقامة مع ثلاث وجبات [ʔiqa:ma maʕa θala:θ wadʒaba:t]
vollschreiben ملأ كتابة [malaʔa (a) kita:batan]
vollständig كامل [ka:mil], شامل [ʃa:mil]
vollstopfen حشا [ħaʃa:, u:]
Volt *n* ELEK فولت [vu:lt]
Volumen *n* حجم [ħadʒm], *Pl* حجوم [ħudʒu:m]
vom → ***von***
von من [min]; *seitens* من قبل [min qibal], من جانب [min dʒa:nib]; **voneinander** بعضهم عن البعض [baʕđuhum ʕan al-baʕđ]
vor *örtlich* أمام [ʔama:ma]; *zeitlich* قبل [qabla]
Vorabend *m* عشية [ʕaʃi:ja], *Pl* عشايا [ʕaʃa:ja:]
vorankommen تقدم [taqaddama], سار قدما [sa:ra (i:) quduman]
voraus في المقدمة [fil-muqaddima]; ***j-m voraus sein*** تفوق على [tafawwaqa]; ***im Voraus*** مقدما [muqaddaman], مسبقا [musbaqan]; **vorausgesetzt** بشرط أن [bi-ʃarti ʔan], شريطة أن [ʃari:tɒta ʔan]; **Voraussetzung** *f* شرط [ʃart], *Pl* شروط [ʃuru:t]; **voraussichtlich** *Adj* محتمل [muħtamal], متوقع [mutawaqqaʕ]; *Adv* من المتوقع أن [mina l-mutawaqqaʕ ʔan]; **Vorauszahlung** *f* دفعة مقدمة [dafʕa muqaddama]
vorbei: ***vorbei sein*** مر ب [marra, u]; *zeitlich* انقضى [inqɒđɒ:], انتهى [intaha:];
vorbeifahren مر مسافرا [marra, (u) musa:firan]; **vorbeigehen** *an* مر ب [marra, u]; *zeitlich* مضى [mɒđɒ:, i:]

vorbereiten حضر [ħɒđđɒra], أعد [ʔaʕadda]; **Vorbereitung** *f* تحضير [taħđiːr], إعداد [ʔiʕdaːd]
vorbestellen حجز مسبقا [ħadʒaza (i) musbaqan]
vorbeugen *v/t* اتقى [ittaqaː], تحسب ل [taħassaba]; *v/r* ***sich vorbeugen*** انحنى إلى الأمام [inħanaː ʔila l-ʔamaːm]
Vorbild *n* مثال [miθaːl], *Pl* أمثلة [ʔamθila], قدوة [qudwa]; **vorbildlich** مثالي [miθaːliː], نموذجي [namuːðadʒiː]
vordere(r, -s) أمامي [ʔamaːmiː]; **Vorderseite** *f* واجهة [waːdʒiha]
voreilig متسرع [mutasarriʕ], متعجل [mutaʕaddʒil]
voreingenommen متحيز [mutaħajjiz]
vorerst إلى حين [ʔilaː ħiːn]
Vorfahren *Pl* أجداد [ʔadʒdaːd], أسلاف [ʔaslaːf]
Vorfahrt *f* أولوية المرور [ʔaulawiːjat al-muruːr]; ***Vorfahrt haben*** له أولوية المرور [lahu ʔaulawiːjat al-muruːr]; **Vorfahrtsstraße** *f* طريق ذو أولوية [tɒriːq ðuː ʔaulawiːja]
Vorfall *m* حدث [ħadaθ], *Pl* أحداث [ʔaħdaːθ], واقعة [waːqiʕa], *Pl* وقائع [waqaːʔiʕ]
vorführen عرض [ʕarɒđɒ, i], قدم [qaddama]; **Vorführung** *f* عرض [ʕarđ], تقديم [taqdiːm]
Vorgang *m* عملية [ʕamaliːja], سير [sair]; **Vorgänger(in)** *m* (*f*) سلف [salaf], *mpl* أسلاف [ʔaslaːf]; **vorgehen** *geschehen* حدث [ħadaθa, u]; *gegen* اتخذ إجراءات ضد [itaxaða ʔidʒraːʔaːt]; *verfahren* تصرف [tasɒrrafa], تعامل [taʕaːmala]; *Uhr* قدم [qaddama];
vorgesehen *im Gesetz* منصوص عليه [mansuːs ʕalaihi]; *bestimmt* معين [muʔajjan]; *reserviert* محجوز ل [maħdʒuːz]; **Vorgesetzte** *m/f* رئيس(ة) [raʔiːs(a)], *mpl* رؤساء [ruʔasaːʔ]; **vorgestern** أول أمس [ʔawwala ʔams]; **vorhaben** نوى [nawaː, iː], صمم على [sɒmmama]; **Vorhaben** *n* قصد [qɒsd], مراد [muraːd]; *Projekt* مشروع [maʃruːʕ], *Pl* مشاريع [maʃaːriːʕ]
vorhanden موجود [maudʒuːd], متوافر [mutawaːfir]; ***vorhanden sein*** متوفر [mutawaffir], متاح [mutaːħ]
Vorhang *m a.* THEAT ستارة

[sita:ra], *Pl* ستائر [sata:ʔir]
vorher قبل ذلك [qabla ða:lik]; **vorhersagen** تنبأ ب [tanabbaʔa]
vorhin منذ لحظات [munðu laħaðɒ:t]
vorige(r, -s) سابق [sa:biq]
vorislamisch: ***vorislamische Zeit*** الجاهلية [al-dʒa:hili:ja]
Vorkenntnisse *fpl* معلومات سابقة/أولية [maʕlu:ma:t sa:biqa/ʔawwali:ja]
vorkommen حدث [ħadaθa, u]; *scheinen* بدا [bada:, u:]
Vorlage *f Muster* نموذج [namu:ðadʒ], *Pl* نماذج [nama:ðidʒ]; *Gesetz* مشروع [maʃru:ʕ], *Pl* مشاريع [maʃa:ri:ʕ]; **vorläufig** *Adj* مؤقت [muʔaqqat]; *Adv* مؤقتا [muʔaqqatan]; **vorlesen** تلا [tala:, u:], قرأ على [qaraʔa, a]
vorletzte(r, -s) قبل الأخير [qabla l-ʔaxi:r]
Vorliebe *f* ميل إلى [mail], ولع ب [walaʕ]
vormachen أرى [ʔara:, juri:], عرض [ʕarɒðɒ, i]; *vortäuschen* تظاهر ب [taðɒ:hara]; ***du machst mir nichts vor!*** *m(f)* حيلك لا تنطلي علي [ħijaluka(-ki) la: tantɒli: ʕalajja], لا تستطيع(ين) خداعي [la: tastɒti:ʕ(i:na) xida:ʕi:]
Vormittag *m* قبل الظهر [qabla ð-ðuhr]; ***heute Vormittag*** قبل ظهر اليوم [qabla ðuhri l-jaum]; **vormittags** قبل الظهر [qabla ð-ðuhr]
vorn في المقدمة [fil-muqaddima]
Vorname *m* الاسم الشخصي [al-ʔism aʃ-ʃaxsi:]
vornehmen *v/t* قام ب [qa:ma, u:]; *v/r* ***sich vornehmen*** اعتزم على [iʕtazama], تعمد [taʕammada]
vornherein: ***von vornherein*** منذ البداية [munðu l-bida:ja]
Vorort *m* ضاحية [ðɒ:ħija], *Pl* ضواح [ðɒwa:ħin]; **Vorrat** *m* مؤونة [maʔu:na], *Pl* مؤن [muʔan], مخزون [maxzu:n]; **Vorsaison** *f* بداية الموسم [bida:jat al-mausim]
Vorschlag *m* اقتراح [iqtira:ħ]; **vorschlagen** اقترح [iqtaraħa], عرض على [ʕarɒðɒ, i]
Vorschrift *f* لائحة [la:ʔiħa], *Pl* لوائح [lawa:ʔiħ]; ***Vorschriften*** *Pl* أحكام [ʔaħka:m]
Vorschuss *m* سلفة [sulfa], *Pl* سلف [sulaf]

Vorsicht *f* حذر [ħaðar], حرص [ħirs]; ***Vorsicht!*** احترس [iħtaris], انتبه [intabih]; **vorsichtig** حذر [ħaðir], محترس [muħtaris]

Vorsitzende *m/f* رئيس(ة) [raʔiːs(a)], *mpl* رؤساء [ruʔasaːʔ]

Vorsorge *f* وقاية [wiqaːja], احتياط [iħtijɒːŧ]; **vorsorglich** *Adv* احتياطا [iħtijɒːŧɒn]

Vorspeise *f* مقبلات [muqabbilaːt], مشهيات [muʃahhijaːt]; **Vorsprung** *m* سبق [sabq], تفوق [tafawwuq]; **Vorstand** *m* مجلس الإدارة [madʒlis al-ʔidaːra]

vorstellen *v/t* عرف ب [ʕarrafa]; *präsentieren* قدم [qaddama], عرض [ʕarɒđɒ, i]; *v/r* ***sich vorstellen*** قدم نفسه ل [qaddama nafsahu]; *denken* تصور [tasɒwwara], تخيل [taxajjala]; **Vorstellung** *f* *Idee* تصور [tasɒwwur], تخيل [taxajjul]; THEAT عرض [ʕarđ], *Pl* عروض [ʕuruːđ]

Vorteil *m* منفعة [manfaʕa], *Pl* منافع [manaːfiʕ], فائدة [faːʔida]; **vorteilhaft** مفيد [mufiːd], نافع [naːfiʕ]

Vortrag *m* محاضرة [muħɒːđɒra]

vorüber → ***vorbei***; **vorübergehend** *Adj* عابر [ʕaːbir], مؤقت [muʔaqqat]; *Adv* بشكل عابر [bi-ʃaklin ʕaːbir]

Vorurteil *n* حكم مسبق [ħukm musabbaq]; **Vorwahl** *f* رقم المنطقة الهاتفي [raqm al-minŧɒqa al-haːtifiː]; **Vorwand** *m* عذر [ʕuðr], *Pl* أعذار [ʔaʕðaːr], حجة [ħuddʒa], *Pl* حجج [ħudʒadʒ]

vorwärts إلى الأمام [ʔila l-ʔamaːm]

vorwärtsgehen تقدم [taqaddama]

vorwerfen اتهم [ittahama]; **vorwiegend** *Adv* في الغالب [fil-ɣaːlib]; **Vorwort** *n* مقدمة [muqaddima], تمهيد [tamhiːd]; **Vorwurf** *m* تهمة [tuhma], *Pl* تهم [tuham], لوم [laum]; **vorziehen** جر إلى الأمام [dʒarra (u) ʔila l-ʔamaːm]; *fig* فضل على [fɒđđɒla], ميز على [majjaza]

vulgär سوقي [suːqiː], مبتذل [mubtaðal]

Vulkan *m* بركان [burkaːn], *Pl* براكين [baraːkiːn]; **Vulkanausbruch** *m* ثوران البركان [θawaraːn al-burkaːn]

W

Waage *f* ميزان [mi:za:n], *Pl* موازين [mawa:zi:n]; **waagerecht** أفقي [ʔufuqi:]

wach يقظ [jaqið], صاح [sɒ:ħin]; **wachen** *bei Kranken* سهر على [sahira, a]; **Wachposten** *m* حارس [ħa:ris], *Pl* حراس [ħurra:s]

Wachs *n* شمع [ʃamʕ], *Pl* شموع [ʃumu:ʕ]

wachsam يقظ [jaqið], حذر [ħaðir]

wachsen *Pflanze, Bart* نبت [nabata, u]; *fig* نما [nama:, u:], زاد [za:da, i:]

Wachstum *n* نمو [numu:w]

Wächter(in) *m(f)* حارس(ة) [ħa:ris(a)], *mpl* حراس [ħurra:s]

wackelig مخلخل [muxalxal], غير ثابت [ɣair θa:bit]; *Mensch* مترنح [mutaranniħ]; **wackeln** ارتج [irtaddʒa], تخلخل [taxalxala]; *Zahn* تلخلخ [talaxlaxa]; *fig* تزعزع [tazaʕzaʕa]

Wade *f* بطن/بطة الساق [bɒtn/bɒttɒt as-sa:q]

Wadi *n* واد [wa:din], *Pl* أودية [ʔaudi:ja]

Waffe *f* سلاح [sila:ħ], *Pl* أسلحة [ʔasliħa]

wagen جرؤ على [dʒaruʔa, u], خاطر ب [xɒ:tɒra]

Wagen *m* عربة [ʕaraba]; *Auto* سيارة [sajja:ra]; **Wagenheber** *m* رافعة [ra:fiʕa], كريك [kuri:k]

Waggon *m*, **Wagon** *m* عربة قطار [ʕarabat qitɒ:r]

Wahl *f* خيار [xija:r], اختيار [ixtija:r]; POL انتخاب [intixa:b]

wählen POL انتخب [intaxaba], اختار [ixta:ra]; TEL اتصل برقم الهاتف [ittɒsɒla bi-raqm al-ha:tif]; **Wähler(in)** *m(f)* ناخب(ة) [na:xib(a)], منتخب(ة) [mutaxib(a)]; **wählerisch** صعب الإرضاء [sɒʕb al-ʔirđa:ʔ], دقيق الاختيار [daqi:q al-ixtija:r]

Wahlkampf *m* معركة انتخابية [maʕrakat intixa:bi:ja]; **wahllos** دون تمييز [du:na tamji:z]; **Wahlrecht** *n* حق

التصويت [ħaqq at-tɒswiːt]
wahnsinnig مجنون [madʒnuːn]
wahr حقيقي [ħaqiːqiː], صحيح [sɒħiːħ]; ***nicht wahr ?*** أليس كذلك؟ [ʔalaisa kaðaːlik]
während *Präp* أثناء [ʔaθnaːʔa]; *Konj* بينما [bainamaː]; **währenddessen** في غضون ذلك [fiː ɣuđuːni ðaːlik]
Wahrheit *f* حقيقة [ħaqiːqa], *Pl* حقائق [ħaqaːʔiq]; **wahrscheinlich** *Adj* محتمل [muħtamal]; *Adv* على الأرجح [ʕala l-ʔardʒaħ]
Währung *f* عملة [ʕumla]
Waise *f* يتيم(ة) [jatiːm(a)], *mpl* يتامى [jataːmaː]
Wal *m* حوت [ħuːt], *Pl* حيتان [ħiːtaːn]
Wald *m* غابة [ɣaːba]; **Waldbrand** *m* حريق في الغابة [ħariːq fil-ɣaːba]
Walnuss *f* جوزة [dʒauza], *Koll* جوز [dʒauz]
Walze *f* مدحلة [midħala], *Pl* مداحل [madaːħil], درفيل [darfiːl], *Pl* درافيل [daraːfiːl]
wälzen *v/t* دحرج [daħradʒa]; *v/r* ***sich wälzen*** تدحرج [tadaħradʒa]
Walzer *m* رقصة الفالس [raqsɒt al-faːls]
Wand *f* حائط [ħaːʔiŧ], *Pl* حيطان [ħiːŧɒːn], جدار [dʒidaːr], *Pl* جدران [dʒudraːn]
wandern تجول [tadʒawwala]; **Wanderung** *f* تجوال [tidʒwaːl]
Wandteppich *m* سجادة حائط [saddʒaːdat ħaːʔiŧ]
Wange *f* خد [xadd], *Pl* خدود [xuduːd], وجنة [wadʒna]
wann متى [mataː]
Wanne *f* حوض [ħauđ], *Pl* أحواض [ʔaħwɒːđ]
Wanze *f* ZOOL بقة [baqqa], *Koll* بق [baqq]; TECH جهاز تنصت [dʒihaːz tanɒssut]
Wappen *n* شعار [ʃiʕaːr]
Ware *f* بضاعة [biđɒːʕa], *Pl* بضائع [bɒđɒːʔiʕ], سلعة [silʕa], *Pl* سلع [silaʕ]
warm دافئ [daːfiʔ]
Wärme *f* حرارة [ħaraːra], دفء [difʔ]; **wärmen** سخن [saxxana], دفأ [daffaʔa]; **Wärmflasche** *f* قربة ماء ساخن [qirbat maːʔ saːxin]
Warnblinkanlage *f* AUTO جهاز أضواء التحذير [dʒihaːz ʔɒđwaːʔ at-taħðiːr]; **Warndreieck** *n* AUTO مثلث التحذير [muθallaθ at-taħðiːr]; **war-**

nen حذر من [ħaððara], انذر [anðara]; **Warnung** *f* تحذير [taħði:r], انذار [inða:r]
Warschau *n* وارسو [wa:rsu:]
warten انتظر [intɒðɒra]; ترقب [taraqqaba]
Wartezimmer *n* MED غرفة الانتظار [ɣurfat al-intiðɒ:r]
Wartung *f* TECH صيانة [sija:-na]
warum لماذا [lima:ða:]; *syr* ليش [laiʃ]; *äg* ليه [li:h]
was ماذا [ma:ða:], ما [ma:]; *syr* شو [ʃu:]; *äg* ايه [ʔe:h]; ***was für ...?*** أي ...؟ [ʔajj]; ***was für ...!*** يا له من ... [ja: lahu min]
Waschbecken *n* حوض غسيل [ħauđ ɣasi:l], مغسلة [maɣsa-la], *Pl* مغاسل [maɣa:sil]
Wäsche *f* غسيل [ɣasi:l]
waschen غسل [ɣasala]
Waschlappen *m* ممسحة [mamsaħa], *Pl* مماسح [mama:siħ]; **Waschmaschi-ne** *f* غسالة [ɣassa:la]; **Waschmittel** *n* مسحوق الغسيل [masħu:q al-ɣasi:l]; **Waschraum** *m* غرفة الغسيل [ɣurfat al-ɣasi:l]
Washington *n* واشنطن [wa:-ʃintun]
Wasser *n* ماء [ma:ʔ], *Pl* مياه [mija:h]; **wasserdicht** مانع/مقاوم للماء [ma:niʕ/muqa:wim lil-ma:ʔ]; *Kleidung* مشمع [muʃammaʔ]; **Wasserfall** *m* شلال [ʃalla:l]; **Wasserhahn** *m* حنفية [ħanafi:ja], صنبور [sunbu:r], *Pl* صنابير [sɒna:-bi:r]; **Wasserleitung** *f* ماسورة المياه [ma:su:rat al-mija:h]; **Wassermangel** *m* قلة المياه [qillat al-mija:h]; **Wassermelone** *f* بطيخة [bɒtti:xa], *Koll* بطيخ [bɒtti:-x]; **Wasserpfeife** *f* نارجيلة [na:rdʒi:la], شيشة [ʃi:ʃa], *Pl* شيش [ʃijaʃ]; **Wasserski** *m* SPORT التزحلق على الماء [at-tazaħluq ʕala l-ma:ʔ]
Watte *f* قطن طبي [qutn tibbi:]
WC *n* مرحاض [mirħɒ:đ], *Pl* مراحيض [mara:ħi:đ], تواليت [tuwa:li:t]
weben نسج [nasadʒa, i]
Webseite *f* COMPUT موقع [mauqiʕ], *Pl* مواقع [mawa:-qiʕ]
Wechsel *m* تبديل [tabdi:l], تغيير [taɣji:r]; FIN كمبيالة [kimbija:la]; **Wechselgeld** *n* *äg* فكة [fakka]; *lib* فراطة [fura:tɒ]; **Wechseljahre** *Pl* MED سن اليأس [sinn al-jaʔs];

Wechselkurs *m* سعر الصرف [siʕr ɒs-sɒrf]; **wechseln** غير [ɣajjara]; *Geld* بدل [baddala], صرف [sɒrafa, i]

wecken أيقظ [ʔaiqɒðɒ]; *Interesse* أثار [ʔaθaːra]; **Wecker** *m* منبه [munabbih]

weder: ***weder … noch …*** لا/ليس … ولا … [laː/laisa … wa-laː…]; *mit Verb* لم … ولن … [lam … wa-lan …]

weg *abwesend* غائب [ɣaːʔib]; *verloren* ضائع [đɒːʔiʕ], مفقود [mafquːd]

Weg *m* طريق [ŧɒriːq], *Pl* طرق [ŧuruq], درب [darb], *Pl* دروب [duruːb]; **Wegbeschreibung** *f* وصف الطريق [wɒsf ɒt-ŧɒriːq]

wegbringen رافق [raːfaqa]; *entfernen* أزال [ʔazaːla]; *entsorgen* أخرج [ʔaxradʒa]

wegen بسبب [bi-sababi], بحكم [bi-ħukmi]

wegfahren غادر [ɣaːdara]; *transportieren* نقل [naqala, u]; **weggehen** ذهب [ðahaba, a], انصرف [insɒrafa]; **weglassen** حذف [ħaðafa, i], أسقط من [ʔasqɒŧɒ]; *j-n* سمح له بالذهاب [samaħa (a) lahu bið-ðihaːb]; **weglaufen** فر [farra, i], هرب [haraba, u]; **wegnehmen** أخذ من [ʔaxaða, u]; *rauben* سلب [salaba, u]; **wegschicken** طرد [ŧɒrada, u], صرف [sɒrafa, i]; *senden* أرسل [ʔarsala]

Wegweiser *m* لافتة/إشارة الطريق [laːfitat/ʔiʃarat ɒt-ŧɒriːq]

wegwerfen رمى [ramaː, iː]

wehen *Wind* هب [habba, u]

wehmütig شجن [ʃadʒin], حزين [ħaziːn]

Wehrdienst *m* الخدمة العسكرية [al-xidma al-ʕaskariːja]; **wehren** *v/t* قاوم [qaːwama]; *v/r* ***sich wehren*** دافع عن نفسه [daːfaʕa ʕan nafsihi]

wehtun آلم [ʔaːlama], أوجع [ʔaudʒaʕa]; *verletzen* أذى [ʔaːðaː], جرح [dʒaraħa, a]

weiblich أنثوي [ʔunθawiː]

weich ناعم [naːʕim], لين [lajjin]; *Fleisch* طري [ŧɒriː]

Weide *f* مرعى [marʕan], *Pl* مراع [maraːʕin]; BOT صفصاف [sɒfsɒːf]

weigern *v/r* ***sich weigern*** أبى [ʔabaː, aː], امتنع عن [imtanaʕa]

Weihnachten *n* عيد الميلاد

[ʕiːd al-miːlaːd]
Weihnachtsbaum *m* شجرة عيد الميلاد [ʃadʒarat ʕiːd al-miːlaːd]; **Weihnachtsmann** *m* بابا نويل [baːbaː nuwwail]
weil لأن [li-ʔanna]
Weile *f* برهة [burha], *Pl* بره [burah]; ***eine Weile*** فترة من الزمن [fatra mina z-zaman]
Wein *m* نبيذ [nabiːð], خمر [xamr]; **Weinberg** *m* كرم [karm], *Pl* كروم [kuruːm]; **Weinbrand** *m* براندي [braːndiː], كونياك [kunjaːk]
weinen بكى [bakaː, iː]
Weintraube *f* عنقود/قطف عنب [ʕunquːd/qiṭf ʕinab]; *Beere* عنبة [ʕinba], *Koll* عنب [ʕinab]
weise حكيم [ħakiːm], رشيد [raʃiːd]
Weise *f Art* طريقة [ṭɒriːqa], *Pl* طرق [ṭuruq]
Weisheit *f* حكمة [ħikma]
weiß *m* أبيض [ʔabjɒđ], *f* بيضاء [baiđɒːʔ], *Pl* بيض [biːđ]; **Weißbrot** *n* خبز أبيض [xubz ʔabjɒđ]; **Weiße** *m/f* الرجل الأبيض [ar-radʒul al-ʔabjɒđ], المرأة البيضاء [al-marʔa al-baiđɒːʔ]; **Weißwein** *m* نبيذ أبيض [nabiːð ʔabjad]
weit *entfernt* بعيد [baʕiːd]; *Fläche* واسع [waːsiʕ], رحب [raħib]; ***von weitem*** من/عن بعد [min/ʕan buʕd]
weiter *geräumiger* أوسع [ʔausaʕ]; *entfernt* أبعد [ʔabʕad]; *außerdem* أيضا [ʔaiđɒn], عدا عن ذلك [ʕadaː ʕan ðaːlik]; **weitere(r, -s)** *Adj m* آخر [ʔaːxar], *f* أخرى [ʔuxraː]; **weiteres**: ***ohne Weiteres*** ببساطة وسهولة [bi-basaːṭɒ wa-suhuːla]; **weiterfahren** واصل السفر [wɒːsɒla as-safar]; **weitergehen** تابع السير [taːbaʕa s-sair]; ***wie geht es weiter?*** وماذا بعد؟ [wa-maːðaː baʕd]; **weitermachen** استمر في [istamarra], تابع [taːbaʕa]
weitgehend إلى حد بعيد [ʔilaː ħaddin baʕiːd]; **weitsichtig** بعيد النظر [baʕiːd an-nɒðɒr]; MED طويل النظر [ṭɒwiːl an-nɒðɒr]
Weizen *m* قمح [qamħ], *Pl* قموح [qumuːħ], حنطة [ħinṭɒ], *Pl* حنط [ħinɒṭ]
welche(r, -s) *Adj m(f)* أي(ة) [ʔajj(a)]
Welle *f* موجة [maudʒa]
Welt *f* عالم [ʕaːlam], *Pl* عوالم [ʕawaːlim]; ***Dritte Welt*** العالم

الثالث [al-ʕaːlam aθ-θaːliθ]; **Weltall** *n* الكون [al-kaun]; **weltberühmt** ذو شهرة عالمية [ðuː ʃuhra ʕaːlamiːja]; **Weltkrieg** *m* الحرب العالمية [al-ħarb al-ʕaːlamiːja]; **Weltmeister(in)** *m(f)* بطل (ة) العالم [bɒtɒl(at) al-ʕaːlam]; **Weltreise** *f* رحلة حول العالم [riħla ħaula l-ʕaːlam]; **Weltrekord** *m* رقم قياسي عالمي [raqm qijaːsiː ʕaːlamiː]; **weltweit** *Adj* عالمي [ʕaːlamiː]; *Adv* على الصعيد العالمي [ʕala s-sɒʕiːd al-ʕaːlamiː]

wem, wen من [man]

Wende *f* تحول [taħawwul]

wenden قلب [qalaba, i]; *Auto* أدار [ʔadaːra]; *v/r* ***sich wenden an*** توجه إلى [tawaddʒaha], لجأ إلى [ladʒaʔa, a]

wenig قليل [qaliːl]; **wenige** قليل من [qaliːl], قلة من [qilla]; **weniger** أقل [ʔaqall]; **wenigstens** على الأقل [ʕala l-ʔaqall]

wenn *Bedingung* إذا [ʔiðaː], إن [ʔin]; *Zeit* حين [ħiːna], حينما [ħiːnamaː], عندما [ʕindamaː]; ***selbst wenn*** حتى ولو [ħattaː wa-lau], وإن [wa-ʔin]

wer من [man]

Werbeagentur *f* وكالة دعاية وإعلانات [wikaːlat diʕaːja wa-ʔiʕlaːnaːt]; **werben** *j-n* كسب [kasaba]; *Produkt* روج [rawwadʒa]; **Werbung** *f* دعاية [diʕaːja]

werden أصبح [ʔɒsbaħa], صار [sɒːra, iː]

werfen رمى [ramaː, iː], قذف [qaðafa, i]

Werk *n Literatur* أثر [ʔaθar], *Pl* آثار [ʔaːθaːr], مؤلف [muʔallaf]; KUNST تحفة [tuħfa], *Pl* تحف [tuħaf]; *Fabrik* مصنع [mɒsnaʕ], *Pl* مصانع [mɒsɒːniʕ]; **Werkstatt** *f* ورشة [warʃa]; **Werktag** *m* يوم عمل [jaum ʕamal]; **Werkzeug** *n* عدة [ʕudda], *Pl* عدد [ʕudad], أداة [ʔadaːt], *Pl* أدوات [ʔadawaːt]

wert: ***wert sein*** استحق [istaħaqqa], جدر ب [dʒadura, u]; *kosten* ساوى [saːwaː]

Wert *m* قيمة [qiːma], *Pl* قيم [qijam]; **wertlos** لا قيمة له [laː qiːmata lahu], عديم القيمة [ʔadiːm al-qiːma]; **Wertsachen** *Pl* أشياء ثمينة [ʔaʃjaːʔ θamiːna]; **wertvoll** ذو قيمة [ðuː qiːma]; *Schmuck* ثمين

[θami:n]
Wesen *n* مخلوق [maxlu:q]; PHIL جوهر [dʒauhar], طبيعة [ŧɒbi:ʕa]
wesentlich *Adj* جوهري [dʒauhari:], أساسي [ʔasa:si:]; *Adv* أكثر بكثير [ʔakθar bikaθi:r]
weshalb لماذا [lima:ða:]
Wespe *f* دبور [dabbu:r], *Pl* دبابير [daba:bi:r], زنبور [zanbu:r], *Pl* زنابير [zana:bi:r]
wessen لمن [liman]
Westdeutschland *n* غرب ألمانيا [ɣarb ʔalma:nja:]
Weste *f* صدرية [sudri:ja], *Pl* صداري [sɒda:ri:]
Westen *m* غرب [ɣarb]; **Westjordanland** *n* الضفة الغربية [ɒđ-điffa al-ɣarbi:ja]; **westlich** غربي [ɣarbi:]; **Westwind** *m* ريح غربية [ri:h ɣarbi:ja]
Wettbewerb *m* مسابقة [musa:baqa], WIRTSCH منافسة [muna:fasa]; **Wette** *f* رهان [riha:n], مراهنة [mura:hana]; **wetten** راهن على [ra:hana]
Wetter *n* طقس [ŧɒqs], جو [dʒaww], *Pl* أجواء [ʔadʒwa:ʔ]; **Wettervorhersage** *f* نشرة الأخبار الجوية [naʃrat al-ʔaxba:r al-dʒawwi:ja]
Wettkampf *m* SPORT مسابقة [musa:baqa], مباراة [muba:ra:t], *Pl* مباريات [muba:raja:t]; **Wettlauf** *m* سباق [siba:q]
Whiskey *m* ويسكي [wi:ski:]
wichtig مهم [muhimm], هام [ha:mm]
wickeln لف [laffa, u]; **Wickelraum** *m* غرفة تغيير قماط الأطفال [ɣurfat taɣji:r qimɒ:ŧ al-ʔɒŧfa:l]; **Wickeltisch** *m* طاولة تغيير قماط الأطفال [ŧɒ:wula taɣji:r qimɒ:ŧ al-ʔɒŧfa:l]
wider ضد [điddа]; **widerlegen** دحض [dahađɒ, a], فند [fannada]; **widerlich** مقرف [muqrif], كريه [kari:h]; **widerrufen** نفى [nafa:, i:], رجع في [radʒaʕa, i]; **widersprechen** *v/t* عارض [ʕa:rɒđɒ], خالف [xa:lafa]; *v/r* ***sich widersprechen*** تعارض [taʕa:rɒđɒ], تضارب [tađɒ:raba]; **Widerspruch** *m* تناقض [tana:quđ], تعارض [taʕa:ruđ]; JUR معارضة [muʕa:rɒđɒ]; **Widerstand** *m*

مقاومة [muqa:wama]; **widerstehen** قاوم [qa:wama]; ***nicht widerstehen können*** لا يصمد أمام [la: jɒsmud ʔama:ma]
widmen *v/r* ***sich widmen*** كرس نفسه ل [karrasa nafsahu], انكب على [inkabba]; **Widmung** *f* إهداء [ʔihda:ʔ]
wie كيف [kaifa]; *äg* إزاي [ʔizza:j]; *welch* ما [ma:]; *Vergleich* مثل [miθla], كـ [ka-]; ***wie bitte?*** عفوا، كيف؟ [ʕafwan, kaif], نعم؟ [naʕam]; ***wie lange?*** كم من الوقت؟ [kam mina l-waqt]; ***wie viel(e)*** كم [kam]
wieder *erneut* مرة أخرى [marratan ʔuxra:], من جديد [min dʒadi:d]; ***immer wieder*** مرارا وتكرارا [mira:ran watikra:ran]; ***nie wieder*** أبدا [ʔabadan]; **Wiederaufbau** *m* إعادة الإعمار [ʔiʕa:dat al-ʔiʕma:r]; **wiederbekommen** استعاد [istaʕa:da], استرد [istaradda]; **wiedergeben** أعاد [ʔaʕa:da]; *Text* نقل [naqala, u]; **wiederholen** كرر [karrara]; **wiederkommen** رجع [radʒaʕa, i]
wiedersehen التقى ثانية ب [iltaqa: θa:nijatan]; ***auf Wiedersehen*** إلى اللقاء [ʔila l-liqa:ʔ], مع السلامة [maʕa s-sala:ma]; **Wiedervereinigung** *f* إعادة توحيد [ʔiʕa:dat tawħi:d]
wiegen *v/t* وزن [wazana, jazinu]
Wien *n* فيينا [fi:jina:]
Wiese *f* مرج [mardʒ], *Pl* مروج [muru:dʒ]
wieso لماذا [lima:ða:]
wild ZOOL, BOT بري [barri:]; *a. fig* متوحش [mutawaħħiʃ]
Wild *n* حيوانات الصيد [ħajawa:na:t ɒs-sɒid]; **Wildnis** *f* برية [barri:ja]
Wille *m* إرادة [ʔira:da], عزيمة [ʕazi:ma], *Pl* عزائم [ʕaza:ʔim]
willkommen أهلا وسهلا [ʔahlan wa-sahlan]
willkürlich تعسفي [taʕassufi:]
Wimper *f* رمش [rimʃ], *Pl* رموش [rumu:ʃ]
Wind *m* ريح [ri:ħ], *Pl* رياح [rija:ħ]
Windel *f* قماط [qimɒ:ŧ], *Pl* أقمطة [ʔaqmiŧɒ]
windig شديد الرياح [ʃadi:d ar-rija:ħ], ريح [rajjiħ]
Windmühle *f* طاحونة هوائية

[ɫɒ:ħu:na hawa:ʔija]; **Windpocken** *Pl* MED جدري الماء [dʒudari: al-ma:ʔ]; **Windschutzscheibe** *f* AUTO الزجاج الأمامي [az-zudʒa:dʒ al-ʔama:mi:]; **Windstille** *f* سكون الرياح [suku:n ar-rija:ħ]
Winkel *m* زاوية [za:wija], *Pl* زوايا [zawa:ja:]
winken لوح [lawwaħa]
Winter *m* شتاء [ʃita:ʔ]; **Wintersport** *m* رياضة شتوية [rijɒ:đɒ ʃatawi:ja]
winzig صغير جدا [sɒɣi:r dʒiddan]
wir *Pron* نحن [naħnu]
Wirbel *m* دوامة [dawwa:ma]; ANAT فقرة [faqra]; **Wirbelsäule** *f* العمود الفقري [al-ʕamu:d al-faqri:]; **Wirbelwind** *m* عاصفة دوارة [ʕa:sifa dawwa:ra]
wirken *Arznei* أظهر مفعوله [ʔɒðhara mafʕu:lahu]; *scheinen* بدا [bada:, u:]
wirklich *Adj* واقعي [wa:qiʕi:], حقيقي [ħaqi:qi:]; *Adv* حقا [ħaqqan], حقيقة [ħaqi:qatan]; **Wirklichkeit** *f* حقيقة [ħaqi:qa], واقع [wa:qiʕ]
wirksam فعال [faʕʕa:l], ناجع [na:dʒiʕ]; **Wirkung** *f* تأثير [taʔθi:r], أثر [ʔaθar], *Pl* آثار [ʔa:θa:r]; **wirkungslos** لا أثر له [la: ʔaθara lahu], غير ناجع [ɣair na:dʒiʕ]
Wirt(in) *m(f)* صاحب(ة) المطعم [sɒ:ħib(at) al-mɒɫʕam]
Wirtschaft *f* اقتصاد [iqtisɒ:d]; **wirtschaftlich** اقتصادي [iqtisɒ:di:]
wischen مسح [masaħa, a]
wissen علم [ʕalima, a], عرف [ʕarafa, i]; **Wissen** *n* علم [ʕilm], معرفة [maʕrifa]
Wissenschaft *f* علم [ʕilm], *Pl* علوم [ʕulu:m]; **Wissenschaftler(in)** *m(f)* عالم(ة) [ʕa:lim(a)], *mpl* علماء [ʕulama:ʔ]
Witwe *f* أرملة [ʔarmala], *Pl* أرامل [ʔara:mil]; **Witwer** *m* أرمل [ʔarmal], *Pl* أرامل [ʔara:mil]
Witz *m* نكتة [nukta], *Pl* نكت [nukat]
witzig ظريف [ðɒri:f], مضحك [mudħik]; ***sehr witzig*** شيء مضحك [ʃaiʔ mudħik]
wo *örtlich* أين [ʔaina]; **woanders** في مكان آخر [fi: maka:nin ʔa:xar]
Woche *f* أسبوع [ʔusbu:ʕ], *Pl*

أسابيع [ʔasa:bi:ʕ]
Wochenende *n* نهاية الأسبوع [niha:jat al-ʔusbu:ʕ]; **wochenlang** *Adv* أسابيع وأسابيع [ʔasa:bi:ʕa wa-ʔasa:bi:ʕa], أسابيع عديدة [ʔasa:bi:ʕ ʕadi:-da]; **Wochentag** *m* يوم الأسبوع [jaum al-ʔusbu:ʕ]
wöchentlich *Adj* أسبوعي [ʔusbu:ʕi:]; *Adj* أسبوعيا [ʔusbu:ʕi:jan]
wodurch بما [bima:]
wofür لما [lima:], لماذا [lima:-ða:], علام [ʕala:ma]
woher من أين [min ʔaina]
wohin إلى أين [ʔila: ʔaina]
wohl *vermutlich* على الأرجح [ʕala l-ʔardʒaħ]; ***sich nicht wohl fühlen*** ليس بخير [laisa bi-xair], متوعك [mutawaʕʕik]
Wohl *n* صحة [siħħa], عافية [ʕa:fija]; ***auf Ihr Wohl*** في صحتكم [fi: siħħatikum]; **wohlhabend** ثري [θari:], ميسور الحال [maisu:r al-ħa:l]; **Wohlstand** *m* رخاء [raxa:ʔ], رفاهية [rafa:hi:ja]; **wohltätig** محسن [muħsin], *Institution* خيري [xairi:]
wohnen أقام [ʔaqa:ma], سكن [sakana, u]; *im Hotel* نزل [nazala, i]
Wohngemeinschaft *f* سكن مشترك [sakan muʃtarak]; **Wohnmobil** *n* مقطورة نوم [maqṭu:rat naum], كارافان [kara:va:n]; **Wohnort** *m* مكان الإقامة [maka:n al-ʔiqa:ma]; **Wohnung** *f* شقة [ʃiqqa], *Pl* شقق [ʃiqaq]; سكن [sakan]; **Wohnzimmer** *n* غرفة الجلوس [ɣurfat al-dʒulu:s]
Wolf *m* ZOOL ذئب [ðiʔb], *Pl* ذئاب [ðiʔa:b]
Wolke *f* غيمة [ɣaima], *Pl* غيوم [ɣuju:m]; سحابة [saħa:ba], *Pl* سحب [suħub]
Wolkenkratzer *m* ناطحة السحاب [nɒ:ṭiħat as-saħa:b]; **wolkenlos** صاف [sɒ:fin]
wolkig غائم [ɣa:ʔim]
Wolle *f* صوف [su:f], *Pl* أصواف [ʔɒswa:f]
wollen أراد [ʔara:da], شاء [ʃa:ʔa, a:]
womit بم [bima], بماذا [bima:-ða:]; **woran** فيما [fi:ma:], بما [bima:]; **woraus** مما [mimma:]
Workshop *m* ورشة عمل [warʃat ʕamal]
Wort *n* كلمة [kalima]
Wörterbuch *n* قاموس [qa:-

mus], *Pl* قواميس [qawa:mi:s]
wörtlich *Adj* حرفي [ħarfi:]; *Adv* حرفيا [ħarfi:jan]
Wortschatz *m* مجمل المفردات [mudʒmal al-mufrada:t]
worüber عن ما [ʕan ma:]; **wovon** مما [mimma:], عما [ʕamma:]; **wozu** لماذا [lima:ða:]
Wrack *n* حطام سفينة [ħuṭɒ:m safi:na]
Wucher *m* ربا [riban]; **wuchern** *Pflanze* نما [nama:, u:]; *Geschwür* تكاثر [taka:θara]
wund مجروح [madʒru:ħ]
Wunde *f* جرح [dʒurħ], *Pl* جروح [dʒuru:ħ]
Wunder *n* معجزة [muʕdʒiza]; **wunderbar** رائع [ra:ʔiʕ], بديع [badi:ʕ]; **wundern** *v/t* أدهش [ʔadhaʃa]; *v/r* ***sich wundern*** تعجب من [taʕaddʒaba], دهش [dahiʃa, a]
Wundsalbe *f* MED مرهم للجروح [marham lil-dʒuru:ħ]; **Wundstarrkrampf** *m* MED كزاز [kuza:z]
Wunsch *m* أمنية [ʔumnija], *Pl* أماني [ʔama:ni:j]
wünschen تمنى [tamanna:], رغب في [raɣiba, a]; ***j-m etw wünschen*** تمنى له ب [tamanna: lahu]; **wünschenswert** مرغوب [marɣu:b]
Würde *f* كرامة [kara:ma], عزة النفس [ʕizzat an-nafs]; **würdig** جدير ب [dʒadi:r], أهل ل [ʔahl]; **würdigen** قدر [qaddara]
Wurf *m* رمية [ramja], ZOOL نتاج [nita:dʒ], بطن [bɒṭn], *Pl* بطون [buṭu:n]
Würfel *m* مكعب [mukaʕʕab]; *Spiel* زهر [zahr]; **würfeln** رمى الزهر [rama: (i:) az-zahr]; **Würfelzucker** *m* سكر قوالب/مكعبات [sukkar qawa:lib/mukaʕʕaba:t]
Wurm *m* دودة [du:da], *Koll* دود [du:d]
Wurst *f* سجق [sudʒuq]
Würstchen *n* نقانق [naqa:niq]
Würze *f* توابل [tawa:bil]
Wurzel *f* جذر [dʒaðr], *Pl* جذور [dʒuðu:r]
würzen تبل [tabbala]; **würzig** متبل [mutabbal]
Wüste *f* صحراء [sɒħra:ʔ], *Pl* صحارى [sɒħa:ra:]
Wut *f* غضب [ɣɒḍɒb], غيظ [ɣaið]
wütend غضبان [ɣɒḍba:n], مغتاظ [muɣtɒ:ð]

X, Z

x-mal عشرات المرات [ʕaʃara:t al-marra:t]

zäh *Fleisch* قاس [qa:sin]; *fig* صلب [sɒlb], جلد [dʒalad]

Zahl *f* عدد [ʕadad], *Pl* أعداد [ʔaʕda:d], رقم [raqm], *Pl* أرقام [ʔarqa:m]; **zahlen** دفع [dafaʕa, a], سدد [saddada]

zählen عد [ʕadda, u], أحصى [ʔaħsɒ:]

zahlreich كثير [kaθi:r], عديد [ʕadi:d]

Zahlung *f* دفع [dafʕ], تسديد [tasdi:d]; **Zahlungsmittel** *n* وسيلة الدفع [wasi:lat ad-dafʕ]

zahm أليف [ʔali:f], داجن [da:dʒin], مروض [murawwađ]

zähmen دجن [daddʒana], روض [rawwađɒ]

Zahn *m* سن [sinn] *f*, *Pl* أسنان [ʔasna:n]; **Zahnarzt** *m*, **Zahnärztin** *f* طبيب(ة) الأسنان [ŧɒbi:b(at) al-ʔasna:n]; **Zahnbürste** *f* فرشاة الأسنان [furʃa:t al-ʔasna:n]; **Zahnfleisch** *n* لثة [liθa], *Pl* لثى [liθan]; **Zahnpasta** *f* معجون الأسنان [maʕdʒu:n al-ʔasna:n]; **Zahnschmerzen** *mpl* وجع الأسنان [wadʒʕ al-ʔasna:n]; **Zahnseide** *f* خيط (تنظيف) الأسنان [xaiŧ (tanđi:f) al-ʔasna:n]; **Zahnspange** *f* جهاز تقويم الأسنان [dʒiha:z taqwi:m al-ʔasna:n]; **Zahnstocher** *m* عود الأسنان [ʕu:d al-ʔasna:n], سواك [siwa:k]

Zange *f* كماشة [kamma:ʃa], زردية [zaradi:ja]

zanken تشاجر مع [taʃa:dʒara]; *v/r* ***sich zanken*** تخانق مع [taxa:naqa]

Zäpfchen *n* MED تحميلة [taħmi:la], *Pl* تحاميل [taħa:mi:l], لهاة [laha:t], *Pl* لهوات [lahawa:t]

Zapfsäule *f* مضخة البنزين [miđɒxxat al-banzi:n]

zappeln تخبط [taxabbaŧɒ]

zappen تنقل بين قنوات التلفزيون [tanaqqala baina qanawa:t at-tilivisju:n]

zart *weich* رقيق [raqi:q], ناعم [na:ʕim]; *Fleisch* طري [ŧɒri:]

zärtlich حنون [ħanu:n]

Zauber *m fig* سحر [siħr], *Pl* سحور [suħu:r], جاذبية [dʒa:ðibi:ja]; **zaubern** سحر [saħara, a]

Zaun *m* سياج [sija:dʒ]

z. B. (***zum Beispiel***) على سبيل المثال [ʕala: sabi:li l-miθa:l], مثلا [maθalan]

Zebra *n* حمار وحشي [ħima:r waħʃi:], حمار الزرد [ħima:r al-zarad]; **Zebrastreifen** *m fig* ممر المشاة [mamarr al-muʃa:t]

Zeh *m*, **Zehe** *f* ANAT إصبع القدم [ʔiʂbaʕ al-qadam]

zehn *m* عشرة [ʕaʃara], *f* عشر [ʕaʃr]

Zehntel *n* عشر [ʕuʃr], *Pl* أعشار [ʔaʕʃa:r]; **Zehntelsekunde** *f* عشر الثانية [ʕuʃr aθ-θa:nija]

Zeichen *n* علامة [ʕala:ma], إشارة [ʔiʃa:ra], دليل [dali:l], *Pl* دلائل [dala:ʔil]; **Zeichensprache** *f* لغة الإشارات [luɣat al-ʔiʃa:ra:t]

zeichnen رسم [rasama, u]; **Zeichnung** *f* رسم [rasm], *Pl* رسوم [rusu:m]; FIN اكتتاب [iktita:b]

Zeigefinger *m* سبابة [sabba:ba]

zeigen أرى [ʔara:, juri:], أظهر [ʔɒðhara]; *vorführen* عرض [ʕarɒđɒ, i]; *Interesse* أبدى [ʔabda:]; *v/r* ***sich zeigen*** أرى نفسه [ʔara: (jari:) nafsahu]; *herausstellen* تبين [tabajjana], ظهر [ðɒhara, a]

Zeiger *m Uhr* عقرب [ʕaqrab], *Pl* عقارب [ʕaqa:rib]

Zeile *f* سطر [sɒtr], *Pl* سطور [sutu:r]

Zeit *f* زمن [zaman], *Pl* أزمان [ʔazma:n], وقت [waqt], *Pl* أوقات [ʔauqa:t]; ***keine Zeit haben*** لا وقت لديه [la: waqta ladaihi]; **Zeitalter** *n* عصر [ʕɒsr], *Pl* عصور [ʕusu:r]; **zeitlich** زمني [zamani:], وقتي [waqti:]; **Zeitpunkt** *m* وقت [waqt], *Pl* أوقات [ʔauqa:t]; *Termin* ميعاد [mi:ʕa:d], *Pl* مواعيد [mawa:ʕi:d]; **Zeitraum** *m* فترة [fatra], حقبة [ħiqba], *Pl* حقب [ħiqab]; **Zeitschrift** *f* مجلة [madʒalla]

Zeitung *f* جريدة [dʒari:da], *Pl* جرائد [dʒara:ʔid], صحيفة [sɒħi:fa], *Pl* صحف [suħuf]; *äg* جرنال [dʒurna:l], *Pl* جرانيل [dʒara:ni:l]

Zeitunterschied *m* فرق

التوقيت [farq at-tawqiːt];
zeitweise بين الحين والآخر [baina l-ħiːn wal-ʔaːxar], من وقت إلى آخر [min waqtin ʔilaː ʔaːxar]
Zelle *f* BIOL خلية [xaliːja], *Pl* خلايا [xalaːjaː]; TEL كابينة [kabiːna]; *Gefängnis* زنزانة [zinzaːna]
Zelt *n* خيمة [xaima], *Pl* خيم [xijam]; **zelten** خيم [xajjama]
Zement *m* أسمنت [ʔasmant]
Zensur *f Note* درجة [daradʒa], تقدير [taqdiːr]; POL رقابة [riqaːba]
Zentimeter *m/n* سنتيمتر [sintimitr]
Zentner *m* خمسون كيلوغراما [xamsuːn kiːluɣraːman]
zentral مركزي [markaziː];
Zentrale *f* مركز [markaz], *Pl* مراكز [maraːkiz]; *Firma* مقر رئيسي [maqarr raʔiːsiː];
Zentralverriegelung *f* AUTO نظام إغلاق مركزي [niðɒːm ʔiɣlaːq markaziː]
Zentrum *n* مركز [markaz], *Pl* مراكز [maraːkiz], وسط [wasɒt], *Pl* أوساط [ʔausɒːt]
zerbeißen عضعض [ʕɒđʕɒđɒ]; **zerbrechen** *v/t* كسر [kassara], حطم [ħattɒma]; *v/i* انكسر [inkasara];
zerbrechlich هش [haʃʃ]
Zeremonie *f* مراسم [maraːsim], تشريفة [taʃriːfa]; REL طقس [tɒqs], *Pl* طقوس [tuquːs]; *isl.* مناسك [manaːsik]
zerfallen تفتت [tafattata]; *Reich* انهار [inhaːra]; **zerkleinern** قطع [qɒttɒʕa], خرط [xarrɒtɒ]; *Fleisch* فرم [farama, i]; **zerknittert** مجعد [mudʒaʕʕad]; **zerkratzen** خدش [xadaʃa, i]; **zerlegen** فكك [fakkaka], حلل [ħallala];
zerquetschen هرس [harasa, u], معس [maʕasa, a];
zerreißen *v/t* مزق [mazzaqa]; *v/i* تمزق [tamazzaqa]
Zerrung *f* MED شد عضلي [ʃadd ʕađɒliː]
zerschlagen كسر [kassara], هشم [haʃʃama]; **zerschneiden** قطع [qɒttɒʕa], قص [qɒssɒ, u]; **zerspringen** تكسر [takassara]
zerstören دمر [dammara], حطم [ħattɒma]; **Zerstörung** *f* تدمير [tadmiːr], دمار [damaːr]
zerstreuen *v/t* فرق [farraqa]; *Zweifel* بدد [baddada]; **zerstreut** مبعثر [mubaʕθar]; *fig*

شارد الذهن [ʃa:rid að-ðihn]
zertreten داس [da:sa, u:], دعس [daʕasa, a]
Zettel *m* ورقة [waraqa], *Pl* ورق [waraq]
Zeug *n Sachen* أشياء [ʔaʃja:ʔ], أغراض [ʔaɣrɒ:đ]
Zeuge *m* شاهد [ʃa:hid], *Pl* شهود [ʃuhu:d]; **zeugen** *v/t* أنجب [ʔandʒaba]; **Zeugin** *f* شاهدة [ʃa:hida]; **Zeugnis** *n* شهادة [ʃaha:da]
Ziege *f* ZOOL ماعز [ma:ʕiz], *Koll* معز [maʕz], عنزة [ʕanza], *Koll* عنز [ʕanz]
Ziegel *m Dach* قرميدة [qarmi:da], *Koll* قرميد [qarmi:d]; *Mauer* طوبة [ŧu:ba], *Koll* طوب [ŧu:b]
Ziegenkäse *m* جبنة ماعز [dʒubnat ma:ʕiz]
ziehen *v/t* سحب [saħaba, a], جر [dʒarra, u]; ***Aufmerksamkeit auf sich ziehen*** أثار [ʔaθa:ra], استقطب [istaqŧɒba]; ***es zieht*** هناك تيار هواء [huna:ka tajja:r hawa:ʔ]
Ziel *n* هدف [ħadaf], *Pl* أهداف [ʔaħda:f]; *Zweck* غرض [ɣarɒđ], *Pl* أغراض [ʔaɣrɒ:đ]; *Absicht* قصد [qɒsd]; *Reise* وجهة [widʒha]; **zielen** استهدف [istahdafa], رمى إلى [rama:, i:]; *Waffe* صوب [sɒwwaba]
ziemlich *Adv* نوعا ما [nauʕan ma:]
zierlich رقيق [raqi:q], رشيق [raʃi:q]
Ziffer *f* رقم [raqm], *Pl* أرقام [ʔarqa:m]
Zigarette *f* سيجارة [si:dʒa:ra], *Pl* سجائر [sadʒa:ʔir]
Zigarre *f* سيجار [si:dʒa:r]
Zikade *f* جندب [dʒundub], *Pl* جنادب [dʒana:dib]
Zimmer *n* غرفة [ɣurfa], *Pl* غرف [ɣuraf], حجرة [ħudʒra]; **Zimmermädchen** *n* خادمة الفندق [xa:dimat al-funduq]; **Zimmerservice** *m* خدمة الغرف [xidmat al-ɣuraf]
Zimt *m* قرفة [qirfa]
Zinn *n* قصدير [qɒsdi:r]
Zinsen *mpl* فوائد [fawa:ʔid]; **Zinssatz** *m* FIN سعر الفائدة [siʕr al-fa:ʔida]
zirka نحو [naħwa], زهاء [zuha:ʔa], تقريبا [taqri:ban]
Zirkus *m* سيرك [si:rk]
zischen أز [ʔazza, i], طش [ŧɒʃʃa, u]; *Schlange* فح [faħħa, u]
Zitat *n* اقتباس [iqtiba:s]

zitieren اقتبس [iqtabasa], استشهد ب [istaʃhada]
Zitrone *f* ليمونة [laimu:na], *Koll* ليمون [laimu:n]
zittern ارتعش [irtaʕaʃa], ارتجف [irtadʒafa]; ***vor Kälte zittern*** ارتعش من البرد [irtaʕaʃa mina l-bard]
zivil مدني [madani:]; **Zivildienst** *m* خدمة مدنية [xidma madani:ja]; **Zivilisation** *f* حضارة [ħađɒ:ra], مدنية [madani:ja]
zögern تردد في [taraddada]
Zoll *m* جمرك [dʒumruk], *Pl* جمارك [dʒama:rik], رسم جمركي [rasm dʒumruki:]; **Zollabfertigung** *f* تخليص الجمارك [taxli:s al-dʒama:rik]; **Zollamt** *n* دائرة/مصلحة الجمارك [da:ʔirat/mɒslaħat al-dʒama:rik]; **Zollerklärung** *f* بيان جمركي [baja:n dʒumruki:]; **zollfrei** معفى من الجمرك [muʕfan mina l-dʒumruk]; **Zollkontrolle** *f* تفتيش جمركي [tafti:ʃ dʒumruki:]; **zollpflichtig** خاضع للجمرك [xɒ:điʕ lil-dʒumruk]
Zone *f* منطقة [mintɒqa], *Pl* مناطق [manɒ:tiq]
Zoo *m* حديقة الحيوانات [ħadi:qat al-ħajawa:na:t]
Zopf *m* ضفيرة [đɒfi:ra], *Pl* ضفائر [đɒfa:ʔir], جديلة [dʒadi:la], *Pl* جدائل [dʒada:ʔil]
Zorn *m* غضب [ɣɒđɒb], سخط [suxt]; **zornig** غاضب [ɣɒ:đib], ساخط [sa:xit]
zu → ***zum***; *Präp* إلى [ʔila:], ل [li], في [fi:]; *geschlossen* مغلق [muɣlaq]; ***um zu*** من أجل [min ʔadʒli]; ***zu viel*** أكثر مما ينبغي [ʔakθar mimma janbaɣi:], أكثر من اللازم [ʔakθar mina l-la:zim]; ***zu wenig*** أقل مما ينبغي [ʔqall mimma janbaɣi:]; ***zur Tür gehen*** ذهب إلى الباب [ðahaba (a) ʔila l-ba:b]
Zubehör *n* لوازم [lawa:zim]
zubereiten حضر [ħɒđđɒra], جهز [dʒahhaza], أعد [ʔaʕadda]
zubinden ربط [rabatɒ, i]
Zucchini *Pl* كوساية [ku:sa:ja], *Koll* كوسى [ku:sa:]
Zucht *f* تربية [tarbija]
züchten ربى [rabba:]
zucken ارتعش [irtaʕaʃa]; *Lid* رف [raffa, u, i]
Zucker *m* سكر [sukkar]
zudecken *v/t* غطى [ɣɒttɒ:];

v/r **sich zudecken** تغطى [taɣɒtt̶ɒ:]
zuerst أولاً [ʔawwalan]; *anfangs* في البداية [fil-bida:ja], في أول الامر [fi: ʔawwali l-ʔamr]; *als erste(r)* أول [ʔawwal]
Zufahrt *f* مدخل [madxal], *Pl* مداخل [mada:xil]; **Zufall** *m* صدفة [sudfa], *Pl* صدف [sudaf], مصادفة [musɒ:dafa];
Zufällig *Adv* بالصدفة [bis-sudfa], صدفة [sudfatan]
zufrieden مبسوط [mabsu:t̶], مرتاح [murta:ħ]; ***zufrieden stellen*** أرضى [ʔarđɒ:]
Zug *m Eisenbahn* قطار [qit̶ɒ:r]; *Gruppe* ركب [rakb]; *Schluck* جرعة [dʒurʕa]
Zugabe *f* MUS فقرة إضافية [faqara ʔiđɒ:fi:ja]; **Zugang** *m* مدخل [madxal], *Pl* مداخل [mada:xil]; *zum Meer* منفذ [manfað], *Pl* منافذ [mana:fið];
zugeben *gestehen* اعترف ب [iʕtarafa]; **Zugehörigkeit** *f* تبعية ل [tabaʕi:ja]; *Mitgliedschaft* عضوية في [ʕuđwi:ja]
Zügel *m* زمام [zima:m], *Pl* أزمة [ʔazimma], عنان [ʕina:n], *Pl* أعنة [ʔaʕinna]
Zugeständnis *n* تنازل [tana:zul]; **zugestehen** *j-m etw* اعترف ل ب [iʕtarafa], أقر ل ب [ʔaqarra]
zugig معرض لتيار هوائي [muʕarrɒđ li-tajja:r hawa:ʔi:]
zügig حثيث [ħaθi:θ], سريع [sari:ʕ]
zugleich في وقت واحد [fi: waqtin wa:ħid]; *zusammen* معا [maʕan]
zugreifen *nehmen* أخذ [ʔaxaða, u]; *packen* أمسك [ʔamsaka]
zugunsten لصالح [li-sɒ:liħ], لحساب [li-ħisa:b]
Zuhause *n* بيت [bait]; **zuhause** → ***Haus***
zuhören استمع إلى [istamaʕa], أصغى إلى [ʔɒsɣa:]; **Zuhörer (in)** *m(f)* مستمع(ة) [mustamiʕ(a)]
Zukunft *f* مستقبل [mustaqbal]
zukünftig *Adj* مقبل [muqbil]; *Adv* في المستقبل [fil-mustaqbal]
zulassen *erlauben* سمح ل ب [samaħa, a], أذن ل ب [ʔaðina]; **zulässig** جائز [dʒa:ʔiz], مقبول [maqbu:l], مباح [muba:ħ]; **zuletzt** أخيرا [ʔaxi:ran]; *am Ende* في النهاية

[fin-niha:ja]; *als Letzte(r)* آخر [ʔa:xir]
zum → ***zu***, ل [li], إلى [ʔila:]; ***zum Baden gehen*** ذهب للسباحة [ðahaba, (a) lis-siba:ħa]; ***es ist zum Verzweifeln*** الأمر يدعو إلى اليأس [al-ʔamr jadfaʕ ʔila l-jaʔs]
zumachen أغلق [ʔaɣlaqa], أقفل [ʔaqfala]; **zumindest** على الأقل [ʕala l-ʔaqall]; **zumuten** *aufbürden* حمل [ħammala]; ***j-m zuviel zumuten*** كلفه بما ليس بوسعه [kallafahu bima: laisa bi-wusʕihi]
zünden أشعل [ʔaʃʕala], أوقد [ʔauqada]; **Zündholz** *n* عود الكبريت [ʕu:d al-kabri:t]; **Zündkerze** *f* شمعة الاشتعال [ʃamʕat al-iʃtiʕa:l], بوجي [bu:dʒi:], *Pl* بواجي [bawa:dʒi:]; **Zündung** *f* اشتعال [iʃtiʕa:l]
zunehmen زاد [za:da, i:], ارتفع [irtafaʕa]; *dicker werden* سمن [samina, a], زاد وزنه [za:da (i:) waznahu]
Zunge *f* لسان [lisa:n], *Pl* ألسن [ʔalsun]
zuordnen ألحق ب [ʔalħaqa]
zur → ***zu***
zurechtfinden *v/r* ***sich zurechtfinden*** وجد طريقه [wadʒada (jadʒidu) ŧɒri:qahu], *akklimatisieren* تأقلم مع [taʔaqlama]; **zurechtkommen** جاء في الوقت المناسب [dʒa:ʔa (i:) fil-waqti l-muna:sib]; *mit j-m* تفاهم مع [tafa:hama]
zurück إلى الخلف [ʔila l-xalf], إلى الوراء [ʔila l-wara:ʔ]; **zurückbekommen** استرد [istaradda], استرجع [istardʒaʕa]; **zurückbringen** أعاد [ʔaʕa:da], أرجع [ʔardʒaʕa]; **zurückfahren** عاد [ʕa:da, u:], رجع [radʒaʕa, i]; **zurückgeben** أعاد [ʔaʕa:da], أرجع [ʔardʒaʕa]; **zurückgehen** رجع [radʒaʕa, i], عاد [ʕa:da, u:]; **zurückholen** استعاد [istaʕa:da], استرجع [istarddʒaʕa]; **zurückkommen** رجع [radʒaʕa], عاد [ʕa:da]; **zurücknehmen** *Angebot* سحب [saħaba, a], تراجع عن [tara:dʒaʕa]; **zurückschicken** أعاد [ʔaʕa:da], رد [radda, u]; **zurückschlagen** رد [radda, u]; **zurücktreten** *vom Amt* استقال [istaqa:la]; **zurück-**

zahlen سدد [saddada]
zurzeit في الوقت الحاضر [fil-waqti l-ħɒːđɨr]
zusagen وعد [waʕada, jaʕidu]; *zustimmen* وافق [waːfaqa]; *Einladung* لبى [labbaː]
zusammen معا [maʕan], سويا [sawiːjan]; **Zusammenarbeit** *f* تعاون [taʕaːwun]; **zusammenbrechen** انهار [inhaːra]; *Mensch* خارت قواه [xaːrat quwaːhu]; *Verkehr* توقف [tawaqqafa]; **zusammenfassen** لخص [laxxasɒ], أوجز [ʔaudʒaza]; **Zusammenfassung** *f* تلخيص [talxiːs], موجز [muːdʒaz]; **zusammengehören** ارتبط أحدهما بالآخر [irtabatɒ ʔaħaduhuma bil-ʔaːxar]; **zusammenhalten** *v/t Personen* جمع [dʒamaʕa, a]; *v/i fig* تماسك [tamaːsaka], تلاحم [talaːħama]; **Zusammenhang** *m Text* سياق [sijaːq]; **zusammenhängen** ارتبط [irtabatɒ], ترابط [taraːbatɒ]; **zusammenkommen** التقى [iltaqaː], اجتمع [idʒtamaʕa]; **zusammenleben** تعايش [taʕaːjaʃa]; **zusammenlegen** طوى [tɒwaː, iː]; *Gegenstände* كوم [kawwama]; *Geld* جمع [dʒamaʕa, a]; **zusammenpassen** تناسب [tanaːsaba], تناسق [tanaːsaqa]; **zusammensetzen** *v/t* جمع [dʒammaʕa], ركب [rakkaba]; *v/r* ***sich zusammensetzen*** تألف من [taʔallafa]; **Zusammensetzung** *f* تركيب [tarkiːb]; **zusammenstoßen** تصادم [tasɒːdama], اصطدم ب [ist̶ɒdama]; **zusammentreffen** التقى ب [iltaqaː], تقابل مع [taqaːbala]; *Ereignisse* صادف [sɒːdafa]; **zusammenzählen** جمع [dʒamaʕa, a], أحصى [ʔaħsɒː]
zusätzlich إضافي [ʔiđɒːfiː]
zuschauen شاهد [ʃaːhada], تفرج على [tafarradʒa];
Zuschauer(in) *m(f)* مشاهد(ة) [muʃaːhid(a)], متفرج(ة) [mutafarridʒ(a)]
Zuschuss *m* مساعدة مالية [musaːʕada maːliːja], علاوة [ʕilaːwa]
Zustand *m* حال [ħaːl], *Pl* أحوال [ʔaħwaːl], وضع [wɒđʕ], *Pl* أوضاع [ʔauđɒːʕ]
zustande: ***zustande kommen*** حصل [ħɒsɒla, u], تم [tamm, ia]

zuständig مختص [muxtɒss], معني [maʕni:]; *verantwortlich* مسؤول [masʔu:l]
zustimmen قبل [qabila, a], وافق على [wa:faqa]; **zustoßen** أصاب [ʔasɒ:ba], حصل ل [ħɒsɒla, u]; **Zutaten** *fpl* المقادير [al-maqa:di:r]; **zuteilen** خص ب [xɒssɒ, u], خصص ل [xɒssɒsɒ]
zutrauen: ***j-m etw zutrauen*** توقع من [tawaqqaʕa]
zutreffen صح [sɒħħa, i]; *gelten* صدق على [sɒdaqa, u]
Zutritt *m* دخول [duxu:l]; ***Zutritt verboten*** ممنوع الدخول [mamnu:ʕ ad-duxu:l]
zuverlässig موثوق به [mauθu:q bihi], *Person* يعتمد عليه [juʕtamadu ʕalaihi], أمين [ʔami:n]; **zuversichtlich** متفائل [mutafa:ʔil], مطمئن [muṭmaʔin]
Zuwachs *m* WIRTSCH نمو [numu:w], تزايد [taza:jud]
zuwider خلافا ل [xila:fan li]; ***zuwider sein*** أقرف [ʔaqrafa]; *verabscheuen* كره [kariha, a]
zuzüglich زائدا [za:ʔidan], مضافا إليه [muḍɒ:fan ʔilaihi]
Zwang *m* إكراه [ʔikra:h], إرغام [ʔirɣa:m]; **zwanglos** غير رسمي [ɣair rasmi:], بلا تكليف [bila: takli:f]
zwanzig عشرون [ʕiʃru:n]
zwar: ***zwar …, aber*** صحيح …، لكن [sɒħi:ħ …, lakin]; ***und zwar*** على وجه التحديد [ʕala: wadʒhi t-taħdi:d]
Zweck *m* غرض [ɣarɒḍ], *Pl* أغراض [ʔaɣrɒ:ḍ], غاية [ɣa:ja]; **zwecklos** عديم الجدوى [ʕadi:m al-dʒadwa:]
zwei *m* اثنان [iθna:n], *f* اثنتان [iθnata:n]; **zweideutig** مزدوج المعنى [muzdawidʒ al-maʕna:], مبهم [mubham]; **zweierlei** من نوعين [min nauʕain]; **zweifach** مزدوج [muzdawidʒ], ثنائي [θuna:ʔi:]
Zweifel *m* شك [ʃakk], *Pl* شكوك [ʃuku:k], ريب [raib]; **zweifellos** بلا شك [bila: ʃakk]; **zweifeln** شك في [ʃakka, u]
Zweig *m* فرع [farʕ], *Pl* فروع [furu:ʕ], غصن [ɣuṣn], *Pl* غصون [ɣuṣu:n]; **Zweigstelle** *f Bank* فرع [farʕ], *Pl* فروع [furu:ʕ]
zweihundert مئتان [miʔata:n]; **zweijährig** *Kind* عمره سنتان [ʕumruhu sanata:n]; **zweimal** مرتين [marratain];

zweiseitig ثنائي [θuna:ʔi:]; **zweisprachig** ثنائي اللغة [θuna:ʔi: l-luɣa]; **zweispurig** ذو مسارين [ðu: masa:rain]
zweit: ***zu zweit*** سويا [sawi:-jan], *m* كلاهما [kila:huma:], *f* كلتاهما [kilta:huma:]
zweite(r, -s) *Adj m(f)* ثان(ية) [θa:nin (-ni:ja)]; **zweitens** ثانيا [θa:nijan]
Zwerg *m* قزم [qazam], *Pl* أقزام [ʔaqza:m]
Zwiebel *f* بصلة [bɒsɒla], *Koll* بصل [bɒsɒl]
Zwilling *m* توأم [tauʔam], *Pl* توائم [tawa:ʔim]
zwingen أرغم على [ʔarɣama], أجبر على [ʔadʒbara]
zwischen بين [baina]; **zwischendurch** في غضون ذلك [fi: ɣuđu:ni ða:lik]; **Zwischenfall** *m* حادث(ة) [ħa:-diθ(a)], *Pl* حوادث [ħawa:diθ];
Zwischenlandung *f* توقف [tawaqquf]; **Zwischenraum** *m* فراغ [fara:ɣ]; **Zwischenzeit** *f*: ***in der Zwischenzeit*** في هذه الأثناء [fi: ha:ðihi l-ʔaθna:ʔ]
zwölf *m* اثنا عشر [iθna: ʕaʃar], *f* اثنتا عشرة [iθnata: ʕaʃrata]
Zyklus *m* دورة [daura]
zynisch ساخر [sa:xir], مستهزئ [mustahziʔ]
Zypern *n* قبرص [qubrus]
Zypresse *f* سرو [sarw]

Zahlwörter

Grundzahlen

	maskulin		feminin	
1	واحد	[wa:ħid]	واحدة	[wa:ħida]
2	اثنان	[iθna:n]	اثنتان	[iθnata:n]
3	ثلاثة	[θala:θa]	ثلاث	[θala:θ]
4	أربعة	[ʔarbaʕa]	أربع	[ʔarbaʕ]
5	خمسة	[xamsa]	خمس	[xams]
6	ستة	[sitta]	ست	[sitt]
7	سبعة	[sabʕa]	سبع	[sabʕ]
8	ثمانية	[θama:nija]	ثمان	[θama:n]
9	تسعة	[tisʕa]	تسع	[tisʕ]
10	عشرة	[ʕaʃara]	عشر	[ʕaʃr]
11	أحد عشر	[ʔaħada ʕaʃar]	إحدى عشرة	[ʔiħda: ʕaʃra]
12	اثنا عشر	[iθna: ʕaʃar]	اثنتا عشرة	[iθnata: ʕaʃra]
13	ثلاثة عشر	[θala:θat ʕaʃar]	ثلاث عشرة	[θa'la:θa ʕaʃra]
14	أربعة عشر	[ʔarbaʕat ʕaʃar]	أربع عشرة	[ʔarbaʕa ʕaʃra]
19	تسعة عشر	[tisʕat ʕaʃar]	تسع عشرة	[tisʕa ʕaʃra]
20	عشرون	[ʕiʃru:n]	عشرون	[ʕiʃru:n]
21	واحد وعشرون	[wa:ħid wa-ʕiʃru:n]	إحدى وعشرون	[ʔiħda: wa-ʕiʃru:n]

30	ثلاثون	[θala:θu:n]	**100**	مئة od. مائة	[miʔa]
40	أربعون	[ʔarbaʕu:n]	**200**	مئتان	[miʔata:n]
50	خمسون	[xamsu:n]	**300**	ثلاثمائة	[θala:θu miʔa];
60	ستون	[sittu:n]	**1000**	ألف	[ʔalf]
70	سبعون	[sabʕu:n]	**2000**	ألفان	[ʔalfa:n]
80	ثمانون	[θama:nu:n]	**3000**	ثلاثة آلاف	[θala:θat ʔa:la:f]
90	تسعون	[tisʕu:n]	**1.000.000**	مليون	[milju:n]

Ordnungszahlen*

	maskulin		feminin	
1.	أول	[ʔawwal]	أولى	[ʔu:la:]
2.	ثان	[θa:nin]	ثانية	[θa:nija]
3.	ثالث	[θa:liθ]	ثالثة	[θa:liθa]
4.	رابع	[ra:biʕ]	رابعة	[ra:biʕa]
5.	خامس	[xa:mis]	خامسة	[xa:misa]
6.	سادس	[sa:dis]	سادسة	[sa:disa]
7.	سابع	[sa:biʕ]	سبعة	[sa:biʕa]
8.	ثامن	[θa:min]	ثامنة	[θa:mina]
9.	تاسع	[ta:siʕ]	تاسعة	[ta:siʕa]
10.	عاشر	[ʕa:ʃir]	عاشرة	[ʕa:ʃira]
11.	حادى عشر	[ħa:dija ʕaʃar]	حادية عشرة	[ħa:dijat ʕaʃra]
12.	ثاني عشر	[θa:nija ʕaʃar]	ثانية عشرة	[θa:nijat ʕaʃra]

	maskulin		feminin	
13.	ثالث عشر	[θaːliθa ʕaʃar]	ثالثة عشرة	[θaːliθat ʕaʃra]
20.	عشرون	[ʕiʃruːn]	عشرون	[ʕiʃruːn]
100.	مئة	[miʔa]	مئة od. مائة	[miʔa]

* Ordnungszahlen werden, wie im Deutschen, mit dem Artikel versehen:

der erste ... الأول [al-ʔawwal]

Bruchzahlen und Vielfache

1/2	نصف [nisf]		**1/3**	ثلث [θulθ]
1/4	ربع [rubʕ]		**dreifach; Dreieck**	مثلث [muθallaθ]